2011
国际统计年鉴
INTERNATIONAL STATISTICAL YEARBOOK

中华人民共和国国家统计局 编
Compiled by National Bureau of Statistics of China

中国统计出版社
China Statistics Press

（京）新登字 041 号

图书在版编目(CIP)数据

国际统计年鉴. 2011：汉英对照 / 中华人民共和国国家统计局编. -- 北京：中国统计出版社，2010.12
ISBN 978-7-5037-6187-4

Ⅰ. ①国… Ⅱ. ①中… Ⅲ. ①社会经济统计－统计资料－世界－2011－年鉴－汉、英 Ⅳ. ①C831-54

中国版本图书馆CIP数据核字(2011)第002036号

国际统计年鉴－2011

作　　者／中华人民共和国国家统计局
责任编辑／郭　栋
E-mail: yearbook@gj.stats.cn
Address: No.57 Yuetan Nanjie, Sanlihe, Beijing 100826
封面设计／张冰　李雪燕
出版发行／中国统计出版社
通信地址／北京市西城区三里河月坛南街 57 号　　邮政编码 / 100826
办公地址／北京市丰台区西三环南路甲 6 号
电　　话／(010)63376898、63376907（发行部）、63376877（编辑部）
印　　刷／河北天普润印刷厂
经　　销／新华书店
开　　本／880 × 1230 毫米　1/16
字　　数／840 千字
印　　张／27.5
版　　别／2011 年 1 月第 1 版
版　　次／2011 年 1 月第 1 次印刷
书　　号／ISBN 978-7-5037-6187-4/C · 2464
定　　价／380.00 元　　Price: 380.00 yuan (RMB)

本书附同版本 CD-ROM 一张，光盘内容以书面文字为准。
中国统计版图书，如有印装错误，本社发行部负责调换。

《国际统计年鉴－2011》

编委会和编辑出版人员

International Statistical Yearbook - **2011**

EDITORIAL BOARD AND EDITORIAL STAFF

编者说明

一、《国际统计年鉴-2011》是一部综合性国际经济、社会统计资料年刊。本年鉴收录了世界200多个国家和地区的统计资料，对其中的40多个主要国家和地区的经济和社会发展状况和世界知名公司的基本情况作了更为详细的介绍。

二、本年鉴分为18个部分：1.中国在世界的地位；2.地理、自然资源和环境；3.国民经济核算；4.人口；5.就业人员和劳动报酬；6.投资环境；7.能源；8.财政和金融；9.价格指数；10.居民收支和贫困；11.农业；12.工业和建筑业；13.运输和通讯；14.对外贸易；15.国际收支和外债；16.旅游；17.教育、科技、文化、卫生和社会保障；18.世界最大500家企业主要指标。

三、国外的大部分数据经过联合国等国际组织的调整，口径基本可比。

四、很多国家的最新数据是初步数或估计数。

五、中国数据除国土面积外，均未包括中国台湾省、香港特别行政区和澳门特别行政区。

六、数据主要取自有关国际组织的数据库、光盘、年报、月报。每张表均附有资料来源。

七、一些数据的合计数或相对数，因受进位的影响，不一定等于分项累计数。

八、尽管本年鉴所跨年度内，一些国家的名称和疆域有所改变，除非特别注明，本年鉴中所列国家均为现国家名称及其疆域范围。

九、本年鉴中使用的符号含义如下："…"表示数据不够本表最小单位数；"空格"表示无该项数据或该项统计数据不详；"#"表示其中的主要项；"|"表示因统计口径的调整，前后数据不可比。

十、一些国际组织及其组成成员如下：

西方七国（G7）：包括美国、日本、英国、德国、法国、意大利和加拿大。

经济合作与发展组织（经合组织，OECD）：成员国有34个：澳大利亚、奥地利、比利时、冰岛、丹麦、德国、法国、芬兰、加拿大、荷兰、卢森堡、美国、葡萄牙、日本、挪威、瑞典、瑞士、爱尔兰、西班牙、希腊、意大利、新西兰、土耳其、英国、墨西哥、捷克、匈牙利、波兰、韩国、斯洛伐克、以色列（2010）、斯洛文尼亚、智利（2010）、爱沙尼亚（2010）。

欧洲联盟（欧盟，EU）：成员国有27个：法国、德国、意大利、荷兰、比利时、卢森堡、丹麦、爱尔兰、英国、希腊、西班牙、葡萄牙、奥地利、芬兰、瑞典、塞浦路斯、捷克、爱沙尼亚、匈牙利、拉脱维亚、立陶宛、马耳他、波兰、斯洛伐克、斯洛文尼亚、保加利亚和罗马尼亚。

欧洲货币联盟（欧元区，Euro Area）：成员国有17个：德国、比利时、奥地利、荷兰、法国、意大利、西班牙、葡萄牙、卢森堡、爱尔兰、芬兰、希腊、斯洛文尼亚、塞浦路斯、马耳他、斯洛伐克和爱沙尼亚(2011.1.1)。2002年1月1日起，欧元现钞正式取代各成员国原货币全面流通。

东南亚国家联盟（东盟，ASEAN）：成员国有10个：菲律宾、马来西亚、泰国、新加坡、印度尼西亚、文莱（1984年）、越南（1995年）、缅甸（1997年）、老挝（1997年）和柬埔寨（1999年）。

北美自由贸易区（NAFTA）：成立于1994年1月1日，成员国有3个，加拿大、墨西哥和美国。

十一、一些国家(地区)分类含义如下：

按收入分组国家：按照世界银行2009年分组标准，高收入国家指人均国民总收入12196美元及以上的国家，上中等收入国家指人均国民总收入3946美元至12195美元的国家，下中等收入国家指人均国民总收入996美元至3945美元的国家，低收入国家指人均国民总收入995美元及以下的国家。

发达国家与发展中国家：按照联合国分组标准，发达国家具体包括加拿大、美国、原欧盟15个成员国、澳大利亚、新西兰、日本、以色列和南非，除上述国家之外的为发展中国家。

工业国家和发展中国家：按照国际货币基金组织分组标准，工业国家包括加拿大、美国、原欧盟15个成员国、澳大利亚、新西兰和日本，除上述国家之外的为发展中国家。

十二、本年鉴中使用的缩写及含义如下:

sq.km（square kilometer）=平方公里，

ha（hectare）=公顷，

kwh（kilowatt-hour）=千瓦时，

g（gram）=克，

kg（kilogram）=千克，

TJ （terojoule）=1012焦耳，

TCE（ ton of standard coal equivalent）=吨标准煤当量，

TOE（ton of standard oil equivalent）=吨标准油当量，

UNSD（Statistics Division of the United Nations）=联合国统计司，

IMF（International Monetary Fund）=国际货币基金组织，

FAO（Food and Agriculture Organization of the United Nations）=联合国粮食及农业组织，

UNCTAD（United Nations Conference on Trade and Development）=联合国贸易和发展会议，

UNDP（United Nations Development Program）=联合国开发计划署，

ILO （International Labor Organization）=国际劳工组织，

WHO（World Health Organization）=世界卫生组织。

PREFACE

I. *International Statistical Yearbook 2011* is an annual comprehensive reference publication on international economic and social statistics. It contains data from as much as 200 countries, regions and territories over the world. More detailed information on the economic and social development of over 40 countries and the key indicators of the world famous companies is also included in the Yearbook.

II. The Yearbook contains the following 18 chapters: China in the World; Geography, Natural Resources and Environmental; National Accounts; Population; Employment and Earnings; Investment Environment; Energy; Government Finance and Banking; Price Index; Household Income and Expenditure and Poverty; Agriculture; Industry and Construction; Transportation and Communication; External Trade; Balance of Payments and External Debts; Tourism; Education, Science and Technology, Culture, Health and Social Security; Main Indicators of the 500 Largest Companies in the World.

III. Data for most of the foreign countries/territories have been adjusted by international organizations such as the United Nations, and the scope and coverage is therefore comparable.

IV. The latest data for many countries are preliminary or estimated statistics.

V. All data of China do not cover Taiwan Province, Hong Kong SAR and Macao SAR except data for the surface area.

VI. The data all from the databases, CD-ROMs, yearbooks and monthly publications of international organizations. The sources of data are given at the top of each table in the Yearbook.

VII. Some aggregations or rates/ratios may not add up to the sum of the series because of rounding.

VIII. Unless otherwise indicated, the countries included in the Yearbook are the countries under their present names with the present territories, although the names or the boundaries may have changed during the period covered by the Yearbook.

IX. The meanings of the symbols used in the Yearbook are as following,

"…" indicates that the figure is not large enough to be measured with the smallest unit in the table;

"(blank)" indicates that data are not available;

"#" indicates the major items of the total;

"|" indicates that the data to the left are not comparable with those to the right because of the adjustment of scope and coverage.

X. Some international organizations and the members included are as following,

Group 7, includes the United States, Japan, the United Kingdom, Germany, France, Italy and Canada.

Organization for Economic Co-operation and Development (OECD), has 34 members, i.e., Australia, Austria, Belgium, Iceland, Denmark, Germany, France, Finland, Canada, Netherlands, Luxembourg, United States, Portugal, Japan, Norway, Sweden, Switzerland, Ireland, Spain, Greece, Italy, New Zealand, Turkey, United Kingdom, Mexico, Czech Republic, Hungary, Poland, Korea, Slovakia, Israel (2010), Slovenia, Chile (2010), Estonia (2010).

European Union (EU), it expanded to 27 members, i.e., France, Germany, Italy, Netherlands, Belgium, Luxembourg, Denmark, Ireland, United Kingdom, Greece, Spain, Portugal, Austria, Finland, Sweden, Cyprus, the Czech Republic, Estonia, Hungary, Latvia, Lithuania, Malta, Poland, Slovakia and Slovenia, Bulgaria, Romania.

European Monetary Union (Euro Area), member countries are Germany, Belgium, Austria, Netherlands, France, Italy, Spain, Portugal, Luxembourg, Ireland, Finland, Greece, Slovenia, Cyprus, Malta、Slovak and Estonia (Jan.1.2011), has 17 members. Since January 1, 2002, the euro has formally substitute the former local currencies of the member countries.

Association of South East Asian Countries (ASEAN), it has 10 members, i.e., the Philippines, Malaysia, Thailand, Singapore, Indonesia, Brunei Darussalam (1984), Viet Nam (1995), Myanmar (1997), Lao People's Democratic Republic (1997) and Cambodia (1999).

North American Free Trade Area(NAFTA), was founded on January 1, 1994, with members unchanged hitherto, i.e., Canada, Mexico and the United States.

XI. Countries (territory) groups and their meanings are as following,

Countries by Income Group According to the criteria by the World Bank, countries and territories (referred to as economies) are classified into high income (higher than $12196), higher middle income (between $3946 and $12195), lower middle income (between $996 and $3945) and low income ($995 and below) groups by their per capita GNI in the year 2009.

Developed and Developing Countries According to the classification standard of the United Nations, developed countries include Canada, the United States, the 15 member countries of the former European Union, Australia, New Zealand, Japan, Israel and South Africa. The others are developing countries.

Industrial and Developing Countries According to the classification standard of International Monetary Funds, industrial countries include Canada, the United States, the 15 member countries of the former European Union, Australia, New Zealand and Japan. The others are developing countries.

XII. The abbreviations used in this book and their meanings are as following,

Sq.km=square kilometer,

ha = hectare,

kwh = kilowatt-hour,

g = gram,

kg = kilogram,

TJ = terojoule (10^{12} joule),

TCE = ton of standard coal equivalent,

TOE = ton of standard oil equivalent,

UNSD = Statistics Division of the United Nations,

IMF = International Monetary Funds,

FAO = Food and Agriculture Organization of the United Nations,

UNCTAD = United Nations Conference on Trade and Development,

UNDP = United Nations Development Program,

ILO = International Labor Organization,

WHO = World Health Organization.

目　录

CONTENTS

一、中国在世界的地位
China in the World

二、地理、自然资源和环境
Geography, Natural Resource and Environment

三、国民经济核算
National Accounts

四、人口
Population

五、就业人员和劳动报酬
Employment and Earnings

六、投资环境
Investment Environment

七、能源
Energy

八、财政和金融

Government Finance and Banking

九、价格指数

Price Indices

十、居民收支和贫困
Household Income and Expenditure and Poverty

十一、农业
Agriculture

十二、工业和建筑业
Industry and Construction

十三、运输和通讯
Transportation and Communication

十四、对外贸易
External Trade

十五、国际收支和外债
Balance of Payments and External Debts

十六、旅游
Tourism

十七、教育、科技、文化、卫生和社会保障
Education, Science and Technology, Culture, Health and Social Security

十八、世界最大500家企业主要指标
Main Indicators of the 500 Largest Companies in the World

附　录
Appendix

中国在世界的地位

China in the World

1-1 中国主要指标居世界的位次

Ranking of China in the World in Terms of Main Indicators

资料来源：联合国FAO数据库、联合国贸发会议数据库、世界贸易组织数据库、世界银行WDI数据库、国际货币基金组织数据库、联合国开发计划署《人文发展报告》2010年。

Source: FAO Database;UNCTAD Database;WTO Database;World Bank WDI Database;IMF Database;UNDP Human Development Report 2010.

指　标	Indicator	1978	1980	1990	2000	2007	2008	2009
国土面积	Country Area	4	4	4	4	4	4	4
人　口	Population	1	1	1	1	1	1	1
出生时的预期寿命①	Life Expectancy at Birth①	75(169)②	77(173)	83(186)	88(190)	85(210)	78(194)	79(194)
国内生产总值	Gross Domestic Product	10	11	11	6	4	3	3
人均国民总收入①	GNI per capita ①	175(188)	177(188)	178(200)	141(207)	132(209)	127(210)	124(213)
进出口贸易总额	Foreign Trade Total	29	26	15	8	3	3	2
出口额	Exports	30	28	14	7	2	2	1
进口额	Imports	27	22	17	9	3	3	2
外商直接投资	Foreign Direct Investment Inflow		60	12	9	6	3	2
外汇储备	Foreign Exchange Reserves	38	37	7	2	1	1	1
人文发展指数①	Human Development Index①			79(160)	96(173)	92(182)	91(169)	89(169)

注：①括号中所列为参加排序的国家和地区数。②1977年数。

Note: ① The number in the parentheses indicates the number of countries or territories the order based on.②Data refer to 1977.

1-2 中国主要指标占世界的比重

Major Chinese Indicators as Percentage of the World

资料来源：联合国FAO数据库、联合国统计司数据库、世界银行WDI数据库、国际货币基金组织数据库。

Source: FAO Database; UNSD Database; World Bank WDI Database; IMF Database.

单位：%　　(%)

指　标	Indicator	1978	1980	1990	2000	2007	2008	2009
人　口	Population	22.3	22.1	21.6	20.8	20.0	19.8	19.7
国内生产总值	Gross Domestic Product	1.8	1.7	1.6	3.8	6.2	7.1	8.6
进出口贸易总额	Foreign Trade Total	0.8	0.9	1.6	3.6	7.7	7.9	8.8
出口额	Exports	0.8	0.9	1.8	3.9	8.7	8.9	9.6
进口额	Imports	0.8	1.0	1.5	3.3	6.7	6.9	7.9
外商直接投资	Foreign Direct Investment Inflow		0.1	1.7	3.0	4.2	6.4	8.5
稻谷产量	Rice,Paddy	36.4	36.0	37.0	31.7	28.7	28.2	29.1
小麦产量	Wheat	12.1	12.5	16.6	17.0	18.1	16.3	16.9
玉米产量	Maize	14.2	15.8	20.1	17.9	19.4	20.2	19.9
大　豆	Soybeans	10.1	9.8	10.1	9.5	7.2	6.7	6.5

1-3 中国农业主要产品产量居世界的位次

Ranking of China in the World in Terms of Major Agricultural Products

资料来源：联合国FAO数据库。
Source: United Nations FAO Database.

项 目	Item	1978	1980	1990	2000	2007	2008	2009
谷 物	Cereals	2	1	1	1	1	1	1
肉 类①	Meat①	3	3	1	1	1	1	1
籽 棉	Seed Cotton	3	2	1	1	1	1	1
大 豆	Soybeans	3	3	3	4	4	4	4
花 生	Groundnuts in Shell	2	2	2	1	1	1	1
油菜籽	Rapeseed	2	2	1	1	1	2	1
甘 蔗	Sugar Cane	7	9	4	3	3	3	3
茶 叶	Tea	2	2	2	2	1	1	1
水 果②	Fruit②	9	10	4	1	1	1	1

注：①1990年以前为猪、牛、羊肉产量的位次。②不包括瓜类。
Note: ①Data refer to pork,beef and mutton prior to 1990.②Excluding melons.

1-4 中国工业主要产品产量居世界的位次

Ranking of China in the World in Terms of Major Industrial Products

资料来源：联合国统计月报数据库、联合国FAO数据库。
Source: United Nations MBS Database;FAO Database.

项 目	Item	1978	1980	1990	2000	2007	2008	2009
粗 钢	Crude Steel	5	5	4	1	1	1	1
煤	Coal	3	3	1	1	1	1	1
原 油	Crude Petroleum	8	6	5	5	5	5	4
发电量	Electricity	7	6	4	2	2	2	2
水 泥	Cement	4	4	1	1	1	1	1
化 肥	Fertilizer	3	3	3	1	1	1	
棉 布	Woven Cotton Fabrics	1	1	1	2	1	1	1

地理、自然资源和环境

Geography, Natural Resource and Environment

2-1 地球和地表

The Earth and the Earth's Surface

资料来源：中国地图出版社《世界地图集》。
Source: China Map Publishing House Atlas of the World.

指　标	Indicator	数　据 Number
地球离太阳的平均距离(公里)	Average Distance between the Sun and the Earth (km)	149598000
日地最远距离	Maximum Distance	152100000
日地最近距离	Minimum Distance	147100000
地球公转的平均速度(公里/秒)	Average Revolution Speed of the Earth (km/s)	29.8
在远日点公转速度	At the Aphelion	29.3
在近日点公转速度	At the Perihelion	30.8
地球公转的轨道长度(公里)	Orbit Length of the Earth's Revolution (km)	939120000
地球公转一周的时间(日/时/分/秒)	Revolution Period of the Earth (d/h/m/s)	365/5/48/46
地球自转周期(时/分/秒)	Self-rotation Period of the Earth (h/m/s)	23/56/4
赤道半径长度(公里)	Semi Diameter Length of Equator (km)	6378
极半径长度(公里)	Polar Semi Diameter Length(km)	6357
子午线周长(公里)	Meridian Length (km)	40009
赤道周长(公里)	Equator Length (km)	40076
地球表面总面积(平方公里)	Earth's Surface Area (sq. km)	510083042
陆地面积(平方公里)	Land Area (sq. km)	149519000
#亚洲(%)	Asia (%)	29.4
非洲(%)	Africa (%)	20.2
欧洲(%)	Europe (%)	6.8
北美洲(%)	North America (%)	16.2
南美洲(%)	South Africa (%)	12.0
大洋洲(%)	Oceania (%)	6.0
南极洲(%)	Antarctica (%)	9.4
海洋面积(平方公里)	Ocean Area (sq. km)	361000000
#太平洋(%)	Pacific Ocean(%)	49.4
大西洋(%)	Atlantic Ocean(%)	25.4
印度洋(%)	Indian Ocean (%)	21.1
北冰洋(%)	Arctic Ocean (%)	4.1
地球体积(亿立方公里)	Cubage of the Earth (100 million cub. km)	10833.2

2-2 世界各大洲海拔高度

Altitude of the Continents

资料来源：中国地图出版社《世界地图集》。
Source: China Map Publishing House Atlas of the World.

洲　别	Continent	最高点	Summit	海拔高度(米) Altitude (m)	最低点	Lowest Point	海拔高度(米) Altitude (m)	平均海拔(米) Average Altitude (m)
世　界	World	珠穆朗玛峰	Everest	8844	死　海	Dead Sea	-413	950
亚　洲	Asia	珠穆朗玛峰	Everest	8844	死　海	Dead Sea	-413	950
非　洲	Africa	乞力马扎罗山	Kilimanjaro	5895	阿萨勒湖	Assal Lake	-156	750
欧　洲	Europe	厄尔布鲁士山	Elburz	5642	里　海	Caspian Sea	-28	340
北美洲	North America	麦金利山	Mckinley	6194	死　谷	Death Valley	-86	700
南美洲	South America	阿空加瓜山	Aconcagua	6960	格兰德斯盐湖	Glandeshi Salt Lake	-40	600
大洋洲	Oceania	查亚山	Tayawijaya	5029	北艾尔湖	Eyresee	-16	350
南极洲	Antarctica	文森山	Vinson	5140	本特莱冰下槽谷	North Streuli Ice Trough	-2538	2350

2-3 世界著名河流
The Famous Rivers in the World

资料来源：中国地图出版社《世界地图集》。
Source: China Map Publishing House Atlas of the World.

河流	River	长度(千米) Length (km)	流经国家	Flow via
尼罗河	Nile	6671	坦桑尼亚、布隆迪、卢旺达、乌干达、苏丹、埃及	Tanzania,Burundi,Rwanda,Uganda, Sudan,Egypt
亚马逊河	Amazon	6480	秘鲁、巴西	Peru,Brazil
长江	Yangtze	6397	中国	China
密西西比-密苏里河	Mississippi-Missouri	6262	美国	United States
黄河	Huanghe	5464	中国	China
鄂毕-额尔齐斯河	Ob'-Irtysh	5410	俄罗斯联邦、哈萨克斯坦、中国	Russian Fed.,Kazakhstan,China
澜沧江-湄公河	Lancang-Mekong	4500	中国、缅甸、老挝、泰国、柬埔寨、越南	China,Myanmar,Laos,Thailand, Cambodia,Viet Nam
刚果河(扎伊尔河)	Congo (Zaire)	4650	赞比亚、刚果(金)、中非、刚果(布)、喀麦隆、安哥拉	Zambia,Congo DR,Central Africa, Congo Rep.,Cameroon,Angola
黑龙江	Heilongjiang	4370	中国、俄罗斯联邦	China,Russian Fed.
勒拿河	Lena	4320	俄罗斯联邦	Russian Fed.

2-4 世界著名湖泊
The Famous Lakes in the World

资料来源：中国地图出版社《世界地图集》。
Source: China Map Publishing House Atlas of the World.

湖泊	Lake	面积(平方公里) Area (sq. km)	位置	Location
里海	Caspian Sea	371000	俄罗斯联邦、哈萨克斯坦、土库曼斯坦、伊朗、阿塞拜疆	Russian Fed.,Kazakhstan, Turkmenistan,Iran,Azerbaijan
苏必利尔湖	Superior Lake	82400	美国、加拿大	United States,Canada
维多利亚湖	Victoria Lake	69400	乌干达、肯尼亚、坦桑尼亚	Uganda,Kenya,Tanzania
咸海	Aral Sea	66500	哈萨克斯坦、乌兹别克斯坦	Kazakhstan,Uzbekistan
休伦湖	Huron Lake	59600	美国、加拿大	United States,Canada
密歇根湖	Michigan Lake	58000	美国	United States
坦噶尼喀湖	Tanganyika Lake	32900	刚果(金)、坦桑尼亚、布隆迪、赞比亚	Congo D.R.,Tanzania, Burundi,Zambia
贝加尔湖	Baikal Lake	31500	俄罗斯联邦	Russian Fed.
大熊湖	Great Bear Lake	31080	加拿大	Canada
马拉维湖	Malawi Lake	30800	马拉维、莫桑比克、坦桑尼亚	Malawi,Mozambique,Tanzania

2-5 国土面积与人口密度

Country Area and Population Density

资料来源：世界银行WDI数据库。
Source: World Bank WDI Database.

国家和地区	Country or Area	国土面积（万平方公里）Surface Area (10 000 sq.km) 2008	人口密度（人/平方公里）Population Density(persons/sq.km)		
			2000	2007	2008
世　界	**World**	**13442.5**	**46.9**	**51.1**	**51.7**
中　国	China	959.8	135.4	141.3	142.0
中国香港	Hong Kong,China		6396.4	6646.7	6696.4
中国澳门	Macao,China		15634.7	18194.2	18658.8
孟加拉国	Bangladesh	14.4	1081.4	1211.9	1229.2
文　莱	Brunei Darussalam	0.6	63.3	73.0	74.4
柬埔寨	Cambodia	18.1	72.3	81.1	82.5
印　度	India	328.7	341.7	378.3	383.4
印度尼西亚	Indonesia	190.5	113.3	124.0	125.5
伊　朗	Iran	174.5	39.3	43.6	44.2
以色列	Israel	2.2	290.6	331.8	337.7
日　本	Japan	37.8	348.1	350.5	350.4
哈萨克斯坦	Kazakhstan	272.5	5.5	5.7	5.8
韩　国	Korea,Rep.	10.0	476.1	500.0	501.5
老　挝	Laos	23.7	23.4	26.4	26.9
马来西亚	Malaysia	33.0	70.8	80.8	82.2
蒙　古	Mongolia	156.4	1.5	1.7	1.7
缅　甸	Myanmar	67.7	71.3	75.2	75.8
巴基斯坦	Pakistan	79.6	179.1	210.9	215.5
菲律宾	Philippines	30.0	260.6	297.5	303.0
新加坡	Singapore	0.1	6011.8	6583.4	6943.2
斯里兰卡	Sri Lanka	6.6	289.6	309.6	311.9
泰　国	Thailand	51.3	122.0	131.1	131.9
越　南	Viet Nam	33.1	249.6	274.6	278.0
埃　及	Egypt	100.1	70.5	80.4	81.9
尼日利亚	Nigeria	92.4	137.1	162.2	166.0
南　非	South Africa	121.9	36.2	39.7	40.2
加拿大	Canada	998.5	3.4	3.6	3.7
墨西哥	Mexico	196.4	50.4	54.2	54.7
美　国	United States	963.2	30.8	32.9	33.2
阿根廷	Argentina	278.0	13.5	14.4	14.6
巴　西	Brazil	851.5	20.6	22.5	22.7
委内瑞拉	Venezuela	91.2	27.6	31.2	31.7
捷　克	Czech Rep.	7.9	133.0	133.8	134.9
法　国	France	54.9	107.5	113.1	113.7
德　国	Germany	35.7	235.7	235.9	235.4
意大利	Italy	30.1	193.6	201.9	203.4
荷　兰	Netherlands	4.2	471.7	485.2	487.1
波　兰	Poland	31.3	126.3	125.3	125.3
俄罗斯联邦	Russian Fed.	1709.8	8.9	8.7	8.7
西班牙	Spain	50.5	80.7	89.9	91.3
土耳其	Turkey	78.4	86.4	94.9	96.0
乌克兰	Ukraine	60.4	84.9	80.3	79.8
英　国	United Kingdom	24.4	243.4	252.1	253.8
澳大利亚	Australia	774.1	2.5	2.7	2.8
新西兰	New Zealand	26.8	14.4	15.8	15.9

2-6 土地利用(2007年)
Land Utilization (2007)

资料来源：世界银行WDI数据库。
Source: World Bank WDI Database.

单位：万公顷 (10 000 hectares)

国家和地区	Country or Area	陆地面积 Land Area	耕地面积 Arable Area	多年生作物面积 Permanent Crop Area	森林面积 Forest Area
世　界	**World**	**1296123**		**14257**	**392844**
中　国	China	93275	14063	1220	20541
中国香港	Hong Kong,China	10			
孟加拉国	Bangladesh	1302	797	48	87
文　莱	Brunei Darussalam	53		1	27
柬 埔 寨	Cambodia	1765	380	16	1001
印　度	India	29732	15865	1070	6776
印度尼西亚	Indonesia	18116	2200	1558	8475
伊　朗	Iran	16286	1687	163	1108
以 色 列	Israel	216	31	7	17
日　本	Japan	3645	433	33	2487
哈萨克斯坦	Kazakhstan	26997	2270	10	333
韩　国	Korea,Rep.	969	160	18	625
老　挝	Laos	2308	117	9	1599
马来西亚	Malaysia	3286	180	578	2061
蒙　古	Mongolia	15536	85		1009
缅　甸	Myanmar	6535	1058	111	3129
巴基斯坦	Pakistan	7709	2150	77	182
菲 律 宾	Philippines	2982	510	489	685
新 加 坡	Singapore	7			
斯里兰卡	Sri Lanka	646	97	95	187
泰　国	Thailand	5109	1520	373	1440
越　南	Viet Nam	3101	635	307	1341
埃　及	Egypt	9955	302	50	7
尼日利亚	Nigeria	9108	3650	301	1027
南　非	South Africa	12145	1450	97	920
加 拿 大	Canada	90935	4510	728	31013
墨 西 哥	Mexico	19440	2450	233	6372
美　国	United States	91619	17043	275	30341
阿 根 廷	Argentina	27367	3250	110	3272
巴　西	Brazil	84594	5950	677	47149
委内瑞拉	Venezuela	8821	265	71	4714
捷　克	Czech Rep.	773	303	24	265
法　国	France	5477	1843	112	1564
德　国	Germany	3488	1188	21	1108
意 大 利	Italy	2941	717	253	1019
荷　兰	Netherlands	338	106	3	37
波　兰	Poland	3043	1250	40	925
俄罗斯联邦	Russian Fed.	163777	12157	164	80860
西 班 牙	Spain	4990	1270	484	1851
土 耳 其	Turkey	7696	2193	293	1022
乌 克 兰	Ukraine	5793	3243	93	960
英　国	United Kingdom	2419	609	5	287
澳大利亚	Australia	76823	4418	35	16329
新 西 兰	New Zealand	2677	87	7	834

2-7 淡水资源(2007年)

Freshwater(2007)

资料来源：世界银行WDI数据库。
Source: World Bank WDI Database.

国家和地区	Country or Area	人均可再生淡水资源(立方米) Renewable Internal Freshwater Resources per Capita(cu.m.)	淡水消费量 Freshwater Withdrawals			
			占水资源总量的比重(%) % of Internal Resources	农业用水 % for Agriculture	工业用水 % for Industry	生活用水 % for Domestic
世　界	**World**	**6616**	**9.0**	**70.0**	**20.0**	**10.0**
高收入国家	**High Income**	**9305**	**10.4**	**43.0**	**42.0**	**15.0**
中等收入国家	**Middle Income**	**6350**	**8.8**	**77.0**	**14.2**	**8.9**
低收入国家	**Low Income**	**5004**	**7.9**	**88.4**	**6.4**	**5.3**
中　国	China	2134	22.4	67.7	25.7	6.6
孟加拉国	Bangladesh	666	75.6	96.2	0.7	3.2
柬埔寨	Cambodia	8417	3.4	98.0	0.5	1.5
印　度	India	1121	51.2	86.5	5.5	8.1
印度尼西亚	Indonesia	12578	2.9	91.3	0.7	8.0
伊　朗	Iran	1809	72.6	92.2	1.2	6.6
以色列	Israel	104	260.5	57.8	5.8	36.4
日　本	Japan	3365	20.6	62.5	17.9	19.7
哈萨克斯坦	Kazakhstan	4871	46.4	81.8	16.5	1.7
韩　国	Korea,Rep.	1338	28.7	48.0	16.4	35.6
老　挝	Laos	31256	1.6	90.0	5.7	4.3
马来西亚	Malaysia	21841	1.6	62.1	21.1	16.9
蒙　古	Mongolia	13326	1.3	52.3	27.3	20.5
缅　甸	Myanmar	17924	3.8	98.2	0.5	1.2
巴基斯坦	Pakistan	338	308.0	96.0	2.1	1.9
菲律宾	Philippines	5399	6.0	74.0	9.4	16.6
斯里兰卡	Sri Lanka	2499	25.2	95.2	2.5	2.4
泰　国	Thailand	3135	41.5	95.1	2.5	2.5
越　南	Viet Nam	4304	19.5	68.1	24.1	7.8
埃　及	Egypt	22	3794.4	86.4	5.9	7.8
尼日利亚	Nigeria	1496	3.6	68.8	10.1	21.1
南　非	South Africa	936	27.9	62.7	6.1	31.2
加拿大	Canada	86426	1.6	11.8	68.7	19.6
墨西哥	Mexico	3885	19.1	77.1	5.5	17.4
美　国	United States	9293	17.1	41.3	46.0	12.7
阿根廷	Argentina	6989	10.6	73.7	9.5	16.8
巴　西	Brazil	28498	1.1	61.8	18.0	20.3
委内瑞拉	Venezuela	26287	1.2	47.4	7.1	45.5
捷　克	Czech Rep.	1272	19.6	2.3	57.0	40.7
法　国	France	2882	22.4	9.8	74.5	15.7
德　国	Germany	1301	44.0	19.8	67.9	12.4
意大利	Italy	3074	24.3	45.1	36.7	18.2
荷　兰	Netherlands	671	72.2	33.9	60.0	6.2
波　兰	Poland	1406	30.2	8.3	78.7	13.0
俄罗斯联邦	Russian Fed.	30350	1.8	17.8	63.5	18.8
西班牙	Spain	2478	32.0	68.0	18.5	13.4
土耳其	Turkey	3109	17.7	73.8	10.7	15.5
乌克兰	Ukraine	1142	70.7	52.5	35.4	12.2
英　国	United Kingdom	2377	6.6	2.9	75.4	21.7
澳大利亚	Australia	23348	4.9	75.3	10.0	14.7
新西兰	New Zealand	77336	0.6	42.2	9.5	48.3

2-8 森林资源
Forestation

资料来源：世界银行WDI数据库。
Source: World Bank WDI Database.
单位：% (%)

国家和地区	Country or Area	森林平均消失率① Average Annual Deforestation Rate①		森林覆盖率 Forest Area as Percentage of Land Area	
		1990-2000	2000-2007	2000	2007
世　界	**World**	**0.2**	**0.2**	**30.7**	**30.3**
高收入国家	**High Income**	**-0.1**	**-0.1**	**28.8**	**29.0**
中等收入国家	**Middle Income**	**0.2**	**0.2**	**32.4**	**32.0**
低收入国家	**Low Income**	**0.7**	**0.7**	**26.8**	**25.4**
中　国	China	-1.2	-2.1	19.0	22.0
孟加拉国	Bangladesh		0.3	6.8	6.7
文　莱	Brunei Darussalam			54.7	52.0
柬埔寨	Cambodia	1.1	2.0	65.4	56.7
印　度	India	-0.6		22.7	22.8
印度尼西亚	Indonesia	1.7	2.0	54.0	46.8
伊　朗	Iran			6.8	6.8
以色列	Israel	-0.6	-0.8	7.6	8.0
日　本	Japan			68.3	68.2
哈萨克斯坦	Kazakhstan	0.1	0.2	1.3	1.2
韩　国	Korea,Rep.	0.1	0.1	63.8	64.5
老　挝	Laos	0.5	0.5	71.6	69.3
马来西亚	Malaysia	0.4	0.7	65.7	62.7
蒙　古	Mongolia	0.7	0.8	6.9	6.5
缅　甸	Myanmar	1.3	1.4	52.9	47.9
巴基斯坦	Pakistan	1.8	2.2	2.7	2.4
菲律宾	Philippines	2.8	2.1	26.7	23.0
新加坡	Singapore			3.4	3.3
斯里兰卡	Sri Lanka	1.2	1.5	32.2	29.0
泰　国	Thailand	0.7	0.4	29.0	28.2
越　南	Viet Nam	-2.3	-1.9	37.7	43.3
埃　及	Egypt	-3.0	-2.5	0.1	0.1
尼日利亚	Nigeria	2.7	3.5	14.4	11.3
南　非	South Africa			7.6	7.6
加拿大	Canada			34.1	34.1
墨西哥	Mexico	0.5	0.4	33.7	32.8
美　国	United States	-0.1	-0.1	33.0	33.1
阿根廷	Argentina	0.4	0.4	12.3	12.0
巴　西	Brazil	0.5	0.6	58.3	55.7
委内瑞拉	Venezuela	0.6	0.6	55.7	53.4
捷　克	Czech Rep.		-0.1	34.1	34.3
法　国	France	-0.5	-0.3	28.0	28.6
德　国	Germany	-0.3		31.8	31.8
意大利	Italy	-1.2	-1.1	32.1	34.7
荷　兰	Netherlands	-0.4	-0.3	10.7	10.9
波　兰	Poland	-0.2	-0.3	29.8	30.4
俄罗斯联邦	Russian Fed.			49.4	49.4
西班牙	Spain	-2.0	-1.7	32.9	37.1
土耳其	Turkey	-0.4	-0.2	13.1	13.3
乌克兰	Ukraine	-0.2	-0.1	16.4	16.6
英　国	United Kingdom	-0.7	-0.4	11.5	11.9
澳大利亚	Australia	0.2	0.1	21.4	21.3
新西兰	New Zealand	-0.6	-0.2	30.7	31.2

注：①负值表示森林面积的增长。
Note:①The negative represents the forest area increased.

2-9 二氧化碳排放量

Emissions of Carbon Dioxide

资料来源：世界银行WDI数据库。
Source: World Bank WDI Database.

国家和地区	Country or Area	二氧化碳排放年均增长(%) Carbon Dioxide Emissions Average Annual Growth (%)	二氧化碳排放总量(百万吨) Total Emissions (million metric tons)		人均二氧化碳排放量(吨) Per Capita Emissions (ton)	
		1990-2006	2000	2007	2000	2007
世　界	**World**	**1.7**	**24688.0**	**30649.4**	**4.1**	**4.6**
中　国	China	5.1	3402.3	6533.0	2.7	5.0
中国香港	Hong Kong,China	2.3	40.5	39.9	6.1	5.8
中国澳门	Macao,China		1.6	1.6	3.7	3.0
孟加拉国	Bangladesh	6.6	27.8	43.7	0.2	0.3
文　莱	Brunei Darussalam		6.5	7.6	19.6	19.7
柬埔寨	Cambodia	16.7	2.3	4.4	0.2	0.3
印　度	India	4.8	1185.7	1611.0	1.2	1.4
印度尼西亚	Indonesia	3.9	257.9	396.8	1.3	1.8
伊　朗	Iran	4.5	339.0	495.6	5.3	7.0
以色列	Israel	4.4	62.6	66.7	10.0	9.3
日　本	Japan	0.6	1228.8	1253.5	9.7	9.8
哈萨克斯坦	Kazakhstan	-3.1	127.7	227.2	8.6	14.7
韩　国	Korea,Rep.	4.2	441.7	502.9	9.4	10.4
老　挝	Laos	14.5	1.1	1.5	0.2	0.3
马来西亚	Malaysia	6.7	126.5	194.3	5.4	7.3
蒙　古	Mongolia	-1.2	7.5	10.6	3.1	4.0
缅　甸	Myanmar	5.6	8.9	13.2	0.2	0.3
巴基斯坦	Pakistan	4.5	106.4	156.3	0.8	1.0
菲律宾	Philippines	3.4	78.8	70.9	1.0	0.8
新加坡	Singapore	0.4	52.3	54.1	13.0	11.8
斯里兰卡	Sri Lanka	7.9	10.2	12.3	0.5	0.6
泰　国	Thailand	5.9	201.4	277.3	3.2	4.1
越　南	Viet Nam	11.8	53.6	111.3	0.7	1.3
埃　及	Egypt	5.4	141.2	184.5	2.0	2.3
尼日利亚	Nigeria	6.1	79.1	95.2	0.6	0.6
南　非	South Africa	1.2	368.3	433.2	8.4	9.0
加拿大	Canada	1.5	537.0	556.9	17.5	16.9
墨西哥	Mexico	0.6	389.8	471.1	4.0	4.5
美　国	United States	1.2	5737.2	5832.2	20.3	19.3
阿根廷	Argentina	2.2	141.0	183.6	3.8	4.6
巴　西	Brazil	3.5	329.9	368.0	1.9	1.9
委内瑞拉	Venezuela	2.4	152.3	165.4	6.3	6.0
捷　克	Czech Rep.	-1.5	125.8	124.9	12.2	12.1
法　国	France	-0.3	365.3	371.5	6.2	6.0
德　国	Germany	-1.1	831.4	787.3	10.1	9.6
意大利	Italy	0.7	447.0	456.1	7.8	7.7
荷　兰	Netherlands		166.2	173.1	10.4	10.6
波　兰	Poland	-1	301.4	317.1	7.8	8.3
俄罗斯联邦	Russian Fed.	-2.4	1442.5	1536.1	9.9	10.8
西班牙	Spain	3	294.2	359.0	7.3	8.0
土耳其	Turkey	3.5	216.0	288.4	3.2	4.0
乌克兰	Ukraine	-4.8	304.7	317.3	6.2	6.8
英　国	United Kingdom	-0.3	544.0	539.2	9.2	8.8
澳大利亚	Australia	1.3	328.8	373.7	17.2	17.7
新西兰	New Zealand	2.1	32.7	32.6	8.5	7.7

2-10 甲烷排放量(2005年)
Methane Emissions(2005)

资料来源：世界银行WDI数据库。
Source: World Bank WDI Database.

国家和地区	Country or Area	排放总量(千吨二氧化碳当量) Methane Emissions (total thousand metric tons of carbon dioxide equivalent)	1990-2005年增长率(%) 1990-2005 % Change	能源加工产生的排放量占总排放量比重(%) Energy Processes % of total	农业生产甲烷排放比重 Agricultural % of Total
世 界	**World**	**6607490**	**9.9**	**35.4**	**43.1**
高收入国家	**High Income**	**1613280**	**4.3**	**32.1**	**27.0**
中等收入国家	**Middle Income**	**4455960**	**12.9**	**38.7**	**46.6**
低收入国家	**Low Income**	**538250**	**2.6**	**17.0**	**62.7**
中 国	China	995760	32.6	44.1	50.0
中国香港	Hong Kong,China	1090	97.7	28.7	0.9
孟加拉国	Bangladesh	92530	6.6	10.8	69.2
文 莱	Brunei Darussalam	2060			1.0
柬 埔 寨	Cambodia	14890	35.1	5.6	71.5
印 度	India	712330	10.5	16.8	64.8
印度尼西亚	Indonesia	224330	18.7	25.5	41.2
伊 朗	Iran	95060	32.3	70.6	21.8
以 色 列	Israel	1170	84.7	18.2	36.8
日 本	Japan	53480	-32.9	4.5	13.4
哈萨克斯坦	Kazakhstan	28270	-28.5	65.4	37.9
韩 国	Korea,Rep.	31280	296.3	3.8	31.1
马来西亚	Malaysia	25510	65.0	69.1	22.3
蒙 古	Mongolia	4840	-25.0	1.3	83.9
缅 甸	Myanmar	60840	-7.0	12.9	70.0
巴基斯坦	Pakistan	110300	50.5	24.2	66.3
菲 律 宾	Philippines	44860	28.8	8.4	66.7
新 加 坡	Singapore	1260	138.0	58.9	4.8
斯里兰卡	Sri Lanka	10280	-11.5	5.4	61.8
泰 国	Thailand	78840	6.8	14.1	76.1
越 南	Viet Nam	75080	39.9	23.3	66.8
埃 及	Egypt	32960	69.9	49.8	44.2
尼日利亚	Nigeria	78290	11.7	68.8	33.7
南 非	South Africa	59200	23.8	43.7	23.8
加 拿 大	Canada	103830	27.5	39.0	22.2
墨 西 哥	Mexico	120100	25.8	40.0	39.6
美 国	United States	810280	-3.4	32.6	18.4
阿 根 廷	Argentina	94340	-8.7	18.4	63.9
巴 西	Brazil	421820	57.4	6.1	67.1
委内瑞拉	Venezuela	65730	5.8	47.4	33.6
捷 克	Czech Rep.	14930	-39.8	37.2	17.2
法 国	France	43520	6.3	41.3	71.1
德 国	Germany	58100	-46.0	26.8	39.2
意 大 利	Italy	36670	-13.9	13.4	37.7
荷 兰	Netherlands	15180	-30.5	22.9	49.2
波 兰	Poland	60060	-41.6	56.8	18.4
俄罗斯联邦	Russian Fed.	501380	-17.1	79.1	7.9
西 班 牙	Spain	38010	16.5	9.1	44.1
土 耳 其	Turkey	23140	26.9	17.5	59.5
乌 克 兰	Ukraine	75640	-42.4	60.2	15.7
英 国	United Kingdom	39400	-43.2	34.6	50.7
澳大利亚	Australia	116840	8.3	28.6	61.5
新 西 兰	New Zealand	27490	3.6	3.4	82.3

2-11 氮及其它温室气体排放量

Nitrous Oxide and Other Greenhouse Gas Emissions

资料来源：世界银行WDI数据库。
Source: World Bank WDI Database.
单位：千吨二氧化碳当量 (thousand metric tons of carbon dioxide equivalent)

国家和地区	Country or Area	氮排放量 Nitrous Oxide Emissions		农业生产氮排放量比重(%) Agricultural Nitrous Oxide Emissions (% of total)		其它温室气体排放量 Other Greenhouse Gas Emissions,HFC,PFC and SF6	
		2000	2005	2000	2005	2000	2005
世　界	**World**	**3610800**	**3787800**	**82.34**	**82.56**	**517630**	**601890**
高收入国家	**High Income**	**1105340**	**1133670**	**75.57**	**75.24**	**344550**	**378840**
中等收入国家	**Middle Income**	**2210950**	**2307820**	**84.81**	**84.95**	**171380**	**221020**
低收入国家	**Low Income**	**294510**	**346310**	**89.26**	**90.60**	**1700**	**2030**
中　国	China	556620	566680	92.96	92.70	82590	119720
中国香港	Hong Kong,China	230	200	4.35	5.00	330	330
孟加拉国	Bangladesh	33540	37100	91.32	91.86		
文　莱	Brunei Darussalam	360	370	2.78	2.70		
柬埔寨	Cambodia	3490	3820	71.63	74.08		
印　度	India	278700	300680	93.04	92.97	9020	9510
印度尼西亚	Indonesia	69130	69910	73.20	72.62	900	900
伊　朗	Iran	58910	66140	97.69	97.63	1560	1560
以色列	Israel	1760	1820	87.50	83.52	1140	1140
日　本	Japan	26240	23590	48.06	49.34	69740	70570
哈萨克斯坦	Kazakhstan	10040	5530	93.13	90.24		
韩　国	Korea,Rep.	16170	22020	51.95	36.10	8150	8700
马来西亚	Malaysia	9350	9920	62.14	64.32	530	530
蒙　古	Mongolia	16880	22850	99.53	99.65		
缅　甸	Myanmar	22050	25900	61.04	66.76	10	10
巴基斯坦	Pakistan	73630	80040	96.26	96.35	620	620
菲律宾	Philippines	16890	18940	93.90	95.62	350	350
新加坡	Singapore	5880	7970	0.85	0.75	1300	1300
斯里兰卡	Sri Lanka	2830	3130	89.75	89.14		
泰　国	Thailand	26030	27990	87.13	87.89	940	940
越　南	Viet Nam	27110	37470	93.43	94.90	10	10
埃　及	Egypt	25160	27810	84.26	85.62	1820	1820
尼日利亚	Nigeria	35440	39030	86.85	87.06	80	80
南　非	South Africa	26840	29250	84.13	82.70	2600	2600
加拿大	Canada	49310	51390	86.78	86.73	11210	11010
墨西哥	Mexico	71850	75500	89.69	90.11	2700	3160
美　国	United States	453300	456210	73.79	74.74	107410	108420
阿根廷	Argentina	75200	83410	97.53	97.70	870	930
巴　西	Brazil	289540	300300	74.28	74.39	7210	7760
委内瑞拉	Venezuela	24800	26460	76.45	77.82	2020	2300
捷　克	Czech Rep.	6730	6570	76.67	75.04	1530	3530
法　国	France	77430	78090	76.90	77.26	22410	27010
德　国	Germany	65330	69470	77.71	74.18	37580	41980
意大利	Italy	36820	37200	72.60	70.54	22430	27710
荷　兰	Netherlands	18000	16800	53.56	51.55	5790	5300
波　兰	Poland	27650	26110	74.18	72.46	860	1270
俄罗斯联邦	Russian Fed.	53110	42650	80.72	76.18	48440	56600
西班牙	Spain	41380	48520	83.04	85.72	12130	15050
土耳其	Turkey	46140	47950	87.04	87.99	1480	1480
乌克兰	Ukraine	29600	23270	66.01	54.19	780	1390
英　国	United Kingdom	65230	65480	55.90	52.20	12140	14030
澳大利亚	Australia	105100	114500	95.11	94.88	3860	4580
新西兰	New Zealand	29630	27960	99.43	99.36	520	820

2-12 每立方米空气中颗粒物含量(直径不足10微米的颗粒物)

Particulate Matter Content per Cubic Meter in the Air (PM Diameter Less Than 10 Microns)

资料来源：世界银行WDI数据库。
Source: World Bank WDI Database.
单位：微克/立方米 (micrograms per cubic meter)

国家和地区	Country or Area	2000	2002	2003	2004	2005	2006
世　界	**World**	**63.45**	**60.21**	**57.69**	**55.64**	**52.79**	**50.10**
中　国	China	84.56	78.38	79.48	78.93	75.24	73.01
中国澳门	Macao,China	55.38	49.07	50.37	50.72	49.39	48.42
孟加拉国	Bangladesh	162.45	157.78	149.83	143.07	140.02	135.43
文　莱	Brunei Darussalam	66.05	65.20	63.94	60.55	58.85	54.04
柬埔寨	Cambodia	48.25	49.42	48.35	49.04	46.49	45.70
印　度	India	93.35	86.02	80.14	74.86	68.24	64.92
印度尼西亚	Indonesia	119.21	111.17	101.74	101.02	94.77	82.88
伊　朗	Iran	80.29	68.24	62.13	58.79	53.60	50.61
以色列	Israel	51.79	49.90	50.24	34.82	34.48	31.47
日　本	Japan	33.47	33.53	32.10	31.02	30.95	29.64
哈萨克斯坦	Kazakhstan	27.15	25.63	23.63	20.80	19.90	18.78
韩　国	Korea,Rep.	46.87	44.75	41.39	39.88	36.66	34.72
老　挝	Laos	53.58	53.27	52.94	53.49	49.94	48.84
马来西亚	Malaysia	26.74	28.02	27.65	26.52	24.42	22.89
蒙　古	Mongolia	130.06	126.15	124.27	122.24	112.58	110.45
缅　甸	Myanmar	76.82	74.31	74.92	69.52	63.80	57.72
巴基斯坦	Pakistan	184.34	162.72	132.00	130.05	119.64	120.26
菲律宾	Philippines	47.83	34.14	30.72	30.18	26.16	22.83
新加坡	Singapore	43.70	48.84	47.28	44.72	40.54	40.87
斯里兰卡	Sri Lanka	99.16	93.42	105.58	105.00	92.05	82.12
泰　国	Thailand	79.00	77.84	78.30	80.28	77.93	70.90
越　南	Viet Nam	70.00	66.70	65.58	65.45	60.80	55.32
埃　及	Egypt	132.11	128.85	129.57	132.18	126.90	119.22
尼日利亚	Nigeria	84.84	84.91	71.04	55.36	58.93	44.99
南　非	South Africa	26.02	19.92	25.35	22.96	21.79	20.54
加拿大	Canada	21.54	20.26	20.08	19.65	18.63	17.39
墨西哥	Mexico	44.76	41.96	40.88	39.32	39.51	36.45
美　国	United States	24.47	23.63	23.19	22.70	22.15	21.34
阿根廷	Argentina	70.06	77.29	75.15	83.42	76.11	73.11
巴　西	Brazil	32.45	32.43	29.94	27.86	25.43	23.34
委内瑞拉	Venezuela	12.13	11.97	11.69	9.76	11.42	10.54
捷　克	Czech Rep.	26.60	24.56	23.66	22.78	22.12	20.95
法　国	France	15.36	15.45	14.51	14.01	13.88	13.48
德　国	Germany	23.03	21.84	20.50	19.40	19.02	18.58
意大利	Italy	33.40	32.68	30.41	27.98	27.51	26.71
荷　兰	Netherlands	39.79	38.48	37.45	35.76	35.35	33.71
波　兰	Poland	40.32	38.69	39.24	38.69	36.93	37.37
俄罗斯联邦	Russian Fed.	27.89	24.10	23.00	20.49	19.00	17.74
西班牙	Spain	41.18	39.89	34.95	33.95	34.07	31.61
土耳其	Turkey	51.76	51.87	47.89	44.01	40.03	39.72
乌克兰	Ukraine	30.94	31.58	32.04	29.65	22.98	20.54
英　国	United Kingdom	18.59	17.13	17.22	15.82	15.70	15.49
澳大利亚	Australia	18.98	18.06	17.54	15.60	15.70	15.39
新西兰	New Zealand	17.61	16.24	15.74	14.97	14.50	14.36

2-13 国家保护区面积和濒危物种(2008年)

National Protected Areas and Threatened Species(2008)

资料来源：世界银行WDI数据库。
Source: World Bank WDI Database.

国家和地区	Country or Area	国家保护区 National Protected Areas				濒危物种(种) Threatened Species (number)			
		陆地保护区 Terrestrial Protected Areas		海洋保护区 Marine Protected Areas					
		数量(个) Areas (number)	占国土面积的比重 % of Total Surface Area	数量(个) Areas (number)	占国土面积的比重 % of Total Surface Area	哺乳动物 Mammals	鸟类 Birds	鱼类 Fish	高植株植物 Higher Plants
中　　国	China	1981	15.1	36	0.3	74	85	70	446
中国香港	Hong Kong,China	98	44.1	22		2	16	13	6
中国澳门	Macao,China						4	6	
孟加拉国	Bangladesh	20	2.2	7	0.5	34	28	12	12
文　　莱	Brunei Darussalam	45	59.3	7	0.1		21	8	99
柬 埔 寨	Cambodia	30	24.0	2	0.4	37	25	18	31
印　　度	India	556	4.8	117	1.5	96	76	40	246
印度尼西亚	Indonesia	469	15.8	139	1.8	183	115	111	386
伊　　朗	Iran	145	7.0	12	3.5	16	20	21	1
以 色 列	Israel	222	34.5	13	0.5	15	13	31	
日　　本	Japan	216	14.1	135	5.2	27	40	40	12
哈萨克斯坦	Kazakhstan	77	2.8			16	21	13	16
韩　　国	Korea,Rep.	32	4.3	6	3.2	9	30	14	
老　　挝	Laos	25	15.9			46	23	6	21
马来西亚	Malaysia	684	20.3	147	4.6	70	42	49	686
蒙　　古	Mongolia	51	13.9			11	21	1	
缅　　甸	Myanmar	49	6.7	6	0.5	45	41	17	38
巴基斯坦	Pakistan	151	9.0	5	1.1	23	27	22	2
菲 律 宾	Philippines	204	17.2	212	0.7	39	67	60	216
新 加 坡	Singapore	7	5.2	3	0.8	12	14	22	54
斯里兰卡	Sri Lanka	234	20.6	14	1.0	30	13	31	280
泰　　国	Thailand	206	20.4	19	3.9	57	44	50	86
越　　南	Viet Nam	116	5.6	36	1.4	54	39	33	147
埃　　及	Egypt	26	7.7	8	9.9	17	10	24	2
尼日利亚	Nigeria	972	16.0			27	12	21	171
南　　非	South Africa	931	6.1	30	6.2	23	35	65	74
加 拿 大	Canada	5122	8.2	563	1.1	12	16	26	2
墨 西 哥	Mexico	182	8.0	38	14.0	100	54	114	261
美　　国	United States	6770	27.1	787	67.6	37	74	164	244
阿 根 廷	Argentina	307	6.5	36	0.6	35	49	31	44
巴　　西	Brazil	1444	29.6	58	4.8	82	122	64	382
委内瑞拉	Venezuela	231	71.4	19	10.9	32	26	29	69
捷　　克	Czech Rep.	1765	15.8			2	6	5	4
法　　国	France	1541	15.4	64	3.2	9	6	31	8
德　　国	Germany	14388	56.2	21	26.7	6	6	20	12
意 大 利	Italy	456	7.1	58	3.1	7	8	33	19
荷　　兰	Netherlands	1948	19.8	6	3.1	4	2	11	
波　　兰	Poland	1605	24.3	3	2.5	5	6	6	4
俄罗斯联邦	Russian Fed.	11181	9.0	27	6.3	33	51	32	7
西 班 牙	Spain	468	9.5	47	5.3	16	15	52	49
土 耳 其	Turkey	236	1.9	13	2.9	17	15	60	3
乌 克 兰	Ukraine	5197	3.4	15	4.3	11	12	20	1
英　　国	United Kingdom	778	22.4	149	4.6	5	2	34	14
澳大利亚	Australia	5485	0.1	384	70.7	57	49	84	55
新 西 兰	New Zealand	3878	29.5	87	7.1	8	69	14	21

2-14 有机水污染物排放量

Emissions of Organic Water Pollutants

资料来源：世界银行WDI数据库。
Source: World Bank WDI Database.

国家和地区	Country or Area	有机水污染物排放量（千克/天） Emissions of Organic Water Pollutants (kg/per day)			分行业有机水污染物排放量占排放总量的比重(%) Industry Shares of Emissions of Organic Water Pollutants of Total(%)		
					化工行业 Chemicals		
		2000	2005	2006	2000	2005	2006
印度尼西亚	Indonesia	747563	764028		12.0	13.0	
伊　朗	Iran	140591	160776		12.9	12.8	
以色列	Israel	43520			14.1		
日　本	Japan	1331455	1122694		10.3	11.2	
哈萨克斯坦	Kazakhstan	1261					
韩　国	Korea,Rep.	309138	316969	319604	11.8	12.3	12.1
马来西亚	Malaysia	184365	208441		14.4	16.2	
菲律宾	Philippines		97900			13.2	
新加坡	Singapore	32200	34458	35301	12.1	12.0	11.4
斯里兰卡	Sri Lanka			266109			9.0
泰　国	Thailand	333763			13.2		
越　南	Viet Nam	260430	470233	500482	7.1	6.6	6.8
南　非	South Africa	229388	191929	191581	15.0	11.2	11.4
加拿大	Canada	307538			9.9		
美　国	United States	2543653	1889365		12.0	13.1	
阿根廷	Argentina	173051			14.7		
捷　克	Czech Rep.	142492	148863	146529	8.6	10.0	10.9
法　国	France	611527	578173		14.1	15.0	
德　国	Germany	1024225	954219		12.0	12.0	
意大利	Italy	494014	475760		10.5	10.5	
荷　兰	Netherlands	146863	122052		13.8	14.8	
波　兰	Poland	369032	364549		9.4	11.1	
俄罗斯联邦	Russian Fed.	1579064	1425913	1388069	10.9	11.7	11.9
西班牙	Spain	371366	379728		10.4	10.9	
土耳其	Turkey	184655			9.6		
乌克兰	Ukraine	578758	527203	537408	8.7	10.3	10.3
英　国	United Kingdom	633273	521716		13.1	13.5	
新西兰	New Zealand	59554	64193	62484	7.8	8.3	8.6

2-14 续表 1 continued

国家和地区	Country or Area	分行业有机水污染排放量占排放总量的比重 (%) Industry Shares of Emissions of Organic Water Pollutants of Total(%)					
		黏土和玻璃行业 Clay and Glass			食品行业 Food		
		2000	2005	2000	2005	2000	2005
印度尼西亚	Indonesia		3.9		19.9	21.5	
伊　朗	Iran	13.8	13.8		15.1	16.1	
以 色 列	Israel				19.2		
日　本	Japan	3.9	3.6		13.5	15.1	
哈萨克斯坦	Kazakhstan				63.3		
韩　国	Korea,Rep.	3.2	3.1	3.0	6.8	6.5	6.3
马来西亚	Malaysia	3.8	3.9		8.6	9.5	
菲 律 宾	Philippines		6.2			33.1	
新 加 坡	Singapore	1.8	1.4	1.4	4.5	5.2	5.3
斯里兰卡	Sri Lanka			6.3			22.4
泰　国	Thailand	3.4			16.5		
越　南	Viet Nam	8.1	7.1	6.7	18.0	14.3	13.3
南　非	South Africa	3.3	5.3	5.3	14.4	15.5	14.8
加 拿 大	Canada	2.6			13.4		
美　国	United States	3.2	3.7		9.5	12.0	
阿 根 廷	Argentina	4.1			29.2		
捷　克	Czech Rep.	7.3	6.3	6.4	10.2	10.6	10.9
法　国	France	3.8	3.8		14.9	16.2	
德　国	Germany	3.9	3.4		11.7	11.8	
意 大 利	Italy	5.1	5.5		8.2	9.0	
荷　兰	Netherlands	4.2	4.1		17.9	18.4	
波　兰	Poland	6.2	5.4		18.5	18.8	
俄罗斯联邦	Russian Fed.	7.7	7.9	8.0	16.9	17.5	17.8
西 班 牙	Spain	7.2	7.9		14.5	15.2	
土 耳 其	Turkey	6.5			15.4		
乌 克 兰	Ukraine	6.9	6.5	6.5	18.4	19.0	20.7
英　国	United Kingdom	3.6	3.6		13.3	14.9	
新 西 兰	New Zealand	3.1	3.2	3.2	28.6	30.1	30.6

2-14 续表 2 continued

国家和地区	Country or Area	分行业有机水污染物排放量占排放总量的比重(%) Industry Shares of Emissions of Organic Water Pollutants of Total(%)								
		纸及纸浆行业 Paper and Pulp			纺织行业 Textiles			木材行业 Wood		
		2000	2005	2006	2000	2005	2006	2000	2005	2006
印度尼西亚	Indonesia	3.9	4.0		34.0	29.0		9.4	7.4	
伊　朗	Iran	2.8	2.8		17.8	11.2		1.0	0.7	
以色列	Israel	7.8			12.4			0.9		
日　本	Japan	8.2	7.1		6.8	5.3		2.2	2.0	
哈萨克斯坦	Kazakhstan	33.3								
韩　国	Korea,Rep.	5.3	5.5	5.4	16.1	10.2	9.3	1.0	0.9	0.9
马来西亚	Malaysia	4.4	5.2		8.3	6.8		8.1	7.9	
菲律宾	Philippines		6.3			3.1				
新加坡	Singapore	6.7	6.0	5.8	3.2	2.6	2.4	0.5	0.5	0.4
斯里兰卡	Sri Lanka			4.3			43.6			2.5
泰　国	Thailand	4.1			22.5			2.4		
越　南	Viet Nam	3.7	3.7	3.5	41.3	40.4	40.3	3.9	3.7	3.3
南　非	South Africa	8.0	6.5	7.0	16.5	12.6	11.9	6.2	4.3	4.3
加拿大	Canada	9.2			8.3			6.8		
美　国	United States	12.2	8.3		6.6	4.7		3.1	4.1	
阿根廷	Argentina	8.2			14.6			2.1		
捷　克	Czech Rep.	3.1	4.5	4.8	12.6	7.4	7.4	4.7	3.9	4.4
法　国	France	7.8	7.4		6.8	5.1		2.3	2.3	
德　国	Germany	7.3	7.2		3.2	2.5		2.3	2.0	
意大利	Italy	5.3	5.2		16.7	14.2		2.8	2.9	
荷　兰	Netherlands	14.3	13.8		3.6	2.6		2.4	2.6	
波　兰	Poland	4.7	5.2		14.0	11.0		4.9	4.8	
俄罗斯联邦	Russian Fed.	3.3	4.8	5.0	8.5	6.8	6.6	5.3	4.3	4.2
西班牙	Spain	7.9	7.9		12.2	9.0		3.9	3.7	
土耳其	Turkey	3.1			34.3			1.0		
乌克兰	Ukraine	3.1	4.1	4.1	8.9	6.6	6.1	2.1	2.2	2.1
英　国	United Kingdom	11.4	12.5		6.9	4.3		2.0	2.5	
新西兰	New Zealand	15.4	13.3	12.7	7.9	6.5	6.1	7.7	7.8	7.8

2-14 续表 3 continued

国家和地区	Country or Area	分行业有机水污染物排放量占排放总量的比重(%) Industry Shares of Emissions of Organic Water Pollutants of Total(%)					
		金属行业 Metal			其他行业 Other		
		2000	2005	2006	2000	2005	2006
印度尼西亚	Indonesia	1.4	1.3		19.3	19.8	
伊　朗	Iran	7.9	7.1		28.8	35.5	
以 色 列	Israel	2.3			43.3		
日　本	Japan	3.1	3.2		51.9	52.6	
哈萨克斯坦	Kazakhstan				3.3		
韩　国	Korea,Rep.	4.1	4.3	4.2	51.7	57.2	58.9
马来西亚	Malaysia	2.7	2.9		49.9	47.5	
菲 律 宾	Philippines		5.8			32.4	
新 加 坡	Singapore	0.2			71.1	72.4	73.3
斯里兰卡	Sri Lanka			2.6			9.3
泰　国	Thailand	1.8			36.1		
越　南	Viet Nam	1.9	1.4	1.4	16.1	22.9	24.7
南　非	South Africa	7.2	5.9	5.8	29.5	38.8	39.6
加 拿 大	Canada	4.9			45.1		
美　国	United States	3.5	3.4		50.1	50.6	
阿 根 廷	Argentina	3.7			23.4		
捷　克	Czech Rep.	7.0	5.2	5.4	46.6	52.1	49.8
法　国	France	3.5	3.3		46.8	46.9	
德　国	Germany	3.6	3.8		55.9	57.4	
意 大 利	Italy	3.4	3.5		48.0	49.2	
荷　兰	Netherlands	3.1	1.2		40.8	42.5	
波　兰	Poland	4.5	3.1		37.8	40.6	
俄罗斯联邦	Russian Fed.	9.2	9.8	9.0	38.3	37.3	37.7
西 班 牙	Spain	3.0	3.1		40.9	42.4	
土 耳 其	Turkey	5.5			24.5		
乌 克 兰	Ukraine	12.1	14.6	14.5	39.9	36.8	35.8
英　国	United Kingdom	3.0	2.7		46.8	46.1	
新 西 兰	New Zealand	2.1	2.4	2.1	27.5	28.5	28.9

2-15 世界主要城市空气污染状况
Air Pollution in Major Cities of the World

资料来源：世界银行《世界发展指标》2010年。
Source: World Bank World Development Indicators 2010.

国家和地区	Country or Area	城市	City	城市人口（万人）Urban Population (10 000 persons) 2007	总悬浮颗粒物（微克/立方米）Total Suspended Particulates (microgram per cubic meter) 2006	二氧化硫（微克/立方米）Sulfur Dioxide (microgram per cubic meter) 2001	二氧化氮（微克/立方米）Nitrogen Dioxide (microgram per cubic meter) 2001
中　国	China	上　海	Shanghai	1499	74	53	73
		北　京	Beijing	1111	90	90	122
		天　津	Tianjin	718	126	82	50
印　度	India	孟　买	Mumbai	1898	57	33	39
		德　里	Delhi	1593	136	24	41
		加尔各答	Kolkata	1479	116	49	34
印度尼西亚	Indonesia	雅加达	Jakarta	913	84		
伊　朗	Iran	德黑兰	Tehran	787	50	209	
日　本	Japan	东　京	Tokyo	3568	38	18	68
		大　阪	Osaka-Kobe	1129	33	19	63
		横　滨	Yokohama	337	29	100	13
韩　国	Korea Rep.	汉　城	Seoul	980	37	44	60
		大　丘	Taegu	246	40	81	62
		釜　山	Pusan	348	35	60	51
马来西亚	Malaysia	吉隆坡	Kuala Lumpur	145	23	24	
菲律宾	Philippines	马尼拉	Manila	1110	28	33	
新加坡	Singapore	新加坡	Singapore	444	41	20	30
泰　国	Thailand	曼　谷	Bangkok	670	76	11	23
土耳其	Turkey	伊斯坦布尔	Istanbul	1006	46	120	
		安卡拉	Ankara	372	39	55	46
埃　及	Egypt	开　罗	Cairo	1189	149	69	
南　非	South Africa	开普敦	Cape Town	322	13	21	72
		德　班	Durban	273	25	31	
		约翰内斯堡	Johannesburg	344	26	19	31
加拿大	Canada	多伦多	Toronto	521	20	17	43
		蒙特利尔	Montreal	368	17	10	42
		温哥华	Vancouver	215	12	14	37

2-15 续表 continued

国家和地区	Country or Area	城 市	City	城市人口（万人）Urban Population (10 000 persons) 2007	总悬浮颗粒物（微克/每立方米）Total Suspended Particulates (microgram per cubic meter) 2006	二氧化硫（微克/每立方米）Sulfur Dioxide (microgram per cubic meter) 2001	二氧化氮（微克/每立方米）Nitrogen Dioxide (microgram per cubic meter) 2001
墨西哥	Mexico	墨西哥城	Mexico City	1903	48	74	130
美 国	United States	纽 约	New York	1904	20	26	79
		洛杉矶	Los Angeles	1250	32	9	74
		芝加哥	Chicago	899	23	14	57
阿根廷	Argentina	科尔多瓦	Córdoba City	145	55		97
巴 西	Brazil	圣保罗	São Paulo	1885	34	43	83
		里约热内卢	Rio de Janeiro	1175	29	129	
委内瑞拉	Venezuela	加拉加斯	Caracas	299	16	33	57
保加利亚	Bulgaria	索非亚	Sofia	119	63	39	122
捷 克	Czech Republic	布拉格	Prague	116	21	14	33
法 国	France	巴 黎	Paris	990	11	14	57
德 国	Germany	法兰克福	Frankfurt	67	18	11	45
		柏 林	Berlin	341	21	18	26
		慕尼黑	Munich	128	19	8	53
意大利	Italy	米 兰	Milan	295	30	31	248
		都 灵	Turin	165	43		
		罗 马	Rome	334	29		
荷 兰	Netherlands	阿姆斯特丹	Amsterdam	103	34	10	58
波 兰	Poland	华 沙	Warsaw	171	42	16	32
		罗 兹	Lodz	78	38	21	43
罗马尼亚	Romania	布加勒斯特	Bucharest	194	16	10	71
俄罗斯联邦	Russian Fed.	莫斯科	Moscow	1045	19	109	
		鄂木斯克	Omsk	114	19	20	34
西班牙	Spain	马德里	Madrid	557	29	24	66
		巴塞罗那	Barcelona	492	33	11	43
乌克兰	Ukraine	基 辅	Kiev	271	26	14	51
英 国	United Kingdom	伦 敦	London	857	19	25	77
		伯明翰	Birmingham	229	14	9	45
		曼彻斯特	Manchester	223	15	26	49
澳大利亚	Australia	悉 尼	Sydney	433	19	28	81
		墨尔本	Melbourne	373	12		30
		帕 斯	Perth	153	12	5	19
新西兰	New Zealand	奥克兰	Auckland	125	13	3	20

主要统计指标解释

国土面积 是一个国家包括陆地面积和内陆水域在内的总面积，不包括离岸的领海面积。

陆地面积 是一个国家扣除内陆水域面积、国家宣称拥有的大陆架和专属经济区之后的总面积，内陆水域一般包括主要的河流和湖泊。

人口密度 是特定年份每一平方公里国土面积上的人口数量。

耕地面积 是指种植短期作物的土地（种植两季作物的土地面积只计算一次），割草或放牧的短期性草场，供应市场和自用菜园，以及暂时休耕地，不包括因轮垦而抛荒的土地面积。

多年生作物面积 是几年内不需要再重新种植的长期生长作物的土地面积，如可可和咖啡。它包括花卉型的树木和灌木（如玫瑰和茉莉）及苗圃，但不包括归入森林类的树木和多年生草场和牧场。

林业面积 是指天然的或人工种植林木的面积，与林木是否有生产价值无关。

可再生淡水资源 指国内可再生的淡水资源流量，包括国内江河水流量、降水补给的地下水量。

年度淡水抽取量 指水源总抽取量，不计水库的水蒸发量。在淡化水是水资源的重要来源的国家，水资源抽取量还包括来自淡化水厂的水量。抽取量占可再生资源比重可超过百分之百，更多的抽取量来自一次性的含水层或海水淡化厂或此地有较强的水资源再使用能力。工农业的抽取量指用于灌溉、畜牧生产以及工业直接使用的总抽取量(包括热电厂冷却用水抽取量)。民用抽取量包括饮用水、市政用水或供水、公共设施用水、商业机构用水和家庭用水。

森林消失面积 是指林区永久转换作其他用途，包括农业，畜牧，定居点和基础设施。但不包括为重新种植而砍伐的林区或为薪材、酸雨和森林火灾而减少的林区。

国家级保护区 指总面积或部分面积不少于 1000 公顷的全部或部分被保护区域：限制公众进入的科学保护地、国家公园、自然遗址、自然保护区、野生动植物栖息地、受保护的陆地景观及为可持续使用的管理的区域。不包括海洋保护地区、未分类地区、海滨地区和地方或省法律法规保护地。

濒危物种 是国际自然与自然资源保护联合会划分的有灭绝危险的、脆弱的、稀少的、不确定的、脱离危险的或未充分认知的物种。

高等植物 形态上有根、茎、叶分化，又称茎叶体植物（仅指开花植物）。

二氧化碳排放量 是指矿物燃料燃烧以及水泥制造等过程中排放的二氧化碳，包括使用固体、液体、气体燃料以及燃烧天然气时产生的二氧化碳。

甲烷排放 指农业和工业上生产甲烷等人类活动中排放的甲烷。

二氧化氮排放量 是在农业上燃烧某些物质、工业活动和管理性畜时排放的氧化氮。

可吸入颗粒物浓度 是指每平方米内悬浮的、直径小于 10 微米的颗粒物的含量。

排放的其他温室气体 是指排放的氢氟碳化物、全氟碳化物和六氟化硫等。

有机水污染物排放量 这个指标由生化需氧量来度量(BOD，在分解污水过程中水中的微生物消耗的氧气数量)。分行业污水排放的比重是指由于从事制造业生产活动所产生的污水排放量。

Explanatory Notes on Main Statistical Indicators

Country Area is a country total area including land area and inland water bodies, but excluding offshore territorial waters.

Land Area is a country's total area, excluding area under inland water bodies, national claims to continental shelf, and exclusive economic zones. In most cases the definition of inland water bodies includes major rivers and lakes.

Population Density is number of persons in the total population for a given year per square kilometre of total surface area.

Arable Area includes land defined by the FAO as land under temporary crops (double-cropped areas are counted once), temporary meadows for mowing or for pasture, land under market or kitchen gardens, and land temporarily fallow. Land abandoned as a result of shifting cultivation is excluded. Data for “Arable land” are not meant to indicate the amount of land that is potentially cultivable.

Permanent Crop Area is the land cultivated with long-term crops which do not have to be replanted for several years (such as cocoa and coffee); land under trees and shrubs producing flowers, such as roses and jasmine; and nurseries (except those for forest trees, which should be classified under "forest"). Permanent meadows and pastures are excluded from land under permanent crops.

Forest Area is land under natural or planted stands of trees, whether productive or not.

Renewable Internal Freshwater Resources Flows refer to internal renewable resources (internal river flows and groundwater from rainfall) in the country.

Annual Freshwater Withdrawals refer to total water withdrawals, not counting evaporation losses from storage basins. Withdrawals also include water from desalination plants in countries where they are a significant source. Withdrawals can exceed 100 percent of total renewable resources where extraction from nonrenewable aquifers or desalination plants is considerable or where there is significant water reuse. Withdrawals for agriculture and industry are total withdrawals for irrigation and livestock production and for direct industrial use (including withdrawals for cooling thermoelectric plants). Withdrawals for domestic uses include drinking water, municipal use or supply, and use for public services, commercial establishments, and homes.

Deforested Area is the permanent conversion of natural forest area to other uses, including agriculture, ranching, settlements, and infrastructure. Deforested areas do not include areas logged but intended for regeneration or areas degraded by fuel-wood gathering, acid precipitation, or forest fires.

National Protected Areas are totally or partially protected areas of at least 1,000 hectares that are designated as scientific reserves with limited public access, national parks, natural monuments, nature reserves or wildlife sanctuaries, protected landscapes, and areas managed mainly for sustainable use. Marine areas, unclassified areas, and littoral (intertidal) areas are excluded. The data also do not include sites protected under local or provincial law.

Threatened Species are the number of species classified by the IUCN as endangered, vulnerable, rare, indeterminate, out of danger, or insufficiently known.

Higher Plants are native vascular plant species (flowering plants only).

Carbon Dioxide Emissions are those stemming from the burning of fossil fuels and the manufacture of cement. They include carbon dioxide produced during consumption of solid, liquid, and gas fuels and gas flaring.

Methane Emissions are those stemming from human activities such as agriculture and from industrial methane production.

Nitrous Oxide Emissions are emissions from agricultural biomass burning, industrial activities, and livestock management.

Particulate Matter Concentrations refer to the concentrations of fine suspended particulates less than 10 microns in diameter (PM10) per cubic meter.

Other Greenhouse Gas Emissions are by-product emissions of hydrofluorocarbons, perfluorocarbons, and sulfur hexafluoride.

Emissions of organic water pollutants are measured as biochemical oxygen demand, or the amount of oxygen that bacteria in water will consume in breaking down waste, a standard water treatment test for the presence of organic pollutants.

Industry shares of emissions of organic water pollutants are emissions from manufacturing activities.

国民经济核算

National Accounts

3-1 国内生产总值(现价本币)

Gross Domestic Product(Local Currency)

资料来源：国际货币基金组织WEO数据库。
Source: IMF WEO Database.
单位：亿本币 (100 million local currency units)

国家和地区	Country or Area	1990	2000	2005	2007	2008	2009
中国	China	18668	99215	184937	265810	314045	340507
中国香港	Hong Kong,China	5990	13177	13826	16155	16753	16323
孟加拉国	Bangladesh	10542	24532	39322	50915	58031	65268
文莱	Brunei Darussalam	64	104	159	185	204	151
柬埔寨	Cambodia	7375	140826	257543	350422	455828	448415
印度	India	57049	215662	357086	476335	548730	595200
印度尼西亚	Indonesia	2316801	13897699	27742811	39508932	49513567	56134417
伊朗	Iran	353149	5804733	16973050	26549490	31662172	32333039
以色列	Israel	1111	5086	6025	6901	7259	7683
日本	Japan	4387281	5029899	5017345	5155204	5051129	4742969
哈萨克斯坦	Kazakhstan		25999	75906	126405	163070	159136
韩国	Korea,Rep.	1913828	6032360	8652409	9750130	10264518	10630591
老挝	Laos	6432	129175	289478	404671	462147	475666
马来西亚	Malaysia	1191	3564	5225	6421	7409	6797
蒙古	Mongolia	120	11727	27796	45995	60198	60558
缅甸	Myanmar	1624	25527	122868	233361	287785	322421
巴基斯坦	Pakistan	10380	38261	64998	86730	102428	127393
菲律宾	Philippines	10745	33547	54440	66486	74094	76789
新加坡	Singapore	704	1626	2088	2664	2735	2651
斯里兰卡	Sri Lanka	3328	13007	24528	35787	44107	48251
泰国	Thailand	21911	49227	70929	85298	90755	90507
越南	Viet Nam	419550	4416460	8392113	11437154	14850385	16583894
埃及	Egypt	961	3401	5385	7448	8955	10386
尼日利亚	Nigeria	2816	47173	147353	208742	245528	251024
南非	South Africa	2898	9222	15711	20171	22838	24233
加拿大	Canada	6799	10766	13738	15296	15996	15273
墨西哥	Mexico	7947	59462	92517	112078	121300	118217
美国	United States	58005	99515	126384	140618	143691	141191
阿根廷	Argentina	689	2844	5314	8112	10311	11446
巴西	Brazil	0	11795	21472	26613	30049	31430
委内瑞拉	Venezuela	23	797	3041	4864	6680	7002
捷克	Czech Rep.	6176	21892	29839	35355	36890	36281
法国	France	10338	14429	17241	18960	19469	19072
德国	Germany	12749	20625	22422	24324	24812	23971
意大利	Italy	7014	11911	14295	15462	15679	15209
荷兰	Netherlands	2436	4180	5134	5718	5962	5720
波兰	Poland	590	7444	9833	11767	12754	13440
俄罗斯联邦	Russian Fed.		73056	216098	332475	414286	391007
西班牙	Spain	3180	6303	9088	10535	10881	10539
土耳其	Turkey	5	1667	6489	8432	9505	9526
乌克兰	Ukraine		1701	4415	7207	9481	9147
英国	United Kingdom	5703	9765	12541	14048	14456	13927
澳大利亚	Australia	4201	6884	9663	11350	12371	12565
新西兰	New Zealand	748	1158	1582	1780	1834	1857

3-2 国内生产总值(美元)
Gross Domestic Product (USD)

资料来源：世界银行WDI数据库。
Source: World Bank WDI Database.
单位：亿美元 (100 million USD)

国家和地区	Country or Area	1990	2000	2005	2007	2008	2009
世　界	**World**	**218484**	**320484**	**456028**	**557314**	**613054**	**582282**
高收入国家	**High Income**	**181789**	**262110**	**358856**	**414725**	**442149**	**417187**
经合组织高收入国家	**OECD Countries**	**175894**	**251090**	**343088**	**394763**	**419346**	**396694**
欧 元 区	**Euro Area**	**56822**	**62531**	**101440**	**123320**	**135657**	**124560**
中等收入国家	**Middle Income**	**35175**	**56625**	**94636**	**139293**	**166965**	**160950**
中等偏上收入国家	**Upper Middle Income**	**21953**	**30565**	**48723**	**70293**	**83292**	**72800**
中等偏下收入国家	**Lower Middle Income**	**13244**	**26061**	**45891**	**68958**	**83617**	**88051**
中低收入国家	**Low and Middle Income**	**36685**	**58401**	**97282**	**142829**	**171188**	**165266**
东亚和太平洋	**East Asia and Pacific**	**6703**	**17219**	**30683**	**46729**	**59037**	**63453**
欧洲和中亚	**Europe and Central Asia**	**9443**	**7018**	**16841**	**26691**	**33013**	**25853**
拉丁美洲和加勒比	**Latin America and Caribbean**	**10979**	**20357**	**26488**	**36766**	**42811**	**39765**
中东和北非国家	**Middle East and North Africa**	**2654**	**4313**	**6308**	**9005**	**11192**	**10594**
南　亚	**South Asia**	**4025**	**6082**	**10480**	**14995**	**15254**	**16346**
撒哈拉以南非洲	**Sub-Saharan Africa**	**3013**	**3418**	**6442**	**8574**	**9820**	**9265**
低收入国家	**Low Income**	**1555**	**1757**	**2584**	**3398**	**4055**	**4197**
最不发达地区	**Least Developed Countries**	**1586**	**1849**	**3154**	**4433**	**5534**	**5379**
重债穷国	**Heavily Indebted Poor Countries**	**1346**	**1393**	**2298**	**3159**	**3818**	**3778**
中　国	China	3569	11985	22571	35055	45328	49847
中国香港	Hong Kong,China	769	1691	1778	2071	2154	
中国澳门	Macao,China	30	61	115	186		
阿 富 汗	Afghanistan			68	102	106	
阿尔巴尼亚	Albania	21	37	84	108	128	118
阿尔及利亚	Algeria	620	548	1023	1358	1710	1406
安 道 尔	Andorra	10	11	25	32	37	
安 哥 拉	Angola	103	91	306	593	849	691
安提瓜和巴布达	Antigua and Barbuda	4	7	9	12	12	11
阿 根 廷	Argentina	1414	2842	1832	2624	3285	3087
亚美尼亚	Armenia	23	19	49	92	119	87
澳大利亚	Australia	3145	4169	6960	8568	10394	9248
奥 地 利	Austria	1648	1912	3029	3706	4129	3849
阿塞拜疆	Azerbaijan	89	53	132	331	463	430
巴 哈 马	Bahamas	32	55	65	72	69	
巴　林	Bahrain	42	80	135	185	219	
孟加拉国	Bangladesh	301	471	603	684	796	894
巴巴多斯	Barbados	17	26	30	34	37	
白俄罗斯	Belarus	174	127	302	453	608	490
比 利 时	Belgium	2027	2319	3766	4584	5049	4686
伯 利 兹	Belize	4	8	11	13	14	
贝　宁	Benin	18	23	43	55	67	67
百 慕 大	Bermuda	16	35	49	58	61	
不　丹	Bhutan	3	4	8	12	12	13
玻利维亚	Bolivia	49	84	96	131	167	173
波　黑	Bosnia and Herzegovinian		55	109	152	185	171
博茨瓦纳	Botswana	38	56	103	124	134	116
巴　西	Brazil	4620	6447	8822	13660	16386	15720
文　莱	Brunei Darussalam	35	60	95			
保加利亚	Bulgaria	207	126	272	396	499	471
布基纳法索	Burkina Faso	31	26	54	68	80	81
布 隆 迪	Burundi	11	7	8	10	12	13
柬 埔 寨	Cambodia		37	63	86	103	100
喀 麦 隆	Cameroon	112	101	166	207	232	218

3-2 续表 1 continued

单位：亿美元 (100 million USD)

国家和地区	Country or Area	1990	2000	2005	2007	2008	2009
加拿大	Canada	5827	7249	11338	14241	14991	13361
佛得角	Cape Verde	3	5	10	13	15	15
中非	Central African Rep.	15	10	14	17	20	20
乍得	Chad	17	14	53	70	84	67
海峡群岛	Channel Islands		64	88	115		
智利	Chile	316	752	1183	1643	1709	1637
哥伦比亚	Colombia	403	941	1446	2078	2433	2308
科摩罗	Comoros	3	2	4	5	5	5
刚果(金)	Congo,Dem. Rep.	94	43	71	100	117	108
刚果(布)	Congo,Rep.	28	32	61	76	107	87
哥斯达黎加	Costa Rica	74	159	200	263	297	292
科特迪瓦	Cote D'Ivoire	108	104	164	198	234	230
克罗地亚	Croatia	248	213	444	586	693	630
塞浦路斯	Cyprus	56	93	170	214	249	
捷克	Czech Rep.	349	567	1245	1742	2161	1903
丹麦	Denmark	1358	1601	2577	3107	3408	3096
吉布提	Djibouti	5	6	7	8	10	10
多米尼克	Dominica	2	3	3	3	4	4
多米尼加	Dominican Rep.	71	240	340	413	455	466
厄瓜多尔	Ecuador	104	159	372	458	547	572
埃及	Egypt	431	998	897	1305	1628	1883
萨尔瓦多	El Salvador	48	131	171	204	221	222
赤道几内亚	Equatorial Guinea	1	13	82	126	185	104
厄立特里亚	Eritrea		6	12	14	17	
爱沙尼亚	Estonia	50	57	139	214	235	191
埃塞俄比亚	Ethiopia	121	82	123	192	259	285
法罗群岛	Faeroe Islands		11	17	23	24	22
斐济	Fiji	13	17	30	34	36	30
芬兰	Finland	1396	1218	1956	2457	2698	2375
法国①	France①	12445	13280	21465	25940	28542	26494
法属波立尼西亚	French Polynesia	32	34				
加蓬	Gabon	60	51	87	116	145	111
冈比亚	Gambia	3	4	5	7	8	7
格鲁吉亚	Georgia	77	31	64	102	128	107
德国	Germany	17145	19002	27884	33234	36559	33467
加纳	Ghana	59	50	107	149	167	156
希腊	Greece	942	1256	2430	3099	3503	3299
格陵兰	Greenland	10	11	17	21	17	
格林纳达	Grenada	2	4	6	6	7	6
危地马拉	Guatemala	77	193	272	340	390	368
几内亚	Guinea	27	31	29	42	38	
几内亚比绍	Guinea-Bissau	2	2	3	4	5	
圭亚那	Guyana	4	7	8	11	12	
海地	Haiti	29	37	42	60	64	67
洪都拉斯	Honduras	30	71	98	124	140	146
匈牙利	Hungary	331	479	1102	1388	1547	1290
冰岛	Iceland	64	87	163	204	168	121
印度	India	3175	4602	8372	12328	12142	13102
印度尼西亚	Indonesia	1144	1650	2859	4322	5105	5403
伊朗	Iran	1160	1013	1920	2861	3382	3310
伊拉克	Iraq		259	313	570	865	658
爱尔兰	Ireland	478	966	2016	2597	2663	2272
马恩岛	Isle of Man		16	29	41		
以色列	Israel	525	1247	1342	1670	2021	1948
意大利	Italy	11334	10973	17777	21162	22966	21128
牙买加	Jamaica	46	90	112	128	146	147
日本	Japan	30183	46674	45522	43779	48870	50675

3-2 续表 2 continued

单位：亿美元 (100 million USD)

国家和地区	Country or Area	1990	2000	2005	2007	2008	2009
约　旦	Jordan	40	85	126	170	212	228
哈萨克斯坦	Kazakhstan	269	183	571	1049	1334	1092
肯 尼 亚	Kenya	86	127	187	271	304	302
基里巴斯	Kiribati	0	1	1	1	1	1
韩　国	Korea,Rep.	2638	5334	8449	10492	9314	8325
科 威 特	Kuwait	184	377	808	1147	1480	
吉尔吉斯斯坦	Kyrgyzstan	27	14	25	38	51	46
老　挝	Laos	9	17	27	43	55	59
拉脱维亚	Latvia	74	78	160	288	338	262
黎 巴 嫩	Lebanon	28	173	219	250	299	345
莱 索 托	Lesotho	6	8	14	17	16	18
利比里亚	Liberia	4	6	5	7	8	9
利 比 亚	Libya	289	339	440	718	932	624
列支敦士登	Liechtenstein	14	25	37	44	50	
立 陶 宛	Lithuania	105	114	260	391	471	372
卢 森 堡	Luxemburg	127	203	377	513	576	524
前南马其顿	Macedonia,FYR	45	36	58	79	95	92
马达加斯加	Madagascar	31	39	50	73	95	91
马 拉 维	Malawi	19	17	29	36	43	50
马来西亚	Malaysia	440	938	1378	1860	2212	1916
马尔代夫	Maldives	2	6	8	11	13	14
马　里	Mali	24	24	53	71	87	90
马 耳 他	Malta	23	39	59	74		
马绍尔群岛	Marshall Islands	1	1	1	2	2	2
毛里塔尼亚	Mauritania	10	11	18	26	35	30
毛里求斯	Mauritius	27	46	63	75	93	86
墨 西 哥	Mexico	2627	5814	8489	10256	10900	8749
密克罗尼西亚	Micronesia,Fed.	1	2	2	3	3	3
摩尔多瓦	Moldova	36	13	30	44	61	54
摩 纳 哥	Monaco	25	26	43	60	69	
蒙　古	Mongolia	21	11	23	39	53	42
黑　山	Montenegro		10	23	37	45	41
摩 洛 哥	Morocco	258	370	595	752	889	909
莫桑比克	Mozambique	25	42	66	80	99	98
纳米比亚	Namibia	24	39	73	88	88	94
尼 泊 尔	Nepal	36	55	81	103	126	125
荷　兰	Netherlands	2949	3851	6385	7783	8729	7921
新喀里多尼亚	New Caledonia	25	27				
新 西 兰	New Zealand	440	509	1091	1347	1155	1252
尼加拉瓜	Nicaragua	10	39	49	56	64	63
尼 日 尔	Niger	25	18	33	42	54	54
尼日利亚	Nigeria	285	460	1122	1659	2071	1690
挪　威	Norway	1176	1683	3020	3875	4509	3818
阿　曼	Oman	117	199	309	419	603	
巴基斯坦	Pakistan	400	740	1096	1432	1652	1665
帕　劳	Palau	1	1	1	2	2	2
巴 拿 马	Panama	53	116	155	198	232	247
巴布亚新几内亚	Papua New Guinea	32	35	49	63	80	79
巴 拉 圭	Paraguay	53	71	75	122	169	150
秘　鲁	Peru	263	533	794	1075	1291	1267
菲 律 宾	Philippines	443	759	988	1440	1675	1605
波　兰	Poland	590	1713	3039	4253	5283	4301
葡 萄 牙	Portugal	753	1127	1854	2232	2438	2277
波多黎各	Puerto Rico	306	610				
卡 塔 尔	Qatar	74	178	425	710		
罗马尼亚	Romania	383	371	989	1693	2001	1611

3-2 续表 3 continued

单位：亿美元 (100 million USD)

国家和地区	Country or Area	1990	2000	2005	2007	2008	2009
俄罗斯联邦	Russian Fed.	5168	2597	7646	13001	16676	12307
卢 旺 达	Rwanda	26	17	24	34	45	51
圣基茨和尼维斯	Saint Kitts and Nevis	2	3	4	5	6	5
圣卢西亚	Saint Lucia	4	7	9	10	10	9
圣文森特和格林纳丁斯	Saint Vincent and the Grenadines	2	3	4	6	6	6
萨 摩 亚	Samoa	1	2	4	5	6	5
圣马力诺	San Marino		8	14	17	19	
圣多美和普林西比	Sao Tome and Principe			1	1	2	2
沙特阿拉伯	Saudi Arabia	1168	1884	3156	3841	4751	3692
塞内加尔	Senegal	57	47	87	113	133	131
塞尔维亚	Serbia		61	252	394	489	426
塞 舌 尔	Seychelles	4	6	9	10	9	8
塞拉利昂	Sierra Leone	7	6	12	17	20	19
新 加 坡	Singapore	368	927	1254	1768	1933	1822
斯洛伐克	Slovakia	117	287	613	842	985	876
斯洛文尼亚	Slovenia	174	199	358	473	544	485
所罗门群岛	Solomon Islands	3	4	4	6	6	7
索 马 里	Somalia	9					
南 非	South Africa	1120	1329	2471	2863	2765	2860
西 班 牙	Spain	5210	5807	11302	14408	15945	14603
斯里兰卡	Sri Lanka	80	163	244	324	407	420
苏 丹	Sudan	124	124	274	465	580	547
苏 里 南	Suriname	4	9	18	24	30	
斯威士兰	Swaziland	11	15	25	30	28	29
瑞 典	Sweden	2445	2456	3706	4625	4876	4061
瑞 士	Switzerland	2382	2499	3725	4341	5003	
叙 利 亚	Syrian Arab Republic	123	193	286	405	545	522
塔吉克斯坦	Tajikistan	26	9	23	37	51	50
坦桑尼亚②	Tanzania②	43	91	141	168	208	216
泰 国	Thailand	853	1227	1764	2471	2725	2639
东 帝 汶	Timor-Leste		3	3	4	5	6
多 哥	Togo	16	13	21	25	29	29
汤 加	Tonga	1	2	3	3	3	3
特立尼达和多巴哥	Trinidad And Tobago	51	82	160	209	260	211
突 尼 斯	Tunisia	123	194	290	356	408	396
土 耳 其	Turkey	1507	2666	4830	6472	7303	6171
土库曼斯坦	Turkmenistan	32	29	81	127	170	199
乌 干 达	Uganda	43	62	90	119	144	157
乌 克 兰	Ukraine	815	313	861	1427	1800	1135
阿 联 酋	United Arab Emirates	337	706	1330	2076	2613	
英 国	United Kingdom	10126	14776	22801	27990	26627	21745
美 国	United States	57572	97648	125797	140108	143694	142563
美属维尔京群岛	Virgin Islands(US)	16					
乌 拉 圭	Uruguay	93	228	174	240	312	361
乌兹别克斯坦	Uzbekistan	134	138	143	223	279	328
瓦努阿图	Vanuatu	2	3	4	5	6	7
委内瑞拉	Venezuela	470	1171	1457	2268	3115	3265
越 南	Viet Nam	65	312	529	710	906	919
约旦河西岸和加沙	West Bank and Gaza		41	40			
也 门	Yemen	48	94	167	217	269	264
赞 比 亚	Zambia	33	32	72	115	147	127
津巴布韦	Zimbabwe	88	74	34			

注：①包括法属圭亚那、瓜德罗普、马提尼克和留尼汪。②仅指坦桑尼亚大陆。
Note:①Including French Guiana,Guadeloupe Martinique and Reunion.②Data refer to the mainland of Tanzania.

3-3 人均国民总收入(美元)
GNI per Capita (USD)

资料来源：世界银行WDI数据库。
Source: World Bank WDI Database.
单位：美元 (USD)

国家和地区	Country or Area	1990	2000	2005	2007	2008	2009
世　界	**World**	**4053**	**5267**	**7101**	**8100**	**8721**	**8741**
高收入国家	**High Income**	**18309**	**25103**	**33772**	**36953**	**38781**	**38139**
经合组织高收入国家	**OECD Countries**	**19079**	**26113**	**35187**	**38410**	**40302**	**39654**
欧 元 区	**Euro Area**	**17521**	**21945**	**31997**	**36003**	**38797**	**38805**
中等收入国家	**Middle Income**	**876**	**1265**	**1953**	**2682**	**3163**	**3373**
中等偏上收入国家	**Upper Middle Income**	**2320**	**3198**	**4536**	**6314**	**7405**	**7471**
中等偏下收入国家	**Lower Middle Income**	**464**	**742**	**1268**	**1723**	**2046**	**2298**
中低收入国家	**Low and Middle Income**	**799**	**1126**	**1721**	**2349**	**2765**	**2946**
东亚和太平洋	**East Asia and Pacific**	**426**	**905**	**1634**	**2256**	**2738**	**3143**
欧洲和中亚	**Europe and Central Asia**		**1755**	**3658**	**5608**	**6876**	**6793**
拉丁美洲和加勒比	**Latin America and Caribbean**	**2090**	**3803**	**4416**	**5908**	**6826**	**6936**
中东和北非国家	**Middle East and North Africa**	**1286**	**1618**	**2148**	**2801**	**3311**	**3594**
南　亚	**South Asia**	**375**	**442**	**706**	**909**	**995**	**1088**
撒哈拉以南非洲	**Sub-Saharan Africa**	**577**	**486**	**759**	**969**	**1082**	**1096**
低收入国家	**Low Income**	**283**	**261**	**338**	**403**	**457**	**503**
最不发达地区	**Least Developed Countries**	**296**	**268**	**390**	**502**	**588**	**639**
重债穷国	**Heavily Indebted Poor Countries**	**346**	**282**	**393**	**477**	**550**	**593**
中　国	China	330	930	1760	2490	3060	3590
中国香港	Hong Kong,China	12660	26570	28150	31570	31420	
中国澳门	Macao,China	8360	14350	22620	35360		
阿 富 汗	Afghanistan			260	350	370	
阿尔巴尼亚	Albania	680	1170	2610	3360	3840	3950
阿尔及利亚	Algeria	2420	1610	2720	3630	4260	4420
安 道 尔	Andorra			32720	36980	41130	
安 哥 拉	Angola	720	410	1320	2590	3340	3490
安提瓜和巴布达	Antigua and Barbuda	5430	7960	10140	12610	13020	12070
阿 根 廷	Argentina	3020	7460	4460	6040	7190	7570
亚美尼亚	Armenia		660	1470	2580	3350	3100
澳大利亚	Australia	17420	21260	30400	37140	41890	43770
奥 地 利	Austria	20080	25840	37020	42280	46350	46850
阿塞拜疆	Azerbaijan		610	1270	2710	3830	4840
巴 哈 马	Bahamas	11380	17040	20210	21390		
巴　林	Bahrain	7260	10740	17330	22760	25420	
孟加拉国	Bangladesh	270	350	440	480	520	590
巴巴多斯	Barbados	6560					
白俄罗斯	Belarus		1380	2780	4250	5380	5540
比 利 时	Belgium	18980	25360	36770	41580	45010	45310
伯 利 兹	Belize	2100	3110	3580	3560	3740	
贝　宁	Benin	360	360	550	610	700	750
百 慕 大	Bermuda	26540					
不　丹	Bhutan	590	730	1210	1650	1770	2020
玻利维亚	Bolivia	700	1000	1260	1190	1460	1620
波　黑	Bosnia and Herzegovinian		1510	3010	3810	4530	4700
博茨瓦纳	Botswana	2450	3180	5170	6060	6760	6240
巴　西	Brazil	2540	3870	4020	6140	7490	8040
文　莱	Brunei Darussalam	12540	14670	22770			
保加利亚	Bulgaria	2260	1600	3490	4450	5390	5770
布基纳法索	Burkina Faso	330	250	400	430	480	510
布 隆 迪	Burundi	210	120	100	120	140	150
柬 埔 寨	Cambodia		280	450	560	630	650
喀 麦 隆	Cameroon	860	620	910	1020	1120	1170
加 拿 大	Canada	20150	22130	33430	40430	43490	42170

3-3 续表 1 continued

单位：美元 (USD)

国家和地区	Country or Area	1990	2000	2005	2006	2007	2008	2009
佛 得 角	Cape Verde	940	1310	2100	2310	2560	2830	3010
中 非	Central African Rep.	470	270	330	350	380	410	450
乍 得	Chad	250	180	440	470	490	540	610
海峡群岛	Channel Islands		43020	57410	62400	68610		
智 利	Chile	2130	4840	5920	6870	8140	9470	9420
哥伦比亚	Colombia	1190	2280	2870	3400	4070	4610	4930
科 摩 罗	Comoros	540	400	650	670	690	750	870
刚果(金)	Congo,Dem. Rep.	210	80	120	130	140	150	160
刚果(布)	Congo,Rep.	890	580	1010	1270	1370	1810	1830
哥斯达黎加	Costa Rica	2210	3700	4660	5040	5530	6060	6230
科特迪瓦	Cote D'Ivoire	730	620	820	840	880	980	1060
克罗地亚	Croatia		5160	9630	10660	12000	13580	13810
塞浦路斯	Cyprus	9520	13440	21490	22890	24430	26940	
捷 克	Czech Rep.		5800	11330	12890	14380	16670	17310
丹 麦	Denmark	24100	31850	48250	51830	54420	58550	58930
吉 布 提	Djibouti		760	1000	1050	1110	1210	1280
多米尼克	Dominica	2140	3200	3940	4340	4500	4790	4870
多米尼加	Dominican Rep.	800	2550	2810	3360	4030	4330	4510
厄瓜多尔	Ecuador	850	1340	2700	2960	3160	3700	3920
埃 及	Egypt	740	1390	1200	1290	1500	1800	2070
萨尔瓦多	El Salvador	910	2150	2890	3060	3200	3460	3370
赤道几内亚	Equatorial Guinea	330	1250	5210	6870	9710	14980	12420
厄立特里亚	Eritrea		170	230	250	270	300	
爱沙尼亚	Estonia	3190	4220	9840	11500	13210	14410	14060
埃塞俄比亚	Ethiopia	240	130	160	190	220	280	330
斐 济	Fiji	1810	2260	3570	3600	3810	4060	3950
芬 兰	Finland	25270	25470	38300	40870	43910	47630	45680
法 国①	France①	20240	24450	35180	37040	39120	42190	42680
法属波立尼西亚	French Polynesia	15630	16080					
加 蓬	Gabon	4940	3080	5120	5300	6450	7320	7370
冈 比 亚	Gambia	330	330	270	290	330	400	440
格鲁吉亚	Georgia		730	1360	1680	2090	2450	2530
德 国	Germany	20630	25510	35050	37300	39370	42800	42560
加 纳	Ghana	390	330	460	520	600	680	700
希 腊	Greece	8650	12560	21310	23100	25040	27650	28630
格 陵 兰	Greenland	15690	20290	29690	30840	33170	32960	
格林纳达	Grenada	2130	3870	5210	5220	5480	5870	5550
危地马拉	Guatemala	900	1730	2080	2250	2470	2680	2620
几 内 亚	Guinea	420	400	350	320	330	350	
几内亚比绍	Guinea-Bissau	200	170	200	210	220	250	
圭 亚 那	Guyana	350	870	1070	1060	1280	1450	
海 地	Haiti	350	470	420	490	520	660	
洪都拉斯	Honduras	660	930	1400	1480	1630	1790	1820
匈 牙 利	Hungary	2880	4700	10250	11020	11650	12800	12980
冰 岛	Iceland	24150	30830	49540	51900	58280	49360	43220
印 度	India	390	450	750	850	990	1080	1180
印度尼西亚	Indonesia	630	580	1260	1420	1660	2010	2230
伊 朗	Iran	2470	1670	2570	2960	3540	4120	4530
伊 拉 克	Iraq				1120	1420	2060	2210
爱 尔 兰	Ireland	12050	23170	41410	45110	48420	49480	44310
马 恩 岛	Isle of Man		21980	38520	43710	49310		
以 色 列	Israel	10860	17840	20250	21020	22390	24710	25740
意 大 利	Italy	17900	20890	30350	31950	33390	35230	35080
牙 买 加	Jamaica	1700	3310	3910	4210	4390	4800	4990
日 本	Japan	26660	34620	38910	38540	37700	37930	37870
约 旦	Jordan	1390	1790	2510	2730	3040	3520	3740

3-3 续表 2 continued

单位：美元 (USD)

国家和地区	Country or Area	1990	2000	2005	2006	2007	2008	2009
哈萨克斯坦	Kazakhstan		1260	2930	3860	4970	6140	6740
肯 尼 亚	Kenya	380	420	520	570	660	730	770
基里巴斯	Kiribati	730	1330	1770	1790	1780	1980	1890
韩　　国	Korea,Rep.	6000	9910	16900	18950	21210	21570	19830
科 威 特	Kuwait		16790	30930	37300	43930		
吉尔吉斯斯坦	Kyrgyzstan		280	450	500	620	790	870
老　　挝	Laos	200	280	450	510	610	750	880
拉脱维亚	Latvia	2790	3220	6810	8120	10090	11940	12390
黎 巴 嫩	Lebanon	1230	4690	5670	5670	6200	6860	7970
莱 索 托	Lesotho	540	570	800	950	1020	1060	1030
利比里亚	Liberia		140	120	120	150	170	160
利 比 亚	Libya			6290	8200	10220	12380	12020
列支敦士登	Liechtenstein	45150	79640	92720	104100	105500	113210	
立 陶 宛	Lithuania		3200	7280	8410	9980	11890	11410
卢 森 堡	Luxemburg	29530	43660	66260	66060	69260	74890	74430
前南马其顿	Macedonia,FYR		1840	2840	3110	3470	4120	4400
马达加斯加	Madagascar	250	250	310	300	340	420	
马 拉 维	Malawi	180	150	210	220	250	260	280
马来西亚	Malaysia	2390	3450	5200	5720	6400	7250	7230
马尔代夫	Maldives		2150	2610	3010	3270	3690	3870
马　　里	Mali	260	250	440	460	530	610	680
马 耳 他	Malta	6780	9670	14180	15160	16690		
马绍尔群岛	Marshall Islands		2420	3150	3250	3240	3120	3060
毛里塔尼亚	Mauritania	550	460	600	760	840	980	960
毛里求斯	Mauritius	2440	3870	5350	5540	5980	6720	7240
墨 西 哥	Mexico	2670	5110	8090	8730	9400	10000	8920
密克罗尼西亚	Micronesia,Fed.		2270	2490	2460	2470	2460	2220
摩尔多瓦	Moldova		370	890	1030	1160	1500	1590
摩 纳 哥	Monaco	80150	91070	133730	145310	173330	203900	
蒙　　古	Mongolia	1170	410	810	1010	1280	1670	1630
黑　　山	Montenegro			3600	4260	5160	6370	6550
摩 洛 哥	Morocco	990	1310	1950	2120	2230	2520	2790
莫桑比克	Mozambique	170	230	290	310	340	380	440
纳米比亚	Namibia	1620	2030	3420	3890	4110	4210	4290
尼 泊 尔	Nepal	210	220	290	320	350	400	440
荷　　兰	Netherlands	18820	26580	39930	43290	45860	48990	49350
新喀里多尼亚	New Caledonia	15010	14020					
新 西 兰	New Zealand	12820	13450	24360	25280	27090	26830	
尼加拉瓜	Nicaragua	300	730	890	930	980	1050	1000
尼 日 尔	Niger	300	170	260	270	280	330	340
尼日利亚	Nigeria	260	270	620	830	960	1170	1140
挪　　威	Norway	26010	35870	62280	68190	76840	86670	86440
阿　　曼	Oman	5610	6720	10380	12230	14300	17890	
巴基斯坦	Pakistan	420	490	720	790	860	950	1020
帕　　劳	Palau		6260	7760	7960	8250	8630	8940
巴 拿 马	Panama	2090	3740	4650	4950	5560	6290	6710
巴布亚新几内亚	Papua New Guinea	830	620	680	720	940	1090	1180
巴 拉 圭	Paraguay	1120	1350	1230	1490	1710	2140	2270
秘　　鲁	Peru	720	2050	2650	2920	3340	3990	4150
菲 律 宾	Philippines	730	1030	1160	1250	1460	1700	1790
波　　兰	Poland		4590	7270	8340	9800	11820	12260
葡 萄 牙	Portugal	6810	11590	17260	17890	19000	20540	20940
波多黎各	Puerto Rico	6220	10560					
罗马尼亚	Romania	1710	1690	3920	4870	6430	8290	8330
俄罗斯联邦	Russian Fed.		1710	4460	5810	7520	9650	9370
卢 旺 达	Rwanda	360	250	250	290	330	410	460

3-3 续表 3 continued

单位：美元 (USD)

国家和地区	Country or Area	1990	2000	2005	2006	2007	2008	2009
萨摩亚	Samoa	1070	1360	2110	2410	2570	2930	2840
圣马力诺	San Marino			40990	43530	46580	50670	
圣多美和普林西比	Sao Tome and Principe			760	840	920	1020	1140
沙特阿拉伯	Saudi Arabia	7280	8150	12720	14280	15560	17700	
塞内加尔	Senegal	670	510	770	800	870	980	1030
塞尔维亚	Serbia		1400	3430	3800	4450	5520	5990
塞舌尔	Seychelles	5020	7420	9680	10740	11800	10530	8480
塞拉利昂	Sierra Leone	190	150	240	250	280	320	340
新加坡	Singapore	12050	23350	28340	31380	34640	37650	37220
斯洛伐克	Slovakia	2060	5370	10880	12470	14270	16590	16130
斯洛文尼亚	Slovenia		11090	18080	19580	21530	24280	23520
所罗门群岛	Solomon Islands	710	1000	890	920	1020	1050	910
索马里	Somalia	150						
南非	South Africa	3390	3050	4850	5480	5760	5870	5770
西班牙	Spain	11890	15420	25330	27340	29230	31630	31870
斯里兰卡	Sri Lanka	470	880	1200	1350	1540	1780	1990
苏丹	Sudan	480	320	590	740	910	1120	1220
苏里南	Suriname	1440	1930	3310	3760	4460	4760	
斯威士兰	Swaziland	1090	1550	2260	2360	2540	2560	2350
瑞典	Sweden	26370	29280	42810	45950	48710	52460	48930
瑞士	Switzerland	34390	40280	56710	58780	56810	56370	
叙利亚	Syrian Arab Republic	890	960	1430	1570	1780	2150	2410
塔吉克斯坦	Tajikistan		170	330	390	460	600	700
坦桑尼亚②	Tanzania②	200	270	350	380	410	460	500
泰国	Thailand	1490	1960	2580	2860	3240	3670	3760
东帝汶	Timor-Leste			740	960	1520	2460	
多哥	Togo	390	280	350	370	380	410	440
汤加	Tonga	1230	1650	2470	2740	2910	3240	3260
特立尼达和多巴哥	Trinidad And Tobago	3510	5190	10190	12750	15270	15580	16490
突尼斯	Tunisia	1430	2090	2870	3040	3210	3540	3720
土耳其	Turkey	2220	3990	6200	7150	8090	8890	8730
土库曼斯坦	Turkmenistan	830	650	1620	1860	2210	2760	3420
乌干达	Uganda	300	270	300	340	370	420	460
乌克兰	Ukraine	1610	700	1540	1950	2570	3210	2800
阿联酋	United Arab Emirates	20070	19330					
英国	United Kingdom	16600	25910	38920	41160	44140	46150	41520
美国	United States	23330	34410	44030	45410	46890	48190	47240
乌拉圭	Uruguay	2690	7100	4820	5420	6510	8020	9360
乌兹别克斯坦	Uzbekistan		630	530	610	730	910	1100
瓦努阿图	Vanuatu	1180	1440	1780	1960	2130	2490	2620
委内瑞拉	Venezuela	2440	4100	4950	6100	7510	9170	10150
越南	Viet Nam	130	390	620	690	780	910	1010
约旦河西岸和加沙	West Bank and Gaza		1560	1250				
也门	Yemen		400	660	770	850	960	1060
赞比亚	Zambia	440	300	500	600	730	960	970
津巴布韦	Zimbabwe	860	460	360				

注：①包括法属圭亚那、瓜德罗普、马提尼克和留尼汪。②仅指坦桑尼亚大陆。
Note:①Including French Guiana,Guadeloupe Martinique and Reunion.②Data refer to the mainland of Tanzania.

3-4 按购买力平价法计算的国民经济核算主要指标(2009年)
Main Economic Indicators of National Accounts Based on PPP(2009)

资料来源：世界银行WDI数据库。
Source: World Bank WDI Database.

国家和地区	Country or Area	国内生产总值(现价亿国际元) GDP(current 100 million international $)	人均国内生产总值(现价国际元) GDP per Capita, (current international $)	国民总收入(现价亿国际元) GNI(current 100 million international $)	人均国民总收入(现价国际元) GNI per Capita, (current international $)
世　界	**World**	**725370**	**10706**	**720387**	**10633**
高收入国家	**High Income**	**407744**	**36518**	**407238**	**36473**
经合组织高收入国家	**High Income: OECD**	**379485**	**37026**	**379912**	**37068**
欧 元 区	**Euro area**	**111700**	**34127**	**110725**	**33829**
中等收入国家	**Middle Income**	**308380**	**6408**	**305938**	**6357**
中等偏上收入国家	**Upper Middle Income**	**127531**	**12731**	**125006**	**12479**
中等偏下收入国家	**Lower Middle Income**	**180674**	**4741**	**181300**	**4758**
中低收入国家	**Low and Middle Income**	**318247**	**5624**	**316073**	**5586**
东亚和太平洋	**East Asia and Pacific**	**118053**	**6073**	**116407**	**5989**
欧洲和中亚	**Europe and Central Asia**	**52305**	**12940**	**51046**	**12628**
拉丁美洲和加勒比	**Latin America and Caribbean**	**60625**	**10590**	**59205**	**10342**
中东和北非国家	**Middle East and North Africa**	**23279**	**7035**	**26231**	**7927**
南　亚	**South Asia**	**46325**	**2955**	**46586**	**2972**
撒哈拉以南非洲	**Sub-Saharan Africa**	**17584**	**2094**	**16757**	**1996**
低收入国家	**Low Income**	**9822**	**1161**	**10145**	**1199**
最不发达地区	**Least Developed Countries**	**11626**	**1389**	**11656**	**1392**
重债穷国	**Heavily Indebted Poor Countries**	**7965**	**1279**	**7800**	**1252**
中　国	China	91042	6838	90188	6770
孟加拉国	Bangladesh	2304	1420	2562	1580
柬 埔 寨	Cambodia	283	1913	274	1850
印　度	India	37836	3275	37681	3260
印度尼西亚	Indonesia	9670	4205	9332	4060
伊　朗	Iran	8439	11575	8377	11490
以 色 列	Israel	2059	27674	2012	27040
日　本	Japan	41385	32443	42457	33280
哈萨克斯坦	Kazakhstan	1831	11526	1632	10270
韩　国	Korea,Rep.	13244	27169	13314	27310
老　挝	Laos	143	2259	139	2210
马来西亚	Malaysia	3840	13982	3718	13530
蒙　古	Mongolia	94	3527	89	3330
巴基斯坦	Pakistan	4456	2625	4594	2710
菲 律 宾	Philippines	3262	3546	3261	3540
新 加 坡	Singapore	2529	50705	2487	49850
斯里兰卡	Sri Lanka	970	4778	959	4720
泰　国	Thailand	5424	8004	5180	7640
越　南	Viet Nam	2581	2957	2491	2850
埃　及	Egypt	4715	5680	4719	5690
尼日利亚	Nigeria	3327	2150	3057	1980
南　非	South Africa	5076	10291	4964	10060
加 拿 大	Canada	12803	37946	12682	37590
墨 西 哥	Mexico	15402	14337	15155	14110
美　国	United States	142563	46436	143453	46730
阿 根 廷	Argentina	5864	14559	5688	14120
巴　西	Brazil	20201	10427	19881	10260
委内瑞拉	Venezuela	3503	12341	3511	12370
捷　克	Czech Rep.	2647	25232	2477	23610
法　国	France	21721	33656	21929	33980
德　国	Germany	29844	36449	30267	36960
意 大 利	Italy	19216	31909	18866	31330
荷　兰	Netherlands	6731	40715	6696	40510
波　兰	Poland	7271	19059	7035	18440
俄罗斯联邦	Russian Fed.	26873	18945	26090	18390
西 班 牙	Spain	14957	32545	14536	31630
土 耳 其	Turkey	10403	13905	10273	13730
乌 克 兰	Ukraine	2911	6327	2848	6190
英　国	United Kingdom	22568	36496	23105	37360
澳大利亚	Australia	8582	39231	8357	38210
新 西 兰	New Zealand	1240	28723		

3-5 国内生产总值增长率
Growth Rate of GDP

资料来源：国际货币基金组织WEO数据库。
Source: IMF WEO Database.
单位：% (%)

国家和地区	Country or Area	1990	2000	2005	2007	2008	2009
世　界①	**World①**	**3.19**	**4.77**	**4.55**	**5.34**	**2.83**	**-0.58**
发达国家	**Advanced Economies**	**3.12**	**4.16**	**2.65**	**2.72**	**0.24**	**-3.23**
欧　盟	**European Union**	**2.48**	**3.97**	**2.16**	**3.19**	**0.76**	**-4.10**
欧元区	**Euro Area**		**3.87**	**1.69**	**2.86**	**0.47**	**-4.07**
主要发达国家	**Major Advanced Economies**	**2.88**	**3.84**	**2.36**	**2.15**	**-0.14**	**-3.52**
亚洲新兴工业化国家	**Newly Industrialized Asian Economies**	**7.88**	**7.84**	**4.83**	**5.82**	**1.80**	**-0.86**
其它发达国家②	**Other Advanced Economies ②**	**4.52**	**5.84**	**4.14**	**4.96**	**1.65**	**-1.15**
新兴和发展中国家	**Emerging and Developing Economies**	**3.35**	**5.82**	**7.26**	**8.73**	**6.01**	**2.51**
亚洲发展中国家	**Developing Asia**	**5.40**	**6.68**	**9.48**	**11.37**	**7.69**	**6.88**
东盟5国③	**ASEAN-5③**	**7.72**	**5.96**	**5.54**	**6.35**	**4.72**	**1.71**
撒哈拉以南非洲	**Sub-Sahara Africa**	**2.63**	**3.62**	**6.28**	**6.95**	**5.53**	**2.57**
中东欧	**Central and Eastern Europe**	**-0.74**	**5.23**	**5.92**	**5.55**	**3.04**	**-3.63**
中东和北非	**Middle East and North Africa**	**7.69**	**4.86**	**5.26**	**5.99**	**4.99**	**2.04**
拉丁美洲和加勒比	**Latin America and Caribbean**	**0.66**	**4.17**	**4.68**	**5.73**	**4.26**	**-1.72**
中　国	China	3.83	8.40	10.40	13.02	9.55	8.74
中国香港	Hong Kong, China	3.90	7.95	7.08	6.38	2.15	-2.66
中国台湾	Taiwan, China,	6.87	5.80	4.70	5.98	0.73	-1.87
阿富汗	Afghanistan			16.10	14.20	3.35	22.54
阿尔巴尼亚	Albania	-10.00	7.30	5.76	6.01	7.84	2.80
阿尔及利亚	Algeria	1.25	2.15	5.10	3.00	2.40	2.03
安哥拉	Angola	-3.45	3.01	20.61	20.28	13.18	-0.41
安提瓜和巴布达	Antigua and Barbuda	2.28	3.27	5.02	6.50	1.76	-6.66
阿根廷	Argentina	-1.34	-0.79	9.18	8.65	6.76	0.85
亚美尼亚	Armenia		5.90	13.87	13.75	6.78	-14.42
澳大利亚	Australia	1.22	3.31	3.20	4.71	2.38	1.32
奥地利	Austria	4.17	3.65	2.46	3.55	2.05	-3.61
阿塞拜疆	Azerbaijan		6.23	26.40	25.00	10.80	9.30
巴哈马	Bahamas	-1.60	3.68	5.72	0.73	-1.71	-5.00
巴　林	Bahrain	7.28	5.23	7.85	8.07	6.12	2.89
孟加拉国	Bangladesh	4.60	5.60	6.30	6.30	6.03	5.43
巴巴多斯	Barbados	-3.30	2.26	3.88	3.43	0.18	-5.30
白俄罗斯	Belarus		5.80	9.44	8.64	10.02	0.20
比利时	Belgium	3.09	3.68	2.00	2.84	0.83	-3.01
伯利兹	Belize	11.21	13.07	3.03	1.22	3.77	-1.13
贝　宁	Benin	8.98	4.86	2.94	4.65	5.02	2.70
不　丹	Bhutan	10.72	5.20	7.02	19.70	4.97	6.34
玻利维亚	Bolivia	4.64	2.51	4.42	4.56	6.15	3.30
波　黑	Bosnia and Herzegovinian		5.21	4.29	6.54	5.44	-3.37
博茨瓦纳	Botswana	8.79	5.89	1.64	4.81	3.12	-6.00
巴　西	Brazil	-4.17	4.31	3.16	6.09	5.14	-0.18
文　莱	Brunei Darussalam	1.08	2.85	0.39	0.16	-1.94	-0.49
保加利亚	Bulgaria	-9.10	5.39	6.25	6.17	6.01	-5.03
布基纳法索	Burkina Faso	-0.60	2.93	8.66	3.55	5.19	3.21
布隆迪	Burundi	3.46	-0.86	0.91	3.58	4.53	3.48
柬埔寨	Cambodia	1.12	8.77	13.25	10.21	6.69	-2.46
喀麦隆	Cameroon	-6.16	4.15	2.30	3.26	2.88	1.95
加拿大	Canada	0.19	5.23	3.02	2.53	0.41	-2.64

3-5 续表 1 continued

单位: % (%)

国家和地区	Country or Area	1990	2000	2005	2007	2008	2009
佛得角	Cape Verde	0.69	7.27	6.52	7.79	5.91	4.07
中　非	Central African Rep.	-3.80	1.90	2.40	3.70	2.00	1.70
乍　得	Chad	3.20	-0.88	7.94	0.18	-0.44	-1.58
智　利	Chile	3.67	4.46	5.56	4.60	3.69	-1.51
哥伦比亚	Colombia	4.28	2.92	5.72	7.55	2.43	0.10
科摩罗	Comoros	5.09	1.42	4.23	0.49	0.98	1.14
刚果(金)	Congo,Dem. Rep.	-6.57	-6.90	7.88	6.26	6.07	2.83
刚果(布)	Congo,Rep.	1.00	7.58	7.76	-1.58	5.57	7.56
哥斯达黎加	Costa Rica	3.60	1.80	5.89	7.95	2.82	-1.07
科特迪瓦	Cote D'Ivoire	-1.09	-4.63	1.90	1.58	2.33	3.75
克罗地亚	Croatia		3.03	4.21	5.47	2.36	-5.81
塞浦路斯	Cyprus	7.40	5.02	3.92	5.13	3.62	-1.74
捷　克	Czech Rep.	-1.22	3.65	6.32	6.13	2.46	-4.29
丹　麦	Denmark	1.61	3.53	2.44	1.69	-0.87	-5.07
吉布提	Djibouti		0.46	3.17	5.08	5.82	4.97
多米尼克	Dominica	6.34	1.30	3.33	2.51	3.20	-0.30
多米尼加	Dominican Rep.	-5.45	5.66	9.26	8.48	5.26	3.48
厄瓜多尔	Ecuador	3.01	4.15	5.74	2.04	7.24	0.36
埃　及	Egypt	2.35	5.38	4.47	7.09	7.17	4.67
萨尔瓦多	El Salvador	4.83	2.15	3.33	4.33	2.44	-3.54
赤道几内亚	Equatorial Guinea	-1.76	18.21	9.75	21.43	10.69	5.33
厄立特里亚	Eritrea		-12.36	2.57	1.43	-9.78	3.61
爱沙尼亚	Estonia		9.97	9.43	7.20	-3.58	-14.08
埃塞俄比亚	Ethiopia	2.60	5.93	12.64	11.80	11.18	9.95
斐　济	Fiji	5.80	-1.78	0.60	-0.50	-0.12	-2.54
芬　兰	Finland	0.53	5.34	2.92	4.94	1.21	-7.76
法　国	France	2.64	4.07	1.94	2.26	0.32	-2.19
加　蓬	Gabon	5.15	-1.88	3.02	5.30	2.69	-1.42
冈比亚	Gambia	5.70	5.52	5.11	6.30	6.12	4.56
格鲁吉亚	Georgia		1.94	9.60	12.34	2.31	-4.00
德　国	Germany	5.72	3.22	0.73	2.52	1.25	-4.97
加　纳	Ghana	2.76	3.74	5.87	5.67	7.28	3.51
希　腊	Greece		4.48	2.24	4.47	2.02	-1.96
格林纳达	Grenada	5.25	7.04	11.03	4.94	2.19	-7.65
危地马拉	Guatemala	3.10	2.53	3.26	6.30	3.25	0.58
几内亚	Guinea	4.32	2.88	3.00	1.76	4.94	-0.28
几内亚比绍	Guinea-Bissau	4.58	7.51	5.04	0.32	3.49	3.00
圭亚那	Guyana	-3.01	-1.34	-1.94	7.02	1.98	3.32
海　地	Haiti	-0.44	0.90	1.80	3.30	0.80	2.90
洪都拉斯	Honduras	0.10	5.75	6.05	6.20	4.00	-1.90
匈牙利	Hungary	-3.50	4.91	3.53	0.97	0.64	-6.33
冰　岛	Iceland	1.17	4.32	7.48	5.95	0.96	-6.49
印　度	India	5.63	5.69	9.21	9.37	7.35	5.67
印度尼西亚	Indonesia	7.24	5.35	5.69	6.34	6.01	4.55
伊　朗	Iran	19.61	5.14	4.67	7.82	2.27	1.82
伊拉克	Iraq			-0.73	1.50	9.52	4.21
爱尔兰	Ireland	7.71	9.45	6.18	6.02	-3.04	-7.10
以色列	Israel	6.63	9.20	5.10	5.20	4.00	0.71
意大利	Italy	2.05	3.69	0.66	1.48	-1.32	-5.04
牙买加	Jamaica	4.88	0.88	1.00	1.50	-0.95	-2.82
日　本	Japan	5.20	2.86	1.93	2.36	-1.19	-5.20
约　旦	Jordan	-0.28	4.25	8.12	8.91	7.75	2.75
哈萨克斯坦	Kazakhstan		9.80	9.70	8.90	3.20	1.17
肯尼亚	Kenya	4.13	0.60	5.88	6.97	1.51	2.10

3-5 续表 2 continued

单位：% (%)

国家和地区	Country or Area	1990	2000	2005	2007	2008	2009
基里巴斯	Kiribati	2.13	7.60	3.90	0.40	-1.10	-0.70
韩　　国	Korea,Rep.	9.30	8.80	3.96	5.11	2.30	0.20
科 威 特	Kuwait	-26.23	4.69	10.62	2.51	6.40	-2.66
吉尔吉斯斯坦	Kyrgyzstan		5.40	-0.16	8.50	8.40	2.30
老　　挝	Laos	6.69	6.32	6.77	7.84	7.78	7.59
拉脱维亚	Latvia		6.92	10.60	9.98	-4.55	-18.02
黎 巴 嫩	Lebanon	-13.42	1.72	2.50	7.50	9.00	9.00
莱 索 托	Lesotho	6.47	5.66	1.05	2.43	4.46	1.43
利比里亚	Liberia			5.27	9.44	7.13	4.58
利 比 亚	Libya	3.72	3.71	10.29	7.50	3.38	1.76
立 陶 宛	Lithuania		3.25	7.80	9.84	2.76	-14.96
卢 森 堡	Luxemburg	5.32	8.44	5.43	6.47	0.03	-4.22
前南马其顿	Macedonia,FYR		4.54	4.10	5.90	4.80	-0.70
马达加斯加	Madagascar	3.13	4.46	4.60	6.24	7.06	-5.03
马 拉 维	Malawi	5.69	0.78	3.27	1.23	9.38	8.00
马来西亚	Malaysia	9.01	8.68	5.33	6.18	4.63	-1.72
马尔代夫	Maldives	-4.05	4.77	-4.63	7.24	6.26	-3.03
马　　里	Mali	16.45	-3.16	6.14	4.19	4.92	4.46
马 耳 他	Malta			3.85	3.83	2.14	-1.93
毛里塔尼亚	Mauritania	-1.22	1.85	5.44	1.02	3.67	-1.06
毛里求斯	Mauritius	4.90	7.20	1.52	5.40	4.20	1.48
墨 西 哥	Mexico	5.07	6.60	3.20	3.34	1.49	-6.54
摩尔多瓦	Moldova		2.11	7.47	3.00	7.80	-6.49
蒙　　古	Mongolia	-2.49	3.92	7.25	10.22	8.92	-1.61
黑　　山	Montenegro			4.20	10.70	6.90	-7.04
摩 洛 哥	Morocco	4.04	1.59	2.98	2.71	5.58	5.20
莫桑比克	Mozambique	1.00	9.22	8.67	7.28	6.74	6.33
缅　　甸	Myanmar	2.82	13.75	13.57	11.93	3.60	4.84
纳米比亚	Namibia		4.08	2.49	5.50	3.32	-0.72
尼 泊 尔	Nepal	4.64	6.12	3.48	3.34	5.35	4.66
荷　　兰	Netherlands	4.06	3.94	2.05	3.61	2.00	-3.98
新 西 兰	New Zealand	0.06	3.82	3.16	2.78	-0.15	-1.59
尼加拉瓜	Nicaragua	-0.13	4.10	4.28	3.10	2.80	-1.50
尼 日 尔	Niger	-1.31	-2.58	8.42	3.45	9.29	-0.86
尼日利亚	Nigeria	12.77	5.32	5.39	6.97	5.98	5.63
挪　　威	Norway	1.93	3.25	2.74	2.73	1.82	-1.52
阿　　曼	Oman	8.38	4.64	4.89	7.74	12.26	3.35
巴基斯坦	Pakistan	4.46	4.26	7.67	5.64	2.04	1.97
巴 拿 马	Panama	8.10	2.72	7.19	12.11	10.73	2.40
巴布亚新几内亚	Papua New Guinea	-3.00	-2.46	3.92	7.15	6.66	4.54
巴 拉 圭	Paraguay	2.89	-3.35	2.86	6.76	5.83	-4.55
秘　　鲁	Peru	-5.09	2.95	6.83	8.90	9.80	0.86
菲 律 宾	Philippines	3.04	5.97	4.95	7.08	3.84	0.92
波　　兰	Poland	-7.17	4.25	3.62	6.78	5.00	1.70
葡 萄 牙	Portugal	7.86	3.92	0.91	1.87	0.04	-2.68
卡 塔 尔	Qatar	-14.64	10.94	9.24	13.69	15.81	9.04
罗马尼亚	Romania	-5.61	2.92	4.12	6.27	7.35	-7.13
俄罗斯联邦	Russian Fed.		10.05	6.39	8.06	5.62	-7.90
卢 旺 达	Rwanda	0.42	8.32	9.01	5.52	11.19	4.14
圣基茨和尼维斯	Saint Kitts and Nevis	3.05	4.34	5.59	2.03	4.63	-5.47
圣卢西亚	Saint Lucia	9.21	-0.04	4.39	1.48	0.72	-5.21
圣文森特和格林纳丁斯	Saint Vincent and the Grenadines	6.67	2.01	2.58	8.02	-0.59	-2.48
萨 摩 亚	Samoa	-6.44	4.80	6.98	2.26	4.99	-4.93
圣多美和普林西比	Sao Tome and Principe	-2.15	0.45	5.67	6.00	5.80	4.00
沙特阿拉伯	Saudi Arabia	8.33	4.86	5.55	2.02	4.33	0.15
塞内加尔	Senegal	-0.68	3.20	5.62	4.78	2.33	1.55

3-5 续表 3 continued

单位：% (%)

国家和地区	Country or Area	1990	2000	2005	2007	2008	2009
塞尔维亚	Serbia		5.25	5.61	6.9	5.54	-2.87
塞舌尔	Seychelles	7.46	4.25	5.76	11.52	-0.88	-7.56
塞拉利昂	Sierra Leone	1.61	3.81	7.19	6.44	5.53	4.01
新加坡	Singapore	9.22	10.06	7.65	8.22	1.39	-2.02
斯洛伐克	Slovakia		1.33	6.66	10.58	6.17	-4.66
斯洛文尼亚	Slovenia		4.39	4.49	6.8	3.49	-7.33
所罗门群岛	Solomon Islands	2.2	-14.2	5.4	10.7	7.3	-2.2
南非	South Africa	-0.32	4.16	5.28	5.49	3.68	-1.79
西班牙	Spain	3.85	5.05	3.62	3.56	0.86	-3.64
斯里兰卡	Sri Lanka	6.17	6.02	6.24	6.8	5.95	3.5
苏丹	Sudan	-1.7	8.38	6.33	10.16	6.84	4.52
苏里南	Suriname	-1.5	-0.1	4.42	5.18	6	2.5
斯威士兰	Swaziland	9.75	2.04	2.15	3.48	2.4	0.42
瑞典	Sweden	1.01	4.4	3.3	2.56	-0.16	-4.4
瑞士	Switzerland	3.68	3.58	2.64	3.6	1.78	-1.45
叙利亚	Syrian Arab Republic	10.36	2.3	4.5	4.26	5.16	3.99
塔吉克斯坦	Tajikistan		8.3	6.7	7.8	7.9	3.4
坦桑尼亚	Tanzania	7.04	4.93	7.37	7.15	7.44	5.46
泰国	Thailand	11.62	4.75	4.6	4.93	2.46	-2.28
东帝汶	Timor-Leste		-8.06	6.24	8.4	12.8	7.4
多哥	Togo	5.9	-0.94	1.18	1.95	1.76	2.48
汤加	Tonga	4.7	3.5	-0.2	0.4	0.8	-0.5
特立尼达和多巴哥	Trinidad And Tobago	1.51	7.6	6.21	4.62	2.29	-3.46
突尼斯	Tunisia	7.08	4.67	4.08	6.34	4.65	2.95
土耳其	Turkey	9.26	6.77	8.4	4.67	0.66	-4.74
土库曼斯坦	Turkmenistan		18.59	13.05	11.6	10.5	4.15
乌干达	Uganda	6.5	5.44	6.33	8.41	8.71	7.06
乌克兰	Ukraine		5.85	2.7	7.9	2.1	-15.1
阿联酋	United Arab Emirates	23.56	12.38	8.19	6.06	5.14	-0.67
英国	United Kingdom	0.78	3.92	2.17	2.56	0.55	-4.92
美国	United States	1.88	4.14	3.05	2.14	0.44	-2.44
乌拉圭	Uruguay	0.3	-1.78	6.81	7.46	8.54	2.86
乌兹别克斯坦	Uzbekistan		3.8	7	9.5	9	8.1
瓦努阿图	Vanuatu	11.7	5.81	5.13	6.74	6.33	3.3
委内瑞拉	Venezuela	6.48	3.69	10.32	8.15	4.78	-3.29
越南	Viet Nam	5.05	6.79	8.44	8.46	6.18	5.32
也门	Yemen		6.18	5.59	3.34	3.65	3.87
赞比亚	Zambia	-0.58	3.58	5.31	6.21	5.65	6.31
津巴布韦	Zimbabwe	6.98	-7.25	-4	-3.59	-14.47	4.01

注：①指国际货币基金组织世界经济展望数据库的180个国家和地区。②不包括西方七国和欧元区。③印度尼西亚、马来西亚、菲律宾、泰国和越南。

Note:①Refers to the 180 countries and areas listed in the IMF World Economic Outlook database. ②Refers to advanced economies excluding G7 and Euro area. ③Composed of Indonesia,Malaysia,Philippines,Thailand and Viet Nam.

3-6 人均国内生产总值增长率
Growth Rate of GDP per Capita

资料来源：世界银行WDI数据库。
Source: World Bank WDI Database.

单位：% (%)

国家和地区	Country or Area	1990	2000	2005	2007	2008	2009
世　界	**World**	**2.8**	**2.9**	**2.4**	**2.8**	**0.5**	**-3.0**
高收入国家	**High Income**	**3.2**	**2.7**	**2.0**	**1.9**	**-0.2**	**-3.9**
非经合组织成员国	**Non-OECD Countries**	**4.6**	**5.9**	**4.9**	**4.1**	**0.9**	
经合组织成员国	**OECD Countries**	**3.2**	**2.5**	**1.9**	**1.9**	**-0.3**	**-3.9**
中等收入国家	**Middle Income**	**4.1**	**6.4**	**6.1**	**7.5**	**4.8**	**1.4**
中等偏上收入国家	**Upper Middle Income**	**3.7**	**5.6**	**4.6**	**5.3**	**3.2**	**-3.4**
中等偏下收入国家	**Lower Middle Income**	**4.7**	**7.3**	**7.7**	**9.7**	**6.3**	**5.6**
中低收入国家	**Low and Middle Income**	**3.9**	**6.2**	**5.9**	**7.3**	**4.6**	**1.3**
东亚和太平洋	**East Asia and Pacific**	**6.6**	**8.1**	**8.9**	**11.5**	**7.7**	**6.6**
欧洲和中亚	**Europe and Central Asia**	**7.4**	**8.4**	**7.1**	**6.8**	**3.8**	**-6.2**
拉丁美洲和加勒比	**Latin America and Caribbean**	**2.4**	**4.8**	**3.6**	**4.7**	**3.1**	**-2.9**
中东和北非国家	**Middle East and North Africa**	**1.4**	**4.2**	**2.7**	**4.0**	**3.0**	**1.6**
南　亚	**South Asia**	**2.5**	**6.2**	**7.1**	**7.3**	**3.4**	**5.4**
撒哈拉以南非洲	**Sub-Saharan Africa**	**0.9**	**3.4**	**3.1**	**3.9**	**2.7**	**-1.2**
低收入国家	**Low Income**	**1.0**	**3.7**	**3.7**	**4.3**	**3.9**	**2.6**
最不发达地区	**Least Developed Countries**	**2.1**	**4.5**	**4.8**	**5.5**	**4.6**	**1.8**
重债穷国	**Heavily Indebted Poor Countries**	**0.5**	**2.8**	**3.2**	**2.9**	**3.2**	**1.3**
中　国	China	7.6	9.5	10.7	13.6	9.0	8.6
中国香港	Hong Kong,China	7.0	7.6	6.6	5.3	1.6	
中国澳门	Macao,China	4.2	24.6	4.5	22.1	10.4	
孟加拉国	Bangladesh	4.0	4.6	4.3	4.9	4.7	4.4
文　莱	Brunei Darussalam	0.5	-1.5	-1.6	-1.3		
柬埔寨	Cambodia	6.7	8.6	11.5	8.4	5.0	-3.7
印　度	India	2.3	6.8	7.8	8.2	3.7	6.2
印度尼西亚	Indonesia	3.5	3.7	4.4	5.1	4.8	3.4
伊　朗	Iran	3.4	3.5	3.1	6.4	1.0	0.5
以色列	Israel	6.4	3.2	3.3	3.4	2.2	-1.1
日　本	Japan	2.7	2.7	1.9	2.4	-1.1	-5.1
哈萨克斯坦	Kazakhstan	10.1	8.9	8.7	7.7	2.1	-0.2
韩　国	Korea,Rep.	7.6	4.2	3.8	4.8	2.0	-0.1
老　挝	Laos	3.7	4.7	5.3	5.7	5.3	4.5
马来西亚	Malaysia	6.4	4.8	3.5	4.3	2.9	-3.3
蒙　古	Mongolia	-0.7	9.2	5.9	9.0	7.6	-2.7
缅　甸	Myanmar	12.6	12.9	12.8			
巴基斯坦	Pakistan	1.8	4.8	5.1	3.5	-0.2	1.6
菲律宾	Philippines	3.9	4.4	3.0	5.1	2.0	-0.9
新加坡	Singapore	8.2	8.2	10.7	4.1	-3.5	-4.2
斯里兰卡	Sri Lanka	5.4	3.9	5.1	6.1	5.2	2.8
泰　国	Thailand	3.9	5.1	3.6	4.2	1.9	-2.8
越　南	Viet Nam	6.6	6.3	7.0	7.2	4.9	4.2
埃　及	Egypt	3.4	2.1	2.5	5.1	5.2	2.8
尼日利亚	Nigeria	2.9	8.0	2.9	4.0	3.6	0.6
南　非	South Africa	1.6	3.3	4.1	4.3	2.5	-2.8
加拿大	Canada	4.3	4.4	2.0	1.2	-0.5	-3.7
墨西哥	Mexico	5.1	3.0	2.2	2.3	0.5	-7.5
美　国	United States	2.6	2.7	2.1	1.1	-0.5	-3.3
阿根廷	Argentina	-1.9	8.0	8.2	7.6	5.7	-0.1
巴　西	Brazil	2.8	4.4	1.9	5.0	4.1	-1.1
委内瑞拉	Venezuela	1.8	16.2	8.5	6.4	3.1	-4.8
捷　克	Czech Rep.	3.8	4.4	6.1	5.5	1.6	-4.8
法　国	France	3.4	1.8	1.3	1.4	-0.3	-3.2
德　国	Germany	3.1	1.2	0.8	2.6	1.5	-4.7
意大利	Italy	3.7	0.5	-0.1	0.8	-2.1	-5.7
荷　兰	Netherlands	3.2	1.9	1.8	3.4	1.6	-4.5
波　兰	Poland	4.8	5.4	3.7	6.9	5.0	1.6
俄罗斯	Russian Fed.	10.0	7.7	6.9	8.4	5.7	-7.8
西班牙	Spain	4.2	1.6	1.9	1.8	-0.6	-4.5
土耳其	Turkey	5.1	7.9	7.0	3.4	-0.6	-5.9
乌克兰	Ukraine	7.0	13.0	3.5	8.6	2.7	-14.6
英　国	United Kingdom	3.6	2.2	1.6	1.9	-0.2	-5.6
澳大利亚	Australia	2.7	2.9	1.5	1.9	2.0	-0.8
新西兰	New Zealand	1.8	2.2	2.3	2.0	-1.5	-1.6

3-7 资本形成率
Capital Formation Rate

资料来源：世界银行WDI数据库。
Source: World Bank WDI Database.

单位：% (%)

国家和地区	Country or Area	1990	2000	2005	2007	2008	2009
世　界	**World**	**23.5**	**22.3**	**21.7**	**22.1**		
高收入国家	**High Income**	**23.0**	**22.0**	**20.6**	**20.8**		
非经合组织成员国	**High Income: nonOECD**	**22.8**	**23.2**	**20.9**	**21.9**	**22.6**	
经合组织成员国	**OECD Countries**	**23.0**	**21.9**	**20.6**	**20.8**		
中等收入国家	**Middle Income**	**26.0**	**24.0**	**27.2**	**28.5**	**29.1**	**28.3**
中等偏上收入国家	**Upper Middle Income**	**22.3**	**20.5**	**20.9**	**23.4**	**23.6**	**21.2**
中等偏下收入国家	**Lower Middle Income**	**30.5**	**28.2**	**34.8**	**34.8**	**35.2**	**36.0**
中低收入国家	**Low and Middle Income**	**25.8**	**23.9**	**27.1**	**28.4**	**28.9**	**28.2**
东亚和太平洋	**East Asia and Pacific**	**34.6**	**31.6**	**38.1**	**36.6**	**38.5**	**40.2**
欧洲和中亚	**Europe and Central Asia**	**28.0**	**19.6**	**21.6**	**24.5**	**25.7**	**21.2**
拉丁美洲和加勒比	**Latin America and Caribbean**	**19.4**	**20.0**	**20.2**	**22.3**	**22.6**	**20.4**
中东和北非国家	**Middle East and North Africa**	**28.7**	**24.5**	**24.9**	**28.0**	**28.1**	
南　亚	**South Asia**	**22.9**	**23.5**	**31.6**	**34.5**	**32.9**	**31.8**
撒哈拉以南非洲	**Sub-Saharan Africa**	**17.9**	**17.2**	**18.9**	**21.3**	**22.1**	**20.8**
低收入国家	**Low Income**	**17.5**	**19.4**	**22.3**	**23.9**	**24.4**	
最不发达地区	**Least Developed Countries**	**16.4**	**19.7**	**22.7**	**23.7**	**23.9**	**24.1**
重债穷国	**Heavily Indebted Poor Countries**	**15.6**	**18.6**	**20.9**	**22.3**	**23.0**	
中　国	China	36.2	35.1	43.6	41.7	42.6	44.8
中国香港	Hong Kong,China	27.0	27.5	20.6	20.9	20.4	
中国澳门	Macao,China	25.0	11.6	27.5	36.8	29.2	
孟加拉国	Bangladesh	17.1	23.0	24.5	24.5	24.2	24.2
文　莱	Brunei Darussalam	18.7	13.1	11.4	13.0		
柬 埔 寨	Cambodia		17.5	18.5	20.8		
印　度	India	24.2	24.2	34.3	37.6	35.6	34.5
印度尼西亚	Indonesia	30.7	22.3	25.1	24.9	27.8	27.8
伊　朗	Iran	37.2	33.0	32.7	33.2	31.2	
以 色 列	Israel	25.1	21.0	19.2	19.6	18.5	16.2
日　本	Japan	33.1	25.4	23.6	24.1		
哈萨克斯坦	Kazakhstan		18.1	31.0	35.6	34.3	38.8
韩　国	Korea,Rep.	37.5	30.6	29.7	29.4	31.2	
老　挝	Laos		28.3	34.5	38.3	37.1	
马来西亚	Malaysia	32.4	26.9	20.0	22.0		23.9
蒙　古	Mongolia	35.6	29.0	37.0	40.2	38.6	
缅　甸	Myanmar	13.4	12.5				
巴基斯坦	Pakistan	18.9	17.2	19.1	22.5	22.0	19.7
菲 律 宾	Philippines	24.2	21.2	14.6	15.4	15.3	13.7
新 加 坡	Singapore	37.1	33.3	19.5	19.6	29.1	
斯里兰卡	Sri Lanka	22.2	28.0	26.1	27.3	27.1	25.3
泰　国	Thailand	41.4	22.8	31.5	26.4	28.9	
越　南	Viet Nam	12.6	29.6	35.6	43.1	41.1	38.0
埃　及	Egypt	28.8	19.6	18.0	20.9	22.4	19.4
南　非	South Africa	17.7	15.9	18.0	21.3	22.0	19.3
加 拿 大	Canada	20.9	20.2	22.0	23.4		
墨 西 哥	Mexico	23.2	23.9	23.7	25.9	26.3	24.5
美　国	United States	17.7	20.5	19.3	18.0		
阿 根 廷	Argentina	14.0	16.2	21.5	24.2	23.3	
巴　西	Brazil	20.2	18.3	16.2	17.3	18.2	16.6
委内瑞拉	Venezuela	10.2	24.2	23.0	28.2	24.8	22.4
捷　克	Czech Rep.	25.2	29.5	25.7	27.0	25.3	21.5
法　国	France	22.5	20.5	20.3	22.2	22.2	
德　国	Germany	23.2	21.8	16.9	18.2	19.3	
意 大 利	Italy	22.4	20.7	20.7	21.8	21.3	
荷　兰	Netherlands	23.5	22.0	19.0	19.6	20.6	
波　兰	Poland	25.6	24.9	19.3	24.5	23.9	19.9
俄罗斯联邦	Russian Fed.	30.1	18.7	20.1	24.2	26.2	22.7
西 班 牙	Spain	26.1	26.3	29.5	31.1	29.7	
土 耳 其	Turkey	24.6	20.8	20.0	21.1	21.8	14.9
乌 克 兰	Ukraine	27.5	19.6	22.6	26.7	25.3	18.8
英　国	United Kingdom	20.2	17.7	17.2	18.3	16.8	
澳大利亚	Australia	27.4	24.4	25.6	26.3	27.5	
新 西 兰	New Zealand	20.1	21.6	24.8	24.1		

3-8 居民消费率

Household Final Consumption Rate

资料来源：世界银行WDI数据库。
Source: World Bank WDI Database.
单位：% (%)

国家和地区	Country or Area	1990	2000	2005	2007	2008	2009
中　　国	China	46.2	46.7	36.5	36.3	36.8	34.0
中国香港	Hong Kong,China	57.1	59.0	58.2	60.2	60.5	
中国澳门	Macao,China	39.2	40.3	27.3	22.2	22.8	
孟加拉国	Bangladesh	86.2	77.7	76.4	76.9	78.9	80.2
文　　莱	Brunei Darussalam	34.8	29.6	27.4	26.5		
柬 埔 寨	Cambodia		89.2	86.1	83.5		
印　　度	India	65.6	64.2	57.6	56.1	58.1	57.9
印度尼西亚	Indonesia	58.9	60.7	62.7	62.7	62.6	56.4
伊　　朗	Iran	59.3	47.9	45.9	45.0		
以 色 列	Israel	55.6	53.4	55.4	56.7	58.3	57.3
日　　本	Japan	52.5	56.2	57.0	56.3		
哈萨克斯坦	Kazakhstan		62.3	49.0	48.7	35.5	42.0
韩　　国	Korea,Rep.	51.8	54.6	53.8	54.4	54.7	
老　　挝	Laos		79.1	71.6	68.2	66.2	
马来西亚	Malaysia	51.7	43.8	44.8	45.8		54.3
蒙　　古	Mongolia	61.7	70.1	54.6	48.2	60.8	
巴基斯坦	Pakistan	73.8	75.4	77.0	75.5	76.6	79.5
菲 律 宾	Philippines	71.5	63.9	79.9	74.5	76.9	82.8
新 加 坡	Singapore	45.9	42.3	42.7	41.3	42.9	
斯里兰卡	Sri Lanka	75.9	72.1	69.7	67.8	70.1	66.7
泰　　国	Thailand	56.8	57.2	57.8	53.7	55.9	
越　　南	Viet Nam	84.3	66.4	62.5	66.7	69.3	63.4
埃　　及	Egypt	72.6	75.9	71.6	72.4	72.3	81.9
南　　非	South Africa	57.1	63.0	63.1	62.7	61.9	60.7
加 拿 大	Canada	56.7	55.4	55.4	55.3		
墨 西 哥	Mexico	69.6	67.0	67.0	65.5	65.6	65.1
美　　国	United States	66.7	69.0	70.8	71.2		
阿 根 廷	Argentina	77.1	70.7	60.8	58.6	59.5	
巴　　西	Brazil	59.3	64.4	60.3	61.8	62.2	64.3
委内瑞拉	Venezuela	62.1	51.8	46.8	54.2	53.5	60.4
捷　　克	Czech Rep.	49.3	52.5	49.1	47.7	49.7	50.7
法　　国	France	57.1	55.7	56.9	56.7	57.1	
德　　国	Germany	57.7	58.9	59.0	56.8	56.5	
意 大 利	Italy	57.3	59.9	59.1	58.8	59.0	
荷　　兰	Netherlands	49.7	50.5	48.8	46.8	46.4	
波　　兰	Poland	48.0	63.1	62.5	59.6	60.4	63.9
俄罗斯联邦	Russian Fed.	48.9	46.2	49.7	49.7	48.1	49.1
西 班 牙	Spain	60.5	59.7	57.8	57.4	56.9	
土 耳 其	Turkey	68.7	70.5	71.7	71.3	69.9	71.6
乌 克 兰	Ukraine	57.1	54.4	58.0	60.6	64.0	64.6
英　　国	United Kingdom	62.2	65.6	64.8	64.0	64.5	
澳大利亚	Australia	57.5	59.9	59.3	57.8	57.3	
新 西 兰	New Zealand	60.6	59.3	59.5	58.0		

3-9 国内生产总值产业构成
Composition of Gross Domestic Product by Industry

资料来源：世界银行WDI数据库。
Source: World Bank WDI Database.
单位：%　(%)

国家和地区	Country or Area	农业增加值占国内生产总值比重 Primary Industry as Percentage of GDP		工业增加值占国内生产总值比重 Secondary Industry as Percentage of GDP		服务业增加值占国内生产总值比重 Tertiary Industry as Percentage of GDP	
		2000	2009	2000	2009	2000	2009
世　界	**World**	**3.6**	**2.9②**	**29.1**	**27.5②**	**67.2**	**69.4②**
高收入国家	**High Income**	**1.9**	**1.5②**	**27.9**	**25.6②**	**70.0**	**72.7②**
经合组织高收入国家	**OECD Countries**	**1.9**	**1.5②**	**27.7**	**25.3②**	**70.3**	**73.0②**
非经合组织高收入国家	**High Income: nonOECD**	**2.1**	**1.5②**	**35.1**	**33.9②**	**62.8**	**64.7②**
中等收入国家	**Middle Income**	**11.3**	**10.0**	**35.6**	**36.4**	**53.1**	**53.8**
中等偏上收入国家	**Upper Middle Income**	**6.5**	**6.4**	**32.2**	**33.0**	**61.3**	**61.0**
中等偏下收入国家	**Lower Middle Income**	**17.1**	**13.2**	**39.5**	**39.4**	**43.4**	**47.4**
中低收入国家	**Low and Middle Income**	**12.0**	**10.5**	**35.1**	**36.1**	**52.9**	**53.6**
东亚和太平洋	**East Asia and Pacific**	**14.7**	**12.2①**	**44.4**	**46.9①**	**41.0**	**40.9①**
欧洲和中亚	**Europe and Central Asia**	**9.5**	**6.8①**	**34.0**	**32.4①**	**56.5**	**60.8①**
拉丁美洲和加勒比	**Latin America and Caribbean**	**5.7**	**6.6①**	**29.7**	**32.7①**	**64.7**	**60.7①**
中东和北非国家	**Middle East and North Africa**	**12.6**	**11.6①**	**43.3**	**40.6①**	**44.2**	**47.9①**
南　亚	**South Asia**	**23.9**	**17.7**	**25.8**	**27.8**	**50.3**	**54.5**
撒哈拉以南非洲	**Sub-Saharan Africa**	**16.5**	**12.4①**	**29.3**	**32.9①**	**54.2**	**54.7①**
低收入国家	**Low Income**	**34.5**	**26.9①**	**21.0**	**26.2①**	**44.5**	**46.9①**
最不发达地区	**Least Developed Countries**	**32.8**	**24.7①**	**23.9**	**29.4①**	**43.3**	**45.9①**
重债穷国	**Heavily Indebted Poor Countries**	**31.4**	**26.9①**	**24.0**	**29.1①**	**44.7**	**44.1①**
中　国	China	15.1	10.4	45.9	46.3	39.0	43.4
中国香港	Hong Kong,China	0.1	0.1②	13.4	7.7②	86.5	92.3②
中国澳门	Macao,China			15.7	17.7②	90.3	85.9②
孟加拉国	Bangladesh	25.5	18.6	25.3	28.6	49.2	52.8
文　莱	Brunei Darussalam	1.0	0.7②	63.7	71.0②	35.3	28.3②
柬埔寨	Cambodia	37.9	34.6①	23.0	23.9①	39.1	41.5①
印　度	India	23.4	17.1	26.2	28.3	50.5	54.6
印度尼西亚	Indonesia	15.6	14.1	45.9	47.0	38.5	39.2
伊　朗	Iran	13.7	10.1①	36.8	44.9①	49.5	45.0①
日　本	Japan	1.8	1.5②	32.4	29.3②	65.8	69.3②
哈萨克斯坦	Kazakhstan	8.7	5.4	40.5	40.2	50.9	54.5
韩　国	Korea,Rep.	4.6	2.7①	38.1	36.5①	57.3	60.9①
老　挝	Laos	52.6	34.7①	22.9	28.2①	24.6	37.1①
马来西亚	Malaysia	0.9	8.7	48.3	55.4	50.8	35.9
蒙　古	Mongolia	32.7	21.1①	20.3	39.8①	47.0	39.2①
缅　甸	Myanmar	57.2		9.7		33.1	
巴基斯坦	Pakistan	25.9	20.8	23.3	24.3	50.8	54.9
菲律宾	Philippines	15.8	15.2	32.3	32.7	52.0	53.1
新加坡	Singapore	0.1	0.1①	35.6	26.3	64.3	74.0①
斯里兰卡	Sri Lanka	19.9	14.5	27.3	27.9	52.8	57.6
泰　国	Thailand	9.0	11.7①	42.0	44.2①	49.0	44.2①
越　南	Viet Nam	24.5	22.0	36.7	39.3	38.7	38.8
埃　及	Egypt	16.8	11.5	33.1	35.1	50.1	53.4
尼日利亚	Nigeria		30.7①		41.4①		27.9①
南　非	South Africa	3.3	3.0	31.8	31.1	65.0	65.8
加拿大	Canada	2.3		33.2		64.5	
墨西哥	Mexico	4.2	4.2	28.0	37.6	67.8	58.3
美　国	United States	1.2	1.3②	24.2	21.4②	74.6	77.4②
阿根廷	Argentina	5.0	9.8①	27.6	32.3①	67.4	57.9①
巴　西	Brazil	5.6	6.6	27.7	27.2	66.7	66.2
委内瑞拉	Venezuela	4.2		49.7		46.1	
捷　克	Czech Rep.	3.9	2.3	38.1	37.2	58.0	60.5
法　国	France	2.8	2.0①	22.9	20.5①	74.3	77.5①
德　国	Germany	1.3	0.9①	30.3	30.1①	68.5	69.0①
意大利	Italy	2.8	2.0①	28.4	27.1①	68.8	70.9①
荷　兰	Netherlands	2.7	1.7①	25.0	25.4①	72.4	72.9①
波　兰	Poland	5.0	4.5	31.7	31.1	63.3	64.4
俄罗斯联邦	Russian Fed.	6.4	5.0①	38.0	37.2①	55.6	57.8①
西班牙	Spain	4.4	2.8①	29.2	29.1①	66.4	68.1①
土耳其	Turkey	11.3	9.0	31.5	28.0	57.2	63.1
乌克兰	Ukraine	17.1	9.8	36.3	52.1	46.6	38.1
英　国	United Kingdom	1.0	0.7①	27.3	23.6①	71.7	75.7①
澳大利亚	Australia	3.5	2.6①	26.9	29.1①	69.6	68.4①
新西兰	New Zealand	8.9		25.3		65.8	

注：①2008年数据。②2007年数据。
Note:①Data refer to 2008.②Data refer to 2007.

3-10 生产法国内生产总值

Gross Domestic Product by Production Approach

资料来源：联合国NAOCD数据库。
Source: UN NAOCD Database.

单位：亿本币 (100 million local currency units)

国家和地区	Country or Area	2000	2005	2006	2007	2008
中　国	**China**					
按当年价格计算	In Current Prices	99200	185000	216000	266000	314000
农业、狩猎业、林业和渔业	Agriculture,hunting,forestry; fishing	14900	22400	24000	28600	33700
采掘业	Mining and quarrying	40000	77200	91300	111000	130000
制造业	Manufacturing		60100			
电、煤气和水供应业	Electricity,gas and water supply		6790			
建筑业	Construction	5520	10400	12400	15300	18700
批发、零售贸易；机动车及个人、家庭用品修理业	Wholesale,retail trade,repair of motor vehicles,motorcycles and personal and household goods	8160	14000	16500	20900	26200
旅馆和饭店业	Hotels and restaurants	2150	4200	4790	5550	6620
运输、仓储和通讯	Transport,storage and communications	6160	10700	12200	14600	16400
金融中介	Financial intermediation	4090	6090	8100	12300	14900
房地产、租赁及商务活动	Real estate,renting and business activities		11600	14200	18500	
教育	Education		5760	6410	7690	
增加值总额(按基本价格计算)	Equals: Value Added,Gross,in basic prices	99200	185000	216000	266000	314000
中国香港	**Hong Kong,China**					
按当年价格计算	In Current Prices	13200	13800	14800	16200	16800
农业、狩猎业、林业和渔业	Agriculture,hunting,forestry; fishing	9	8	8	9	8
采掘业	Mining and quarrying	2	1	1	1	1
制造业	Manufacturing	676	455	458	393	393
电、煤气和水供应业	Electricity,gas and water supply	369	399	404	397	386
建筑业	Construction	621	385	387	402	480
批发、零售贸易；机动车及个人、家庭用品修理业	Wholesale,retail trade,repair of motor vehicles,motorcycles and personal and household goods	2720	3500	3560	3700	
旅馆和饭店业	Hotels and restaurants	366	365	414	476	
运输、仓储和通讯	Transport,storage and communications	1190	1350	1370	1420	1220
金融中介	Financial intermediation	1490	1700	2260	3020	
房地产、租赁及商务活动	Real estate,renting and business activities	1190	1240	1300	1490	
公共管理和国防；社会基本保障	Public administration and defence; compulsory social security	962	961	967	1010	2780
教育；卫生和社会工作；其他团体、社会和个人服务活动	Education; health and social work; other community, social and personal services	1490	1570	1600	1640	
雇人的私人住户	Private households with employed persons	1360	1380	1500	1570	1800
增加值总额(按基本价格计算)	Equals: Value Added,Gross,in basic prices	12500	13300	14200	15500	15600
加：税减产品补贴	Plus: Taxes less Subsidies on products	579	629	711	940	846
按2006年价格计算	At Constant Prices of 2006	11300	13800	14800	15700	
农业、狩猎业、林业和渔业	Agriculture,hunting,forestry; fishing	9	9	8	8	
采掘业	Mining and quarrying	1	1	1	1	
制造业	Manufacturing	588	448	458	451	
电、煤气和水供应业	Electricity,gas and water supply	356	400	404	408	
建筑业	Construction	561	429	387	379	

3-10 续表 1 continued

单位：亿本币 (100 million local currency units)

国家和地区	Country or Area	2000	2005	2006	2007	2008
中国香港(续)	**Hong Kong,China (continued)**					
批发、零售贸易；机动车及个人、家庭用品修理业	Wholesale,retail trade,repair of motor vehicles,motorcycles and personal and household goods	2110	3270	3560	3810	
旅馆和饭店业	Hotels and restaurants	408	379	414	450	
运输、仓储和通讯	Transport,storage and communications	962	1280	1370	1450	
金融中介	Financial intermediation	1230	1890	2260	2700	
房地产、租赁及商务活动	Real estate,renting and business activities	1170	1280	1300	1400	
公共管理和国防；社会基本保障	Public administration and defence; compulsory social security	2380	2530	2560	2590	
雇人的私人住户	Private households with employed persons	1300	1470	1500	1540	
增加值总额(按基本价格计算)	Equals: Value Added,Gross,in basic prices					
加：税减产品补贴	Plus: Taxes less Subsidies on products	584	665	711	818	
孟加拉国	**Bangladesh**					
按当年价格计算	In Current Prices	23700	37100	41600	47200	54600
农业、狩猎业和林业	Agriculture,hunting,forestry	4470	5620	6220	7010	8020
渔业	Fishing	1370	1550	1630	1780	1980
采掘业	Mining and quarrying	231	404	464	532	615
制造业	Manufacturing	3480	5880	6890	8120	9390
电、煤气和水供应业	Electricity,gas and water supply	307	491	539	559	607
建筑业	Construction	1760	2910	3280	3750	4390
批发、零售贸易；机动车及个人、家庭用品修理业	Wholesale,retail trade,repair of motor vehicles,motorcycles and personal and household goods	2920	5030	5700	6600	7820
旅馆和饭店业	Hotels and restaurants	146	251	285	329	389
运输、仓储和通讯	Transport,storage and communications	1970	3830	4320	4890	5690
金融中介	Financial intermediation	365	593	668	774	895
房地产、租赁及商务活动	Real estate,renting and business activities	2110	2970	3220	3490	3810
公共管理和国防；社会基本保障	Public administration and defence; compulsory social security	623	964	1100	1270	1440
教育	Education	539	879	993	1180	1350
卫生和社会工作	Health and social work	538	810	902	1030	1180
其他团体、社会和个人服务活动	Other community,social and personal services	2040	3390	3830	4360	5020
增加值总额(按基本价格计算)	Equals: Value Added,Gross,in basic prices	22900	35600	40000	45700	52600
加：税减产品补贴	Plus: Taxes less Subsidies on products	833	1510	1530	1570	1980
按1996年价格计算	At Constant Prices of 1996	20500	26700	28500	30300	32200
农业、狩猎业和林业	Agriculture,hunting,forestry	3840	4420	4650	4870	5020
渔业	Fishing	1200	1280	1330	1380	1440
采掘业	Mining and quarrying	203	291	318	344	375
制造业	Manufacturing	3040	4230	4680	5140	5510
电、煤气和水供应业	Electricity,gas and water supply	283	419	451	461	492
建筑业	Construction	1550	2310	2500	2680	2830
批发、零售贸易；机动车及个人、家庭用品修理业	Wholesale,retail trade,repair of motor vehicles,motorcycles and personal and household goods	2630	3620	3860	4170	4450
旅馆和饭店业	Hotels and restaurants	125	175	188	202	218
运输、仓储和通讯	Transport,storage and communications	1810	2560	2760	2980	3240
金融中介	Financial intermediation	310	434	471	514	560
房地产、租赁及商务活动	Real estate,renting and business activities	1750	2080	2160	2240	2320
公共管理和国防；社会基本保障	Public administration and defence; compulsory social security	503	686	742	804	854
教育	Education	434	626	682	743	801
卫生和社会工作	Health and social work	433	577	622	669	716
其他团体、社会和个人服务活动	Other community,social and personal services	1600	1910	1990	2080	2170
增加值总额(按基本价格计算)	Equals: Value Added,Gross,in basic prices	19700	25600	27400	29300	31000
加：税减产品补贴	Plus: Taxes less Subsidies on products	777	1090	1060	1020	1170

3-10 续表 2 continued

单位：亿本币 (100 million local currency units)

国家和地区	Country or Area	2000	2005	2006	2007	2008
文　莱	**Brunei Darussalam**					
按当年价格计算	In Current Prices	103	159	182	185	204
农业、狩猎业和林业	Agriculture,hunting,forestry	1	1	1	1	1
渔业	Fishing	…	1	1	1	…
采掘业	Mining and quarrying	46	89	108	106	117
制造业	Manufacturing	16	20	19	19	28
电、煤气和水供应业	Electricity,gas and water supply	1	1	1	1	1
建筑业	Construction	3	4	5	5	5
批发、零售贸易；机动车及个人、家庭用品修理业	Wholesale,retail trade,repair of motor vehicles,motorcycles and personal and household goods	4	5	5	5	6
旅馆和饭店业	Hotels and restaurants	1	1	1	1	1
运输、仓储和通讯	Transport,storage and communications	4	5	5	5	5
金融中介	Financial intermediation	3	5	6	6	6
房地产、租赁及商务活动	Real estate,renting and business activities	4	4	4	4	4
公共管理和国防；社会基本保障	Public administration and defence; compulsory social security	16	18	20	22	22
教育	Education	…	1	1	1	1
卫生和社会工作	Health and social work	…	…	…	…	…
其他团体、社会和个人服务活动	Other community,social and personal services	4	5	6	6	7
雇人的私人住户	Private households with employed persons	…	1	1	1	1
增加值总额(按基本价格计算)	Equals: Value Added,Gross,in basic prices	103	159	182	185	204
按2000年价格计算	At Constant Prices of 2000	103	115	120	120	118
农业、狩猎业和林业	Agriculture,hunting,forestry	1	1	1	1	1
渔业	Fishing	…	1	1	…	…
采掘业	Mining and quarrying	46	48	50	46	42
制造业	Manufacturing	16	17	17	17	17
电、煤气和水供应业	Electricity,gas and water supply	1	1	1	1	1
建筑业	Construction	3	5	4	5	5
批发、零售贸易；机动车及个人、家庭用品修理业	Wholesale,retail trade,repair of motor vehicles,motorcycles and personal and household goods	4	5	5	6	6
旅馆和饭店业	Hotels and restaurants	1	…	…	…	…
运输、仓储和通讯	Transport,storage and communications	4	4	4	5	5
金融中介	Financial intermediation	3	4	5	5	5
房地产、租赁及商务活动	Real estate,renting and business activities	4	4	4	4	4
公共管理和国防；社会基本保障	Public administration and defence; compulsory social security	16	18	20	22	23
教育	Education	…	1	1	1	1
卫生和社会工作	Health and social work	…	…	…	…	…
其他团体、社会和个人服务活动	Other community,social and personal services	4	5	6	7	7
雇人的私人住户	Private households with employed persons	…	…	…	…	…
增加值总额(按基本价格计算)	Equals: Value Added,Gross,in basic prices	103	115	120	120	118

3-10 续表 3 continued

单位：亿本币 (100 million local currency units)

国家和地区	Country or Area	2000	2005	2006	2007
柬 埔 寨	**Cambodia**				
按当年价格计算	In Current Prices	141000	258000	298000	350000
农业、狩猎业和林业	Agriculture,hunting,forestry	35400	60200	68100	79700
渔业	Fishing	15200	18900	21600	24300
采掘业	Mining and quarrying	335	967	1150	1330
制造业	Manufacturing	22500	45900	55400	60700
电、煤气和水供应业	Electricity,gas and water supply	581	1240	1640	1950
建筑业	Construction	7320	16300	20000	23400
批发、零售贸易；机动车及个人、家庭用品修理业	Wholesale,retail trade,repair of motor vehicles,motorcycles and personal and household goods	15100	23600	26600	31300
旅馆和饭店业	Hotels and restaurants	5210	11200	13100	15200
运输、仓储和通讯	Transport,storage and communications	9300	19000	21200	24200
金融中介	Financial intermediation	1750	2940	3780	4910
房地产、租赁及商务活动	Real estate,renting and business activities	8550	17000	19500	22000
公共管理和国防；社会基本保障	Public administration and defence; compulsory social security	3770	4640	5150	6680
教育；卫生和社会工作；其他团体、社会和个人服务活动	Education; health and social work; other community,social and personal services	8610	22200	26300	30700
增加值总额(按基本价格计算)	Equals: Value Added,Gross,in basic prices	134000	244000	283000	326000
加：税减产品补贴	Plus: Taxes less Subsidies on products	8700	16000	18000	27900
按2000年价格计算	At Constant Prices of 2000	141000	220000	244000	269000
农业、狩猎业和林业	Agriculture,hunting,forestry	35400	47700	50600	53900
渔业	Fishing	15200	17100	17700	17800
采掘业	Mining and quarrying	335	870	1010	1070
制造业	Manufacturing	22500	43100	50600	55100
电、煤气和水供应业	Electricity,gas and water supply	581	1030	1360	1510
建筑业	Construction	7320	14000	16800	17900
批发、零售贸易；机动车及个人、家庭用品修理业	Wholesale,retail trade,repair of motor vehicles,motorcycles and personal and household goods	15100	19100	20500	22400
旅馆和饭店业	Hotels and restaurants	5210	9530	10800	11900
运输、仓储和通讯	Transport,storage and communications	9300	14900	15200	16300
金融中介	Financial intermediation	1750	2510	3120	3810
房地产、租赁及商务活动	Real estate,renting and business activities	8550	16700	18600	20600
公共管理和国防；社会基本保障	Public administration and defence; compulsory social security	3770	3370	3330	3340
教育；卫生和社会工作；其他团体、社会和个人服务活动	Education; health and social work; other community,social and personal services	8610	18600	21800	24500
增加值总额(按基本价格计算)	Equals: Value Added,Gross,in basic prices	134000	209000	231000	250000
加：税减产品补贴	Plus: Taxes less Subsidies on products	8700	13700	14700	21400

3-10 续表 4 continued

单位：亿本币 (100 million local currency units)

国家和地区	Country or Area	2000	2005	2006	2007	2008
印　度	**India**					
按当年价格计算	In Current Prices	210000	371000	428000	495000	557000
农业、狩猎业和林业	Agriculture,hunting,forestry	43200	61600	68600	78500	86500
渔业	Fishing	2150	3110	3560	3910	4270
采掘业	Mining and quarrying	4640	9510	10900	12700	13600
制造业	Manufacturing	30800	53800	65100	75000	83500
电、煤气和水供应业	Electricity,gas and water supply	4900	7240	8160	8900	9290
建筑业	Construction	11200	27500	32400	38400	45300
批发、零售贸易；机动车及个人、家庭用品修理业	Wholesale,retail trade,repair of motor vehicles,motorcycles and personal and household goods	25700	51500	60700	69400	79600
旅馆和饭店业	Hotels and restaurants	2510	5440	6610	7790	8140
运输、仓储和通讯	Transport,storage and communications	15000	28300	32500	36700	42000
金融中介	Financial intermediation	10600	18500	21800	25200	30000
房地产、租赁及商务活动	Real estate,renting and business activities	15400	32200	38200	46000	55700
公共管理和国防；社会基本保障	Public administration and defence; compulsory social security	13300	20000	21500	24500	32300
教育；卫生和社会工作；其他团体、社会和个人服务活动	Education; health and social work; other community,social and personal services	16000	27500	30700	34800	41200
增加值总额(按基本价格计算)	Equals: Value Added,Gross,in basic prices	195000	346000	401000	462000	531000
加：税减产品补贴	Plus: Taxes less Subsidies on products	14800	24700	27400	33000	26100
按2004年价格计算	At Constant Prices of 2004		354000	387000	425000	447000
农业、狩猎业和林业	Agriculture,hunting,forestry		56700	58800	61600	62400
渔业	Fishing		2920	3010	3190	3390
采掘业	Mining and quarrying		8670	9450	9830	10000
制造业	Manufacturing		51200	58600	64600	66700
电、煤气和水供应业	Electricity,gas and water supply		7050	7730	8390	8740
建筑业	Construction		26000	28800	31700	33500
批发、零售贸易；机动车及个人、家庭用品修理业	Wholesale,retail trade,repair of motor vehicles,motorcycles and personal and household goods		48800	54100	59000	62800
旅馆和饭店业	Hotels and restaurants		5170	5920	6680	6460
运输、仓储和通讯	Transport,storage and communications		28200	31900	36000	40200
金融中介	Financial intermediation		19900	24100	28100	32000
房地产、租赁及商务活动	Real estate,renting and business activities		30400	33500	37000	39600
公共管理和国防；社会基本保障	Public administration and defence; compulsory social security		19100	19400	20800	25300
教育；卫生和社会工作；其他团体、社会和个人服务活动	Education; health and social work; other community,social and personal services		26300	27500	29200	31600
增加值总额(按基本价格计算)	Equals: Value Added,Gross,in basic prices		330000	363000	396000	423000
加：税减产品补贴	Plus: Taxes less Subsidies on products		23600	24800	28800	23800
印度尼西亚①	**Indonesia①**					
按当年价格计算	In Current Prices	1390	2770	3340	3950	4950
农业、狩猎业和林业	Agriculture,hunting,forestry	186	305	359	444	579
渔业	Fishing	30	60	74	98	137
采掘业	Mining and quarrying	168	309	367	441	541
制造业	Manufacturing	386	760	920	1070	1380
电、煤气和水供应业	Electricity,gas and water supply	8	27	30	35	41
建筑业	Construction	77	195	251	305	420
批发、零售贸易；机动车及个人、家庭用品修理业	Wholesale,retail trade,repair of motor vehicles,motorcycles and personal and household goods	185	339	393	469	551
旅馆和饭店业	Hotels and restaurants	40	93	108	124	140

3-10 续表 5 continued

单位：亿本币 (100 million local currency units)

国家和地区	Country or Area	2000	2005	2006	2007	2008
印度尼西亚(续)①	**Indonesia (continued)①**					
运输、仓储和通讯	Transport,storage and communications	65	181	232	264	312
金融中介	Financial intermediation	64	111	124	141	170
房地产、租赁及商务活动	Real estate,renting and business activities	51	120	145	165	198
公共管理和国防；社会基本保障	Public administration and defence; compulsory social security	70	135	168	205	258
教育；卫生和社会工作；其他团体、社会和个人服务活动	Education; health and social work; other community,social and personal services	60	141	168	193	224
增加值总额(按基本价格计算)	Equals: Value Added,Gross,in basic prices	1390	2770	3340	3950	4950
按2000年价格计算	At Constant Prices of 2000	1390	1750	1850	1960	2080
农业、狩猎业和林业	Agriculture,hunting,forestry	186	215	221	228	239
渔业	Fishing	30	39	41	44	46
采掘业	Mining and quarrying	168	165	168	171	172
制造业	Manufacturing	386	492	514	538	558
电、煤气和水供应业	Electricity,gas and water supply	8	12	12	14	15
建筑业	Construction	77	104	112	122	131
批发、零售贸易；机动车及个人、家庭用品修理业	Wholesale,retail trade,repair of motor vehicles,motorcycles and personal and household goods	185	242	258	282	302
旅馆和饭店业	Hotels and restaurants	40	52	55	58	62
运输、仓储和通讯	Transport,storage and communications	65	109	125	142	166
金融中介	Financial intermediation	64	84	87	93	101
房地产、租赁及商务活动	Real estate,renting and business activities	52	77	84	90	98
公共管理和国防；社会基本保障	Public administration and defence; compulsory social security	70	74	77	81	84
教育；卫生和社会工作；其他团体、社会和个人服务活动	Education; health and social work; other community,social and personal services	60	87	94	101	109
增加值总额(按基本价格计算)	Equals: Value Added,Gross,in basic prices	1390	1750	1850	1960	2080
伊　朗①	**Iran①**					
按当年价格计算	In Current Prices	596	1840	2230	2900	
农业、狩猎业和林业	Agriculture,hunting,forestry	77	164	198	260	
渔业	Fishing	2	4	5	5	
采掘业	Mining and quarrying	106	533	628	823	
制造业	Manufacturing	78	211	258	323	
电、煤气和水供应业	Electricity,gas and water supply	8	24	31	36	
建筑业	Construction	20	65	82	143	
批发、零售贸易；机动车及个人、家庭用品修理业	Wholesale,retail trade,repair of motor vehicles,motorcycles and personal and household goods	78	199	233	285	
旅馆和饭店业	Hotels and restaurants	2	8	9	11	
运输、仓储和通讯	Transport,storage and communications	48	148	191	240	
金融中介	Financial intermediation	9	39	48	69	
房地产、租赁及商务活动	Real estate,renting and business activities	75	230	299	402	
公共管理和国防；社会基本保障	Public administration and defence; compulsory social security	57	158	190	198	
教育	Education	9	34	43	45	
卫生和社会工作	Health and social work	14	44	53	62	
其他团体、社会和个人服务活动	Other community,social and personal services	4	10	14	17	
增加值总额(按基本价格计算)	Equals: Value Added,Gross,in basic prices	586	1870	2280	2920	
加：税减产品补贴	Plus: Taxes less Subsidies on products	10	-30	-47	-22	

3-10 续表 6 continued

单位：亿本币 (100 million local currency units)

国家和地区	Country or Area	2000	2005	2006	2007	2008
伊朗(续)①	**Iran(continued)①**					
按1997年价格计算	At Constant Prices of 1997	331	438	465	503	
农业、狩猎业和林业	Agriculture,hunting,forestry	44	57	59	63	
渔业	Fishing	1	2	2	2	
采掘业	Mining and quarrying	45	51	53	54	
制造业	Manufacturing	49	87	96	104	
电、煤气和水供应业	Electricity,gas and water supply	3	5	5	6	
建筑业	Construction	14	19	19	22	
批发、零售贸易；机动车及个人、家庭用品修理业	Wholesale,retail trade,repair of motor vehicles,motorcycles and personal and household goods	48	73	75	80	
旅馆和饭店业	Hotels and restaurants	1	2	2	2	
运输、仓储和通讯	Transport,storage and communications	30	46	53	61	
金融中介	Financial intermediation	4	7	8	10	
房地产、租赁及商务活动	Real estate,renting and business activities	45	54	56	57	
公共管理和国防；社会基本保障	Public administration and defence; compulsory social security	28	26	27	26	
教育	Education	5	6	7	7	
卫生和社会工作	Health and social work	7	9	9	10	
其他团体、社会和个人服务活动	Other community,social and personal services	2	3	3	4	
增加值总额(按基本价格计算)	Equals: Value Added,Gross,in basic prices	326	445	475	507	
加：税减产品补贴	Plus: Taxes less Subsidies on products	5	-7	-10	-4	
以色列	**Israel**					
按当年价格计算	In Current Prices	5090	6030	6500	6860	7250
农业、狩猎业和林业	Agriculture,hunting,forestry					
渔业	Fishing					
采掘业	Mining and quarrying					
制造业	Manufacturing	789	813	892	957	1150
电、煤气和水供应业	Electricity,gas and water supply	72	102	108	108	121
建筑业	Construction	243	251	286	309	329
批发、零售贸易；机动车及个人、家庭用品修理业	Wholesale,retail trade,repair of motor vehicles,motorcycles and personal and household goods					
旅馆和饭店业	Hotels and restaurants					
运输、仓储和通讯	Transport,storage and communications	342	417	406	450	465
金融中介；房地产、租赁及商务活动	Financial intermediation,Real estate,renting and business activities	1290	1810	1940	2170	2260
公共管理和国防；社会基本保障	Public administration and defence; compulsory social security	343	400	416	431	448
教育	Education	336	397	419	452	477
卫生和社会工作	Health and social work	282	369	393	411	429
其他团体、社会和个人服务活动	Other community,social and personal services	154	191	210	227	239
雇人的私人住户	Private households with employed persons					
增加值总额(按基本价格计算)	Equals: Value Added,Gross,in basic prices	4380	5420	5790	6290	6750
加：税减产品补贴	Plus: Taxes less Subsidies on products	561	685	718	784	824

3-10 续表 7 continued

单位：亿本币 (100 million local currency units)

国家和地区	Country or Area	2000	2005	2006	2007	2008
以色列(续)	**Israel(continued)**					
按2005年价格计算	At Constant Prices of 2005	5420	6030	6340	6670	6940
农业、狩猎业、林业和渔业	Agriculture,hunting,forestry; fishing	83	109	109	109	103
制造业	Manufacturing	821	813	876	915	972
电、煤气和水供应业	Electricity,gas and water supply	90	102	111	112	129
建筑业	Construction	291	251	273	286	290
批发、零售贸易；机动车及个人、家庭用品修理业；旅馆和饭店业	Wholesale,retail trade,repair of motor vehicles,motorcycles and personal and households goods; hotels and restaurants	475	556	582	623	637
运输、仓储和通讯	Transport,storage and communications	343	417	434	471	494
金融中介；房地产、租赁及商务活动	Financial intermediation; real estate,renting and business activities	1530	1810	1900	2050	2120
公共管理和国防；社会基本保障	Public administration and defence; compulsory social security	382	400	408	422	429
教育	Education	371	397	406	427	443
卫生和社会工作	Health and social work	319	369	381	398	407
其他团体、社会和个人服务活动	Other community,social and personal services	189	191	205	221	227
增加值总额(按基本价格计算)	Equals: Value Added,Gross,in basic prices	4890	5420	5690	6130	6520
加：税减产品补贴	Plus: Taxes less Subsidies on products	617	685	729	770	805
日　本①	**Japan①**					
按当年价格计算	In Current Prices	503	502	507	516	
农业、狩猎业和林业	Agriculture,hunting,forestry	9	8	7	7	
渔业	Fishing	1				
采掘业	Mining and quarrying	1	…	…	…	
制造业	Manufacturing	111	108	108	109	
电、煤气和水供应业	Electricity,gas and water supply	14	12	12	10	
建筑业	Construction	37	32	32	31	
批发、零售贸易；机动车及个人、家庭用品修理业	Wholesale,retail trade,repair of motor vehicles,motorcycles and personal and household goods	71	69	68	69	
运输、仓储和通讯	Transport,storage and communications	35	34	34	34	
金融中介	Financial intermediation	30	35	35	34	
房地产、租赁及商务活动	Real estate,renting and business activities	58	60	61	61	
公共管理和国防；社会基本保障	Public administration and defence; compulsory social security	28	28	29	29	
教育	Education	5				
其他团体、社会和个人服务活动②	Other community,social and personal services②	130	136	140	142	
增加值总额(按基本价格计算)	Equals: Value Added,Gross,in basic prices	523	522	525	528	
加：税减产品补贴	Plus: Taxes less Subsidies on products	1	2	2	2	
按2000年价格计算	At Constant Prices of 2000	503	537	548	561	
农业、狩猎业和林业	Agriculture,hunting,forestry	8	7			
渔业	Fishing	1	1			
采掘业	Mining and quarrying	1	1			
制造业	Manufacturing	111	119			
电、煤气和水供应业	Electricity,gas and water supply	14	16			

3-10 续表 8 continued

单位：亿本币 (100 million local currency units)

国家和地区	Country or Area	2000	2005	2006	2007	2008
日本(续)①	**Japan(continued)①**					
建筑业	Construction	37	33			
批发、零售贸易；机动车及个人、家庭用品修理业	Wholesale,retail trade,repair of motor vehicles,motorcycles and personal and household goods	71	71			
运输、仓储和通讯	Transport,storage and communications	35	38			
金融中介	Financial intermediation	30	35			
房地产、租赁及商务活动	Real estate,renting and business activities	100	112			
公共管理和国防；社会基本保障	Public administration and defence; compulsory social security	28	30			
其他团体、社会和个人服务活动②	Other community,social and personal services②	88	96			
增加值总额(按基本价格计算)	Equals: Value Added,Gross,in basic prices	523	559	567	573	
加：税减产品补贴	Plus: Taxes less Subsidies on products	1	1	1	…	
哈萨克斯坦	**Kazakhstan**					
按当年价格计算	In Current Prices	26000	75900	102000	128000	161000
农业、狩猎业和林业	Agriculture,hunting,forestry	2070	4770	5540	7170	8410
渔业	Fishing	40	60	73	103	125
采掘业	Mining and quarrying	3390	12000	16500	19300	30000
制造业	Manufacturing	4290	9140	11900	14800	18900
电、煤气和水供应业	Electricity,gas and water supply	796	1480	1840	2240	2690
建筑业	Construction	1350	5950	10000	12100	13000
批发、零售贸易；机动车及个人、家庭用品修理业	Wholesale,retail trade,repair of motor vehicles,motorcycles and personal and household goods	3230	8980	11600	15900	19700
旅馆和饭店业	Hotels and restaurants	148	681	842	1140	1320
运输、仓储和通讯	Transport,storage and communications	2990	8970	11800	14800	17700
金融中介	Financial intermediation	807	2460	4760	7620	8490
房地产、租赁及商务活动	Real estate,renting and business activities	2810	11400	15200	19000	24000
公共管理和国防；社会基本保障	Public administration and defence; compulsory social security	607	1580	1910	2500	2720
教育	Education	962	2630	3220	4190	4520
卫生和社会工作	Health and social work	525	1300	1590	2130	2370
其他团体、社会和个人服务活动	Other community,social and personal services	492	1360	1710	2310	2690
雇人的私人住户	Private households with employed persons	9	104	114	136	133
增加值总额(按基本价格计算)	Equals: Value Added,Gross,in basic prices	24500	72900	98500	125000	157000
加：税减产品补贴	Plus: Taxes less Subsidies on products	1730	4680	6660	9200	11300
按上年价格计算	At the Prices of Preceding Year	22100	64400	84000	111000	133000
农业、狩猎业和林业	Agriculture,hunting,forestry	1900	4420	5060	6030	6730
渔业	Fishing	25	56	64	84	98
采掘业	Mining and quarrying	2540	8190	12900	16900	20400
制造业	Manufacturing	3240	8370	9860	12800	14300
电、煤气和水供应业	Electricity,gas and water supply	791	1450	1520	2010	2360
建筑业	Construction	1090	4960	8120	11700	12600
批发、零售贸易；机动车及个人、家庭用品修理业	Wholesale,retail trade,repair of motor vehicles,motorcycles and personal and household goods	2880	8000	9860	13100	16300

3-10 续表 9 continued

单位：亿本币 (100 million local currency units)

国家和地区	Country or Area	2000	2005	2006	2007	2008
哈萨克斯坦（续）	**Kazakstan(continued)**					
旅馆和饭店业	Hotels and restaurants	128	618	749	979	1200
运输、仓储和通讯	Transport,storage and communications	2890	7690	9960	13300	16000
金融中介	Financial intermediation	591	2320	3490	7230	7520
房地产、租赁及商务活动	Real estate,renting and business activities	2550	9830	12400	16100	20000
公共管理和国防；社会基本保障	Public administration and defence; compulsory social security	557	1350	1650	1980	2560
教育	Education	899	2380	2750	3330	4310
卫生和社会工作	Health and social work	490	1160	1350	1630	2210
其他团体、社会和个人服务活动	Other community,social and personal services	474	1190	1470	1930	2420
雇人的私人住户	Private households with employed persons	8	69	83	111	117
增加值总额(按基本价格计算)	Equals: Value Added,Gross,in basic prices	21100	62100	81300	109000	129000
加：税减产品补贴	Plus: Taxes less Subsidies on products	1300	3980	5260	7340	9510
韩　国①	**Korea,Rep.①**					
按当年价格计算	In Current Prices	603	865	909	975	1030
农业、狩猎业和林业	Agriculture,hunting,forestry	23	24	24	23	22
渔业	Fishing	2	2	2	2	2
采掘业	Mining and quarrying	2	2	2	2	2
制造业	Manufacturing	160	224	232	250	268
电、煤气和水供应业	Electricity,gas and water supply	14	18	19	19	12
建筑业	Construction	37	59	61	65	65
批发、零售贸易；机动车及个人、家庭用品修理业	Wholesale,retail trade,repair of motor vehicles,motorcycles and personal and household goods	54	67	71	75	81
旅馆和饭店业	Hotels and restaurants	15	18	20	21	23
运输、仓储和通讯	Transport,storage and communications	37	54	55	59	61
金融中介	Financial intermediation	31	53	55	61	65
房地产、租赁及商务活动	Real estate,renting and business activities	74	104	111	119	126
公共管理和国防；社会基本保障	Public administration and defence; compulsory social security	31	48	52	56	59
教育	Education	28	47	51	56	61
卫生和社会工作	Health and social work	15	29	32	36	39
其他团体、社会和个人服务活动	Other community,social and personal services	17	27	29	31	33
雇人的私人住户	Private households with employed persons	…	…	…	…	…
增加值总额(按基本价格计算)	Equals: Value Added,Gross,in basic prices	539	776	815	875	920
加：税减产品补贴	Plus: Taxes less Subsidies on products	65	89	94	100	107
按2005年价格计算	At Constant Prices of 2005	695	865	910	957	978
农业、狩猎业和林业	Agriculture,hunting,forestry	23	24	24	25	26
渔业	Fishing	2	2	2	3	3
采掘业	Mining and quarrying	2	2	2	2	2
制造业	Manufacturing	159	216	234	250	257
电、煤气和水供应业	Electricity,gas and water supply	13	18	18	19	20
建筑业	Construction	49	59	61	62	61
批发、零售贸易；机动车及个人、家庭用品修理业	Wholesale,retail trade,repair of motor vehicles,motorcycles and personal and household goods	62	67	70	73	74
旅馆和饭店业	Hotels and restaurants	16	18	19	20	20
运输、仓储和通讯	Transport,storage and communications	38	54	56	59	62
金融中介	Financial intermediation	38	53	56	62	65
房地产、租赁及商务活动	Real estate,renting and business activities	95	112	116	120	122

3-10 续表 10 continued

单位：亿本币 (100 million local currency units)

国家和地区		2000	2005	2006	2007	2008
韩国(续)①	**Korea Rep.(continued)①**					
公共管理和国防；社会基本保障	Public administration and defence; compulsory social security	43	48	51	52	53
教育	Education	38	47	49	50	52
卫生和社会工作	Health and social work	24	29	30	33	34
其他团体、社会和个人服务活动	Other community,social and personal services	21	27	29	31	31
雇人的私人住户	Private households with employed persons	…	…	…	…	…
增加值总额(按基本价格计算)	Equals: Value Added,Gross,in basic prices	621	776	816	860	881
加：税减产品补贴	Plus: Taxes less Subsidies on products	74	89	94	97	97
老　挝	**Laos**					
按当年价格计算	In Current Prices	137000	306000	338000	395000	
农业、狩猎业和林业	Agriculture,hunting,forestry			91300	105000	
渔业	Fishing			13900	16300	
采掘业	Mining and quarrying	670	9410	45300	44100	
制造业	Manufacturing	23100	62700	27600	34100	
电、煤气和水供应业	Electricity,gas and water supply	4230	8220	10500	10000	
建筑业	Construction	3090	8960	10500	14400	
批发、零售贸易；机动车及个人、家庭用品修理业	Wholesale,retail trade,repair of motor vehicles,motorcycles and personal and household goods	12800	31800	64700	84300	
旅馆和饭店业	Hotels and restaurants	3090	6910	2330	2700	
运输、仓储和通讯	Transport,storage and communications	7940	19100	16200	19200	
金融中介	Financial intermediation	1050	1100	4840	6550	
房地产、租赁及商务活动	Real estate,renting and business activities	4060	7500	11500	13300	
公共管理和国防；社会基本保障	Public administration and defence; compulsory social security	3930	10800	13700	17100	
其他团体、社会和个人服务活动	Other community,social and personal services	387	748	4580	5580	
雇人的私人住户	Private households with employed persons			2410	2850	
增加值总额(按基本价格计算)	Equals: Value Added,Gross,in basic prices	136000	303000	319000	376000	
加：税减产品补贴	Plus: Taxes less Subsidies on products	1070	2690	23100	25700	
按1990年价格计算	At Constant Prices of 1990	11300				
农业、狩猎业、林业和渔业	Agricultwe,hunting,forestry;fishing	5840				
采掘业	Mining and quarrying	55				
制造业	Manufacturing	1890				
电、煤气和水供应业	Electricity,gas and water supply	347				
建筑业	Construction	253				
批发、零售贸易；机动车及个人、家庭用品修理业	Wholesale,retail trade,repair of motor vehicles,motorcycles and personal and household goods	1050				
旅馆和饭店业	Hotels and restaurants	253				
运输、仓储和通讯	Transport,storage and communications	650				
金融中介	Financial intermediation	86				
房地产、租赁及商务活动	Real estate,renting and business activities	333				
公共管理和国防；社会基本保障	Public administration and defence; compulsory social security	334				
其他团体、社会和个人服务活动	Other community,social and personal services	110				
增加值总额(按基本价格计算)	Equals: Value Added,Gross,in basic prices	11200				
加：税减产品补贴	Plus: Taxes less Subsidies on products	77				

3-10 续表 11 continued

单位：亿本币 (100 million local currency units)

国家和地区	Country or Area	2000	2005	2006	2007	2008
马来西亚	**Malaysia**					
按当年价格计算	In Current Prices	3560	5220	5740	6400	7390
农业、狩猎业和林业	Agriculture,hunting,forestry	256	383	439	582	681
渔业	Fishing	51	56	66	68	75
采掘业	Mining and quarrying	376	751	856	924	1270
制造业	Manufacturing	1100	1550	1690	1790	1940
电、煤气和水供应业	Electricity,gas and water supply	106	143	152	160	169
建筑业	Construction	140	157	160	176	196
批发、零售贸易；机动车及个人、家庭用品修理业	Wholesale,retail trade,repair of motor vehicles,motorcycles and personal and household goods	400	553	604	691	813
旅馆和饭店业	Hotels and restaurants	80	112	124	142	163
运输、仓储和通讯	Transport,storage and communications	249	360	389	426	458
金融中介	Financial intermediation	326	441	486	533	579
房地产、租赁及商务活动	Real estate,renting and business activities	157	212	237	286	294
公共管理和国防；社会基本保障	Public administration and defence; compulsory social security	226	344	381	442	540
教育	Education	16	24	26	30	35
卫生和社会工作	Health and social work	15	28	30	35	39
其他团体、社会和个人服务活动	Other community,social and personal services	175	215	223	233	245
雇人的私人住户	Private households with employed persons	7	9	10	10	11
增加值总额(按基本价格计算)	Equals: Value Added,Gross,in basic prices	3680	5330	5870	6530	7510
加：税减产品补贴	Plus: Taxes less Subsidies on products	58	64	57	60	74
按2000年价格计算	At Constant Prices of 2000	3560	4490	4760	5050	5280
农业、狩猎业和林业	Agriculture,hunting,forestry	256	304	316	320	333
渔业	Fishing	51	54	61	62	64
采掘业	Mining and quarrying	376	425	420	429	426
制造业	Manufacturing	1100	1380	1470	1520	1540
电、煤气和水供应业	Electricity,gas and water supply	106	139	145	151	154
建筑业	Construction	140	147	146	153	157
批发、零售贸易；机动车及个人、家庭用品修理业	Wholesale,retail trade,repair of motor vehicles,motorcycles and personal and household goods	400	512	548	615	676
旅馆和饭店业	Hotels and restaurants	80	101	107	119	127
运输、仓储和通讯	Transport,storage and communications	249	329	352	381	407
金融中介	Financial intermediation	326	451	486	539	580
房地产、租赁及商务活动	Real estate,renting and business activities	157	205	227	268	272
公共管理和国防；社会基本保障	Public administration and defence; compulsory social security	226	304	334	350	389
教育	Education	16	22	23	27	31
卫生和社会工作	Health and social work	15	26	29	32	35
其他团体、社会和个人服务活动	Other community,social and personal services	175	205	211	218	226
雇人的私人住户	Private households with employed persons	7	9	9	9	9
增加值总额(按基本价格计算)	Equals: Value Added,Gross,in basic prices	3680	4610	4890	5190	5420
加：税减产品补贴	Plus: Taxes less Subsidies on products	58	60	53	55	68

3-10 续表 12 continued

单位：亿本币 (100 million local currency units)

国家和地区	Country or Area	2000	2005	2006	2007	2008
蒙　古	**Mongolia**					
按当年价格计算	In Current Prices	11700	27800	37100	46000	60200
农业、狩猎业和林业	Agriculture,hunting,forestry	3380	6080	7230	9430	13000
渔业	Fishing	1	1	1	1	…
采掘业	Mining and quarrying	1160	6080	11100	13400	13300
制造业	Manufacturing	478	1020	1290	1840	2580
电、煤气和水供应业	Electricity,gas and water supply	268	800	951	1020	1300
建筑业	Construction	197	588	632	786	899
批发、零售贸易；机动车及个人、家庭用品修理业	Wholesale,retail trade,repair of motor vehicles,motorcycles and personal and household goods	1140	2270	2740	3210	4720
旅馆和饭店业	Hotels and restaurants	105	191	230	291	390
运输、仓储和通讯	Transport,storage and communications	1130	3090	3350	4390	5680
金融中介	Financial intermediation	256	1000	1060	1510	2080
房地产、租赁及商务活动	Real estate,renting and business activities	1330	2170	2410	2580	4790
公共管理和国防；社会基本保障	Public administration and defence; compulsory social security	387	668	1180	1440	2520
教育	Education	474	849	1210	1710	2730
卫生和社会工作	Health and social work	195	380	541	751	1230
其他团体、社会和个人服务活动	Other community,social and personal services	106	283	352	449	666
增加值总额(按基本价格计算)	Equals: Value Added,Gross,in basic prices	10400	24700	33100	41100	53500
加：税减产品补贴	Plus: Taxes less Subsidies on products	1370	3120	4050	4920	6730
按2005年价格计算	At Constant Prices of 2005	20300	27800	30200	33300	36200
农业、狩猎业和林业	Agriculture,hunting,forestry	6210	6080	6540	7570	8010
渔业	Fishing	1	1	1	1	…
采掘业	Mining and quarrying	4160	6080	6460	6650	6460
制造业	Manufacturing	662	1020	1160	1490	1550
电、煤气和水供应业	Electricity,gas and water supply	701	800	836	899	982
建筑业	Construction	257	588	618	671	585
批发、零售贸易；机动车及个人、家庭用品修理业	Wholesale,retail trade,repair of motor vehicles,motorcycles and personal and household goods	1580	2270	2620	2790	3250
旅馆和饭店业	Hotels and restaurants	150	191	210	244	261
运输、仓储和通讯	Transport,storage and communications	1500	3090	3460	4390	5290
金融中介	Financial intermediation	368	1000	968	1260	1510
房地产、租赁及商务活动	Real estate,renting and business activities	1610	2170	2290	2250	2690
公共管理和国防；社会基本保障	Public administration and defence; compulsory social security	681	668	672	702	731
教育	Education	992	849	887	905	973
卫生和社会工作	Health and social work	358	380	415	460	486
其他团体、社会和个人服务活动	Other community,social and personal services	148	283	300	323	373
增加值总额(按基本价格计算)	Equals: Value Added,Gross,in basic prices	18500	24700	26300	29200	31400
加：税减产品补贴	Plus: Taxes less Subsidies on products	1830	3120	3830	4100	4800

3-10 续表 13 continued

单位：亿本币 (100 million local currency units)

国家和地区	Country or Area	2000	2005	2006	2007	2008
巴基斯坦	**Pakistan**					
按当年价格计算	In Current Prices	38300	65000	76200	86700	103000
农业、狩猎业、林业和渔业	Agriculture,hunting,forestry; fishing	9240	13100	14600	16900	20200
采掘业	Mining and quarrying	811	1820	2200	2530	3010
制造业	Manufacturing	5230	11400	13700	15700	19500
电、煤气和水供应业	Electricity,gas and water supply	1400	1870	1530	1700	1500
建筑业	Construction	874	1530	1800	2250	2650
批发、零售贸易；机动车及个人、家庭用品修理业；旅馆和饭店业	Wholesale,retail trade,repair of motor vehicles,motorcycles and personal and households goods; hotels and restaurants	6220	10900	12600	14400	18300
运输、仓储和通讯	Transport,storage and communications	4010	7600	9080	10100	11800
金融中介；房地产、租赁及商务活动	Financial intermediation; real estate,renting and business activities	2430	4020	5490	6530	8050
公共管理和国防；社会基本保障	Public administration and defence; compulsory social security	2200	3430	4050	4680	5300
教育；卫生和社会工作；其他团体、社会和个人服务活动	Education; health and social work; other community,social and personal services	3220	5510	6530	7600	9370
增加值总额(按基本价格计算)	Equals: Value Added,Gross,in basic prices	35600	61200	71600	82400	99600
加：税减产品补贴	Plus: Taxes less Subsidies on products	2640	3770	4650	4380	3220
按2000年价格计算	At Constant Prices of 2000	38300	48800	51800	54800	55900
农业、狩猎业、林业和渔业	Agriculture,hunting,forestry; fishing	9240	10300	10900	11400	11500
采掘业	Mining and quarrying	811	1230	1280	1320	1380
制造业	Manufacturing	5230	8400	9130	9880	10400
电、煤气和水供应业	Electricity,gas and water supply	1400	1460	1070	1120	877
建筑业	Construction	874	982	1080	1350	1290
批发、零售贸易；机动车及个人、家庭用品修理业；旅馆和饭店业	Wholesale,retail trade,repair of motor vehicles,motorcycles and personal and households goods; hotels and restaurants	6220	8590	8380	8870	9340
运输、仓储和通讯	Transport,storage and communications	4010	4770	4960	5190	5490
金融中介；房地产、租赁及商务活动	Financial intermediation; real estate,renting and business activities	2430	3170	4010	4450	4890
公共管理和国防；社会基本保障	Public administration and defence; compulsory social security	2200	2690	2960	3170	3210
教育；卫生和社会工作；其他团体、社会和个人服务活动	Education; health and social work; other community,social and personal services	3220	4370	4800	5180	5700
增加值总额(按基本价格计算)	Equals: Value Added,Gross,in basic prices	35600	45900	48600	51900	54000
加：税减产品补贴	Plus: Taxes less Subsidies on products	2640	2890	3230	2860	1830
菲律宾	**Philippines**					
按当年价格计算	In Current Prices	33500	54400	60300	66500	74200
农业、狩猎业和林业	Agriculture,hunting,forestry	4500	6620	7240	8000	9320
渔业	Fishing	785	1160	1300	1430	1700
采掘业	Mining and quarrying	218	636	756	1080	1110
制造业	Manufacturing	7460	12600	13800	14600	16600
电、煤气和水供应业	Electricity,gas and water supply	975	1970	2160	2310	2360
建筑业	Construction	2170	2100	2400	3000	3460
批发、零售贸易；机动车及个人、家庭用品修理业	Wholesale,retail trade,repair of motor vehicles,motorcycles and personal and household goods	4730	7770	8780	9810	10900
旅馆和饭店业	Hotels and restaurants	630	959	1050	1190	1300
运输、仓储和通讯	Transport,storage and communications	1990	4140	4460	4780	5090
金融中介	Financial intermediation	1490	2630	3110	3620	4050
房地产、租赁及商务活动	Real estate,renting and business activities	2750	5060	5680	6320	7150
公共管理和国防；社会基本保障	Public administration and defence; compulsory social security	3200	4140	4520	4730	5200
教育	Education	778	1430	1550	1700	1780
卫生和社会工作	Health and social work	458	888	972	1070	1170
其他团体、社会和个人服务活动	Other community,social and personal services	1410	2290	2550	2820	3100
增加值总额(按基本价格计算)	Equals: Value Added,Gross,in basic prices	33500	54400	60300	66500	74200

3-10 续表 14 continued

单位：亿本币 (100 million local currency units)

国家和地区	Country or Area	2000	2005	2006	2007	2008
菲律宾(续)	**Philippines(continued)**					
按1985年价格计算	At Constant Prices of 1985	9730	12100	12800	13700	14200
农业、狩猎业和林业	Agriculture,hunting,forestry	1550	1790	1850	1930	1980
渔业	Fishing	371	518	548	586	618
采掘业	Mining and quarrying	108	200	237	242	242
制造业	Manufacturing	2370	2930	3060	3160	3290
电、煤气和水供应业	Electricity,gas and water supply	326	377	401	427	459
建筑业	Construction	644	459	503	609	657
批发、零售贸易；机动车及个人、家庭用品修理业	Wholesale,retail trade,repair of motor vehicles,motorcycles and personal and household goods	1530	2040	2160	2340	2370
旅馆和饭店业	Hotels and restaurants	128	152	161	176	181
运输、仓储和通讯	Transport,storage and communications	682	1050	1110	1210	1260
金融中介	Financial intermediation	467	646	719	813	834
房地产、租赁及商务活动	Real estate,renting and business activities	568	777	835	900	965
公共管理和国防；社会基本保障	Public administration and defence; compulsory social security	485	538	552	566	598
教育	Education	80	97	100	102	99
卫生和社会工作	Health and social work	114	158	164	173	175
其他团体、社会和个人服务活动	Other community,social and personal services	301	384	412	445	468
增加值总额(按基本价格计算)	Equals: Value Added,Gross,in basic prices	9730	12100	12800	13700	14200
新加坡	**Singapore**					
按当年价格计算	In Current Prices	1600	2020	2230	2590	2660
农业、狩猎业、林业和渔业	Agriculture,hunting,forestry; fishing	2	2	2	2	2
制造业	Manufacturing	411	512	565	584	508
电、煤气和水供应业	Electricity,gas and water supply	28	33	37	38	36
建筑业	Construction	90	72	76	92	133
批发、零售贸易；机动车及个人、家庭用品修理业	Wholesale,retail trade,repair of motor vehicles,motorcycles and personal and household goods	205	339	398	463	479
旅馆和饭店业	Hotels and restaurants	34	38	43	50	55
运输、仓储和通讯	Transport,storage and communications	208	280	289	334	343
金融中介	Financial intermediation	172	219	255	319	342
房地产、租赁及商务活动	Real estate,renting and business activities	199	231	260	318	380
教育；卫生和社会工作；其他团体社会和个人服务活动	Education; health and social work; other community,social and personal services	158	204	217	233	254
雇人的私人住户	Private households with employed persons	67	69	86	111	136
增加值总额(按基本价格计算)	Equals: Value Added,Gross,in basic prices	1490	1910	2120	2420	2510
加：税减产品补贴	Plus: Taxes less Subsidies on products	112	109	113	165	153
按2000年价格计算	At Constant Prices of 2000	1600	1980	2160	2330	2370
农业、狩猎业、林业和渔业	Agriculture,hunting,forestry; fishing	2	2	2	2	2
制造业	Manufacturing	411	506	566	600	575
电、煤气和水供应业	Electricity,gas and water supply	28	35	37	39	40
建筑业	Construction	90	67	69	82	99
批发、零售贸易；机动车及个人、家庭用品修理业	Wholesale,retail trade,repair of motor vehicles,motorcycles and personal and household goods	205	315	347	375	390
旅馆和饭店业	Hotels and restaurants	34	35	38	40	41
运输、仓储和通讯	Transport,storage and communications	208	271	289	308	321
金融中介	Financial intermediation	172	216	242	279	296
房地产、租赁及商务活动	Real estate,renting and business activities	199	230	245	271	293
教育；卫生和社会工作；其他团体社会和个人服务活动	Education; health and social work; other community,social and personal services	158	196	204	213	225
雇人的私人住户	Private households with employed persons	67	78	80	81	82
增加值总额(按基本价格计算)	Equals: Value Added,Gross,in basic prices	1490	1850	2020	2180	2230
加：税减产品补贴	Plus: Taxes less Subsidies on products	112	132	139	157	137

3-10 续表 15 continued

单位：亿本币 (100 million local currency units)

国家和地区	Country or Area	2000	2005	2006	2007	2008
斯里兰卡	**Sri Lanka**					
按当年价格计算	In Current Prices	12900	24500	29400	35800	44100
农业、狩猎业、林业和渔业	Agriculture,hunting,forestry; fishing	2020	2970	3440	4300	6180
采掘业	Mining and quarrying	172	359	462	566	718
制造业	Manufacturing	2240	4500	5330	6290	7480
电、煤气和水供应业	Electricity,gas and water supply	217	558	695	925	1040
建筑业	Construction	812	1650	2130	2580	3190
批发、零售贸易；机动车及个人、家庭用品修理业；旅馆和饭店业	Wholesale,retail trade,repair of motor vehicles,motorcycles and personal and households goods; hotels and restaurants	2480	3910	4630	5860	7310
运输、仓储和通讯	Transport,storage and communications	1350	2910	3490	4280	5370
金融中介；房地产、租赁及商务活动	Financial intermediation; real estate,renting and business activities	1310	2870	3600	4410	5370
公共管理和国防；社会基本保障	Public administration and defence; compulsory social security	737	2070	2580	3340	3810
教育；卫生和社会工作；其他团体、社会和个人服务活动	Education; health and social work; other community,social and personal services	155	152	64	58	97
增加值总额(按基本价格计算)	Equals: Value Added,Gross,in basic prices	11500	21900	26400	32600	40600
加：税减产品补贴	Plus: Taxes less Subsidies on products	1370	2580	2950	3160	3540
按2002年价格计算	At Constant Prices of 2002		19400	20900	22300	23700
农业、狩猎业、林业和渔业	Agriculture,hunting,forestry; fishing		2480	2660	2730	2990
采掘业	Mining and quarrying		288	358	426	481
制造业	Manufacturing		3300	3500	3750	3910
电、煤气和水供应业	Electricity,gas and water supply		444	507	582	567
建筑业	Construction		1180	1290	1400	1500
批发、零售贸易；机动车及个人、家庭用品修理业；旅馆和饭店业	Wholesale,retail trade,repair of motor vehicles,motorcycles and personal and households goods; hotels and restaurants		3280	3580	4020	4380
运输、仓储和通讯	Transport,storage and communications		2330	2630	2900	3130
金融中介；房地产、租赁及商务活动	Financial intermediation; real estate,renting and business activities		2290	2430	2580	2700
公共管理和国防；社会基本保障	Public administration and defence; compulsory social security		1540	1620	1720	1810
教育；卫生和社会工作；其他团体、社会和个人服务活动	Education; health and social work; other community,social and personal services		135	56	45	61
增加值总额(按基本价格计算)	Equals: Value Added,Gross,in basic prices		17300	18600	20100	21500
加：税减产品补贴	Plus: Taxes less Subsidies on products		2150	2280	2180	2120
泰　国	**Thailand**					
按当年价格计算	In Current Prices	49200	70900	78500	85300	90800
农业、狩猎业和林业	Agriculture,hunting,forestry	3260	6240	7370	8090	9510
渔业	Fishing	1180	1040	1090	1030	1060
采掘业	Mining and quarrying	1170	2230	2570	2790	3150
制造业	Manufacturing	16500	24600	27500	30300	31700
电、煤气和水供应业	Electricity,gas and water supply	1460	2200	2390	2480	2620
建筑业	Construction	1510	2140	2340	2490	2610
批发、零售贸易；机动车及个人、家庭用品修理业	Wholesale,retail trade,repair of motor vehicles,motorcycles and personal and household goods	8480	10400	11200	12100	12800
旅馆和饭店业	Hotels and restaurants	2750	3470	3860	4170	4380
运输、仓储和通讯	Transport,storage and communications	3960	5200	5690	6260	6430
金融中介	Financial intermediation	1460	2650	2860	3090	3500
房地产、租赁及商务活动	Real estate,renting and business activities	1620	1990	2090	2150	2170
公共管理和国防；社会基本保障	Public administration and defence; compulsory social security	2110	3260	3500	3740	4000
教育	Education	1970	2810	3170	3600	3780
卫生和社会工作	Health and social work	967	1350	1500	1640	1690
其他团体、社会和个人服务活动	Other community,social and personal services	738	1240	1290	1200	1230
雇人的私人住户	Private households with employed persons	70	85	87	92	97
增加值总额(按基本价格计算)	Equals: Value Added,Gross,in basic prices	49200	70900	78500	85300	90800
加：税减产品补贴	Plus: Taxes less Subsidies on products	4820	7680	8880	8930	8590
按1988年价格计算	At Constant Prices of 1988	30100	38600	40600	42600	43600
农业、狩猎业和林业	Agriculture,hunting,forestry	2590	2890	3020	3070	3200
渔业	Fishing	507	591	645	633	627
采掘业	Mining and quarrying	642	881	916	951	957
制造业	Manufacturing	11000	15000	15900	16900	17500
电、煤气和水供应业	Electricity,gas and water supply	976	1290	1350	1420	1470

3-10 续表 16 continued

单位：亿本币 (100 million local currency units)

国家和地区	Country or Area	2000	2005	2006	2007	2008
泰　国(续)	**Thailand (continued)**					
建筑业	Construction	763	938	981	1010	952
批发、零售贸易；机动车及个人、家庭用品修理业	Wholesale,retail trade,repair of motor vehicles,motorcycles and personal and household goods	4750	5420	5610	5890	5980
旅馆和饭店业	Hotels and restaurants	1130	1360	1510	1580	1610
运输、仓储和通讯	Transport,storage and communications	2900	3840	4080	4320	4300
金融中介	Financial intermediation	840	1360	1410	1490	1590
房地产、租赁及商务活动	Real estate,renting and business activities	1200	1510	1600	1650	1690
公共管理和国防；社会基本保障	Public administration and defence; compulsory social security	953	1160	1150	1190	1210
教育	Education	838	961	993	1090	1070
卫生和社会工作	Health and social work	414	485	509	542	538
其他团体、社会和个人服务活动	Other community,social and personal services	573	852	876	831	836
雇人的私人住户	Private households with employed persons	34	37	36	37	38
增加值总额(按基本价格计算)	Equals: Value Added,Gross,in basic prices	30100	38600	40600	42600	43600
越　南①	**Viet Nam①**					
按当年价格计算	In Current Prices	442	839	974	1140	1480
农业、狩猎业和林业	Agriculture,hunting,forestry	94	143	160	186	268
渔业	Fishing	15	33	38	46	58
采掘业	Mining and quarrying	43	89	100	112	132
制造业	Manufacturing	82	173	207	243	312
电、煤气和水供应业	Electricity,gas and water supply	14	29	34	40	48
建筑业	Construction	24	53	65	80	96
批发、零售贸易；机动车及个人、家庭用品修理业	Wholesale,retail trade,repair of motor vehicles,motorcycles and personal and household goods	63	114	133	156	205
旅馆和饭店业	Hotels and restaurants	14	29	36	45	65
运输、仓储和通讯	Transport,storage and communications	17	37	44	51	67
金融中介	Financial intermediation	8	15	18	21	27
房地产、租赁及商务活动	Real estate,renting and business activities	19	34	37	44	54
公共管理和国防；社会基本保障	Public administration and defence; compulsory social security	12	23	27	31	41
教育	Education	15	27	31	35	39
卫生和社会工作	Health and social work	6	12	14	16	19
其他团体、社会和个人服务活动	Other community,social and personal services	15	27	31	36	46
雇人的私人住户	Private households with employed persons	1	1	2	2	3
增加值总额(按基本价格计算)	Equals: Value Added,Gross,in basic prices	442	839	974	1140	1480
按1994年价格计算	At Constant Prices of 1994	274	393	425	461	490
农业、狩猎业和林业	Agriculture,hunting,forestry	57	67	69	71	73
渔业	Fishing	7	10	11	12	13
采掘业	Mining and quarrying	18	23	23	22	21
制造业	Manufacturing	52	89	100	114	125
电、煤气和水供应业	Electricity,gas and water supply	6	11	13	14	15
建筑业	Construction	21	34	38	43	43
批发、零售贸易；机动车及个人、家庭用品修理业	Wholesale,retail trade,repair of motor vehicles,motorcycles and personal and household goods	45	64	69	76	80
旅馆和饭店业	Hotels and restaurants	9	14	15	17	19
运输、仓储和通讯	Transport,storage and communications	11	15	17	19	21
金融中介	Financial intermediation	6	8	9	10	10
房地产、租赁及商务活动	Real estate,renting and business activities	12	15	15	16	16
公共管理和国防；社会基本保障	Public administration and defence; compulsory social security	8	11	11	12	13
教育	Education	9	13	14	16	17
卫生和社会工作	Health and social work	4	6	6	7	7
其他团体、社会和个人服务活动	Other community,social and personal services	9	13	14	15	16
雇人的私人住户	Private households with employed persons	1	1	1	1	1
增加值总额(按基本价格计算)	Equals: Value Added,Gross,in basic prices	274	393	425	461	490

3-10 续表 17 continued

单位：亿本币 (100 million local currency units)

国家和地区	Country or Area	2000	2005	2006	2007	2008
埃　及	**Egypt**					
按当年价格计算	In Current Prices	3460	5680	6430	7450	8960
农业、狩猎业、林业和渔业	Agriculture,hunting,forestry; fishing	520	899	986	1000	1130
采掘业	Mining and quarrying	282	745	929	1040	1340
制造业	Manufacturing	563	903	993	1140	1390
电、煤气和水供应业	Electricity,gas and water supply	62	86	119	123	148
建筑业	Construction	154	225	249	302	368
批发、零售贸易；机动车及个人、家庭用品修理业	Wholesale,retail trade,repair of motor vehicles,motorcycles and personal and household goods	539	631	660		
旅馆和饭店业	Hotels and restaurants	66	177	247		
运输、仓储和通讯	Transport,storage and communications	257	574	580	767	924
金融中介	Financial intermediation	401	461	495		
房地产、租赁及商务活动	Real estate,renting and business activities	110	173	215		
公共管理和国防；社会基本保障	Public administration and defence; compulsory social security	326	527	581	667	797
教育	Education		149	171		
卫生和社会工作	Health and social work	11	74	90		
其他团体、社会和个人服务活动	Other community,social and personal services	285	229	245		
增加值总额(按基本价格计算)	Equals: Value Added,Gross,in basic prices	3550	5840	6550	7100	8550
加：税减产品补贴	Plus: Taxes less Subsidies on products	93	83	96	98	139
按1996年价格计算	At Constant Prices of 1996	3200				
农业、狩猎业、林业和渔业	Agriculture,hunting,forestry; fishing	482				
采掘业	Mining and quarrying	156				
制造业	Manufacturing	578				
电、煤气和水供应业	Electricity,gas and water supply	56				
建筑业	Construction	146				
批发、零售贸易；机动车及个人、家庭用品修理业；旅馆和饭店业	Wholesale,retail trade,repair of motor vehicles,motorcycles and personal and households goods; hotels and restaurants	553				
运输、仓储和通讯	Transport,storage and communications	276				
金融中介；房地产、租赁及商务活动	Financial intermediation; real estate,renting and business activities	239				
公共管理和国防；社会基本保障	Public administration and defence; compulsory social security	483				
增加值总额(按基本价格计算)	Equals: Value Added,Gross,in basic prices	2970				
加：税减产品补贴	Plus: Taxes less Subsidies on products	234				
尼日利亚	**Nigeria**					
按当年价格计算	In Current Prices	47200	147000	187000	209000	254000
农业、狩猎业和林业	Agriculture,hunting,forestry	11400	46000	57400	65400	77300
渔业	Fishing	540	1700	1960	2160	2550
采掘业	Mining and quarrying	21900	56800	70100	75600	91300
制造业	Manufacturing	1680	4130	4790	5210	5860
电、煤气和水供应业	Electricity,gas and water supply	22	294	426	458	527
建筑业	Construction	306	2160	2500	2660	3070
批发、零售贸易；机动车及个人、家庭用品修理业	Wholesale,retail trade,repair of motor vehicles,motorcycles and personal and household goods	5270	18700	27400	30400	35000
旅馆和饭店业	Hotels and restaurants	65	461	576	728	861
运输、仓储和通讯	Transport,storage and communications	1310	4270	6100	7200	7320
金融中介	Financial intermediation	438	1310	2970	3410	3920
房地产、租赁及商务活动	Real estate,renting and business activities	1680	7130	8090	9260	10600
公共管理和国防；社会基本保障	Public administration and defence; compulsory social security	618	1150	1310	1510	1740
教育	Education	140	260	297	334	394
卫生和社会工作	Health and social work	37	68	78	87	100
其他团体、社会和个人服务活动	Other community,social and personal services	413	1260	1600	2040	2350
雇人的私人住户	Private households with employed persons	1	2	2	2	2
增加值总额(按基本价格计算)	Equals: Value Added,Gross,in basic prices	45800	146000	186000	207000	243000
加：税减产品补贴	Plus: Taxes less Subsidies on products	1350	1630	1450	2170	11300

3-10 续表 18 continued

单位：亿本币 (100 million local currency units)

国家和地区	Country or Area	2000	2005	2006	2007	2008
尼日利亚(续)	**Nigeria (continued)**					
按1990年价格计算	At Constant Prices of 1990	4120	5600			
农业、狩猎业和林业	Agriculture,hunting,forestry	1120	2240	2400	2580	2740
渔业	Fishing	55	76	81	87	92
采掘业	Mining and quarrying	1080	1380	1320	1260	1190
制造业	Manufacturing	140	213	233	255	278
电、煤气和水供应业	Electricity,gas and water supply	14	201	211	222	230
建筑业	Construction	64	85	97	109	123
批发、零售贸易；机动车及个人、家庭用品修理业	Wholesale,retail trade,repair of motor vehicles,motorcycles and personal and household goods	432	773	891	1030	1170
旅馆和饭店业	Hotels and restaurants	7	22	24	27	31
运输、仓储和通讯	Transport,storage and communications	82	235	273	321	383
金融中介	Financial intermediation	171	221	232	244	256
房地产、租赁及商务活动	Real estate,renting and business activities	63	85	95	106	118
公共管理和国防；社会基本保障	Public administration and defence; compulsory social security	30	41	43	45	47
教育	Education	7	10	11	12	13
卫生和社会工作	Health and social work	2	2	2	3	3
其他团体、社会和个人服务活动	Other community,social and personal services	24	37	41	46	51
雇人的私人住户	Private households with employed persons	…	…	…	…	…
增加值总额(按基本价格计算)	Equals: Value Added,Gross,in basic prices	3290	5620	5960	6340	6720
南　非	**South Africa**					
按当年价格计算	In Current Prices	9220	15700	17700	20200	22800
农业、狩猎业和林业	Agriculture,hunting,forestry	268	362	418		
渔业	Fishing	6	11	13		
采掘业	Mining and quarrying	634	1060	1320	1570	2100
制造业	Manufacturing	1590	2590	2750	3040	3390
电、煤气和水供应业	Electricity,gas and water supply	228	330	369	417	471
建筑业	Construction	211	386	462	566	721
批发、零售贸易；机动车及个人、家庭用品修理业；旅馆和饭店业	Wholesale,retail trade,repair of motor vehicles,motorcycles and personal and households goods; hotels and restaurants	1230	1950	2160	2390	2720
旅馆和饭店业	Hotels and restaurants		140	155		
运输、仓储和通讯	Transport,storage and communications	809	1390	1540	1640	1880
金融中介	Financial intermediation	686	1070			
房地产、租赁及商务活动	Real estate,renting and business activities	876	1860			
公共管理和国防；社会基本保障	Public administration and defence; compulsory social security	1330	2090	2300	2560	2960
教育；卫生和社会工作；其他团体、社会和个人服务活动	Education; health and social work; other community, social and personal services	282	545	617	692	736
雇人的私人住户	Private households with employed persons	232	340	363	401	452
增加值总额(按基本价格计算)	Equals: Value Added,Gross,in basic prices	8380	14000	15700	17900	20600
加：税减产品补贴	Plus: Taxes less Subsidies on products	839	1700	1950	2240	2260
按2005年价格计算	At Constant Prices of 2005	13000	15700	16600	17500	18100
农业、狩猎业、林业和渔业	Agriculture,hunting,forestry; fishing	348	374	354	366	406
采掘业	Mining and quarrying	991	1060	1050	1050	996
制造业	Manufacturing	2230	2590	2760	2900	2970
电、煤气和水供应业	Electricity,gas and water supply	286	330	341	353	356
建筑业	Construction	264	386	426	487	532
批发、零售贸易；机动车及个人、家庭用品修理业；旅馆和饭店业	Wholesale,retail trade,repair of motor vehicles,motorcycles and personal and households goods; hotels and restaurants	1620	1950	2070	2180	2200
运输、仓储和通讯	Transport,storage and communications	1030	1390	1470	1560	1620
金融中介；房地产、租赁及商务活动	Financial intermediation; real estate,renting and business activities	2170	2960	3240	3490	3770
公共管理和国防；社会基本保障	Public administration and defence; compulsory social security	1910	2090	2150	2240	2330
教育；卫生和社会工作；其他团体、社会和个人服务活动	Education; health and social work; other community, social and personal services	484	545	568	608	627
雇人的私人住户	Private households with employed persons	275	340	363	375	391
增加值总额(按基本价格计算)	Equals: Value Added,Gross,in basic prices	11600	14000	14800	15600	16200
加：税减产品补贴	Plus: Taxes less Subsidies on products	1440	1700	1810	1900	1940

3-10 续表 19 continued

单位：亿本币 (100 million local currency units)

国家和地区	Country or Area	2000	2005	2006	2007	2008
加 拿 大	**Canada**					
按当年价格计算	In Current Prices	10800	13700	14500	15300	16000
农业、狩猎业和林业	Agriculture,hunting,forestry	214	222	208		
渔业	Fishing	14	14	13		
采掘业	Mining and quarrying	609	1110	1160		
制造业	Manufacturing	1920	1910	1900		
电、煤气和水供应业	Electricity,gas and water supply	292	363	367		
建筑业	Construction	496	759	875		
批发、零售贸易；机动车及个人、家庭用品修理业	Wholesale,retail trade,repair of motor vehicles,motorcycles and personal and household goods	1100	1500	1610		
旅馆和饭店业	Hotels and restaurants	234	283	296		
运输、仓储和通讯	Transport,storage and communications	702	918	981		
金融中介	Financial intermediation	595	768	841		
房地产、租赁及商务活动	Real estate,renting and business activities	1900	2480	2630		
公共管理和国防；社会基本保障	Public administration and defence; compulsory social security	565	716	750		
教育	Education	468	596	648		
卫生和社会工作	Health and social work	602	803	853		
其他团体、社会和个人服务活动	Other community,social and personal services	285	365	392		
增加值总额(按基本价格计算)	Equals: Value Added,Gross,in basic prices	10000	12800	13500		
加：税减产品补贴	Plus: Taxes less Subsidies on products	766	933	958		
按2002年价格计算	At Constant Prices of 2002	11000	12500	12800	13200	13200
农业、狩猎业和林业	Agriculture,hunting,forestry	260	277	272	265	278
渔业	Fishing	11	13	14	14	15
采掘业	Mining and quarrying	522	564	580	583	568
制造业	Manufacturing	1960	1940	1910	1880	1760
电、煤气和水供应业	Electricity,gas and water supply	298	335	333	347	345
建筑业	Construction	517	662	690	717	739
批发、零售贸易；机动车及个人、家庭用品修理业	Wholesale,retail trade,repair of motor vehicles,motorcycles and personal and household goods	1110	1390	1470	1540	1570
旅馆和饭店业	Hotels and restaurants	246	260	262	266	272
运输、仓储和通讯	Transport,storage and communications	724	851	881	901	910
金融中介	Financial intermediation	613	704	758	797	817
房地产、租赁及商务活动	Real estate,renting and business activities	1960	2350	2440	2530	2590
公共管理和国防；社会基本保障	Public administration and defence; compulsory social security	581	650	671	686	705
教育	Education	505	554	567	587	604
卫生和社会工作	Health and social work	660	727	747	770	792
其他团体、社会和个人服务活动	Other community,social and personal services	303	345	360	366	370
增加值总额(按基本价格计算)	Equals: Value Added,Gross,in basic prices	10300	11600	12000	12300	12300
墨 西 哥	**Mexico**					
按当年价格计算	In Current Prices	54900	92200	103000	112000	121000
农业、狩猎业和林业	Agriculture,hunting,forestry	1960	2930	3250	3610	
渔业	Fishing	64	73	72	62	
采掘业	Mining and quarrying	702	6500	8540	8650	
制造业	Manufacturing	10100	16800	19200	20900	
电、煤气和水供应业	Electricity,gas and water supply	559	1270	1470	1650	
建筑业	Construction	2580	6100	7080	7700	

3-10 续表 20 continued

单位：亿本币 (100 million local currency units)

国家和地区	Country or Area	2000	2005	2006	2007	2008
墨西哥(续)	**Mexico (continued)**					
批发、零售贸易；机动车及个人、家庭用品修理业	Wholesale,retail trade,repair of motor vehicles,motorcycles and personal and household goods	8190	14900	16500	17900	
旅馆和饭店业	Hotels and restaurants	2470	2380	2500	2650	
运输、仓储和通讯	Transport,storage and communications	5570	8230	9240	10100	
金融中介	Financial intermediation	1140	3320	3700	4350	
房地产、租赁及商务活动	Real estate,renting and business activities	4910	15300	16600	17800	
公共管理和国防；社会基本保障	Public administration and defence; compulsory social security	1990	3580	3900	4200	
教育	Education	2870	4370	4740	5140	
卫生和社会工作	Health and social work	1610	2600	2840	3100	
其他团体、社会和个人服务活动	Other community,social and personal services	5690	1050	1120	1230	
雇人的私人住户	Private households with employed persons		435	463	505	
增加值总额(按基本价格计算)	Equals: Value Added,Gross,in basic prices	50400	89700	101000	109000	120000
加：税减产品补贴	Plus: Taxes less Subsidies on products	5080	3960	4010	4360	3090
按2003年价格计算	At Constant Prices of 2003		81200	85100	88100	89400
农业、狩猎业和林业	Agriculture,hunting,forestry		2860	2970	3120	
渔业	Fishing		72	71	67	
采掘业	Mining and quarrying		4480	4540	4510	
制造业	Manufacturing		14900	15800	16200	
电、煤气和水供应业	Electricity,gas and water supply		1010	1130	1180	
建筑业	Construction		5140	5530	5780	
批发、零售贸易；机动车及个人、家庭用品修理业	Wholesale,retail trade,repair of motor vehicles,motorcycles and personal and household goods		13100	13900	14600	
旅馆和饭店业	Hotels and restaurants		2220	2250	2310	
运输、仓储和通讯	Transport,storage and communications		7450	8020	8450	
金融中介	Financial intermediation		2980	3470	3830	
房地产、租赁及商务活动	Real estate,renting and business activities		13600	14100	14500	
公共管理和国防；社会基本保障	Public administration and defence; compulsory social security		3200	3190	3220	
教育	Education		3870	3870	3950	
卫生和社会工作	Health and social work		2300	2480	2470	
其他团体、社会和个人服务活动	Other community,social and personal services		954	975	1010	
雇人的私人住户	Private households with employed persons		406	415	436	
增加值总额(按基本价格计算)	Equals: Value Added,Gross,in basic prices		78600	82700	85800	87400
加：税减产品补贴	Plus: Taxes less Subsidies on products		4230	4430	4580	4650
美　国	**United States**					
按当年价格计算	In Current Prices	99000	126000	133000	140000	144000
农业、狩猎业和林业	Agriculture,hunting,forestry	980	1330	1220	1680	
渔业	Fishing					
采掘业	Mining and quarrying	1210	2240	2620	2750	
制造业	Manufacturing	15400	16200	17100	17600	
电、煤气和水供应业	Electricity,gas and water supply	1890	2400	2730	2810	
建筑业	Construction	4360	6050	6460	6110	
旅馆和饭店业	Hotels and restaurants	2610	3340	3580	3800	
运输、仓储和通讯	Transport,storage and communications	6360	7390	7720	8190	
金融中介	Financial intermediation	7410	9900	10600	10900	
房地产、租赁及商务活动	Real estate,renting and business activities	23400	30300	32200	34400	
公共管理和国防；社会基本保障	Public administration and defence; compulsory social security	6950	9350	9810	10400	

3-10 续表 21 continued

单位：亿本币 (100 million local currency units)

国家和地区	Country or Area	2000	2005	2006	2007	2008
美国(续)	**United States (continued)**					
教育	Education	4720	6260	6600	6980	
卫生和社会工作	Health and social work	5990	8560	9050	9570	
其他团体、社会和个人服务活动	Other community,social and personal services	3620	4660	4850	5090	
雇人的私人住户	Private households with employed persons	136	150	161	177	
增加值总额(按基本价格计算)	Equals: Value Added,Gross,in basic prices	91000	115000	122000	128000	
加：税减产品补贴	Plus: Taxes less Subsidies on products	6650	8690	9260	9630	
按2000年价格计算	At Constant Prices of 2000	97600	109000	112000	115000	
农业、狩猎业、林业和渔业	Agriculture,hunting,forestry; fishing	980	1210	1140	1220	
采掘业	Mining and quarrying	1210	1040	1110	1110	
制造业	Manufacturing	15400	16400	17100	17600	
电、煤气和水供应业	Electricity,gas and water supply	1890	2000	2020	2040	
建筑业	Construction	4360	4190	4010	3560	
批发、零售贸易；机动车及个人、家庭用品修理业	Wholesale,retail trade,repair of motor vehicles,motorcycles and personal and household goods	12500	15300	15800	16200	
旅馆和饭店业	Hotels and restaurants	2610	2860	2950	3000	
运输、仓储和通讯	Transport,storage and communications	6360	7640	7900	8230	
金融中介	Financial intermediation	7410	8900	9460	9460	
房地产、租赁及商务活动	Real estate,renting and business activities	23400	26600	27500	28700	
公共管理和国防；社会基本保障	Public administration and defence; compulsory social security	6950	7620	7650	7750	
教育	Education	4720	5000	5050	5150	
卫生和社会工作	Health and social work	5990	7240	7490	7630	
其他团体、社会和个人服务活动	Other community,social and personal services	3620	3870	3880	3920	
雇人的私人住户	Private households with employed persons	136	129	133	141	
增加值总额(按基本价格计算)	Equals: Value Added,Gross,in basic prices	91000	102000	105000	107000	
阿 根 廷	**Argentina**					
按当年价格计算	In Current Prices	2840	5320	6540	8120	10300
农业、狩猎业和林业	Agriculture,hunting,forestry	127	448	488	683	908
渔业	Fishing	6	16	20	18	24
采掘业	Mining and quarrying	71	288	362	356	357
制造业	Manufacturing	469	1140	1350	1590	2010
电、煤气和水供应业	Electricity,gas and water supply	66	85	97	110	123
建筑业	Construction	133	241	349	464	566
批发、零售贸易；机动车及个人、家庭用品修理业	Wholesale,retail trade,repair of motor vehicles,motorcycles and personal and household goods	361	580	691	863	1120
旅馆和饭店业	Hotels and restaurants	78	126	163	200	251
运输、仓储和通讯	Transport,storage and communications	241	444	536	641	803
金融中介	Financial intermediation	115	214	280	364	486
房地产、租赁及商务活动	Real estate,renting and business activities	445	536	660	819	1040
公共管理和国防；社会基本保障	Public administration and defence; compulsory social security	178	266	336	437	582
教育	Education	136	209	293	385	521
卫生和社会工作	Health and social work	105	135	177	229	289
其他团体、社会和个人服务活动	Other community,social and personal services	111	162	208	260	332
雇人的私人住户	Private households with employed persons	34	38	41	46	51
增加值总额(按基本价格计算)	Equals: Value Added,Gross,in basic prices	2680	4930	6050	7460	9470
加：税减产品补贴	Plus: Taxes less Subsidies on products	210	422	542	721	933

3-10 续表 22 continued

单位：亿本币 (100 million local currency units)

国家和地区	Country or Area	2000	2005	2006	2007	2008
阿根廷(续)	**Argentina (continued)**					
按1993年价格计算	At Constant Prices of 1993	2760	3050	3310	3590	3830
农业、狩猎业和林业	Agriculture,hunting,forestry	146	170	173	190	185
渔业	Fishing	4	3	5	5	5
采掘业	Mining and quarrying	49	51	52	52	53
制造业	Manufacturing	439	505	550	592	618
电、煤气和水供应业	Electricity,gas and water supply	73	86	90	95	99
建筑业	Construction	143	176	208	228	236
批发、零售贸易；机动车及个人、家庭用品修理业	Wholesale,retail trade,repair of motor vehicles,motorcycles and personal and household goods	364	385	416	462	499
旅馆和饭店业	Hotels and restaurants	72	75	81	87	94
运输、仓储和通讯	Transport,storage and communications	235	291	330	376	421
金融中介	Financial intermediation	174	119	146	173	203
房地产、租赁及商务活动	Real estate,renting and business activities	405	422	440	460	489
公共管理和国防；社会基本保障	Public administration and defence; compulsory social security	144	149	156	161	168
教育	Education	120	136	141	147	152
卫生和社会工作	Health and social work	101	110	116	123	130
其他团体、社会和个人服务活动	Other community,social and personal services	118	140	152	163	173
雇人的私人住户	Private households with employed persons	39	35	36	38	40
增加值总额(按基本价格计算)	Equals: Value Added,Gross,in basic prices	2630	2850	3090	3350	3560
加：税减产品补贴	Plus: Taxes less Subsidies on products	220	220	247	278	313
巴　西	**Brazil**					
按当年价格计算	In Current Prices	11800	21500	23700	26600	
农业、狩猎业、林业和渔业	Agriculture,hunting,forestry; fishing	572	1050	1120	1270	
采掘业	Mining and quarrying	163	454	589	537	
制造业	Manufacturing	1760	3330	3540	3900	
电、煤气和水供应业	Electricity,gas and water supply	348	704	764	818	
建筑业	Construction	564	902	963	1110	
批发、零售贸易；机动车及个人、家庭用品修理业	Wholesale,retail trade,repair of motor vehicles,motorcycles and personal and household goods	1690	3080	3520	4090	
旅馆和饭店业	Hotels and restaurants	182	300	367	417	
运输、仓储和通讯	Transport,storage and communications	866	1650	1760	1980	
金融中介	Financial intermediation	609	1300	1460	1760	
房地产、租赁及商务活动	Real estate,renting and business activities	1150	1660	1760	1940	
公共管理和国防；社会基本保障	Public administration and defence; compulsory social security	964	1840	2050	2260	
教育	Education	536	822	945	1100	
卫生和社会工作	Health and social work	399	657	766	895	
其他团体、社会和个人服务活动	Other community,social and personal services	411	672	753	805	
雇人的私人住户	Private households with employed persons	114	203			
增加值总额(按基本价格计算)	Equals: Value Added,Gross,in basic prices	10200	18400	20300	22900	
加：税减产品补贴	Plus: Taxes less Subsidies on products	1580	3050	3350	3730	
按上年价格计算	At the Prices of Preceding Year	11100	20000	22300	25100	
农业、狩猎业、林业和渔业	Agriculture,hunting,forestry; fishing	522	1160	1100	1170	
采掘业	Mining and quarrying	99	350	474	610	
制造业	Manufacturing	1580	3240	3370	3730	
电、煤气和水供应业	Electricity,gas and water supply	311	666	729	806	
建筑业	Construction	533	864	945	1010	
批发、零售贸易；机动车及个人、家庭用品修理业	Wholesale,retail trade,repair of motor vehicles,motorcycles and personal and household goods		2870	3250	3810	
旅馆和饭店业	Hotels and restaurants		283	318	380	
运输、仓储和通讯	Transport,storage and communications	587	1480	1680	1860	

3-10 续表 23 continued

单位：亿本币 (100 million local currency units)

国家和地区	Country or Area	2000	2005	2006	2007	2008
巴西(续)	**Brazil (continued)**					
金融中介	Financial intermediation	693	1020	1410	1680	
房地产、租赁及商务活动	Real estate,renting and business activities	1180	1580	1710	1850	
公共管理和国防；社会基本保障	Public administration and defence; compulsory social security	1440	1620	1910	2120	
教育	Education		771	821	923	
卫生和社会工作	Health and social work		643	692	807	
其他团体、社会和个人服务活动	Other community,social and personal services		610	697	768	
增加值总额(按基本价格计算)	Equals: Value Added,Gross,in basic prices	9640	17200	19100	21500	
加：税减产品补贴	Plus: Taxes less Subsidies on products	1470	2870	3220	3610	
委内瑞拉	**Venezuela**					
按当年价格计算	In Current Prices	797000	3040000	3940000		
农业、狩猎业和林业	Agriculture,hunting,forestry	29100	103000	134000		
渔业	Fishing	2200	9500	9880		
采掘业	Mining and quarrying	143000	920000	1160000		
制造业	Manufacturing	148000	459000	548000		
电、煤气和水供应业	Electricity,gas and water supply	17100	39900	45000		
建筑业	Construction	61500	196000	297000		
批发、零售贸易；机动车及个人、家庭用品修理业	Wholesale,retail trade,repair of motor vehicles,motorcycles and personal and household goods	58600	260000	333000		
旅馆和饭店业	Hotels and restaurants	14000	55500	80800		
运输、仓储和通讯	Transport,storage and communications	52900	164000	237000		
金融中介	Financial intermediation	18800	49000	80800		
房地产、租赁及商务活动	Real estate,renting and business activities	82600	188000	229000		
公共管理和国防；社会基本保障	Public administration and defence; compulsory social security	39900	132000	189000		
教育	Education	53900	149000	190000		
卫生和社会工作	Health and social work	23600	62700	87100		
其他团体、社会和个人服务活动	Other community,social and personal services	13300	38400	55100		
雇人的私人住户	Private households with employed persons	4350	12400	18500		
增加值总额(按基本价格计算)	Equals: Value Added,Gross,in basic prices	763000	2840000	3690000		
加：税减产品补贴	Plus: Taxes less Subsidies on products	52400	248000	318000		
按1997年价格计算	At Constant Prices of 1997	410000	465000	511000		
农业、狩猎业和林业	Agriculture,hunting,forestry	19600	22300	23000		
渔业	Fishing	1570	1970	1490		
采掘业	Mining and quarrying	64700	65000	63800		
制造业	Manufacturing	84600	89000	95500		
电、煤气和水供应业	Electricity,gas and water supply	8840	11400	11900		
建筑业	Construction	26300	24800	32400		
批发、零售贸易；机动车及个人、家庭用品修理业	Wholesale,retail trade,repair of motor vehicles,motorcycles and personal and household goods	34500	43900	50800		
旅馆和饭店业	Hotels and restaurants	4200	5750	6590		
运输、仓储和通讯	Transport,storage and communications	25100	32400	38500		
金融中介	Financial intermediation	8460	15700	23100		
房地产、租赁及商务活动	Real estate,renting and business activities	40200	46500	50500		
公共管理和国防；社会基本保障	Public administration and defence; compulsory social security	22200	29200	29900		
教育	Education	24600	29300	30500		
卫生和社会工作	Health and social work	8400	11300	12800		
其他团体、社会和个人服务活动	Other community,social and personal services	5750	7190	8760		
雇人的私人住户	Private households with employed persons	1630	1870	2280		
增加值总额(按基本价格计算)	Equals: Value Added,Gross,in basic prices	381000	438000	482000		
加：税减产品补贴	Plus: Taxes less Subsidies on products	38200	45700	55300		

3-10 续表 24 continued

单位：亿本币 (100 million local currency units)

国家和地区	Country or Area	2000	2005	2006	2007	2008
捷　　克	**Czech Rep.**					
按当年价格计算	In Current Prices	21900	29800	32200	35400	36900
农业、狩猎业和林业	Agriculture,hunting,forestry	766	804	749	778	841
渔业	Fishing	6	6	6	4	4
采掘业	Mining and quarrying	291	364	364	385	502
制造业	Manufacturing	5320	7050	7650	8440	8190
电、煤气和水供应业	Electricity,gas and water supply	660	1040	1260	1350	1600
建筑业	Construction	1280	1680	1830	2040	2190
批发、零售贸易；机动车及个人、家庭用品修理业	Wholesale,retail trade,repair of motor vehicles,motorcycles and personal and household goods	2740	3420	3800	4030	4290
旅馆和饭店业	Hotels and restaurants	434	528	526	550	603
运输、仓储和通讯	Transport,storage and communications	1950	2680	3120	3340	3490
金融中介	Financial intermediation	563	815	891	1200	1230
房地产、租赁及商务活动	Real estate,renting and business activities	2650	3670	3860	4360	4710
公共管理和国防；社会基本保障	Public administration and defence; compulsory social security	1070	1550	1650	1740	1820
教育	Education	787	1150	1230	1320	1370
卫生和社会工作	Health and social work	698	1090	1150	1190	1320
其他团体、社会和个人服务活动	Other community,social and personal services	613	894	974	1050	1040
雇人的私人住户	Private households with employed persons	3	4	5	4	4
增加值总额(按基本价格计算)	Equals: Value Added,Gross,in basic prices	19800	26800	29100	31800	33200
加：税减产品补贴	Plus: Taxes less Subsidies on products	2060	3090	3150	3570	3680
按2000年价格计算	At Constant Prices of 2000	21900	26300	28100	29800	30600
农业、狩猎业和林业	Agriculture,hunting,forestry	766	957	807	713	750
渔业	Fishing	6	7	8	6	5
采掘业	Mining and quarrying	291	250	252	240	237
制造业	Manufacturing	5320	7000	8020	8760	9450
电、煤气和水供应业	Electricity,gas and water supply	660	666	731	728	799
建筑业	Construction	1280	1280	1370	1430	1430
批发、零售贸易；机动车及个人、家庭用品修理业	Wholesale,retail trade,repair of motor vehicles,motorcycles and personal and household goods	2740	3900	4370	4850	5000
旅馆和饭店业	Hotels and restaurants	434	356	291	283	289
运输、仓储和通讯	Transport,storage and communications	1950	2400	2770	2880	2940
金融中介	Financial intermediation	563	609	664	842	861
房地产、租赁及商务活动	Real estate,renting and business activities	2650	3180	3210	3450	3510
公共管理和国防；社会基本保障	Public administration and defence; compulsory social security	1070	1060	1110	1110	1130
教育	Education	787	966	1020	1040	1050
卫生和社会工作	Health and social work	698	753	687	657	634
其他团体、社会和个人服务活动	Other community,social and personal services	613	695	723	728	679
雇人的私人住户	Private households with employed persons	3	3	4	3	3
增加值总额(按基本价格计算)	Equals: Value Added,Gross,in basic prices	19800	23900	25700	27200	28100
加：税减产品补贴	Plus: Taxes less Subsidies on products	2060	2410	2410	2610	2470

3-10 续表 25 continued

单位：亿本币 (100 million local currency units)

国家和地区	Country or Area	2000	2005	2006	2007	2008
法　国	**France**					
按当年价格计算	In Current Prices	14400	17300	18100	19000	19500
农业、狩猎业和林业	Agriculture,hunting,forestry	352	338	325	361	344
渔业	Fishing	14	15	14	14	13
采掘业	Mining and quarrying	21	23	25	28	29
制造业	Manufacturing	2070	2050	2040	2120	2080
电、煤气和水供应业	Electricity,gas and water supply	203	254	270	274	275
建筑业	Construction	666	875	970	1070	1170
批发、零售贸易；机动车及个人、家庭用品修理业	Wholesale,retail trade,repair of motor vehicles,motorcycles and personal and household goods	1360	1620	1650	1690	1770
旅馆和饭店业	Hotels and restaurants	302	367	383	405	408
运输、仓储和通讯	Transport,storage and communications	776	998	1030	1080	1120
金融中介	Financial intermediation	664	753	792	793	809
房地产、租赁及商务活动	Real estate,renting and business activities	3300	4230	4550	4860	5030
公共管理和国防；社会基本保障	Public administration and defence; compulsory social security	1010	1180	1220	1260	1300
教育	Education	722	842	861	889	912
卫生和社会工作	Health and social work	972	1300	1370	1450	1510
其他团体、社会和个人服务活动	Other community,social and personal services	422	546	574	605	626
雇人的私人住户	Private households with employed persons	66	88	90	96	102
增加值总额(按基本价格计算)	Equals: Value Added,Gross,in basic prices	12900	15500	16100	17000	17500
加：税减产品补贴	Plus: Taxes less Subsidies on products	1510	1780	1920	1970	1980
按2000年价格计算	At Constant Prices of 2000	14400	15700	16000	16400	16400
农业、狩猎业和林业	Agriculture,hunting,forestry	352	348	347	344	355
渔业	Fishing	14	13	12	12	11
采掘业	Mining and quarrying	21	16	16	16	16
制造业	Manufacturing	2070	2200	2200	2240	2190
电、煤气和水供应业	Electricity,gas and water supply	203	242	242	242	248
建筑业	Construction	666	704	720	751	751
批发、零售贸易；机动车及个人、家庭用品修理业	Wholesale,retail trade,repair of motor vehicles,motorcycles and personal and household goods	1360	1420	1450	1490	1500
旅馆和饭店业	Hotels and restaurants	302	302	307	315	313
运输、仓储和通讯	Transport,storage and communications	776	933	982	1020	1020
金融中介	Financial intermediation	664	736	769	797	803
房地产、租赁及商务活动	Real estate,renting and business activities	3300	3680	3820	3930	3970
公共管理和国防；社会基本保障	Public administration and defence; compulsory social security	1010	1030	1040	1060	1070
教育	Education	722	714	708	709	707
卫生和社会工作	Health and social work	972	1080	1090	1120	1140
其他团体、社会和个人服务活动	Other community,social and personal services	422	492	502	514	520
雇人的私人住户	Private households with employed persons	66	71	72	74	77
增加值总额(按基本价格计算)	Equals: Value Added,Gross,in basic prices	12900	14000	14300	14600	14700
加：税减产品补贴	Plus: Taxes less Subsidies on products	1510	1670	1710	1730	1690

3-10 续表 26 continued

单位：亿本币 (100 million local currency units)

国家和地区	Country or Area	2000	2005	2006	2007	2008
德　国	**Germany**					
按当年价格计算	In Current Prices	20600	22400	23300	24300	25000
农业、狩猎业和林业	Agriculture,hunting,forestry	232	173	177	204	200
渔业	Fishing	2	2	2	2	2
采掘业	Mining and quarrying	52	39	49	48	57
制造业	Manufacturing	4260	4590	4910	5150	5170
电、煤气和水供应业	Electricity,gas and water supply	341	471	500	489	495
建筑业	Construction	962	801	821	883	952
批发、零售贸易；机动车及个人、家庭用品修理业	Wholesale,retail trade,repair of motor vehicles,motorcycles and personal and household goods	2050	2080	2120	2190	2310
旅馆和饭店业	Hotels and restaurants	301	331	337	370	380
运输、仓储和通讯	Transport,storage and communications	1020	1160	1220	1230	1280
金融中介	Financial intermediation	778	958	939	860	842
房地产、租赁及商务活动	Real estate,renting and business activities	4330	4980	5190	5530	5750
公共管理和国防；社会基本保障	Public administration and defence; compulsory social security	1180	1220	1220	1240	1270
教育	Education	834	928	915	957	981
卫生和社会工作	Health and social work	1240	1470	1510	1530	1590
其他团体、社会和个人服务活动	Other community,social and personal services	912	973	986	1010	1040
雇人的私人住户	Private households with employed persons	62	68	69	71	73
增加值总额(按基本价格计算)	Equals: Value Added,Gross,in basic prices	18600	20200	21000	21800	22400
加：税减产品补贴	Plus: Taxes less Subsidies on products	2060	2180	2280	2520	2570
按2000年价格计算	At Constant Prices of 2000	20600	21200	21900	22500	22700
农业、狩猎业和林业	Agriculture,hunting,forestry	232	241	233	230	238
渔业	Fishing	2	1	1	1	1
采掘业	Mining and quarrying	52	31	33	33	30
制造业	Manufacturing	4260	4520	4820	4940	4960
电、煤气和水供应业	Electricity,gas and water supply	341	393	366	347	339
建筑业	Construction	962	763	756	762	788
批发、零售贸易；机动车及个人、家庭用品修理业	Wholesale,retail trade,repair of motor vehicles,motorcycles and personal and household goods	2050	2160	2170	2190	2220
旅馆和饭店业	Hotels and restaurants	301	293	294	324	324
运输、仓储和通讯	Transport,storage and communications	1020	1150	1220	1270	1300
金融中介	Financial intermediation	778	644	710	759	761
房地产、租赁及商务活动	Real estate,renting and business activities	4330	4810	4940	5160	5250
公共管理和国防；社会基本保障	Public administration and defence; compulsory social security	1180	1160	1160	1170	1180
教育	Education	834	825	824	841	837
卫生和社会工作	Health and social work	1240	1430	1480	1530	1600
其他团体、社会和个人服务活动	Other community,social and personal services	912	896	894	908	917
雇人的私人住户	Private households with employed persons	62	62	63	64	66
增加值总额(按基本价格计算)	Equals: Value Added,Gross,in basic prices	18600	19300	19900	20500	20800
加：税减产品补贴	Plus: Taxes less Subsidies on products	2060	1920	1980	1960	1960

3-10 续表 27 continued

单位：亿本币 (100 million local currency units)

国家和地区	Country or Area	2000	2005	2006	2007	2008
荷 兰	**Netherlands**					
按当年价格计算	In Current Prices	4180	5130	5400	5690	5960
农业、狩猎业和林业	Agriculture,hunting,forestry	96	93	104	102	93
渔业	Fishing	3	2	2	2	2
采掘业	Mining and quarrying	91	126	159	155	216
制造业	Manufacturing	581	652	667	701	718
电、煤气和水供应业	Electricity,gas and water supply	50	79	89	103	108
建筑业	Construction	209	246	262	279	306
批发、零售贸易；机动车及个人、家庭用品修理业	Wholesale,retail trade,repair of motor vehicles,motorcycles and personal and household goods	520	592	622	661	668
旅馆和饭店业	Hotels and restaurants	76	85	88	93	90
运输、仓储和通讯	Transport,storage and communications	266	332	339	351	350
金融中介	Financial intermediation	227	351	324	294	327
房地产、租赁及商务活动	Real estate,renting and business activities	791	906	1000	1120	1170
公共管理和国防；社会基本保障	Public administration and defence; compulsory social security	261	325	332	346	362
教育	Education	162	213	218	230	240
卫生和社会工作	Health and social work	272	400	416	440	466
其他团体、社会和个人服务活动	Other community,social and personal services	114	140	145	151	154
雇人的私人住户	Private households with employed persons	15	20	20	21	22
增加值总额(按基本价格计算)	Equals: Value Added,Gross,in basic prices	3730	4560	4790	5050	5290
加：税减产品补贴	Plus: Taxes less Subsidies on products	445	572	612	641	669
按2001年价格计算	At Constant Prices of 2001		4603			
增加值总额(按基本价格计算)	Equals: Value Added,Gross,in basic prices		4100			
加：税减产品补贴	Plus: Taxes less Subsidies on products		504			
波 兰	**Poland**					
按当年价格计算	In Current Prices	7440	9830	10600	11800	12700
农业、狩猎业和林业	Agriculture,hunting,forestry	326	391	397	444	415
渔业	Fishing	2	2	2	2	1
采掘业	Mining and quarrying	159	220	225	232	275
制造业	Manufacturing	1230	1600	1750	1950	2080
电、煤气和水供应业	Electricity,gas and water supply	202	315	325	343	361
建筑业	Construction	512	522	598	735	849
批发、零售贸易；机动车及个人、家庭用品修理业	Wholesale,retail trade,repair of motor vehicles,motorcycles and personal and household goods	1290	1640	1760	1890	2010
旅馆和饭店业	Hotels and restaurants	83	107	111	119	138
运输、仓储和通讯	Transport,storage and communications	434	627	685	722	783
金融中介	Financial intermediation	326	377	420	542	586
房地产、租赁及商务活动	Real estate,renting and business activities	871	1190	1290	1420	1540
公共管理和国防；社会基本保障	Public administration and defence; compulsory social security	401	533	553	596	664
教育	Education	292	443	459	495	527
卫生和社会工作	Health and social work	216	316	345	378	419
其他团体、社会和个人服务活动	Other community,social and personal services	243	324	347	380	428
雇人的私人住户	Private households with employed persons	40	51	53	57	61
增加值总额(按基本价格计算)	Equals: Value Added,Gross,in basic prices	6620	8660	9310	10300	11100
加：税减产品补贴	Plus: Taxes less Subsidies on products	822	1170	1290	1470	1580

3-10 续表 28 continued

单位:亿本币 (100 million local currency units)

国家和地区	Country or Area	2000	2005	2006	2007	2008
波兰(续)	**Poland (continued)**					
按2000年价格计算	At Constant Prices of 2000	7440	8660	9200	9830	10300
农业、狩猎业和林业	Agriculture,hunting,forestry	326	382	373	360	355
渔业	Fishing	2	2	2	2	2
采掘业	Mining and quarrying	159	127	116	117	124
制造业	Manufacturing	1230	1590	1850	2090	2260
电、煤气和水供应业	Electricity,gas and water supply	202	232	211	212	210
建筑业	Construction	512	460	513	569	621
批发、零售贸易；机动车及个人、家庭用品修理业	Wholesale,retail trade,repair of motor vehicles,motorcycles and personal and household goods	1290	1490	1550	1620	1670
旅馆和饭店业	Hotels and restaurants	83	89	91	95	100
运输、仓储和通讯	Transport,storage and communications	434	555	608	630	655
金融中介	Financial intermediation	326	421	443	576	665
房地产、租赁及商务活动	Real estate,renting and business activities	871	997	1060	1110	1160
公共管理和国防；社会基本保障	Public administration and defence; compulsory social security	401	467	472	501	514
教育	Education	292	327	329	332	331
卫生和社会工作	Health and social work	216	236	242	241	242
其他团体、社会和个人服务活动	Other community,social and personal services	243	257	271	277	296
雇人的私人住户	Private households with employed persons	40	45	47	49	51
增加值总额(按基本价格计算)	Equals: Value Added,Gross,in basic prices	6620	7650	8110	8650	9080
加：税减产品补贴	Plus: Taxes less Subsidies on products	822	1010	1100	1180	1240
俄罗斯联邦	**Russian Fed.**					
按当年价格计算	In Current Prices	73100	216000	269000	333000	414000
农业、狩猎业和林业	Agriculture,hunting,forestry	4360	9620	11000	11900	14900
渔业	Fishing		655	691	616	614
采掘业	Mining and quarrying		20800	25300	28700	33000
制造业	Manufacturing	20800	35200	42700	50300	61700
电、煤气和水供应业	Electricity,gas and water supply	872	6320	7550	8630	10300
建筑业	Construction	4290	10100	12300	16300	22100
批发、零售贸易；机动车及个人、家庭用品修理业	Wholesale,retail trade,repair of motor vehicles,motorcycles and personal and household goods		36500	47300	57400	73700
旅馆和饭店业	Hotels and restaurants		1710	2110	2860	3590
运输、仓储和通讯	Transport,storage and communications	5930	19300	22800	27500	32100
金融中介	Financial intermediation	912	7590	10500	12500	15400
房地产、租赁及商务活动	Real estate,renting and business activities	6160	18500	23100	31000	39800
公共管理和国防；社会基本保障	Public administration and defence; compulsory social security	3060	9590	11900	14700	18800
教育	Education	1790	4940	6210	7700	9690
卫生和社会工作	Health and social work	1460	5660	7680	9500	11900
其他团体、社会和个人服务活动	Other community,social and personal services	100	3260	4220	5220	6140
雇人的私人住户	Private households with employed persons	78				
增加值总额(按基本价格计算)	Equals: Value Added,Gross,in basic prices	65300	190000	235000	285000	354000
加：税减产品补贴	Plus: Taxes less Subsidies on products	8330	30900	39400	47600	60600

3-10 续表 29 continued

单位：亿本币 (100 million local currency units)

国家和地区	Country or Area	2000	2005	2006	2007	2008
俄罗斯联邦(续)	**Russian Fed.(continued)**					
按2003年价格计算	At Constant Prices of 2003		151000	163000	176000	186000
农业、狩猎业和林业	Agriculture,hunting,forestry		7600	7890	8090	8780
渔业	Fishing		635	663	667	649
采掘业	Mining and quarrying		8510	8230	8010	8040
制造业	Manufacturing		22300	24000	25900	26300
电、煤气和水供应业	Electricity,gas and water supply		4420	4670	4690	4740
建筑业	Construction		8730	9760	11100	12600
批发、零售贸易；机动车及个人、家庭用品修理业	Wholesale,retail trade,repair of motor vehicles,motorcycles and personal and household goods		30900	35300	39700	43000
旅馆和饭店业	Hotels and restaurants		1100	1200	1380	1520
运输、仓储和通讯	Transport,storage and communications		14800	16300	16800	18100
金融中介	Financial intermediation		4890	5390	6060	6470
房地产、租赁及商务活动	Real estate,renting and business activities		14600	16000	19200	21200
公共管理和国防；社会基本保障	Public administration and defence; compulsory social security		6600	6770	7030	7280
教育	Education		3210	3230	3260	3290
卫生和社会工作	Health and social work		3870	3930	4030	4060
其他团体、社会和个人服务活动	Other community,social and personal services		2530	2750	2960	3080
雇人的私人住户	Private households with employed persons					
增加值总额(按基本价格计算)	Equals: Value Added,Gross,in basic prices		134000	145000	156000	165000
加：税减产品补贴	Plus: Taxes less Subsidies on products		19100	20900	22900	24100
西 班 牙	**Spain**					
按当年价格计算	In Current Prices	6300	9090	9840	10500	10900
农业、狩猎业和林业	Agriculture,hunting,forestry	235	244	229	241	240
渔业	Fishing	15	16	16	17	17
采掘业	Mining and quarrying	18	24	25	26	24
制造业	Manufacturing	1060	1290	1360	1410	1450
电、煤气和水供应业	Electricity,gas and water supply	113	167	175	198	216
建筑业	Construction	476	938	1060	1120	1140
批发、零售贸易；机动车及个人、家庭用品修理业	Wholesale,retail trade,repair of motor vehicles,motorcycles and personal and household goods	640	871	929	994	1060
旅馆和饭店业	Hotels and restaurants	434	610	652	681	722
运输、仓储和通讯	Transport,storage and communications	418	563	601	641	663
金融中介	Financial intermediation	263	377	414	500	534
房地产、租赁及商务活动	Real estate,renting and business activities	848	1340	1490	1630	1750
公共管理和国防；社会基本保障	Public administration and defence; compulsory social security	355	485	529	573	616
教育	Education	279	389	414	446	482
卫生和社会工作	Health and social work	290	449	484	534	589
其他团体、社会和个人服务活动	Other community,social and personal services	204	305	324	351	376
雇人的私人住户	Private households with employed persons	58	71	74	77	79
增加值总额(按基本价格计算)	Equals: Value Added,Gross,in basic prices	5710	8140	8770	9440	9960
加：税减产品补贴	Plus: Taxes less Subsidies on products	597	950	1070	1090	923

3-10 续表 30 continued

单位：亿本币 (100 million local currency units)

国家和地区	Country or Area	2000	2005	2006	2007	2008
西班牙(续)	**Spain (continued)**					
按2000年价格计算	At Constant Prices of 2000	6300	7400	7700	7970	8040
农业、狩猎业和林业	Agriculture,hunting,forestry	235	207	219	224	222
渔业	Fishing	15	13	13	13	13
采掘业	Mining and quarrying	18	20	20	19	16
制造业	Manufacturing	1060	1120	1140	1150	1130
电、煤气和水供应业	Electricity,gas and water supply	113	139	141	144	150
建筑业	Construction	476	634	663	679	669
批发、零售贸易；机动车及个人、家庭用品修理业	Wholesale,retail trade,repair of motor vehicles,motorcycles and personal and household goods	640	734	759	803	818
旅馆和饭店业	Hotels and restaurants	434	476	487	494	497
运输、仓储和通讯	Transport,storage and communications	418	475	491	516	519
金融中介	Financial intermediation	263	394	449	502	506
房地产、租赁及商务活动	Real estate,renting and business activities	848	1020	1070	1120	1140
公共管理和国防；社会基本保障	Public administration and defence; compulsory social security	355	412	431	449	467
教育	Education	279	323	332	345	359
卫生和社会工作	Health and social work	290	359	373	394	416
其他团体、社会和个人服务活动	Other community,social and personal services	204	251	258	270	279
雇人的私人住户	Private households with employed persons	58	67	69	70	69
增加值总额(按基本价格计算)	Equals: Value Added,Gross,in basic prices	5710	6640	6910	7180	7260
加：税减产品补贴	Plus: Taxes less Subsidies on products	597	759	787	795	787
土 耳 其	**Turkey**					
按当年价格计算	In Current Prices	1670	6490	7580	8430	9510
农业、狩猎业和林业	Agriculture,hunting,forestry	164	590	608	637	
渔业	Fishing	4	17	18	22	
采掘业	Mining and quarrying	17	76	90	105	
制造业	Manufacturing	335	1120	1300	1420	
电、煤气和水供应业	Electricity,gas and water supply	33	120	135	156	
建筑业	Construction	84	287	358	427	
批发、零售贸易；机动车及个人、家庭用品修理业	Wholesale,retail trade,repair of motor vehicles,motorcycles and personal and household goods	211	802	949	1030	
旅馆和饭店业	Hotels and restaurants	40	145	170	193	
运输、仓储和通讯	Transport,storage and communications	203	891	1040	1170	
金融中介	Financial intermediation	116	183	219	272	
房地产、租赁及商务活动	Real estate,renting and business activities	187	827	1020	1250	
公共管理和国防；社会基本保障	Public administration and defence; compulsory social security	74	260	296	331	
教育	Education	40	178	212	246	
卫生和社会工作	Health and social work	22	103	121	141	
其他团体、社会和个人服务活动	Other community,social and personal services	27	107	128	145	
雇人的私人住户	Private households with employed persons	2	10	12	15	
增加值总额(按基本价格计算)	Equals: Value Added,Gross,in basic prices	1560	5720	6680	7540	8550
加：税减产品补贴	Plus: Taxes less Subsidies on products	180	866	1000	1020	1110

3-10 续表 31 continued

单位：亿本币 (100 million local currency units)

国家和地区	Country or Area	2000	2005	2006	2007	2008
土耳其(续)	**Turkey (continued)**					
按1998年价格计算	At Constant Prices of 1998	724	905	967	1010	1020
农业、狩猎业和林业	Agriculture,hunting,forestry	86	93	94	87	
渔业	Fishing	2	3	3	3	
采掘业	Mining and quarrying	7	7	7	8	
制造业	Manufacturing	170	213	230	243	
电、煤气和水供应业	Electricity,gas and water supply	14	18	19	20	
建筑业	Construction	42	53	62	65	
批发、零售贸易；机动车及个人、家庭用品修理业	Wholesale,retail trade,repair of motor vehicles,motorcycles and personal and household goods	96	120	127	134	
旅馆和饭店业	Hotels and restaurants	17	18	19	19	
运输、仓储和通讯	Transport,storage and communications	89	130	138	148	
金融中介	Financial intermediation	59	79	90	99	
房地产、租赁及商务活动	Real estate,renting and business activities	55	71	75	80	
公共管理和国防；社会基本保障	Public administration and defence; compulsory social security	30	31	31	31	
教育	Education	16	18	19	20	
卫生和社会工作	Health and social work	9	11	12	12	
其他团体、社会和个人服务活动	Other community,social and personal services	11	14	15	16	
雇人的私人住户	Private households with employed persons	1	1	1	1	
增加值总额(按基本价格计算)	Equals: Value Added,Gross,in basic prices	703	877	943	989	1000
加：税减产品补贴	Plus: Taxes less Subsidies on products	58	76	82	86	86
乌克兰	**Ukraine**					
按当年价格计算	In Current Prices	1700	4410	5440	7210	9480
农业、狩猎业和林业	Agriculture,hunting,forestry	244	405	410	474	651
渔业	Fishing	2	2	2	2	2
采掘业	Mining and quarrying	74	179	221	317	543
制造业	Manufacturing	311	869	1090	1430	1650
电、煤气和水供应业	Electricity,gas and water supply	108	152	186	232	288
建筑业	Construction	57	164	212	305	292
批发、零售贸易；机动车及个人、家庭用品修理业	Wholesale,retail trade,repair of motor vehicles,motorcycles and personal and household goods	146	560	686	952	1310
旅馆和饭店业	Hotels and restaurants	8	24	54	68	97
运输、仓储和通讯	Transport,storage and communications	198	474	561	701	871
金融中介	Financial intermediation	31	198	254	424	690
房地产、租赁及商务活动	Real estate,renting and business activities	83	305	389	637	853
公共管理和国防；社会基本保障	Public administration and defence; compulsory social security	65	205	262	335	450
教育	Education	72	209	262	329	435
卫生和社会工作	Health and social work	43	140	177	225	292
其他团体、社会和个人服务活动	Other community,social and personal services	19	74	103	133	182
雇人的私人住户	Private households with employed persons	…	…	…	…	…
增加值总额(按基本价格计算)	Equals: Value Added,Gross,in basic prices	1460	3960	4870	6570	8610
加：税减产品补贴	Plus: Taxes less Subsidies on products	258	529	700	859	1240

3-10 续表 32 continued

单位：亿本币 (100 million local currency units)

国家和地区	Country or Area	2000	2005	2006	2007	2008
乌克兰(续)	**Ukraine (continued)**					
按上年价格计算	At the Prices of Preceding Year	1380	3550	4740	5870	7360
农业、狩猎业和林业	Agriculture,hunting,forestry	174	374	414	385	556
渔业	Fishing	1	2	1	1	
采掘业	Mining and quarrying		128	197	225	312
制造业	Manufacturing	381	644	949	1200	1400
电、煤气和水供应业	Electricity,gas and water supply	31	126	152	188	221
建筑业	Construction	51	125	164	242	251
批发、零售贸易；机动车及个人、家庭用品修理业	Wholesale,retail trade,repair of motor vehicles,motorcycles and personal and household goods		380	659	794	970
旅馆和饭店业	Hotels and restaurants		23	40	57	
运输、仓储和通讯	Transport,storage and communications	158	462	510	612	750
金融中介	Financial intermediation	19	191	229	311	345
房地产、租赁及商务活动	Real estate,renting and business activities	60	270	316	466	721
公共管理和国防；社会基本保障	Public administration and defence; compulsory social security	61	141	184	271	345
教育	Education	57	163	213	257	327
卫生和社会工作	Health and social work	35	110	143	177	224
其他团体、社会和个人服务活动	Other community,social and personal services	11	64	82	115	218
雇人的私人住户	Private households with employed persons		…	…	…	
增加值总额(按基本价格计算)	Equals: Value Added,Gross,in basic prices	1150	3200	4250	5310	6640
加：税减产品补贴	Plus: Taxes less Subsidies on products	243	414	603	736	929
英　国	**United Kingdom**					
按当年价格计算	In Current Prices	9770	12500	13300	14000	14500
农业、狩猎业和林业	Agriculture,hunting,forestry	84	99			
渔业	Fishing	4	4			
采掘业	Mining and quarrying	247	255			
制造业	Manufacturing	1510	1480			
电、煤气和水供应业	Electricity,gas and water supply	159	250			
建筑业	Construction	460	659			
批发、零售贸易；机动车及个人、家庭用品修理业	Wholesale,retail trade,repair of motor vehicles,motorcycles and personal and household goods	1040	1320			
旅馆和饭店业	Hotels and restaurants	260	327			
运输、仓储和通讯	Transport,storage and communications	693	811			
金融中介	Financial intermediation	461	939			
房地产、租赁及商务活动	Real estate,renting and business activities	1950	2660			
公共管理和国防；社会基本保障	Public administration and defence; compulsory social security	427	549			
教育	Education	481	623			
卫生和社会工作	Health and social work	554	815			
其他团体、社会和个人服务活动	Other community,social and personal services	382	535			
雇人的私人住户	Private households with employed persons	40	53			
增加值总额(按基本价格计算)	Equals: Value Added,Gross,in basic prices	8640	11200	11800	12500	13000
加：税减产品补贴	Plus: Taxes less Subsidies on products	1120	1370	1450	1530	1500
按2005年价格计算	At Constant Prices of 2005	11100	12500	12900	13200	13300
增加值总额(按基本价格计算)	Equals: Value Added,Gross,in basic prices	9910	11200	11500	11800	11900
加：税减产品补贴	Plus: Taxes less Subsidies on products	1190	1370	1400	1430	1450

3-10 续表 33 continued

单位：亿本币 (100 million local currency units)

国家和地区	Country or Area	2000	2005	2006	2007	2008
澳大利亚	**Australia**					
按当年价格计算	In Current Prices	7090	10000	10900	11800	12500
农业、狩猎业和林业	Agriculture,hunting,forestry	251	272	237	267	296
渔业	Fishing					
采掘业	Mining and quarrying	349	664	742	791	895
制造业	Manufacturing	791	998	1040	1100	1090
电、煤气和水供应业	Electricity,gas and water supply	168	228	236	265	293
建筑业	Construction	369	668	763	831	858
批发、零售贸易；机动车及个人、家庭用品修理业	Wholesale,retail trade,repair of motor vehicles,motorcycles and personal and household goods	635	885	950	1060	1110
旅馆和饭店业	Hotels and restaurants	183	238	256	269	285
运输、仓储和通讯	Transport,storage and communications	590	804	899	949	1060
金融中介	Financial intermediation	574	919	1140	1200	1250
房地产、租赁及商务活动	Real estate,renting and business activities	1310	1760	1900	2170	2280
公共管理和国防；社会基本保障	Public administration and defence; compulsory social security	359	519	558	574	613
教育	Education	310	429	458	478	502
卫生和社会工作	Health and social work	381	556	606	653	703
其他团体、社会和个人服务活动	Other community,social and personal services	206	277	292	310	329
雇人的私人住户	Private households with employed persons					
增加值总额(按基本价格计算)	Equals: Value Added,Gross,in basic prices	6480	9220	10100	10900	11600
加：税减产品补贴	Plus: Taxes less Subsidies on products	610	790	841	900	886
按2006年价格计算	At Constant prices of 2006	8580	10100	10500	10800	
农业、狩猎业和林业	Agriculture,hunting,forestry	260	281	232	251	
渔业	Fishing					
采掘业	Mining and quarrying	742	756	814	827	
制造业	Manufacturing	965	1010	1030	1070	
电、煤气和水供应业	Electricity,gas and water supply	215	221	219	219	
建筑业	Construction	436	687	724	771	
批发、零售贸易；机动车及个人、家庭用品修理业	Wholesale,retail trade,repair of motor vehicles,motorcycles and personal and household goods	833	1010	1040	1080	
旅馆和饭店业	Hotels and restaurants	173	201	205	205	
运输、仓储和通讯	Transport,storage and communications	538	682	730	777	
金融中介	Financial intermediation	579	704	766	803	
房地产、租赁及商务活动	Real estate,renting and business activities	1690	2010	2060	2150	
公共管理和国防；社会基本保障	Public administration and defence; compulsory social security	350	387	407	407	
教育	Education	396	424	430	437	
卫生和社会工作	Health and social work	482	602	617	648	
其他团体、社会和个人服务活动	Other community,social and personal services	284	330	348	360	
雇人的私人住户	Private households with employed persons					
增加值总额(按基本价格计算)	Equals: Value Added,Gross,in basic prices	7910	9310	9630	10000	
加：税减产品补贴	Plus: Taxes less Subsidies on products	678	809	832	848	

3-10 续表 34 continued

单位：亿本币 (100 million local currency units)

国家和地区	Country or Area	2000	2005	2006	2007	2008
新 西 兰	**New Zealand**					
按当年价格计算	In Current Prices	1170	1600	1680	1810	1850
农业、狩猎业和林业	Agriculture,hunting,forestry	93		85		
渔业	Fishing	4		2		
采掘业	Mining and quarrying	14		20		
制造业	Manufacturing	182		234		
电、煤气和水供应业	Electricity,gas and water supply	28		45		
建筑业	Construction	48		88		
批发、零售贸易；机动车及个人、家庭用品修理业	Wholesale,retail trade,repair of motor vehicles,motorcycles and personal and household goods	143		206		
旅馆和饭店业	Hotels and restaurants	21		31		
运输、仓储和通讯	Transport,storage and communications	82		117		
金融中介	Financial intermediation	64		109		
房地产、租赁及商务活动	Real estate,renting and business activities	237		374		
公共管理和国防；社会基本保障	Public administration and defence; compulsory social security	50		79		
教育	Education	47		69		
卫生和社会工作	Health and social work	58		96		
其他团体、社会和个人服务活动	Other community,social and personal services	42		62		
雇人的私人住户	Private households with employed persons					
增加值总额(按基本价格计算)	Equals: Value Added,Gross,in basic prices	1130	1540	1620		
加：税减产品补贴	Plus: Taxes less Subsidies on products	82	118	131		
按1995年价格计算	At Constant Prices of 1995	1080	1300	1320	1350	1330
农业、狩猎业和林业	Agriculture,hunting,forestry	69	71			
渔业	Fishing	3	2			
采掘业	Mining and quarrying	13	11			
制造业	Manufacturing	168	187			
电、煤气和水供应业	Electricity,gas and water supply	22	23			
建筑业	Construction	43	61			
批发、零售贸易；机动车及个人、家庭用品修理业	Wholesale,retail trade,repair of motor vehicles,motorcycles and personal and household goods	149	181			
旅馆和饭店业	Hotels and restaurants	17	20			
运输、仓储和通讯	Transport,storage and communications	105	135			
金融中介	Financial intermediation	60	77			
房地产、租赁及商务活动	Real estate,renting and business activities	202	242			
公共管理和国防；社会基本保障	Public administration and defence; compulsory social security	43	55			
教育	Education	39	44			
卫生和社会工作	Health and social work	55	63			
其他团体、社会和个人服务活动	Other community,social and personal services	32	39			
雇人的私人住户	Private households with employed persons					
增加值总额(按基本价格计算)	Equals: Value Added,Gross,in basic prices	1040	1260	1270	1310	1300
加：税减产品补贴	Plus: Taxes less Subsidies on products	43				

注：①万亿本币。②包括旅馆和饭店业。
Note:①Trillion local currency units.②Including hotels and restaurants.

3-11 支出法国内生产总值

Gross Domestic Product by Expenditure Approach

资料来源：世界银行WDI数据库。
Source: World Bank WDI Database.

单位：亿本币 (100 million local currency units)

国家和地区	Country or Area	1990	2000	2007	2008	2009
中 国	**China**					
按当年价格计算	Current LCU					
居民消费支出	Household Final Consumption Expenditure	9451	45855	93603	108392	116886
政府消费支出	General Government Final Consumption Expenditure	2640	15661	35191	40720	39151
资本形成总额	Gross Capital Formation	6747	34843	110919	133612	152679
货物和服务出口	Exports of Goods and Services	3555	23143	101774	109586	89138
货物和服务进口	Imports of Goods and Services	2905	20753	78459	85415	71252
国内生产总值	Gross Domestic Product	18668	99215	265810	314045	340507
按2000年价格计算	At Constant Prices of 2000					
居民消费支出	Household Final Consumption Expenditure	19871	45855	73637	79685	85947
政府消费支出	General Government Final Consumption Expenditure	5528	15661	27685	29936	33378
资本形成总额	Gross Capital Formation	12444	34843	78428	85887	99457
货物和服务出口	Exports of Goods and Services	6185	23143	82318	74506	65500
货物和服务进口	Imports of Goods and Services	4570	20753	56372	48845	46048
国内生产总值	Gross Domestic Product	36806	99215	203374	222898	243182
中国香港	**Hong Kong,China**					
按当年价格计算	Current LCU					
居民消费支出	Household Final Consumption Expenditure	3422	7771	9720	10142	
政府消费支出	General Government Final Consumption Expenditure	431	1202	1304	1395	
资本形成总额	Gross Capital Formation	1619	3618	3382	3415	
货物和服务出口	Exports of Goods and Services	7824	18877	33596	35628	
货物和服务进口	Imports of Goods and Services	7306	18291	31848	33811	
国内生产总值	Gross Domestic Product	5990	13177	16154	16769	
按2006年价格计算	At Constant Prices of 2006					
居民消费支出	Household Final Consumption Expenditure	5077	7703	9720	9863	
政府消费支出	General Government Final Consumption Expenditure	786	1171	1304	1327	
资本形成总额	Gross Capital Formation	1838	2936	3382	3334	
货物和服务出口	Exports of Goods and Services	7852	18353	33596	34493	
货物和服务进口	Imports of Goods and Services	7555	18470	31848	32480	
国内生产总值	Gross Domestic Product	7891	11588	16154	16536	
孟加拉国	**Bangladesh**					
按当年价格计算	Current LCU					
居民消费支出	Household Final Consumption Expenditure	8321	18385	35021	40614	46044
政府消费支出	General Government Final Consumption Expenditure	421	1084	2611	2883	3190
资本形成总额	Gross Capital Formation	1711	5459	11559	13213	14884
货物和服务出口	Exports of Goods and Services	614	3314	9344	11102	12878
货物和服务进口	Imports of Goods and Services	1358	4559	12616	15693	18753
国内生产总值	Gross Domestic Product	10033	23709	47248	54582	61494
按1995/1996年价格计算	At Constant Prices of 1995/1996					
居民消费支出	Household Final Consumption Expenditure	11685	14974	20156	21264	22529
政府消费支出	General Government Final Consumption Expenditure	552	869	1648	1707	1776
资本形成总额	Gross Capital Formation	2172	4880	8548	8702	9200
货物和服务出口	Exports of Goods and Services	916	2821	6259	6700	7518
货物和服务进口	Imports of Goods and Services	1836	3600	6891	6749	7777
国内生产总值	Gross Domestic Product	12824	20493	30297	32173	34065

3-11 续表 1 continued

单位：亿本币 (100 million local currency units)

国家和地区	Country or Area	1990	2000	2007	2008	2009
文　莱	**Brunei Darussalam**					
按当年价格计算	Current LCU					
居民消费支出	Household Final Consumption Expenditure	17	26	37		
政府消费支出	General Government Final Consumption Expenditure	14	27	38		
资本形成总额	Gross Capital Formation	12	14	24		
货物和服务出口	Exports of Goods and Services	39	70	125		
货物和服务进口	Imports of Goods and Services	24	37	52		
国内生产总值	Gross Domestic Product	64	103	185		
按2000年价格计算	At Constant Prices of 2000					
居民消费支出	Household Final Consumption Expenditure	20	26	37		
政府消费支出	General Government Final Consumption Expenditure	21	27	38		
资本形成总额	Gross Capital Formation	15	14	22		
货物和服务出口	Exports of Goods and Services	49	70	70		
货物和服务进口	Imports of Goods and Services	30	37	50		
国内生产总值	Gross Domestic Product	83	103	120		
柬埔寨	**Cambodia**					
按当年价格计算	Current LCU					
居民消费支出	Household Final Consumption Expenditure	5458	125065	282142		
政府消费支出	General Government Final Consumption Expenditure	433	7369	11788		
资本形成总额	Gross Capital Formation	489	24685	72833		
货物和服务出口	Exports of Goods and Services	368	70197	228916		
货物和服务进口	Imports of Goods and Services	765	86979	255605		
国内生产总值	Gross Domestic Product		140826	350393	419773	415492
按2000年价格计算	At Constant Prices of 2000					
居民消费支出	Household Final Consumption Expenditure		125065	215981		
政府消费支出	General Government Final Consumption Expenditure		7369	9021		
资本形成总额	Gross Capital Formation		24685	62113		
货物和服务出口	Exports of Goods and Services		70197	201293		
货物和服务进口	Imports of Goods and Services		86980	226585		
国内生产总值	Gross Domestic Product		140826	268676	286675	280653
印　度	**India**					
按当年价格计算	Current LCU					
居民消费支出	Household Final Consumption Expenditure	39214	134558	281568	321820	357200
政府消费支出	General Government Final Consumption Expenditure	6645	26509	51535	65313	76741
资本形成总额	Gross Capital Formation	13760	50801	185926	198418	215025
货物和服务出口	Exports of Goods and Services	4064	27813	101893	131085	158285
货物和服务进口	Imports of Goods and Services	4870	29752	121975	161405	187352
国内生产总值	Gross Domestic Product	56962	210231	494786	557445	623117
按1999/2000年价格计算	At Constant Prices of 1999/2000					
居民消费支出	Household Final Consumption Expenditure	84356	130049	248555	265553	276977
政府消费支出	General Government Final Consumption Expenditure	14323	25509	43898	51213	56586
资本形成总额	Gross Capital Formation	29161	47079	185926	198418	163977
货物和服务出口	Exports of Goods and Services	8396	26924	91746	109493	102203
货物和服务进口	Imports of Goods and Services	8198	27498	111311	136920	126957
国内生产总值	Gross Domestic Product	148618	252839	424792	446536	480722

3-11 续表 2 continued

单位：亿本币 (100 million local currency units)

国家和地区	Country or Area	1990	2000	2007	2008	2009
印度尼西亚	**Indonesia**					
按当年价格计算	Current LCU					
居民消费支出	Household Final Consumption Expenditure	1198020	8567983	25105039	30194594	31644098
政府消费支出	General Government Final Consumption Expenditure	186490	907800	3297601	4168667	1842137
资本形成总额	Gross Capital Formation	646690	3091643	9851614	13772468	15601446
货物和服务出口	Exports of Goods and Services	534093	5694902	11629738	14745079	9256161
货物和服务进口	Imports of Goods and Services	500457	4233181	10032713	14181055	14822641
国内生产总值	Gross Domestic Product	2108663	13897702	39508932	49513567	56134417
按2000年价格计算	At Constant Prices of 2000					
居民消费支出	Household Final Consumption Expenditure	4808077	8567981	11308470	11911907	12463856
政府消费支出	General Government Final Consumption Expenditure	842192	907796	1533096	1692972	1923932
资本形成总额	Gross Capital Formation	3170451	3091639	4413710	4970874	5132629
货物和服务出口	Exports of Goods and Services	3017439	5694898	9424314	10318661	9059785
货物和服务进口	Imports of Goods and Services	2559955	4233179	7568951	8328203	6795813
国内生产总值	Gross Domestic Product	9192410	13897690	19643273	20823159	21769755
伊　　朗	**Iran**					
按当年价格计算	Current LCU					
居民消费支出	Household Final Consumption Expenditure	206556	2766120	11952944	15800000	
政府消费支出	General Government Final Consumption Expenditure	42775	805540	2967939	4833040	
资本形成总额	Gross Capital Formation	131310	1914202	8803531	10900000	
货物和服务出口	Exports of Goods and Services	51291	1318107	8543342	11400000	
货物和服务进口	Imports of Goods and Services	81702	1011904	5718285	7926650	
国内生产总值	Gross Domestic Product	353149	5804730	26549472	31886090	32652310
按1997/1998年价格计算	At Constant Prices of 1997/1998					
居民消费支出	Household Final Consumption Expenditure	1128227	1659246	2730601	3014200	
政府消费支出	General Government Final Consumption Expenditure	325986	416157	510274	575058	
资本形成总额	Gross Capital Formation	1010287	1110828	1875234	1937080	
货物和服务出口	Exports of Goods and Services	442897	584787	791027	797354	
货物和服务进口	Imports of Goods and Services	697432	460473	1077000	1152330	
国内生产总值	Gross Domestic Product	2236642	3222784	4830130	4941223	5030165
以 色 列	**Israel**					
按当年价格计算	Current LCU					
居民消费支出	Household Final Consumption Expenditure	647	2715	3892	4225	4387
政府消费支出	General Government Final Consumption Expenditure	317	1320	1717	1802	1859
资本形成总额	Gross Capital Formation	266	1066	1341	1339	1237
货物和服务出口	Exports of Goods and Services	367	1886	2928	2900	2655
货物和服务进口	Imports of Goods and Services	480	1901	3018	3013	2478
国内生产总值	Gross Domestic Product	1058	5086	6860	7251	7660
按2005年价格计算	At Constant Prices of 2005					
居民消费支出	Household Final Consumption Expenditure		2961	3722	3855	
政府消费支出	General Government Final Consumption Expenditure		1466	1654	1689	
资本形成总额	Gross Capital Formation		1172	1310	1326	
货物和服务出口	Exports of Goods and Services		2228	2975	3130	
货物和服务进口	Imports of Goods and Services		2411	2986	3059	
国内生产总值	Gross Domestic Product	3094	5417	6673	6940	6989

3-11 续表 3 continued

单位：亿本币 (100 million local currency units)

国家和地区	Country or Area	1990	2000	2007	2008	2009
日　本	**Japan**					
按当年价格计算	Current LCU					
居民消费支出	Household Final Consumption Expenditure	2295379	2827723	2904449		
政府消费支出	General Government Final Consumption Expenditure	585739	849417	924172		
资本形成总额	Gross Capital Formation	1447719	1279605	1243102		
货物和服务出口	Exports of Goods and Services	458631	552559	908304		
货物和服务进口	Imports of Goods and Services	416899	479404	821980		
国内生产总值	Gross Domestic Product	4370229	5029899	5155204	5051119	4741689
按2000年价格计算	At Constant Prices of 2000					
居民消费支出	Household Final Consumption Expenditure	2424318	2827723	3070098		
政府消费支出	General Government Final Consumption Expenditure	627833	849417	971097		
资本形成总额	Gross Capital Formation	1370746	1279605	1297335		
货物和服务出口	Exports of Goods and Services	359876	552559	875047		
货物和服务进口	Imports of Goods and Services	336849	479404	612216		
国内生产总值	Gross Domestic Product	4442462	5029899	5606508	5539127	5248669
哈萨克斯坦	**Kazakhstan**					
按当年价格计算	Current LCU					
居民消费支出	Household Final Consumption Expenditure		16090	60853	56959	67613
政府消费支出	General Government Final Consumption Expenditure		3140	13096	15950	18220
资本形成总额	Gross Capital Formation		4716	45768	55055	62517
货物和服务出口	Exports of Goods and Services		14716	63523	91839	73890
货物和服务进口	Imports of Goods and Services		12765	54742	59274	61237
国内生产总值	Gross Domestic Product		25999	128498	160529	161003
按1995年价格计算	At Constant Prices of 1995					
居民消费支出	Household Final Consumption Expenditure	14067	7104	14145	15418	16227
政府消费支出	General Government Final Consumption Expenditure	1785	1112	2014		
资本形成总额	Gross Capital Formation	14578	2075	8805	9571	10232
货物和服务出口	Exports of Goods and Services	5635	4672	7486	7564	8083
货物和服务进口	Imports of Goods and Services	14215	4703	8019	8736	9528
国内生产总值	Gross Domestic Product	16517	11467	22639	23386	23667
韩　国	**Korea,Rep.**					
按当年价格计算	Current LCU					
居民消费支出	Household Final Consumption Expenditure	949680	3303896	5302641	5616275	
政府消费支出	General Government Final Consumption Expenditure	220537	721009	1432623	1569440	
资本形成总额	Gross Capital Formation	700346	1843630	2869176	3203689	
货物和服务出口	Exports of Goods and Services	521873	2326330	4087542	5441107	
货物和服务进口	Imports of Goods and Services	541948	2153984	3940261	5561978	
国内生产总值	Gross Domestic Product	1866908	6032360	9750130	10264518	10630591
按2000年价格计算	At Constant Prices of 2000					
居民消费支出	Household Final Consumption Expenditure	2303400	3870351	5120947	5168078	
政府消费支出	General Government Final Consumption Expenditure	614771	962901	1348069	1404879	
资本形成总额	Gross Capital Formation	1415624	2199772	2777290	2799561	
货物和服务出口	Exports of Goods and Services	500663	2124333	4260707	4504987	
货物和服务进口	Imports of Goods and Services	776154	2176237	3932072	4075867	
国内生产总值	Gross Domestic Product	3849633	6946281	9565145	9784988	9804131

3-11 续表 4 continued

单位：亿本币 (100 million local currency units)

国家和地区	Country or Area	1990	2000	2007	2008	2009
老　挝	**Laos**					
按当年价格计算	Current LCU					
居民消费支出	Household Final Consumption Expenditure		108148	280671	317039	
政府消费支出	General Government Final Consumption Expenditure		9150	35883	39692	
资本形成总额	Gross Capital Formation		38628	157741	177732	
货物和服务出口	Exports of Goods and Services	694	40994	146925	156643	
货物和服务进口	Imports of Goods and Services	1502	60226	209581	212410	
国内生产总值	Gross Domestic Product	6126	136695	411638	478697	505806
按1990年价格计算	At Constant Prices of 1990					
居民消费支出	Household Final Consumption Expenditure		27281	11536	12363	
政府消费支出	General Government Final Consumption Expenditure		868	13215	14095	
资本形成总额	Gross Capital Formation		2354	7404	7757	
货物和服务出口	Exports of Goods and Services		40994	5620	6278	
货物和服务进口	Imports of Goods and Services		60226	8652	9211	
国内生产总值	Gross Domestic Product	6191	11271	17831	19126	20355
马来西亚	**Malaysia**					
按当年价格计算	Current LCU					
居民消费支出	Household Final Consumption Expenditure	617	1559	2927		3664
政府消费支出	General Government Final Consumption Expenditure	164	362	783		907
资本形成总额	Gross Capital Formation	385	958	1408		1609
货物和服务出口	Exports of Goods and Services	888	4270	7072		8300
货物和服务进口	Imports of Goods and Services	862	3585	5771		7167
国内生产总值	Gross Domestic Product	1191	3564	6398	7387	6744
按2000年价格计算	At Constant Prices of 2000					
居民消费支出	Household Final Consumption Expenditure	905	1559	2550		2720
政府消费支出	General Government Final Consumption Expenditure	216	362	653		674
资本形成总额	Gross Capital Formation	491	958	1115		1295
货物和服务出口	Exports of Goods and Services	1332	4270	6176		6851
货物和服务进口	Imports of Goods and Services	1214	3585	5441		5975
国内生产总值	Gross Domestic Product	1794	3564	5049	5283	5192
蒙　古	**Mongolia**					
按当年价格计算	Current LCU					
居民消费支出	Household Final Consumption Expenditure	65	8877	22916	30251	
政府消费支出	General Government Final Consumption Expenditure	31	1803	5986	9170	
资本形成总额	Gross Capital Formation	37	3404	18508	23678	
货物和服务出口	Exports of Goods and Services	23	6610	29568	35061	
货物和服务进口	Imports of Goods and Services	52	8310	30234	43859	
国内生产总值	Gross Domestic Product	105	11727	45995	61303	60558
按2005年价格计算	At Constant Prices of 2005					
居民消费支出	Household Final Consumption Expenditure					
政府消费支出	General Government Final Consumption Expenditure					
资本形成总额	Gross Capital Formation					
货物和服务出口	Exports of Goods and Services					
货物和服务进口	Imports of Goods and Services					
国内生产总值	Gross Domestic Product	20495	20304	33259	36205	35643

3-11 续表 5 continued

单位：亿本币 (100 million local currency units)

国家和地区	Country or Area	1990	2000	2007	2008	2009
缅　　甸	**Myanmar**					
按当年价格计算	Current LCU					
居民消费支出	Household Final Consumption Expenditure					
政府消费支出	General Government Final Consumption Expenditure					
资本形成总额	Gross Capital Formation	203	3177			
货物和服务出口	Exports of Goods and Services	30	126			
货物和服务进口	Imports of Goods and Services	55	151			
国内生产总值	Gross Domestic Product	1519	25527			
按1985/1986年价格计算	At Constant Prices of 1985/1986					
居民消费支出	Household Final Consumption Expenditure					
政府消费支出	General Government Final Consumption Expenditure					
资本形成总额	Gross Capital Formation	799	3061			
货物和服务出口	Exports of Goods and Services	39	126			
货物和服务进口	Imports of Goods and Services	102	151			
国内生产总值	Gross Domestic Product	12795	25527			
巴基斯坦	**Pakistan**					
按当年价格计算	Current LCU					
居民消费支出	Household Final Consumption Expenditure	6314	28840	65499	83462	
政府消费支出	General Government Final Consumption Expenditure	1296	3307	7962	12784	14001
资本形成总额	Gross Capital Formation	1621	6591	19534	22597	25785
货物和服务出口	Exports of Goods and Services	1330	5143	12307	13164	18526
货物和服务进口	Imports of Goods and Services	2000	5620	18511	24474	31390
国内生产总值	Gross Domestic Product	8559	38261	86730	102844	130950
按1999/2000年价格计算	At Constant Prices of 1999/2000					
居民消费支出	Household Final Consumption Expenditure	18692	28840	38829	38316	250
政府消费支出	General Government Final Consumption Expenditure	3092	3307	5321	7396	6395
资本形成总额	Gross Capital Formation	5403	6591	10428	10836	10162
货物和服务出口	Exports of Goods and Services	3301	5143	9882	9353	10199
货物和服务进口	Imports of Goods and Services	4565	5620	9680	10026	9108
国内生产总值	Gross Domestic Product	25998	38261	54779	55874	57964
菲 律 宾	**Philippines**					
按当年价格计算	Current LCU					
居民消费支出	Household Final Consumption Expenditure	7671	23355	46119	52811	
政府消费支出	General Government Final Consumption Expenditure	1088	4389	6538	7165	8327
资本形成总额	Gross Capital Formation	2602	7101	10224	11315	10498
货物和服务出口	Exports of Goods and Services	2964	18586	28266	27363	24304
货物和服务进口	Imports of Goods and Services	3585	17947	28102	28726	29178
国内生产总值	Gross Domestic Product	10772	33547	66473	74232	76691
按1985年价格计算	At Constant Prices of 1985					
居民消费支出	Household Final Consumption Expenditure	5318	7521	10582	11076	
政府消费支出	General Government Final Consumption Expenditure	570	796	908	937	1051
资本形成总额	Gross Capital Formation	1730	2391	2520	2562	2304
货物和服务出口	Exports of Goods and Services	2179	4457	6761	6633	5497
货物和服务进口	Imports of Goods and Services	2691	4908	6286	6436	5795
国内生产总值	Gross Domestic Product	7207	9730	13665	14190	14320

3-11 续表 6 continued

单位：亿本币 (100 million local currency units)

国家和地区	Country or Area	1990	2000	2007	2008	2009
新 加 坡	**Singapore**					
按当年价格计算	Current LCU					
居民消费支出	Household Final Consumption Expenditure	309	675	970	1055	
政府消费支出	General Government Final Consumption Expenditure	68	173	245	275	
资本形成总额	Gross Capital Formation	248	532	522	795	
货物和服务出口	Exports of Goods and Services			5791	6032	
货物和服务进口	Imports of Goods and Services			4994	5541	
国内生产总值	Gross Domestic Product	668	1598	2664	2735	2651
按2000年价格计算	At Constant Prices of 2000					
居民消费支出	Household Final Consumption Expenditure					
政府消费支出	General Government Final Consumption Expenditure					
资本形成总额	Gross Capital Formation					
货物和服务出口	Exports of Goods and Services					
货物和服务进口	Imports of Goods and Services					
国内生产总值	Gross Domestic Product	770	1598	2462	2506	2473
斯里兰卡	**Sri Lanka**					
按当年价格计算	Current LCU					
居民消费支出	Household Final Consumption Expenditure			24032	30737	
政府消费支出	General Government Final Consumption Expenditure	314	1322	5465	7138	7532
资本形成总额	Gross Capital Formation	715	3526	9772	11949	12218
货物和服务出口	Exports of Goods and Services	971	4907	10419	10984	10520
货物和服务进口	Imports of Goods and Services	1225	6240	14133	16901	14213
国内生产总值	Gross Domestic Product	3218	12576	35787	44107	48251
按2002年价格计算	At Constant Prices of 2002					
居民消费支出	Household Final Consumption Expenditure	6316	10696			
政府消费支出	General Government Final Consumption Expenditure	960	2410			
资本形成总额	Gross Capital Formation	2053	4126			
货物和服务出口	Exports of Goods and Services	2632	5675			
货物和服务进口	Imports of Goods and Services	2814	6735			
国内生产总值	Gross Domestic Product	9613	15983	22327	23655	24493
泰 国	**Thailand**					
按当年价格计算	Current LCU					
居民消费支出	Household Final Consumption Expenditure	12350	27629	45570	49977	
政府消费支出	General Government Final Consumption Expenditure	2054	5578	10388	11282	
资本形成总额	Gross Capital Formation	9030	11242	22541	26204	
货物和服务出口	Exports of Goods and Services	7453	32873	61982	69549	
货物和服务进口	Imports of Goods and Services	9095	28623	55445	67032	
国内生产总值	Gross Domestic Product	21835	49227	85298	90755	90476
按1988年价格计算	At Constant Prices of 1988					
居民消费支出	Household Final Consumption Expenditure	11109	16237	22139	22731	22456
政府消费支出	General Government Final Consumption Expenditure	1719	2771	3866	4045	4289
资本形成总额	Gross Capital Formation	7805	6231	9530	10209	7946
货物和服务出口	Exports of Goods and Services	7096	19471	30060	31591	27845
货物和服务进口	Imports of Goods and Services	8070	14977	23267	25240	20357
国内生产总值	Gross Domestic Product	19454	30084	42566	43614	42620

3-11 续表 7 continued

单位：亿本币 (100 million local currency units)

国家和地区	Country or Area	1990	2000	2007	2008	2009
越　南	**Viet Nam**					
按当年价格计算	Current LCU					
居民消费支出	Household Final Consumption Expenditure	355590	2935070	7406150	9939720	10520240
政府消费支出	General Government Final Consumption Expenditure	51770	283460	692470	909040	955800
资本形成总额	Gross Capital Formation	52720	1307710	4933000	6077460	6245500
货物和服务出口	Exports of Goods and Services	151200	2430490	8794610	11556860	11388830
货物和服务进口	Imports of Goods and Services	189960	2539270	10607630	14001340	12545870
国内生产总值	Gross Domestic Product	419550	4416460	11437150	14777170	16454810
按1994年价格计算	At Constant Prices of 1994					
居民消费支出	Household Final Consumption Expenditure		1824200	3055040	3334960	3461540
政府消费支出	General Government Final Consumption Expenditure		182450	302720	325490	343390
资本形成总额	Gross Capital Formation	150618	834960	1990110	2159480	2324860
货物和服务出口	Exports of Goods and Services	226324	1419110	3259740	3424320	3028150
货物和服务进口	Imports of Goods and Services	304946	1519960	4127960	4442160	3959550
国内生产总值	Gross Domestic Product	1318442	2736660	4613440	4898330	5165340
埃　及	**Egypt**					
按当年价格计算	Current LCU					
居民消费支出	Household Final Consumption Expenditure	690	2580	5392	6447	8504
政府消费支出	General Government Final Consumption Expenditure	109	381	844	975	700
资本形成总额	Gross Capital Formation	277	665	1553	2005	2018
货物和服务出口	Exports of Goods and Services	193	551	2253	2959	2611
货物和服务进口	Imports of Goods and Services	315	776	2594	3460	3444
国内生产总值	Gross Domestic Product	961	3401	7448	8955	10386
按1991/1992年价格计算	At Constant Prices of 1991/1992					
居民消费支出	Household Final Consumption Expenditure	938	1366	1809	1912	2127
政府消费支出	General Government Final Consumption Expenditure	134	201	243	246	150
资本形成总额	Gross Capital Formation	351	476	730	843	766
货物和服务出口	Exports of Goods and Services	339	492	1378	1774	1548
货物和服务进口	Imports of Goods and Services	447	568	1367	1727	1417
国内生产总值	Gross Domestic Product	1318	2006	2730	2926	3062
尼日利亚	**Nigeria**					
按当年价格计算	Current LCU					
居民消费支出	Household Final Consumption Expenditure					
政府消费支出	General Government Final Consumption Expenditure					
资本形成总额	Gross Capital Formation					
货物和服务出口	Exports of Goods and Services	1132	25242	85626	102040	79117
货物和服务进口	Imports of Goods and Services	751	14977	54146	60583	69576
国内生产总值	Gross Domestic Product	2606	46764	208742	245530	252000
按2002年价格计算	At Constant Prices of 2002					
居民消费支出	Household Final Consumption Expenditure					
政府消费支出	General Government Final Consumption Expenditure					
资本形成总额	Gross Capital Formation					
货物和服务出口	Exports of Goods and Services					
货物和服务进口	Imports of Goods and Services					
国内生产总值	Gross Domestic Product	51789	68084	103615	109831	113017

3-11 续表 8 continued

单位：亿本币 (100 million local currency units)

国家和地区	Country or Area	1990	2000	2007	2008	2009
南　非	**South Africa**					
按当年价格计算	Current LCU					
居民消费支出	Household Final Consumption Expenditure	1768	5808	12646	14176	14728
政府消费支出	General Government Final Consumption Expenditure	570	1673	3834	4373	5042
资本形成总额	Gross Capital Formation	514	1467	4289	5015	4679
货物和服务出口	Exports of Goods and Services	702	2570	6309	8096	6571
货物和服务进口	Imports of Goods and Services	544	2298	6901	8785	6777
国内生产总值	Gross Domestic Product	2898	9221	20171	22838	24233
按2000年价格计算	At Constant Prices of 2000					
居民消费支出	Household Final Consumption Expenditure	6252	8003	11325	11596	11232
政府消费支出	General Government Final Consumption Expenditure	2254	2412	3360	3523	3689
资本形成总额	Gross Capital Formation	1297	1853	3575	3696	3485
货物和服务出口	Exports of Goods and Services	2234	3722	4896	5012	4032
货物和服务进口	Imports of Goods and Services	1699	2993	5642	5724	4726
国内生产总值	Gross Domestic Product	10869	13018	17501	18145	17821
加 拿 大	**Canada**					
按当年价格计算	Current LCU					
居民消费支出	Household Final Consumption Expenditure	3854	5960	8528		
政府消费支出	General Government Final Consumption Expenditure	1514	2001	2965		
资本形成总额	Gross Capital Formation	1422	2178	3572		
货物和服务出口	Exports of Goods and Services	1755	4907	5321		
货物和服务进口	Imports of Goods and Services	1746	4288	5023		
国内生产总值	Gross Domestic Product	6799	10766	15296	15996	15273
按2000年价格计算	At Constant Prices of 2000					
居民消费支出	Household Final Consumption Expenditure	4680	5960	7592		
政府消费支出	General Government Final Consumption Expenditure	1844	2001	2449		
资本形成总额	Gross Capital Formation	1510	2178	3163		
货物和服务出口	Exports of Goods and Services	2206	4907	5112		
货物和服务进口	Imports of Goods and Services	2216	4288	5499		
国内生产总值	Gross Domestic Product	8074	10766	13113	13181	12856
墨 西 哥	**Mexico**					
按当年价格计算	Current LCU					
居民消费支出	Household Final Consumption Expenditure	5141	36825	73126	79356	77721
政府消费支出	General Government Final Consumption Expenditure	620	6126	11435	12490	14894
资本形成总额	Gross Capital Formation	1710	13122	29024	31915	28982
货物和服务出口	Exports of Goods and Services	1374	17009	31643	34242	31443
货物和服务进口	Imports of Goods and Services	1456	18106	33452	36897	34075
国内生产总值	Gross Domestic Product	7389	54977	112078	121308	118230
按2003年价格计算	At Constant Prices of 2003					
居民消费支出	Household Final Consumption Expenditure	30741	47832	61405	62200	57405
政府消费支出	General Government Final Consumption Expenditure	7261	9076	9112	9305	9474
资本形成总额	Gross Capital Formation	10658	19065	19760	21256	18154
货物和服务出口	Exports of Goods and Services	5439	19076	26831	27102	22789
货物和服务进口	Imports of Goods and Services	5725	20161	29374	30576	24146
国内生产总值	Gross Domestic Product	52645	74055	87983	89295	83456

3-11 续表 9 continued

单位：亿本币 (100 million local currency units)

国家和地区	Country or Area	1990	2000	2007	2008	2009
美　　国	**United States**					
按当年价格计算	Current LCU					
居民消费支出	Household Final Consumption Expenditure	38399	67394	97102		
政府消费支出	General Government Final Consumption Expenditure	9788	14041	22186		
资本形成总额	Gross Capital Formation	10165	20007	25206		
货物和服务出口	Exports of Goods and Services	5524	10963	16624		
货物和服务进口	Imports of Goods and Services	6303	14758	23702		
国内生产总值	Gross Domestic Product	57572	97648	140108	143694	142563
按2000年价格计算	At Constant Prices of 2000					
居民消费支出	Household Final Consumption Expenditure	47423	67394	82486		
政府消费支出	General Government Final Consumption Expenditure	12938	14041	16549		
资本形成总额	Gross Capital Formation	10735	20008	21110		
货物和服务出口	Exports of Goods and Services	5525	10963	14259		
货物和服务进口	Imports of Goods and Services	6071	14758	19724		
国内生产总值	Gross Domestic Product	70550	97648	114818	115321	112507
阿 根 廷	**Argentina**					
按当年价格计算	Current LCU					
居民消费支出	Household Final Consumption Expenditure	532	2008	4759	5950	
政府消费支出	General Government Final Consumption Expenditure	22	392	1050	1388	
资本形成总额	Gross Capital Formation	96	460	1966	2405	
货物和服务出口	Exports of Goods and Services	71	309	2001	2528	
货物和服务进口	Imports of Goods and Services	32	327	1652	2133	
国内生产总值	Gross Domestic Product	689	2842	8125	10328	11455
按1993年价格计算	At Constant Prices of 1993					
居民消费支出	Household Final Consumption Expenditure		1923	2352	2506	
政府消费支出	General Government Final Consumption Expenditure		364	423	453	
资本形成总额	Gross Capital Formation	230	495	812	886	920
货物和服务出口	Exports of Goods and Services	165	313	504	510	
货物和服务进口	Imports of Goods and Services	64	345	477	544	
国内生产总值	Gross Domestic Product	1771	2762	3592	3834	3867
巴　　西	**Brazil**					
按当年价格计算	Current LCU					
居民消费支出	Household Final Consumption Expenditure		7589	15611	17701	19325
政府消费支出	General Government Final Consumption Expenditure		2261	5173	5844	6135
资本形成总额	Gross Capital Formation		2153	4607	5471	5218
货物和服务出口	Exports of Goods and Services		1177	3554	4143	4033
货物和服务进口	Imports of Goods and Services		1385	3154	4094	4176
国内生产总值	Gross Domestic Product		11795	26613	30049	31430
按2000年价格计算	At Constant Prices of 2000					
居民消费支出	Household Final Consumption Expenditure	5360	7589	9464	10200	10551
政府消费支出	General Government Final Consumption Expenditure	2068	2261	2816	2975	3007
资本形成总额	Gross Capital Formation	1461	2153	2535	2884	2590
货物和服务出口	Exports of Goods and Services	602	1177	2170	2157	2403
货物和服务进口	Imports of Goods and Services	531	1385	2145	2541	2748
国内生产总值	Gross Domestic Product	9180	11795	14924	15690	15661

3-11 续表 10 continued

单位：亿本币 (100 million local currency units)

国家和地区	Country or Area	1990	2000	2007	2008	2009
委内瑞拉	**Venezuela**					
按当年价格计算	Current LCU					
居民消费支出	Household Final Consumption Expenditure	14	412	2637	3628	5286
政府消费支出	General Government Final Consumption Expenditure	2	99	581	774	966
资本形成总额	Gross Capital Formation	2	193	1369	1654	1568
货物和服务出口	Exports of Goods and Services	9	237	1519	2046	1232
货物和服务进口	Imports of Goods and Services	4	144	1242	1364	990
国内生产总值	Gross Domestic Product	22	797	4864	6680	7002
按1997年价格计算	At Constant Prices of 1997					
居民消费支出	Household Final Consumption Expenditure	195	226	399	427	413
政府消费支出	General Government Final Consumption Expenditure	37	53	83	88	77
资本形成总额	Gross Capital Formation	32	116	232	239	186
货物和服务出口	Exports of Goods and Services	108	120	106	103	98
货物和服务进口	Imports of Goods and Services	38	105	267	273	221
国内生产总值	Gross Domestic Product	334	410	553	579	560
捷　克	**Czech Rep.**					
按当年价格计算	Current LCU					
居民消费支出	Household Final Consumption Expenditure	3087	11492	16868	18340	18369
政府消费支出	General Government Final Consumption Expenditure	1435	4609	7182	7532	8017
资本形成总额	Gross Capital Formation	1575	6451	9546	9338	7810
货物和服务出口	Exports of Goods and Services	2831	13874	28303	28440	25216
货物和服务进口	Imports of Goods and Services	2666	14535	26545	26760	23141
国内生产总值	Gross Domestic Product	6262	21892	35355	36890	36272
按2000年价格计算	At Constant Prices of 2000					
居民消费支出	Household Final Consumption Expenditure	10260	11492	14803	15334	15303
政府消费支出	General Government Final Consumption Expenditure	5403	4609	5519	5572	5816
资本形成总额	Gross Capital Formation	5297	6422	9202	8950	7296
货物和服务出口	Exports of Goods and Services	6326	13874	30287	32103	28820
货物和服务进口	Imports of Goods and Services	6124	14535	30038	31442	28227
国内生产总值	Gross Domestic Product	21343	21892	29816	30550	29253
法　国	**France**					
按当年价格计算	Current LCU					
居民消费支出	Household Final Consumption Expenditure	5898	8033	10733	11141	
政府消费支出	General Government Final Consumption Expenditure	2245	3301	4369	4516	
资本形成总额	Gross Capital Formation	2326	2950	4198	4326	
货物和服务出口	Exports of Goods and Services	2195	4117	5023	5156	
货物和服务进口	Imports of Goods and Services	2334	3987	5376	5638	
国内生产总值	Gross Domestic Product	10330	14414	18953	19485	19071
按2000年价格计算	At Constant Prices of 2000					
居民消费支出	Household Final Consumption Expenditure	6773	8033	9491	9586	
政府消费支出	General Government Final Consumption Expenditure	2813	3301	3693	3738	
资本形成总额	Gross Capital Formation	2433	2950	3545	3523	
货物和服务出口	Exports of Goods and Services	2094	4117	4878	4867	
货物和服务进口	Imports of Goods and Services	2244	3987	5293	5336	
国内生产总值	Gross Domestic Product	11851	14414	16382	16417	15986

3-11 续表 11 continued

单位：亿本币 (100 million local currency units)

国家和地区	Country or Area	1990	2000	2007	2008	2009
德　国	**Germany**					
按当年价格计算	Current LCU					
居民消费支出	Household Final Consumption Expenditure	8189	12142	13737	14046	
政府消费支出	General Government Final Consumption Expenditure	2727	3919	4356	4517	
资本形成总额	Gross Capital Formation	3281	4492	4426	4807	
货物和服务出口	Exports of Goods and Services	3513	6884	11372	11770	
货物和服务进口	Imports of Goods and Services	3522	6811	9662	10226	
国内生产总值	Gross Domestic Product	14163	20625	24282	24958	24091
按2000年价格计算	At Constant Prices of 2000					
居民消费支出	Household Final Consumption Expenditure	9812	12142	12399	12411	
政府消费支出	General Government Final Consumption Expenditure	3211	3919	4114	4186	
资本形成总额	Gross Capital Formation	3821	4492	4293	4602	
货物和服务出口	Exports of Goods and Services	3717	6884	11257	11559	
货物和服务进口	Imports of Goods and Services	3708	6811	9613	10018	
国内生产总值	Gross Domestic Product	16750	20625	22459	22741	21619
意大利	**Italy**					
按当年价格计算	Current LCU					
居民消费支出	Household Final Consumption Expenditure	4021	7137	9076	9288	
政府消费支出	General Government Final Consumption Expenditure	1412	2197	3044	3181	
资本形成总额	Gross Capital Formation	1567	2465	3365	3332	
货物和服务出口	Exports of Goods and Services	1348	3222	4482	4534	
货物和服务进口	Imports of Goods and Services	1335	3111	4518	4612	
国内生产总值	Gross Domestic Product	7014	11911	15462	15679	15209
按2000年价格计算	At Constant Prices of 2000					
居民消费支出	Household Final Consumption Expenditure	6049	7137	7595	7530	
政府消费支出	General Government Final Consumption Expenditure	2164	2197	2520	2536	
资本形成总额	Gross Capital Formation	2088	2465	2820	2703	
货物和服务出口	Exports of Goods and Services	1887	3222	3708	3572	
货物和服务进口	Imports of Goods and Services	1995	3111	3754	3585	
国内生产总值	Gross Domestic Product	10177	11911	12890	12720	12079
荷　兰	**Netherlands**					
按当年价格计算	Current LCU					
居民消费支出	Household Final Consumption Expenditure	1211	2108	2643	2749	
政府消费支出	General Government Final Consumption Expenditure	561	919	1425	1490	
资本形成总额	Gross Capital Formation	571	921	1115	1228	
货物和服务出口	Exports of Goods and Services	1376	2929	4248	4570	
货物和服务进口	Imports of Goods and Services	1283	2697	3761	4092	
国内生产总值	Gross Domestic Product	2437	4180	5687	5959	5702
按2000年价格计算	At Constant Prices of 2000					
居民消费支出	Household Final Consumption Expenditure	1559	2108	2251	2287	
政府消费支出	General Government Final Consumption Expenditure	748	919	1150	1175	
资本形成总额	Gross Capital Formation	634	921	976	1054	
货物和服务出口	Exports of Goods and Services	1420	2929	3996	4101	
货物和服务进口	Imports of Goods and Services	1299	2697	3597	3744	
国内生产总值	Gross Domestic Product	3060	4180	4781	4877	4682

3-11 续表 12 continued

单位：亿本币 (100 million local currency units)

国家和地区	Country or Area	1990	2000	2007	2008	2009
波　兰	**Poland**					
按当年价格计算	Current LCU					
居民消费支出	Household Final Consumption Expenditure	269	4698	7016	7682	8569
政府消费支出	General Government Final Consumption Expenditure	108	1374	2213	2471	2207
资本形成总额	Gross Capital Formation	144	1850	2877	3036	2663
货物和服务出口	Exports of Goods and Services	161	2019	4796	5058	4658
货物和服务进口	Imports of Goods and Services	121	2497	5134	5528	4890
国内生产总值	Gross Domestic Product	560	7444	11767	12728	13419
按2002年价格计算	At Constant Prices of 2002					
居民消费支出	Household Final Consumption Expenditure	3075	5037	6407	6753	6901
政府消费支出	General Government Final Consumption Expenditure	977	1472	1904	2046	2146
资本形成总额	Gross Capital Formation	977	1874	2612	2712	2312
货物和服务出口	Exports of Goods and Services	794	2142	4070	4363	3903
货物和服务进口	Imports of Goods and Services	601	2667	4604	4983	4292
国内生产总值	Gross Domestic Product	5428	7876	10399	10919	11105
俄罗斯联邦	**Russian Fed.**					
按当年价格计算	Current LCU					
居民消费支出	Household Final Consumption Expenditure		33743	161588	203633	191931
政府消费支出	General Government Final Consumption Expenditure		11025	57026	70389	69653
资本形成总额	Gross Capital Formation		13657	80316	108711	88649
货物和服务出口	Exports of Goods and Services		32189	100429	128430	118401
货物和服务进口	Imports of Goods and Services		17558	71889	91572	76496
国内生产总值	Gross Domestic Product		73056	332581	414447	390636
按2003年价格计算	At Constant Prices of 2003					
居民消费支出	Household Final Consumption Expenditure	36448	33743	67283	74943	80547
政府消费支出	General Government Final Consumption Expenditure	14669	11025	12560	12874	18387
资本形成总额	Gross Capital Formation	69135	13657	31009	35133	12166
货物和服务出口	Exports of Goods and Services	39265	32189	56566	56679	53924
货物和服务进口	Imports of Goods and Services	46787	17558	62061	73046	53590
国内生产总值	Gross Domestic Product	108552	73056	114577	120993	111435
西 班 牙	**Spain**					
按当年价格计算	Current LCU					
居民消费支出	Household Final Consumption Expenditure	1928	3760	6024	6260	
政府消费支出	General Government Final Consumption Expenditure	532	1084	1920	2093	
资本形成总额	Gross Capital Formation	834	1656	3274	3235	
货物和服务出口	Exports of Goods and Services	515	1830	2783	2893	
货物和服务进口	Imports of Goods and Services	619	2027	3495	3529	
国内生产总值	Gross Domestic Product	3191	6303	10527	10885	10512
按2000年价格计算	At Constant Prices of 2000					
居民消费支出	Household Final Consumption Expenditure	2900	3760	4804	4810	
政府消费支出	General Government Final Consumption Expenditure	794	1084	1516	1596	
资本形成总额	Gross Capital Formation	1217	1656	2384	2316	
货物和服务出口	Exports of Goods and Services	704	1830	2409	2425	
货物和服务进口	Imports of Goods and Services	822	2027	3230	3148	
国内生产总值	Gross Domestic Product	4783	6303	7973	8041	7749

3-11 续表 13 continued

单位：亿本币 (100 million local currency units)

国家和地区	Country or Area	1990	2000	2007	2008	2009
土耳其	**Turkey**					
按当年价格计算	Current LCU					
居民消费支出	Household Final Consumption Expenditure		1175	6012	6639	6833
政府消费支出	General Government Final Consumption Expenditure		195	1078	1217	1402
资本形成总额	Gross Capital Formation		346	1776	2070	1417
货物和服务出口	Exports of Goods and Services		335	1882	2273	2210
货物和服务进口	Imports of Goods and Services		385	2317	2694	2322
国内生产总值	Gross Domestic Product		1667	8432	9505	9540
按1998年价格计算	At Constant Prices of 1998					
居民消费支出	Household Final Consumption Expenditure	345	494	704	702	686
政府消费支出	General Government Final Consumption Expenditure	50	79	101	103	111
资本形成总额	Gross Capital Formation	108	162	253	241	174
货物和服务出口	Exports of Goods and Services	60	155	253	260	246
货物和服务进口	Imports of Goods and Services	65	166	299	287	245
国内生产总值	Gross Domestic Product	507	724	1013	1019	971
乌克兰	**Ukraine**					
按当年价格计算	Current LCU					
居民消费支出	Household Final Consumption Expenditure		924	4287	4255	4464
政府消费支出	General Government Final Consumption Expenditure		356	1319	1611	1629
资本形成总额	Gross Capital Formation		334	1921	2398	1717
货物和服务出口	Exports of Goods and Services		1062	3232	3966	4664
货物和服务进口	Imports of Goods and Services		976	3630	4544	4738
国内生产总值	Gross Domestic Product		1701	7207	9481	9147
按2003年价格计算	At Constant Prices of 2003					
居民消费支出	Household Final Consumption Expenditure	2247	1131	2747	3035	3062
政府消费支出	General Government Final Consumption Expenditure	574	430	523	565	503
资本形成总额	Gross Capital Formation	2549	455	960	1028	578
货物和服务出口	Exports of Goods and Services	2216	1281	1620	1660	1394
货物和服务进口	Imports of Goods and Services	3494	1348	2228	2506	1683
国内生产总值	Gross Domestic Product	4896	2127	3563	3638	3089
英国	**United Kingdom**					
按当年价格计算	Current LCU					
居民消费支出	Household Final Consumption Expenditure	3548	6401	8944	9286	
政府消费支出	General Government Final Consumption Expenditure	1125	1820	2960	3156	
资本形成总额	Gross Capital Formation	1151	1724	2556	2428	
货物和服务出口	Exports of Goods and Services	1366	2698	3700	4170	
货物和服务进口	Imports of Goods and Services	1486	2878	4173	4610	
国内生产总值	Gross Domestic Product	5703	9765	13989	14484	13959
按2000年价格计算	At Constant Prices of 2000					
居民消费支出	Household Final Consumption Expenditure	4841	6401	7768	7874	
政府消费支出	General Government Final Consumption Expenditure	1594	1820	2163	2238	
资本形成总额	Gross Capital Formation	1227	1724	2253	2140	
货物和服务出口	Exports of Goods and Services	1513	2698	3449	3452	
货物和服务进口	Imports of Goods and Services	1579	2878	3991	3969	
国内生产总值	Gross Domestic Product	7604	9765	11632	11696	11121

3-11 续表 14 continued

单位：亿本币 (100 million local currency units)

国家和地区	Country or Area	1990	2000	2007	2008	2009
澳大利亚	**Australia**					
按当年价格计算	Current LCU					
居民消费支出	Household Final Consumption Expenditure	2241	3790	5849	6270	
政府消费支出	General Government Final Consumption Expenditure	697	1174	1862	2006	
资本形成总额	Gross Capital Formation	1119	1617	2874	3251	
货物和服务出口	Exports of Goods and Services	608	1284	2157	2338	
货物和服务进口	Imports of Goods and Services	688	1414	2285	2553	
国内生产总值	Gross Domestic Product	4087	6639	10913	11818	12561
按2007年价格计算	At Constant Prices of 2007					
居民消费支出	Household Final Consumption Expenditure	3324	4509	5849	6065	
政府消费支出	General Government Final Consumption Expenditure	1133	1512	1862	1926	
资本形成总额	Gross Capital Formation	1366	1928	2874	3176	
货物和服务出口	Exports of Goods and Services	860	1822	2157	2245	
货物和服务进口	Imports of Goods and Services	708	1355	2285	2578	
国内生产总值	Gross Domestic Product	6536	9105	11393	11818	11970
新 西 兰	**New Zealand**					
按当年价格计算	Current LCU					
居民消费支出	Household Final Consumption Expenditure	446	687	1035		
政府消费支出	General Government Final Consumption Expenditure	141	203	333		
资本形成总额	Gross Capital Formation	148	250	428		
货物和服务出口	Exports of Goods and Services	198	412	514		
货物和服务进口	Imports of Goods and Services	196	392	529		
国内生产总值	Gross Domestic Product	736	1159	1775	1818	1855
按2000/2001年价格计算	At Constant Prices of 2000/2001					
居民消费支出	Household Final Consumption Expenditure	526	687	920		
政府消费支出	General Government Final Consumption Expenditure	167	203	266		
资本形成总额	Gross Capital Formation	164	250	381		
货物和服务出口	Exports of Goods and Services	240	412	512		
货物和服务进口	Imports of Goods and Services	234	392	623		
国内生产总值	Gross Domestic Product	872	1159	1488	1480	1473

3-12 收入法国内生产总值

Gross Domestic Product by Income Approach

资料来源：经合组织OLIS数据库。
Source: OECD OLIS Database.

单位：亿本币 (100 million local currency units)

国家和地区	Country or Area	2000	2005	2007	2008	2009
欧 元 区	**Euro Area**					
劳动者报酬	Compensation of Employees	33139	39100	42500	44300	
营业盈余和混合收入	Gross Operating Surplus and Gross Mixed Income	26386	32600	36500	37600	
税减产品补贴	Taxes Less Subsidies on Production and Imports	8049	9752	11000	10800	
国内生产总值	Gross Domestic Product	67575	81101	89275		
日 本	**Japan**					
劳动者报酬	Compensation of Employees	2710757	2584518	2620132	2638221	
营业盈余和混合收入	Gross Operating Surplus and Gross Mixed Income	1909982	2025260	2067806	1919737	
税减产品补贴	Taxes Less Subsidies on Production and Imports	382942	388545	403798	398033	
统计误差	Statistical Discrepancy	26219	19021	63467	95128	
国内生产总值	Gross Domestic Product	5029899	5017344	5155204	5051119	
韩 国	**Korea,Rep.**					
劳动者报酬	Compensation of Employees	2481673	3963379	4489938	4749538	
营业盈余和混合收入	Gross Operating Surplus and Gross Mixed Income	2600694	3719750	4134601	4312444	4551237
税减产品补贴	Taxes Less Subsidies on Production and Imports	704279	969280	1125592	1202536	1172253
统计误差	Statistical Discrepancy					
国内生产总值	Gross Domestic Product	5786645	8652409	9750130	10264518	10630591
加 拿 大	**Canada**					
劳动者报酬	Compensation of Employees	5452	6951	7849	8186	8191
营业盈余和混合收入	Gross Operating Surplus and Gross Mixed Income	4038	5240	5772	6151	5450
税减产品补贴	Taxes Less Subsidies on Production and Imports	1283	1553	1667	1659	1636
统计误差	Statistical Discrepancy	-7	-6	8	…	-5
国内生产总值	Gross Domestic Product	10766	13738	15296	15996	15273
墨 西 哥	**Mexico**					
劳动者报酬	Compensation of Employees	18661	27292	31718	33867	
营业盈余和混合收入	Gross Operating Surplus and Gross Mixed Income	36123	55765	69555	74225	
税减产品补贴	Taxes Less Subsidies on Production and Imports	5441	9149	10505	12826	
统计误差	Statistical Discrepancy	5441	9149			
国内生产总值	Gross Domestic Product	60206	92206	111777	120918	
美 国	**United States**					
劳动者报酬	Compensation of Employees	57873	70715	78630	80681	78195
营业盈余和混合收入	Gross Operating Surplus and Gross Mixed Income	34401	47186	51382	50999	50809
税减产品补贴	Taxes Less Subsidies on Production and Imports	6646	8693	9726	9923	9644
统计误差	Statistical Discrepancy	-1272	-797	211	1366	1791
国内生产总值	Gross Domestic Product	97648	125797	139950	142969	140439
捷 克	**Czech Rep.**					
劳动者报酬	Compensation of Employees	9179	12847	15163	16335	16075
营业盈余和混合收入	Gross Operating Surplus and Gross Mixed Income	10843	14184	16943	17224	16960
税减产品补贴	Taxes Less Subsidies on Production and Imports	1869	2808	3248	3331	3223
统计误差	Statistical Discrepancy					
国内生产总值	Gross Domestic Product	21892	29839	35355	36890	36259

3-12 续表 continued

单位：亿本币 (100 million local currency units)

国家和地区	Country or Area	2000	2005	2007	2008	2009
法　国	**France**					
劳动者报酬	Compensation of Employees	7477	8983	9743	10047	10054
营业盈余和混合收入	Gross Operating Surplus and Gross Mixed Income	4966	5917	6675	6867	6539
税减产品补贴	Taxes Less Subsidies on Production and Imports	1972	2360	2535	2571	2478
统计误差	Statistical Discrepancy					
国内生产总值	Gross Domestic Product	14414	17261	18953	19485	19071
德　国	**Germany**					
劳动者报酬	Compensation of Employees	11017	11308	11804	12225	12258
营业盈余和混合收入	Gross Operating Surplus and Gross Mixed Income	7438	8725	9716	9738	8991
税减产品补贴	Taxes Less Subsidies on Production and Imports	2171	2388	2804	2849	2723
统计误差	Statistical Discrepancy					
国内生产总值	Gross Domestic Product	20625	22422	24324	24812	23971
意大利	**Italy**					
劳动者报酬	Compensation of Employees	4674	5820	6327	6563	6524
营业盈余和混合收入	Gross Operating Surplus and Gross Mixed Income	5619	6592	7018	7104	6796
税减产品补贴	Taxes Less Subsidies on Production and Imports	1618	1883	2117	2012	1889
统计误差	Statistical Discrepancy					
国内生产总值	Gross Domestic Product	11911	14295	15462	15679	15209
荷　兰	**Netherlands**					
劳动者报酬	Compensation of Employees	2118	2546	2803	2947	2981
营业盈余和混合收入	Gross Operating Surplus and Gross Mixed Income	1612	2000	2253	2340	2137
税减产品补贴	Taxes Less Subsidies on Production and Imports	450	588	662	676	602
统计误差	Statistical Discrepancy					
国内生产总值	Gross Domestic Product	4180	5134	5718	5962	5720
波　兰	**Poland**					
劳动者报酬	Compensation of Employees	2994	3522	4182	4760	4932
营业盈余和混合收入	Gross Operating Surplus and Gross Mixed Income	3544	5054	6025	6308	6890
税减产品补贴	Taxes Less Subsidies on Production and Imports	905	1258	1561	1686	1615
统计误差	Statistical Discrepancy	905	1258			
国内生产总值	Gross Domestic Product	7444	9833	11767	12754	13437
俄罗斯联邦	**Russian Fed.**					
劳动者报酬	Compensation of Employees	29372	94700	153000	190000	
营业盈余和混合收入	Gross Operating Surplus and Gross Mixed Income	31199	79100	116000	142000	
税减产品补贴	Taxes Less Subsidies on Production and Imports	12485	42400	62000	84300	
统计误差	Statistical Discrepancy	12485	42445	62327		
国内生产总值	Gross Domestic Product	73056	216254	329874		
西班牙	**Spain**					
劳动者报酬	Compensation of Employees	3122	4308	5022	5313	5168
营业盈余和混合收入	Gross Operating Surplus and Gross Mixed Income	2555	3790	4419	4633	4607
税减产品补贴	Taxes Less Subsidies on Production and Imports	626	990	1094	936	764
统计误差	Statistical Discrepancy					
国内生产总值	Gross Domestic Product	6303	9088	10535	10881	10539
英　国	**United Kingdom**					
劳动者报酬	Compensation of Employees	5322	6775	7522	7692	7710
营业盈余和混合收入	Gross Operating Surplus and Gross Mixed Income	3159	4253	4844	5097	4690
税减产品补贴	Taxes Less Subsidies on Production and Imports	1284	1513	1682	1667	1550
统计误差	Statistical Discrepancy					-24
国内生产总值	Gross Domestic Product	9765	12541	14048	14456	13926
澳大利亚	**Australia**					
劳动者报酬	Compensation of Employees	3393	4872	5754	6075	
营业盈余和混合收入	Gross Operating Surplus and Gross Mixed Income	2692	4070	4836	5172	
税减产品补贴	Taxes Less Subsidies on Production and Imports	807	1067	1227	1208	
统计误差	Statistical Discrepancy				76	
国内生产总值	Gross Domestic Product	6893	10008	11818	12531	
新西兰	**New Zealand**					
劳动者报酬	Compensation of Employees	482	694	776	807	
营业盈余和混合收入	Gross Operating Surplus and Gross Mixed Income	535	711	817	819	
税减产品补贴	Taxes Less Subsidies on Production and Imports	143	198	220	223	
统计误差	Statistical Discrepancy					
国内生产总值	Gross Domestic Product	1159	1603	1813	1848	

3-13 三次产业对国内生产总值增长的贡献率

Share of the Contributions of the Three Strata of Industry to the Increase of GDP

资料来源：世界银行WDI数据库。
Source: World Bank WDI Database.

单位：% (%)

国家和地区	Country or Area	第一产业对国内生产总值增长的贡献率 Contributions of the Primary Industry to the Increase of GDP		第二产业对国内生产总值增长的贡献率 Contributions of the Secondary Industry to the Increase of GDP		第三产业对国内生产总值增长的贡献率 Contributions of the Tertiary Industry to the Increase of GDP	
		2000	2009	2000	2009	2000	2009
中　　国	China	4.6	4.3	50.9	53.3	44.5	42.4
中国香港	Hong Kong,China		-0.4①		-3.8①		104.2①
孟加拉国	Bangladesh	30.4	16.6	25.8	30.3	43.8	53.2
文　　莱	Brunei Darussalam	2.3	-8.2②	66.5	-541.1②	31.2	649.3②
柬 埔 寨	Cambodia	-1.7	24.9①	64.3	18.7①	37.5	56.4①
印　　度	India	-1.4	0.5	36.9	34.9	64.5	64.6
印度尼西亚	Indonesia	6.1	9.0	54.0	25.9	40.0	65.1
伊　　朗	Iran	10.2	11.1①	60.1	47.0①	29.7	41.9①
日　　本	Japan	1.3	3.1②	29.4	23.9②	69.4	73.0②
哈萨克斯坦	Kazakhstan	-4.1	9.4	53.2	34.7	50.9	56.0
韩　　国	Korea,Rep.	0.7	7.1①	51.1	34.0①	48.3	58.9①
老　　挝	Laos	45.4	23.3①	33.0	38.2①	21.6	38.5①
马来西亚	Malaysia	6.0	2.8②	70.6	24.4②	23.4	72.8②
蒙　　古	Mongolia	159.7	16.2①	-5.6	3.40①	-54.1	80.43①
巴基斯坦	Pakistan	39.1	50.1	7.7	-46.1	53.2	96.1
菲 律 宾	Philippines	14.6	15.8	51.8	-21.7	33.6	105.9
新 加 坡	Singapore	-0.1	-0.2①	41.8	-15.7①	58.3	115.9①
斯里兰卡	Sri Lanka	4.4	6.5	34.3	-4.6	61.4	98.1
泰　　国	Thailand	15.2	-3.0	49.2	89.4	35.6	13.6
越　　南	Viet Nam	16.2	11.6	51.0	37.2	32.8	51.2
埃　　及	Egypt	8.9	11.2	30.5	37.4	60.7	51.5
尼日利亚	Nigeria		-2.6①		-1.1①		103.7①
南　　非	South Africa	1.9	14.2①	21.7	25.3①	76.4	60.5①
墨 西 哥	Mexico	0.3	-0.5	32.0	29.9	67.7	70.6
阿 根 廷	Argentina	15.0	-2.3①	137.4	18.4①	-52.4	83.9①
巴　　西	Brazil	1.9	-2.5	16.9	109.1	81.2	-6.7
委内瑞拉	Venezuela	9.6	1.3①	50.2	76.6①	40.2	22.2①
捷　　克	Czech Rep.	4.3	3.5①	70.5	73.2①	25.3	23.3①
法　　国	France	-1.1	13.7①	26.9	-78.2①	74.2	164.5①
德　　国	Germany	-0.1	3.4①	36.6	17.7①	63.6	78.9①
意 大 利	Italy	-1.9	-5.0①	28.3	64.9①	73.6	40.1①
荷　　兰	Netherlands	1.4	1.6①	30.5	30.2①	68.2	68.2①
波　　兰	Poland	-4.8	3.9	35.3	53.4	69.5	42.8
俄罗斯联邦	Russian Fed.	8.1	8.5①	45.6	20.2①	46.4	71.4①
西 班 牙	Spain	6.2	-1.9①	27.2	-71.8①	66.6	173.7①
土 耳 其	Turkey	13.8	-8.2	32.2	69.4	54.1	38.8
乌 克 兰	Ukraine	22.7		49.0	-44.8	28.3	144.8
英　　国	United Kingdom	-0.2	0.2①	11.3	-84.8①	89.0	184.6①
澳大利亚	Australia	4.1	4.2①	27.0	26.7①	69.0	69.2①

注：本表根据世界银行数据计算。①2008年数据。②2007年数据。
Note:The indicator is calculated on the basis of World Bank data.①Data refer to 2008.②Data refer to 2007.

3-14 资本形成总额、消费支出及净出口对国内生产总值增长的贡献率

Share of the Contributions of Gross Capital Formation,Final Consumption Expenditure and External Balance on Goods and Services to the Increase of GDP

资料来源：世界银行数据库。
Source: World Bank Database.

单位：% (%)

国家和地区	Country or Area	资本形成总额 Gross Capital Formation		消费支出 Final Consumption Expenditure		净出口 External Balance on Goods and Services	
		2000	2009	2000	2009	2000	2009
中　国	China	16.6	48.2①	65.7	53.6①	17.8	-1.8①
中国香港	Hong Kong,China		-12.6①		43.4①		69.2①
中国澳门	Macao,China	-90.9	-38.8①	-42.1	13.4①	233.0	125.4①
文　莱	Brunei Darussalam	-122.5	-157.7②	-0.5	-199.1②	223.0	456.9②
印度尼西亚	Indonesia	46.9	16.7	20.4	80.7	32.7	2.7
伊　朗	Iran	37.5		74.8		-12.2	
以色列	Israel		36.2②		82.9②		-19.1②
日　本	Japan	43.3	22.1②	40.8	31.3②	15.9	46.7②
哈萨克斯坦	Kazakhstan	18.0	5.3	58.5	34.7	23.5	60.0
韩　国	Korea,Rep.		9.8①		45.9①		44.3①
马来西亚	Malaysia	195.8	14.0②	158.7	95.7②	-254.5	-9.7②
巴基斯坦	Pakistan		31.4①		120.2①		-51.6①
菲律宾	Philippines		14.7①		181.9①		-96.6①
泰　国	Thailand	52.5	195.5	72.1	2.7	-24.6	-98.2
埃　及	Egypt		-61.2		94.8		66.4
南　非	South Africa	10.2		66.7		23.1	
加拿大	Canada	30.5	48.7③	54.6	106.7③	14.9	-55.3③
阿根廷	Argentina		37.7①		93.7①		-31.4①
委内瑞拉	Venezuela	49.8		84.1		-33.9	
法　国	France	47.5		64.3		-11.8	
德　国	Germany		106.3①		28.9①		-35.2①
意大利	Italy	32.8		51.2		16.0	
荷　兰	Netherlands	7.5	80.9①	58.4	62.8①	34.1	-43.7①
俄罗斯联邦	Russian Fed.	85.9	129.4②	36.2	201.4②	-22.0	-230.8②
澳大利亚	Australia	32.9	66.9③	68.8	68.7③	-1.7	-35.6③

注：本表根据世界银行数据计算。①2008年数据。②2007年数据。③2006年数据。
Note:The indicator is calculated on the basis of World Bank data.①Data refer to 2008.②Data refer to 2007.③Data refer to 2006.

主要统计指标解释

国内生产总值 指生产活动总成果，等于所有常住单位创造的增加值的总和(包括产出价值中未包括的产品税，不包括各项产品补贴，不包括未计入产值的产品)。等于按购买者价格计算的货物和服务最终使用价值（不包括中间消费）减去进口的货物和服务价值，或等于常住生产单位初次收入分配的总和。计算国内生产总值不扣除折旧折的资产或自然资源的枯竭和退化。

按当年价格计算的国内生产总值 是按报告期价格计算的国内生产总值，即名义国内生产总值。

不变价格国内生产总值 指国内生产总值的物量水平。不变价格国内生产总值估计值等于按基期价格衡量的价值。理论上，价格和数量是价值量的两个组成部分，价格量中的基期价格可用当期价格替代。

按市场价格计算的国内生产总值 是按市场价格计算的所有居民生产者的增加值总和加上税减产品补贴。

支出法国内生产总值 指按购买者价格计算的总支出，包括最终消费支出，总固定资本形成，库存变动，耐用品及以离岸价计算的货物和服务出口，减去货物和服务的进口。

收入法国内生产总值 指雇员报酬加上生产税减补贴，加上混合收入和营业盈余。

生产法国内生产总值 是按基本价格计算的常住居民生产者增加值合计加上各种税减产品补贴。各行业增加值分类依据国际标准产业分类（ISIC 3.1 版）。

人均国内生产总值 指国内生产总值除以年中人口。数据用现价美元表示。

国民总收入 指国内生产总值减去生产税和进口税净额，减去支付给国外的雇员报酬和财产收入，加来自国外的雇员报酬和财产收入（即国内生产总值减去支付给非常住单位的初次收入，加上收到的非常住单位的初次收入）。按市场价格计算国民总收入的另一种方法是各部门所有初次收入的总和（国民总收入即国民生产总值，后者是以往国民核算中使用的概念）。为便于比较，用本币计算的国民总收入通常用官方汇率转换成以美元为单位，尽管官方汇率作为转换比率时被认为大大偏离国际交易实际采用比率。为平抑价格和汇率的波动，世界银行采用了特别的图表集法转换。图表集法用给定年份和其前两年的平均汇率作为转换因子，该转换因子根据该国及几个主要国家的通货膨胀率差异加以调整。到 2000 年为止，这些国家指法国、德国、日本、英国和美国等 5 个国家，2001 年开始，这些国家为欧元区、日本、英国和美国。

人均国民总收入 是用世界银行图表集法转换成美元计量的国民总收入除以年中人口，即原人均国民生产总值。

按购买力平价计算的人均国民总收入 指根据购买力平价计算的人均国民总收入。购买力平价国民总收入是用购买力平价比率转换成国际元计量的国民总收入。国民总收入中一国际元的购买力等于美国一美元购买力。

增加值总额 等于总产出减去中间消耗。用于衡量单个生产者、行业或部门生产活动对国内生产总值的贡献；增加值总额是国民核算账户（SNA）中初次收入形成的来源，因此被（从生产账户）结转到初次收入分配账户中进行反映。

按基本价格计算的增加值总额 等于按基本价格计算的总产出减去按购买者价格计算的中间消耗。基本价格等于生产者出售一个单位的货物和服务得到的收入，减去由此应付的税金，加上应收的补贴。基本价格作为生产或销售的价格单位，不包括生产者开具发票时单列的运输费用。

按要素成本计算的增加值总额 等于按市场价格计算的增加值总额减间接税与产品补贴。

按生产者价格计算的增加值总额 等于按生产者价格计算的总产出减去按购买者价格计算的中间消耗。

三次产业 根据《国际标准产业分类》(ISIC)第三版划分。

第一产业，即农业，指《国际标准产业分类》第三版中第 1 类至第 5 类，包括林业、狩猎业、渔业、种植业和畜牧业。

第二产业，指《国际标准产业分类》第三版中第 10 类至第 45 类，包括制造业（第 15-37 类）。第二产业包括采掘业，制造业，电力、煤气和水的供应业以及建筑业。

第三产业，即服务业，指《国际标准产业分类》第三版中第 50 类至第 99 类。包括批发零售贸易业（包括旅馆和饭店业）、交通运输业以及政府、金融、专业服务和个人服务，例如教育、卫生、房地产服务；还包括估算的银行服务费、进口税和加工或调整数据时的统计误差。

资本形成总额 是固定资产形成总额、存货变动和贵重物品获得减处置的价值合计。

资本形成率 即投资率，指资本形成总额占国内生产总值的比重。

居民消费率 居民最终消费支出占国内生产总值的比重。居民最终消费支出是居民购买的所有商品和服务的市场价值。包括耐用商品（如汽车、洗衣机和家用计算机）；不包括购买住房支出，但包括自有住房的估算租金；还包括支付给政府的获得许可权的费用。居民消费支出包括服务于居民的非盈利机构的支出。

消费支出 是居民消费支出、政府消费支出之和。它包括资源利用与供给之间的统计误差。

政府消费支出 包括政府购买商品和服务的经常性支出（包括雇员报酬），主要包括国家防卫和安全支出，但是不包括政府军队支出中属于政府资本形成部分。

营业盈余 指核算企业为借入或租赁金融资产或有形非生产性资产而支付利息、租金或类似支出以及企业拥有的金融资产或有形非生产性资产获得的利息、租金或类似收入前，企业生产方面的盈亏（居民拥有的非公司性企业营业盈余称为混合收入）。

Explanatory Notes on Main Statistical Indicators

Gross Domestic Product An aggregate measure of production equal to the sum of the gross values added of all resident institutional units engaged in production (plus any taxes, and minus any subsidies, on products not included in the value of their outputs). The sum of the final uses of goods and services (all uses except intermediate consumption) measured in purchasers' prices, less the value of imports of goods and services, or the sum of primary incomes distributed by resident producer units. It is calculated without making deductions for depreciation of fabricated assets or for depletion and degradation of natural resources.

Gross Domestic Product at Current Price is GDP at prices of the current reporting period. Also known as nominal GDP

Gross Domestic Product at Constant Price refers to the volume level of GDP. Constant price estimates of GDP are obtained by expressing values in terms of a base period. In theory, the price and quantity components of a value are identified and the price in the base period is substituted for that in the current period. Two main methods are adopted in practice.

Expenditure-based GDP is total final expenditure at purchasers' prices (including final consumption expenditure, gross fixed capital formation, changes in inventories, valuables and f.o.b. value of exports of goods and services), less the f.o.b. value of imports of goods and services.

Income-based GDP is compensation of employees, plus taxes less subsidies on production and imports, plus gross mixed income, plus gross operating surplus.

Output-based GDP is the sum of the gross values added of all resident producers at basic prices, plus all taxes less subsidies on products. Describes the generation of gross value added by industrial classification of economic activities according to the International Standard Industrial Classification (ISIC Rev 3.1) .

GDP at Market Prices is the sum of the gross values added of all resident producers at market prices, plus taxes less subsidies on imports.

GDP per capita is gross domestic product divided by midyear population. Data are in current U.S. dollars.

Gross National Income is GDP less net taxes on production and imports, less compensation of employees and property income payable to the rest of the world plus the corresponding items receivable from the rest of the world (in other words, GDP less primary incomes payable to non- resident units plus primary incomes receivable from non-resident units). An alternative approach to measuring GNI at market prices is as the aggregate value of the balances of gross primary incomes for all sectors (note that gross national income is identical to gross national product (GNP) as previously used in national accounts generally). GNI, calculated in national currency, is usually converted to U.S. dollars at official exchange rates for comparisons across economies, although an alternative rate is used when the official exchange rate is judged to diverge by an exceptionally large margin from the rate actually applied in international transactions. To smooth fluctuations in prices and exchange rates, a special Atlas method of conversion is used by the World Bank. This applies a conversion factor that averages the exchange rate for a given year and the two preceding years, adjusted for differences in rates of inflation between the country, and through 2000, the G-5 countries (France, Germany, Japan, the United Kingdom, and the United States). From 2001, these countries include the Euro area, Japan, the United Kingdom, and the United States.

GNI per Capita in PPP GNI per capita based on purchasing power parity (PPP). PPP GNI is gross national income (GNI) converted to international dollars using purchasing power parity rates. An international dollar has the same purchasing power over GNI as a U.S. dollar has in the United States.

Gross Value Added is the value of output less the value of intermediate consumption; it is a measure of the contribution to GDP made by an individual producer, industry or sector; gross value added is the source from which the primary incomes of the SNA are generated and is therefore carried forward into the primary distribution of income account.

Gross Value Added at Basic Prices Output valued at basic prices less intermediate consumption valued at purchasers prices. The basic price is the amount receivable by the producer from the purchaser for a unit of a good or service produced as output minus any tax payable, and plus any subsidy receivable, on that unit as a consequence of its production or sale; it excludes any transport charges invoiced separately by the producer.

Gross Value Added at Factor Cost is GVA at market prices less any indirect taxes plus any subsidies.

Gross Value Added at Producer Prices is output valued at producer prices less intermediate consumption valued at purchasers of prices.

Three Strata of Industry The origin is determined by the International Standard Industrial Classification (ISIC), revision 3.

Primary Industry named as agriculture, corresponds to ISIC divisions 1-5 and includes forestry, hunting, and fishing, as well as cultivation of crops and livestock production.

Secondary Industry corresponds to ISIC divisions 10-45 and includes manufacturing (ISIC divisions 15-37). It comprises value added in mining, manufacturing (also reported as a separate subgroup), electricity, gas and water supply, construction.

Tertiary Industry named as services, corresponds to ISIC divisions 50-99. They include value added in wholesale and retail trade (including hotels and restaurants), transport, and government, financial, professional, and personal services such as education, health care, and real estate services. Also included are imputed bank service charges, import duties, and any statistical discrepancies noted by national compilers as well as discrepancies arising from rescaling.

Gross Capital Formation is the total value of the gross fixed capital formation, changes in inventories and acquisitions less disposals of valuables.

Capital Formation Rate namely investment rate, refers to gross capital formation as percentage of gross domestic product.

Household Final Consumption Rate refers to household final consumption expenditure as percentage of gross domestic of product.

Household Final Consumption Expenditure is the market value of all goods and services, including durable products (such as cars, washing machines, and home computers), purchased by households. It excludes purchases of dwellings but includes imputed rent for owner-occupied dwellings. It also includes payments and fees to governments to obtain permits and licenses. Here, household consumption expenditure includes the expenditures of nonprofit institutions serving households, even when reported separately by the country.

Consumption Expenditure is the sum of household final consumption expenditure and general government final consumption expenditure. This estimate includes any statistical discrepancy in the use of resources relative to the supply of resources.

General Government Final Consumption Expenditure includes all government current expenditures for purchases of goods and services (including compensation of employees). It also includes most expenditure on national defense and security, but excludes government military expenditures that are part of government capital formation.

Operating Surplus measures the surplus or deficit accruing from production before taking account of any interest, rent or similar charges payable on financial or tangible non-produced assets borrowed or rented by the enterprise, or any interest, rent or similar receipts receivable on financial or tangible non-produced assets owned by the enterprise (for unincorporated enterprises owned by households, this component is called mixed income).

人　口

Population

4-1　年中人口
Mid-year Population

资料来源：世界银行WDI数据库。
Source: World Bank WDI Database.

国家和地区	Country or Area	人口(万人) Mid-year Population (10 000 persons)				2009年增长率(%) Growth Rate in 2009 (%)
		2000	2005	2008	2009	
世　界	**World**	**608495.9**	**646732.1**	**669779.9**	**677523.6**	**1.2**
高收入国家	**High Income**	**105108.3**	**108643.7**	**110956.5**	**111655.2**	**0.6**
中等收入国家	**Middle Income**	**433915.5**	**460496.2**	**476015.7**	**481254.2**	**1.1**
中低收入国家	**Low and Middle Income**	**503387.6**	**538088.5**	**558823.4**	**565868.4**	**1.3**
低收入国家	**Low Income**	**69472.1**	**77592.2**	**82807.7**	**84614.2**	**2.2**
中　国	China	126264.5	130372.0	132465.5	133146.0	0.5
中国香港	Hong Kong,China	666.5	681.3	697.8	700.4	0.4
中国澳门	Macao,China	44.1	48.8	52.6	53.8	2.2
阿富汗	Afghanistan	2363.0	2679.7	2902.1	2980.3	2.7
阿尔巴尼亚	Albania	306.8	311.1	314.3	315.5	0.4
阿尔及利亚	Algeria	3050.6	3285.5	3437.3	3489.6	1.5
美属萨摩亚	American Samoa	5.8	6.3	6.6	6.7	1.6
安道尔	Andorra		7.8	8.4	8.5	1.6
安哥拉	Angola	1428.0	1661.8	1802.1	1849.8	2.6
安提瓜和巴布达	Antigua and Barbuda	7.7	8.4	8.7	8.8	1.1
阿根廷	Argentina	3693.9	3873.2	3988.3	4027.6	1.0
亚美尼亚	Armenia	307.6	306.5	307.7	308.3	0.2
阿鲁巴岛	Aruba	9.1	10.1	10.6	10.7	1.0
澳大利亚	Australia	1915.3	2039.5	2143.2	2187.5	2.1
奥地利	Austria	801.2	823.3	833.7	836.4	0.3
阿塞拜疆	Azerbaijan	804.9	839.2	868.0	878.1	1.2
巴哈马	Bahamas	30.5	32.6	33.8	34.2	1.2
巴　林	Bahrain	65.0	72.8	77.6	79.2	2.0
孟加拉国	Bangladesh	14076.7	15312.2	16000.0	16222.1	1.4
巴巴多斯	Barbados	25.2	25.3	25.5	25.6	0.3
白俄罗斯	Belarus	1000.5	977.6	968.1	966.3	-0.2
比利时	Belgium	1025.2	1047.9	1070.8	1078.9	0.8
伯利兹	Belize	25.0	29.2	32.2	33.3	3.4
贝　宁	Benin	665.9	786.8	866.2	893.5	3.1
百慕大	Bermuda	6.2	6.4	6.4	6.4	0.3
不　丹	Bhutan	56.1	65.0	68.7	69.7	1.5
玻利维亚	Bolivia	831.7	918.2	969.4	986.3	1.7
波　黑	Bosnia and Herzegovinian	369.4	378.1	377.3	376.7	-0.2
博茨瓦纳	Botswana	172.3	183.9	192.1	195.0	1.5
巴　西	Brazil	17417.4	18607.5	19197.2	19373.4	0.9
文　莱	Brunei Darussalam	33.4	37.0	39.2	40.0	1.9
保加利亚	Bulgaria	806.0	774.0	762.3	758.5	-0.5
布基纳法索	Burkina Faso	1167.6	1374.7	1523.4	1575.7	3.4
布隆迪	Burundi	647.3	737.8	807.4	830.3	2.8
柬埔寨	Cambodia	1276.0	1386.6	1456.2	1480.5	1.7
喀麦隆	Cameroon	1586.6	1782.3	1908.8	1952.2	2.2
加拿大	Canada	3077.0	3231.2	3331.1	3374.0	1.3
佛得角	Cape Verde	43.9	47.7	49.9	50.6	1.4
开曼群岛	Cayman Islands	4.0	4.4	5.4	5.5	1.3
中　非	Central African Rep.	374.6	410.2	433.9	442.2	1.9
乍　得	Chad	840.2	1001.9	1091.4	1120.6	2.6
海峡群岛	Channel Islands	14.7	14.9	15.0	15.0	0.2
智　利	Chile	1541.9	1629.8	1680.4	1697.0	1.0
哥伦比亚	Colombia	3977.3	4304.9	4501.2	4566.0	1.4
科摩罗	Comoros	54.0	60.1	64.4	65.9	2.4
刚果(金)	Congo,Dem. Rep.	5082.9	5907.7	6425.7	6602.0	2.7
刚果(布)	Congo,Rep.	303.6	341.7	361.5	368.3	1.9
哥斯达黎加	Costa Rica	393.1	432.8	451.9	457.9	1.3
科特迪瓦	Cote D'Ivoire	1728.2	1924.5	2059.1	2107.5	2.3
克罗地亚	Croatia	442.6	444.2	443.4	443.2	…
古　巴	Cuba	1108.7	1119.3	1120.5	1120.4	
塞浦路斯	Cyprus	78.7	83.6	86.2	87.1	1.0

4-1 续表 1 continued

国家和地区	Country or Area	人口(万人) Mid-year Population (10 000 persons)				2009年增长率(%) Growth Rate in 2009 (%)
		2000	2005	2008	2009	
捷　　克	Czech Rep.	1027.3	1023.6	1042.4	1049.0	0.6
丹　　麦	Denmark	533.7	541.6	549.4	552.9	0.7
吉 布 提	Djibouti	73.0	80.5	84.9	86.4	1.8
多米尼克	Dominica	7.1	7.2	7.3	7.4	0.6
多米尼加	Dominican Rep.	883.0	953.3	995.3	1009.0	1.4
厄瓜多尔	Ecuador	1231.0	1306.3	1348.1	1362.5	1.1
埃　　及	Egypt	7017.4	7715.4	8152.7	8299.9	1.8
萨尔瓦多	El Salvador	594.5	605.9	613.4	616.3	0.5
赤道几内亚	Equatorial Guinea	52.9	60.9	65.9	67.6	2.6
厄立特里亚	Eritrea	365.7	447.3	492.7	507.3	2.9
爱沙尼亚	Estonia	137.0	134.6	134.1	134.0	0.0
埃塞俄比亚	Ethiopia	6551.5	7466.1	8071.3	8282.5	2.6
法罗群岛	Faeroe Islands	4.6	4.8	4.9	4.9	0.3
斐　　济	Fiji	80.2	82.8	84.4	84.9	0.6
芬　　兰	Finland	517.6	524.6	531.3	533.8	0.5
法　　国	France	5889.6	6087.3	6227.7	6261.7	0.5
法属波立尼西亚	French Polynesia	23.6	25.5	26.6	26.9	1.3
加　　蓬	Gabon	123.3	136.9	144.8	147.5	1.8
冈 比 亚	Gambia	130.2	152.6	166.0	170.5	2.7
格鲁吉亚	Georgia	474.5	446.5	430.7	426.0	-1.1
德　　国	Germany	8221.0	8246.9	8211.0	8188.0	-0.3
加　　纳	Ghana	1952.9	2191.5	2335.1	2383.7	2.1
直布罗陀	Gibraltar	2.9	3.1	3.1	3.1	
希　　腊	Greece	1091.8	1110.4	1123.7	1128.3	0.4
格 陵 兰	Greenland	5.6	5.7	5.6	5.6	-0.5
格林纳达	Grenada	10.1	10.3	10.4	10.4	0.4
关　　岛	Guam	15.5	16.9	17.6	17.8	1.2
危地马拉	Guatemala	1123.1	1271.0	1368.6	1402.7	2.5
几 内 亚	Guinea	838.4	922.1	983.3	1006.9	2.4
几内亚比绍	Guinea-Bissau	130.4	147.3	157.5	161.1	2.2
圭 亚 那	Guyana	75.6	76.4	76.3	76.3	-0.1
海　　地	Haiti	864.8	941.0	987.6	1003.3	1.6
洪都拉斯	Honduras	623.0	689.3	731.9	746.6	2.0
匈 牙 利	Hungary	1021.1	1008.7	1003.8	1002.2	-0.2
冰　　岛	Iceland	28.1	29.7	31.7	31.9	0.5
印　　度	India	101592.3	109458.3	113996.5	115534.8	1.3
印度尼西亚	Indonesia	20528.0	21921.0	22734.5	22996.5	1.2
伊　　朗	Iran	6393.9	6908.7	7195.6	7290.4	1.3
伊 拉 克	Iraq	2510.9	2847.7	3071.1	3149.4	2.5
爱 尔 兰	Ireland	380.5	415.9	442.6	445.0	0.6
马 恩 岛	Isle of Man	7.7	8.0	8.1	8.1	-0.1
以 色 列	Israel	628.9	693.0	730.9	744.2	1.8
意 大 利	Italy	5694.9	5860.7	5983.2	6022.1	0.7
牙 买 加	Jamaica	258.9	265.0	268.7	270.0	0.5
日　　本	Japan	12687.0	12777.3	12770.4	12756.0	-0.1
约　　旦	Jordan	479.8	541.2	581.2	595.1	2.4
哈萨克斯坦	Kazakhstan	1488.4	1514.7	1567.4	1588.8	1.4
肯 尼 亚	Kenya	3144.1	3581.7	3876.5	3980.2	2.6
基里巴斯	Kiribati	8.4	9.2	9.7	9.8	1.5
朝　　鲜	Korea,Dem.	2285.9	2352.9	2381.9	2390.6	0.4
韩　　国	Korea,Rep.	4700.8	4813.8	4860.7	4874.7	0.3
科 威 特	Kuwait	219.0	253.5	272.8	279.5	2.4
吉尔吉斯斯坦	Kyrgyzstan	491.5	514.4	527.8	532.1	0.8
老　　挝	Laos	540.3	588.0	620.5	632.0	1.8
拉脱维亚	Latvia	237.2	230.1	226.6	225.5	-0.5
黎 巴 嫩	Lebanon	377.2	408.2	419.4	422.4	0.7
莱 索 托	Lesotho	188.9	199.5	204.9	206.7	0.9
利比里亚	Liberia	282.4	333.4	379.3	395.5	4.2

4-1 续表 2 continued

国家和地区	Country or Area	人口(万人) Mid-year Population (10 000 persons)				2009年增长率(%) Growth Rate in 2009 (%)
		2000	2005	2008	2009	
利 比 亚	Libya	534.6	592.3	629.4	642.0	2.0
列支敦士登	Liechtenstein	3.3	3.5	3.6	3.6	0.8
立 陶 宛	Lithuania	350.0	341.4	335.8	334.0	-0.6
卢 森 堡	Luxemburg	43.6	46.5	48.9	49.8	1.9
前南马其顿	Macedonia,FYR	201.2	203.5	204.1	204.3	0.1
马达加斯加	Madagascar	1527.5	1761.4	1911.1	1962.5	2.7
马 拉 维	Malawi	1183.1	1365.5	1484.6	1526.3	2.8
马来西亚	Malaysia	2327.4	2563.3	2701.4	2746.8	1.7
马尔代夫	Maldives	27.2	29.2	30.5	30.9	1.4
马 里	Mali	1052.3	1183.3	1270.6	1301.0	2.4
马 耳 他	Malta	39.0	40.4	41.2	41.5	0.7
马绍尔群岛	Marshall Islands	5.1	5.6	6.0	6.1	2.3
毛里塔尼亚	Mauritania	260.4	298.5	321.5	329.1	2.3
毛里求斯	Mauritius	118.7	124.3	126.9	127.5	0.5
马约特岛	Mayotte		17.7	19.1	19.7	2.8
墨 西 哥	Mexico	9796.6	10308.9	10635.0	10743.1	1.0
密克罗尼西亚	Micronesia,Fed.	10.7	10.9	11.0	11.1	0.3
摩尔多瓦	Moldova	410.0	375.9	363.3	360.4	-0.8
摩 纳 哥	Monaco	3.2	3.3	3.3	3.3	0.3
蒙 古	Mongolia	238.9	255.0	264.1	267.1	1.1
黑 山	Montenegro	66.1	62.5	62.2	62.4	0.3
摩 洛 哥	Morocco	2882.7	3049.5	3160.6	3199.3	1.2
莫桑比克	Mozambique	1824.9	2083.4	2238.3	2289.4	2.3
缅 甸	Myanmar	4661.0	4834.5	4956.3	5002.0	0.9
纳米比亚	Namibia	182.4	200.9	213.0	217.1	1.9
尼 泊 尔	Nepal	2443.2	2722.2	2881.0	2933.1	1.8
荷 兰	Netherlands	1592.5	1632.0	1644.6	1653.1	0.5
荷属安的列斯	Netherlands Antilles	18.1	18.7	19.5	19.8	1.5
新喀里多尼亚	New Caledonia	21.3	23.4	24.7	25.0	1.5
新 西 兰	New Zealand	385.8	413.4	426.9	431.6	1.1
尼加拉瓜	Nicaragua	510.1	545.5	566.7	574.3	1.3
尼 日 尔	Niger	1103.1	1310.2	1470.4	1529.0	3.9
尼日利亚	Nigeria	12484.2	14087.9	15121.2	15472.9	2.3
北马里亚纳群岛	Northern Mariana Islands	6.9	8.0	8.5	8.7	1.8
挪 威	Norway	449.1	462.3	476.8	482.7	1.2
阿 曼	Oman	240.2	261.8	278.5	284.5	2.1
巴基斯坦	Pakistan	13808.0	15577.2	16611.2	16970.8	2.1
帕 劳	Palau	1.9	2.0	2.0	2.0	0.6
巴 拿 马	Panama	295.1	323.2	339.9	345.4	1.6
巴布亚新几内亚	Papua New Guinea	538.8	611.8	657.7	673.2	2.3
巴 拉 圭	Paraguay	535.0	590.4	623.8	634.9	1.8
秘 鲁	Peru	2600.4	2783.6	2883.7	2916.5	1.1
菲 律 宾	Philippines	7768.9	8549.6	9034.8	9198.3	1.8
波 兰	Poland	3845.4	3816.5	3812.6	3815.0	0.1
葡 萄 牙	Portugal	1022.6	1054.9	1062.2	1063.2	0.1
波多黎各	Puerto Rico	381.4	391.1	395.5	396.7	0.3
卡 塔 尔	Qatar	61.7	88.5	128.1	140.9	9.6
罗马尼亚	Romania	2244.3	2163.4	2151.4	2148.2	-0.1
俄罗斯联邦	Russian Fed.	14630.3	14315.0	14195.0	14185.0	-0.1
卢 旺 达	Rwanda	795.8	899.2	972.1	999.8	2.8
圣基茨和尼维斯	Saint Kitts and Nevis	4.4	4.8	4.9	5.0	0.8
圣卢西亚	Saint Lucia	15.6	16.5	17.0	17.2	1.1
圣文森特和格林纳丁	Saint Vincent and the Grenad	10.8	10.9	10.9	10.9	0.1
萨 摩 亚	Samoa	17.7	17.9	17.9	17.9	0.0
圣马力诺	San Marino		3.0	3.1	3.2	1.3
圣多美和普林西比	Sao Tome and Principe	14.0	15.3	16.0	16.3	1.6
沙特阿拉伯	Saudi Arabia	2064.4	2311.9	2480.7	2539.1	2.3
塞内加尔	Senegal	990.2	1128.1	1221.1	1253.4	2.6
塞尔维亚	Serbia	751.6	744.1	735.0	732.0	-0.4

4-1 续表 3 continued

国家和地区	Country or Area	人口(万人) Mid-year Population (10 000 persons)				2009年增长率(%) Growth Rate in 2009 (%)
		2000	2005	2008	2009	
塞舌尔	Seychelles	8.1	8.3	8.7	8.8	1.2
塞拉利昂	Sierra Leone	422.8	510.7	556.0	569.7	2.4
新加坡	Singapore	402.8	426.6	483.9	498.8	3.0
斯洛伐克	Slovakia	538.9	538.7	540.7	541.8	0.2
斯洛文尼亚	Slovenia	198.9	200.1	202.1	204.3	1.1
所罗门群岛	Solomon Islands	41.6	47.4	51.1	52.3	2.4
索马里	Somalia	739.4	835.4	892.6	913.3	2.3
南非	South Africa	4400.0	4719.9	4879.3	4932.0	1.1
西班牙	Spain	4026.3	4339.8	4555.6	4595.8	0.9
斯里兰卡	Sri Lanka	1871.4	1966.8	2015.6	2030.4	0.7
苏丹	Sudan	3490.4	3869.9	4134.8	4227.2	2.2
苏里南	Suriname	46.7	50.0	51.5	52.0	0.9
斯威士兰	Swaziland	108.0	112.4	116.8	118.5	1.5
瑞典	Sweden	886.9	902.4	922.0	930.2	0.9
瑞士	Switzerland	718.4	743.7	764.8	773.1	1.1
叙利亚	Syrian Arab Republic	1651.1	1912.2	2058.1	2109.2	2.5
塔吉克斯坦	Tajikistan	617.3	653.6	683.6	695.2	1.7
坦桑尼亚	Tanzania	3413.1	3900.7	4248.4	4373.9	2.9
泰国	Thailand	6234.7	6594.6	6738.6	6776.4	0.6
东帝汶	Timor-Leste	81.5	99.2	109.8	113.4	3.2
多哥	Togo	524.8	599.2	645.9	661.9	2.5
汤加	Tonga	9.9	10.2	10.4	10.4	0.4
特立尼达和多巴哥	Trinidad And Tobago	129.5	131.8	133.3	133.9	0.4
突尼斯	Tunisia	956.4	1002.9	1032.8	1043.3	1.0
土耳其	Turkey	6646.0	7116.9	7391.4	7481.6	1.2
土库曼斯坦	Turkmenistan	450.2	484.3	504.4	511.0	1.3
特克斯和凯科斯群岛	Turks and Caicos Islands	1.9	3.1	3.3	3.3	
乌干达	Uganda	2443.3	2869.9	3165.7	3271.0	3.3
乌克兰	Ukraine	4917.6	4710.5	4625.8	4600.8	-0.5
阿联酋	United Arab Emirates	323.8	408.9	448.5	459.9	2.5
英国	United Kingdom	5889.3	6022.7	6140.7	6183.8	0.7
美国	United States	28217.2	29575.3	30437.5	30700.7	0.9
美属维尔京群岛	Virgin Islands(US)	10.9	11.0	11.0	11.0	0.0
乌拉圭	Uruguay	330.1	330.6	333.4	334.5	0.3
乌兹别克斯坦	Uzbekistan	2465.0	2616.7	2731.4	2776.7	1.7
瓦努阿图	Vanuatu	19.0	21.6	23.4	24.0	2.5
委内瑞拉	Venezuela	2431.1	2657.7	2793.5	2838.4	1.6
越南	Viet Nam	7763.5	8310.6	8621.1	8728.0	1.2
约旦河西岸和加沙	West Bank and Gaza	300.4	357.5	393.7	404.3	2.7
也门	Yemen	1818.2	2102.4	2291.8	2358.0	2.9
赞比亚	Zambia	1046.7	1173.8	1262.0	1293.5	2.5
津巴布韦	Zimbabwe	1245.5	1247.5	1246.3	1252.3	0.5

4-2 人口年龄构成和抚养比(2009年)

Age Composition and Dependency Ratio of Population(2009)

资料来源：世界银行WDI数据库。
Source: World Bank WDI Database.
单位：% (%)

国家和地区	Country or Area	年龄构成 Age Composition 0-14岁人口占比重 Persons ages 14 and below	15-64岁人口占比重 Persons ages 15 to 64	65岁以上人口占比重 Persons ages 65 and above	抚养比 Age dependency ratio
世　界	**World**	**27.2**	**65.3**	**7.5**	**54.4**
中　国	China	20.2	71.7	8.1	39.4
中国香港	Hong Kong,China	12.0	75.3	12.7	32.8
中国澳门	Macao,China	12.9	79.9	7.2	25.2
孟加拉国	Bangladesh	31.5	64.7	3.9	54.7
文　莱	Brunei Darussalam	26.8	69.8	3.4	43.2
柬埔寨	Cambodia	33.3	63.2	3.5	58.2
印　度	India	31.3	63.9	4.9	56.5
印度尼西亚	Indonesia	27.0	67.0	6.0	49.2
伊　朗	Iran	24.1	71.1	4.9	40.7
以色列	Israel	27.7	62.2	10.1	60.8
日　本	Japan	13.3	64.7	22.0	54.5
哈萨克斯坦	Kazakhstan	23.7	69.2	7.1	44.6
韩　国	Korea,Rep.	16.8	72.5	10.7	37.9
老　挝	Laos	37.5	58.8	3.7	70.0
马来西亚	Malaysia	29.5	65.8	4.7	52.0
蒙　古	Mongolia	26.0	70.0	4.0	42.9
缅　甸	Myanmar	26.8	67.7	5.5	47.7
巴基斯坦	Pakistan	36.9	59.0	4.0	69.4
菲律宾	Philippines	33.9	61.9	4.2	61.5
新加坡	Singapore	16.3	73.9	9.8	35.3
斯里兰卡	Sri Lanka	24.3	68.3	7.5	46.5
泰　国	Thailand	21.7	70.7	7.6	41.4
越　南	Viet Nam	25.7	67.9	6.3	47.2
埃　及	Egypt	32.3	63.1	4.6	58.4
尼日利亚	Nigeria	42.5	54.3	3.1	84.0
南　非	South Africa	30.5	65.0	4.5	53.9
加拿大	Canada	16.5	69.6	13.9	43.6
墨西哥	Mexico	28.5	65.1	6.4	53.6
美　国	United States	20.3	66.9	12.8	49.5
阿根廷	Argentina	25.1	64.3	10.6	55.6
巴　西	Brazil	25.9	67.3	6.7	48.5
委内瑞拉	Venezuela	29.8	64.7	5.5	54.5
捷　克	Czech Rep.	14.1	71.0	14.9	40.9
法　国	France	18.4	64.9	16.8	54.2
德　国	Germany	13.5	66.2	20.2	51.0
意大利	Italy	14.2	65.6	20.3	52.5
荷　兰	Netherlands	17.8	67.2	15.0	48.8
波　兰	Poland	15.0	71.7	13.4	39.5
俄罗斯联邦	Russian Fed.	14.8	72.1	13.1	38.6
西班牙	Spain	14.8	68.1	17.1	46.8
土耳其	Turkey	26.8	67.3	5.9	48.6
乌克兰	Ukraine	13.9	70.4	15.7	42.0
英　国	United Kingdom	17.4	66.1	16.4	51.2
澳大利亚	Australia	19.0	67.3	13.6	48.5
新西兰	New Zealand	20.4	66.8	12.7	49.6

4-3 人口粗出生率和死亡率

Crude Birth Rate and Crude Death Rate

资料来源：世界银行WDI数据库。
Source: World Bank WDI Database.
单位：‰ (‰)

国家和地区	Country or Area	粗出生率 Crude Birth Rate			粗死亡率 Crude Death Rate		
		2000	2007	2008	2000	2007	2008
世　界	**World**	**21.5**	**20.1**	**20.0**	**8.6**	**8.3**	**8.3**
中　国	China	14.0	12.1	12.1	6.5	6.9	7.1
中国香港	Hong Kong,China	8.1	10.2	11.3	5.1	5.7	5.9
中国澳门	Macao,China	8.7	8.0	8.2	4.5	4.5	4.5
孟加拉国	Bangladesh	27.1	22.0	21.4	8.3	6.7	6.6
文　莱	Brunei Darussalam	23.3	20.1	19.8	2.8	2.8	2.8
柬埔寨	Cambodia	28.3	24.7	24.7	9.9	8.5	8.3
印　度	India	25.8	23.1	22.8	8.5	7.4	7.4
印度尼西亚	Indonesia	21.3	19.0	18.6	6.9	6.3	6.3
伊　朗	Iran	19.7	19.1	18.9	5.8	5.8	5.7
以色列	Israel	21.7	21.1	21.5	6.0	5.5	5.3
日　本	Japan	9.4	8.6	8.7	7.7	8.7	9.1
哈萨克斯坦	Kazakhstan	14.7	20.8	22.7	10.1	10.2	9.7
韩　国	Korea,Rep.	13.4	10.0	9.4	5.2	5.0	5.0
老　挝	Laos	32.6	27.4	27.3	8.8	7.2	7.0
马来西亚	Malaysia	23.5	20.7	20.4	4.6	4.5	4.5
蒙　古	Mongolia	19.5	18.7	18.8	6.9	6.7	6.6
缅　甸	Myanmar	21.7	20.8	20.5	10.0	9.9	9.8
巴基斯坦	Pakistan	32.7	30.4	30.1	8.0	7.0	6.9
菲律宾	Philippines	27.5	25.0	24.7	5.2	4.8	4.8
新加坡	Singapore	11.8	10.0	10.2	3.9	4.5	4.4
斯里兰卡	Sri Lanka	18.4	19.0	18.8	6.1	5.8	5.8
泰　国	Thailand	15.8	14.6	14.5	8.1	8.9	9.0
越　南	Viet Nam	19.8	17.5	17.2	5.4	5.4	5.4
埃　及	Egypt	26.2	24.9	24.7	6.1	5.9	5.9
尼日利亚	Nigeria	42.6	40.3	39.8	18.1	16.6	16.4
南　非	South Africa	24.7	22.4	22.0	11.7	15.1	15.2
加拿大	Canada	10.9	11.1	11.3	7.1	7.2	7.3
墨西哥	Mexico	23.8	18.6	18.3	4.7	4.8	4.9
美　国	United States	14.7	14.3	14.3	8.7	8.2	8.1
阿根廷	Argentina	18.6	17.4	17.3	7.9	7.8	7.8
巴　西	Brazil	20.9	16.8	16.2	6.4	6.4	6.4
委内瑞拉	Venezuela	23.4	21.5	21.2	4.9	5.1	5.1
捷　克	Czech Rep.	8.8	11.1	11.5	10.6	10.1	10.1
法　国	France	13.2	12.7	12.9	9.1	8.4	8.6
德　国	Germany	9.3	8.3	8.3	10.2	10.1	10.3
意大利	Italy	9.3	9.5	9.6	9.7	9.7	9.7
荷　兰	Netherlands	13.0	11.1	11.2	8.8	8.1	8.2
波　兰	Poland	9.8	10.2	10.9	9.5	9.9	10.0
俄罗斯联邦	Russian Fed.	8.7	11.3	12.1	15.4	14.6	14.6
西班牙	Spain	9.9	11.0	11.4	9.0	8.6	8.5
土耳其	Turkey	21.1	18.5	18.2	5.9	5.9	6.0
乌克兰	Ukraine	7.8	10.2	11.0	15.3	16.4	16.3
英　国	United Kingdom	11.4	12.7	12.9	10.2	9.4	9.4
澳大利亚	Australia	13.0	13.5	13.8	6.7	6.5	6.7
新西兰	New Zealand	14.9	15.1	15.1	6.9	6.7	6.8

4-4 生殖健康(2008年)

Reproductive Health(2008)

资料来源：世界银行WDI数据库。
Source: World Bank WDI Database.

国家和地区	Country or Area	总和生育率 Total Fertility Rate	少女生育率(‰) Adolescent Fertility Rate (‰)	15-49岁妇女避孕普及率(%) Contraceptive Prevalence (% of women ages 15-49)	产妇死亡率 (1/100000) Maternal Mortality Ratio(1/100000)
世　界	**World**	**2.6①**	**52.1①**	**60.2①**	
中　国	China	1.8	9.8	84.6②	38
中国香港	Hong Kong,China	1.0	5.7		
中国澳门	Macao,China	1.0	5.2		
孟加拉国	Bangladesh	2.3	70.5	55.8①	340
文　莱	Brunei Darussalam	2.1	24.8		21
柬埔寨	Cambodia	2.9	38.7		290
印　度	India	2.7	67.1	56.3②	230
印度尼西亚	Indonesia	2.2	39.2	61.4①	240
伊　朗	Iran	1.8	18.0		30
以色列	Israel	3.0	14.2		7
日　本	Japan	1.3	4.8		6
哈萨克斯坦	Kazakhstan	2.6	30.3	50.7②	45
韩　国	Korea,Rep.	1.2	5.5		18
老　挝	Laos	3.5	36.6		580
马来西亚	Malaysia	2.6	12.7		31
蒙　古	Mongolia	2.0	16.2	66.0②	65
缅　甸	Myanmar	2.3	18.3		240
巴基斯坦	Pakistan	4.0	44.7		260
菲律宾	Philippines	3.1	44.4	50.7	94
新加坡	Singapore	1.3	4.5		9
斯里兰卡	Sri Lanka	2.3	29.5	68.0①	39
泰　国	Thailand	1.8	37.0		48
越　南	Viet Nam	2.1①	16.9①	75.7②	
埃　及	Egypt	2.9	38.4	60.3	82
尼日利亚	Nigeria	5.7	124.1	14.6	840
南　非	South Africa	2.5	58.4		410
加拿大	Canada	1.6	12.5		12
墨西哥	Mexico	2.1	64.3	70.9②	85
美　国	United States	2.1	35.0		24
阿根廷	Argentina	2.2	56.6		70
巴　西	Brazil	1.9	75.1	80.6②	58
委内瑞拉	Venezuela	2.6①	90.1①		
捷　克	Czech Rep.	1.5	10.5		8
法　国	France	2.0	6.8		8
德　国	Germany	1.4	7.6		7
意大利	Italy	1.4	4.8		5
荷　兰	Netherlands	1.8	3.8		9
波　兰	Poland	1.4	13.8		6
俄罗斯联邦	Russian Fed.	1.5	24.8		39
西班牙	Spain	1.5	12.0		6
土耳其	Turkey	2.1①	39.2①		
乌克兰	Ukraine	1.4①	28.5①	66.7①	
英　国	United Kingdom	1.9①	24.4①		
澳大利亚	Australia	2.0	14.6		8
新西兰	New Zealand	2.2	22.1		14

注：①2007年数据。②2006年数据。
Note:①Data refer to 2007.②Data refer to 2006.

4-5 婴儿死亡率和出生时预期寿命

Infant Mortality Rate and Life Expectancy at Birth

资料来源：世界银行WDI数据库。
Source: World Bank WDI Database.

国家和地区	Country or Area	婴儿死亡率(‰) Infant Mortality Rate (‰)			出生时平均预期寿命(岁) Life Expectancy at Birth (years)		
		2000	2005	2009	2000	2005	2009
世　界	**World**	**54.9**	**48.0**	**43.2**	**67.2**	**68.2**	**69.0**
中　国	China	29.8	21.5	16.6	71.3	72.6	73.1
中国香港	Hong Kong,China				80.9	81.6	82.3
中国澳门	Macao,China				78.9	79.9	80.7
孟加拉国	Bangladesh	65.6	50.7	41.2	61.3	64.6	66.1
文　莱	Brunei Darussalam	6.3	5.8	5.4	76.1	76.9	77.4
柬埔寨	Cambodia	79.6	73.0	68.0	56.9	59.3	61.0
印　度	India	67.6	57.2	50.3	61.3	62.8	63.7
印度尼西亚	Indonesia	39.5	33.7	29.8	67.4	69.7	70.8
伊　朗	Iran	38.2	30.8	25.9	69.1	70.7	71.4
以色列	Israel	5.5	4.4	3.4	79.0	80.2	81.0
日　本	Japan	3.2	2.8	2.4	81.1	81.9	82.6
哈萨克斯坦	Kazakhstan	38.4	30.7	25.6	65.5	65.9	66.4
韩　国	Korea,Rep.	5.9	5.2	4.5	75.9	78.4	79.8
老　挝	Laos	63.5	52.9	45.8	61.0	63.6	65.0
马来西亚	Malaysia	9.1	7.0	5.7	72.5	73.7	74.4
蒙　古	Mongolia	48.7	33.3	24.3	64.2	65.5	66.6
缅　甸	Myanmar	62.5	57.5	53.8	59.9	60.6	61.6
巴基斯坦	Pakistan	84.8	76.4	70.5	63.9	65.6	66.5
菲律宾	Philippines	29.3	27.5	26.2	69.5	71.1	71.8
新加坡	Singapore	3.0	2.2	2.3	78.1	80.0	80.7
斯里兰卡	Sri Lanka	17.3	14.6	12.7	71.1	73.7	74.1
泰　国	Thailand	17.3	14.1	12.0	68.2	68.4	68.9
越　南	Viet Nam	23.6	21.3	19.5	72.0	73.7	74.4
埃　及	Egypt	37.5	25.2	18.2	68.2	69.5	70.1
尼日利亚	Nigeria	113.8	97.3	85.8	45.9	47.3	47.9
南　非	South Africa	54.3	52.4	43.1	55.8	51.8	51.5
加拿大	Canada	5.3	5.3	5.3	79.2	80.3	81.0
墨西哥	Mexico	22.1	17.6	14.7	74.0	74.5	75.1
美　国	United States	7.1	6.9	6.8	77.0	77.7	78.4
阿根廷	Argentina	18.8	15.4	13.0	73.8	74.8	75.3
巴　西	Brazil	28.2	21.5	17.3	70.2	71.6	72.4
委内瑞拉	Venezuela	19.9	17.2	15.3	73.3	73.2	73.6
捷　克	Czech Rep.	4.3	3.5	2.8	75.0	76.0	77.2
法　国	France	4.3	3.8	3.2	78.9	80.2	81.5
德　国	Germany	4.4	3.9	3.5	77.9	79.3	80.1
意大利	Italy	4.7	3.7	3.4	79.5	80.8	81.9
荷　兰	Netherlands	5.1	4.5	3.7	78.0	79.4	80.4
波　兰	Poland	8.0	6.5	5.6	73.8	74.9	75.5
俄罗斯联邦	Russian Fed.	20.5	14.8	11.1	65.3	65.5	67.8
西班牙	Spain	4.3	3.9	3.5	79.0	80.2	81.1
土耳其	Turkey	36.3	25.0	18.5	70.0	71.4	71.9
乌克兰	Ukraine	16.6	14.7	13.3	67.9	68.0	68.3
英　国	United Kingdom	5.6	5.1	4.6	77.9	79.1	79.9
澳大利亚	Australia	5.1	4.7	4.3	79.2	80.8	81.4
新西兰	New Zealand	5.9	5.5	4.8	78.6	79.9	80.2

4-6　结婚率与离婚率

Marriage Rate and Divorce Rate

资料来源：联合国《人口统计年鉴》2009年。
Source: UN Demographic Yearbook 2009.
单位：‰　(‰)

国家和地区	Country or Area	结婚率 Marriage Rate			离婚率 Divorce Rate		
		2002	2005	2008	2002	2005	2008
中　国	China	6.1	6.3		0.9	1.4	
中国香港	Hong Kong,China	4.8	6.3	6.8			
中国澳门	Macao,China	2.8	3.7		0.9	1.2	1.2
伊　朗	Iran	9.9	11.5		1.0	1.2	
日　本	Japan	6.0	5.7	5.8	2.3	2.1	2.0
哈萨克斯坦	Kazakhstan	6.7	8.1	8.6	2.1	2.1	2.3
韩　国	Korea,Rep.	6.4	6.5	6.6	3.0	2.6	2.4
蒙　古	Mongolia	5.5	5.9	12.4	0.3	0.6	0.7
新加坡	Singapore	5.6	5.3	6.8	1.3	1.9	1.9
墨西哥	Mexico	6.1	5.7	5.5	0.6	0.7	0.8
美　国	United States	7.8	7.6	7.1			
阿根廷	Argentina	3.3	3.4				
委内瑞拉	Venezuela	2.9	3.2				
白俄罗斯	Belarus	6.7	7.5	8.0	3.8	3.1	3.8
保加利亚	Bulgaria	3.7	4.3	3.6	1.3	1.9	1.9
捷　克	Czech Republic	5.2	5.1	5.0	3.1	3.1	3.0
法　国	France	4.7	4.5	4.3	1.9	2.5	
德　国	Germany	4.8	4.7	4.6	2.5	2.4	2.3
意大利	Italy	4.7	4.2	4.2	0.7	0.8	
荷　兰	Netherland		4.4	4.6		2.0	2.0
波　兰	Poland	5.0	5.4		1.2	1.8	1.7
罗马尼亚	Romania	5.9	6.6	6.9	1.5	1.5	1.7
俄罗斯联邦	Russian Fed.	7.0	7.5	8.3	5.9	4.2	5.0
西班牙	Spain	5.1	4.8	4.2	1.0	1.7	2.4
土耳其	Turkey	7.4	8.9	9.0	1.4	1.3	1.4
乌克兰	Ukraine	6.6	7.1	6.9	3.8	3.9	3.6
英　国	United Kingdom	4.9			2.7	2.6	
澳大利亚	Australia	5.4	5.4	5.5	2.7	2.6	
新西兰	New Zealand		5.0	5.1	2.4	2.4	2.3

4-7 城市人口比重

Urban Population as Percentage of Total

资料来源：世界银行WDI数据库。
Source: World Bank WDI Database.
单位：%　(%)

国家和地区	Country or Area	2000	2005	2007	2008	2009
世　界	**World**	**46.7**	**48.7**	**49.5**	**49.9**	**50.3**
中　国	China	35.8	40.4	42.2	43.1	44.0
中国香港	Hong Kong,China	100.0	100.0	100.0	100.0	100.0
中国澳门	Macao,China	100.0	100.0	100.0	100.0	100.0
孟加拉国	Bangladesh	23.6	25.7	26.7	27.1	27.6
文　莱	Brunei Darussalam	71.1	73.5	74.4	74.8	75.3
柬埔寨	Cambodia	16.9	19.7	20.9	21.6	22.2
印　度	India	27.7	28.7	29.3	29.5	29.8
印度尼西亚	Indonesia	42.0	48.1	50.3	51.5	52.6
伊　朗	Iran	64.2	66.9	67.9	68.5	69.0
以色列	Israel	91.4	91.6	91.6	91.7	91.7
日　本	Japan	65.2	66.0	66.3	66.5	66.6
哈萨克斯坦	Kazakhstan	56.3	57.1	57.7	57.9	58.2
韩　国	Korea,Rep.	79.6	80.8	81.2	81.5	81.7
老　挝	Laos	22.0	27.4	29.7	30.9	32.0
马来西亚	Malaysia	62.0	67.6	69.4	70.4	71.3
蒙　古	Mongolia	56.6	56.7	57.0	57.2	57.3
缅　甸	Myanmar	28.0	30.6	31.9	32.6	33.2
巴基斯坦	Pakistan	33.2	34.9	35.7	36.2	36.6
菲律宾	Philippines	58.5	62.7	64.2	64.9	65.7
新加坡	Singapore	100.0	100.0	100.0	100.0	100.0
斯里兰卡	Sri Lanka	15.7	15.1	15.1	15.1	15.1
泰　国	Thailand	31.1	32.3	33.0	33.3	33.7
越　南	Viet Nam	24.3	26.4	27.4	27.8	28.3
埃　及	Egypt	42.6	42.6	42.7	42.7	42.8
尼日利亚	Nigeria	42.5	46.2	47.6	48.4	49.1
南　非	South Africa	56.9	59.3	60.3	60.7	61.2
加拿大	Canada	79.5	80.1	80.3	80.4	80.5
墨西哥	Mexico	74.7	76.3	76.9	77.2	77.5
美　国	United States	79.1	80.8	81.4	81.7	82.0
阿根廷	Argentina	90.1	91.4	91.8	92.0	92.2
巴　西	Brazil	81.2	84.2	85.1	85.6	86.0
委内瑞拉	Venezuela	89.7	92.3	93.0	93.3	93.7
捷　克	Czech Rep.	74.0	73.5	73.5	73.5	73.5
法　国	France	75.8	76.7	77.1	77.4	77.6
德　国	Germany	73.1	73.4	73.6	73.6	73.7
意大利	Italy	67.2	67.6	67.9	68.1	68.2
荷　兰	Netherlands	76.8	80.2	81.3	81.8	82.4
波　兰	Poland	61.7	61.5	61.4	61.3	61.3
俄罗斯联邦	Russian Fed.	73.4	72.9	72.9	72.8	72.8
西班牙	Spain	76.3	76.7	77.0	77.1	77.3
土耳其	Turkey	64.7	67.3	68.2	68.7	69.1
乌克兰	Ukraine	67.1	67.8	67.9	68.0	68.0
英　国	United Kingdom	89.4	89.7	89.9	89.9	90.0
澳大利亚	Australia	87.2	88.2	88.6	88.7	88.9
新西兰	New Zealand	85.7	86.2	86.4	86.6	86.7

主要统计指标解释

人口　指实际具有的所有人口，无论其法律地位或公民身份均包括在内，不包括非永久居住在庇护地的难民，难民通常被认为是来源国的人口。人口用年中的估计值表示。

抚养比　指 0－14 岁和 65 岁及以上被抚养人口与 15－64 岁劳动年龄人口之比。

（粗）出生率　指一年内活产数量与年中人口数之比。粗出生率减去粗死亡率为自然增长率，等于没有人口迁移情况下的自然增长率。

（粗）死亡率　指一年内死亡数量与年中人口数之比。粗出生率减去粗死亡率为自然增长率，等于没有人口迁移情况下的自然增长率。

总和生育率　是一个妇女活到育龄期结束，并按当前的特定年龄生育率生育孩子的话，她可能生育的孩子数量。

少女生育率　指每千名 15－19 岁妇女中生育的妇女人数。

避孕普及率　指采取了某种避孕措施的 15－49 岁已婚妇女或其性伙伴所占的百分比。

孕产妇死亡率　是每年每 10 万例活产中怀孕和分娩期间死亡的妇女人数。

婴儿死亡率　指某年里每千名活产婴儿生存至一周岁前死亡的比率。

出生时预期寿命　指一名新生儿如果其出生时各年龄组的死亡率在其终生保持不变的话，他可能存活的年数。

结婚率　指在一定时期（通常为一个日历年）、给定地域、给定年份内平均每千名年中人口中的结婚次数。

离婚率　指在一定时期（通常为一个日历年）、给定地域、给定年份内平均每千名年中人口中的离婚次数。

城市人口　指向联合国报告的各国定义为城市的区域内的年中人口。

Explanatory Notes on Main Statistical Indicators

Total population is based on the de facto definition of population, which counts all residents regardless of legal status or citizenship--except for refugees not permanently settled in the country of asylum, who are generally considered part of the population of their country of origin. The values shown are midyear estimates.

Age Dependency Ratio is the ratio of dependents--people younger than 15 or older than 64--to the working-age population--those ages 15-64.

Crude Birth Rate is the number of live births occurring during the year, per 1,000 population estimated at midyear. Subtracting the crude death rate from the crude birth rate provides the rate of natural increase, which is equal to the population growth rate in the absence of migration.

Crude Death Rate is the number of deaths occurring during the year, per 1,000 population estimated at midyear. Subtracting the crude death rate from the crude birth rate provides the rate of natural increase, which is equal to the population growth rate in the absence of migration.

Total Fertility Rate is the number of children that would be born to a woman if she were to live to the end of her childbearing years and bear children in accordance with current age-specific fertility rates.

Adolescent Fertility Rate is the number of births per 1,000 women ages 15-19.

Contraceptive Prevalence Rate is the percentage of women who are practicing, or whose sexual partners are practicing, any form of contraception. It is usually measured for married women ages 15-49 only.

Maternal Mortality Ratio is the number of women who die during pregnancy and childbirth, per 100,000 live births. The data are estimated with a regression model using information on fertility, birth attendants, and HIV prevalence. Infant Mortality Rate is the number of infants dying before reaching one year of age, per 1000 live births in a given year.

Life Expectancy at Birth is the number of years a newborn infant would live if prevailing patterns of mortality at the time of its birth were to stay the same throughout its life.

Crude Marriage Rate is the number of marriages occurring in a population during a given period of time, usually a calendar year, i.e., the number of marriages occurring among the population of a given geographical area during a given year per 1000 mid-year total population of the given geographical area during the same year.

Crude Divorce Rate is the number of divorces occurring in a population during a given period of time, usually a calendar year, i.e., the number of divorces occurring among the population of a given geographical area during a given year per 1000 mid-year total population of the given geographical area during the same year.

Urban Population is the midyear population of areas defined as urban in each country and reported to the United Nations.

就业人员和劳动报酬

Employment and Earnings

5-1 劳动参与率
Labor Force Participation Rate

资料来源：世界银行WDI数据库。
Source: World Bank WDI Database.

国家和地区	Country or Area	劳动力人口（万人）Total Labor Force (10 000 persons)		劳动参与率（%）Labor Force Participation Rate(%)		女性劳动参与率（%）Female Labor Force Participation Rate(%)	
		2000	2008	2000	2008	2000	2008
世　界	**World**	**275587**	**313192**	**65.4**	**64.8**	**51.8**	**51.9**
高收入国家	**High Income**	**50555**	**54584**	**60.7**	**61.1**	**51.1**	**52.5**
经合组织国家	**OECD Countries**	**47777**	**51145**	**60.9**	**61.1**	**51.7**	**53.2**
欧 元 区	**Euro Area**	**14328**	**15732**	**55.0**	**57.1**	**45.3**	**49.3**
非经合组织国家	**Non-OECD Countries**	**2777**	**3438**	**58.3**	**59.9**	**39.2**	**41.5**
中等收入国家	**Middle Income**	**194772**	**221251**	**65.4**	**64.3**	**50.2**	**49.7**
中等偏上收入国家	**Upper Middle Income**	**39264**	**45294**	**60.1**	**61.4**	**45.8**	**48.5**
中等偏下收入国家	**Lower Middle Income**	**155508**	**175957**	**66.9**	**65.2**	**51.6**	**50.0**
中低收入国家	**Low and Middle Income**	**225033**	**258609**	**66.6**	**65.7**	**52.0**	**51.8**
东亚和太平洋	**East Asia and Pacific**	**98528**	**107828**	**75.3**	**72.5**	**67.0**	**64.5**
欧洲和中亚	**Europe and Central Asia**	**17645**	**18723**	**59.0**	**59.3**	**50.2**	**50.7**
拉丁美洲和加勒比	**Latin America and Caribbean**	**22103**	**26521**	**63.4**	**65.7**	**47.0**	**51.7**
中东和北非国家	**Middle East and North Africa**	**8912**	**11121**	**50.0**	**50.0**	**24.6**	**25.9**
南　亚	**South Asia**	**51538**	**61345**	**59.2**	**59.0**	**34.3**	**35.2**
撒哈拉以南非洲	**Sub-Saharan Africa**	**26307**	**33072**	**70.0**	**70.5**	**59.2**	**60.5**
低收入国家	**Low Income**	**30261**	**37358**	**74.7**	**74.8**	**64.4**	**65.8**
中　国	China	72596	77688	77.4	73.8	70.9	67.5
中国香港	Hong Kong,China	338	372	60.9	61.0	49.5	52.5
中国澳门	Macao,China	22	33	64.7	71.6	55.2	65.4
孟加拉国	Bangladesh	6279	7677	70.6	70.6	54.7	58.3
文　莱	Brunei Darussalam	16	19	67.5	67.4	55.2	59.9
柬 埔 寨	Cambodia	590	753	79.6	78.5	75.4	73.3
印　度	India	38544	44989	58.4	57.8	33.0	33.1
印度尼西亚	Indonesia	9696	11280	67.8	68.3	50.6	52.0
伊　朗	Iran	2240	2778	51.5	51.1	28.5	31.2
以 色 列	Israel	251	315	55.7	59.7	49.3	53.7
日　本	Japan	6761	6688	62.4	60.5	49.2	48.6
哈萨克斯坦	Kazakhstan	755	847	70.1	70.8	64.7	66.2
韩　国	Korea,Rep.	2266	2442	60.9	60.8	48.9	49.9
老　挝	Laos	247	300	80.4	78.2	79.5	77.8
马来西亚	Malaysia	973	1173	62.8	62.0	44.3	44.1
蒙　古	Mongolia	114	140	72.8	72.3	66.8	67.2
缅　甸	Myanmar	2519	2682	77.3	74.2	67.2	63.9
巴基斯坦	Pakistan	4159	5584	51.3	53.6	16.1	21.2
菲 律 宾	Philippines	3148	3788	65.1	63.8	48.6	48.7
新 加 坡	Singapore	206	261	65.5	65.1	52.3	54.2
斯里兰卡	Sri Lanka	776	829	56.5	54.3	36.5	34.6
泰　国	Thailand	3431	3850	73.5	73.2	66.1	65.9
越　南	Viet Nam	3786	4561	73.3	72.0	69.5	68.2
埃　及	Egypt	2166	2632	48.9	47.8	23.8	22.8
尼日利亚	Nigeria	3925	4862	56.0	56.1	38.3	38.9
南　非	South Africa	1528	1868	52.3	55.3	44.3	47.2
加 拿 大	Canada	1626	1866	65.3	67.3	58.6	62.1
墨 西 哥	Mexico	3952	4671	60.3	61.9	38.8	43.4
美　国	United States	14787	15838	66.8	65.4	59.5	58.9
阿 根 廷	Argentina	1627	1907	60.9	64.1	45.6	51.1
巴　西	Brazil	8338	9995	68.0	70.7	54.7	59.9
委内瑞拉	Venezuela	1014	1272	62.9	65.2	45.2	50.8
捷　克	Czech Rep.	515	524	60.0	58.5	51.5	49.4
法　国	France	2639	2861	55.2	56.3	48.3	50.9
德　国	Germany	4038	4238	58.2	59.8	49.1	52.9
意 大 利	Italy	2323	2521	47.6	49.1	35.3	38.3
荷　兰	Netherlands	815	893	62.8	66.2	53.2	59.2
波　兰	Poland	1745	1765	56.2	54.6	49.6	46.8
俄罗斯联邦	Russian Fed.	7229	7603	60.4	62.8	53.9	57.1
西 班 牙	Spain	1805	2277	52.6	58.6	40.5	49.3
土 耳 其	Turkey	2311	2576	50.1	47.9	26.6	25.1
乌 克 兰	Ukraine	2341	2309	57.7	58.0	51.8	51.8
英　国	United Kingdom	2930	3150	61.4	62.2	53.5	55.2
澳大利亚	Australia	962	1131	63.3	65.3	54.6	58.4
新 西 兰	New Zealand	194	231	64.9	68.3	56.9	61.7

5-2 就业人数
Employment

资料来源：联合国ILO数据库。
Source: ILO Database.
单位：万人 (10 000 persons)

国家和地区	Country or Area	2000	2004	2005	2006	2007	2008
中　　国①	China①	72085	75200	75825	76400	76990	77480
中国香港②	Hong Kong,China②	321	327	334	340	348	352
中国澳门	Macao,China	20	22	24	27	30	32
孟加拉国	Bangladesh	5176		4736			
柬 埔 寨③	Cambodia③	528	656				
印　　度	India	36897					
印度尼西亚	Indonesia	8984	9372	9396	9546	9993	10255
伊　　朗③	Iran③			2062	2084	2109	
以 色 列④	Israel④	222	240	249	257	268	278
日　　本	Japan	6446	6329	6356	6382	6412	6385
哈萨克斯坦	Kazakhstan	620	718	726	740	763	786
韩　　国④	Korea,Rep.④	2116	2256	2286	2315	2343	2358
老　　挝	Laos			274			
马来西亚④⑤	Malaysia④⑤	927	998	1005	1028	1054	1066
蒙　　古⑥	Mongolia⑥	78	95	97	101	102	104
巴基斯坦③④	Pakistan③④	3685	4201	4292	4695	4765	
菲 律 宾④	Philippines④	2745	3161	3231	3264	3356	3409
新 加 坡	Singapore	148	163		180	180	185
斯里兰卡⑦	Sri Lanka⑦	631③	739⑧	752	711	704	717
泰　　国④	Thailand④	3300⑨	3571	3630	3634	3712	3784
越　　南	Viet Nam	3837	4232	4253	4334	4417	4492
埃　　及④⑤	Egypt④⑤	1720	1872	1934	2044	2172	
南　　非	South Africa	1224	1164	1230	1280	1323	1371
加 拿 大④⑩	Canada④⑩	1476	1595	1617	1648	1687	1713
墨 西 哥⑪	Mexico⑪	3804	4056	4079	4220	4291	4387
美　　国④⑥	United States④⑥	13521	13925	14173	14443	14605	14536
阿 根 廷③⑫	Argentina③⑫	826	942	964	1004	1012	1028
巴　　西③	Brazil③	6563	8460	8719	8932	9079	
委内瑞拉④	Venezuela④	896③	1042③	1073③	1112③	1149	1186
捷　　克	Czech Rep.	473	471	476	483	492	500
法　　国	France	2326	2480	2498	2513	2557	2591
德　　国	Germany	3660	3566	3657	3732	3816	3873
意 大 利	Italy	2123	2240	2256	2299	2322	2340
荷　　兰	Netherlands	780	793	796	811	831	846
波　　兰④	Poland④	1453	1380	1412	1459	1524	1580
俄罗斯联邦⑬	Russian Fed.⑬	6507	6728	6817	6886	7057	7097
西 班 牙④⑥	Spain④⑥	1551	1797	1897	1975	2036	2026
土 耳 其④	Turkey④	2158	2179	2205	2233	2074	2119
乌 克 兰⑭	Ukraine⑭	2018	2030	2068	2073	2090	2097
英　　国⑥	United Kingdom⑥	2740	2837	2867	2893	2910	2948
澳大利亚④	Australia④	895	962	997	1022	1051	1074
新 西 兰④	New Zealand④	180	202	208	213	217	219

注：①不包括军人和反聘的退休人员。②不包括军人和域外机构人员。③10岁及以上。④不包括军人。⑤15岁至64岁。⑥16岁及以上。⑦不包括北部和东部省。⑧不包括北部省。⑨13岁及以上。⑩不包括生活在保护区的居民。⑪14岁及以上。⑫部分城市地区。⑬15岁至72岁。⑭15岁至70岁。

Note:①Excluding armed forces and reemployed retired persons.②Excluding marine,military and institutional populations.③Persons aged 10 years and over.④Excluding armed forces.⑤Persons aged 15 to 64 years. ⑥Persons aged 16 years and over.⑦Excluding Northern and Eastern provinces.⑧Excluding Northern province.⑨Persons aged 13 years and over.⑩Excluding residents of the territories and indigenous persons living on reserves. ⑪Persons aged 14 years and over.⑫Some urban agglomerations.⑬Persons aged 15 to 72 years.⑭Persons aged 15 to 70 years.

5-3 按产业类型划分的就业构成

Composition of Employment by Industry

资料来源：世界银行WDI数据库。
Source: World Bank WDI Database.
单位：% (%)

国家和地区	Country or Area	第一产业 Primary Industry		第二产业 Secondary Industry		第三产业 Tertiary Industry	
		2000	2007	2000	2007	2000	2007
中　国	China	46.3	44.1①	17.3	17.7①	12.7	16.1①
中国香港	Hong Kong,China	0.3	0.2	20.3	14.2	79.4	85.6
中国澳门	Macao,China	0.2	0.1	28.2	21.2	71.5	78.6
孟加拉国	Bangladesh	62.1	48.1②	10.3	14.5②	23.5	37.4②
柬埔寨	Cambodia	73.7	39.8③	8.4	3.5③	17.7	8.6③
印度尼西亚	Indonesia	45.3	41.2	17.4	18.8	37.3	39.9
伊　朗	Iran		22.8		32.0		45.1
以色列	Israel	2.2	1.6	24.0	21.9	73.0	75.6
日　本	Japan	5.1	4.2	31.2	27.9	63.1	66.7
哈萨克斯坦	Kazakhstan		33.5③		17.4③		49.1③
韩　国	Korea,Rep.	10.6	7.4	28.1	25.9	61.2	66.6
马来西亚	Malaysia	18.4	14.8	32.2	28.5	49.5	56.7
蒙　古	Mongolia	48.6	37.7	14.1	17.9	37.2	44.5
巴基斯坦	Pakistan	48.4	43.6	18.0	21.0	33.5	35.4
菲律宾	Philippines	37.4	36.1	16.0	15.1	46.5	48.8
新加坡	Singapore		1.1	33.8	22.6	65.5	76.2
斯里兰卡	Sri Lanka		31.3		26.6		38.7
泰　国	Thailand	48.5	41.7	17.9	20.7	33.5	37.4
越　南	Viet Nam	65.3	57.9③	12.4	17.4③	22.3	24.7③
埃　及	Egypt	29.6	31.2④	21.3	22.0④	49.1	46.6④
南　非	South Africa	15.6	8.8	24.2	26.0	59.4	64.9
加拿大	Canada	3.3	2.5	23.1	21.6	73.5	75.9
墨西哥	Mexico	17.6	13.5	26.9	25.9	55.1	59.9
美　国	United States	2.6	1.4	23.2	20.6	74.3	78.0
阿根廷	Argentina	0.7	0.8④	22.7	23.7④	76.2	75.2④
巴　西	Brazil	18.5	19.3④	21.2	21.4④	59.1	59.1④
委内瑞拉	Venezuela	10.2	8.7	22.3	23.3	67.4	67.7
捷　克	Czech Rep.	5.1	3.6	39.5	40.2	55.3	56.2
法　国	France	4.1	3.4	26.3	23.2	69.5	73.1
德　国	Germany	2.6	2.2	33.5	29.8	63.7	67.9
意大利	Italy	5.2	4.0	31.8	30.2	62.9	65.8
荷　兰	Netherlands	3.0	3.0	20.2	19.1	70.4	73.2
波　兰	Poland	18.8	14.7	30.8	30.7	50.4	54.5
俄罗斯联邦	Russian Fed.	14.5	9.0	28.4	29.2	57.1	61.8
西班牙	Spain	6.7	4.5	30.8	29.3	62.5	66.2
土耳其	Turkey	36.0	26.4	24.0	25.5	40.0	48.0
乌克兰	Ukraine	23.4	16.7	20.8	23.9	13.3	59.4
英　国	United Kingdom	1.5	1.4	25.3	22.3	72.8	76.0
澳大利亚	Australia	5.0	3.4	21.7	21.2	73.3	75.1
新西兰	New Zealand	8.7	7.2	23.2	21.9	67.7	70.5

注：①2002年数据。②2005年数据。③2004年数据。④2006年数据。
Note:①Data refer to 2002.②Data refer to 2005.③Data refer to 2004.④Data refer to 2006.

5-4 按行业分类的就业人口
Employment by Economic Activity

资料来源：联合国ILO数据库。
Source: ILO Database.
单位：万人 (10 000 persons)

国家和地区	Country or Area	2000	2005	2006	2007	2008
中国香港①	**Hong Kong,China①**					
按第二版ISIC分类	ISIC-Rev.2					
总　计	Total	320.7	333.7	340.1	348.4	351.9
农业、狩猎业、林业和渔业	Agriculture,Hunting,Forestry and Fishing	0.9	0.9	0.8	0.6	0.8
采掘业	Mining and Quarrying					
制造业	Manufacturing	33.4	22.4	21.7	20.2	19.1
电、煤气和水	Electricity,Gas and Water	1.7	1.5	1.5	1.5	1.4
建筑业	Construction	30.2	26.4	26.9	27.5	26.9
批发、零售业、旅馆和饭店业	Wholesale and Retail Trade and Restaurants and Hotels	98.2	109.4	110.5	114.4	114.6
运输、仓储和通讯	Transport,Storage and Communication	35.7	35.7	36.9	37.2	37.8
金融保险、房地产和商务服务	Financing,Insurance,Real Estate and Business Services	45.3	50.3	52.6	54.8	58.0
社会和个人服务	Community,Social and Personal Services	75.5	87.0	89.2	92.1	93.3
印度尼西亚	**Indonesia**					
按第三版ISIC分类	ISIC-Rev.3					
总　计	Total	8983.8	9395.8	9545.7	9993.0	10255.3
农业、狩猎业和林业	Agriculture,Hunting,Forestry	3901.2	3976.6	3860.4	3937.1	3955.6
渔业	Fishing	166.5	154.4	153.2	183.6	177.5
采掘业	Mining and Quarrying	45.2	90.4	92.4	99.5	107.1
制造业	Manufacturing	1164.2	1195.3	1189.0	1236.9	1254.9
电、煤气和水供应业	Electricity,Gas and Water Supply	7.1	19.5	22.8	17.5	20.1
建筑业	Construction	349.7	456.5	469.7	525.3	543.9
批发、零售贸易；机动车及个人、家庭用品修理业	Wholesale,Retail Trade,Repair of Motor Vehicles, Motorcycles and Personal and Household Goods	1522.5	1674.8	1738.3	1653.1	1715.3
旅馆和饭店业	Hotels and Restaurants	326.4	116.1	183.2	402.3	406.9
运输、仓储和通讯	Transport,Storage and Communications	455.4	565.3	566.2	595.9	618.0
金融中介	Financial Intermediation	46.9	55.6	67.8	74.0	69.1
房地产、租赁及商业活动	Real Estate,Renting and Business Activities	41.3	58.6	66.8	66.0	76.9
公共管理和国防；社会基本保障	Public Administration and Defence; Compulsory Social Security	284.1	258.7	283.7	267.9	252.1
教育	Education	241.3	287.2	317.9	346.0	328.6
卫生和社会工作	Health and Social Work	43.8	65.1	70.1	68.3	74.4
其他团体、社会和个人服务活动	Other Community,Social and Personal Services Activities	181.7	145.0	217.2	324.6	421.3
雇人的私人住户	Private Households with Employed Persons	206.5	270.3	241.6	188.5	222.9
域外组织和机构	Extra-Territorial Organizations and Bodies		0.4	1.1	0.4	0.8
未分类经济活动	Not Classifiable by Economic Activity		6.1	4.2	6.3	9.8

注：①不包括军人和域外机构人员。
Note:①Excludes marine,military and institutional populations.

5-4 续表 1 continued

单位：万人 (10 000 persons)

国家和地区	Country or Area	2000	2005	2006	2007	2008
伊　朗①	**Iran①**					
按第三版ISIC分类	ISIC-Rev.3					
总　计	Total		2061.9	2084.1	2109.2	
农业、狩猎业和林业	Agriculture,Hunting,Forestry		503.1	474.5	473.0	
渔业	Fishing		6.9	8.2	7.9	
采掘业	Mining and Quarrying		12.7	13.9	12.8	
制造业	Manufacturing		378.9	390.8	383.4	
电、煤气和水供应业	Electricity,Gas and Water Supply	18.9	19.8	19.1	19.6	
建筑业	Construction	206.1	214.3	236.7	260.1	
批发、零售贸易；机动车及个人、家庭用品修理业	Wholesale,Retail Trade,Repair of Motor Vehicles, Motorcycles and Personal and Household Goods		295.9	303.1	301.7	
旅馆和饭店业	Hotels and Restaurants	17.4	18.2	18.7	19.3	
运输、仓储和通讯	Transport,Storage and Communications	174.0	181.7	191.0	197.6	
金融中介	Financial Intermediation	24.8	26.0	27.8	28.2	
房地产、租赁及商业活动	Real Estate,Renting and Business Activities	39.7	41.8	42.4	43.8	
公共管理和国防；社会基本保障	Public Administration and Defence; Compulsory Social Security	125.9	131.7	132.3	135.3	
教育	Education	130.1	136.9	132.5	132.1	
卫生和社会工作	Health and Social Work	44.1	46.4	45.3	46.1	
其他团体、社会和个人服务活动	Other Community,Social and Personal Services Activities	41.2	43.3	43.5	44.2	
雇人的私人住户	Private Households with Employed Persons	2.7	2.8	2.9	2.8	
域外组织和机构	Extra-Territorial Organizations and Bodies	0.9		0.1	0.1	
未分类经济活动	Not Classifiable by Economic Activity	0.4	0.4	0.5	0.4	
以 色 列②	**Israel②**					
按第三版ISIC分类	ISIC-Rev.3					
总　计	Total	222.1	249.4	257.4	268.2	277.7
农业、狩猎业、林业和渔业	Agriculture,Hunting,Forestry; Fishing	4.8	5.0	4.5	4.3	
渔业	Fishing	4.6	4.9	4.4	4.2	4.6
采掘业	Mining and Quarrying	0.5	0.4	0.4	0.4	0.5
制造业	Manufacturing	38.5	38.1	39.0	40.9	42.1
电、煤气和水供应业	Electricity,Gas and Water Supply	1.9	2.1	1.8	1.7	2.0
建筑业	Construction	11.6	12.7	13.4	15.0	15.1
批发、零售贸易；机动车及个人、家庭用品修理业	Wholesale,Retail Trade,Repair of Motor Vehicles, Motorcycles and Personal and Household Goods	29.6	33.7	33.7	35.8	37.8
旅馆和饭店业	Hotels and Restaurants	10.2	11.5	12.2	12.2	13.0
运输、仓储和通讯	Transport,Storage and Communications	14.5	16.3	17.2	17.1	17.4
金融中介	Financial Intermediation	7.3	8.2	8.7	9.5	9.9
房地产、租赁及商业活动	Real Estate,Renting and Business Activities	25.9	33.5	35.4	37.5	38.9
公共管理和国防；社会基本保障	Public Administration and Defence; Compulsory Social Security	12.0	11.6	11.6	12.0	13.1
教育	Education	27.2	31.4	32.6	34.4	34.9
卫生和社会工作	Health and Social Work	21.4	26.6	26.4	26.7	27.5
其他团体、社会和个人服务活动	Other Community,Social and Personal Services Activities	10.6	11.7	12.8	12.4	13.0
雇人的私人住户	Private Households with Employed Persons	3.5	4.0	4.6	4.9	4.6
域外组织和机构	Extra-Territorial Organizations and Bodies		0.2			
未分类经济活动	Not Classifiable by Economic Activity	2.5	2.3	2.8	3.1	2.9

注：①10岁及以上。②不包括军人。
Note:①Persons ages 10 years and over. ②Excludes armed forces.

5-4 续表 2 continued

单位：万人 (10 000 persons)

国家和地区	Country or Area	2000	2005	2006	2007	2008
日　本	**Japan**					
按第三版ISIC分类	ISIC-Rev.3					
总　计	Total	6356.0	6356.0	6382.0	6412.0	6385.0
农业、狩猎业和林业	Agriculture,Hunting,Forestry	259.0	259.0	250.0	251.0	245.0
渔业	Fishing	23.0	23.0	22.0	21.0	23.0
采掘业	Mining and Quarrying	5.0	3.0	3.0	4.0	3.0
制造业	Manufacturing	1321.0	1169.0	1191.0	1198.0	1174.0
电、煤气和水供应业	Electricity,Gas and Water Supply		35.0	36.0	33.0	32.0
建筑业	Construction	653.0	568.0	559.0	552.0	537.0
批发、零售贸易；机动车及个人、家庭用品修理业	Wholesale,Retail Trade,Repair of Motor Vehicles, Motorcycles and Personal and Household Goods		1186.0	1180.0	1178.0	1169.0
旅馆和饭店业	Hotels and Restaurants		343.0	337.0	342.0	334.0
运输、仓储和通讯	Transport,Storage and Communications	414.0	385.0	396.0	397.0	391.0
金融中介	Financial Intermediation		157.0	155.0	155.0	164.0
房地产、租赁及商业活动	Real Estate,Renting and Business Activities		729.0	741.0	761.0	771.0
公共管理和国防；社会基本保障	Public Administration and Defence; Compulsory Social Security		229.0	222.0	226.0	223.0
教育	Education		286.0	287.0	284.0	288.0
卫生和社会工作	Health and Social Work		553.0	571.0	579.0	598.0
其他团体、社会和个人服务活动	Other Community,Social and Personal Services Activities		355.0	360.0	354.0	357.0
未分类经济活动	Not Classifiable by Economic Activity		74.0	71.0	77.0	74.0
哈萨克斯坦	**Kazakhstan**					
按第三版ISIC分类	ISIC-Rev.3					
总　计	Total	620.1	726.1	740.4	763.1	785.7
农业、狩猎业和林业	Agriculture,Hunting,Forestry		233.6	231.8	236.6	235.0
渔业	Fishing		1.7	1.6	1.7	2.0
采掘业	Mining and Quarrying		18.4	18.7	19.4	20.0
制造业	Manufacturing		54.1	55.5	57.0	57.3
电、煤气和水供应业	Electricity,Gas and Water Supply		16.7	16.3	16.3	16.5
建筑业	Construction		41.6	46.1	51.8	54.9
批发、零售贸易；机动车及个人、家庭用品修理业	Wholesale,Retail Trade,Repair of Motor Vehicles, Motorcycles and Personal and Household Goods		103.9	106.7	107.1	115.0
旅馆和饭店业	Hotels and Restaurants		8.7	9.1	10.0	10.3
运输、仓储和通讯	Transport,Storage and Communications		52.9	53.9	55.3	58.9
金融中介	Financial Intermediation		6.7	7.4	8.8	9.6
房地产、租赁及商业活动	Real Estate,Renting and Business Activities		29.2	31.9	35.5	37.8
公共管理和国防；社会基本保障	Public Administration and Defence; Compulsory Social Security		33.0	33.5	34.4	35.3
教育	Education		69.0	72.1	73.3	75.4
卫生和社会工作	Health and Social Work		32.8	33.2	33.6	34.7
其他团体、社会和个人服务活动	Other Community,Social and Personal Services Activities		20.3	19.8	19.7	20.5
雇人的私人住户	Private Households with Employed Persons		3.6	2.9	2.8	2.4
域外组织和机构	Extra-Territorial Organizations and Bodies		0.03	0.02	0.01	0.01

5-4 续表 3 continued

单位：万人 (10 000 persons)

国家和地区	Country or Area	2000	2005	2006	2007	2008
韩　国①	**Korea,Rep.①**					
按第三版ISIC分类	ISIC-Rev.3					
总　计	Total	2115.6	2285.6	2315.1	2343.3	
农业、狩猎业和林业	Agriculture,Hunting,Forestry	216.2	174.7	172.1	167.0	
渔业	Fishing	8.1	6.8	6.4	5.6	
采掘业	Mining and Quarrying	1.7	1.7	1.8	1.8	
制造业	Manufacturing	429.3	423.4	416.7	411.9	
电、煤气和水供应业	Electricity,Gas and Water Supply	6.4	7.1	7.6	8.6	
建筑业	Construction	158.0	181.4	183.5	185.0	
批发、零售贸易；机动车及个人、家庭用品修理业	Wholesale,Retail Trade,Repair of Motor Vehicles, Motorcycles and Personal and Household Goods					
旅馆和饭店业	Hotels and Restaurants	191.9	205.8	204.9	204.9	
运输、仓储和通讯	Transport,Storage and Communications	126.0	142.9	147.0	149.8	
金融中介	Financial Intermediation	75.2	74.6	78.6	80.9	
房地产、租赁及商业活动	Real Estate,Renting and Business Activities	136.1	203.7	216.8	235.0	
公共管理和国防；社会基本保障	Public Administration and Defence; Compulsory Social Security	75.8	79.1	80.1	79.7	
教育	Education	119.1	156.8	165.8	168.7	
卫生和社会工作	Health and Social Work	42.8	64.6	68.6	74.5	
其他团体、社会和个人服务活动	Other Community,Social and Personal Services Activities	125.1	172.7	178.1	184.5	
雇人的私人住户	Private Households with Employed Persons	18.6	13.0	13.8	16.1	
域外组织和机构	Extra-Territorial Organizations and Bodies	1.9	2.4	2.0	1.5	
马来西亚①②	**Malaysia①②**					
按第三版ISIC分类	ISIC-Rev.3					
总　计	Total	926.9	1004.5	1027.5	1053.8	1066.0
农业、狩猎业和林业	Agriculture,Hunting,Forestry		135.5	137.5	143.7	136.6
渔业	Fishing		11.5	12.8	12.1	12.2
采掘业	Mining and Quarrying	2.7	3.6	4.2	3.9	5.5
制造业	Manufacturing	212.6	198.9	208.3	197.7	194.5
电、煤气和水供应业	Electricity,Gas and Water Supply		5.7	7.5	6.1	6.1
建筑业	Construction	79.9	90.4	90.9	92.3	99.8
批发、零售贸易；机动车及个人、家庭用品修理业	Wholesale,Retail Trade,Repair of Motor Vehicles, Motorcycles and Personal and Household Goods		162.0	165.1	171.2	172.9
旅馆和饭店业	Hotels and Restaurants		67.2	72.1	76.1	78.4
运输、仓储和通讯	Transport,Storage and Communications	42.3	54.5	54.0	53.8	58.3
金融中介	Financial Intermediation		24.7	24.2	28.2	27.6
房地产、租赁及商业活动	Real Estate,Renting and Business Activities		45.9	50.8	55.8	55.3
公共管理和国防；社会基本保障	Public Administration and Defence; Compulsory Social Security		72.9	67.4	71.6	75.1
教育	Education		60.7	60.0	63.3	65.7
卫生和社会工作	Health and Social Work		21.3	22.3	23.9	25.3
其他团体、社会和个人服务活动	Other Community,Social and Personal Services Activities		23.5	24.7	26.7	27.4
雇人的私人住户	Private Households with Employed Persons		26.1	25.5	27.3	25.3
域外组织和机构	Extra-Territorial Organizations and Bodies		0.2	0.1	0.2	0.1

注：①不包括军人。②15至64岁。
Note:①Excluding armed forces.②Persons ages 15 to 64 years.

5-4 续表 4 continued

单位：万人 (10 000 persons)

国家和地区	Country or Area	2000	2005	2006	2007	2008
蒙　古①	**Mongolia ①**					
按第三版ISIC分类	ISIC-Rev.3					
总　计	Total	80.9	96.8	101.0	102.4	104.2
农业、狩猎业、林业和渔业	Agriculture,Hunting,Forestry; Fishing	39.4	38.6	39.1	38.6	37.8
采掘业	Mining and Quarrying	1.9	4.0	4.2	4.4	4.7
制造业	Manufacturing	5.5	4.6	4.7	4.8	4.8
电、煤气和水供应业	Electricity,Gas and Water Supply	1.8	2.9	3.0	3.1	3.0
建筑业	Construction	2.3	4.9	5.6	6.0	6.7
批发、零售贸易；机动车及个人、家庭用品修理业	Wholesale,Retail Trade,Repair of Motor Vehicles, Motorcycles and Personal and Household Goods	8.4	14.2	16.1	16.2	17.0
旅馆和饭店业	Hotels and Restaurants	1.3	3.0	3.1	3.2	3.5
运输、仓储和通讯	Transport,Storage and Communications	3.4	4.2	4.1	4.4	4.6
金融中介	Financial Intermediation	0.7	1.6	1.7	1.7	2.0
房地产、租赁及商业活动	Real Estate,Renting and Business Activities	0.7	0.9	1.2	1.5	1.2
公共管理和国防；社会基本保障	Public Administration and Defence; Compulsory Social Security	3.5	4.7	4.7	4.9	5.1
教育	Education	5.4	5.9	6.2	6.5	6.6
卫生和社会工作	Health and Social Work	3.4	4.0	3.9	4.0	4.2
其他团体、社会和个人服务活动	Other Community,Social and Personal Services Activities	2.9	2.7	2.3	2.0	2.0
雇人的私人住户	Private Households with Employed Persons	0.4	0.9	1.1	1.2	1.2
巴基斯坦②③	**Pakistan②③**					
按第二版ISIC分类	ISIC-Rev.2					
总　计	Total	3684.7	4281.6	4695.2	4765.1	
农业、狩猎业、林业和渔业	Agriculture,Hunting,Forestry; Fishing	1784.1	1843.1	2036.4	2078.0	
采掘业	Mining and Quarrying	2.5	2.9	4.3	5.2	
制造业	Manufacturing	423.0	588.1	649.9	645.4	
电、煤气和水供应业	Electricity,Gas and Water Supply	25.9	28.7	30.8	36.0	
建筑业	Construction	213.0	249.6	288.0	312.7	
批发、零售业、旅馆和饭店业	Wholesale and Retail Trade and Restaurants and Hotels	497.6	633.6	688.6	687.2	
运输、仓储和通讯	Transport,Storage and Communications	185.3	245.5	269.7	256.9	
金融保险、房地产和商务服务	Financing,Insurance,Real Estate and Business Services	30.1	45.3	51.8	54.4	
社会和个人服务	Community,Social and Personal Services	523.1	642.7	673.9	686.8	
行业不明确	Activities not Adequately Defined	0.1	2.1	1.8	2.5	
菲 律 宾③	**Philippines③**					
按第三版ISIC分类	ISIC-Rev.3					
总　计	Total	2745.2	3231.3	3263.6	3356.0	3408.9
农业、狩猎业和林业	Agriculture,Hunting,Forestry		1076.3	1061.9	1076.8	
渔业	Fishing		140.8	142.3	139.3	
采掘业	Mining and Quarrying	10.6	11.6	13.4	13.5	
制造业	Manufacturing	279.2	304.3	301.0	306.0	
电、煤气和水供应业	Electricity,Gas and Water Supply		10.8	12.2	14.1	
建筑业	Construction	143.0	161.6	162.6	174.0	
批发、零售贸易；机动车及个人、家庭用品修理业	Wholesale,Retail Trade,Repair of Motor Vehicles, Motorcycles and Personal and Household Goods		621.5	615.2	617.6	
旅馆和饭店业	Hotels and Restaurants		87.1	90.7	90.7	

注：①16岁及以上。②10岁及以上。③不包括军人。

Note:①Persons ages 16 years and above. ②Persons ages 10 years and above. ③Excludes armed forces.

5-4 续表 5 continued

单位：万人 (10 000 persons)

国家和地区	Country or Area	2000	2005	2006	2007	2008
菲律宾①(续)	**Philippines①(continued)**					
运输、仓储和通讯	Transport,Storage and Communications	202.4	247.1	246.0	260.0	
金融中介	Financial Intermediation		33.7	36.6	38.4	
房地产、租赁及商业活动	Real Estate,Renting and Business Activities		73.6	79.9	88.1	
公共管理和国防；社会基本保障	Public Administration and Defence; Compulsory Social Security		149.4	151.8	156.9	
教育	Education		98.9	99.7	104.3	
卫生和社会工作	Health and Social Work		36.2	37.0	39.6	
其他团体、社会和个人服务活动	Other Community,Social and Personal Services Activities		78.1	76.1	77.9	
雇人的私人住户	Private Households with Employed Persons		156.1	161.9	169.9	
域外组织和机构	Extra-Territorial Organizations and Bodies		0.3	0.2	0.3	
新加坡	**Singapore**					
按第三版ISIC分类	ISIC-Rev.3					
总计	Total	148.3		179.7	180.3	185.2
农业、狩猎业和林业；渔业；	Agriculture,Hunting,Forestry; Fishing;			30.2	30.5	31.2
采掘业②	Mining and Quarrying②					
制造业	Manufacturing	43.4				
电、煤气和水供应业	Electricity,Gas and Water Supply					
建筑业	Construction	27.4		9.5	10.1	10.6
批发、零售贸易；机动车及个人家庭用品修理业	Wholesale,Retail Trade,Repair of Motor Vehicles, Motorcycles and Personal and Household Goods			30.1	27.7	27.0
旅馆和饭店业	Hotels and Restaurants	11.4		17.4	18.0	18.2
运输、仓储和通讯	Transport,Storage and Communications	23.3		12.9	12.3	12.0
金融中介	Financial Intermediation	9.6		7.5	8.8	8.7
房地产、租赁及商业活动	Real Estate,Renting and Business Activities	19.6		10.6	11.0	12.4
公共管理和国防；社会基本保障	Public Administration and Defence; Compulsory Social Security			4.0	4.1	4.3
教育	Education			9.9	9.7	11.0
卫生和社会工作	Health and Social Work			7.1	7.0	7.4
其他团体、社会和个人服务活动；雇人的私人住户；境外组织和团体	Other Community,Social and Personal Services Activities; Private Households with Employed Persons; Extra-Territorial Organizations and Bodies			8.1	8.6	8.9
斯里兰卡③	**Sri Lanka③**					
按第三版ISIC分类	ISIC-Rev.3					
总计	Total	631.0	751.8	710.5	704.2	717.5
农业、狩猎业、林业和渔业	Agriculture,Hunting,Forestry; Fishing		230.6	228.7	220.2	234.4
采掘业	Mining and Quarrying					
制造业	Manufacturing		138.5	136.3	133.1	135.5
电、煤气和水供应业④	Electricity,Gas and Water Supply④		54.3	52.7	54.3	53.3
建筑业	Construction					
批发、零售贸易；机动车及个人家庭用品修理业	Wholesale,Retail Trade,Repair of Motor Vehicles, Motorcycles and Personal and Household Goods		90.4	95.5	93.2	92.4
旅馆和饭店业	Hotels and Restaurants		13.9	12.9	11.9	10.4
运输、仓储和通讯	Transport,Storage and Communications		48.5	43.0	45.7	42.6
金融中介；房地产、租赁及商务活动	Financial Intermediation; Real Estate,Renting and Business Activities		23.4	22.1	21.5	23.6

注：①不包括军人。②包括“电、煤气和水供应业”和“行业不明确者”。③不包括北部和东部省。④包括采掘业。

Note:①Excludes armed forces.②Includes "Electricity,Gas and Water Supply" and "Not Classifiable by Economic Activity". ③Excludes Northern and Eastern provinces. ④Includes Mining and Quarrying.

5-4 续表 6 continued

单位：万人 (10 000 persons)

国家和地区	Country or Area	2000	2005	2006	2007	2008
斯里兰卡①(续)	**Sri Lanka① (continued)**					
公共管理和国防；社会基本保障	Public Administration and Defence; Compulsory Social Security		51.3	40.1	43.3	46.3
教育	Education		29.7	27.7	26.0	29.9
卫生和社会工作	Health and Social Work		12.9	11.0	11.6	11.1
其他团体、社会和个人服务活动	Other Community,Social and Personal Services Activities		13.4	12.4	10.5	12.9
雇人的私人住户	Private Households with Employed Persons		5.3	8.0	8.7	8.4
未分类经济活动	Not Classifiable by Economic Activity		39.6	20.1	24.3	16.7
泰　国②	**Thailand②**					
按第三版ISIC分类	ISIC-Rev.3					
总　计	Total	3300.1	3630.2	3634.5	3712.2	3783.7
农业、狩猎业和林业	Agriculture,Hunting,Forestry		1500.8	1488.7	1508.2	1564.1
渔业	Fishing		44.1	42.8	41.0	42.6
采掘业	Mining and Quarrying	3.9	4.0	5.5	5.4	5.5
制造业	Manufacturing	478.5	535.0	530.7	559.3	523.1
电、煤气和水供应业	Electricity,Gas and Water Supply		10.7	9.9	10.5	10.3
建筑业	Construction	128.0	185.3	203.9	193.9	201.2
批发、零售贸易；机动车及个人、家庭用品修理业	Wholesale,Retail Trade,Repair of Motor Vehicles, Motorcycles and Personal and Household Goods		529.7	540.2	552.5	563.5
旅馆和饭店业	Hotels and Restaurants		230.0	221.5	230.3	235.3
运输、仓储和通讯	Transport,Storage and Communications	95.1	107.6	105.3	102.7	109.1
金融中介	Financial Intermediation		34.0	35.0	35.0	39.6
房地产、租赁及商业活动	Real Estate,Renting and Business Activities		65.2	65.9	71.7	71.7
公共管理和国防；社会基本保障	Public Administration and Defence; Compulsory Social Security		109.6	117.0	128.7	130.3
教育	Education		112.2	108.0	108.5	109.8
卫生和社会工作	Health and Social Work		61.1	60.3	64.7	72.0
其他团体、社会和个人服务活动	Other Community,Social and Personal Services Activities		71.9	71.0	71.8	81.9
雇人的私人住户	Private Households with Employed Persons		24.2	22.2	22.9	19.6
域外组织和机构	Extra-Territorial Organizations and Bodies		0.2	…	0.1	0.1
未分类经济活动	Not Classifiable by Economic Activity		4.8	6.6	5.1	3.9
越　南	**Viet Nam**					
按第三版ISIC分类	ISIC-Rev.3					
总　计	Total	3836.8	4252.7	4333.9	4417.4	4491.6
农业、狩猎业和林业	Agriculture,Hunting,Forestry	2430.8				
渔业	Fishing	72.9				
采掘业	Mining and Quarrying	19.2				
制造业	Manufacturing	353.6				
电、煤气和水供应业	Electricity,Gas and Water Supply	7.7				
建筑业	Construction	96.7				
批发、零售贸易；机动车及个人、家庭用品修理业	Wholesale,Retail Trade,Repair of Motor Vehicles, Motorcycles and Personal and Household Goods	411.6				
旅馆和饭店业	Hotels and Restaurants	50.6				
运输、仓储和通讯	Transport,Storage and Communications	112.6				
金融中介	Financial Intermediation	10.5				
房地产、租赁及商业活动	Real Estate,Renting and Business Activities	10.6				

注：①不包括北部和东部省。②不包括军人。
Note:①Excludes Northern and Eastern provinces. ②Excludes armed forces.

5-4 续表 7 continued

单位：万人 (10 000 persons)

国家和地区	Country or Area	2000	2005	2006	2007	2008
越　南(续)	**Viet Nam(Continued)**					
公共管理和国防；社会基本保障	Public Administration and Defence; Compulsory Social Security	59.5				
教育	Education	91.8				
卫生和社会工作	Health and Social Work	26.9				
其他团体、社会和个人服务活动	Other Community,Social and Personal Services Activities	72.4				
雇人的私人住户	Private Households with Employed Persons	9.2				
域外组织和机构	Extra-Territorial Organizations and Bodies	0.3				
埃　及①	**Egypt①**					
按第三版ISIC分类	ISIC-Rev.3					
总　计	Total	1720.3	1934.2	2044.4	2172.4	
农业、狩猎业和林业	Agriculture,Hunting,Forestry	500.1	581.6	620.9	674.4	
渔业	Fishing	9.7	15.8	16.2	14.5	
采掘业	Mining and Quarrying	4.7	2.9	5.3	3.6	
制造业	Manufacturing	204.8	223.0	238.1	241.2	
电、煤气和水供应业	Electricity,Gas and Water Supply	20.9	24.5	25.0	28.2	
建筑业	Construction	135.9	165.0	182.3	207.8	
批发、零售贸易；机动车及个人、家庭用品修理业	Wholesale,Retail Trade,Repair of Motor Vehicles, Motorcycles and Personal and Household Goods	200.7	214.1	217.2	230.7	
旅馆和饭店业	Hotels and Restaurants	26.9	36.6	41.1	37.1	
运输、仓储和通讯	Transport,Storage and Communications	112.6	132.3	135.7	145.2	
金融中介	Financial Intermediation	18.6	16.9	17.5	19.5	
房地产、租赁及商业活动	Real Estate,Renting and Business Activities	31.3	40.1	43.2	45.2	
公共管理和国防；社会基本保障	Public Administration and Defence; Compulsory Social Security	182.5	185.0	190.2	197.5	
教育	Education	179.0	190.8	197.0	208.0	
卫生和社会工作	Health and Social Work	53.2	50.3	54.6	57.3	
其他团体、社会和个人服务活动	Other Community,Social and Personal Services Activities	34.3	46.5	50.8	53.9	
雇人的私人住户	Private Households with Employed Persons	4.9	5.3	4.5	5.2	
域外组织和机构	Extra-Territorial Organizations and Bodies		0.3	0.3	0.1	
未分类经济活动	Not Classifiable by Economic Activity	0.2	3.4	4.6	3.4	
南　非	**South Africa**					
按第三版ISIC分类	ISIC-Rev.3					
总　计	Total	1223.8	1230.1	1280.0	1323.4	1371.3
农业、狩猎业、林业和渔业	Agriculture,Hunting,Forestry; Fishing	191.4	92.5	108.8	116.4	77.6
采掘业	Mining and Quarrying	60.3	41.1	39.8	45.5	32.8
制造业	Manufacturing	157.8	170.6	173.7	179.9	196.1
电、煤气和水供应业	Electricity,Gas and Water Supply	9.4	10.0	11.9	11.6	9.4
建筑业	Construction	68.3	93.5	102.4	106.6	114.1
批发、零售贸易；机动车及个人、家庭用品修理业	Wholesale,Retail Trade,Repair of Motor Vehicles, Motorcycles and Personal and Household Goods	247.6	302.4	305.5	295.2	314.1
旅馆和饭店业	Hotels and Restaurants					
运输、仓储和通讯	Transport,Storage and Communications	58.2	61.6	61.1	59.6	76.7
金融中介；房地产、租赁及商务活动	Financial Intermediation; Real Estate,Renting and Business Activities	97.6	129.6	130.9	134.0	164.6
公共管理和国防；社会基本保障；教育；卫生和社会工作；其他团社会和个人服务活动	Public Administration and Defence; Compulsory Social Security;Education; Health and Social Work;Other Community,Social and Personal Services Activities	208.4	219.2	231.9	245.2	262.4
雇人的私人住户	Private Households with Employed Persons	114.6	106.7	110.8	124.4	123.2
未分类经济活动	Not Classifiable by Economic Activity	10.3	2.9	3.3	5.1	0.3

注：①不包括军人；15至64岁。

Note:①Excludes armed forces；Persons ages 15 to 64 years.

5-4 续表 8 continued

单位：万人 (10 000 persons)

国家和地区	Country or Area	2000	2005	2006	2007	2008
阿 根 廷①②	**Argentina①②**					
按第三版ISIC分类	ISIC-Rev.3					
总 计	Total	826.2	963.9	1004.1	1011.6	1027.9
农业、狩猎业和林业	Agriculture,Hunting,Forestry	5.0	10.0	7.3		
渔业	Fishing	0.6	0.7	0.9		
采掘业	Mining and Quarrying	1.6	3.1	4.0		
制造业	Manufacturing	115.5	136.0	141.1		
电、煤气和水供应业	Electricity,Gas and Water Supply	4.8	4.9	4.4		
建筑业	Construction	65.4	82.3	88.5		
批发、零售贸易；机动车及个人、家庭用品修理业	Wholesale,Retail Trade,Repair of Motor Vehicles, Motorcycles and Personal and Household Goods	168.3	195.2	201.9		
旅馆和饭店业	Hotels and Restaurants	25.5	31.6	38.1		
运输、仓储和通讯	Transport,Storage and Communications	67.4	64.9	64.4		
金融中介	Financial Intermediation	20.7	16.3	18.9		
房地产、租赁及商业活动	Real Estate,Renting and Business Activities	60.0	74.3	81.0		
公共管理和国防；社会基本保障	Public Administration and Defence; Compulsory Social Security	63.4	72.9	76.9		
教育	Education	62.6	73.6	80.7		
卫生和社会工作	Health and Social Work	47.5	62.8	59.0		
其他团体、社会和个人服务活动	Other Community,Social and Personal Services Activities	48.5	58.1	54.7		
雇人的私人住户	Private Households with Employed Persons	65.5	74.1	79.7		
域外组织和机构	Extra-Territorial Organizations and Bodies	0.3	0.4	0.2		
未分类经济活动	Not Classifiable by Economic Activity	3.7	2.8	2.5		
巴 西②	**Brazil②**					
按第三版ISIC分类	ISIC-Rev.3					
总 计	Total	6563.0	8718.9	8931.8	9078.6	
农业、狩猎业和林业	Agriculture,Hunting,Forestry	1177.1	1738.7	1686.4	1620.7	
渔业	Fishing	34.8	44.4	40.0	37.2	
采掘业	Mining and Quarrying	23.5	31.8	34.3	37.9	
制造业	Manufacturing	875.7	1233.6	1249.7	1310.5	
电、煤气和水供应业	Electricity,Gas and Water Supply	32.9	35.9	39.6	36.3	
建筑业	Construction	456.8	564.2	583.7	610.7	
批发、零售贸易；机动车及个人、家庭用品修理业	Wholesale,Retail Trade,Repair of Motor Vehicles, Motorcycles and Personal and Household Goods	1465.3	1550.3	1574.8	1630.9	
旅馆和饭店业	Hotels and Restaurants	307.2	318.7	339.5	335.1	
运输、仓储和通讯	Transport,Storage and Communications	331.9	396.7	406.4	437.4	
金融中介	Financial Intermediation	82.4	100.7	107.1	118.1	
房地产、租赁及商业活动	Real Estate,Renting and Business Activities	376.4	493.7	543.1	549.9	
公共管理和国防；社会基本保障	Public Administration and Defence; Compulsory Social Security	352.3	426.7	445.2	450.4	
教育	Education	382.2	468.4	485.6	505.2	
卫生和社会工作	Health and Social Work	215.2	297.7	316.2	332.7	
其他团体、社会和个人服务活动	Other Community,Social and Personal Services Activities	239.2	330.1	380.0	371.1	
雇人的私人住户	Private Households with Employed Persons	501.6	666.6	678.2	673.2	
域外组织和机构	Extra-Territorial Organizations and Bodies	0.3	0.7	0.4	0.3	
未分类经济活动	Not Classifiable by Economic Activity	83.6	19.8	21.8	20.9	

注：①2006年前指28个城镇地区，2006年指31个城镇地区。②10岁及以上。
Note:①Prior to 2006,28 urban agglomerations,data of 2006,refer to 31 urban agglomerations. ②Persons ages 10 years and above.

5-4 续表 9 continued

单位：万人 (10 000 persons)

国家和地区	Country or Area	2000	2005	2006	2007	2008
委内瑞拉①	**Venezuela①**					
按第二版ISIC分类	ISIC-Rev.2					
总　计	Total	896.1	1073.4	1111.7	1149.2	1186.3
农业、狩猎业、林业和渔业	Agriculture,Hunting,Forestry; Fishing	95.0	103.9	101.6	100.2	100.6
采掘业	Mining and Quarrying	5.3	7.1	7.8	10.3	10.7
制造业	Manufacturing	119.1	124.5	135.1	141.8	141.6
电、煤气和水	Electricity,Gas and Water	5.8	5.7	5.0	5.1	5.5
建筑业	Construction	74.1	85.8	105.8	111.0	115.4
批发、零售业、旅馆和饭店业	Wholesale and Retail Trade and Restaurants and Hotels	231.2	262.0	262.0	270.4	280.9
运输、仓储和通讯	Transport,Storage and Communication	60.8	87.0	91.4	99.4	104.2
金融保险、房地产和商务服务	Financing,Insurance,Real Estate and Business Services	44.0	51.7	55.1	59.0	61.4
社会和个人服务	Community,Social and Personal Services	259.8	336.5	345.3	349.5	363.4
行业不明确	Activities not Adequately Defined	1.0	9.2	2.7	2.5	2.6
加 拿 大①②	**Canada①②**					
按第三版ISIC分类	ISIC-Rev.3					
总　计	Total	1476.4	1617.0	1648.4	1686.6	1712.6
农业、狩猎业和林业	Agriculture,Hunting,Forestry	45.4	40.9	40.5	39.3	37.7
渔业	Fishing	3.3	3.1	3.1	2.9	2.6
采掘业	Mining and Quarrying	16.0	21.1	24.1	25.5	26.4
制造业	Manufacturing	224.9	220.7	219.3	211.6	204.1
电、煤气和水供应业	Electricity,Gas and Water Supply	11.5	12.5	12.2	13.8	15.2
建筑业	Construction	80.3	101.2	107.0	113.4	123.2
批发、零售贸易；机动车及个人、家庭用品修理业	Wholesale,Retail Trade,Repair of Motor Vehicles, Motorcycles and Personal and Household Goods	254.9	284.0	289.2	294.7	295.1
旅馆和饭店业	Hotels and Restaurants	93.8	100.5	101.5	106.9	107.4
运输、仓储和通讯	Transport,Storage and Communications	112.3	115.4	109.7	112.5	114.8
金融中介	Financial Intermediation	60.8	70.7	74.5	76.0	78.6
房地产、租赁及商业活动	Real Estate,Renting and Business Activities	173.1	199.2	207.1	214.3	217.6
公共管理和国防；社会基本保障	Public Administration and Defence; Compulsory Social Security	77.0	83.1	83.4	86.2	92.4
教育	Education	97.4	110.6	115.8	118.3	119.3
卫生和社会工作	Health and Social Work	151.4	173.5	178.6	184.6	190.3
其他团体、社会和个人服务活动	Other Community,Social and Personal Services Activities	66.0	74.2	81.7	86.8	86.7
雇人的私人住户	Private Households with Employed Persons	7.9	6.2	5.9	6.0	7.3
域外组织和机构	Extra-Territorial Organizations and Bodies	0.3	0.3	0.3	0.3	0.2
墨 西 哥③	**Mexico③**					
按第三版ISIC分类	ISIC-Rev.3					
总　计	Total	3804.5	4079.2	4219.8	4290.7	4386.7
农业、狩猎业和林业	Agriculture,Hunting,Forestry	654.0	589.8	586.6	563.0	562.9
渔业	Fishing	15.5	16.2	16.7	14.2	13.0
采掘业	Mining and Quarrying	15.6	19.4	16.4	18.6	18.3
制造业	Manufacturing	744.3	691.1	707.9	713.0	722.8
电、煤气和水供应业	Electricity,Gas and Water Supply	18.8	18.6	18.6	22.0	20.6
建筑业	Construction	244.9	318.1	345.3	358.6	364.1
批发、零售贸易；机动车及个人、家庭用品修理业	Wholesale,Retail Trade,Repair of Motor Vehicles, Motorcycles and Personal and Household Goods	834.2	933.3	959.5	982.1	997.4
旅馆和饭店业	Hotels and Restaurants	180.1	243.8	251.5	267.1	283.7

注：①不包括军人。②不包括居住在保护区的居民。③14岁及以上。

Note:①Excludes armed forces. ②Excludes residents of the territories and indigenous persons living on reserves. ③Persons ages 14 years and above.

5-4 续表 10 continued

单位：万人 (10 000 persons)

国家和地区	Country or Area	2000	2005	2006	2007	2008
墨 西 哥①(续)	**Mexico① (continued)**					
运输、仓储和通讯	Transport,Storage and Communications	172.4	184.7	200.1	194.3	203.4
金融中介	Financial Intermediation	29.5	30.7	36.3	40.4	40.6
房地产、租赁及商业活动	Real Estate,Renting and Business Activities	117.3	182.9	192.5	205.0	218.9
公共管理和国防；社会基本保障	Public Administration and Defence; Compulsory Social Security	174.3	191.7	203.2	204.1	217.2
教育	Education	188.7	218.1	225.2	231.9	232.6
卫生和社会工作	Health and Social Work	106.5	113.6	116.1	121.3	125.3
其他团体、社会和个人服务活动	Other Community,Social and Personal Services Activities	123.3	132.8	136.9	137.4	146.9
雇人的私人住户	Private Households with Employed Persons	170.0	169.4	175.6	185.8	185.2
域外组织和机构	Extra-Territorial Organizations and Bodies	0.2	0.4	0.3	0.7	0.4
未分类经济活动	Not Classifiable by Economic Activity	15.1	24.8	31.0	31.2	33.3
美 国②	**United States②**					
按第三版ISIC分类	ISIC-Rev.3					
总 计	Total	13520.8	14173.0	14442.7	14604.7	14536.2
农业、狩猎业、林业和渔业	Agriculture,Hunting,Forestry; Fishing	345.7	219.7	220.6	209.5	216.8
采掘业	Mining and Quarrying	52.1	62.4	68.7	73.6	81.9
制造业	Manufacturing	1994.0	1625.3	1637.7	1630.2	1590.4
电、煤气和水供应业	Electricity,Gas and Water Supply		117.6	118.6	119.3	122.5
建筑业	Construction	943.3	1119.7	1174.9	1185.6	1097.4
批发、零售贸易；机动车及个人、家庭用品修理业	Wholesale,Retail Trade,Repair of Motor Vehicles, Motorcycles and Personal and Household Goods		2140.4	2132.8	2093.7	2058.5
旅馆和饭店业	Hotels and Restaurants		930.6	947.4	958.2	979.5
运输、仓储和通讯	Transport,Storage and Communications	829.4	618.4	626.9	645.7	650.1
金融中介	Financial Intermediation		703.5	725.4	730.6	727.9
房地产、租赁及商业活动	Real Estate,Renting and Business Activities		1746.1	1810.5	1880.2	1848.9
公共管理和国防；社会基本保障	Public Administration and Defence; Compulsory Social Security		653.0	652.4	674.6	676.3
教育	Education		1226.4	1252.2	1282.8	1316.9
卫生和社会工作	Health and Social Work		1691.0	1741.6	1783.4	1823.3
其他团体、社会和个人服务活动；雇人的私人住户；境外组织和团体；未分类经济活动	Other community,social and personal services Activities; Private households with employed persons;Extra-Territorial Organizations and Bodies; Not classifiable by economic activity		1318.7	1333.2	1337.1	1345.8
捷 克	**Czech Rep.**					
按第三版ISIC分类	ISIC-Rev.3					
总 计	Total	473.2	476.4	482.8	492.2	500.2
农业、狩猎业、林业和渔业	Agriculture,Hunting,Forestry; Fishing	24.1	18.9	18.2		
采掘业	Mining and Quarrying	7.0	4.9	5.5	5.4	5.6
制造业	Manufacturing	128.2	129.6	136.2	140.6	143.3
电、煤气和水供应业	Electricity,Gas and Water Supply	7.7	7.7	7.7	7.3	7.8
建筑业	Construction	43.9	45.9	43.6	44.7	46.2
批发、零售贸易；机动车及个人、家庭用品修理业	Wholesale,Retail Trade,Repair of Motor Vehicles, Motorcycles and Personal and Household Goods	61.3	61.5	61.4	61.3	63.3
旅馆和饭店业	Hotels and Restaurants	15.6	18.2	18.7	18.1	17.7
运输、仓储和通讯	Transport,Storage and Communications	37.3	36.0	36.1	36.4	37.5

注：①14岁及以上。②16岁及以上；不包括军人。

Note:①Persons ages 14 years and above.②Persons ages 16 years and above; excludes armed force.

5-4 续表 11 continued

单位：万人 (10 000 persons)

国家和地区	Country or Area	2000	2005	2006	2007	2008
捷　克	**Czech Rep.**					
金融中介	Financial Intermediation	10.0	9.7	9.2	10.2	11.5
房地产、租赁及商业活动	Real Estate,Renting and Business Activities	26.6	28.8	32.1	35.3	37.0
公共管理和国防；社会基本保障	Public Administration and Defence; Compulsory Social Security	34.3	33.3	32.6	32.6	32.7
教育	Education	29.9	29.7	28.8	29.0	28.2
卫生和社会工作	Health and Social Work	29.1	32.8	33.0	33.8	32.8
其他团体、社会和个人服务活动	Other Community,Social and Personal Services Activities	17.6	19.0	19.3	19.4	19.9
雇人的私人住户	Private Households with Employed Persons	0.2	0.3	0.3	0.3	0.3
域外组织和机构	Extra-Territorial Organizations and Bodies	0.2	0.1	0.1	0.1	
未分类经济活动	Not Classifiable by Economic Activity	0.2	0.2	0.1	0.1	
法　国	**France**					
按第三版ISIC分类	ISIC-Rev.3					
总　计	Total	2326.2	2497.8	2513.4	2556.5	2591.3
农业、狩猎业和林业	Agriculture,Hunting,Forestry		88.8	91.4	86.2	77.0
渔业	Fishing		1.8	1.8	1.4	1.9
采掘业	Mining and Quarrying		4.2	2.9	2.4	2.6
制造业	Manufacturing		401.5	398.5	395.0	387.7
电、煤气和水供应业	Electricity,Gas and Water Supply		21.9	24.6	20.0	20.1
建筑业	Construction		164.0	170.5	175.5	186.0
批发、零售贸易；机动车及个人、家庭用品修理业	Wholesale,Retail Trade,Repair of Motor Vehicles, Motorcycles and Personal and Household Goods		333.5	335.3	353.9	342.1
旅馆和饭店业	Hotels and Restaurants		85.1	91.1	87.9	87.1
运输、仓储和通讯	Transport,Storage and Communications		158.5	151.9	160.3	164.1
金融中介	Financial Intermediation		75.3	80.7	82.6	79.3
房地产、租赁及商业活动	Real Estate,Renting and Business Activities		254.7	266.3	266.6	278.5
公共管理和国防；社会基本保障	Public Administration and Defence; Compulsory Social Security		234.8	240.7	256.3	265.3
教育	Education		174.4	177.7	173.6	179.2
卫生和社会工作	Health and Social Work		297.0	306.6	314.3	321.5
其他团体、社会和个人服务活动	Other Community,Social and Personal Services Activities		111.3	110.3	115.7	116.2
雇人的私人住户	Private Households with Employed Persons		60.5	58.1	59.2	60.8
域外组织和机构	Extra-Territorial Organizations and Bodies		1.6	1.8	1.9	1.9
未分类经济活动	Not Classifiable by Economic Activity		29.1	3.2	3.6	20.2
德　国	**Germany**					
按第三版ISIC分类	ISIC-Rev.3					
总　计	Total	3660.4	3656.6	3732.2	3816.3	3873.4
农业、狩猎业和林业	Agriculture,Hunting,Forestry	98.2	86.1	83.7	85.4	86.6
渔业	Fishing	0.6	0.7	0.6	0.5	0.6
采掘业	Mining and Quarrying	15.2	12.3	11.6	10.7	10.9
制造业	Manufacturing	854.2	803.2	815.7	839.5	851.6
电、煤气和水供应业	Electricity,Gas and Water Supply	29.0	31.5	31.6	33.4	34.6
建筑业	Construction	311.8	240.0	244.6	252.7	252.1
批发、零售贸易；机动车及个人、家庭用品修理业	Wholesale,Retail Trade,Repair of Motor Vehicles, Motorcycles and Personal and Household Goods	519.0	525.7	528.1	530.8	529.0
旅馆和饭店业	Hotels and Restaurants	121.9	129.5	138.1	142.8	145.9
运输、仓储和通讯	Transport,Storage and Communications	200.8	194.9	206.0	214.8	214.7
金融中介	Financial Intermediation	133.3	130.7	130.6	130.3	130.1
房地产、租赁及商业活动	Real Estate,Renting and Business Activities	292.3	352.2	373.5	390.9	417.2

5-4 续表 12 continued

单位：万人 (10 000 persons)

国家和地区	Country or Area	2000	2005	2006	2007	2008
德　国(续)	**Germany(Continued)**					
公共管理和国防；社会基本保障	Public Administration and Defence; Compulsory Social Security	310.3	287.9	290.1	291.6	283.6
教育	Education	192.8	210.0	217.4	223.7	229.0
卫生和社会工作	Health and Social Work	369.6	415.0	426.4	439.8	451.5
其他团体、社会和个人服务活动	Other Community,Social and Personal Services Activities	194.4	215.3	212.5	205.8	211.2
雇人的私人住户	Private Households with Employed Persons	13.7	17.9	18.7	20.6	21.6
域外组织和机构	Extra-Territorial Organizations and Bodies	3.3	3.4	2.9	2.9	3.3
意 大 利	**Italy**					
按第三版ISIC分类	ISIC-Rev.3					
总　计	Total	2122.5	2256.3	2298.8	2322.2	2340.5
农业、狩猎业和林业	Agriculture,Hunting,Forestry	107.1	91.4	94.8	88.8	86.0
渔业	Fishing	4.9	3.3	3.4	3.5	3.5
采掘业	Mining and Quarrying	6.4	4.0	4.2	3.9	3.6
制造业	Manufacturing	491.8	482.5	482.6	487.0	480.5
电、煤气和水供应业	Electricity,Gas and Water Supply	16.7	16.3	15.9	13.9	14.4
建筑业	Construction	161.8	191.3	190.0	195.5	197.0
批发、零售贸易；机动车及个人、家庭用品修理业	Wholesale,Retail Trade,Repair of Motor Vehicles, Motorcycles and Personal and Household Goods	337.7	341.6	352.2	354.1	354.0
旅馆和饭店业	Hotels and Restaurants	81.4	106.0	111.4	115.4	117.9
运输、仓储和通讯	Transport,Storage and Communications	119.0	123.9	122.4	125.7	129.4
金融中介	Financial Intermediation	66.2	64.0	67.5	66.4	65.3
房地产、租赁及商业活动	Real Estate,Renting and Business Activities	147.8	237.6	243.4	254.2	261.8
公共管理和国防；社会基本保障	Public Administration and Defence; Compulsory Social Security	194.2	144.0	144.3	141.8	143.6
教育	Education	146.7	154.1	159.7	160.6	158.4
卫生和社会工作	Health and Social Work	128.8	154.9	157.0	157.5	165.9
其他团体、社会和个人服务活动	Other Community,Social and Personal Services Activities	90.5	109.3	116.4	116.7	113.6
雇人的私人住户	Private Households with Employed Persons	19.6	30.3	32.4	34.9	41.9
域外组织和机构	Extra-Territorial Organizations and Bodies	2.0	1.7	1.2	2.2	3.6
荷　兰	**Netherlands**					
按第三版ISIC分类	ISIC-Rev.3					
总　计	Total	779.8	795.8	810.8	831.0	845.7
农业、狩猎业、林业和渔业	Agriculture,Hunting,Forestry; Fishing	25.0	27.3	26.9	25.2	22.8
采掘业	Mining and Quarrying	1.2	0.7	0.7	1.1	1.1
制造业	Manufacturing	109.6	103.3	102.4	100.3	97.3
电、煤气和水供应业	Electricity,Gas and Water Supply	3.5	4.3	4.3	4.1	4.0
建筑业	Construction	47.2	48.8	49.9	50.0	50.9
批发、零售贸易；机动车及个人、家庭用品修理业	Wholesale,Retail Trade,Repair of Motor Vehicles, Motorcycles and Personal and Household Goods	125.2	115.3	120.0	121.1	118.6
旅馆和饭店业	Hotels and Restaurants	27.4	31.9	33.4	35.2	33.7
运输、仓储和通讯	Transport,Storage and Communications	46.9	48.9	50.0	50.6	51.2
金融中介	Financial Intermediation	27.4	25.8	26.4	25.8	24.5
房地产、租赁及商业活动	Real Estate,Renting and Business Activities	93.7	94.5	97.4	104.5	109.9
公共管理和国防；社会基本保障	Public Administration and Defence; Compulsory Social Security	48.9	52.9	52.9	54.1	54.1
教育	Education	46.5	50.8	52.2	53.4	54.9
卫生和社会工作	Health and Social Work	105.2	120.4	124.9	131.0	135.3

5-4 续表 13 continued

单位：万人 (10 000 persons)

国家和地区	Country or Area	2000	2005	2006	2007	2008
荷　兰(续)	**Netherlands (continued)**					
其他团体、社会和个人服务活动	Other Community,Social and Personal Services Activities	35.5	31.6	33.3	38.1	38.9
雇人的私人住户	Private Households with Employed Persons	0.3	0.4	0.5	0.5	0.6
域外组织和机构	Extra-Territorial Organizations and Bodies	0.2				
未分类经济活动	Not Classifiable by Economic Activity	35.9	39.0	35.9	36.0	47.9
波　兰①	**Poland①**					
按第三版ISIC分类	ISIC-Rev.3					
总　计	Total	1452.6	1411.6	1459.4	1524.1	1580.0
农业、狩猎业和林业	Agriculture,Hunting,Forestry	271.5	243.9	229.4	223.9	
渔业	Fishing	1.1	1.3	1.0	0.8	
采掘业	Mining and Quarrying	29.3	22.5	23.7	24.8	
制造业	Manufacturing	290.1	283.1	298.8	316.2	
电、煤气和水供应业	Electricity,Gas and Water Supply	26.3	22.8	22.3	21.8	
建筑业	Construction	102.4	84.3	92.5	105.4	
批发、零售贸易；机动车及个人家庭用品修理业	Wholesale,Retail Trade,Repair of Motor Vehicles, Motorcycles and Personal and Household Goods	204.3	202.0	206.0	226.4	
旅馆和饭店业	Hotels and Restaurants	24.1	24.7	27.2	29.1	
运输、仓储和通讯	Transport,Storage and Communications	89.3	86.2	94.2	97.3	
金融中介	Financial Intermediation	38.0	29.4	32.9	36.3	
房地产、租赁及商业活动	Real Estate,Renting and Business Activities	53.1	82.2	83.6	95.3	
公共管理和国防；社会基本保障	Public Administration and Defence; Compulsory Social Security	76.4	89.2	91.7	93.7	
教育	Education	101.3	110.3	114.0	112.8	
卫生和社会工作	Health and Social Work	93.8	82.0	87.1	87.1	
其他团体、社会和个人服务活动	Other Community,Social and Personal Services Activities	50.7	45.9	53.4	51.1	
雇人的私人住户	Private Households with Employed Persons	0.8	1.2	1.1	1.6	
域外组织和机构	Extra-Territorial Organizations and Bodies					
未分类经济活动	Not Classifiable by Economic Activity		0.5			
俄罗斯联邦②	**Russian Fed.②**					
按第三版ISIC分类	ISIC-Rev.3					
总　计	Total	6507.0	6816.9	6885.5	7057.0	7096.5
农业、狩猎业和林业	Agriculture,Hunting,Forestry	924.3	676.9	669.1	615.5	599.4
渔业	Fishing	18.8	16.6	17.6	19.2	14.1
采掘业	Mining and Quarrying	129.4	123.6	119.8	132.4	135.0
制造业	Manufacturing	1217.8	1253.4	1247.2	1232.4	1166.3
电、煤气和水供应业	Electricity,Gas and Water Supply	168.6	195.9	206.3	201.7	211.6
建筑业	Construction	332.9	457.5	446.2	493.3	541.3
批发、零售贸易；机动车及个人家庭用品修理业	Wholesale,Retail Trade,Repair of Motor Vehicles, Motorcycles and Personal and Household Goods	788.7	1038.3	1059.9	1109.6	1077.4
旅馆和饭店业	Hotels and Restaurants	92.4	129.7	139.2	134.4	146.7
运输、仓储和通讯	Transport,Storage and Communications	548.4	624.9	621.1	657.3	656.0
金融中介	Financial Intermediation	84.3	96.2	106.0	124.9	131.6
房地产、租赁及商业活动	Real Estate,Renting and Business Activities	202.8	403.9	414.8	441.0	444.8
公共管理和国防；社会基本保障	Public Administration and Defence; Compulsory Social Security	482.4	481.5	487.6	490.3	540.9
教育	Education	591.1	620.4	619.8	642.0	644.2
卫生和社会工作	Health and Social Work	439.2	470.1	489.6	517.7	524.3
其他团体、社会和个人服务活动	Other Community,Social and Personal Services Activities	483.6	224.7	238.8	243.9	258.0
雇人的私人住户	Private Households with Employed Persons	2.1	2.6	2.1	1.6	4.3
域外组织和机构	Extra-Territorial Organizations and Bodies	0.4	0.4	0.4		0.5

注：①不包括军人。②15至72岁。
Note:①Excludes armed forces.②Persons ages 15 to 72 years.

5-4 续表 14 continued

单位：万人 (10 000 persons)

国家和地区	Country or Area	2000	2005	2006	2007	2008
西 班 牙①②	**Spain①②**					
按第三版ISIC分类	ISIC-Rev.3					
总　计	Total	1550.6	1897.3	1974.8	2035.6	2025.8
农业、狩猎业和林业	Agriculture,Hunting,Forestry	96.5	94.1	89.3	87.3	83.1
渔业	Fishing	6.4	6.0	5.1	5.2	4.8
采掘业	Mining and Quarrying	6.6	6.0	6.6	6.0	5.3
制造业	Manufacturing	291.8	311.3	310.7	309.0	306.0
电、煤气和水供应业	Electricity,Gas and Water Supply	9.8	10.7	11.9	11.2	11.3
建筑业	Construction	172.3	235.7	254.3	269.7	240.4
批发、零售贸易；机动车及个人、家庭用品修理业	Wholesale,Retail Trade,Repair of Motor Vehicles, Motorcycles and Personal and Household Goods	251.2	288.7	298.4	312.9	323.9
旅馆和饭店业	Hotels and Restaurants	100.4	129.1	140.3	145.1	145.3
运输、仓储和通讯	Transport,Storage and Communications	93.0	111.7	115.8	117.7	118.2
金融中介	Financial Intermediation	41.2	45.7	47.3	50.0	50.7
房地产、租赁及商业活动	Real Estate,Renting and Business Activities	113.6	167.8	185.7	201.7	207.4
公共管理和国防；社会基本保障	Public Administration and Defence; Compulsory Social Security	97.5	119.7	122.2	123.8	127.7
教育	Education	84.1	109.1	110.9	111.2	113.3
卫生和社会工作	Health and Social Work	83.0	113.5	118.1	122.9	127.7
其他团体、社会和个人服务活动	Other Community,Social and Personal Services Activities	60.4	79.4	81.5	84.6	85.3
雇人的私人住户	Private Households with Employed Persons	42.7	68.3	76.1	77.0	75.3
域外组织和机构	Extra-Territorial Organizations and Bodies	0.2	0.6	0.7	0.2	0.2
土 耳 其①	**Turkey①**					
按第三版ISIC分类	ISIC-Rev.3					
总　计	Total	2158.1	2204.6	2233.0	2073.8	2119.4
农业、狩猎业、林业和渔业	Agriculture,Hunting,Forestry; Fishing		649.3	608.8	486.7	501.6
采掘业	Mining and Quarrying	8.2	12.0	12.8	12.8	11.5
制造业	Manufacturing	363.8	408.4	418.6	408.9	423.5
电、煤气和水供应业	Electricity,Gas and Water Supply	9.1	8.0	9.3	9.7	9.2
建筑业	Construction	136.4	117.3	126.7	123.1	124.1
批发、零售贸易；机动车及个人、家庭用品修理业	Wholesale,Retail Trade,Repair of Motor Vehicles, Motorcycles and Personal and Household Goods	304.1	361.1	372.9	356.9	357.5
旅馆和饭店业	Hotels and Restaurants	77.6	94.9	100.1	98.9	99.8
运输、仓储和通讯	Transport,Storage and Communications	106.8	113.3	116.3	113.6	108.9
金融中介	Financial Intermediation	28.1	23.8	23.8	24.8	26.0
房地产、租赁及商业活动	Real Estate,Renting and Business Activities	42.8	63.8	77.2	80.7	91.0
公共管理和国防；社会基本保障	Public Administration and Defence; Compulsory Social Security	117.4	121.7	122.5	126.0	126.5
教育	Education	75.0	90.6	90.7	86.8	92.1
卫生和社会工作	Health and Social Work	47.9	53.0	59.1	56.0	59.4
其他团体、社会和个人服务活动	Other Community,Social and Personal Services Activities	49.8	87.4③	94.2③	88.9③	88.3③
雇人的私人住户	Private Households with Employed Persons	13.8				
域外组织和机构	Extra-Territorial Organizations and Bodies	0.4				

注：①不包括军人。②16岁及以上。③包括雇人的私人住户及域外组织和机构。

Note:①Excludes armed forces.②Persons ages 16 years and above.③Includes "Private Households with Employed Persons" and "Extra-Territorial Organizations and Bodies".

5-4 续表 15 continued

单位：万人 (10 000 persons)

国家和地区	Country or Area	2000	2005	2006	2007	2008
乌 克 兰	**Ukraine**					
按第三版ISIC分类	ISIC-Rev.3					
总　计	Total	2017.5	2068.0	2073.0	2090.5	2097.2
农业、狩猎业、林业和渔业	Agriculture,Hunting,Forestry; Fishing	497.7	400.6	364.9	348.5	332.2
采掘业	Mining and Quarrying					
制造业①	Manufacturing①		407.2	403.7	397.3	387.1
电、煤气和水供应业	Electricity,Gas and Water Supply					
建筑业	Construction	89.5	94.2	98.7	103.0	104.3
批发、零售贸易；机动车及个人、家庭用品修理业	Wholesale,Retail Trade,Repair of Motor Vehicles, Motorcycles and Personal and Household Goods		417.5	440.7	456.4	474.4
旅馆和饭店业	Hotels and Restaurants					
运输、仓储和通讯	Transport,Storage and Communications	122.8	140.1	142.9	145.2	146.6
金融中介	Financial Intermediation		24.8	28.6	34.4	39.5
房地产、租赁及商业活动	Real Estate,Renting and Business Activities		96.7	104.2	113.5	115.0
公共管理和国防；社会基本保障	Public Administration and Defence; Compulsory Social Security		102.9	103.4	103.6	106.8
教育	Education		166.8	169.1	169.4	170.2
卫生和社会工作	Health and Social Work		135.7	135.7	135.9	137.0
其他团体、社会和个人服务活动；雇人的私人住户；境外组织和团体	Other Community,Social and Personal Services Activities; Private Households with Employed Persons; Extra-Territorial Organizations and Bodies		81.7	81.3	83.3	84.0
英　　国②	**United Kingdom②**					
按第三版ISIC分类	ISIC-Rev.3					
总　计	Total	2739.9	2866.5	2892.6	2910.0	2947.5
农业、狩猎业和林业	Agriculture,Hunting,Forestry	40.8	37.6	35.6	38.8	41.8
渔业	Fishing	1.3	1.0	1.8	1.0	1.5
采掘业	Mining and Quarrying	10.5	10.6	11.0	13.3	12.7
制造业	Manufacturing	461.9	380.4	375.5	374.5	354.7
电、煤气和水供应业	Electricity,Gas and Water Supply	19.9	17.5	17.4	21.3	19.9
建筑业	Construction	195.2	226.6	233.2	238.7	238.0
批发、零售贸易；机动车及个人、家庭用品修理业	Wholesale,Retail Trade,Repair of Motor Vehicles, Motorcycles and Personal and Household Goods	421.6	435.5	423.7	416.0	431.6
旅馆和饭店业	Hotels and Restaurants	115.8	124.9	127.0	129.9	128.3
运输、仓储和通讯	Transport,Storage and Communications	186.1	197.3	194.0	195.6	196.3
金融中介	Financial Intermediation	118.8	120.6	125.3	126.3	127.9
房地产、租赁及商业活动	Real Estate,Renting and Business Activities	304.0	328.7	332.8	348.4	360.2
公共管理和国防；社会基本保障	Public Administration and Defence; Compulsory Social Security	169.1	199.5	204.5	203.8	209.2
教育	Education	220.4	260.1	267.3	264.5	268.6
卫生和社会工作	Health and Social Work	299.3	348.3	358.2	346.2	364.1
其他团体、社会和个人服务活动	Other Community,Social and Personal Services Activities	151.9	158.4	163.2	168.1	167.5
雇人的私人住户	Private Households with Employed Persons	13.5	12.1	12.5	12.0	13.8
域外组织和机构	Extra-Territorial Organizations and Bodies	2.3	0.8	2.1	1.1	1.3
未分类经济活动	Not Classifiable by Economic Activity	7.4	6.5	7.5	10.5	10.2

注：①包括“采掘业”及“电、煤气和水供应业”。②16岁及以上。
Note:①Includes "Mining and Quarrying" and "Electricity,Gas and Water". ②Persons ages 16 years and above.

5-4 续表 16 continued

单位：万人 (10 000 persons)

国家和地区	Country or Area	2000	2005	2006	2007	2008
澳大利亚①	**Australia①**					
按第三版ISIC分类	ISIC-Rev.3					
总　计	Total	895.1	996.9	1021.8	1051.2	1074.0
农业、狩猎业和林业	Agriculture,Hunting,Forestry	42.6	34.2	34.0	34.0	34.4
渔业	Fishing	1.8	1.3	1.0	1.1	1.1
采掘业	Mining and Quarrying	6.7	10.6	11.7	11.9	13.3
制造业	Manufacturing	112.5	108.4	107.4	109.2	110.2
电、煤气和水供应业	Electricity,Gas and Water Supply	6.5	8.2	8.5	8.6	9.9
建筑业	Construction	69.0	85.5	91.4	94.6	98.7
批发、零售贸易；机动车及个人、家庭用品修理业	Wholesale,Retail Trade,Repair of Motor Vehicles, Motorcycles and Personal and Household Goods	175.9	176.5	178.5	182.3	184.7
旅馆和饭店业	Hotels and Restaurants	45.5	69.2	66.7	70.4	70.8
运输、仓储和通讯	Transport,Storage and Communications	58.8	63.4	64.1	67.9	69.6
金融中介	Financial Intermediation	33.3	37.5	38.7	40.7	40.1
房地产、租赁及商业活动	Real Estate,Renting and Business Activities	106.2	121.3	128.0	129.2	132.6
公共管理和国防；社会基本保障	Public Administration and Defence; Compulsory Social Security	45.7	61.2	62.6	64.2	64.5
教育	Education	61.3	72.0	74.2	77.1	80.7
卫生和社会工作	Health and Social Work	85.0	101.6	107.8	109.8	113.0
其他团体、社会和个人服务活动	Other Community,Social and Personal Services Activities	43.6	46.0	47.1	50.0	50.3
雇人的私人住户	Private Households with Employed Persons	0.7	0.0	0.1	0.2	0.2
域外组织和机构	Extra-Territorial Organizations and Bodies	0.1				
未分类经济活动	Not Classifiable by Economic Activity	0.2				
新 西 兰①	**New Zealand①**					
按第三版ISIC分类	ISIC-Rev.3					
总　计	Total	177.9	208.5	213.5	217.5	218.8
农业、狩猎业和林业	Agriculture,Hunting,Forestry	15.0	14.6	15.1	15.4	14.9
渔业	Fishing	0.4	0.3	0.2	0.2	0.3
采掘业	Mining and Quarrying	0.4	0.4	0.5	0.5	0.4
制造业	Manufacturing	28.2	28.7	28.1	27.9	27.8
电、煤气和水供应业	Electricity,Gas and Water Supply	0.9	0.8	0.8	0.9	1.2
建筑业	Construction	11.8	16.3	18.5	18.5	17.9
批发、零售贸易；机动车及个人、家庭用品修理业	Wholesale,Retail Trade,Repair of Motor Vehicles, Motorcycles and Personal and Household Goods	31.1	36.2	36.8	37.8	38.7
旅馆和饭店业	Hotels and Restaurants	9.3	10.0	9.7	10.8	10.1
运输、仓储和通讯	Transport,Storage and Communications	11.1	12.1	11.9	11.8	12.3
金融中介	Financial Intermediation	5.5	6.5	7.0	7.1	6.8
房地产、租赁及商业活动	Real Estate,Renting and Business Activities	17.6	23.4	24.6	24.9	25.4
公共管理和国防；社会基本保障	Public Administration and Defence; Compulsory Social Security	9.1	12.9	13.7	13.8	13.3
教育	Education	13.0	16.6	16.6	17.0	17.5
卫生和社会工作	Health and Social Work	14.2	18.9	19.6	20.4	20.8
其他团体、社会和个人服务活动	Other Community,Social and Personal Services Activities	8.6	10.2	9.2	9.1	10.0
雇人的私人住户	Private Households with Employed Persons	0.9	0.3	0.3	0.4	0.2
域外组织和机构	Extra-Territorial Organizations and Bodies	0.1				
未分类经济活动	Not Classifiable by Economic Activity	0.8	0.5	0.8	1.1	1.2

注：①不包括军人。
Note:①Excludes armed forces.

5-5 失业人数及女性失业人数

Unemployment and Female Unemployment

资料来源：联合国ILO数据库。
Source: ILO Database.

单位：万人 (10 000 persons)

国家和地区	Country or Area	失业人数 Unemployment			女性失业人数 Female Unemployment		
		2000	2007	2008	2000	2007	2008
中　　国①	China①	595.0	830.0	886.0			
中国香港②	Hong Kong,China②	16.7	14.6	13.0	5.7	5.7	5.1
孟加拉国	Bangladesh	175.0			66.6		
文　　莱	Brunei Darussalam	0.7			0.4		
柬 埔 寨③	Cambodia③	13.4			7.9		
印　　度	India						
印度尼西亚	Indonesia	581.3	1001.1	939.5	247.3	443.9	415.0
伊　　朗③	Iran③		248.6	239.2		72.2	67.7
以 色 列	Israel	21.4	21.2	18.0	10.2	10.7	9.0
日　　本	Japan	319.0	257.0	265.0	123.0	103.0	106.0
哈萨克斯坦	Kazakhstan		59.7	55.8		35.3	33.1
韩　　国	Korea,Rep.		78.3	76.9		26.6	26.5
马来西亚④	Malaysia④	28.7	35.1	36.9	10.4	13.5	14.5
蒙　　古⑤⑥	Mongolia⑤⑥	3.9	3.0	3.0	2.1	1.7	1.2
缅　　甸⑤⑦	Myanmar⑤⑦	38.2	11.9	13.8			
巴基斯坦③	Pakistan③	312.7	268.0		108.1	87.3	
菲 律 宾	Philippines	345.9	265.3	271.6	134.6	97.8	100.2
新 加 坡	Singapore		7.5	7.6		3.5	3.7
斯里兰卡⑧	Sri Lanka⑧	51.7⑨	44.7	39.4	25.7⑨	23.7	21.9
泰　　国	Thailand	81.3⑩	44.2	45.1	35.8⑩	18.4	18.3
越　　南	Viet Nam	88.6			41.8		
埃　　及④	Egypt④	169.8	213.5		95.5	105.8	
南　　非⑪	South Africa⑪	416.2	394.5	407.5	217.9	205.9	215.8
加 拿 大⑫	Canada⑫	108.3	107.9	111.9	48.8	47.5	48.7
墨 西 哥⑬	Mexico⑬	99.9	150.5	159.3	43.9	62.0	66.6
美　　国⑥	United States⑥	565.5	707.8	892.4	270.1	319.6	389.1
阿 根 廷③	Argentina③	146.1 ⑭			65.1 ⑭		
巴　　西③	Brazil③		806.0			466.9	
委内瑞拉	Venezuela	136.6	92.8	87.3	54.5	39.2	36.7
白俄罗斯⑤⑮	Belarus⑤⑮	9.6	4.4	3.7	5.8	2.9	2.3
捷　　克	Czech Republic						
法　　国	France	226.5	222.2	207.0	122.8	113.0	105.3
德　　国	Germany		360.8	314.1		166.4	145.1
意 大 利	Italy	249.5	150.6	169.2	131.6	78.4	87.2
荷　　兰④	Netherlands④	24.6	30.0	25.7	13.5	15.7	12.8
波　　兰	Poland	278.5	161.9⑯	121.1⑯	144.0	78.8⑯	61.2⑯
俄罗斯联邦⑰	Russian Fed.⑰	770.0	458.8	479.1	364.3	213.6	225.0
西 班 牙⑥	Spain⑥	249.6	183.4	259.1	145.9	101.9	128.0
土 耳 其	Turkey	149.7	237.6	261.1	38.7	66.0	73.4
乌 克 兰⑱	Ukrain⑱	265.6	141.8	142.5	129.8	64.7	65.6
英　　国⑥	United Kingdom⑥	155.9	162.1	164.3	61.7	69.1	67.4
澳大利亚	Australia	60.8	48.8	47.1	26.0	24.2	23.4
新 西 兰	New Zealand	11.8	8.3	9.5	5.2	4.2	4.5

注：①城镇地区失业人数。②不包括军人和域外机构人员。③10岁及以上。④15至64岁。⑤登记失业人数。⑥16岁及以上。⑦18岁及以上。⑧不包括北部和东部省。⑨不包括北部省。⑩13岁及以上。⑪15至65岁。⑫不包括生活在保护区的居民。⑬14岁及以上。⑭28个城镇地区。⑮男性指16至59岁；女性指16至54岁。⑯15至74岁。⑰15至72岁。⑱15至70岁。

Note: ①Unemployed persons in urban areas. ②Excludes marine,military and institutional populations. ③Persons ages 10 and above. ④Persons ages 15 to 64. ⑤Registered unemployment persons. ⑥Persons ages 16 and above. ⑦Persons ages 18 andabove. ⑧Excludes Northern and Eastern provinces. ⑨Excludes Northern province. ⑩Persons ages 13 and above. ⑪Persons ages 15 to 65. ⑫Excludes residents of the territories and indigenous persons living on reserves.⑬Persons ages 14 and above. ⑭28 urban agglomerations. ⑮Men ages 16 to 59 years; women ages 16 to 54 years.⑯Persons ages 15 to 74. ⑰Persons ages 15 to 72. ⑱Persons ages 15 to 70.

5-6 失业率
Unemployment Rate

资料来源：联合国ILO数据库。
Source: ILO Database.

单位：% (%)

国家和地区	Country or Area	2000	2004	2005	2006	2007	2008
中　国①	China①	3.1	4.2	4.2	4.1	4.0	4.2
中国香港②	Hong Kong,China②	4.9	6.8	5.6	4.8	4.0	3.6
中国澳门③	Macao,China③	6.8	4.9	4.1	3.8	3.1	3.0
中国台湾省	Taiwan,China	3.0	4.4	4.1	5.1	3.9	4.1
阿 富 汗	Afghanistan			8.5			
阿尔巴尼亚④	Albania④	16.8	14.4	14.1	13.8		
阿尔及利亚	Algeria		17.7	15.3	12.3	13.8	
阿 根 廷⑤⑥	Argentina⑤⑥	15.0	12.6	10.6	9.5⑦		
亚美尼亚④⑧	Armenia④⑧	11.7	9.6	8.2	7.5	7.1	
澳大利亚	Australia	6.4	5.5	5.0	4.8	4.4	4.2
奥 地 利	Austria	3.6	4.9	5.2	4.7	4.4	3.8
阿塞拜疆⑨	Azerbaijan⑨				6.8	6.5	6.1
巴 哈 马	Bahamas		10.2	10.2	7.6	7.9	
孟加拉国	Bangladesh	3.3		4.3			
巴巴多斯	Barbados	9.4	9.8			7.4	8.1
白俄罗斯④⑩	Belarus④⑩	2.1	1.9	1.5	1.2	1.0	0.8
比 利 时	Belgium	7.0	8.5	8.5	8.3	7.5	7.0
伯 利 兹③	Belize③			11.0		8.5	8.2
百 慕 大	Bermuda	3.0					
玻利维亚①⑤	Bolivia①⑤	4.8					
波　黑	Bosnia and Herzegovina				31.1	29.0	23.4
博茨瓦纳⑪	Botswana⑪	15.8			17.6		
巴　西⑤	Brazil⑤		8.9	9.3	8.4	8.2	
保加利亚	Bulgaria	16.3	12.0	10.1	9.0	6.9	5.6
柬 埔 寨⑤	Cambodia⑤	2.5	7.1				
加 拿 大⑫	Canada⑫	6.8	7.2	6.8	6.3	6.0	6.1
开曼群岛	Cayman Islands		4.3	3.5	2.6	3.8	4.0
智　利	Chile	8.3	7.8	6.9	6.0	7.2	7.5
哥伦比亚⑤	Colombia⑤	20.5	13.6	11.8	12.7	10.9	11.4
哥斯达黎加⑪	Costa Rica⑪	5.2	6.5	6.6	6.0	4.6	4.9
克罗地亚	Croatia	16.1	13.8	12.7	11.1	9.6	8.4
古　巴⑬	Cuba⑬	5.4	1.9	1.9	1.9	1.8	1.6
塞浦路斯⑭	Cyprus⑭	4.9	4.7	5.3	4.5	3.9	3.7
捷　克	Czech Republic	8.8	8.3	7.9	7.1	5.3	4.4
丹　麦⑮	Denmark⑮	4.6	5.6	5.0	4.1	4.0	3.4

5-6 续表 1 continued

单位：%　　　　　　　　　　　　　　　　　　　　　　　　　　　　(%)

国家和地区	Country or Area	2000	2004	2005	2006	2007	2008
多米尼加⑤	Dominican Rep.⑤	13.9	12.0	11.0	10.0	15.6	14.2
厄瓜多尔①⑤	Ecuador①⑤	9.0	8.6	7.9			
埃　　及⑯	Egypt⑯	9.0	10.3	11.2	10.6	8.9	
萨尔瓦多⑤	Salvador⑤	7.0	6.8		6.6	6.4	
爱沙尼亚⑰	Estonia⑰	13.6	9.7	7.9	5.9	4.7	5.5
埃塞俄比亚⑤	Ethiopia⑤		22.9①	5.0	16.7①		
斐　　济⑱	Fiji⑱			4.6			
芬　　兰⑰	Finland⑰	9.7	8.8	8.3	7.7	6.8	6.4
法　　国	France	10.0	8.8	8.8	8.8	8.0	7.4
法属圭亚那	French Guiana	25.8	26.3	26.5	29.1		
格鲁吉亚	Georgia	10.8	12.6	13.8	13.6	13.3	
德　　国	Germany	7.9	11.0	11.1	10.3	8.6	7.5
希　　腊	Greece	11.2	10.2	9.6	8.8	8.1	7.2
格 陵 兰	Greenland	11.0	10.4	9.3			
瓜德鲁普	Guadeloupe	25.7	24.7	26.0	27.3	22.7	
危地马拉⑤	Guatemala⑤	1.4	3.1		1.8		
洪都拉斯⑤	Honduras⑤		5.9	4.1		2.9	
匈 牙 利⑰	Hungary⑰	6.4	6.1	7.2	7.5	7.4	7.8
冰　　岛⑲	Iceland⑲	2.3	3.1	2.6	2.9	2.3	3.0
印　　度	India	4.3					
印度尼西亚	Indonesia	6.1	9.9	11.2	10.3	9.1	8.4
伊　　朗⑤	Iran⑤			11.5		10.5	10.4
伊 拉 克	Iraq		26.8				
爱 尔 兰	Ireland	4.3	4.4	4.2	4.4	4.6	5.2
马 恩 岛	Isle of Man				2.4		
以 色 列	Israel	8.8	10.4	9.0	8.4	7.3	6.1
意 大 利	Italy	10.5	8.0	7.7	6.8	6.1	6.7
牙 买 加③	Jamaica③	15.5	11.4	10.9	9.6	9.3	10.3
日　　本	Japan	4.7	4.7	4.4	4.1	3.9	4.0
泽 西 岛	Jersey						
哈萨克斯坦	Kazakhstan		8.4	8.1	7.8	7.3	6.6
韩　　国	Korea,Rep.	4.4	3.7	3.7	3.5	3.2	3.2
吉尔吉斯斯坦	Kyrgyzstan		8.5	8.1	8.3	8.2	
拉脱维亚	Latvia	14.4	10.4⑰	8.7⑰	6.8⑰	6.0⑰	7.5⑰
立 陶 宛	Lithuania	16.4	11.4	8.3	5.6	4.3	5.8
卢 森 堡④⑳	Luxembourg④⑳	2.7	4.2	4.7	4.6	4.5	4.8

5-6 续表 2 continued

单位：% (%)

国家和地区	Country or Area	2000	2004	2005	2006	2007	2008
马其顿	Macedonia		37.2	37.3	36.0	34.9	33.8
马达加斯加(21)	Madagascar(21)	5.8		2.8			
马来西亚⑯	Malaysia⑯	3.0	3.5	3.5	3.3	3.2	3.3
马里	Mali		8.8				
马尔他	Malta	6.7	7.2	7.3	7.3	6.5	6.1
马提尼克	Martinique	26.3	22.4	21.7	25.2	21.1	21.5
毛里求斯	Mauritius		8.5	9.6	9.1	8.5(22)	7.2(22)
墨西哥③	Mexico③	2.6	3.7	3.5	3.2	3.4	3.5
摩尔多瓦	Moldova	8.5	8.1	7.3	7.4	5.1	4.0
蒙古④(22)	Mongolia④(22)	4.6	3.6	3.3	3.2	2.8	2.8
黑山⑯	Montenegro⑯			30.3			
摩洛哥	Morocco	21.5	10.8	11.0	9.7	9.5	9.4
纳米比亚(23)	Namibia(23)		21.9				
荷兰⑯	Netherlands⑯	3.1	5.0	5.1	4.2	3.5	3.0
荷属安的列斯	Netherlands Antilles	14.2	16.1	18.2	14.6	12.4	10.3
新西兰	New Zealand	6.0	3.9	3.7	3.8	3.7	4.2
尼加拉瓜⑤	Nicaragua⑤		6.5	5.6	5.2	4.9	
挪威⑲	Norway⑲	3.4	4.5	4.6⑰	3.4⑰	2.5	2.6
巴基斯坦⑤	Pakistan⑤	7.8	7.7	7.7	6.2	5.3	
巴拿马	Panama	13.5	12.4	10.3	9.1	6.8	5.8
巴布亚新几内亚⑤	Papua New Guinea⑤	2.8					
巴拉圭⑤	Paraguay⑤	10.3				5.6	5.7
秘鲁①③	Peru①③	7.4	7.4	7.5	7.2	6.7	6.8
菲律宾	Philippines	10.1	10.9	7.4	7.4	7.3	7.4
波兰⑰	Poland⑰	16.1	19.0	17.7	13.8	9.6	7.1
葡萄牙	Portugal	3.9	6.7	7.6	7.7	8.0	7.6
波多黎各(22)	Puerto Rico(22)	10.1	10.6	11.3	11.1	10.9	11.5
留尼汪	Reunion	36.5	32.2	29.5	27.5	24.2	
罗马尼亚	Romania	7.1	8.0	7.2	7.3	6.4	5.8
俄罗斯联邦(24)	Russian Fed.(24)	9.8	7.8	7.2	7.2	6.1	6.3
圣卢西亚	Saint Lucia	16.4	21.0				
圣马力诺④	San Marino④	2.8	2.8	2.1	1.6		
沙特阿拉伯	Saudi Arabia	4.6			6.3	5.6	5.0
塞内加尔	Senegal				11.1		
塞尔维亚	Serbia		18.5	20.8	20.9	18.1	13.6
塞尔维亚和黑山	Serbia and Montenegro	12.6					
新加坡	Singapore		5.8		4.5	4.0	4.0
斯洛伐克	Slovakia	18.6	18.1	16.2	13.3	11.0	9.6

5-6 续表 3 continued

单位：% (%)

国家和地区	Country or Area	2000	2004	2005	2006	2007	2008
斯洛文尼亚	Slovenia	7.2	6.1	5.8	5.9	4.6	4.2
南　　非(25)	South Africa(25)	25.4	26.2	26.7	25.5	23.0	22.9
西 班 牙(22)	Spain(22)	13.9	11.0	9.2	8.5	8.3	11.3
斯里兰卡(26)	Sri Lanka(26)	8.0	8.5	7.2	6.5	6.0	5.2
瑞　　典⑰	Sweden⑰	4.7	5.5	6.0	5.4	6.1	6.2
瑞　　士	Switzerland	2.7	4.3	4.4	4.0	3.6	3.4
叙 利 亚	Syrian Arab Rep.					8.4	
塔吉克斯坦④	Tajikistan④	2.7	2.0	2.0	2.2	2.5	
泰　　国	Thailand	2.4(27)	1.5	1.4	1.2	1.2	1.2
汤　　加	Tonga						
特立尼达和多巴哥	Trinidad and Tobago	12.2	8.3	8.0		5.5	4.6
突 尼 斯	Tunisia	15.7	14.2	14.2			
土 耳 其	Turkey	6.5	10.3	10.3	9.9	10.3	11.0
乌 干 达⑤	Uganda⑤						
乌 克 兰(28)	Ukraine(28)	11.6	8.6	7.2	6.8	6.4	6.4
阿 联 酋	United Arab Emirates	2.3					4.0
英　　国(22)	United Kingdom(22)	5.5	4.6	5.0	5.4	5.3	5.3
美　　国(22)	United States(22)	4.0	5.5	5.1	4.6	4.6	5.8
乌 拉 圭③	Uruguay③	13.6①		12.2①	10.6	9.2	
乌兹别克斯坦(29)	Uzbekistan(29)	0.4	0.4	0.3			
委内瑞拉	Venezuela	13.9				7.5	6.9
越　　南	Viet Nam	2.3	2.1				
约旦河西岸和加沙地带	West Bank and Gaza	14.1	26.7⑤	23.3⑤	23.2⑤	21.3⑤	
赞 比 亚⑪	Zambia⑪	12.9					

注：①城镇失业率。②不包括军人和域外机构人口。③14岁及以上。④登记失业率。⑤10岁及以上。⑥28个城镇地区。⑦31个城镇地区。⑧16至63岁。⑨男性15至61岁，女性15至56岁。⑩男性16至59岁，女性16至54岁。⑪12岁及以上。⑫不包括居住在保护区的居民。⑬男性17至60岁，女性17至55岁。⑭政府控制地区。⑮15至66岁。⑯15至64岁。⑰15至74岁。⑱15至55岁。⑲16至74岁。⑳16至64岁 (21)6岁及以上。(22)16岁及以上。(23)15至69岁。(24)15至72岁。(25)15至65岁。(26)2005年前不包括北部省，2005年开始不包括东部和北部省。(27)13岁及以上。(28)15至70岁。(29)申请工作者。

Note:①Unemployment rate in urban areas. ②Excluds marine,military and institutional populations. ③Persons ages 14 years and above. ④Registered unemployment rate. ⑤Persons ages 10 years and above. ⑥28 urban agglomerations. ⑦31 urban agglomerations. ⑧Persons ages 16 to 63 years. ⑨Men ages 15 to 61 years,women ages 15 to 56 years. ⑩Men ages 16 to 59 years,women ages 16 to 54 years. ⑪Persons ages 12 years and above. ⑫Excludes residents of the territories and indigenous persons living on reserves. ⑬Men ages 17 to 60 years,women ages 17 to 55 years. ⑭Government-controlled area. ⑮Persons ages 15 to 66 years. ⑯Persons ages 15 to 64 years. ⑰Persons ages 15 to 74 years. ⑱Persons ages 15 to 55 years. ⑲Persons ages 16 to 74 years. ⑳Persons ages 16 to 64 years. (21)Persons ages 6 years and above. (22)Persons ages 16 years and above. (23)Persons ages 15 to 69 years. (24)Persons ages 15 to 72 years. (25)Persons ages 15 to 65 years. (26)Prior to 2005,excludes Northern province; from 2005,excludes Northern and Eastern provinces. (27) Persons ages 13 years and above. (28)Persons ages 15 to 70 years. (29)Worker applicants.

5-7 非农部门雇员平均工资
Average Wage of Employees in Non-Agriculture

资料来源：联合国ILO数据库。
Source: ILO Database.
单位：本币 (local currency units)

国家和地区	Country or Area	2000	2004	2005	2006	2007	2008
每月收入	**Earninges per Month**						
中国香港①②	Hong Kong,China①②	11573.7	10534.6	10671.1	10985.1	11378.5	
以色列③	Israel③	6882.0	7190.0	7373.0	7627.0		
日本	Japan	302200.0					
韩国④⑤	Korea,Rep.④⑤	1727.3	2373.0	2524.9	2666.6	2823.0	
蒙古⑤	Mongolia⑤	58.2	91.8	103.3			
南非	South Africa	4990.0		6979.5	7595.0	8281.0	9235.0
墨西哥	Mexico	3101.3	4147.7	4346.2	4617.6	4898.3	
巴西	Brazil	785.6					
白俄罗斯	Belarus	94.0	458.0	592.0	701.0	831.0	
捷克	Czech Republic	13789.0	18238.0	17985.0	19167.0		
荷兰⑥	Netherlands⑥	5236.0	2800.0	2846.0			
波兰⑦	Poland⑦	1896.8	2275.3	2362.3	2477.2	2682.1	
俄罗斯联邦	Russian Fed.	2358.0	7027.0	8907.0	11010.0	13997.0	
乌克兰	Ukraine	257.1	625.5	847.7	1086.1	1400.0	
每周收入	**Earninges per Week**						
埃及⑧	Egypt⑧	163.0	188.0	207.0	229.0		
每日收入	**Wages per Day**						
菲律宾①	Philippines①		262.2	276.9	297.9	299.0	
斯里兰卡⑧⑨	Sri Lanka⑧⑨	220.1	298.6	319.0	354.9	414.5	
每小时收入	**Earninges per Hour**						
斯里兰卡⑧⑨	Sri Lanka⑧⑨	24.3	34.6	36.1	39.3	45.7	
加拿大⑧	Canada⑧	16.5	17.7	18.1	18.5		
法国⑩	France⑩	13.6	15.8	16.2			
荷兰⑥	Netherlands⑥	34.6	18.2	18.5			
西班牙⑪	Spain⑪	8.3	9.5	9.9	10.3	10.8	
英国	United Kingdom	10.8	12.6	13.2	13.6	14.0	
澳大利亚	Austrilia	19.9	22.5		25.7		
新西兰⑫	New Zealand⑫	17.6	20.2	20.6	21.7		

注：①工资率。②不包括采掘业和建筑业。③包括所得税。④包括家庭补贴和以实物形式支付的价值。⑤千本币。⑥不包括加班报酬。⑦包括以实物形式支付的价值。⑧工资收入者。⑨不包括"建筑业；金融保险、房地产和商务服务业；社区、社会和个人服务业"。⑩不包括"公共管理和国防；社会基本保障；教育；卫生和社会工作；其他社区、社会和个人服务活动；雇人的私人住户"。不包括"公共管理和国防；社会基本保障；雇人的私人住户"。⑫未全部包括"公共管理和国防；社会基本保障；教育"。

Note: ①Wage rates. ②Excludes "minining and quarring; construction". ③Includes payments subject to income tax. ④Includes family allowances and the value of payments in kind. ⑤Figures in thousands. ⑥Includes the value of payments in kind. ⑦Excludes orvertime payments. ⑧Wages earners. ⑨Excludes "construction; Financing,Insurance,Real Estate and Business Services; Community,Social and Personal Services". ⑩Excludes "Public Administration and Defence; Compulsory Social Security; Education; Health and Social Work Other Community,Social and Personal Services Activities; Private Households with Employed Persons". ⑪Excludes "Public Administration and Defence; Compulsory Social Security; Education; Private Households with Employed Persons".⑫"Public Administration and Defence; Compulsory Social Security; Education" not fully covered.

5-8 制造业雇员平均工资

Average Wage of Employees in Manufacturing

资料来源：联合国ILO数据库。
Source: ILO Database.
单位：本币 (local currency units)

国家和地区	Country or Area	2000	2004	2005	2006	2007	2008
每月收入	**Earnings per Month**						
中　　国①	China①	729.2	1169.4	1313.1	1497.2	1740.3	2016.0
中国香港②	Hong Kong,China②	11869.7	11498.1	11622.0	11972.4	11878.0	11881.3
印　　度	India	1280.8	1731.8	1234.4	3525.9		
以 色 列③	Israel③	8738.0					
日　　本	Japan	293100.0	293100.0	292100.0	299600.0	296800.0	293400.0
哈萨克斯坦	Kazakhstan	17717.0	30234.0	35400.0	43600.0	54400.0	
韩　　国④⑤	Korea,Rep. ④⑤	1601.5	2280.0	2458.0	2594.8	2772.0	2757.8
蒙　　古④	Mongolia④	66.0	92.8	100.5	124.1	160.2	268.0
菲 律 宾	Philippines	7300.0		12973.0			
新 加 坡	Singapore	3036.0	3350.0	3495.0	3618.0	3764.0	3955.0
泰　　国②	Thailand②	5839.0	6129.0	6407.4	6941.6	6999.2	
南　　非	South Africa	4323.0		6546.5	6911.8	7430.0	
墨 西 哥	Mexico	2944.1	3887.9	4140.3	4422.6	4689.2	4679.3
捷　　克	Czech Republic	13188.0	17035.0	17337.0	18482.0		
荷　　兰⑥	Netherlands⑥	4958.0	2637.0	2689.0			
波　　兰	Poland	1756.4	2053.7	2123.6	2246.0	2450.7	
俄罗斯联邦	Russian Fed.	2365.0	6849.0	8421.0	10199.0	12879.0	16050.0
乌 克 兰	Ukrain	270.7	700.0	905.1	1137.3	1456.4	1849.0
每周收入	**Earnings per Week**						
埃　　及⑦	Egypt⑦	125.0	162.0	179.0	203.0	220.0	
加 拿 大⑧	Canada⑧	794.8	860.6	895.4	904.7	939.6	947.4
英　　国	United Kingdom	377.0	437.0	467.0	477.0	491.0	513.0
每日收入	**Earnings per Day**						
中国香港②	Hong Kong,China②	335.4	324.3	279.0	321.7	342.8	341.2
菲 律 宾②	Philippines②		239.4	246.6	265.0	277.2	289.6
斯里兰卡⑦	Sri Lanka⑦	222.5	309.0	336.5	356.1	412.2	432.6
每小时收入	**Earnings per Hour**						
缅　　甸②	Myanmar②	13.5	29.9	31.9			
斯里兰卡⑦	Sri Lanka⑦	24.9	35.5	36.9	39.9	45.4	49.9
阿 根 廷⑦	Argentina⑦	4.3	6.3	7.6	9.7		
加 拿 大⑦⑧	Canada⑦⑧	18.3	20.0	20.5	20.5	21.6	22.0
墨 西 哥	Mexico	15.3					
法　　国	France	14.1	16.4	16.8	17.3	17.9	
德　　国⑦	Germany⑦	27.8	15.4	15.6	15.7	19.1	19.5
荷　　兰	Netherlands	34.4	18.2	18.5			
西 班 牙	Spain	8.7	10.1	10.5	11.0	11.4	12.0
英　　国	United Kingdom	8.9	10.5	11.2	11.4	11.7	12.3
澳大利亚	Australia	18.2	22.8		25.4		
新 西 兰	New Zealand	17.0	19.3	19.6	20.5	21.5	22.4

注：①国有单位、城镇集体所有制和其它所有制单位。②工资率。③包括采掘业；包括所得税。④千本币。⑤包括家庭补助和以实物形式支付的价值。⑥包括以实物形式支付的价值。⑦指工资收入者。⑧包括加班报酬。

Note:①State-owned units,urban collective-owned units and other ownership units. ②Wage rates. ③Includes mining and quarrying; includes payments subject to income tax. ④Figures in thousands. ⑤Includes family allowances and the value of payments in kind. ⑥Includes the value of payments in kind. ⑦Wage earners. ⑧Includes overtime payments.

5-9 每个就业者创造的国内生产总值(购买力平价法，1990年不变价美元)

GDP per Person Employed (constant 1990 PPP USD)

资料来源：世界银行WDI数据库。
Source: World Bank WDI Database.
单位：美元 (USD)

国家和地区	Country or Area	2000	2004	2005	2006	2007	2008
世　界	**World**	**13714**	**15023**	**15479**	**16028**	**16586**	**16964**
高收入国家	**High Income**	**45107**	**47675**	**48279**	**48935**	**49493**	**49981**
经合组织国家	**OECD Countries**	**45894**	**48613**	**49200**	**49857**	**50429**	**50960**
非经合组织国家	**Non-OECD Countries**	**30431**	**31665**	**32810**	**33653**	**34353**	**34523**
中等收入国家	**Middle Income**	**7187**	**8712**	**9235**	**9841**	**10540**	**11036**
中等偏上收入国家	**Upper Middle Income**	**14487**	**15645**	**16253**	**16922**	**17635**	**18036**
中等偏下收入国家	**Lower Middle Income**	**5492**	**7070**	**7564**	**8144**	**8833**	**9354**
中低收入国家	**Low and Middle Income**	**6633**	**7993**	**8461**	**9007**	**9634**	**10071**
南　亚	**South Asia**	**5069**	**5773**	**6149**	**6512**	**6902**	**7213**
低收入国家	**Low Income**	**2184**	**2456**	**2570**	**2699**	**2828**	**2916**
中　国	China	4660	7048	7710	8536	9574	10378
中国香港	Hong Kong,China	45644	51079	53714	56305	58517	58605
孟加拉国	Bangladesh	2827	3192	3308	3446	3587	3722
柬埔寨	Cambodia	3101	3011	3341	3613	3881	4029
印　度	India	5061	5879	6276	6714	7124	7445
印度尼西亚	Indonesia	7926	9056	9547	9944	10312	10671
伊　朗	Iran	13096	13532	13571	13769	14231	14257
以色列	Israel	41352	40274	41499	42844	43319	43202
日　本	Japan	40771	43461	44113	44829	45687	45587
哈萨克斯坦	Kazakhstan	13692	17648	19149	20800	21969	21988
韩　国	Korea,Rep.	31826	35798	36813	38210	39628	40261
马来西亚	Malaysia	20118	22360	23398	24197	25091	25590
缅　甸	Myanmar	3006	4083	4450	4828	5202	5235
巴基斯坦	Pakistan	7524	7834	8378	8149	8589	8950
菲律宾	Philippines	7034	7246	7389	7687	8066	8260
新加坡	Singapore	42940	46082	48821	47771	48274	45786
斯里兰卡	Sri Lanka	11120	10874	11362	12945	13947	14916
泰　国	Thailand	12638	13961	14374	14926	15393	15548
越　南	Viet Nam	3803	4553	4832	5133	5456	5676
埃　及	Egypt	11079	11459	11658	12145	12680	13248
尼日利亚	Nigeria	2871	4137	4246	4393	4555	4671
南　非	South Africa	9450	10357	10769	11249	11725	11984
加拿大	Canada	47186	48100	48793	49349	49543	49077
墨西哥	Mexico	18743	18615	19094	19347	19635	19633
美　国	United States	57909	61919	62655	63207	63783	65480
阿根廷	Argentina	24612	24304	24767	25789	26899	27578
巴　西	Brazil	12109	12050	12068	12249	12733	13230
委内瑞拉	Venezuela	23653	23475	26468	28233	29585	29972
捷　克	Czech Rep.	19041	21518	22639	23794	24557	25059
法　国	France	51311	53279	53989	54663	54931	55052.39
德　国	Germany	39855	41025	41373	42329	42639	42588
意大利	Italy	47247	46374	46411	46446	46562	45932
荷　兰	Netherlands	43436	44918	45610	46297	46737	47017
波　兰	Poland	19324	22906	23202	23848	24373	24553
俄罗斯联邦	Russian Fed.	11991	14738	15589	16640	17850	18702
西班牙	Spain	40098	39417	38687	38614	38834	39463
土耳其	Turkey	19826	22635	24259	25609	26374	26187
乌克兰	Ukraine	6661	9357	9433	10075	10883	11134
英　国	United Kingdom	44657	47873	48537	49659	50989	51697
澳大利亚	Australia	45739	48670	48587	49197	49644	49615
新西兰	New Zealand	34168	35988	35964	35763	36161	35492

5-10 制造业雇员劳动成本
Employee Labor Cost in Manufacturing

资料来源：联合国ILO数据库。
Sources: ILO Database.
单位：本币 (local currency units)

国家和地区	Country or Area	周期	Period	2000	2005	2006	2007	2008
中国香港①	Hong Kong,China①	每年	Per Year	179247.0	172434.0	189033.0	176595.0	
印　度	India	每日	Per Day	167.2	200.0			
伊　朗②	Iran②	每月	Per Month	1631.2				
以色列	Israel	每小时	Per Hour	53.0	62.0	65.0	67.0	
哈萨克斯坦②	Kazakhstan②	每月	Per Month	105.7	199.8	248.2	317.9	375.7
韩　国②	Korea,Rep.②	每月	Per Month	2450.8	3357.2	3610.0	3812.2	
马来西亚	Malaysia	每年	Per Year	19480.3				
菲律宾①	Philippines①	每月	Per Month		13646.0			
新加坡①	Singapore①	每年	Per Year	36136.0	38692.0	39944.0	41077.0	
泰　国	Thailand	每月	Per Month	10286.1	22421.3			
墨西哥①	Mexico①	每小时	Per Hour	43.6	60.4	63.0	66.2	70.0
美　国①③	United States①③	每小时	Per Hour	24.6	29.7	30.0	30.6	
阿根廷①③	Argentina①③	每月	Per Month	818.1	1500.2	1882.8		
巴　西	Brazil	每月	Per Month	1007.6				
委内瑞拉	Venezuela	每年	Per Year	7796.0				
白俄罗斯	Belarus	每月	Per Month	113.4	760.6	955.2	1117.4	1432.8
捷　克	Czech Republic	每小时	Per Hour	127.1	179.7	189.4	204.7	
法　国	France	每小时	Per Hour	24.0				
德　国	Germany	每小时	Per Hour	27.6	30.3	31.6	32.1	32.9
意大利	Italy	每小时	Per Hour	16.1				
荷　兰	Netherlands	每小时	Per Hour	55.6				
波　兰	Poland	每月	Per Month	2401.0	2882.0	3058.0	3354.0	
俄罗斯联邦	Russian Fed.	每小时	Per Hour		81.6		123.6	
西班牙	Spain	每小时	Per Hour	15.1	16.8	17.5	18.2	19.1
土耳其①	Turkey①	每年	Per Year	4672749.0				
乌克兰	Ukraine	每月	Per Month			1610.2		
英　国	United Kingdom	每小时	Per Hour	14.2				
新西兰①	New Zealand①	每年	Per Year	37100.0	44100.0			

注：①雇员报酬。②千本币。③工资收入者。
Note: ①Compensation of employees. ②Figures in thousands. ③Wages-earners.

5-11 劳动力人口教育程度构成
Educational Composition of Labor Force

资料来源：世界银行WDI数据库。
Source: World Bank WDI Database.
单位：% (%)

国家和地区	Country or Area	初等教育 Primary Education		中等教育 Secondary Education		高等教育 Tertiary Education	
		2000	2007	2000	2007	2000	2007
中　　国	China			17.3		12.7	
中国香港	Hong Kong,China		29.1		44.4		25.6
中国澳门	Macao,China	60.6	50.7	16.3	24.3	12.2	18.9
柬 埔 寨	Cambodia			8.4	17.7		
印度尼西亚	Indonesia		55.7		20.6		6.5
伊　　朗	Iran		50.4		22.0		15.4
以 色 列	Israel	15.2	5.9	35.3	7.3	48.6	84.0
日　　本	Japan	17.2	60.1	47.7		35.0	39.9
哈萨克斯坦	Kazakhstan		6.0①		44.0①		50.0①
韩　　国	Korea,Rep.	32.5	23.0	43.5	42.0	24.0	35.0
马来西亚	Malaysia		19.3		56.3		20.3
蒙　　古	Mongolia			14.1		37.2	
巴基斯坦	Pakistan		16.0		11.0		22.9
菲 律 宾	Philippines		31.7		38.7		27.7
新 加 坡	Singapore	25.0	27.7	25.3	48.6	36.6	23.7
斯里兰卡	Sri Lanka	67.5	67.5	16.5	15.9	12.3	16.5
泰　　国	Thailand			19.0		32.2	
越　　南	Viet Nam			12.4	17.4①	22.3	24.7①
埃　　及	Egypt			21.3		49.1	
南　　非	South Africa		33.6	24.1	47.9	60.9	13.4
加 拿 大	Canada	18.0	13.8	42.6	40.0	39.4	46.2
墨 西 哥	Mexico	20.2	57.0	29.1	20.0	25.4	17.3
美　　国	United States	13.7	9.5	51.5	29.4	34.8	61.1
阿 根 廷	Argentina		35.3②		33.6②		29.5②
巴　　西	Brazil		42.9②		28.9②		8.6②
捷　　克	Czech Rep.	10.5	7.1	78.2	78.5	11.3	14.4
法　　国	France	28.6	26.0	46.0	44.3	25.4	29.4
德　　国	Germany	17.8	17.0	58.0	59.0	24.2	23.9
意 大 利	Italy	47.6	39.0	39.8	44.3	11.4	15.7
荷　　兰	Netherlands	30.7	60.9	45.1	30.5	23.8	3.3
波　　兰	Poland	15.7	10.2	68.7	68.3	15.6	21.5
俄罗斯联邦	Russian Fed.		6.4		41.1		52.5
西 班 牙	Spain	53.3	43.8	19.2	24.0	26.9	31.8
土 耳 其	Turkey	71.4	56.0	18.9	21.9	9.7	13.1
乌 克 兰	Ukraine		11.7③	20.8	43.1③	13.3	45.2③
英　　国	United Kingdom	17.8	21.5	47.4	45.9	26.1	31.9
澳大利亚	Australia	29.3	28.3	43.0	39.0	27.6	32.7
新 西 兰	New Zealand	0.6	17.9	43.1	41.1	33.2	37.3

注：①2004年数据。②2006年数据。③2005年数据。
Note:①Data refer to 2004.②Data refer to 2006.③Data refer to 2005.

5-12 失业人口教育程度构成

Educational Composition of Unemployment

资料来源：世界银行WDI数据库。
Source: World Bank WDI Database.
单位：%　(%)

国家和地区	Country or Area	初等教育 Primary Education		中等教育 Secondary Education		高等教育 Tertiary Education	
		2000	2007	2000	2007	2000	2007
中国香港	Hong Kong,China	47.9	40.8	41.9	41.4	8.4	16.6
中国澳门	Macao,China	65.5	58.9	11.3	22.1	6.3	9.5
孟加拉国	Bangladesh	54.3	33.0①	22.7	24.4①	8.4	15.9①
印　度	India	29.5	29.0①	40.4	37.7①	30.1	33.3①
印度尼西亚	Indonesia	44.5	44.4	43.8	40.7	7.9	9.6
伊　朗	Iran		41.8①		34.7①		19.6①
以色列	Israel	23.3	12.2	43.9	12.8	31.7	72.5
日　本	Japan	22.6	67.2	49.4		23.0	32.8
哈萨克斯坦	Kazakhstan		7.3②		53.0②		39.6②
韩　国	Korea,Rep.	24.9	15.2	51.6	49.7	23.5	35.2
马来西亚	Malaysia	38.1	13.3	43.2	61.6	15.2	25.1
蒙　古	Mongolia	30.6	35.1②	48.4	45.8②	18.1	18.5②
巴基斯坦	Pakistan	15.1	14.3	13.0	11.4	20.6	26.0
菲律宾	Philippines	23.7	13.6	41.6	46.2	31.6	39.4
新加坡	Singapore		31.0		25.6		43.2
斯里兰卡	Sri Lanka	49.7	45.4		22.0	49.9	32.6
泰　国	Thailand	70.6	40.5	7.2	45.5	19.2	0.1
南　非	South Africa	53.8	36.2	35.3	56.3	5.6	4.5
加拿大	Canada	33.0	27.7	42.3	41.1	24.6	31.2
墨西哥	Mexico	55.2	50.7	22.5	24.5	18.3	22.9
美　国	United States	21.8	18.7	36.3	35.5	41.9	45.7
阿根廷	Argentina	51.5	43.9	32.4	38.2	14.8	17.9
巴　西	Brazil		51.6③		33.6③		3.6③
捷　克	Czech Rep.	25.5	26.8	69.9	68.8	3.5	4.3
法　国	France		39.9		39.6		19.9
德　国	Germany	28.6	33.1	58.6	56.3	12.9	10.6
意大利	Italy	51.7	46.5	39.7	40.6	6.8	11.3
荷　兰	Netherlands	47.2	41.3	33.7	39.7	16.7	17.0
波　兰	Poland	20.4	16.4	73.2	73.2	6.4	10.4
俄罗斯联邦	Russian Fed.	16.6	13.7	43.7	54.2	39.6	32.1
西班牙	Spain	57.7	54.8	19.3	23.6	21.9	20.4
土耳其	Turkey	54.7	52.3	28.4	28.2	9.6	12.7
乌克兰	Ukraine	8.6	8.5	58.0	52.2	33.3	39.3
英　国	United Kingdom	32.7	37.3	45.0	47.7	11.0	14.3
澳大利亚	Australia	44.3	48.0	40.8	34.1	14.9	17.9
新西兰	New Zealand	0.9	30.6	49.3	38.8	11.9	26.9

注：①2005年数据。②2004年数据。③2006年数据。
Note:①Data refer to 2005.②Data refer to 2004.③Data refer to 2006.

主要统计指标解释

劳动力人口 即国际劳工组织定义的 15 岁及以上的经济活动人口。指在报告期内能提供商品生产和服务的人员。包括就业和失业人员。在不同国家，对军人、季节性就业和兼职就业者处理方法不同。通常，劳动力人口包括军人，失业人员和首次寻找工作者，不包括家务劳动者、和其他无偿护理者和在非正规部门的工作者。

就业人员 为一定年龄以上，在特定时期内（一星期或一天），属于下列类型的所有人：

（1）有酬从业人员，包括两类：① 正在工作的人，指在报告期内做某些工作以得到现金或实物形式工资或薪金的人员； ②有工作岗位但目前不工作的人，指现在有工作，却在短期内暂时不上班，但同时与工作单位有正式联系的人。这种正式联系，可以按照如下的一项或多项标准，根据各国的不同情况予以判断：1）持续领到工资或薪金；2）保证在暂时的不上班状态终止后返回该岗位，或对返回的时间有协议；3）在不工作的这段时间里，该从业者能得到补偿而无须接受其他工作。

（2）自营就业者，包括两类： ①正在工作，指在短期时间内以利润或家庭收入为目的，从事某些工作得到现金或实物的人； ②拥有企业而不工作的人，指自己拥有企业（如商业企业，农场，服务性企业），在一定时期内因特殊原因暂不工作的人。

失业人员 在报告期内，适龄劳动人口中的失业者分为：

(1)没有工作，即没有得到有报酬的工作，又没有自营就业的人；

(2)目前有工作能力，即在报告期内可从事有酬工作和自营就业的人；

(3)正在寻找工作，在最近特定时期已采取具体步骤寻求有酬工作或自营就业的人。这些具体步骤包括：在公共或私人职业介绍所登记；向雇主提出就业申请；在工地、农场、工厂大门外、市场或其他聚集地寻找工作；通过报纸刊登广告或应聘；寻求亲友帮助就业；寻找土地、厂房、机器或设备自己创业；筹集资金；申请许可证和执照等。

失业率 反映了失业的严重程度。失业率是参考期内（一般是特定的一天或一周）特定分组的失业人数和同一时间该组就业、失业人数之和相比得出的。

非农部门 涉及以下主要经济活动部门：采掘业，制造业，电、煤气和水供应业，建筑业，批发、零售贸易，旅馆和饭店业，运输、仓储和通讯，金融、保险、房地产、产业服务，社区、社会和个人服务业。在某些情况下，仅用一些代表性的部门表示。

收入 定期以现金或以实物形式支付给雇员的报酬，包括对雇员工作时间、完成的工作量和未工作的有酬时间（如年休假，法定假日）支付的劳动报酬。收入不包括雇主为雇员支付的社会保险、养老金缴款以及雇员因此得到的收益，也不包括解雇和辞职时加发的工资。

工资率 包括基础工资、生活补贴和其他有保证的津贴和正常支付的补助，不包括加班费、奖金和赏金、家庭补助和其他由雇主支付的社会保障费用，也不包括优惠性实物报酬、正常工资率以外的补充报酬。

劳动成本 指雇主在雇用劳动力过程中发生的成本。包括向雇员支付的工作报酬，为雇员未从事工作的时间支付的报酬，奖金和赏金，食品、饮料和其他实物费用，雇主负担的雇员住房费用、社会保障费、职业培训费、福利费及其他各项支出，如工人交通费、工作服费用、招工费和被作为人工成本的税金。

雇员报酬 是雇主以现金和实物方式支付给雇员的工资和薪金，以及为雇员缴纳的社会保障和私人养老保险、意外保险、人身保险及类似费用。

Explanatory Notes on Main Statistical Indicators

Total Labor Force comprises people ages 15 and older who meet the International Labour Organization definition of the economically active population: all people who supply labor for the production of goods and services during a specified period. It includes both the employed and the unemployed. While national practices vary in the treatment of such groups as the armed forces and seasonal or part-time workers, in general the labor force includes the armed forces, the unemployed, and first-time job-seekers, but excludes homemakers and other unpaid caregivers and workers in the informal sector.

Employment comprise all persons above a specific age who during a specified brief period, either one week or one day, were in the following categories:

(1)paid employment: ① at work: persons who during the reference period performed some work for wage or salary, in cash or in kind; ② with a job but not at work: persons who, having already worked in their present job, were temporarily not at work during the reference period and had a formal attachment to their job. This formal job attachment should be determined in the light of national circumstance, according to one or more of the following criteria: 1) the continued receipt of wage or salary; 2) an assurance of return to work following the end of the contingency, or an agreement as to the data of return; 3) the elapsed duration of absence from the job which, wherever relevant, may be that duration for which workers can receive compensation benefits without obligations to accept other jobs.

(2)self-employment: ① at work: person who during the reference period performed some work for profit or family gain, in cash or in kind; ② with an enterprise but not at work: persons with an enterprise, which may be a business enterprise, a farm or a service undertaking ,who were temporarily not at work during the reference period for any specific reason..

Unemployment comprises all persons above a specified age who during the reference period were: (1) Without works were not in paid employment or self-employment; (2) Currently available for work were available for paid employment or self-employment during the reference period; (3) Seeking work had taken specific steps in a specified reference period to seek paid employment or self-employment. The specific steps may include registration at a pubic or private employment exchange; application to employers; checking at worksites, farms, factory gates, market or other assembly places; placing or answering newspaper advertisement; seeking assistance of friends or relatives; looking for land, building, machinery or equipment to establish own enterprise; arranging for financial resources; applying for permits and licenses, etc.

Unemployment Rate illustrates the relative severity of unemployment. These rates are calculated by relating the number of persons in the given group who are unemployed during the reference period (usually a particular day or a given week) to the total of employed and unemployed persons in the group at the same date.

Non-agriculture Industries comprise mainly economically active industries as follows: mining and quarrying, manufacturing, electricity, gas and water, construction, wholesale and retail trade and restaurants and hotels, transport, storage and communication, financing, insurance, real estate and business services, community, social and personal services. In some cases, these industries are shown in only some parts of the industries i.e. representatives industries.

Earnings relates to remuneration in cash and in kind paid to employees, as a rule at regular intervals, for time worked or work done together with remuneration for time not worked, such as for annual vacation, other paid leave or holidays. Earnings exclude employers' contribution in respect of their employees paid to social security and pension schemes and also the benefits received by employees under these schemes. Earnings also exclude severance and termination pay.

Wage Rates should include basic wages, cost-of-living allowances and other guaranteed and regularly paid allowances, but exclude overtime payments, bonuses and gratuities, family allowances and other social security payments made by employers. Extra gratia payments in kind, supplementary to normal wage rates, are also excluded.

Labour Cost is the cost incurred by the employer in the employment of labour. The statistical concept of labour cost comprises remuneration for work performed, payments in respect of time paid for but not worked, bonuses and gratuities, the cost of food, drink and other payments in kind, cost of workers' housing borne by employers, employers' social security expenditures, cost to the employer for vocational training, welfare services and miscellaneous items, such as transport of workers, work clothes and recruitment, together with taxes regarded as labour cost.

Compensation of Employees comprises all payments by producers of wages and salaries to their employees, in kind as well as in cash, and of contributions in respect of their employees to social security and to private pension, casualty insurance, life insurance and similar schemes.

投资环境

Investment Environment

6-1 企业开业成本

Cost of Business Start-up

资料来源：世界银行《全球营商环境报告》。

Source: World Bank Doing Business.

国家和地区	Country or Area	企业开业所要办理的手续数(个) Start-up Procedures to Register a Business (number)		企业办理开业手续所需时间(天) Time Required to Start a Business (days)		企业登记注册费占人均GNI比重(%) Cost of Business Start-up Procedures as Percentage of GNI per capita(%)	
		2004	2010	2004	2010	2004	2010
中　国	China	13	14	48	38	15.9	4.5
中国香港	Hong Kong,China	5	3	11	6	3.4	2.0
孟加拉国	Bangladesh	8	7	50	19	62.9	33.3
文　莱	Brunei Darussalam		15		105		13.5
柬埔寨	Cambodia	11	9	94	85	480.1	128.3
印　度	India	11	12	89	29	49.5	56.5
印度尼西亚	Indonesia	12	9	151	47	130.7	22.3
伊　朗	Iran	9	6	29	8	7.3	4.0
以色列	Israel	5	5	34	34	5.5	4.3
日　本	Japan	11	8	31	23	10.6	7.5
哈萨克斯坦	Kazakhstan	10	6	26	19	10.5	1.0
韩　国	Korea,Rep.	10	8	17	14	15.7	14.7
老　挝	Laos	8	7	195	100	18.3	11.3
马来西亚	Malaysia	10	9	37	17	32.0	17.5
蒙　古	Mongolia	7	7	13	13	12.5	3.2
巴基斯坦	Pakistan	11	10	24	21	29.3	10.7
菲律宾	Philippines	16	15	61	38	26.3	29.7
新加坡	Singapore	7	3	8	3	1.0	0.7
斯里兰卡	Sri Lanka	8	4	50	35	10.7	5.4
泰　国	Thailand	8	7	33	32	6.7	5.6
越　南	Viet Nam	11	9	56	44	30.6	12.1
埃　及	Egypt	13	6	37	7	63.0	6.3
尼日利亚	Nigeria	10	8	44	31	95.6	78.9
南　非	South Africa	9	6	38	22	9.7	6.0
加拿大	Canada	2	1	3	5	1.0	0.4
墨西哥	Mexico	9	6	58	9	16.7	12.3
美　国	United States	6	6	6	6	0.7	1.4
阿根廷	Argentina	13	14	30	26	14.7	14.2
巴　西	Brazil	17	15	152	120	11.7	7.3
委内瑞拉	Venezuela	16	17	141	141	37.9	30.2
捷　克	Czech Rep.	10	9	40	20	10.8	9.3
法　国	France	5	5	7	7	1.1	0.9
德　国	Germany	9	9	45	15	5.9	4.8
意大利	Italy	9	6	13	6	21.4	18.5
荷　兰	Netherlands	7	6	9	8	13.2	5.7
波　兰	Poland	10	6	31	32	20.6	17.5
俄罗斯联邦	Russian Fed.	11	9	39	30	11.6	3.6
西班牙	Spain	10	10	114	47	17.0	15.1
土耳其	Turkey	6	6	6	6	26.0	17.2
乌克兰	Ukraine	15	10	34	27	17.6	6.1
英　国	United Kingdom	6	6	13	13	0.9	0.7
澳大利亚	Australia	2	2	2	2	2.1	0.7
新西兰	New Zealand	2	1	12	1	0.2	0.4

6-2 企业经营环境排名(2010年)

Ease of Doing Business Rank(2010)

资料来源：世界银行《全球营商环境报告》。
Source: World Bank Doing Business.

国家和地区	Country and Area	企业经营环境排名 Ease of Doing Business Rank	开办企业排名 Starting a Business Rank	申请建筑许可 Dealing with Construction Permits			注册财产 Registering Property			获得信贷排名 Getting Credit Rank	缴纳税款排名 Paying Taxes Rank
				排名 Rank	手续(个) Procedures (number)	时间(天) Time (days)	排名 Rank	手续(个) Procedures (number)	时间(天) Time (days)		
新加坡	Singapore	1	4	2	11	25	15	3	5	6	4
中国香港	Hong Kong,China	2	6	1	7	67	56	5	36	2	3
新西兰	New Zealand	3	1	5	7	65	3	2	2	2	26
英国	United Kingdom	4	17	16	11	95	22	2	8	2	16
美国	United States	5	9	27	19	40	12	4	12	6	62
丹麦	Denmark	6	27	10	6	69	30	3	42	15	13
加拿大	Canada	7	3	29	14	75	37	6	17	32	10
挪威	Norway	8	33	65	14	252	8	1	3	46	18
爱尔兰	Ireland	9	11	38	11	192	78	5	38	15	7
澳大利亚	Australia	10	2	63	16	221	35	5	5	6	48
沙特阿拉伯	Saudi Arabia	11	13	14	12	89	1	2	2	46	6
格鲁吉亚	Georgia	12	8	7	10	98	2	1	2	15	61
芬兰	Finland	13	32	55	18	66	26	3	14	32	65
瑞典	Sweden	14	39	20	8	116	15	1	7	72	39
冰岛	Iceland	15	29	31	18	75	11	3	4	32	35
韩国	Korea,Rep.	16	60	22	13	34	74	7	11	15	49
爱沙尼亚	Estonia	17	37	24	14	134	13	3	18	32	30
日本	Japan	18	98	44	15	187	59	6	14	15	112
泰国	Thailand	19	95	12	11	156	19	2	2	72	91
毛里求斯	Mauritius	20	12	39	18	107	69	4	26	89	12
马来西亚	Malaysia	21	113	108	25	261	60	5	56	1	23
德国	Germany	22	88	18	12	100	67	5	40	15	88
立陶宛	Lithuania	23	87	59	17	162	7	3	3	46	44
拉脱维亚	Latvia	24	53	79	24	186	57	6	42	6	59
比利时	Belgium	25	31	41	14	169	177	8	79	46	70
法国	France	26	21	19	13	137	142	8	59	46	55
瑞士	Switzerland	27	80	37	14	154	14	4	16	15	16
巴林	Bahrain	28	78	17	13	43	29	2	31	89	14
以色列	Israel	29	36	121	20	235	147	7	144	6	82
荷兰	Netherlands	30	71	105	18	230	46	5	7	46	27
葡萄牙	Portugal	31	59	111	19	272	31	1	1	89	73
奥地利	Austria	32	125	57	14	194	33	3	21	15	104
中国台湾	Taiwan,China,	33	24	95	28	142	32	3	5	72	87
南非	South Africa	34	75	52	17	174	91	6	24	2	24
墨西哥	Mexico	35	67	22	11	105	105	5	74	46	107
秘鲁	Peru	36	54	97	19	188	24	4	7	15	86
塞浦路斯	Cyprus	37	26	75	13	677	66	3	34	72	32
马其顿	Macedonia	38	5	136	21	146	69	5	58	46	33
哥伦比亚	Colombia	39	73	32	10	50	55	7	20	65	118
阿联酋	United Arab Emirates	40	46	26	17	64	4	1	2	72	5
斯洛伐克	Slovakia	41	68	56	13	287	9	3	17	15	122
斯洛文尼亚	Slovenia	42	28	63	14	199	97	6	113	116	80
智利	Chile	43	62	68	18	155	45	6	31	72	46
吉尔吉斯斯坦	Kyrgyzstan	44	14	43	13	143	17	4	5	15	150
卢森堡	Luxemburg	45	77	42	13	217	129	8	29	116	15
匈牙利	Hungary	46	35	86	31	189	41	4	17	32	109

6-2 续表 1 continued

国家和地区	Country and Area	投资者保护 Protecting Investors			跨境贸易排名 Trading Across Borders Rank	合同执行 Enforcing Contracts			关闭企业 Closing a Business		
		排名 Rank	披露指数 Disclosure Index	投资者保护指数 Investor Protection Index		排名 Rank	手续（个）Procedures (number)	时间（天）Time (days)	排名 Rank	时间（年）Time (years)	收回率（美分／美元）Recovery Rate (cents/dollar)
新加坡	Singapore	2	10	9	1	13	21	150	2	0.8	91.3
中国香港	Hong Kong,China	3	10	9	2	2	24	280	15	1.1	81.2
新西兰	New Zealand	1	10	10	28	9	30	216	16	1.3	79.1
英国	United Kingdom	10	10	8	15	23	28	399	7	1.0	88.6
美国	United States	5	7	8	20	8	32	300	14	1.5	81.5
丹麦	Denmark	28	7	6	5	30	35	410	5	1.1	89.4
加拿大	Canada	5	8	8	41	58	36	570	3	0.8	91.2
挪威	Norway	20	7	7	9	4	33	280	4	0.9	90.9
爱尔兰	Ireland	5	10	8	23	37	20	515	9	0.4	87.4
澳大利亚	Australia	59	8	6	29	16	28	395	12	1.0	81.8
沙特阿拉伯	Saudi Arabia	16	9	7	18	140	43	635	65	1.5	36.8
格鲁吉亚	Georgia	20	8	7	35	41	36	285	105	3.3	25.1
芬兰	Finland	59	6	6	6	11	32	375	6	0.9	89.4
瑞典	Sweden	28	8	6	7	52	30	508	18	2.0	77.3
冰岛	Iceland	74	5	5	79	3	27	417	17	1.0	78.5
韩国	Korea,Rep.	74	7	5	8	5	35	230	13	1.5	81.7
爱沙尼亚	Estonia	59	8	6	4	50	36	425	70	3.0	35.5
日本	Japan	16	7	7	24	19	30	360	1	0.6	92.7
泰国	Thailand	12	10	8	12	25	36	479	46	2.7	43.5
毛里求斯	Mauritius	12	6	8	22	61	36	645	71	1.7	35.1
马来西亚	Malaysia	4	10	9	37	59	30	585	55	2.3	39.8
德国	Germany	93	5	5	14	6	30	394	35	1.2	53.1
立陶宛	Lithuania	93	5	5	31	17	30	275	39	1.5	49.6
拉脱维亚	Latvia	59	5	6	16	14	27	309	80	3.0	31.9
比利时	Belgium	16	8	7	44	21	26	505	8	0.9	87.6
法国	France	74	10	5	26	7	29	331	44	1.9	45.2
瑞士	Switzerland	167		3	43	28	31	417	41	3.0	47.5
巴林	Bahrain	59	8	6	33	117	48	635	26	2.5	64.2
以色列	Israel	5	7	8	10	96	35	890	40	4.0	49.1
荷兰	Netherlands	109	4	5	13	29	26	514	11	1.1	81.9
葡萄牙	Portugal	44	6	6	27	24	31	547	21	2.0	72.6
奥地利	Austria	132	3	4	25	9	25	397	20	1.1	73.1
中国台湾	Taiwan,China,	74	7	5	17	90	47	510	10	1.9	82.2
南非	South Africa	10	8	8	149	85	30	600	74	2.0	34.4
墨西哥	Mexico	44	8	6	58	81	38	415	23	1.8	66.7
秘鲁	Peru	20	8	7	53	110	41	428	96	3.1	27.2
塞浦路斯	Cyprus	93	4	5	19	104	43	735	22	1.5	70.4
马其顿	Macedonia	20	9	7	66	65	37	370	116	2.9	20.7
哥伦比亚	Colombia	5	8	8	99	150	34	1346	29	3.0	62.4
阿联酋	United Arab Emirates	120	4	4	3	134	49	537	143	5.1	11.2
斯洛伐克	Slovakia	109	3	5	102	71	31	565	33	4.0	55.3
斯洛文尼亚	Slovenia	20	3	7	56	60	32	1290	38	2.0	50.9
智利	Chile	28	8	6	68	68	36	480	91	4.5	28.2
吉尔吉斯斯坦	Kyrgyzstan	12	8	8	156	54	39	260	138	4.0	15.3
卢森堡	Luxemburg	120	6	4	32	1	26	321	45	2.0	43.7
匈牙利	Hungary	120	2	4	73	22	35	395	62	2.0	37.9

6-2 续表 2 continued

国家和地区	Country and Area	企业经营环境排名 Ease of Doing Business Rank	开办企业排名 Starting a Business Rank	申请建筑许可 Dealing with Construction Permits			注册财产 Registering Property			获得信贷排名 Getting Credit Rank	缴纳税款排名 Paying Taxes Rank
				排名 Rank	手续（个）Procedures (number)	时间（天）Time (days)	排名 Rank	手续（个）Procedures (number)	时间（天）Time (days)		
波多黎各	Puerto Rico	47	16	150	22	209	127	8	194	32	108
亚美尼亚	Armenia	48	22	78	20	137	5	3	7	46	159
西 班 牙	Spain	49	147	49	11	233	54	4	18	46	71
卡 塔 尔	Qatar	50	111	30	19	76	58	10	16	138	2
保加利亚	Bulgaria	51	43	119	24	139	62	8	15	6	85
博茨瓦纳	Botswana	52	90	127	24	167	44	5	16	46	21
圣卢西亚	Saint Lucia	53	41	13	9	139	77	6	16	89	45
阿塞拜疆	Azerbaijan	54	15	160	31	207	10	4	11	46	103
突 尼 斯	Tunisia	55	48	106	20	97	64	4	39	89	58
罗马尼亚	Romania	56	44	84	17	228	92	8	48	15	151
阿　　曼	Oman	57	76	70	15	186	21	2	16	128	8
卢 旺 达	Rwanda	58	9	82	14	195	41	4	55	32	43
哈萨克斯坦	Kazakhstan	59	47	147	34	219	28	4	40	72	39
瓦努阿图	Vanuatu	60	107	21	7	51	108	2	188	72	19
萨 摩 亚	Samoa	61	20	47	18	88	34	5	27	128	68
斐　　济	Fiji	62	104	58	19	135	50	3	68	46	77
捷　　克	Czech Rep.	63	130	76	36	150	47	4	43	46	128
安提瓜和巴布达	Antigua and Barbuda	64	72	25	13	156	123	7	26	116	132
土 耳 其	Turkey	65	63	137	25	188	38	6	6	72	75
黑　　山	Montenegro	66	51	161	19	230	116	7	71	32	139
加　　纳	Ghana	67	99	151	18	220	36	5	34	46	78
白俄罗斯	Belarus	68	7	44	16	151	6	3	15	89	183
纳米比亚	Namibia	69	124	36	12	139	136	9	23	15	99
波　　兰	Poland	70	113	164	32	311	86	6	152	15	121
汤　　加	Tonga	71	30	34	11	76	125	4	108	116	31
巴 拿 马	Panama	72	23	66	20	116	113	8	32	32	175
蒙　　古	Mongolia	73	86	104	21	215	27	5	11	72	66
科 威 特	Kuwait	74	141	91	25	104	90	8	55	89	9
圣文森特和格林纳丁斯	Saint Vincent and the Grenadines	75	52	3	11	74	138	7	38	116	55
赞 比 亚	Zambia	76	57	158	17	254	83	5	40	6	37
巴 哈 马	Bahamas	77	66	107	18	197	154	7	48	72	50
越　　南	Viet Nam	78	100	62	13	194	43	4	57	15	124
中　　国	China	79	151	181	37	336	38	4	29	65	114
意 大 利	Italy	80	68	92	14	257	95	8	27	89	128
牙 买 加	Jamaica	81	18	47	10	156	106	6	37	89	174
阿尔巴尼亚	Albania	82	45	170	24	331	72	6	42	15	149
巴基斯坦	Pakistan	83	85	98	12	223	126	6	50	65	145
克罗地亚	Croatia	84	56	132	13	315	110	5	104	65	42
马尔代夫	Maldives	85	50	9	9	118	147	6	57	152	1
萨尔瓦多	El Salvador	86	129	124	34	155	49	5	31	46	137
圣基茨和尼维斯	Saint Kitts and Nevis	87	55	8	14	67	160	6	81	116	98
多米尼克	Dominica	88	38	28	13	182	112	5	42	72	67
塞尔维亚	Serbia	89	83	176	20	279	100	6	91	15	138
摩尔多瓦	Moldova	90	94	159	30	292	18	5	5	89	106
多米尼加	Dominican Rep.	91	137	89	17	214	114	7	60	72	76
格林纳达	Grenada	92	49	15	10	149	145	8	47	89	79

6-2 续表 3 continued

国家和地区	Country and Area	投资者保护 Protecting Investors: 排名 Rank	投资者保护 Protecting Investors: 披露指数 Disclosure Index	投资者保护 Protecting Investors: 投资者保护指数 Investor Protection Index	跨境贸易排名 Trading Across Borders Rank	合同执行 Enforcing Contracts: 排名 Rank	合同执行 Enforcing Contracts: 手续(个) Procedures (number)	合同执行 Enforcing Contracts: 时间(天) Time (days)	关闭企业 Closing a Business: 排名 Rank	关闭企业 Closing a Business: 时间(年) Time (years)	关闭企业 Closing a Business: 收回率(美分/美元) Recovery Rate (cents/dollar)
波多黎各	Puerto Rico	16	7	7	107	99	39	620	25	3.8	64.7
亚美尼亚	Armenia	93	5	5	82	63	49	285	54	1.9	40.6
西 班 牙	Spain	93	5	5	54	52	39	515	19	1.0	76.3
卡 塔 尔	Qatar	93	5	5	46	95	43	570	36	2.8	53.0
保加利亚	Bulgaria	44	10	6	108	87	39	564	83	3.3	31.0
博茨瓦纳	Botswana	44	7	6	151	70	29	625	27	1.7	63.7
圣卢西亚	Saint Lucia	28	4	6	105	165	47	635	52	2.0	41.5
阿塞拜疆	Azerbaijan	20	7	7	177	27	39	237	88	2.7	28.8
突 尼 斯	Tunisia	74	5	5	30	78	39	565	37	1.3	51.7
罗马尼亚	Romania	44	9	6	47	54	31	512	102	3.3	25.7
阿 曼	Oman	93	8	5	88	104	51	598	72	4.0	34.9
卢 旺 达	Rwanda	28	7	6	159	39	24	230	183		
哈萨克斯坦	Kazakhstan	44	8	6	181	36	38	390	48	1.5	43.3
瓦努阿图	Vanuatu	74	5	5	142	76	30	430	50	2.6	42.7
萨 摩 亚	Samoa	28	5	6	94	82	44	455	140	2.5	14.6
斐 济	Fiji	44	3	6	103	63	34	397	117	1.8	20.5
捷 克	Czech Rep.	93	2	5	62	78	27	611	32	3.2	55.9
安提瓜和巴布达	Antigua and Barbuda	28	4	6	63	73	45	351	66	3.0	36.7
土 耳 其	Turkey	59	9	6	76	26	35	420	115	3.3	21.1
黑 山	Montenegro	28	5	6	34	135	49	545	47	2.0	43.4
加 纳	Ghana	44	7	6	89	45	36	487	109	1.9	23.7
白俄罗斯	Belarus	109	5	5	128	12	28	225	93	5.8	28.0
纳米比亚	Namibia	74	5	5	153	41	33	270	53	1.5	41.5
波 兰	Poland	44	7	6	49	77	38	830	81	3.0	31.3
汤 加	Tonga	109	3	5	60	56	37	350	104	2.7	25.3
巴 拿 马	Panama	109	1	5	11	119	31	686	78	2.5	32.4
蒙 古	Mongolia	28	5	6	158	35	32	314	119	4.0	20.0
科 威 特	Kuwait	28	7	6	113	114	50	566	61	4.2	37.9
圣文森特和格林纳丁斯	Saint Vincent and the Grenadines	28	4	6	41	103	45	394	183		
赞 比 亚	Zambia	74	3	5	150	86	35	471	97	2.7	27.2
巴 哈 马	Bahamas	109	2	5	45	120	49	427	34	5.0	54.7
越 南	Viet Nam	173	6	3	63	31	34	295	124	5.0	18.6
中 国	China	93	10	5	50	15	34	406	68	1.7	36.4
意 大 利	Italy	59	7	6	59	157	41	1210	30	1.8	58.0
牙 买 加	Jamaica	74	4	5	104	128	35	655	24	1.1	65.1
阿尔巴尼亚	Albania	15	8	7	75	89	39	390	183		
巴基斯坦	Pakistan	28	6	6	81	155	47	976	67	2.8	36.5
克罗地亚	Croatia	132	1	4	98	47	38	561	89	3.1	28.7
马尔代夫	Maldives	74		5	138	92	41	665	125	6.7	18.2
萨尔瓦多	El Salvador	120	5	4	65	51	30	786	87	4.0	29.2
圣基茨和尼维斯	Saint Kitts and Nevis	28	4	6	39	115	47	578	183		
多米尼克	Dominica	28	4	6	90	167	47	681	183		
塞尔维亚	Serbia	74	7	5	74	94	36	635	86	2.7	29.5
摩尔多瓦	Moldova	109	7	5	141	20	31	365	92	2.8	28.2
多米尼加	Dominican Rep.	59	5	6	40	84	34	460	145	3.5	9.1
格林纳达	Grenada	28	4	6	57	161	47	688	183		

6-2 续表 4 continued

国家和地区	Country and Area	企业经营环境排名 Ease of Doing Business Rank	开办企业排名 Starting a Business Rank	申请建筑许可 Dealing with Construction Permits			注册财产 Registering Property			获得信贷排名 Getting Credit Rank	缴纳税款排名 Paying Taxes Rank
				排名 Rank	手续(个) Procedures (number)	时间(天) Time (days)	排名 Rank	手续(个) Procedures (number)	时间(天) Time (days)		
基里巴斯	Kiribati	93	123	72	14	160	68	5	513	138	10
埃　　及	Egypt	94	18	154	25	218	93	7	72	72	136
塞 舌 尔	Seychelles	95	109	61	20	144	62	4	33	152	38
所罗门群岛	Solomon Islands	96	112	46	12	62	173	10	297	89	51
特立尼达和多巴哥	Trinidad And Tobago	97	74	85	20	261	171	8	162	32	91
肯 尼 亚	Kenya	98	125	35	11	120	129	8	64	6	162
伯 利 兹	Belize	99	148	4	11	66	134	8	60	89	69
圭 亚 那	Guyana	100	90	33	11	133	75	6	34	152	119
危地马拉	Guatemala	101	162	144	22	178	23	4	23	6	116
斯里兰卡	Sri Lanka	102	34	169	22	214	155	8	83	72	166
巴布亚新几内亚	Papua New Guinea	103	81	120	24	217	85	4	72	89	101
埃塞俄比亚	Ethiopia	104	89	53	12	128	109	10	41	128	47
也　　门	Yemen	105	57	50	15	107	53	6	19	152	146
巴 拉 圭	Paraguay	106	102	71	13	179	60	6	46	72	110
孟加拉国	Bangladesh	107	79	116	14	231	172	8	245	72	93
马绍尔群岛	Marshall Islands	108	39	6	10	55	183			89	90
希　　腊	Greece	109	149	51	15	169	153	11	22	89	74
波　　黑	Bosnia and Herzegovi	110	160	139	16	255	103	7	33	65	127
约　　旦	Jordan	111	127	92	19	87	106	7	21	128	29
文　　莱	Brunei Darussalam	112	133	74	32	163	183			116	22
黎 巴 嫩	Lebanon	113	103	142	21	218	111	8	25	89	36
摩 洛 哥	Morocco	114	82	98	19	163	124	8	47	89	124
阿 根 廷	Argentina	115	142	168	28	338	118	6	52	65	143
尼 泊 尔	Nepal	116	96	130	15	424	25	3	5	89	123
尼加拉瓜	Nicaragua	117	97	138	17	219	142	8	124	89	158
斯威士兰	Swaziland	118	153	40	14	116	156	9	44	46	52
帕　　劳	Palau	120	105	54	25	118	20	5	14	183	89
印度尼西亚	Indonesia	121	155	60	14	160	98	6	22	116	130
乌 干 达	Uganda	122	137	133	18	171	150	13	77	46	62
俄罗斯联邦	Russian Fed.	123	108	182	53	540	51	6	43	89	105
乌 拉 圭	Uruguay	124	139	141	30	234	159	8	66	46	155
哥斯达黎加	Costa Rica	125	116	131	23	191	52	6	21	65	155
莫桑比克	Mozambique	126	65	155	17	381	144	8	42	128	101
巴　　西	Brazil	127	128	112	18	411	122	14	42	89	152
坦桑尼亚	Tanzania	128	122	179	22	328	151	9	73	89	120
伊　　朗	Iran	129	42	143	17	322	156	9	36	89	115
厄瓜多尔	Ecuador	130	158	88	19	155	69	9	16	89	81
洪都拉斯	Honduras	131	145	73	17	106	89	7	23	32	147
佛 得 角	Cape Verde	132	120	89	18	120	104	6	73	152	100
马 拉 维	Malawi	133	132	174	21	268	81	6	49	116	25
印　　度	India	134	165	177	37	195	94	5	44	32	164
约旦河西岸和加沙	West Bank and Gaza	135	173	157	21	199	76	7	47	168	28
阿尔及利亚	Algeria	136	150	113	22	240	165	11	47	138	168
尼日利亚	Nigeria	137	110	167	18	350	179	13	82	89	134
莱 索 托	Lesotho	138	140	163	15	601	146	6	101	128	64

6-2 续表 5 continued

国家和地区	Country and Area	投资者保护 Protecting Investors			跨境贸易排名 Trading Across Borders Rank	合同执行 Enforcing Contracts			关闭企业 Closing a Business		
		排名 Rank	披露指数 Disclosure Index	投资者保护指数 Investor Protection Index		排名 Rank	手续(个) Procedures (number)	时间(天) Time (days)	排名 Rank	时间(年) Time (years)	收回率(美分/美元) Recovery Rate (cents/dollar)
基里巴斯	Kiribati	44	6	6	83	80	32	660	183		
埃　及	Egypt	74	8	5	21	143	41	1010	131	4.2	17.4
塞舌尔	Seychelles	59	4	6	36	69	37	720	183		
所罗门群岛	Solomon Islands	59	3	6	86	108	37	455	110	1.0	23.4
特立尼达和多巴哥	Trinidad And Tobago	20	4	7	51	169	42	1340	183		
肯尼亚	Kenya	93	3	5	144	125	40	465	85	4.5	29.8
伯利兹	Belize	120	3	4	119	168	51	892	28	1.0	63.6
圭亚那	Guyana	74	5	5	78	74	36	581	130	3.0	17.6
危地马拉	Guatemala	132	3	4	122	101	31	1459	94	3.0	27.5
斯里兰卡	Sri Lanka	74	4	5	72	137	40	1318	43	1.7	47.0
巴布亚新几内亚	Papua New Guinea	44	5	6	96	163	42	591	108	3.0	23.9
埃塞俄比亚	Ethiopia	120	4	4	157	57	37	620	82	3.0	31.3
也　门	Yemen	132	6	4	123	34	36	520	90	3.0	28.6
巴拉圭	Paraguay	59	6	6	152	107	38	591	135	3.9	16.1
孟加拉国	Bangladesh	20	6	7	112	179	41	1442	101	4.0	25.8
马绍尔群岛	Marshall Islands	154	2	3	70	62	36	476	127	2.0	17.9
希　腊	Greece	154	1	3	84	88	39	819	49	2.0	43.2
波　黑	Bosnia and Herzegoviniar	93	3	5	71	124	37	595	73	3.3	34.7
约　旦	Jordan	120	5	4	77	129	38	689	98	4.3	26.9
文　莱	Brunei Darussalam	120	3	4	52	159	58	540	42	2.5	47.2
黎巴嫩	Lebanon	93	9	5	95	122	37	721	122	4.0	19.8
摩洛哥	Morocco	154	7	3	80	106	40	615	59	1.8	38.4
阿根廷	Argentina	109	6	5	115	45	36	590	77	2.8	32.8
尼泊尔	Nepal	74	6	5	164	123	39	735	107	5.0	24.5
尼加拉瓜	Nicaragua	93	4	5	85	66	35	540	75	2.2	33.7
斯威士兰	Swaziland	120	2	4	147	170	40	972	63	2.0	37.6
帕　劳	Palau	173		3	121	145	38	885	60	1.0	37.9
印度尼西亚	Indonesia	44	10	6	47	154	40	570	142	5.5	13.2
乌干达	Uganda	132	2	4	148	113	38	490	56	2.2	39.7
俄罗斯联邦	Russian Fed.	93	6	5	162	18	37	281	103	3.8	25.3
乌拉圭	Uruguay	93	3	5	132	102	41	720	57	2.1	39.7
哥斯达黎加	Costa Rica	167	2	3	69	130	40	852	114	3.5	21.2
莫桑比克	Mozambique	44	5	6	133	132	30	730	129	5.0	17.7
巴　西	Brazil	74	6	5	114	98	45	616	132	4.0	17.1
坦桑尼亚	Tanzania	93	3	5	109	32	38	462	113	3.0	21.9
伊　朗	Iran	167	5	3	131	49	39	505	111	4.5	23.1
厄瓜多尔	Ecuador	132	1	4	126	100	39	588	133	5.3	17.0
洪都拉斯	Honduras	167		3	110	175	45	900	120	3.8	19.9
佛得角	Cape Verde	132	1	4	55	38	37	425	183		
马拉维	Malawi	74	4	5	173	121	42	312	126	2.6	17.9
印　度	India	44	7	6	100	182	46	1420	134	7.0	16.3
约旦河西岸和加沙	West Bank and Gaza	44	6	6	111	93	44	540	183		
阿尔及利亚	Algeria	74	6	5	124	127	46	630	51	2.5	41.7
尼日利亚	Nigeria	59	5	6	146	97	40	457	99	2.0	26.8
莱索托	Lesotho	147	2	4	140	116	41	785	69	2.6	36.4

6-2 续表 6 continued

国家和地区	Country and Area	企业经营环境排名 Ease of Doing Business Rank	开办企业排名 Starting a Business Rank	申请建筑许可 Dealing with Construction Permits			注册财产 Registering Property			获得信贷排名 Getting Credit Rank	缴纳税款排名 Paying Taxes Rank
				排名 Rank	手续(个) Procedures (number)	时间(天) Time (days)	排名 Rank	手续(个) Procedures (number)	时间(天) Time (days)		
塔吉克斯坦	Tajikistan	139	136	178	30	228	87	6	37	168	165
马达加斯加	Madagascar	140	70	110	16	178	162	7	74	176	72
密克罗尼西亚	Micronesia,Fed.	141	92	11	14	73	183			116	83
不　丹	Bhutan	142	84	123	25	183	48	5	64	176	94
塞拉利昂	Sierra Leone	143	61	166	25	252	169	7	86	128	159
叙利亚	Syrian Arab Republic	144	134	134	26	128	80	4	19	168	110
乌克兰	Ukraine	145	118	179	22	374	164	10	117	32	181
冈比亚	Gambia	146	115	80	17	146	121	5	66	138	176
柬埔寨	Cambodia	147	170	146	23	709	117	7	56	89	57
菲律宾	Philippines	148	156	156	26	169	102	8	33	128	124
玻利维亚	Bolivia	149	166	98	17	249	139	7	92	116	177
乌兹别克斯坦	Uzbekistan	150	106	145	28	274	135	12	78	138	154
布基纳法索	Burkina Faso	151	119	77	15	122	118	4	59	152	148
塞内加尔	Senegal	152	101	117	16	210	167	6	122	152	170
马　里	Mali	153	117	87	15	168	88	5	29	152	159
苏　丹	Sudan	154	121	139	19	271	40	6	9	138	94
利比里亚	Liberia	155	64	135	24	77	176	10	50	138	84
加　蓬	Gabon	156	153	67	16	210	132	7	39	138	140
津巴布韦	Zimbabwe	157	143	172	17	1012	82	5	31	128	131
吉布提	Djibouti	158	175	125	16	179	140	7	40	176	60
科摩罗	Comoros	159	168	68	18	164	99	5	24	168	96
多　哥	Togo	160	169	152	15	277	158	5	295	152	157
苏里南	Suriname	161	171	94	14	431	168	6	197	138	34
海　地	Haiti	162	178	122	11	1179	128	5	405	138	97
安哥拉	Angola	163	164	128	12	328	174	7	184	116	142
赤道几内亚	Equatorial Guinea	164	179	109	18	201	79	6	23	138	170
毛里塔尼亚	Mauritania	165	152	153	25	201	73	4	49	152	172
伊拉克	Iraq	166	174	102	14	215	96	5	51	168	54
阿富汗	Afghanistan	167	25	149	13	340	170	9	250	128	53
喀麦隆	Cameroon	168	131	118	14	213	149	5	93	138	169
科特迪瓦	Cote D'Ivoire	169	172	165	21	592	151	6	62	152	153
贝　宁	Benin	170	157	125	15	320	129	4	120	152	167
老　挝	Laos	171	93	115	24	172	163	9	135	152	116
委内瑞拉	Venezuela	172	144	96	11	395	101	8	47	176	178
尼日尔	Niger	173	159	162	17	265	84	4	35	152	144
东帝汶	Timor-Leste	174	167	128	22	208	183			182	20
刚果(金)	Congo,Dem. Rep.	175	146	81	14	128	118	6	54	168	163
几内亚比绍	Guinea-Bissau	176	183	103	15	167	175	9	211	152	133
刚果(布)	Congo,Rep.	177	176	83	17	169	133	6	55	138	180
几内亚	Guinea	179	181	171	32	255	166	6	104	168	173
厄立特里亚	Eritrea	180	180	183			178	11	78	176	113
布隆迪	Burundi	181	135	175	25	212	115	5	94	168	141
中　非	Central African Rep.	182	161	148	21	239	141	5	75	138	182
乍　得	Chad	183	182	101	14	164	137	6	44	152	179

6-2 续表 7 continued

国家和地区	Country and Area	投资者保护 Protecting Investors 排名 Rank	披露指数 Disclosure Index	投资者保护指数 Investor Protection Index	跨境贸易排名 Trading Across Borders Rank	合同执行 Enforcing Contracts 排名 Rank	手续(个) Procedures (number)	时间(天) Time (days)	关闭企业 Closing a Business 排名 Rank	时间(年) Time (years)	收回率(美分/美元) Recovery Rate (cents/dollar)
塔吉克斯坦	Tajikistan	59	8	6	178	40	34	430	64	1.7	37.4
马达加斯加	Madagascar	59	5	6	106	153	38	871	183		
密克罗尼西亚	Micronesia,Fed.	173		3	97	147	34	965	154	5.3	3.2
不 丹	Bhutan	132	5	4	161	33	47	225	183		
塞拉利昂	Sierra Leone	28	6	6	136	144	40	515	149	2.6	8.4
叙 利 亚	Syrian Arab Republic	109	7	5	120	176	55	872	95	4.1	27.4
乌 克 兰	Ukraine	109	5	5	139	43	30	345	150	2.9	7.9
冈 比 亚	Gambia	173	2	3	87	67	32	434	121	3.0	19.8
柬 埔 寨	Cambodia	74	5	5	118	142	44	401	183		
菲 律 宾	Philippines	132	2	4	61	118	37	842	153	5.7	4.5
玻利维亚	Bolivia	132	1	4	125	136	40	591	58	1.8	39.3
乌兹别克斯坦	Uzbekistan	132	4	4	169	44	42	195	112	4.0	22.2
布基纳法索	Burkina Faso	147	6	4	175	108	37	446	100	4.0	26.8
塞内加尔	Senegal	167	6	3	67	148	44	780	79	3.0	32.0
马 里	Mali	147	6	3.7	154	133	36	620	106	3.6	24.6
苏 丹	Sudan	154		3	143	146	53	810	183		
利比里亚	Liberia	147	4	4	116	166	41	1280	148	3.0	8.4
加 蓬	Gabon	154	6	3	134	148	38	1070	139	5.0	15.2
津巴布韦	Zimbabwe	120	8	4	168	110	38	410	156	3.3	0.2
吉 布 提	Djibouti	179	5	2	38	160	40	1225	137	5.0	15.6
科 摩 罗	Comoros	132	6	4	135	152	43	506	183		
多 哥	Togo	147	6	4	93	151	41	588	84	3.0	30.6
苏 里 南	Suriname	181	1	2	101	178	44	1715	146	5.0	8.7
海 地	Haiti	167	2	3	145	91	35	508	151	5.7	6.7
安 哥 拉	Angola	59	5	6	166	181	46	1011	147	6.2	8.4
赤道几内亚	Equatorial Guinea	147	6	4	137	72	40	553	183		
毛里塔尼亚	Mauritania	147	5	4	163	83	46	370	144	8.0	10.3
伊 拉 克	Iraq	120	4	4	179	141	51	520	183		
阿 富 汗	Afghanistan	183	1	1	183	162	47	1642	183		
喀 麦 隆	Cameroon	120	6	4	155	173	43	800	141	3.2	13.6
科特迪瓦	Cote D'Ivoire	154	6	3	160	126	33	770	76	2.2	32.8
贝 宁	Benin	154	6	3	127	177	42	825	118	4.0	20.2
老 挝	Laos	182	2	2	170	110	42	443	183		
委内瑞拉	Venezuela	179	3	2	167	74	29	510	152	4.0	5.9
尼 日 尔	Niger	154	6	3	174	138	39	545	136	5.0	16.0
东 帝 汶	Timor-Leste	132	3	4	91	183	51	1285	183		
刚果(金)	Congo,Dem. Rep.	154	3	3	172	172	43	625	155	5.2	1.1
几内亚比绍	Guinea-Bissau	132	6	4	117	139	40	1140	183		
刚果(布)	Congo,Rep.	154	6	3	180	158	44	560	128	3.3	17.8
几 内 亚	Guinea	173	6	3	129	130	50	276	123	3.8	19.4
厄立特里亚	Eritrea	109	4	5	165	48	39	405	183		
布 隆 迪	Burundi	154	4	3	176	171	44	832	183		
中 非	Central African Rep.	132	6	4	182	173	43	660	183	4.8	
乍 得	Chad	154	6	3	171	164	41	743	183		

6-3 新注册企业数
New Businesses Registered

资料来源：世界银行WDI数据库。
Source: World Bank WDI Database.

单位：家 (number)

国家和地区	Country or Area	2000	2004	2005	2006	2007
世　界	**World**	**1783963**	**3657627**	**4147033**	**2677624**	**2381157**
高收入国家	**High Income**	**772404**	**2269196**	**2294325**	**1596793**	**1352073**
经合组织国家	**OECD Countries**	**718354**	**2151245**	**2157711**	**1459533**	**1220149**
欧 元 区	**Euro Area**	**351357**	**611983**	**640255**	**471451**	**299995**
非经合组织国家	**Non-OECD Countries**	**54050**	**117951**	**136614**	**137260**	**131924**
中等收入国家	**Middle Income**	**1004158**	**1351571**	**1810302**	**1063432**	**1008050**
中等偏上收入国家	**Upper Middle Income**	**915197**	**1190903**	**1612037**	**882648**	**862483**
中等偏下收入国家	**Lower Middle Income**	**88961**	**160668**	**198265**	**180784**	**145567**
中低收入国家	**Low and Middle Income**	**1011559**	**1388431**	**1852708**	**1080831**	**1029084**
东亚和太平洋	**East Asia and Pacific**	**64432**	**86088**	**101489**	**106258**	**86652**
欧洲和中亚	**Europe and Central Asia**	**379130**	**608716**	**700577**	**822446**	**845984**
拉丁美洲和加勒比	**Latin America and Caribbean**	**544407**	**546370**	**877019**	**75577**	**44587**
中东和北非国家	**Middle East and North Africa**	**15764**	**33700**	**46285**	**41252**	**36553**
南　亚	**South Asia**	**3618**	**47629**	**52607**	**31282**	**9369**
撒哈拉以南非洲	**Sub-Saharan Africa**	**4208**	**65928**	**74731**	**4016**	**5939**
低收入国家	**Low Income**	**7401**	**36860**	**42406**	**17399**	**21034**
中国香港	Hong Kong,China	38086	52162	65824	74924	80935
孟加拉国	Bangladesh		4042	5328		
印　度	India		36859	38129	20000	
印度尼西亚	Indonesia		4022	19604	18960	
以 色 列	Israel		21641	19082	18814	
日　本	Japan		110976	112201	145151	
哈萨克斯坦	Kazakhstan		2690			
马来西亚	Malaysia	33149	38536	37633	38252	43279
巴基斯坦	Pakistan	1051	2576	4227	5537	4840
菲 律 宾	Philippines	12802	12410	12039	18913	18189
新 加 坡	Singapore		17153	19501	21495	25904
斯里兰卡	Sri Lanka	2567	4152	4754	5234	4529
泰　国	Thailand	18481	31120	32213	30133	25184
埃　及	Egypt			9595		
南　非	South Africa		33645	41356		
加 拿 大	Canada	97000	144000	160000	194000	207000
墨 西 哥	Mexico			306400		
美　国	United States		657195	676830		
阿 根 廷	Argentina	14500	19400	19800	16400	
巴　西	Brazil	460602	460982	490542		
捷　克	Czech Rep.		14509	14062	16395	
法　国	France	90787	125211	128126	137481	
德　国	Germany		69744	66747		
意 大 利	Italy	60132	70235	73644	74785	77587
荷　兰	Netherlands		102000	116000		
波　兰	Poland		23683	23864	26388	
俄罗斯联邦	Russian Fed.	225317	306583	377264	483669	489955
西 班 牙	Spain	115870	132178	138333	148648	145593
土 耳 其	Turkey	66236	89738	94810	89236	93634
乌 克 兰	Ukraine	29777	26724	28716	33568	41809
英　国	United Kingdom	225600	390200	333700	372000	449700
澳大利亚	Australia		89554	88337	82184	89960
新 西 兰	New Zealand		62468	63266	65098	74247

6-4 新注册企业占企业总数比重

New Registrations as Percentage of Total

资料来源：世界银行WDI数据库。
Source: World Bank WDI Database.

单位：% (%)

国家和地区	Country or Area	2000	2004	2005	2006	2007
世　界	**World**	**8.6**	**8.8**	**9.0**	**9.9**	**11.0**
高收入国家	**High Income**	**9.2**	**9.9**	**10.0**	**10.7**	**11.5**
经合组织国家	**OECD Countries**	**9.5**	**9.9**	**9.8**	**10.4**	**11.0**
欧 元 区	**Euro Area**	**8.6**	**9.1**	**9.5**	**9.1**	**8.9**
非经合组织国家	**Non-OECD Countries**	**8.0**	**9.2**	**9.9**	**10.9**	**13.1**
中等收入国家	**Middle Income**	**8.4**	**8.1**	**8.4**	**8.7**	**10.0**
中等偏上收入国家	**Upper Middle Income**	**8.4**	**8.7**	**9.0**	**9.3**	**10.8**
中等偏下收入国家	**Lower Middle Income**	**8.6**	**7.3**	**7.6**	**7.9**	**8.8**
中低收入国家	**Low and Middle Income**	**8.1**	**7.8**	**8.1**	**9.1**	**10.4**
东亚和太平洋	**East Asia and Pacific**	**8.2**	**7.0**	**9.9**	**8.7**	**8.5**
欧洲和中亚	**Europe and Central Asia**	**8.6**	**9.1**	**9.6**	**9.9**	**11.5**
拉丁美洲和加勒比	**Latin America and Caribbean**	**7.2**	**7.1**	**6.8**	**7.5**	**6.6**
中东和北非国家	**Middle East and North Africa**	**12.9**	**8.5**	**7.4**	**10.7**	**10.1**
南　亚	**South Asia**		**6.2**	**6.6**	**2.7**	
撒哈拉以南非洲	**Sub-Saharan Africa**	**6.6**	**5.2**	**6.6**		
低收入国家	**Low Income**	**7.0**	**6.6**	**7.4**	**18.1**	**18.2**
中国香港	Hong Kong,China	10.5	12.4	14.7	15.2	15.4
孟加拉国	Bangladesh		6.7	7.9		
印　度	India		5.6	5.4	2.7	
印度尼西亚	Indonesia		1.7	7.8	7.0	
以 色 列	Israel		14.2	12.1	11.6	
日　本	Japan		4.4	4.4		
哈萨克斯坦	Kazakhstan		9.0			
新 加 坡	Singapore		17.5	19.0	18.6	19.4
泰　国	Thailand	8.2	12.2	12.0	10.5	8.5
埃　及	Egypt			2.6		
南　非	South Africa		6.4	7.5		
加 拿 大	Canada	6.9	6.0	6.7	7.8	8.3
墨 西 哥	Mexico			7.1		
美　国	United States		13.0	13.1		
阿 根 廷	Argentina	7.2	9.3	9.2	7.5	
巴　西	Brazil	11.2	8.6	8.7		
捷　克	Czech Rep.		6.6	6.1	6.7	
法　国	France	8.9	10.6	10.5	10.9	
德　国	Germany		15.0	11.9		
意 大 利	Italy	13.8	12.7	12.7	12.3	12.1
荷　兰	Netherlands		10.3	11.3		
波　兰	Poland		4.8	4.7	5.0	
俄罗斯联邦	Russian Fed.	14.0	11.9	13.0	16.3	15.0
西 班 牙	Spain	7.8	6.7	6.5	6.5	6.0
土 耳 其	Turkey	9.4	11.6	13.0	12.0	12.3
乌 克 兰	Ukraine	8.0	5.9	6.1	6.8	7.9
英　国	United Kingdom	14.9	19.4	15.5	16.0	17.7
澳大利亚	Australia		14.9	14.3	13.1	14.0
新 西 兰	New Zealand		18.1	16.3	15.2	15.7

6-5 私人部门贷款占国内生产总值比重
Domestic Credit to Private Sector as Percentage of GDP

资料来源：世界银行WDI数据库。
Source: World Bank WDI Database.

单位：% (%)

国家和地区	Country or Area	2000	2005	2006	2007	2008	2009
世　　界	**World**	**137.8**	**137.4**	**138.5**	**136.2**	**129.0**	
高收入国家	**High Income**	**163.4**	**169.7**	**174.2**	**174.7**	**167.4**	
经合组织国家	**OECD Countries**	**166.3**	**173.9**	**179.2**	**179.9**	**172.2**	
非经合组织国家	**Non-OECD Countries**	**83.0**	**74.6**	**72.6**	**77.1**	**79.4**	**69.5**
中等收入国家	**Middle Income**	**50.9**	**54.3**	**56.7**	**59.9**	**61.3**	
中等偏上收入国家	**Upper Middle Income**	**32.9**	**34.1**	**39.0**	**43.5**	**43.7**	
中等偏下收入国家	**Lower Middle Income**	**72.3**	**75.8**	**75.3**	**76.6**	**79.5**	**108.1**
中低收入国家	**Low and Middle Income**	**50.1**	**53.6**	**55.9**	**59.1**	**60.6**	
东亚和太平洋	**East Asia and Pacific**	**99.1**	**100.1**	**97.3**	**96.9**	**96.4**	**127.1**
欧洲和中亚	**Europe and Central Asia**	**15.1**	**25.4**	**31.5**	**38.2**	**41.6**	
拉丁美洲和加勒比	**Latin America and Caribbean**	**27.8**	**25.9**	**30.9**	**36.0**	**38.3**	
中东和北非国家	**Middle East and North Africa**	**38.5**	**36.2**	**37.5**	**38.9**	**36.2**	
南　亚	**South Asia**	**27.8**	**37.6**	**40.9**	**42.8**	**47.6**	**49.2**
撒哈拉以南非洲	**Sub-Saharan Africa**	**61.6**	**62.7**	**65.9**	**69.1**	**58.4**	
低收入国家	**Low Income**	**18.4**	**20.1**	**20.6**	**21.6**	**23.5**	
中　　国	China	112.4	113.3	110.8	107.5	103.7	127.4
中国香港	Hong Kong,China	152.7	146.2	139.4	139.7	142.9	
中国澳门	Macao,China	79.9	46.4	42.9	47.0	52.3	
孟加拉国	Bangladesh	24.7	33.9	36.2	37.3	39.3	
文　　莱	Brunei Darussalam	50.3	40.3	34.8	37.2		
柬 埔 寨	Cambodia	6.4	9.0	12.0	18.3	23.5	
印　　度	India	28.9	39.3	43.4	45.2	49.1	49.2
印度尼西亚	Indonesia	20.0	26.5	24.7	25.5	26.6	
伊　　朗	Iran	28.4	40.5	46.2	49.2	45.7	50.4
以 色 列	Israel	76.9	89.7	86.3	88.5	90.1	84.8
日　　本	Japan	222.3	182.8	180.0	172.7	164.3	
哈萨克斯坦	Kazakhstan	11.2	35.7	47.8	59.0	49.7	
韩　　国	Korea,Rep.	87.4	95.2	95.2	99.7	108.8	107.6
老　　挝	Laos	9.0	7.4	5.8	6.5	9.6	
马来西亚	Malaysia	135.0	110.9	107.7	105.7	100.9	
蒙　　古	Mongolia	7.3	30.6	33.1	45.6	43.7	
缅　　甸	Myanmar	10.5					
巴基斯坦	Pakistan	22.4	28.7	28.9	29.6		
菲 律 宾	Philippines	43.8	30.4	30.0	28.9		
新 加 坡	Singapore	109.5	94.7	89.9	91.2	101.6	106.3
斯里兰卡	Sri Lanka	28.9	32.9	34.0	33.3	29.0	
泰　　国	Thailand	108.3	100.8	95.2	113.2	113.2	
越　　南	Viet Nam	35.3	65.9	71.3	93.4	90.7	113.6
埃　　及	Egypt	58.7	57.4	55.3	50.7	42.8	
尼日利亚	Nigeria	12.5	13.3	13.2	25.4	34.0	
南　　非	South Africa	133.8	138.7	157.2	162.5	145.2	
加 拿 大	Canada	95.7	178.2	194.2	127.5	128.6	
墨 西 哥	Mexico	18.4	16.6	19.5	22.0	21.1	
美　　国	United States	170.8	192.2	199.4	206.2	190.1	
阿 根 廷	Argentina	23.9	11.7	13.1	14.5	13.8	13.6
巴　　西	Brazil	33.0	31.4	40.4	47.9	53.6	
委内瑞拉	Venezuela	12.5	13.2	17.0	23.8	21.7	
捷　　克	Czech Rep.	49.0	37.0	41.1	48.0	52.8	
法　　国	France	85.1	92.3	97.9	105.3	108.0	
德　　国	Germany	118.6	111.6	109.3	105.5	107.8	
意 大 利	Italy	76.0	89.5	95.4	101.8	105.6	
荷　　兰	Netherlands	134.3	166.5	169.1	191.3	195.1	
波　　兰	Poland	26.6	29.0	33.3	39.5	49.8	
俄罗斯联邦	Russian Fed.	13.3	25.8	32.5	38.8	41.3	
西 班 牙	Spain	97.8	145.5	166.7	182.7	201.4	
土 耳 其	Turkey	18.4	22.8	26.0	29.5	32.6	
乌 克 兰	Ukraine	11.2	32.2	44.4	58.2	73.9	
英　　国	United Kingdom	129.4	159.7	171.1	188.2	210.4	213.5
澳大利亚	Australia	87.4	108.4	113.5	122.2	126.8	127.8
新 西 兰	New Zealand	111.6	124.6	134.2	141.8	150.6	148.4

主要统计指标解释

企业开业所要办理的手续数 是开办一个企业所要求办理的手续数量，包括为获得许可证和执照，完成所有的登记、证明和开业通知书所进行的往来手续。数据是关于企业的所有权性质，规模和产品类型。

企业办理开业手续所需时间 为开办一个企业办理法律手续需要的日历天数。如果缴纳额外成本之后能加快手续办理速度，则选择办理速度最快的手续。

企业经营环境排名 是所有经济体按其企业经营环境的宽松程度排名，排名越高说明该国的政策法规环境越有利于企业经营。该指数是一国在开办企业、申请许可、雇佣工人、注册财产、获得信贷、投资者保护、缴纳税款、跨境贸易、合同执行和企业破产这 10 类指标的百分等级的简单平均。每类指标由若干指标组成，每类指标的数值也是由其构成要素的百分等级的简单平均所得。

开办企业 反映了一个企业家在建立和登记新企业需要克服的行政和法规障碍。它调查了开办一家拥有 50 名员工、法定资本金相当于 10 倍人均国民收入的工商业企业所涉及的程序、时间和成本。

新登记注册企业数 是日历年度内登记注册的有限责任公司数量。

新注册企业占企业总数比重 即企业准入率，是新登记注册企业占全部登记注册企业的百分比。全部登记注册企业是所有登记注册的有限责任公司的年底存量。

办理建筑许可 以建造一幢库房为例，所需的步骤以及相应的时间和成本，包括获取必要的许可、完成所需的公示和检查以及接通公用设施。

雇用工人 度量用工规则的灵活程度。它反映了雇用工人的难易程度，有关延长工时或外聘合同工人的规定的僵化程度，雇用一名工人的非工资成本，以及解雇一名冗员的难度和成本。数值越高就意味着监管刚性越高。

注册财产 假定在一个标准化案例中，一名企业家想在最大的商业城市中购买土地和一幢建筑物（该物产已被登记在册并且不存在所有权争议），他在登记房地产物权时所涉及的步骤、时间和成本。

获得信贷 包含了两方面问题，信贷信息登记系统以及担保和破产法在促进信贷方面的效能。

缴纳税款 反映了一家中型企业在给定年份所需缴付的税负，以及纳税的行政成本。

跨境贸易 研究了有关进口和出口一个标准化集装箱所需的成本和程序。每一步正规程序都计算在内－－从两方达成合同协议到交接货物－－同时统计了完成整个过程所需的时间。

投资者权益保护 针对经理人滥用企业财产为己谋私方面，测量了对保护股东权益监测的力度。

执行合同 通过追踪一件付款纠纷的进展、查询从原告提起诉讼到最终获得赔偿的时间、成本和所需步骤数，研究合同强制执行的效率。

关闭企业 研究现有破产法规的缺陷以及破产程序存在的主要程序上和行政上的障碍。

对私人部门的国内贷款 是提供给私营部门的应偿还的金融资源，例如，贷款、购买非股本证券、贸易信贷和其他应收账款。部分国家包括对国有企业的借贷。

Explanatory Notes on Main Statistical Indicators

Number of Procedures for Starting a Business is the number of procedures required to start a business, including interactions to obtain necessary permits and licenses and to complete all inscriptions, verifications, and notifications to start operations. Data are for businesses with specific characteristics of ownership, size, and type of production

Time Required for Starting a Business is the number of calendar days to complete the procedures for legally operating a business. If a procedure can be expedited at additional cost, the fastest procedure, independent of cost, is chosen.

Ease of Doing Business Rank Economies are ranked on their ease of doing business, with first place being the best. A high ranking means that the regulatory environment is conducive to business operation. The index ranks the simple average of the country's percentile rankings on 10 topics (Starting a business, Dealing with licenses, Hiring and firing workers, Registering property, Getting credit, Protecting investors, Paying taxes, Trading across borders, Enforcing contracts, Closing a business). The ranking on each topic is the simple average of the percentile rankings on its component indicators.

Starting a Business identifies the bureaucratic and legal hurdles an entrepreneur must overcome to incorporate and register a new firm. It examines the procedures, time, and cost involved in launching a commercial or industrial firm with up to 50 employees and start-up capital of 10 times the economy's per-capita gross national income (GNI).

New Businesses Registered are the number of limited liability firms registered in the calendar year.

New Registrations as Percentage of Total named as Business Entry Rate**,** is the new businesses registered as percentage of total businesses registered. Total businesses registered are the year-end stock of total registered limited liability firms.

Dealing with Construction Permits tracks the procedures, time, and costs to build a warehouse, including obtaining necessary licenses and permits, completing required notifications and inspections, and obtaining utility connections.

Employing Workers Doing Business measures the regulation of employment. It specifically examines the difficulty of hiring, nonstandard work schedules and paid annual leave, and the costs and rules governing redundancy termination. Higher values indicate more rigid regulations.

Registering Property examines the steps, time, and cost involved in registering property, assuming a standardized case of an entrepreneur who wants to purchase land and a building that is already registered and free of title dispute.

Getting Credit explores two sets of issues-credit information registries and the effectiveness of collateral and bankruptcy laws in facilitating lending.

Paying Taxes addresses the taxes and mandatory contributions that a medium-size company must pay or withhold in a given year, as well as measures of administrative burden in paying taxes.

Trading Across Borders looks at the procedural requirements for exporting and importing a standardized cargo of goods. Every official procedure is counted—from the contractual agreement between the 2 parties to the delivery of goods—along with the time necessary for completion.

Protecting Investors measures the strength of minority shareholder protections against misuse of corporate assets by directors for their personal gain.

Enforcing Contracts looks at the efficiency of contract enforcement by following the evolution of a sale of goods dispute and tracking the time, cost, and number of procedures involved from the moment the plaintiff files the lawsuit until actual payment.

Closing a Business identifies weaknesses in existing bankruptcy law and the main procedural and administrative bottlenecks in the bankruptcy process.

Domestic Credit to Private Sector is financial resources provided to the private sector—such as through loans, purchases of non-equity securities, and trade credits and other accounts receivable-that establish a claim for repayment. For some countries these claims include credit to public enterprises.

能　源

Energy

7-1　能源储量

Energy Resources and Reserves

资料来源：联合国《能源统计年鉴》2007年。
Source: United Nations Energy Statistics Yearbook 2007.
单位：万吨　(10 000 tons)

国家和地区	Country or Area	烟煤和无烟煤 Bituminous Coal/Anthracite 探明储量 Proved Amount in Place	烟煤和无烟煤 Bituminous Coal/Anthracite 可开采储量 Proved Recoverable Reserves	烟煤和无烟煤 Bituminous Coal/Anthracite 估计储量 Estimated Additional Amount	亚烟煤和褐煤 Sub-bituminous Coal/Lignite 探明储量 Proved Amount in Place	亚烟煤和褐煤 Sub-bituminous Coal/Lignite 可开采储量 Proved Recoverable Reserves	亚烟煤和褐煤 Sub-bituminous Coal/Lignite 估计储量 Estimated Additional Amount
中　国	China	11450000	6220000	36320000	10880000	5230000	30470000
孟加拉国	Bangladesh	105400					
文　莱	Brunei Darussalam						
柬埔寨	Cambodia						
印　度	India	9586600	5400000	15743500	425800	460000	3289300
印度尼西亚	Indonesia	344800	172100	603500	901800	260700	3870400
伊　朗	Iran	1114300	138600		229500		
以色列	Israel						
日　本	Japan	476800	35500	629800	17500	1700	712200
哈萨克斯坦	Kazakhstan		2817000			313000	
朝　鲜	Korea,Dem.	200000	30000	270000	30000	30000	220000
韩　国	Korea,Rep.	13800	13300	27200	22200	13500	81200
老　挝	Laos						
马来西亚	Malaysia	1500	400	7800	12600		57500
蒙　古	Mongolia	1200000			1200000		
缅　甸	Myanmar	500	200	12000			8000
巴基斯坦	Pakistan	100	100	500	330300	206900	6806800
菲律宾	Philippines	5000	4100	800	39400	27500	3700
斯里兰卡	Sri Lanka						
泰　国	Thailand				205600	135400	285700
越　南	Viet Nam	31200	15000				
埃　及	Egypt	2500	2100		2700	2200	5200
尼日利亚	Nigeria		2100	2100	33800	16900	100000
南　非①	South Africa①	11500000	3040800	500000	3000		10000
加拿大	Canada	862500	347100	2604500	1435500	310700	3199000
墨西哥	Mexico	121100	86000	196000	73200	35100	21300
美　国	United States	24431300	10895000	44534600	20287000	12935800	66741500
阿根廷	Argentina	400			804700	42400	27300
巴　西	Brazil				1701700	705900	1531900
委内瑞拉	Venezuela	132800	47900	452800			
白俄罗斯	Belarus						
捷　克	Czech Republic	588000	167300		292800	282800	
法　国②	France②	59300	9500	20000	12400	2100	16500
德　国	Germany	31900	15200	806500	713600	655600	3410000
意大利③	Italy③				1000	1000	60000
荷　兰	Netherlands	140600	49700	275000			
波　兰	Poland	1529100	601200	2740500	187800	149000	1183700
俄罗斯联邦	Russian Fed.	19400000	4908800	20000000	12482300	10792200	20000000
西班牙	Spain	81200	20000	300000	58400	33000	126000
土耳其	Turkey	59000	44900	24900	216600	181400	29600
乌克兰	Ukrain	2046700	1535100	517000	2469700	1852200	617400
英　国	United Kingdom	57000	15500	19000	100000	50000	
澳大利亚	Australia	9040000	3680000	12500000	4800000	3940000	21500000
新西兰	New Zealand	4500	3300	94200	267300	53800	1190200

7-1 续表 1 continued

单位：万吨 (10 000 tons)

国家和地区	Country or Area	泥煤 Peat			可开采储量 Proved Recoverable Reserves		
		探明储量 Proved Amount in Place	可开采储量 Proved Recoverable Reserves	估计储量 Estimated Additional Amount	天然气（亿立方米） Natural Gas (108 cu.m.)	原油和液化天然气 Crude Oil and NGL	油页岩 Oil Shale
中　　国	China	468700	32800	95200	30000	246600	229000
孟加拉国	Bangladesh	13800		13800	3920	300	
文　　莱	Brunei Darussalam				3310	14700	
柬埔寨	Cambodia						
印　　度	India				10550	72500	
印度尼西亚	Indonesia	4900000			27540	52900	
伊　　朗	Iran				280800	1845000	
以色列	Israel	50000	38600	100000	340		55000
日　　本	Japan				510	600	
哈萨克斯坦	Kazakhstan				19000	503800	40000
朝　　鲜	Korea,Dem.						
韩　　国	Korea,Rep.				30	100	
老　　挝	Laos						
马来西亚	Malaysia				24800	48700	
蒙　　古	Mongolia						4200
缅　　甸	Myanmar				5150	700	28600
巴基斯坦	Pakistan				8440	4000	
菲律宾	Philippines				950	1600	
斯里兰卡	Sri Lanka	500	500	4600			
泰　　国	Thailand				3170	4900	91600
越　　南	Viet Nam				2200	45300	
埃　　及	Egypt				21520	56100	81600
尼日利亚	Nigeria				53080	486000	
南　　非①	South Africa①	4700	3000		100	200	1900
加拿大	Canada	109200		33690800	16340	281800	219200
墨西哥	Mexico				3730	164500	
美　　国	United States	2600000	1300000	1110200	68230	371700	30156600
阿根廷	Argentina	9000	8000	5000	4420	35800	5700
巴　　西	Brazil			48700	3650	170600	1173400
委内瑞拉	Venezuela				48380	1399700	
白俄罗斯	Belarus	32300	32300	147900	30	2700	100000
捷　　克	Czech Republic				40	900	
法　　国②	France②				100	1600	100200
德　　国	Germany	15700	9600	20000	2180	3700	28600
意大利③	Italy③			250000	1700	10600	1044600
荷　　兰	Netherlands	12000	12000		12710	1200	
波　　兰	Poland	89000		230000	750	1600	700
俄罗斯联邦	Russian Fed.	1768000	1155400	16832000	478140	1070000	3547000
西班牙	Spain	9400	7000		30	2000	4000
土耳其	Turkey				150	16500	28400
乌克兰	Ukrain	216000	68400	184600	7870	15100	60000
英　　国	United Kingdom				3430	45200	50100
澳大利亚	Australia				9070	26400	453100
新西兰	New Zealand	164000			560	1800	300

7-1 续表 2 continued

单位：万吨 (10 000 tons)

国家和地区	Country or Area	可开采储量(续) Proved Recoverable Reserves	铀矿(吨) Uranium(tons)		水电理论装机容量(亿千瓦小时/年) Hydropower Gross Theoretical Capability (100 million kwh/year)
		油砂 Bituminous Sands	理论储量 Reasonably Assured Resources	估计储量 Estimated Additional Resources	
中国	China	11900	48800	21700	60830
孟加拉国	Bangladesh				40
文莱	Brunei Darussalam				
柬埔寨	Cambodia				880
印度	India		48900	22300	26380
印度尼西亚	Indonesia	6700	4600	1200	21470
伊朗	Iran		500	1100	1760
以色列	Israel				
日本	Japan		6600		7180
哈萨克斯坦	Kazakhstan	667900	378100	302200	1700
朝鲜	Korea,Dem.				
韩国	Korea,Rep.		11800	3000	520
老挝	Laos				2320
马来西亚	Malaysia				2300
蒙古	Mongolia		46200	15700	560
缅甸	Myanmar				3420
巴基斯坦	Pakistan				4800
菲律宾	Philippines				470
斯里兰卡	Sri Lanka				180
泰国	Thailand		5	5	410
越南	Viet Nam		1000	5435	3000
埃及	Egypt	800			1250
尼日利亚	Nigeria	9100			430
南非①	South Africa①		284400	85000	730
加拿大	Canada	2760300	329200	98600	22160
墨西哥	Mexico		1300	525	1350
美国	United States	300	339000		44850
阿根廷	Argentina		9000	8600	3540
巴西	Brazil		157400	121000	30400
委内瑞拉	Venezuela	931000			3200
白俄罗斯	Belarus				80
捷克	Czech Republic		600	100	130
法国②	France②		15700	11700	2700
德国	Germany		3000	4000	1200
意大利③	Italy③	4800	4800	1300	3400
荷兰	Netherlands				10
波兰	Poland				230
俄罗斯联邦	Russian Fed.	451300	172400	40700	22950
西班牙	Spain		4900	6400	1500
土耳其	Turkey		7300	3220	4330
乌克兰	Ukrain		135000	23100	450
英国	United Kingdom	1200			400
澳大利亚	Australia		725000	396000	2650
新西兰	New Zealand				460

注：①包括博茨瓦纳、莱索托、斯威士兰和纳米比亚。②包括摩纳哥。③包括圣马力诺。
Note:①Includes Botswana,Lesotho,Swaziland and Namibia.②Includes Monaco.③Includes San Marino.

7-2 能源平衡表(2007年)

Energy Balance Sheet(2007)

资料来源：联合国《能源统计年鉴》2007年。
Source: United Nations Energy Statistics Yearbook 2007.

单位：万吨标准油 (10 000 TOE)

国家和地区	Country or Area	一次能源生产量 Primary Energy Production					库存变化	进口	出口
		总计 Total	固体 Solids	液体 Liquids	气体 Gas	电能 Electricity	Changes in Stocks	Imports	Exports
世界	**World**	**1066790**	**336144**	**402008**	**276067**	**52571**	**-46**	**461632**	**450884**
中国	China	175918	145875	18632	6608	4803	1529	23268	6360
中国香港	Hong Kong,China						114	2705	131
孟加拉国	Bangladesh	1407		9	1386	12	-11	457	
文莱	Brunei Darussalam	2115		973	1142		-4	…	1815
柬埔寨	Cambodia	…				…		152	
印度	India	34894	27296	3857	2559	1183	125	16525	2990
印度尼西亚	Indonesia	24480	12867	5094	6362	157	59	3632	14911
伊朗	Iran	32523	114	21824	10429	156	-154	1928	15384
以色列	Israel	196	9		187	…	14	808	18
日本	Japan	3517		78	397	3042	-27	43816	1460
哈萨克斯坦	Kazakhstan	14151	4519	6807	2755	70	47	1560	8179
朝鲜	Korea,Dem.	2057	1942			114		108	262
韩国	Korea,Rep.	1446	124	11	35	1276	-211	21428	3195
老挝	Laos	69	40			29		16	41
马来西亚	Malaysia	9665	58	3518	6033	56	10	3419	4841
蒙古	Mongolia	284	284					82	76
缅甸	Myanmar	1490	86	106	1268	30	7	98	1015
巴基斯坦	Pakistan	4005	195	383	3154	273	39	2168	41
菲律宾	Philippines	652	121	5	363	162	-47	1950	250
新加坡	Singapore						-697	11731	6031
斯里兰卡	Sri Lanka	34				34	3	423	…
泰国	Thailand	4170	802	1381	1917	70	-187	5912	922
越南	Viet Nam	5522	2974	1631	660	257	-285	1417	3901
埃及	Egypt	8588	2	3343	5102	141	-16	761	1928
尼日利亚	Nigeria	14564	1	11479	3029	55	-9	858	13310
南非①	South Africa①	13484	13055	119	179	131		2678	3861
加拿大	Canada	40019	3390	15893	16737	3999	-862	8031	23767
墨西哥	Mexico	23370	600	17605	4775	390	62	3777	9662
美国	United States	148687	56750	32113	49813	10011	-743	82083	12340
阿根廷	Argentina	8659	7	4089	4236	327	-28	431	988
巴西	Brazil	15256	265	10652	1018	3322	129	5566	3374
委内瑞拉	Venezuela	17753	535	13930	2574	714	47	549	11130
白俄罗斯	Belarus	252	57	176	19	…	-30	4112	1428
捷克	Czech Republic	2673	2365	42	18	248	-73	2103	846
法国②	France②	4699	24	215	92	4368	-122	16675	2851
德国	Germany	9532	5455	824	1431	1821	-318	24336	4277
意大利③	Italy③	1911	10	604	883	414	-103	19344	2879
荷兰	Netherlands	6426		275	6084	67	7	15081	11999
波兰	Poland	6833	6288	82	433	30	-3	4230	1515
俄罗斯联邦	Russian Fed.	122066	12189	48923	58035	2919	929	2048	57416
西班牙	Spain	1608	567	53	9	980	-147	13544	1071
土耳其	Turkey	2139	1530	215	82	313	97	8429	602
乌克兰	Ukraine	6140	3038	455	1763	884	348	7093	741
英国	United Kingdom	16909	980	8052	7213	664	-396	13727	8833
澳大利亚	Australia	28547	21686	2430	4282	149	487	3568	19313
新西兰	New Zealand	1128	282	200	406	240	36	751	317

7-2 续表 continued

单位：万吨标准油 (10 000 TOE)

国家和地区	Country or Area	国际运输燃料 Bunkers 空运 Air	国际运输燃料 Bunkers 海运 Sea	平衡差额 Balance	人均消费量(千克) Consumption per Capita (kg)	能源消费量 Consumption 总计 Total	能源消费量 Consumption 固体 Solids	能源消费量 Consumption 液体 Liquids	能源消费量 Consumption 气体 Gas	能源消费量 Consumption 电能 Electricity
世 界	**World**	**12855**	**18768**	**47796**	**1510**	**998166**	**339695**	**328467**	**277380**	**52623**
中 国	China	12	154	8972	1379	182160	143664	27047	6734	4715
中国香港	Hong Kong,China	390	836		1782	1234	629	359	187	60
孟加拉国	Bangladesh	25	4	49	125	1799	35	366	1386	12
文 莱	Brunei Darussalam			10	7536	294		68	226	
柬埔寨	Cambodia	3			104	149		148		2
印 度	India	477	2	4151	385	43674	30226	9665	2559	1225
印度尼西亚	Indonesia	76	42	504	555	12520	3895	5487	2982	157
伊 朗	Iran	105	84	1104	2491	17929	138	7160	10481	150
以色列	Israel				1354	972	803		187	-18
日 本	Japan	603	565	2393	3357	42339	11710	18358	9230	3042
哈萨克斯坦	Kazakhstan	31		346	4591	7109	3371	1046	2625	67
朝 鲜	Korea,Dem.			1	799	1902	1703	85		114
韩 国	Korea,Rep.	308	946	2525	3309	16113	5760	5614	3462	1276
老 挝	Laos				74	43	24	14		5
马来西亚	Malaysia	216	7	712	2633	7299	860	2331	4071	36
蒙 古	Mongolia				1112	291	209	81		2
缅 甸	Myanmar	7	…	5	97	556	15	171	341	30
巴基斯坦	Pakistan	17	13	162	370	5900	610	1862	3154	275
菲律宾	Philippines	107	23	60	249	2209	506	1238	303	162
新加坡	Singapore	360	3131	1409	3262	1497	1	818	679	
斯里兰卡	Sri Lanka	11	17	14	208	413	5	374		34
泰 国	Thailand	…	155	953	1265	8239	1859	3474	2805	100
越 南	Viet Nam	27		8	386	3286	1138	1285	607	257
埃 及	Egypt	100	99	421	926	6816	93	2992	3596	136
尼日利亚	Nigeria	24	61	25	136	2010	1	960	995	55
南 非①	South Africa①	89	250	-315	2538	12278	9708	2045	419	106
加拿大	Canada	51	65	1297	7196	23731	3028	8142	8780	3781
墨西哥	Mexico	306	87	944	1496	16085	910	9178	5617	380
美 国	United States	1641	3096	2122	7039	212315	55573	86338	60125	10280
阿根廷	Argentina	76	90	955	1781	7009	108	2364	4144	393
巴 西	Brazil	139	365	1035	823	15782	1459	8693	1974	3656
委内瑞拉	Venezuela	14	83	475	2385	6554	4	3243	2582	724
白俄罗斯	Belarus			371	2679	2596	49	581	1928	38
捷 克	Czech Republic	35		199	3631	3770	2146	717	798	109
法 国②	France②	592	296	710	2762	17046	1334	7567	4266	3879
德 国	Germany	727	313	495	3449	28373	8694	9484	8517	1679
意大利③	Italy③	326	356	-63	3008	17860	1679	7644	7726	812
荷 兰	Netherlands	368	1643	409	4322	7080	712	2449	3702	218
波 兰	Poland	45	25	218	2430	9263	5706	2198	1375	-16
俄罗斯联邦	Russian Fed.	552		2531	4411	62685	8586	10581	40709	2809
西班牙	Spain	341	865	388	2815	12634	2008	6157	3539	930
土耳其	Turkey	116	85	403	1254	9265	3047	2538	3380	299
乌克兰	Ukraine	36		67	2606	12042	3733	1411	6092	806
英 国	United Kingdom	1143	237	352	3357	20467	3837	6813	9107	709
澳大利亚	Australia	299	82	-28	5677	11963	5378	3618	2818	149
新西兰	New Zealand	86	30	-7	3348	1416	155	615	406	240

注：①包括博茨瓦纳、莱索托、斯威士兰和纳米比亚。②包括摩纳哥。③包括圣马力诺。
Note:①Includes Botswana,Lesotho,Swaziland and Namibia.②Includes Monaco.③Includes San Marino.

7-3 万美元国内生产总值能耗

Energy Consumption per Ten Thousand USD of GDP

资料来源：世界银行WDI数据库。
Source: World Bank WDI Database.
单位：吨标准油/万美元 (ton of oil equivalent per 10 000 USD)

国家和地区	Country or Area	2000	2003	2004	2005	2006	2007
世　界	**World**	**3.04**	**3.04**	**3.05**	**3.02**	**2.98**	**2.94**
高收入国家	**High Income**	**2.06**	**2.01**	**1.99**	**1.95**	**1.9**	**1.86**
中等收入国家	**Middle Income**	**7.34**	**7.23**	**7.22**	**7.05**	**6.87**	**6.61**
低收入国家	**Low Income**	**12.16**	**11.74**	**11.45**	**11.27**	**10.83**	**10.24**
中　国	China	9.11	8.6	9.09	8.85	8.58	7.96
中国香港	Hong Kong,China	0.77	0.76	0.67	0.63	0.6	0.58
孟加拉国	Bangladesh	3.95	3.99	3.89	3.89	3.77	3.7
文　莱	Brunei Darussalam	4.09	3.91	3.92	3.82	3.93	3.96
柬 埔 寨	Cambodia	10.89	9.75	9.21	8.37	7.84	7.36
印　度	India	9.94	8.98	8.76	8.29	7.95	7.69
印度尼西亚	Indonesia	9.15	8.76	8.7	8.43	8.23	8.17
伊　朗	Iran	11.64	11.47	11.82	11.93	12.23	12.18
以 色 列	Israel	1.48	1.59	1.51	1.47	1.45	1.43
日　本	Japan	1.11	1.06	1.07	1.04	1.02	0.99
哈萨克斯坦	Kazakhstan	22.04	19.33	18.7	18.75	19.14	18.4
韩　国	Korea,Rep.	3.54	3.37	3.3	3.17	3.06	3.03
马来西亚	Malaysia	5.3	5.5	4.86	5.52	5.33	5.46
蒙　古	Mongolia	21.7	19.36	18	17.4	17.9	17.3
巴基斯坦	Pakistan	8.54	8.38	8.37	7.99	7.84	7.86
菲 律 宾	Philippines	5.4	4.71	4.4	4.2	3.96	3.75
新 加 坡	Singapore	2.09	2.03	2.13	2.29	2.06	1.87
斯里兰卡	Sri Lanka	5.1	4.9	4.71	4.54	4.25	4.07
泰　国	Thailand	5.89	6.17	6.27	6.18	6.03	5.99
越　南	Viet Nam	11.89	11.48	12.09	11.39	10.88	10.62
埃　及	Egypt	4.52	5.01	4.92	5.12	5.03	4.95
尼日利亚	Nigeria	19.29	18.35	16.99	16.93	15.95	15.24
南　非	South Africa	8.3	8.04	8.44	7.9	7.63	7.52
加 拿 大	Canada	3.46	3.38	3.29	3.23	3.12	3.05
墨 西 哥	Mexico	2.54	2.67	2.65	2.75	2.62	2.67
美　国	United States	2.34	2.21	2.18	2.12	2.05	2.04
阿 根 廷	Argentina	2.14	2.24	2.18	2.01	2.01	1.98
巴　西	Brazil	2.93	2.93	2.93	2.92	2.9	2.89
委内瑞拉	Venezuela	4.82	5.2	4.68	4.48	4.18	4.04
捷　克	Czech Rep.	7.1	7.24	7.1	6.59	6.3	5.92
法　国	France	1.91	1.93	1.91	1.88	1.82	1.75
德　国	Germany	1.78	1.78	1.77	1.73	1.69	1.6
意 大 利	Italy	1.56	1.59	1.59	1.59	1.55	1.5
荷　兰	Netherlands	1.9	1.98	1.96	1.92	1.8	1.83
波　兰	Poland	5.2	4.99	4.75	4.63	4.59	4.29
俄罗斯联邦	Russian Fed.	23.49	20.71	19.39	18.62	17.8	16.5
西 班 牙	Spain	2.1	2.09	2.11	2.08	1.99	1.96
土 耳 其	Turkey	2.86	2.77	2.63	2.53	2.61	2.68
乌 克 兰	Ukraine	42.79	36.81	32.67	31.59	28.3	26.23
英　国	United Kingdom	1,52	1.4	1.36	1.33	1.28	1.2
澳大利亚	Australia	2.61	2.45	2.36	2.48	2.44	2.38
新 西 兰	New Zealand	3.3	2.85	2.79	2.65	2.62	2.57

7-4 电力装机容量(2007年)

Net Installed Capacity of Electricity Generating Plants(2007)

资料来源：联合国ESD数据库。
Source: UN ESD Database.

单位：万千瓦 (10 000 kilowatts)

国家和地区	Country or Area	总装机容量 Self-producers and Public Utilities				
		总计 Total	热电 Thermal	水电 Hydro	核电 Nuclear	地热 Geothermal
世界	**World**	**459628**	**318988**	**92430**	**38501**	**9710**
中国	China	75817	60095	14862	860	
中国香港	Hong Kong,China	1264	1264			
中国澳门	Macao,China	47	47			
孟加拉国	Bangladesh	525	502	23		
文莱	Brunei Darussalam	76	76			
柬埔寨	Cambodia	38	37	1		
印度	India	16805	12796	3597	412	
印度尼西亚	Indonesia	2785	2198	487		100
伊朗	Iran	5079	4372	707		
以色列	Israel	1157	1157	1		
日本	Japan	27915	17839	4731	4947	53
哈萨克斯坦	Kazakhstan	1873	1652	222		
韩国	Korea,Rep.	7337	4989	549	1772	
老挝	Laos	74	5	52		
马来西亚	Malaysia	2297	2085	212		
蒙古	Mongolia	83	83			
缅甸	Myanmar	180	124	56		
巴基斯坦	Pakistan	1942	1248	648	46	
菲律宾	Philippines	1596	1067	331		196
新加坡	Singapore	1095	1095			
斯里兰卡	Sri Lanka	244	112	133		
泰国	Thailand	3429	3081	348		…
越南	Viet Nam	1251	835	416		
埃及	Egypt	2096	1803	274		
尼日利亚	Nigeria	588	350	238		
南非	South Africa	4273	4017	70	184	
加拿大	Canada	12472	3586	7362	1335	
墨西哥	Mexico	5083	3706	1134	137	96
美国	United States	108940	86370	9977	10576	221
阿根廷	Argentina	2819	1729	985	102	…
巴西	Brazil	10045	2133	7687	201	
委内瑞拉	Venezuela	2254	794	1460		
捷克	Czech Rep.	1756	1151	218	376	
法国	France	11655	2567	2513	6326	
德国	Germany	13259	7774	859	2021	…
意大利	Italy	9360	6902	2112		67
荷兰	Netherlands	2380	2145	4	51	
波兰	Poland	3250	2986	233		
俄罗斯联邦	Russian Fed.	22397	15334	4680	2374	9
西班牙	Spain	8890	4741	1837	737	
土耳其	Turkey	4084	2727	1340		2
乌克兰	Ukraine	5395	3500	503	1384	
英国	United Kingdom	8449	6675	427	1098	
澳大利亚	Australia	5351	4293	932		
新西兰	New Zealand	913	300	537		45

7-4 续表 1 continued

单位：万千瓦 (10 000 kilowatts)

国家和地区	Country or Area	自备电厂装机容量 Self-producers				
		总计 Total	热电 Thermal	水电 Hydro	核电 Nuclear	地热 Geothermal
世　界	**World**	**33490**	**30570**	**2222**	**…**	**698**
中　国	China	4989	4653	336		
中国香港	Hong Kong,China					
中国澳门	Macao,China					
孟加拉国	Bangladesh	126	126			
文　莱	Brunei Darussalam	7	7			
柬埔寨	Cambodia	21	21			
印　度	India	2499	2493	6		
印度尼西亚	Indonesia	466	329	137		
伊　朗	Iran	747	747			
以色列	Israel	20	19	1		
日　本	Japan	4517	4027	143		4
哈萨克斯坦	Kazakhstan					
韩　国	Korea,Rep.	564	557			
老　挝	Laos	18				
马来西亚	Malaysia	116	116			
蒙　古	Mongolia	6	6			
缅　甸	Myanmar					
巴基斯坦	Pakistan	582	582			
菲律宾	Philippines	3	1	2		
新加坡	Singapore					
斯里兰卡	Sri Lanka					
泰　国	Thailand	600	600			
越　南	Viet Nam	70	70			
埃　及	Egypt	68	68			
尼日利亚	Nigeria	4		4		
南　非	South Africa	136	132	4		
加拿大	Canada	839	335	504		
墨西哥	Mexico	414	407	4		
美　国	United States	3328	3289	39		
阿根廷	Argentina	250	248	2		
巴　西	Brazil	1030	705	325		
委内瑞拉	Venezuela	92	92			
捷　克	Czech Rep.	235	219	16		
法　国	France	678	639	26		
德　国	Germany	980	973	7		
意大利	Italy	470	451	19		
荷　兰	Netherlands	469	429			
波　兰	Poland	194	194	…		
俄罗斯联邦	Russian Fed.	1582	1532	50		
西班牙	Spain	721	700	20		
土耳其	Turkey	373	318	56		
乌克兰	Ukraine	328	327	1		
英　国	United Kingdom	924	658	17	…	
澳大利亚	Australia	366	333	33		
新西兰	New Zealand	36	35			1

7-5 发电量(2007年)

Electricity Generation (2007)

资料来源：联合国ESD数据库。
Source: UN ESD Database.

单位：百万千瓦时 (million kilowatt hours)

国家和地区	Country or Area	发电量 Electricity Generation 总计 Total	热电 Thermal	水电 Hydro	核电 Nuclear	风电 Wind	太阳能电 Solar
世 界	**World**	**19907442**	**13793388**	**3175289**	**2719239**		
中 国	China	3281553	2722933	496490	62130		
中国香港	Hong Kong,China	38948	38948				
中国澳门	Macao,China	1520	1520				
孟加拉国	Bangladesh	24378	22986	1392			
文 莱	Brunei Darussalam	3395	3395				
柬 埔 寨	Cambodia	1349	1299	50			
印 度	India	813305	675759	120589	16957		
印度尼西亚	Indonesia	142236	123929	11286			
伊 朗	Iran	211779	193649	17987		143	
以 色 列	Israel	55091	55076	14		1	
日 本	Japan	1133711	779970	84234	263832	2624	16
哈萨克斯坦	Kazakhstan	76621	68450	8171			
韩 国	Korea,Rep.	427317	278891	5042	142937	376	122
老 挝	Laos	3667.3	300	3174			387
马来西亚	Malaysia	101325	94840	6485			
蒙 古	Mongolia	3701	3701				
缅 甸	Myanmar	6501	2995	3506			
巴基斯坦	Pakistan	95661	63877	28707	3077		
菲 律 宾	Philippines	59647	40792	8580		59	1
新 加 坡	Singapore	41134	41134				
斯里兰卡	Sri Lanka	9814	5864	3948		2	
泰 国	Thailand	143378	135261	8114			
越 南	Viet Nam	69487	39604	29883			
埃 及	Egypt	128129	111788	15510		831	
尼日利亚	Nigeria	22978	16572	6406			
南 非	South Africa	263479	248201	3908	11317	32	21
加 拿 大	Canada	639841	174750	368518	93492	3024	26
墨 西 哥	Mexico	257455	212083	27276	10421	262	18
美 国	United States	4348856	3184587	275545	836634	34603	689
阿 根 廷	Argentina	115296	77289	30729	7217	61	
巴 西	Brazil	444583	58218	374015	12350		
委内瑞拉	Venezuela	114852	31793	83059			
捷 克	Czech Rep.	88198	59376	2523	26172	125	2
法 国	France	569840	61861	63662	439730	4052	25
德 国	Germany	637100	425320	28458	140534	39713	3075
意 大 利	Italy	313888	265765	38482		4034	38
荷 兰	Netherlands	103241	95460	107	4200	3438	70
波 兰	Poland	159348	155887	2939		522	
俄罗斯联邦	Russian Fed.	1015333	675820	178982	160039	7	
西 班 牙	Spain	303292	189365	30807	55103	27509	528
土 耳 其	Turkey	191558	155196	35851		355	
乌 克 兰	Ukraine	196251	93405	10259	92542	45	
英 国	United Kingdom	396143	318882	8948	63028	5274	22
澳大利亚	Australia	254965	237620	14724		2611	10
新 西 兰	New Zealand	43845	15934	23516		937	

7-6 能源净进口占能源消费比重
Net Energy Imports as Percentage of Energy Use

资料来源：世界银行WDI数据库。
Source: World Bank WDI Database.
单位：% (%)

国家和地区	Country or Area	2000	2003	2004	2005	2006	2007
世　界	**World**	**-2.2**	**-2.3**	**-2.3**	**-2.9**	**-2.9**	**-1.9**
高收入国家	**High Income**	**16.2**	**17.0**	**17.4**	**17.6**	**16.9**	**17.7**
经合组织国家	**OECD Countries**	**29.2**	**30.8**	**31.4**	**32.3**	**31.8**	**32.1**
非经合组织国家	**Non-OECD Countries**	**-179.9**	**-167.9**	**-161.8**	**-162.3**	**-159.2**	**-143.1**
中等收入国家	**Middle Income**	**-26.7**	**-25.7**	**-25.1**	**-25.6**	**-23.7**	**-21.9**
中等偏上收入国家	**Upper Middle Income**	**-52.4**	**-56.4**	**-58.4**	**-59.8**	**-56.7**	**-53.6**
中等偏下收入国家	**Lower Middle Income**	**-8.2**	**-5.4**	**-4.5**	**-5.0**	**-4.2**	**-3.5**
中低收入国家	**Low and Middle Income**	**-25.3**	**-24.4**	**-23.9**	**-24.5**	**-22.7**	**-21.0**
东亚和太平洋	**East Asia and Pacific**	**-3.2**	**-2.9**	**-0.6**	**-1.1**	**0.2**	**0.6**
欧洲和中亚	**Europe and Central Asia**	**-23.0**	**-31.8**	**-36.4**	**-38.1**	**-37.4**	**-38.5**
拉丁美洲和加勒比	**Latin America and Caribbea**	**-41.1**	**-39.1**	**-39.5**	**-39.2**	**-36.6**	**-29.3**
中东和北非国家	**Middle East and North Afric**	**-153.3**	**-115.5**	**-117.8**	**-120.3**	**-112.0**	**-105.9**
南　亚	**South Asia**	**21.1**	**19.6**	**21.1**	**21.1**	**22.2**	**24.0**
撒哈拉以南非洲	**Sub-Saharan Africa**	**-61.9**	**-59.7**	**-59.9**	**-62.9**	**-64.7**	**-64.5**
低收入国家	**Low Income**	**9.0**	**8.7**	**7.4**	**6.3**	**6.6**	**6.3**
中　国	China	2.9	2.1	4.6	4.4	6.9	7.3
中国香港	Hong Kong,China	99.6	99.6	99.6	99.6	99.6	99.7
孟加拉国	Bangladesh	18.5	19.3	18.4	19.2	17.5	17.5
文　莱	Brunei Darussalam	-702.1	-721.9	-699.3	-729.5	-699.1	-629.8
柬埔寨	Cambodia	19.5	24.0	25.9	26.7	28.2	29.4
印　度	India	20.3	19.3	21.1	21.3	22.3	24.2
印度尼西亚	Indonesia	-56.1	-56.6	-53.7	-57.5	-71.5	-73.7
伊　朗	Iran	-104.4	-90.3	-85.6	-90.3	-78.9	-74.7
以色列	Israel	96.5	96.3	91.2	89.6	87.4	87.9
日　本	Japan	79.6	83.4	81.8	80.7	80.5	82.4
哈萨克斯坦	Kazakhstan	-98.4	-115.4	-129.2	-116.7	-106.4	-104.6
韩　国	Korea,Rep.	82.7	81.5	81.8	79.6	79.5	80.9
马来西亚	Malaysia	-61.8	-53.0	-62.2	-48.7	-41.9	-30.0
蒙　古	Mongolia	19.0	13.5	-1.0	-6.1	-8.0	-15.0
缅　甸	Myanmar	-23.2	-34.7	-41.1	-45.5	-48.5	-53.0
巴基斯坦	Pakistan	25.6	19.1	19.8	18.8	21.9	23.6
菲律宾	Philippines	51.0	47.6	46.5	45.4	44.9	44.0
新加坡	Singapore	100.0	100.0	100.0	100.0	100.0	100.0
斯里兰卡	Sri Lanka	43.0	46.4	45.8	45.3	43.3	45.3
泰　国	Thailand	39.3	44.4	46.5	44.1	43.6	42.9
越　南	Viet Nam	-29.8	-23.7	-30.7	-36.3	-37.7	-32.5
埃　及	Egypt	-25.0	-17.8	-15.7	-26.4	-24.9	-22.3
尼日利亚	Nigeria	-126.8	-121.4	-130.4	-122.8	-124.5	-117.2
南　非	South Africa	-32.0	-30.9	-22.5	-25.1	-22.3	-18.8
加拿大	Canada	-48.4	-47.6	-48.3	-47.6	-52.5	-53.4
墨西哥	Mexico	-53.2	-53.4	-55.4	-48.3	-46.3	-36.3
美　国	United States	26.6	27.9	28.8	29.9	28.2	28.8
阿根廷	Argentina	-35.0	-42.7	-33.1	-28.3	-21.0	-12.1
巴　西	Brazil	21.6	10.3	12.8	9.4	7.2	8.5
委内瑞拉	Venezuela	-291.8	-238.0	-246.3	-243.5	-221.1	-188.4
捷　克	Czech Rep.	25.7	24.7	24.1	26.7	26.8	26.3
德　国	Germany	59.9	60.3	59.8	60.0	60.0	58.6
意大利	Italy	83.5	84.4	84.3	84.8	84.9	85.2
荷　兰	Netherlands	21.8	25.2	14.5	21.4	20.7	23.6
波　兰	Poland	10.7	12.4	13.8	14.9	19.9	25.2
俄罗斯联邦	Russian Fed.	-58.4	-74.2	-81.7	-83.8	-81.9	-83.1
西班牙	Spain	74.0	75.2	76.6	78.8	77.9	78.9
土耳其	Turkey	66.1	69.7	70.2	71.6	71.7	72.7
乌克兰	Ukraine	42.9	45.1	44.3	43.3	39.6	40.6
英　国	United Kingdom	-21.6	-10.5	-1.3	8.0	15.0	16.6
澳大利亚	Australia	-115.2	-128.1	-131.8	-123.9	-120.2	-133.1
新西兰	New Zealand	14.8	20.3	22.7	23.3	21.3	16.5

7-7 世界能源价格

World Energy Price

资料来源：世界银行全球经济监测数据库。
Source: World Bank GEM Database.

年份	三大市场平均原油价格(美元/桶) Crude Oil, Avg,Spot ($/bbl)	北海布伦特原油价格(美元/桶) Crude Oil, Brendt ($/bbl)	迪拜原油价格(美元/桶) Crude Oil, Dubai ($/bbl)	西德克萨斯原油价格(美元/桶) Crude Oil, WTI ($/bbl)	澳大利亚煤炭价格(美元/吨) Coal, Australia ($/mt)	液化天然气价格(美元/百万英国热量单位) Natural Gas LNG ($/mmbtu)	欧洲天然气价格(美元/百万英国热量单位) Natural Gas,Europe ($/mmbtu)	美国天然气价格(美元/百万英国热量单位) Natural Gas,US ($/mmbtu)
1970	1.21		1.21		7.80		0.45	0.17
1971	1.69		1.69		8.68		0.50	0.18
1972	1.82		1.82		9.60		0.54	0.19
1973	2.81		2.81		11.48		0.69	0.21
1974	10.97		10.97		16.89		1.73	0.29
1975	10.43		10.43		26.84		1.68	0.43
1976	11.63		11.63		27.16		1.74	0.58
1977	12.57		12.57		28.68	2.77	1.79	0.79
1978	12.92		12.92		29.06	3.04	2.30	0.91
1979	30.96	32.11	29.82		30.89	3.69	3.26	1.18
1980	36.87	37.89	35.85		40.14	5.70	4.22	1.59
1981	35.48	36.68	34.29		53.62	6.03	4.60	1.98
1982	32.65	33.42	31.76	32.77	54.77	6.05	4.45	2.47
1983	29.66	29.83	28.73	30.41	38.19	5.55	4.05	2.59
1984	28.56	28.80	27.49	29.38	30.96	5.24	3.76	2.66
1985	27.18	27.33	26.46	27.76	33.75	5.23	3.65	2.51
1986	14.35	14.77	13.20	15.08	31.13	4.10	3.65	1.94
1987	18.15	18.34	16.94	19.16	27.50	3.35	2.59	1.66
1988	14.72	14.97	13.22	15.97	34.88	3.34	2.36	1.68
1989	17.84	18.22	15.70	19.60	38.00	3.28	2.09	1.70
1990	22.88	23.68	20.46	24.49	39.67	3.64	2.82	1.70
1991	19.37	20.07	16.56	21.48	39.67	3.99	3.11	1.49
1992	19.02	19.31	17.19	20.56	38.56	3.60	2.56	1.77
1993	16.84	17.02	14.94	18.56	31.33	3.51	2.67	2.12
1994	15.89	15.83	14.67	17.16	32.30	3.18	2.44	1.92
1995	17.18	17.07	16.12	18.37	39.37	3.45	2.73	1.72
1996	20.42	20.65	18.54	22.07	38.07	3.67	2.84	2.73
1997	19.17	19.09	18.10	20.33	35.10	3.91	2.74	2.48
1998	13.06	12.72	12.13	14.35	29.23	3.02	2.42	2.09
1999	18.07	17.81	17.17	19.24	25.89	3.14	2.13	2.27
2000	28.23	28.27	26.08	30.33	26.25	4.71	3.86	4.31
2001	24.35	24.42	22.71	25.92	32.31	4.63	4.06	3.96
2002	24.93	24.97	23.72	26.09	25.31	4.28	3.05	3.36
2003	28.90	28.85	26.74	31.11	26.09	4.73	3.91	5.49
2004	37.73	38.30	33.46	41.44	52.95	5.13	4.28	5.89
2005	53.39	54.43	49.29	56.44	47.62	5.99	6.33	8.92
2006	64.29	65.39	61.43	66.04	49.09	7.08	8.47	6.72
2007	71.12	72.70	68.37	72.28	65.73	7.68	8.56	6.98
2008	96.99	97.64	93.78	99.56	127.10	12.53	13.41	8.86
2009	61.76	61.86	61.75	61.65	71.84	8.94	8.71	3.95
2010①	77.01	77.18	76.04	77.82	96.10	10.80	8.19	4.67

注：①预测数。
Note:①Forecast Data.

7-8 核能及其他清洁能源消费占能源总消费比重

Alternative and Nuclear Energy as Percentage of Total Energy Use

资料来源：世界银行WDI数据库。
Source: World Bank WDI Database.

单位：% (%)

国家和地区	Country or Area	2000	2003	2004	2005	2006	2007
中　国	China	2.2	2.8	2.9	3.0	3.0	3.2
孟加拉国	Bangladesh	0.4	0.5	0.5	0.5	0.5	0.5
柬埔寨	Cambodia		0.1	…	0.1	0.1	0.1
印　度	India	2.4	2.4	2.4	2.6	2.8	2.7
印度尼西亚	Indonesia	3.3	3.8	3.8	3.8	3.6	3.7
伊　朗	Iran	0.3	0.7	0.6	0.9	0.9	0.8
以色列	Israel	3.3	3.5	3.7	3.6	3.5	3.4
日　本	Japan	18.4	14.8	16.4	17.3	17.4	15.3
哈萨克斯坦	Kazakhstan	1.6	1.5	1.4	1.2	1.1	1.1
韩　国	Korea,Rep.	15.2	16.7	16.3	18.4	18.3	16.9
马来西亚	Malaysia	1.3	0.9	0.9	0.7	0.8	0.8
缅　甸	Myanmar	1.3	1.4	1.4	1.6	1.8	1.9
巴基斯坦	Pakistan	3.2	4.1	4.0	4.4	4.3	3.9
菲律宾	Philippines	26.0	22.9	24.2	23.3	25.0	23.8
斯里兰卡	Sri Lanka	3.3	3.3	2.9	3.3	4.4	3.7
泰　国	Thailand	0.7	0.7	0.6	0.5	0.7	0.7
越　南	Viet Nam	3.4	3.7	3.0	3.6	3.9	4.6
埃　及	Egypt	2.6	2.1	2.0	1.9	1.8	2.1
尼日利亚	Nigeria	0.6	0.7	0.7	0.7	0.6	0.5
南　非	South Africa	3.2	2.9	2.8	2.4	2.2	2.3
加拿大	Canada	19.8	18.6	19.8	20.4	20.9	20.9
墨西哥	Mexico	6.9	6.3	6.3	6.6	6.5	6.3
美　国	United States	10.7	10.6	10.7	10.6	10.9	10.8
阿根廷	Argentina	6.7	8.3	7.5	7.5	7.7	6.2
巴　西	Brazil	14.7	15.0	14.6	14.7	15.1	15.1
委内瑞拉	Venezuela	9.6	9.8	10.7	11.2	11.5	11.2
捷　克	Czech Rep.	9.2	15.5	15.5	14.9	15.4	15.4
法　国	France	45.1	45.1	45.2	45.1	45.8	45.6
德　国	Germany	14.0	13.6	13.9	13.9	14.2	12.8
意大利	Italy	4.8	4.5	4.8	4.4	4.7	4.6
荷　兰	Netherlands	1.6	1.5	1.5	1.6	1.5	1.8
波　兰	Poland	0.2	0.2	0.2	0.2	0.2	0.3
俄罗斯联邦	Russian Fed.	8.0	8.4	8.4	8.4	8.4	8.6
西班牙	Spain	15.7	15.6	14.9	13.0	14.1	13.4
土耳其	Turkey	4.7	5.5	6.5	5.7	5.6	4.6
乌克兰	Ukraine	15.8	15.2	16.5	16.9	17.9	18.2
英　国	United Kingdom	10.1	10.5	9.6	9.9	9.3	8.2
澳大利亚	Australia	1.4	1.4	1.3	1.2	1.3	1.3
新西兰	New Zealand	24.7	23.9	25.6	25.6	25.2	25.9

7-9 易燃的可再生能源及废弃物消费占能源总消费比重

Combustible Renewables and Waste as Percentage of Total Energy Use

资料来源：世界银行WDI数据库。
Source: World Bank WDI Database.

单位：% (%)

国家和地区	Country or Area	2000	2003	2004	2005	2006	2007
中　　国	China	18.4	14.8	12.6	11.6	10.5	9.9
中国香港	Hong Kong,China	0.4	0.4	0.4	0.4	0.4	0.4
孟加拉国	Bangladesh	40.9	36.8	36.1	34.7	34.3	33.3
柬 埔 寨	Cambodia	80.5	75.9	74.1	73.2	71.7	70.5
印　　度	India	32.6	31.6	30.3	29.6	28.5	27.2
印度尼西亚	Indonesia	33.1	31.1	29.9	29.2	29.0	27.5
伊　　朗	Iran	0.7	0.6	0.6	0.6	0.5	0.5
以 色 列	Israel	0.1	…	…	…	…	…
日　　本	Japan	1.1	1.2	1.2	1.4	1.4	1.4
哈萨克斯坦	Kazakhstan	0.2	0.2	0.1	0.1	0.1	0.1
韩　　国	Korea,Rep.	0.7	0.9	1.0	1.0	1.1	1.2
马来西亚	Malaysia	5.1	4.7	5.0	4.3	4.3	4.0
蒙　　古	Mongolia	4.2	4.2	4.1	4.0	3.6	3.3
缅　　甸	Myanmar	73.4	73.7	69.5	63.8	66.4	66.3
巴基斯坦	Pakistan	38.1	37.8	36.1	36.0	35.2	33.9
菲 律 宾	Philippines	21.2	20.4	20.1	19.7	19.6	19.2
斯里兰卡	Sri Lanka	53.7	50.4	51.3	51.4	52.2	50.8
泰　　国	Thailand	20.1	17.1	17.2	17.3	17.3	17.8
越　　南	Viet Nam	60.4	53.1	47.4	47.0	46.0	44.0
埃　　及	Egypt	2.9	2.5	2.5	2.4	2.3	2.2
尼日利亚	Nigeria	81.6	79.8	79.9	77.9	79.8	80.2
南　　非	South Africa	11.5	11.2	10.4	10.6	10.5	10.2
加 拿 大	Canada	4.7	4.6	4.6	4.5	4.4	4.3
墨 西 哥	Mexico	5.4	5.1	4.9	4.8	4.7	4.5
美　　国	United States	3.2	3.1	3.2	3.3	3.4	3.5
阿 根 廷	Argentina	4.9	5.4	3.4	3.6	4.0	3.5
巴　　西	Brazil	25.1	28.8	29.1	29.4	29.8	30.7
委内瑞拉	Venezuela	1.0	1.0	1.0	0.9	0.9	0.9
捷　　克	Czech Rep.	1.6	3.4	3.8	3.9	4.1	4.6
法　　国	France	4.8	4.6	4.7	4.7	4.8	5.1
德　　国	Germany	2.3	3.3	3.7	3.9	4.6	6.8
意 大 利	Italy	1.3	1.7	2.2	2.3	2.7	2.6
荷　　兰	Netherlands	2.4	2.5	2.8	3.3	3.5	3.5
波　　兰	Poland	4.6	4.9	5.0	5.1	5.5	5.4
俄罗斯联邦	Russian Fed.	1.1	1.0	1.1	1.1	1.1	1.0
西 班 牙	Spain	3.4	3.6	3.5	3.6	3.6	3.8
土 耳 其	Turkey	8.5	7.4	6.9	6.4	5.6	5.1
乌 克 兰	Ukraine	0.2	0.2	0.2	0.2	0.6	0.6
英　　国	United Kingdom	0.9	1.4	1.5	1.6	1.7	1.9
澳大利亚	Australia	4.6	4.6	4.7	4.3	4.1	4.3
新 西 兰	New Zealand	5.1	5.8	6.0	6.4	6.5	6.6

主要统计指标解释

探明储量 指已探明可开采的原煤、原油、天然气的储量。

已探明可开采的储量 是在现有和预期的本地经济条件和现有可用技术下，已探明的可开采的吨数。

商业能源消费量 指可预见的消费，其计算方法是本国产量加进口量和存量变动量，减去出口量和从事国际运输的船舶及飞机所使用的燃料。

一次能源生产量 固体能源指硬煤、褐煤、泥炭和油岩；液体能源指原油和液化天然气；气体能源指天然气；电能指水电、核电、地热发电、风能发电、潮汐发电和太阳能发电。

国际运输燃料 指供给国际运输的飞机或轮船的燃料，空运燃料包括航空汽油和喷气发动机燃料，海运燃料,包括硬煤、柴油等。

能源消费 固体能源消费指一次能源中的固体燃料消费、二次能源中燃料的净进口和库存变化；液体能源消费指消费各种形式的石油能源产品，包括原料、天然汽油、冷凝物，精炼煤气和输入热电厂的原油；气体能源消费指天然气的消费、煤气的净进口和库存变化。电能消费指一次电能的消费和电能的净进口。

消费量＝产量＋进口－出口－国际运输燃料－库存变化

平衡差额 在能源平衡表中的平衡差额一项是为了使上式计算出的消费量和消费总量相等，它主要是由于排除非能源用石油和无法取得的库存数据引起的。

清洁能源 是指在发电时不产生二氧化碳的非碳能源。它包括水电、核电、地热和太阳能等。

易燃的可再生能源和废弃物 包括固态和液态的生物遗体、沼气、工业垃圾和城市垃圾。

Explanatory Notes on Main Statistical Indicators

Proved Amount in Place is the tonnage of crude coal, crude petroleum, nature gas that has been both carefully measured and assessed.

Proved Recoverable Reserves are the tonnage of the proved amount in place that can be recovered under present and expected local economic conditions with existing available technology.

Commercial Energy Use refers to apparent consumption, which is equal to indigenous production plus imports and stock changes, minus exports and fuels supplied to ships and aircraft engaged in international transport.

Primary Energy Production Including in the production of commercial primary energy for solids are hard coal, lignite, peat and oil shale; liquids are comprised of crude petroleum and natural gas liquids; gas refer to natural gas; electricity is comprised of primary electricity generation from hydro, nuclear, geothermal, wind, tide wave and solar sources.

Bunkers Airs bunkers refer to bunkers of aviation gasoline and jet fuel. Sea bunkers refer to bunkers of hard coal, gas-diesel oil and residual fuel oil.

Energy Consumption Including in the consumption of commercial energy for solids are consumption of primary forms of solid fuels, net imports and changes in stocks of secondary fuels; liquids are comprised of consumption of energy petroleum products including feed stocks, natural gasoline, condensate, refinery gas and input of crude petroleum to thermal power plants; gases including the consumption of natural gas, net imports and changes in stocks of gasworks and coke-oven gas; and Electricity is comprised of production of primary electricity and net imports of electricity.

Consumption=Production Imports-Exports-Bunkers-Changes in stocks

Balance An unallocated has been created in order to balance out the difference between the results of the above formula for consumption and the total consumption. This inequality occurs primarily because of the exclusion of non-energy petroleum products as well as inadequate or unavailable stock data.

Clean energy Refer to noncarbohydrate energy that does not produce carbon dioxide when generated. It includes hydropower and nuclear, geothermal, and solar power, among others.

Combustible renewables and waste Comprise solid biomass, liquid biomass, biogas, industrial waste, and municipal waste.

财政和金融

Government Finance and Banking

8-1 中央政府财政收入占国内生产总值比重
Central Government Revenue as Percentage of GDP

资料来源：世界银行WDI数据库。
Source: World Bank WDI Database.
单位：% (%)

国家和地区	Country or Area	2000	2004	2005	2006	2007	2008
世　界	**World**		**25.0**	**25.2**	**25.7**	**26.1**	**25.8**
高收入国家	**High Income**		**25.6**	**26.3**	**26.9**	**26.9**	**26.1**
中　国	China	7.1	9.5	9.8	10.3	17.0	
中国澳门	Macao,China	19.9	24.6	25.8	25.6	28.7	32.5
孟加拉国	Bangladesh		10.0	10.3	10.2	10.3	11.0
柬埔寨	Cambodia		9.8	9.7	9.8		
印　度	India	11.9	11.9	12.1	13.2	14.0	14.3
印度尼西亚	Indonesia		18.4				
伊　朗	Iran	23.4	28.8	36.5	35.8	34.8	32.0
以色列	Israel	39.5	38.3	38.6	38.6	39.3	36.8
哈萨克斯坦	Kazakhstan	11.3	15.1	21.3	16.8	14.0	13.4
韩　国	Korea,Rep.	22.3	21.2	21.8	22.7	24.2	24.0
老　挝	Laos					13.0	
马来西亚	Malaysia	18.5					
蒙　古	Mongolia	25.4			40.9	40.5	32.1
缅　甸	Myanmar	5.3	6.5				
巴基斯坦	Pakistan	13.9	13.5	13.0	13.4	14.5	13.1
菲律宾	Philippines	15.2	14.6	15.0	16.2	15.8	15.8
新加坡	Singapore	26.6	19.7	18.5	18.3	19.7	20.4
斯里兰卡	Sri Lanka	16.8	14.9	15.5	16.2	15.8	14.9
泰　国	Thailand		19.6	21.1	20.1	19.4	20.1
埃　及	Egypt		24.6	24.3	28.1	27.1	27.6
南　非	South Africa	26.4	28.1	30.1	31.6	31.8	30.7
加拿大	Canada	21.1	19.6	19.3	19.2	19.3	18.1
墨西哥	Mexico	14.7					
美　国	United States		17.3	18.5	19.3	19.3	17.5
阿根廷	Argentina		18.1				
巴　西	Brazil				22.9	23.2	23.8
委内瑞拉	Venezuela	21.2	24.7	28.3			
捷　克	Czech Rep.	30.5	31.7	31.6	30.7	31.2	31.4
法　国	France	42.8	42.1	42.8	42.6	42.1	41.8
德　国	Germany	30.3	28.6	28.8	28.6	28.4	28.3
意大利	Italy	37.2	35.7	35.4	36.9	37.6	37.6
荷　兰	Netherlands	40.7	38.9	39.3	41.1	40.8	41.8
波　兰	Poland		30.7	31.9	32.1	32.7	32.0
俄罗斯联邦	Russian Fed.	24.6	26.8	30.3	28.7	31.3	33.5
西班牙	Spain	31.1	25.7	26.2	26.9	27.7	24.6
土耳其	Turkey				25.0	25.8	22.6
乌克兰	Ukraine	26.8	30.7	35.1	36.2	34.3	35.8
英　国	United Kingdom	37.1	35.9	36.9	37.6	37.4	38.3
澳大利亚	Australia	25.8	26.5	27.0	26.9	26.3	26.4
新西兰	New Zealand		35.6	37.3	38.4	37.1	

8-2 中央政府财政收入
Revenue of Central Government

资料来源：国际货币基金组织政府财政统计数据库。
Source: International Monetary Fund Government Finance Statistics Database.

		柬埔寨 Cambodia 2006 (亿瑞尔) (100 Million Riel)	印度 India 2008 (亿卢比) (100 Million Rupee)	印度尼西亚 Indonesia 2004 (亿卢比) (100 Million Rupiah)	伊朗 Iran 2008 (亿里亚尔) (100 Million Rial)
财政总收入	**Total Revenue**	**33985**	**79967**	**4219181**	**10209960**
税收	Taxes	24413	68772	2830930	2409537
收入、利润和资本所得税	Taxes on Income,Profits,and Capital Gains	3314	35513	1189231	1596482
个人	Payable by Individuals	691	12877	956995	316440
公司和其他企业	Payable by Corporations and Other Enterprises	2623	22636	232236	1279325
工资税	Taxes on Payroll and Workforce				
财产税	Taxes on Property		41	146519	78015
货物和服务税	Taxes on Goods and Services	13688	21325	1351672	167501
增加值、销售和交易税	General Value Added,Sales,or Turnover Taxes	8705	111	986834	100159
货物税	Excises	4176	13806	291725	15304
国际贸易税	Taxes on International Trade and Transactions	7329	11893	127418	566891
其他税	Other Taxes	83		16090	648
社会缴款	Social Contributions		83	116116	1474765
社会保障缴款	Social Security Contributions		83	116116	1474765
其它社会缴款	Other Social Contributions				
捐赠收入	Grants	4747	180	2780	
来自外国政府捐赠收入	From Foreign Governments		180		
来自国际组织捐赠收入	From International Organizations			2780	
来自政府机构捐赠收入	From General Government Units				
其它收入	Other Revenue	4825	10933	1269356	6325660

8-2 续表 1 continued

		以色列 Israel 2008 (亿新谢克尔) (100 Million New Sheqalim)	哈萨克斯坦 Kazakhstan 2008 (亿坚戈) (100 Million Tenge)	韩国 Korea,Rep. 2008 (十亿韩元) (billion Won)	马来西亚 Malaysia 2003 (亿林吉特) (100 Million Ringgit)
财政总收入	**Total Revenue**	**2814**	**32984**	**246563**	**936**
税收	Taxes	1838	20325	167306	695
收入、利润和资本所得税	Taxes on Income,Profits,and Capital Gains	824	9315	75510	444
个人	Payable by Individuals	500		36355	104
公司和其他企业	Payable by Corporations and Other Enterprises	219	9315	39154	340
工资税	Taxes on Payroll and Workforce	101			
财产税	Taxes on Property	39		7694	2
货物和服务税	Taxes on Goods and Services	850	6795	63060	201
增加值、销售和交易税	General Value Added,Sales,or Turnover Taxes	698	6410	43820	85
货物税	Excises	126	211	19240	49
国际贸易税	Taxes on International Trade and Transactions	24	4214	8776	52
其他税	Other Taxes	…	…	12267	
社会缴款	Social Contributions	476		39033	
社会保障缴款	Social Security Contributions	404		32896	
其它社会缴款	Other Social Contributions	72		6137	
捐赠收入	Grants	146	11551		
来自外国政府捐赠收入	From Foreign Governments	97	10694		
来自国际组织捐赠收入	From International Organizations		10		
来自政府机构捐赠收入	From General Government Units	49	848		
其它收入	Other Revenue	353	1108	40223	241

8-2 续表 2 continued

		蒙 古 Mongolia 2008 (亿图格里克) (100 Million Togrog)	缅 甸 Myanmar 2005 (亿缅元) (100 Million Kyat)	巴基斯坦 Pakistan 2008 (亿卢比) (100 Million Rupee)	新 加 坡 Singapore 2008 (亿新加坡元) (100 Million Dollar)
财政总收入	**Total Revenue**	**19807**	**8195**	**14084**	**559**
税收	Taxes	14194	4769	10099	377
收入、利润和资本所得税	Taxes on Income,Profits,and Capital Gains	7437	2067	3756	193
个人	Payable by Individuals	1017	2067	3636	
公司和其他企业	Payable by Corporations and Other Enterprises	6420			
工资税	Taxes on Payroll and Workforce				
财产税	Taxes on Property			55	29
货物和服务税	Taxes on Goods and Services	5145	2518	4691	122
增加值、销售和交易税	General Value Added,Sales,or Turnover Taxes	3253	2251	3855	65
货物税	Excises	1785	49	836	21
国际贸易税	Taxes on International Trade and Transactions	1508	185	1506	
其他税	Other Taxes	103		92	34
社会缴款	Social Contributions	2233			
社会保障缴款	Social Security Contributions	2233			
其它社会缴款	Other Social Contributions				
捐赠收入	Grants	159	3	330	
来自外国政府捐赠收入	From Foreign Governments	159	3	330	
来自国际组织捐赠收入	From International Organizations				
来自政府机构捐赠收入	From General Government Units				
其它收入	Other Revenue	3222	3423	3654	183

8-2 续表 3 continued

		泰 国 Thailand 2008 (亿泰铢) (100 Million Baht)	南 非 South Africa 2008 (亿兰特) (100 Million Rand)	加拿大 Canada 2009 (亿加元) (100 Million Dollar)	墨西哥 Mexico 2000 (亿比索) (100 Million Peso)
财政总收入	**Total Revenue**	**18288**	**7043**	**2663**	**8106**
税收	Taxes	14934	6331	1801	6408
收入、利润和资本所得税	Taxes on Income,Profits,and Capital Gains	7127	3835		2766
个人	Payable by Individuals	1875	1961		
公司和其他企业	Payable by Corporations and Other Enterprises	5253	1874		
工资税	Taxes on Payroll and Workforce		73		
财产税	Taxes on Property		95		
货物和服务税	Taxes on Goods and Services	6741	2097	405	5036
增加值、销售和交易税	General Value Added,Sales,or Turnover Taxes	3324	1543		1896
货物税	Excises	3085	543		862
国际贸易税	Taxes on International Trade and Transactions	965	225	36	329
其他税	Other Taxes	100	5		59
社会缴款	Social Contributions	849	156	637	849
社会保障缴款	Social Security Contributions	849	156		849
其它社会缴款	Other Social Contributions				
捐赠收入	Grants	21	28	10	
来自外国政府捐赠收入	From Foreign Governments	17	18		
来自国际组织捐赠收入	From International Organizations	4			
来自政府机构捐赠收入	From General Government Units		10		
其它收入	Other Revenue	2484	529	216	849

8-2 续表 4 continued

		美 国 United States 2009 (亿美元) (100 Million US Dollar)	阿根廷 Argentina 2004 (亿比索) (100 Million Peso)	委内瑞拉 Venezuela 2005 (亿博利瓦) (100 Million Bolivar)	白俄罗斯 Belarus 2008 (亿卢布) (100 Million Rubel)
财政总收入	**Total Revenue**	**22675**	**814**	**859**	**504780**
税收	Taxes	12066	636	472	329064
收入、利润和资本所得税	Taxes on Income,Profits,and Capital Gains	10877	154	185	35387
个人	Payable by Individuals	8612	46	9	
公司和其他企业	Payable by Corporations and Other Enterprises	2266	108	175	35387
工资税	Taxes on Payroll and Workforce		4		
财产税	Taxes on Property	239	73	29	
货物和服务税	Taxes on Goods and Services	725	238	214	152315
增加值、销售和交易税	General Value Added,Sales,or Turnover Taxes		149	195	106972
货物税	Excises		55	17	38220
国际贸易税	Taxes on International Trade and Transactions	225	129	43	106126
其他税	Other Taxes		39	1	35237
社会缴款	Social Contributions	9442	135	19	144965
社会保障缴款	Social Security Contributions		131	19	144965
其它社会缴款	Other Social Contributions		4		
捐赠收入	Grants		2		
来自外国政府捐赠收入	From Foreign Governments		…		
来自国际组织捐赠收入	From International Organizations		…		
来自政府机构捐赠收入	From General Government Units		2		
其它收入	Other Revenue	1166	42	369	30751

8-2 续表 5 continued

		捷克 Czech Rep. 2008 (亿克朗) (100 Million koruna)	法国 France 2008 (亿欧元) (100 Million Euro)	德国 Germany 2008 (亿欧元) (100 Million Euro)	意大利 Italy 2008 (亿欧元) (100 Million Euro)
财政总收入	**Total Revenue**	**12209**	**8138**	**7120**	**5902**
税收	Taxes	5466	4178	2943	3547
收入、利润和资本所得税	Taxes on Income,Profits,and Capital Gains	2221	2037	1279	2080
个人	Payable by Individuals	950	1493	1123	1610
公司和其他企业	Payable by Corporations and Other Enterprises	1272	544	143	470
工资税	Taxes on Payroll and Workforce		174		
财产税	Taxes on Property	104	164		5
货物和服务税	Taxes on Goods and Services	3141	1849	1663	1194
增加值、销售和交易税	General Value Added,Sales,or Turnover Taxes	1691	1341	928	836
货物税	Excises	1330	283	629	240
国际贸易税	Taxes on International Trade and Transactions	…	-1		
其他税	Other Taxes		-45		268
社会缴款	Social Contributions	5482	3489	3897	2133
社会保障缴款	Social Security Contributions	5299	3071	3828	2107
其它社会缴款	Other Social Contributions	183	419	69	26
捐赠收入	Grants	614		55	8
来自外国政府捐赠收入	From Foreign Governments	1			0.3
来自国际组织捐赠收入	From International Organizations	604		7	4
来自政府机构捐赠收入	From General Government Units	9	60	48	4
其它收入	Other Revenue	647		225	214

8-2 续表 6 continued

		荷兰 Netherlands 2008 (亿欧元) (100 Million Euro)	波兰 Poland 2008 (亿兹罗提) (100 Million Zloty)	俄罗斯联邦 Russian Fed. 2008 (亿卢布) (100 Million Ruble)	西班牙 Spain 2008 (亿欧元) (100 Million Euro)
财政总收入	**Total Revenue**	**2494**	**4146**	**141273**	**2730**
税收	Taxes	1358	2335	65292	1166
收入、利润和资本所得税	Taxes on Income,Profits,and Capital Gains	634	661	6631	769
个人	Payable by Individuals	430	391	17	476
公司和其他企业	Payable by Corporations and Other Enterprises	204	270	6616	293
工资税	Taxes on Payroll and Workforce	5	34		
财产税	Taxes on Property	63	…	-2	2
货物和服务税	Taxes on Goods and Services	655	1622	23105	395
增加值、销售和交易税	General Value Added,Sales,or Turnover Taxes	456	1022	21441	261
货物税	Excises	153	549	1656	112
国际贸易税	Taxes on International Trade and Transactions		17	35553	
其他税	Other Taxes			5	
社会缴款	Social Contributions	886	1443	22179	1422
社会保障缴款	Social Security Contributions	863	1443	22179	1306
其它社会缴款	Other Social Contributions	23			117
捐赠收入	Grants	5	74	2247	51
来自外国政府捐赠收入	From Foreign Governments		…		
来自国际组织捐赠收入	From International Organizations	2	50	4	13
来自政府机构捐赠收入	From General Government Units	3	24	2243	38
其它收入	Other Revenue	245	294	51555	91

8-2 续表 7 continued

		乌克兰 Ukraine 2008 (亿格里夫尼亚) (100 Million Hrywnia)	英国 United Kingdom 2008 (亿英磅) (100 Million Pound)	澳大利亚 Australia 2008 (亿澳元) (100 Million Dollar)	新西兰 New Zealand 2007 (亿新西兰元) (100 Million Dollar)
财政总收入	**Total Revenue**	**3475**	**5596**	**3129**	**659**
税收	Taxes	1695	4122	2857	562
收入、利润和资本所得税	Taxes on Income,Profits,and Capital Gains	475	2074	2086	373
个人	Payable by Individuals		1554	1280	272
公司和其他企业	Payable by Corporations and Other Enterprises	475	521	786	101
工资税	Taxes on Payroll and Workforce			4	
财产税	Taxes on Property		544	…	
货物和服务税	Taxes on Goods and Services	1091	1497	706	171
增加值、销售和交易税	General Value Added,Sales,or Turnover Taxes	921	897	455	112
货物税	Excises	127	464	243	16
国际贸易税	Taxes on International Trade and Transactions	130		61	18
其他税	Other Taxes		8		
社会缴款	Social Contributions	1239	1183		1
社会保障缴款	Social Security Contributions	1174	31		
其它社会缴款	Other Social Contributions	65	1152		1
捐赠收入	Grants	79	54	5	
来自外国政府捐赠收入	From Foreign Governments	…			
来自国际组织捐赠收入	From International Organizations	1	50		
来自政府机构捐赠收入	From General Government Units	77	5	5	
其它收入	Other Revenue	462	237	267	96

8-3 中央政府财政支出

Expense of Central Government

资料来源：国际货币基金组织政府财政统计数据库。
Source: International Monetary Fund Government Finance Statistics Database.

		柬埔寨 Cambodia 2006 (亿瑞尔) (100 Million Riel)	印度 India 2008 (亿卢比) (100 Million Rupee)	印度尼西亚 Indonesia 2004 (亿卢比) (100 Million Rupiah)	伊朗 Iran 2008 (十亿里亚尔) (billion Rial)
财政总支出	**Total Expense**	**25632**	**86041**	**3869371**	**685151**
雇员报酬	Compensation of Employees	8466	5657	492700	263439
工资和薪金	Wages and Salaries	8466	5657	492700	232649
社会缴款	Social Contributions				30790
商品和服务的使用	Use of Goods and Services	10469	9318	295796	71066
固定资本消耗	Consumption of Fixed Capital				
利息	Interest	500	18670	624857	7974
补贴	Subsidies	1373	20241	916169	102978
捐赠	Grants	1661	26283	1300449	3231
对外国政府捐赠	To Foreign Governments				330
对国际组织捐赠	To International Organizations				37
对政府机构捐赠	To General Government Units	1661	26283	1300449	2864
通货	Current		26283	1300449	2864
资产	Capital				
社会福利	Social Benefits	1874		233290	148923
其它支出	Other Expense	1289	5871	6110	87541
不含利息的财产支出	Property Expense Other Than Interest				
其它杂项支出	Miscellaneous Other Expense	1289	5871	6110	87541
通货	Current				87352
资产转移	Capital Transfers		5871	6110	189

8-3 续表 1 continued

		以 色 列 Israel 2008 (亿新谢克尔) (100 Million New Sheqalim)	哈萨克斯坦 Kazakhstan 2008 (十亿坚戈) (billion Tenge)	韩 国 Korea,Rep. 2008 (十亿韩元) (billion Won)	马来西亚 Malaysia 2003 (亿林吉特) (100 Million Ringgit)
财政总支出	**Total Expense**	**2952**	**2368**	**204973**	**794**
雇员报酬	Compensation of Employees	746	165	22925	235
工资和薪金	Wages and Salaries	593	162		231
社会缴款	Social Contributions	153	3		4
商品和服务的使用	Use of Goods and Services	815	480	14450	206
固定资本消耗	Consumption of Fixed Capital	46			
利息	Interest	254	61	14356	99
补贴	Subsidies	57	22	730	157
捐赠	Grants	157	1031	86448	47
对外国政府捐赠	To Foreign Governments	1			
对国际组织捐赠	To International Organizations	3	2	949	
对政府机构捐赠	To General Government Units	153	1029	85499	47
通货	Current	128	570	73481	27
资产	Capital	25	459	12018	20
社会福利	Social Benefits	650	553	34619	46
其它支出	Other Expense	227	57	31445	5
不含利息的财产支出	Property Expense Other Than Interest				
其它杂项支出	Miscellaneous Other Expense	227	57	31445	5
通货	Current	86	19	27599	
资产转移	Capital Transfers	141	38	3846	5

8-3 续表 2 continued

		蒙古 Mongolia 2008 (亿图格里克) (100 Million Togrog)	泰国 Thailand 2008 (亿铢) (100 Million Baht)	巴基斯坦 Pakistan 2008 (十亿卢比) (billion Rupee)	加拿大 Canada 2009 (十亿加元) (billion Dollar)
财政总支出	**Total Expense**	**16138**	**16559**	**1909**	**294**
雇员报酬	Compensation of Employees	5450	5845	68	36
工资和薪金	Wages and Salaries	5019	5845	68	
社会缴款	Social Contributions	431			
商品和服务的使用	Use of Goods and Services	4375	4471	398	24
固定资本消耗	Consumption of Fixed Capital		411		5
利息	Interest	198	898	490	27
补贴	Subsidies	246	697	395	4
捐赠	Grants		2166	127	87
对外国政府捐赠	To Foreign Governments				
对国际组织捐赠	To International Organizations		12		
对政府机构捐赠	To General Government Units		2154		
通货	Current		1828		
资产	Capital		325		
社会福利	Social Benefits	6018	1841		106
其它支出	Other Expense		230	431	5
不含利息的财产支出	Property Expense Other Than Interest				
其它杂项支出	Miscellaneous Other Expense		230		
通货	Current		37		
资产转移	Capital Transfers		192		

8-3 续表 3 continued

		美　国 United States 2009 (亿美元) (100 Million Us Dollar)	阿根廷 Argentina 2004 (亿比索) (100 Million Peso)	委内瑞拉 Venezuela 2005 (十亿博利瓦) (billion Bolivar)	白俄罗斯 Belarus 2008 (十亿卢布) (billion Rubel)
财政总支出	**Total Expense**	**36983**	**819**	**76**	**44064**
雇员报酬	Compensation of Employees		94	12	4467
工资和薪金	Wages and Salaries			12	3693
社会缴款	Social Contributions			1	774
商品和服务的使用	Use of Goods and Services		38	5	5222
固定资本消耗	Consumption of Fixed Capital	1244			
利息	Interest	2705	215	9	693
补贴	Subsidies	551	27		9506
捐赠	Grants	7700	109	40	6887
对外国政府捐赠	To Foreign Governments	465		0.07	7
对国际组织捐赠	To International Organizations		3		131
对政府机构捐赠	To General Government Units	7235	106	40	6749
通货	Current	5115	78	26	6679
资产	Capital	2119	28	14	70
社会福利	Social Benefits	16075	275	9	14065
其它支出	Other Expense	8707	61	2	3224
不含利息的财产支出	Property Expense Other Than Interest				
其它杂项支出	Miscellaneous Other Expense		61	2	3224
通货	Current		58		775
资产转移	Capital Transfers		3	2	2449

8-3 续表 4 continued

		捷 克 Czech Rep. 2008 (十亿克朗) (billion koruna)	法 国 France 2008 (亿欧元) (100 Million Erro)	德 国 Germany 2008 (亿欧元) (100 Million Erro)	意大利 Italy 2008 (亿欧元) (100 Million Euro)
财政总支出	**Total Expense**	**1259**	**8710**	**7173**	**6311**
雇员报酬	Compensation of Employees	106	1838	396	973
工资和薪金	Wages and Salaries	80			658
社会缴款	Social Contributions	26			315
商品和服务的使用	Use of Goods and Services	72	538	362	241
固定资本消耗	Consumption of Fixed Capital		169	85	105
利息	Interest	44	496	413	756
补贴	Subsidies	123	134	78	56
捐赠	Grants	165		565	1196
对外国政府捐赠	To Foreign Governments			31	32
对国际组织捐赠	To International Organizations	26		181	107
对政府机构捐赠	To General Government Units	139	588	353	1056
通货	Current	121	497	291	933
资产	Capital	18	92	61	124
社会福利	Social Benefits	594	4350	5092	2761
其它支出	Other Expense	154		182	224
不含利息的财产支出	Property Expense Other Than Interest				
其它杂项支出	Miscellaneous Other Expense	154		182	224
通货	Current	38		60	97
资产转移	Capital Transfers	117		122	128

8-3 续表 5 continued

		荷 兰 Netherlands 2008 (亿欧元) (100 Million Euro)	波 兰 Poland 2008 (亿兹罗提) (100 Million Zloty)	俄罗斯联邦 Russian Fed. 2008 (亿卢布) (100 Million Ruble)	西 班 牙 Spain 2008 (亿欧元) (100 Million Euro)
财政总支出	**Total Expense**	**2413**	**4493**	**88878**	**2877**
雇员报酬	Compensation of Employees	183	547	16134	258
工资和薪金	Wages and Salaries	127	487	14475	193
社会缴款	Social Contributions	56	60	1659	65
商品和服务的使用	Use of Goods and Services	175	345	12304	122
固定资本消耗	Consumption of Fixed Capital	50	114	4343	59
利息	Interest	107	289	1555	130
补贴	Subsidies	49	64	6914	61
捐赠	Grants	713	1000	11692	811
对外国政府捐赠	To Foreign Governments		…	34	
对国际组织捐赠	To International Organizations	85	135	343	102
对政府机构捐赠	To General Government Units	628	865	11315	709
通货	Current	589	830	11315	653
资产	Capital	39	35		56
社会福利	Social Benefits	1109	1915	33904	1337
其它支出	Other Expense	28	219	2032	99
不含利息的财产支出	Property Expense Other Than Interest		…		
其它杂项支出	Miscellaneous Other Expense	28	219	2032	99
通货	Current	16	166	2032	30
资产转移	Capital Transfers	12	53		70

8-3 续表 6 continued

		乌克兰 Ukraine 2008 (亿格里夫尼亚) (100 Million Hrywnia)	英国 United Kingdom 2008 (亿英镑) (100 Million Pound)	澳大利亚 Australia 2008 (亿澳元) (100 Million Dollar)	新西兰 New Zealand 2007 (亿新西兰元) (100 Million Dollar)
财政总支出	**Total Expense**	**3538**	**6180**	**2879**	**585**
雇员报酬	Compensation of Employees	461	863	296	146
工资和薪金	Wages and Salaries	350	702	261	136
社会缴款	Social Contributions	112	161	35	10
商品和服务的使用	Use of Goods and Services	409	1083	309	177
固定资本消耗	Consumption of Fixed Capital		62	35	20
利息	Interest	44	325	102	23
补贴	Subsidies	258	57	75	1
捐赠	Grants	593	1369	770	21
对外国政府捐赠	To Foreign Governments	2	43	26	
对国际组织捐赠	To International Organizations		4		
对政府机构捐赠	To General Government Units	591	1321	745	
通货	Current	536	1179	696	
资产	Capital	56	142	49	
社会福利	Social Benefits	1650	1683	1138	178
其它支出	Other Expense	123	738	153	19
不含利息的财产支出	Property Expense Other Than Interest				
其它杂项支出	Miscellaneous Other Expense	123	738	153	19
通货	Current	16	365	133	19
资产转移	Capital Transfers	107	373	21	

8-4 中央政府各项支出比重

Central Government Outlays by Function as Percentage of Total

资料来源：国际货币基金组织政府财政统计数据库。

Source: International Monetary Fund Government Finance Statistics Database.

单位：% (%)

国家和地区	Country or Area	年份 Year	社会保障支出 Social Protection	教育支出 Education	环境保护支出 Environment Protection	卫生保健支出 Health	国防支出 Defense
中　国	China	2007	0.73	0.88	0.07	0.08	7.45
孟加拉国	Bangladesh	2008	2.71	15.05	0.08	6.65	9.83
印　度	India	2006		3.81		1.90	13.79
印度尼西亚	Indonesia	2004	5.64	3.97		1.38	6.59
伊　朗	Iran	2008	30.09	13.85	0.11	6.69	7.52
以色列	Israel	2008	26.96	15.83	0.42	12.79	18.22
日　本	Japan	1993	36.80	6.03		1.60	4.11
哈萨克斯坦	Kazakhstan	2008	21.72	7.36	0.52	4.43	6.74
韩　国	Korea,Rep.	2008	21.11	16.01		0.98	11.29
缅　甸	Myanmar	2005	0.83	6.81		2.18	19.61
巴基斯坦	Pakistan	2007	0.21	1.64	0.03	0.86	15.62
新加坡	Singapore	2008	12.26	18.65		6.15	24.69
泰　国	Thailand	2008	12.26	20.82	0.14	14.88	6.44
埃　及	Egypt	2008	38.96	11.01	0.30	4.30	6.56
加拿大	Canada	2007	45.37	2.02	1.23	9.34	6.29
墨西哥	Mexico	2000	20.12	24.73		4.95	3.04
美　国	United States	2008	30.58	2.41		24.25	20.13
阿根廷	Argentina	2004	39.94	5.19	0.29	5.30	3.04
委内瑞拉	Venezuela	2005	7.64	17.16		7.38	4.99
捷　克	Czech Rep.	2008	35.37	9.18	1.33	16.48	3.40
德　国	Germany	2007	54.03	0.59	0.06	20.35	3.68
荷　兰	Netherlands	2008	38.67	10.77	0.46	14.11	3.26
波　兰	Poland	2008	42.89	10.99	0.24	12.39	4.49
俄罗斯联邦	Russian Fed.	2008	25.32	3.05	0.08	5.43	7.70
土耳其	Turkey	1998	8.56	11.57		3.96	8.20
乌克兰	Ukraine	2008	47.44	5.92	0.48	2.63	3.11
澳大利亚	Australia	2007	34.05	9.55	0.47	14.77	6.69
新西兰	New Zealand	2007	33.94	16.69		16.60	3.23

8-5 社会保障占财政收入比重
Social Security Outlay as Percentage of Revenue

资料来源：世界银行WDI数据库。
Source: World Bank WDI Database.

单位：% (%)

国家和地区	Country or Area	2000	2004	2005	2006	2007	2008	2009
中国澳门	Macao,China	0.85	0.52	0.50	0.47	0.39	0.29	
印　　度	India	0.05	0.24	0.18	0.14	0.12	0.10	
印度尼西亚	Indonesia		2.75					
伊　　朗	Iran	11.48	12.96	10.44	12.42	12.57	14.44	
以 色 列	Israel	15.18	16.86	16.56	15.89	15.74	16.93	
韩　　国	Korea,Rep.	13.31	15.82	16.17	16.17	14.04	15.83	
蒙　　古	Mongolia	17.79			7.34	8.65	11.27	
斯里兰卡	Sri Lanka	1.67	1.08	1.19	1.28	1.48	0.99	
泰　　国	Thailand		4.86	4.89	4.70	4.81	4.64	
南　　非	South Africa	2.07	2.12	2.04	1.99	1.98	2.21	
加 拿 大	Canada	19.61	21.65	21.58	21.12	20.42	20.62	
墨 西 哥	Mexico	10.48						
美　　国	United States		39.43	36.57	35.24	34.96	38.68	41.64
阿 根 廷	Argentina		16.56					
巴　　西	Brazil				22.80	22.75	22.86	
委内瑞拉	Venezuela	3.50	2.54	2.20				
捷　　克	Czech Rep.	46.51	45.43	45.72	46.15	45.35	44.90	
法　　国	France	41.36	42.39	41.87	42.25	42.57	42.87	
德　　国	Germany	57.25	59.24	58.22	56.91	54.94	54.74	
意 大 利	Italy	33.16	35.10	35.97	33.99	35.05	36.14	
荷　　兰	Netherlands	39.03	36.86	34.15	34.96	34.14	35.53	
波　　兰	Poland		39.11	37.66	37.04	36.06	34.81	
俄罗斯联邦	Russian Fed.	28.80	27.43	17.72	19.14	19.24	15.70	
西 班 牙	Spain	41.27	48.59	48.06	46.83	45.73	52.09	
乌 克 兰	Ukraine	30.42	37.88	35.40	35.43	37.12	35.64	
英　　国	United Kingdom	19.65	21.70	21.74	21.35	21.26	21.13	
新 西 兰	New Zealand		0.21	0.18	0.17	0.15		

8-6 商品和服务税占财政收入比重

Goods and Services Tax as Percentage of Revenue

资料来源：世界银行WDI数据库。
Source: World Bank WDI Database.
单位：% (%)

国家和地区	Country or Area	2000	2004	2005	2006	2007	2008	2009
世　界	**World**		**32.56**	**33.11**	**32.54**	**32.54**	**31.90**	
中　国	China	65.10	79.24	77.34	56.03	33.51		
中国澳门	Macao,China	66.81	79.94	76.44	77.65	77.10	83.72	
孟加拉国	Bangladesh		28.95	27.50	28.61	28.18	27.61	
柬埔寨	Cambodia		37.71	36.90	40.28			
印　度	India	28.92	29.70	30.75	28.47	27.06	26.67	
印度尼西亚	Indonesia		32.04					
伊　朗	Iran	6.59	2.37	2.39	1.99	1.88	1.64	
以色列	Israel	26.94	29.42	29.09	27.96	28.60	30.21	
日　本	Japan							
哈萨克斯坦	Kazakhstan	40.03	39.94	21.00	28.02	29.80	20.60	
韩　国	Korea,Rep.	28.24	29.56	28.32	26.69	25.35	25.58	
老　挝	Laos					35.78		
马来西亚	Malaysia	23.43						
蒙　古	Mongolia	36.02			33.38	20.43	25.98	
缅　甸	Myanmar	32.84	23.26	30.73				
巴基斯坦	Pakistan	30.30	32.92	34.07	32.83	29.70	33.31	
菲律宾	Philippines	27.46	24.66	23.46	29.19	28.32	26.15	
新加坡	Singapore	18.04	23.63	23.41	22.21	23.26	21.74	
斯里兰卡	Sri Lanka	56.75	59.84	55.28	51.13	48.09	44.64	
泰　国	Thailand		40.06	40.11	39.93	39.76	36.86	
埃　及	Egypt		21.42	23.65	19.72	19.18	19.99	
南　非	South Africa	33.10	34.06	32.98	32.39	31.58	29.78	
加拿大	Canada	15.88	17.43	17.19	15.59	14.90	13.88	
墨西哥	Mexico	62.13						
美　国	United States		3.47	3.15	2.83	2.44	2.49	3.20
阿根廷	Argentina		29.19					
巴　西	Brazil				23.39	23.17	23.12	
委内瑞拉	Venezuela	24.92	27.96	24.94				
捷　克	Czech Rep.	34.32	26.86	26.87	27.08	26.89	25.72	
法　国	France	24.61	24.58	23.81	23.66	23.27	22.72	
德　国	Germany	20.33	21.85	22.24	22.12	23.44	23.36	
意大利	Italy	22.93	22.16	22.33	22.16	21.58	20.23	
荷　兰	Netherlands	25.79	28.39	28.08	27.38	27.41	26.27	
波　兰	Poland		36.65	37.34	37.88	38.60	39.12	
俄罗斯联邦	Russian Fed.	30.87	25.79	23.62	20.61	23.98	16.36	
西班牙	Spain	25.11	17.77	17.82	17.39	15.81	14.47	
土耳其	Turkey				48.52	42.17	48.65	
乌克兰	Ukraine	32.67	21.50	27.96	31.32	29.24	31.39	
英　国	United Kingdom	30.26	30.83	29.06	28.04	28.03	26.74	
澳大利亚	Australia	17.90	25.20	24.11	23.59	23.13	22.57	
新西兰	New Zealand		29.09	27.26	26.40	25.89		

8-7 所得税占财政收入比重

Income Tax as Percentage of Revenue

资料来源：世界银行WDI数据库。
Source: World Bank WDI Database.
单位：%　　(%)

国家和地区	Country or Area	2000	2004	2005	2006	2007	2008	2009
世　界	**World**		**19.47**	**20.27**	**19.87**	**19.91**	**20.75**	
中　国	China	8.08	21.62	23.80	24.57	16.41		
中国澳门	Macao,China	8.58	4.78	4.42	4.97	7.27	5.26	
孟加拉国	Bangladesh		12.33	12.34	14.59	17.24	18.74	
柬埔寨	Cambodia		6.32	7.10	9.75			
印　度	India	27.01	34.07	35.93	39.50	42.70	44.41	
印度尼西亚	Indonesia		28.19					
伊　朗	Iran	13.45	9.44	12.72	12.58	12.86	15.64	
以色列	Israel	34.60	29.08	30.03	32.68	32.62	29.30	
日　本	Japan							
哈萨克斯坦	Kazakhstan	23.59	40.06	51.27	48.46	34.65	28.24	
韩　国	Korea,Rep.	26.28	27.45	28.88	29.29	31.47	30.62	
老　挝	Laos					18.49		
马来西亚	Malaysia	40.98						
蒙　古	Mongolia	11.82			35.41	14.76	37.55	
缅　甸	Myanmar	19.46	23.64	25.22				
巴基斯坦	Pakistan	19.03	20.23	20.49	20.19	25.20	26.67	
菲律宾	Philippines	39.72	39.24	39.64	38.65	40.75	41.12	
新加坡	Singapore	29.03	27.56	30.17	31.19	28.46	34.43	
斯里兰卡	Sri Lanka	12.69	12.93	12.74	15.88	18.01	18.43	
泰　国	Thailand		31.99	32.82	36.58	37.06	38.97	
埃　及	Egypt		22.01	23.75	27.44	28.46	26.95	
南　非	South Africa	51.71	48.95	48.76	50.03	51.78	54.45	
加拿大	Canada	53.60	50.99	53.48	52.60	53.40	53.21	
墨西哥	Mexico	34.12						
美　国	United States		51.73	55.12	56.84	57.47	52.79	47.97
阿根廷	Argentina		18.89					
巴　西	Brazil				28.41	29.56	31.33	
委内瑞拉	Venezuela	26.67	15.23	21.46				
捷　克	Czech Rep.	13.02	19.71	20.02	18.24	18.84	18.19	
法　国	France	25.83	24.08	24.00	25.00	24.76	25.03	
德　国	Germany	18.49	15.70	15.87	16.98	17.79	17.97	
意大利	Italy	34.78	32.13	32.67	33.81	34.88	35.24	
荷　兰	Netherlands	25.35	23.87	26.06	25.78	26.89	25.44	
波　兰	Poland		11.76	12.57	13.75	15.49	15.93	
俄罗斯联邦	Russian Fed.	11.52	4.45	5.73	6.63	6.02	4.69	
西班牙	Spain	26.74	26.47	29.20	30.56	33.37	28.16	
土耳其	Turkey				21.94	22.80	26.34	
乌克兰	Ukraine	12.34	15.42	15.39	13.01	13.49	13.66	
英　国	United Kingdom	38.41	35.33	36.82	38.28	37.89	37.07	
澳大利亚	Australia	66.72	63.50	65.15	65.30	65.77	66.67	
新西兰	New Zealand		52.71	54.93	58.17	56.67		

8-8 中央政府财政盈余占GDP比重

Surplus of Central Government Revenue as Percentage of GDP

资料来源：世界银行WDI数据库。
Source: World Bank WDI Database.
单位：% (%)

国家和地区	Country or Area	2000	2004	2005	2006	2007	2008	2009
世　界	**World**		**-2.36**	**-1.82**	**-0.90**	**-0.82**	**-2.74**	
中　国	China		-2.12	-1.39	-1.19			
中国澳门	Macao,China	1.64	8.10	8.79	10.20	16.24	17.15	
孟加拉国	Bangladesh		-0.73	-1.12	-1.44	-1.33	-0.96	
柬埔寨	Cambodia		-2.16	0.04	-1.71			
印　度	India	-3.88	-3.20	-3.17	-2.25	-1.05	-1.53	
印度尼西亚	Indonesia		-1.10					
伊　朗	Iran	1.79	4.11	5.99	3.16	7.85	3.34	
以色列	Israel	-1.91	-4.01	-2.01	-1.04	-0.07	-1.91	
哈萨克斯坦	Kazakhstan	0.09	0.22	2.58	1.61	1.23	4.31	
韩　国	Korea,Rep.	4.38	0.10	0.91	1.14	2.32	2.26	
老　挝	Laos					-2.89		
马来西亚	Malaysia	-3.03						
蒙　古	Mongolia	0.19			2.99	7.69	-3.51	
缅　甸	Myanmar		-1.97					
巴基斯坦	Pakistan	-4.09	-1.95	-3.20	-4.23	-4.17	-7.27	
菲律宾	Philippines	-3.91	-4.04	-2.96	-1.30	-1.47	-1.25	
新加坡	Singapore	11.44	4.05	6.49	6.30	11.38	7.64	
斯里兰卡	Sri Lanka	-8.40	-7.33	-6.98	-6.88	-6.52	-6.57	
泰　国	Thailand		1.13	2.50	1.90	0.13	0.50	
埃　及	Egypt		-5.61	-6.45	-7.17	-4.56	-6.36	
南　非	South Africa	-1.96	-1.96	-0.19	0.91	1.01	-0.40	
加拿大	Canada	2.19	1.23	1.33	1.71	1.53	0.41	
墨西哥	Mexico	-1.17						
美　国	United States		-3.61	-2.76	-1.82	-2.17	-5.44	-10.21
阿根廷	Argentina		-0.46					
巴　西	Brazil				-2.88	-1.87	-1.22	
委内瑞拉	Venezuela	-1.24	-1.30	2.18				
捷　克	Czech Rep.	-3.59	-3.20	-3.52	-4.27	-1.68	-1.54	
法　国	France	-1.67	-3.48	-2.77	-2.15	-2.32	-2.96	
德　国	Germany	1.39	-2.41	-2.26	-1.24	-0.30	-0.23	
意大利	Italy	-0.72	-2.57	-3.51	-2.09	-1.60	-2.47	
荷　兰	Netherlands	1.96	-1.57	-0.11	0.56	0.37	1.11	
波　兰	Poland		-5.50	-4.03	-3.41	-1.88	-3.71	
俄罗斯联邦	Russian Fed.	2.47	5.27	9.88	8.03	6.18	5.60	
西班牙	Spain	-0.47	-0.29	1.31	1.98	2.44	-2.02	
土耳其	Turkey				1.90	1.41	-1.94	
乌克兰	Ukraine	-0.60	-3.19	-1.36	-1.03	-0.89	-1.47	
英　国	United Kingdom	1.65	-3.04	-2.94	-2.61	-2.62	-4.70	
澳大利亚	Australia	2.01	0.82	1.26	1.73	1.60	1.86	
新西兰	New Zealand		3.66	4.48	4.81	3.16		

8-9 货币供应量
Money Supply

资料来源：世界银行WDI数据库。
Source: World Bank WDI Database.
单位：亿本币 (100 million local currency units)

国家和地区	Country or Area	2000	2006	2007	2008	2009
中　国	**China**					
广义货币	Money and Quasi Money	130091	345604	403442	475167	610225
准货币	Quasi money (current LCU)	75550	219568	250882	308949	388779
货币	Money	54541	126035	152560	166217	221446
中国香港	**Hong Kong,China**					
广义货币	Money and Quasi Money	30012	41312	49087	51157	53832
准货币	Quasi money (current LCU)	28166	37841	45089	46804	47980
货币	Money	1846	3472	3998	4353	5852
孟加拉国	**Bangladesh**					
广义货币	Money and Quasi Money	8204	24621	28008	32578	
准货币	Quasi money (current LCU)	6039	19665	22218	26173	
货币	Money	2165	4957	5791	6405	
文　莱	**Brunei Darussalam**					
广义货币	Money and Quasi Money	89	94	100	109	
准货币	Quasi money (current LCU)	61	54	61	66	
货币	Money	28	40	39	44	
柬埔寨	**Cambodia**					
广义货币	Money and Quasi Money	18305	69747	112875	119023	
准货币	Quasi money (current LCU)	12909	53150	92335	94899	
货币	Money	5396	16597	20540	24124	
印　度	**India**					
广义货币	Money and Quasi Money	116934	289583	354077	426646	503433
准货币	Quasi money (current LCU)	81975	203611	255179	316344	373513
货币	Money	34959	85972	98899	110302	129920
印度尼西亚	**Indonesia**					
广义货币	Money and Quasi Money	7488453	13798783	16461746	18925592	
准货币	Quasi money (current LCU)	5879222	10329242	11961814	14358223	
货币	Money	1609231	3469541	4499932	4567369	
伊　朗	**Iran**					
广义货币	Money and Quasi Money	2110536	8163691	10659613	11506977	14699937
准货币	Quasi money (current LCU)	1088838	4883079	6377608	7106663	9892041
货币	Money	1021698	3280612	4282005	4400314	4807896
以色列	**Israel**					
广义货币	Money and Quasi Money	4389	6211	6708	7436	7892
准货币	Quasi money (current LCU)	4078	5561	5939	6481	6617
货币	Money	310	650	769	955	1275
日　本	**Japan**					
广义货币	Money and Quasi Money	12265221	10351001	10426540	10506459	
准货币	Quasi money (current LCU)	9263392	5393803	5448504	5590080	
货币	Money	3001829	4957198	4978036	4916379	
哈萨克斯坦	**Kazakhstan**					
广义货币	Money and Quasi Money	3970	36776	46298	62672	
准货币	Quasi money (current LCU)	1609	23960	30971	43196	
货币	Money	2362	12815	15327	19476	
韩　国	**Korea,Rep.**					
广义货币	Money and Quasi Money	4130489	5918181	5937829	6884184	7724272
准货币	Quasi money (current LCU)	3660519	5059873	5071055	5962754	6670297
货币	Money	469970	858308	866774	921429	1053975
老　挝	**Laos**					
广义货币	Money and Quasi Money	22556	70461	97742	115640	
准货币	Quasi money (current LCU)	19113	50478	67095	78486	
货币	Money	3444	19983	30647	37153	

8-9 续表 1 continued

单位：亿本币 (100 million local currency units)

国家和地区	Country or Area	2000	2006	2007	2008	2009
马来西亚	**Malaysia**					
广义货币	Money and Quasi Money	4373	7101	7845	8732	
准货币	Quasi money (current LCU)	3579	5723	6209	6950	
货币	Money	794	1378	1635	1782	
蒙　古	**Mongolia**					
广义货币	Money and Quasi Money	2588	15198	23811	22223	
准货币	Quasi money (current LCU)	1281	11879	17906	15750	
货币	Money	1308	3319	5905	6473	
缅　甸	**Myanmar**					
广义货币	Money and Quasi Money	8002	33730	43841	50332	65738
准货币	Quasi money (current LCU)	3356	9011	11668	15967	23140
货币	Money	4647	24719	32173	34365	42598
巴基斯坦	**Pakistan**					
广义货币	Money and Quasi Money	14767	36470	43577		
准货币	Quasi money (current LCU)	6007	9466	11279		
货币	Money	8760	27004	32298		
菲律宾	**Philippines**					
广义货币	Money and Quasi Money	20652	34223	36066		
准货币	Quasi money (current LCU)	16747	26500	27261		
货币	Money	3905	7723	8805		
新加坡	**Singapore**					
广义货币	Money and Quasi Money	1709	2624	2976	3334	3712
准货币	Quasi money (current LCU)	1376	2101	2336	2577	2777
货币	Money	333	522	639	757	935
斯里兰卡	**Sri Lanka**					
广义货币	Money and Quasi Money	4834	12059	14054	15240	
准货币	Quasi money (current LCU)	3649	9449	11374	12455	
货币	Money	1185	2610	2680	2786	
泰　国	**Thailand**					
广义货币	Money and Quasi Money	56381	83381	85482	92912	
准货币	Quasi money (current LCU)	51426	74580	75829	82875	
货币	Money	4955	8801	9654	10037	
越　南	**Viet Nam**					
广义货币	Money and Quasi Money	1969944	8410107	12539974	15135439	13453739
准货币	Quasi money (current LCU)	1060054	5487962	8188299	10802259	13453739
货币	Money	909890	2922146	4351675	4333180	
埃　及	**Egypt**					
广义货币	Money and Quasi Money	2610	6013	7163	7914	
准货币	Quasi money (current LCU)	1988	4800	5645	6169	
货币	Money	622	1213	1518	1745	
尼日利亚	**Nigeria**					
广义货币	Money and Quasi Money	10361	35627	58513	89260	
准货币	Quasi money (current LCU)	3864	17396	26868	42478	
货币	Money	6497	18231	31644	46782	
南　非	**South Africa**					
广义货币	Money and Quasi Money	4988	11357	13646	15716	
准货币	Quasi money (current LCU)	2326	7981	9663	11558	
货币	Money	2662	3376	3983	4158	
加拿大	**Canada**					
广义货币	Money and Quasi Money	7865	23508	17551	20198	
准货币	Quasi money (current LCU)	5652	18974	13674	15853	
货币	Money	2213	4535	3877	4345	

8-9 续表 2 continued

单位：亿本币 (100 million local currency units)

国家和地区	Country or Area	2000	2006	2007	2008	2009
墨 西 哥	**Mexico**					
广义货币	Money and Quasi Money	14986	25978	29553	32466	
准货币	Quasi money (current LCU)	10331	16093	18301	19963	
货币	Money	4655	9885	11252	12503	
美 国	**United States**					
广义货币	Money and Quasi Money	70234	102614	114979	124212	
准货币	Quasi money (current LCU)	58118	88843	101153	109855	
货币	Money	12115	13771	13826	14358	
阿 根 廷	**Argentina**					
广义货币	Money and Quasi Money	905	2008	2499	2701	3160
准货币	Quasi money (current LCU)	707	1224	1437	1584	1849
货币	Money	198	784	1062	1117	1311
巴 西	**Brazil**					
广义货币	Money and Quasi Money	5574	13789	16352	19178	
准货币	Quasi money (current LCU)	4830	12053	14032	16954	
货币	Money	744	1736	2320	2224	
委内瑞拉	**Venezuela**					
广义货币	Money and Quasi Money	158	1203	1549	1953	
准货币	Quasi money (current LCU)	64	126	191	235	
货币	Money	94	1077	1358	1718	
白俄罗斯	**Belarus**					
广义货币	Money and Quasi Money	16137	173761	234083	300441	
准货币	Quasi money (current LCU)	11053	103529	146684	193256	
货币	Money	5084	70232	87399	107185	
捷 克	**Czech Rep.**					
广义货币	Money and Quasi Money	14456	22950	25892	28107	
准货币	Quasi money (current LCU)	9466	9694	10626	11357	
货币	Money	4990	13256	15266	16750	
波 兰	**Poland**					
广义货币	Money and Quasi Money	3022	4998	5646	6726	
准货币	Quasi money (current LCU)	2197	2240	2293	3227	
货币	Money	826	2758	3353	3499	
俄罗斯联邦	**Russian Fed.**					
广义货币	Money and Quasi Money	15690	101493	146368	167748	
准货币	Quasi money (current LCU)	7055	46755	71801	93551	
货币	Money	8635	54738	74567	74197	
土 耳 其	**Turkey**					
广义货币	Money and Quasi Money	575	3208	3697	4616	
准货币	Quasi money (current LCU)	502	2536	2950	3801	
货币	Money	73	672	747	815	
乌 克 兰	**Ukraine**					
广义货币	Money and Quasi Money	316	2594	3913	5125	
准货币	Quasi money (current LCU)	108	1361	2096	2874	
货币	Money	208	1233	1817	2251	
澳大利亚	**Australia**					
广义货币	Money and Quasi Money	4474	8401	10912	12463	12522
准货币	Quasi money (current LCU)	3096	5415	7539	8884	8793
货币	Money	1378	2986	3373	3579	3729
新 西 兰	**New Zealand**					
广义货币	Money and Quasi Money	945	1427	1586	1750	1740
准货币	Quasi money (current LCU)	789	1069	1240	1401	1391
货币	Money	157	358	346	349	349

8-10 年平均存款利率和贷款利率
Annual Average Deposit Rate and Lending Rate

资料来源：世界银行WDI数据库。
Source: World Bank WDI Database.
单位：% (%)

国家和地区	Country or Area	存款利率 Deposit Interest Rate			贷款利率 Lending Interest Rate		
		2000	2007	2008	2000	2008	2009
中　国	China	2.25	4.14	2.25	5.85	5.31	5.31
中国香港	Hong Kong, China	4.80	2.42	0.45	9.50	5.00	5.00
中国澳门	Macao, China	5.33	2.85	1.10	9.89		5.25
孟加拉国	Bangladesh	8.56	9.18	9.65	15.50	16.38	
文　莱	Brunei Darussalam		1.17	0.88	5.50	5.50	5.50
柬埔寨	Cambodia	6.83	1.90	1.91	17.34		
印　度	India				12.29		12.19
印度尼西亚	Indonesia	12.50	7.98	8.49	18.46		14.50
伊　朗	Iran		11.60			12.00	12.00
以色列	Israel	8.63	3.50	3.30	12.87	6.06	3.73
日　本	Japan	0.07	0.81	0.59	2.07	1.91	
韩　国	Korea, Rep.	7.94	5.17	5.87	8.54	7.17	5.65
老　挝	Laos	12.00	5.00		32.00	24.00	
马来西亚	Malaysia	3.36	3.17	3.13	7.67	6.08	5.08
蒙　古	Mongolia	16.80	13.46	11.17	36.95		21.67
缅　甸	Myanmar	9.75	12.00	12.00	15.25		17.00
巴基斯坦	Pakistan		5.31	6.92		12.94	14.54
菲律宾	Philippines	8.30	3.70	4.49	10.91	8.75	8.57
新加坡	Singapore	1.71	0.53	0.42	5.83	5.38	5.38
斯里兰卡	Sri Lanka	9.17	9.08	10.89	16.16	18.89	
泰　国	Thailand	3.29	2.88	2.48	7.83		5.96
越　南	Viet Nam	3.65	7.49	12.73	10.55		
埃　及	Egypt	9.46	6.10	6.58	13.22	12.32	
尼日利亚	Nigeria	11.69	10.29	11.97	21.27	15.48	18.36
南　非	South Africa	9.20	9.15	11.61	14.50		11.71
加拿大	Canada	3.48	2.08	1.50	7.27	4.73	2.40
墨西哥	Mexico	8.26	3.20	3.04	16.93	8.71	
美　国	United States				9.23		3.25
阿根廷	Argentina	8.34	7.97	11.05	11.09	19.47	
巴　西	Brazil	17.20	10.58	11.66	56.83	47.25	44.65
委内瑞拉	Venezuela	16.30	10.71	16.15	25.20	22.37	19.89
捷　克	Czech Rep.	3.42	1.32	1.61	7.16	6.25	5.99
法　国	France	2.62	2.85	3.67	6.70		
德　国	Germany	3.40			9.63		
意大利	Italy	1.84			7.02	6.84	
荷　兰	Netherlands	2.89	3.89	4.37	4.79	4.60	1.98
波　兰	Poland	14.17			20.00		
俄罗斯联邦	Russian Fed.	6.51	5.14	5.76	24.43	12.22	15.31
西班牙	Spain	2.95			5.18		
土耳其	Turkey	47.16	22.56	22.91			
乌克兰	Ukraine	13.72	8.12	9.95	41.53	17.49	20.86
英　国	United Kingdom				5.98	4.62	0.62
澳大利亚	Australia	4.20	4.66	5.17	9.27	8.91	6.02
新西兰	New Zealand	6.36	7.78	7.55	9.26	12.21	10.40

8-11 银行不良贷款占全部贷款比重
Bank Non-performing Loans as Percentage of Total

资料来源：世界银行WDI数据库。
Source: World Bank WDI Database.
单位：%　　(%)

国家和地区	Country or Area	2000	2004	2005	2006	2007	2008
世　界	**World**	**9.5**	**4.2**	**3.7**	**3.3**	**2.7**	**3.2**
中　国	China	22.4	13.2	8.6	7.1	6.2	
中国香港	Hong Kong,China	7.3	2.3	1.4	1.1	0.8	
孟加拉国	Bangladesh	34.9	17.5	13.2	12.8	14.5	11.2
印　度	India	12.8	7.2	5.2	3.3	2.5	2.3
印度尼西亚	Indonesia	34.4	4.5	7.6	6.1	4.1	3.2
伊　朗	Iran						
以色列	Israel	6.9	2.5	2.3	1.9	1.4	
日　本	Japan	5.3	2.9	1.8	1.5	1.4	1.7
哈萨克斯坦	Kazakhstan		4.3	3.3	2.4	2.7	5.1
韩　国	Korea,Rep.	8.9	1.9	1.2	0.8	0.7	
马来西亚	Malaysia	15.4	11.7	9.6	8.5	6.5	4.8
巴基斯坦	Pakistan	19.5	11.6	8.3	6.9	7.2	9.1
菲律宾	Philippines	24.0	14.4	10.3	7.5	5.8	
新加坡	Singapore	3.4	5.0	3.8	2.8	1.5	
斯里兰卡	Sri Lanka		9.1	9.6			
泰　国	Thailand	17.7	11.9	9.1	8.4	7.9	5.7
埃　及	Egypt	13.6	23.6	26.5	18.2	19.3	14.8
尼日利亚	Nigeria	22.6	21.6	18.1	8.8	8.4	6.3
南　非	South Africa		1.8	1.5	1.1	1.4	3.9
加拿大	Canada	1.3	0.7	0.5	0.4	0.7	
墨西哥	Mexico	5.8	2.5	1.8	2.0	2.7	3.2
美　国	United States	1.1	0.8	0.7	0.8	1.4	
阿根廷	Argentina	16.0	10.7	5.2	3.4	2.7	2.7
巴　西	Brazil	8.3	2.9	3.5	3.5	3.0	
委内瑞拉	Venezuela	6.6	2.8	1.2	1.1	1.2	
捷　克	Czech Rep.	29.3	4.0	3.9	3.7	2.8	
法　国	France	5.0	4.2	3.5	3.0	2.7	2.8
德　国	Germany	4.7	4.9	4.0	3.4	2.7	
意大利	Italy	7.8	6.6	5.3	4.9	4.6	4.9
荷　兰	Netherlands	1.8	1.5	1.2	0.8		
波　兰	Poland	15.5	14.9	11.0	7.4	5.2	4.4
俄罗斯联邦	Russian Fed.	7.7	3.8	2.6	2.4	2.5	3.8
西班牙	Spain	1.2	0.8	0.8	0.7	0.9	
土耳其	Turkey	9.2	6.0	4.8	3.8	3.5	3.6
乌克兰	Ukraine	29.6	30.0	19.6	17.8	13.2	17.4
英　国	United Kingdom	2.5	1.9	1.0	0.9	0.9	1.6
澳大利亚	Australia	0.5	0.2	0.2	0.2	0.2	0.5

8-12 道琼斯世界股票指数①

Dow Jones World Stock Index by Country and Industry①

资料来源:《美国统计摘要》2010年。
Source: United States Statistical Abstract 2010.

国家和地区	Country or Area	2000	2007	2008	国家和地区	Country or Area	2000	2007	2008
世　界	**World**	**210.9**	**300.9**	**171.9**	**亚太地区**	**Asia/Pacific Area**	**93.0**	**158.1**	**93.6**
美　洲	**America**	**299.1**	**376.9**	**226.1**	澳大利亚	Australia	156.0	500.1	228.9
美　国	United States	306.9	357.5	219.7	中国香港	Hongkong,China	245.6	546.5	253.3
加拿大	Canada	225.3	541.7	278.6	印度尼西亚	Indonesia	31.2	179.4	66.3
墨西哥	Mexico	132.2	555.8	334.6	日　本	Japan	88.3	108.9	77.6
欧　洲	**Europe**	**241.2**	**385.7**	**198.7**	马来西亚	Malaysia	88.5	229.7	127.3
奥地利	Austria	86.2	469.5	160.6	新西兰	New Zealand	96.7	261.9	124.7
比利时	Belgium	196.9	449.5	213.0	新加坡	Singapore	135.2	319.0	154.1
丹　麦	Denmark	220.1	607.5	307.8	泰　国	Thailand	27.2	112.9	56.6
芬　兰	Finland	1537.8	1691.7	732.9	**按行业分**	**By Industry**			
法　国	France	252.9	406.9	222.9	基本原材料	Basic Materials	117.6	372.8	176.8
德　国	Germany	219.1	398.2	214.2	消费品	Consumer Goods	183.8	325.1	207.1
爱尔兰	Ireland	312.3	532.0	167.1	消费性服务	Consumer Services	192.8	240.9	156.0
意大利	Italy	192.2	286.2	135.3	油和天然气	Oil And Gas	230.7	590.3	346.6
荷　兰	Netherlands	335.7	448.9	198.9	金　融	Financial	207.1	287.7	131.8
挪　威	Norway	151.8	521.3	175.5	医疗保健	Health Care	329.9	353.4	272.0
西班牙	Spain	193.5	497.0	282.0	工　业	Industrials	167.1	258.0	141.4
瑞　典	Sweden	339.0	526.7	250.8	技　术	Technology	552.7	459.2	251.4
瑞　士	Switzerland	388.8	606.3	416.9	电　讯	Telecommunications	273.3	313.4	199.8
英　国	United Kingdom	199.8	290.1	142.4	公用事业	Utilities	156.0	276.0	188.0

注：①指数截止到12月31日，各国的股票指数以1991年12月31日=100。每股以美元计价。
Notes:①Index figures shown are as of December 31.Indices based on December 31,1991=100 for each countries.Based on share prices denominated in U.S.dollars.

8-13 上市公司数和上市公司总市值占国内生产总值比重
Listed Domestic Companies and Market Capitalization of Listed Companies as Percentage of GDP

资料来源：世界银行WDI数据库。
Source: World Bank WDI Database.

国家和地区	Country or Area	上市公司数（个） Listed Domestic Companies (number)			上市公司总市值占国内生产总值的比重（%） Market Capitalization of Listed Companies as Percentage of GDP(%)		
		2000	2008	2009	2000	2008	2009
世　界	**World**	**47751**		**48561**	**102.2**		**80.8**
高收入国家	**High Income**	**25657**		**29379**	**115.9**	**64.4**	**83.1**
中等收入国家	**Middle Income**	**21522**	**16679**		**36.6**		**75.3**
中低收入国家	**Low and Middle Income**	**22094**	**17322**	**19182**	**36.1**	**42.4**	**74.7**
中　国	China	1086		1700	48.5	61.6	100.5
中国香港	Hong Kong,China	779	1017	1308	368.6	617.1	
孟加拉国	Bangladesh	221		236	2.5	8.4	
印　度	India	5937	4921	4955	32.2		90.0
印度尼西亚	Indonesia	290		398	16.3		
伊　朗	Iran	304	356	337	7.3	14.5	19.1
以色列	Israel	654	630	609	51.4	66.5	93.5
日　本	Japan	2561	3299	3208	67.6	65.9	66.7
哈萨克斯坦	Kazakhstan	23	74	69	7.3	23.3	52.8
韩　国	Korea,Rep.	1308	1798	1778	32.2	53.1	
马来西亚	Malaysia	795	977	953	124.7	84.6	133.6
蒙　古	Mongolia	410	420	407	3.4	7.7	10.2
巴基斯坦	Pakistan	762	653	629	8.9		20.0
菲律宾	Philippines	228		246	34.2	31.1	
新加坡	Singapore	418	455	459	164.8	93.1	170.5
斯里兰卡	Sri Lanka	239	234	231	6.6	10.6	19.4
泰　国	Thailand	381	476	535	24.0	37.7	52.4
越　南	Viet Nam		171	188		10.6	23.1
埃　及	Egypt	1076	373	305	28.8		47.8
尼日利亚	Nigeria	195		214	9.2	24.1	19.7
南　非	South Africa	616	425	363	154.2		246.5
加拿大	Canada	1418	3755	3761	116.1		125.8
墨西哥	Mexico	179	125	125	21.5	21.3	38.9
美　国	United States	7524	5603	4401	154.7		105.8
阿根廷	Argentina	127	107	101	58.4		15.9
巴　西	Brazil	459	432		35.1	36.0	74.3
委内瑞拉	Venezuela	85	60	60	6.9		
捷　克	Czech Rep.	131		25	19.4	22.6	27.7
法　国	France	808			108.9		74.4
德　国	Germany	1022	638	601	66.9	30.3	
意大利	Italy	291	294	291	70.0	22.7	15.0
荷　兰	Netherlands	234	110	121	166.3	44.4	68.5
波　兰	Poland	225	349	354	18.3		
俄罗斯联邦	Russian Fed.	249		279	15.0		70.0
西班牙	Spain	1019		3435	86.8	59.3	88.8
土耳其	Turkey	315	284	315	26.1	16.2	36.6
乌克兰	Ukraine	139		288	6.0		14.8
英　国	United Kingdom	1904	2415	2179	174.4	69.6	128.6
澳大利亚	Australia	1330		1882	89.4	65.0	136.1
新西兰	New Zealand	142	149	143	37.1	20.9	

8-14 股票交易额占国内生产总值的比重及股票交易周转率

Stocks Traded Value as Percentage of GDP and Turnover Ratio of Stocks Traded

资料来源：世界银行WDI数据库。
Source: World Bank WDI Database.

单位：% (%)

国家和地区	Country or Area	股票交易额占国内生产总值的比重 Stocks Traded Value as Percentage of GDP			股票交易周转率 Stocks Traded Turnover Ratio		
		2000	2008	2009	2000	2008	2009
世　　界	**World**	**152.2**	**135.7**	**141.9**	**122.3**	**156.7**	
高收入国家	**High Income**	**176.4**	**162.4**	**163.5**	**129.8**	**184.2**	**195.9**
中低收入国家	**Low and Middle Income**	**34.0**	**59.7**	**84.3**	**84.2**		**123.6**
中　　国	China	60.2	120.7	179.7	158.3		229.6
中国香港	Hong Kong,China	223.4	755.1		61.3		82.3
孟加拉国	Bangladesh	1.6		16.3	74.4	137.3	
印　　度	India	110.8		83.1	133.6	85.2	119.4
印度尼西亚	Indonesia	8.7	21.7	21.3	32.9	71.3	83.3
伊　　朗	Iran	1.1	4.6	5.2		33.6	30.4
以 色 列	Israel	18.8	54.0	45.3	36.3	58.9	55.8
日　　本	Japan	57.7		82.7	69.9	153.2	128.8
哈萨克斯坦	Kazakhstan	0.5	2.6	3.7		11.7	9.1
韩　　国	Korea,Rep.	200.2		190.0	233.2	181.2	
马来西亚	Malaysia	62.4		38.1	44.6		32.9
蒙　　古	Mongolia	0.7	1.0	0.4			3.8
巴基斯坦	Pakistan	44.6	32.9	14.1	475.5	116.0	82.9
菲 律 宾	Philippines	10.8	10.3	10.7	15.8		26.0
新 加 坡	Singapore	98.7	140.1	138.4	52.1	101.3	102.8
斯里兰卡	Sri Lanka	0.9		2.1	11.0	17.2	14.2
泰　　国	Thailand	19.0		51.1	53.2		112.1
越　　南	Viet Nam		4.6	7.2			43.2
埃　　及	Egypt	11.1	42.8	28.0	34.7	61.9	60.1
尼日利亚	Nigeria	0.6	9.6	2.7	7.3	29.3	11.0
南　　非	South Africa	58.3	145.2	119.8	33.9	60.6	57.3
加 拿 大	Canada	87.6		92.8	77.3		92.4
墨 西 哥	Mexico	7.8		8.8	32.3	34.3	
美　　国	United States	326.3	253.8		200.8	232.3	348.6
阿 根 廷	Argentina	2.1	4.1	0.9	4.8		5.4
巴　　西	Brazil	15.7			43.5	74.3	73.9
委内瑞拉	Venezuela	0.6			8.9		
捷　　克	Czech Rep.	11.6	19.9	10.8	60.3		40.6
法　　国	France	81.6	114.4	51.6	74.1		78.9
德　　国	Germany	56.3	84.9	38.5	79.1		107.2
意 大 利	Italy	70.9		21.8	104.0		
荷　　兰	Netherlands	175.9	131.0	76.3	101.4		129.9
波　　兰	Poland	8.5		13.0	49.9		49.5
俄罗斯联邦	Russian Fed.	7.8		55.5	36.9	75.0	108.5
西 班 牙	Spain	169.8			210.7	177.6	142.6
土 耳 其	Turkey	67.2	32.8		206.2		141.7
乌 克 兰	Ukraine	0.9		0.5	19.6	3.7	2.9
英　　国	United Kingdom	124.2	243.6	156.5	66.6		146.4
澳大利亚	Australia	54.3		82.4	56.5	103.1	78.8
新 西 兰	New Zealand	21.2	27.4	29.7	45.9	46.1	81.6

8-15 银行资本充足率
Bank Capital to Assets Ratio

资料来源：世界银行WDI数据库。
Source: World Bank WDI Database.
单位：% (%)

国家和地区	Country or Area	2000	2004	2005	2006	2007	2008
中　国	China		4.0	4.4	5.1	5.8	6.1
中国香港	Hong Kong,China	9.0	10.8	11.8	11.2	12.0	
孟加拉国	Bangladesh	3.5	4.3	4.7	3.3	4.6	6.5
印　度	India	5.7	5.9	6.4	6.6	6.4	
印度尼西亚	Indonesia	6.0	10.0	9.3	9.7	9.8	9.2
以色列	Israel	7.3	5.5	5.6	5.9	6.1	5.7
日　本	Japan	4.6	4.2	4.9	5.3	4.5	3.6
哈萨克斯坦	Kazakhstan	13.6	13.1	13.0	13.2	15.2	12.2
韩　国	Korea,Rep.	4.6	8.0	9.3	9.2	9.0	8.8
马来西亚	Malaysia	8.5	8.2	7.7	7.6	7.4	8.0
巴基斯坦	Pakistan	4.9	6.5	7.9	9.4	10.5	10.4
菲律宾	Philippines	13.6	12.6	12.0	11.7	11.7	11.1
新加坡	Singapore	10.0	9.6	9.6	9.6	9.2	8.5
泰　国	Thailand	7.5	8.0	8.9	8.9	9.5	
埃　及	Egypt	5.6	5.1	5.3	5.6	5.1	5.3
尼日利亚	Nigeria	7.4	9.9	12.4	14.7	16.3	18.0
南　非	South Africa	8.7	8.2	7.9	7.9	7.9	
加拿大	Canada	4.7	4.4	4.4	5.7	5.0	5.1
墨西哥	Mexico	9.6	11.2	12.5	13.6	13.8	9.6
美　国	United States	8.5	10.3	10.3	10.5	10.3	9.3
阿根廷	Argentina		11.8	12.9	13.4	13.1	12.9
巴　西	Brazil	12.1	10.1	9.8	9.9	9.8	9.1
委内瑞拉	Venezuela	13.0	12.5	11.6	8.8	8.3	9.4
捷　克	Czech Rep.	5.4	5.2	5.4	6.0	5.7	5.7
法　国	France	6.7	5.1	4.4	4.5	4.1	4.2
德　国	Germany	4.2	4.0	4.1	4.3	4.3	4.5
意大利	Italy	7.0	6.4	6.9	4.9	6.4	6.6
荷　兰	Netherlands	5.1	3.9	4.2	3.0	3.3	3.2
波　兰	Poland	7.1	8.0	7.9	7.8	8.1	7.9
俄罗斯联邦	Russian Fed.	12.1	13.3	12.8	12.1	13.3	13.6
西班牙	Spain	8.5	6.7	6.8	7.2	6.7	6.4
土耳其	Turkey	6.1	14.4	12.9	11.3	13.0	11.7
乌克兰	Ukraine	16.2	13.8	12.4	13.3	12.5	14.0
英　国	United Kingdom	6.5	7.0	6.1	6.1	5.5	4.4
澳大利亚	Australia	6.9	5.1	5.2	4.9	4.9	4.2

8-16 银行部门国内信贷占国内生产总值比重

Domestic Credit Provided by Banking Sector As Percentage of GDP

资料来源：世界银行WDI数据库。
Source: World Bank WDI Database.
单位：% (%)

国家和地区	Country or Area	2000	2005	2006	2007	2008	2009
中　国	China	119.7	134.3	133.5	127.8	120.8	145.3
中国香港	Hong Kong,China	136.0	142.8	134.5	125.4	124.6	
中国澳门	Macao,China	42.0	2.5	-3.0	-4.6	-8.0	
孟加拉国	Bangladesh	34.2	54.9	58.1	58.3	59.4	
文　莱	Brunei Darussalam	38.6	10.4	16.3	18.5		
柬埔寨	Cambodia	6.4	7.2	8.9	12.9	16.2	
印　度	India	53.0	58.2	61.0	61.3	68.4	72.9
印度尼西亚	Indonesia	60.7	46.2	41.7	40.6	36.8	
伊　朗	Iran	45.5	45.7	48.1	50.5	45.2	
以色列	Israel	76.6	78.0	73.8	79.9	82.2	78.3
日　本	Japan	316.8	422.5	403.3	384.1	379.3	
哈萨克斯坦	Kazakhstan	12.4	24.7	32.5	41.0	33.5	
韩　国	Korea,Rep.	89.2	99.4	99.9	101.9	112.3	112.4
老　挝	Laos	9.0	8.1	6.3	6.5	10.5	
马来西亚	Malaysia	138.4	122.4	119.0	113.8	115.5	
蒙　古	Mongolia	9.3	30.2	21.4	30.1	34.4	
缅　甸	Myanmar	32.1					
巴基斯坦	Pakistan	41.6	43.9	42.9	45.9		
菲律宾	Philippines	66.9	50.6	48.6	46.0		
新加坡	Singapore	89.2	65.9	66.2	73.7	79.2	94.3
斯里兰卡	Sri Lanka	43.7	43.6	47.1	45.0	42.8	
泰　国	Thailand	138.3	119.2	108.9	148.5	145.7	
越　南	Viet Nam	35.2	71.2	75.4	96.2	95.0	
埃　及	Egypt	96.4	104.7	99.3	89.5	77.7	
尼日利亚	Nigeria	10.1	8.6	4.9	20.2	26.7	
南　非	South Africa	162.5	209.0	227.5	233.3	215.5	
加拿大	Canada	114.5	215.3	231.9	154.2	178.1	
墨西哥	Mexico	49.8	42.3	43.9	46.3	45.9	
美　国	United States	233.8	259.4	267.8	278.8	271.6	
阿根廷	Argentina	34.5	38.3	30.8	28.5	24.5	27.1
巴　西	Brazil	74.6	81.5	105.5	113.7	117.9	
委内瑞拉	Venezuela	14.9	12.6	18.6	22.8	20.5	
捷　克	Czech Rep.	49.4	43.5	48.5	53.1	58.0	
波　兰	Poland	34.4	37.4	42.0	46.3	60.1	
俄罗斯联邦	Russian Fed.	24.7	20.6	24.5	27.6	26.0	
土耳其	Turkey	39.3	46.9	45.8	49.3	52.5	
乌克兰	Ukraine	23.8	33.2	45.7	61.1	82.1	
英　国	United Kingdom	130.1	161.9	171.9	188.4	211.4	228.8
澳大利亚	Australia	93.0	113.7	119.0	135.9	143.8	143.6
新西兰	New Zealand	111.7	130.4	139.2	145.3	156.5	155.7

主要统计指标解释

中央政府 是全国范围内代表中央政府行使领土管辖权的所有单位。

收入 指由于交易导致的净值增加。政府部门有以下四个收入来源：（1）税收和其他由政府强制实施的转让；（2）来自所有权资产的财产收入；（3）商品和服务的销售收入；（4）来自其他部门的自愿转让。

捐赠 从其他政府和国际组织得到的无报酬的、无须偿还的非强制性的收入。

支出 指由于交易导致的净值减少。政府承担以下两方面的经济责任：(1)以非市场方式把部分商品和服务提供给公众；（2）通过转移支付手段重新分配收入和财富。

货币供应量 货币(Money)指流通中现金和除中央政府以外的常住机构活期存款构成；准货币(Quasi-Money)指除中央政府以外的外汇现汇与期汇存款和外汇现汇储蓄与期汇存款之和，即由常住居民的现汇、储蓄、与外汇存款构成。货币(Money)通称为 M_1，而货币和准货币之和通称为广义货币，相当于 M_2。

上市公司总市值 所有上市股价 × 总股数。

上市公司 是指年末在股票交易所的国内上市公司。不包括投资公司、共同 基金或其它集体投资工具。

股票交易额 是指在一定时期内股票交易总额。

股票交易周转率 是指一定时期内股票交易总额除以该时期上市公司平均市值。

资本充足率 是指银行资本和储备占总资产的比率。资本和储备包括股东投放的资金、未分配利润、一般和特殊储备、准备金、价值调整。资本包括缴款股票和一般股票等一级资本，以及监管资本。总资产包括所有金融资产和非金融资产。

银行部门国内信贷 是指除发放给中央政府外的其他部门的净贷款之和。银行机构包括货币当局、存款货币银行和其他银行业机构。其他银行业机构包括存款和抵押贷款机构、建房信用协会等。

Explanatory Notes on Main Statistical Indicators

Central Government includes all units representing the territorial jurisdiction of the central authority throughout a country.

Revenue is an increase in net worth resulting from a transaction. For general government units, there are four main sources of revenue: taxes and other compulsory transfers imposed by government units, property income derived from the ownership of assets, sales of goods and services, and voluntary transfers received from other units.

Grants are defined as unrequited, nonrepayable, noncompulsory receipts from other governments or international organizations.

Expenditure is a decrease in net worth resulting from a transaction. Governments have two broad economic responsibilities: to assume responsibility for the provision of selected goods and services to the community on a nonmarket basis and to redistribute income and wealth by means of transfer payments.

Money Supply equals the sum of currency outside deposit money banks and demand deposits other than those of the central government. Quasi-Money equals the sum of time & foreign currency outside banks and time, savings & foreign currency deposit, comprising time, savings, and foreign currency deposits of resident sectors other than central government. The data of Money is commonly called M_1,while the sum of Money and Quasi-Money gives a broader measure of money which is commonly called M_2.

Market Capitalization is the share price times the number of shares outstanding.

Listed Domestic Companies are the domestically incorporated companies listed on the country's stock exchanges at the end of the year. This indicator does not include investment companies, mutual funds, or other collective investment vehicles.

Stocks Traded refers to the total value of shares traded during the period.

Turnover Ratio is the total value of shares traded during the period divided by the average market capitalization for the period.

Bank capital to assets is the ratio of bank capital and reserves to total assets. Capital and reserves include funds contributed by owners, retained earnings, general and special reserves, provisions, and valuation adjustments. Capital includes tier 1 capital (paid-up shares and common stock), and total regulatory capital. Total assets include all nonfinancial and financial assets.

Domestic credit provided by the banking sector includes all credit to various sectors on a gross basis, with the exception of credit to the central government, which is net. The banking sector includes monetary authorities and deposit money banks, as well as other banking institutions where data are available. Other banking institutions include savings and mortgage loan institutions and building and loan associations.

价格指数

Price Indices

9-1 国内生产总值缩减指数

Gross Domestic Product Deflator

资料来源：国际货币基金组织IFS数据库。
Source: IMF IFS Database.

2005年=100 (2005=100)

国家和地区	Country or Area	1990	2000	2006	2007	2008	2009
中　国	China	45.0	85.6	105.4	110.4	119.3	119.8
中国香港	Hong Kong,China	76.4	116.7	99.7	102.6	104.2	104.4
中国澳门	Macao,China	59.6	93.5	105.9	111.0	113.6	109.4
孟加拉国	Bangladesh	56.3	83.3	105.2	112.3	122.2	130.2
文　莱	Brunei Darussalam	52.4	52.1	110.9	111.3	125.4	97.7
柬埔寨	Cambodia	7.2	85.4	104.6	111.4		
印　度	India	36.5	79.4	105.6	111.4	120.2	125.5
印度尼西亚	Indonesia	14.0	63.1	114.1	126.9	150.1	162.7
伊　朗	Iran	3.7	42.6	114.3	137.1		
以色列	Israel	33.4	93.9	102.5	102.8	104.5	109.6
日　本	Japan	105.3	106.9	99.1	98.5	97.6	96.7
哈萨克斯坦	Kazakhstan		33.8	132.8	165.8	226.1	220.4
韩　国	Korea,Rep.	47.1	86.8	99.9	101.9	104.9	108.4
老　挝	Laos	5.0	60.7	106.9	110.3		
马来西亚	Malaysia	57.1	86.0	103.9	109.0	120.2	111.7
蒙　古	Mongolia	0.7	60.2	123.6	142.7	148.1	
巴基斯坦	Pakistan	24.7	75.1	110.5	118.9	138.2	165.9
菲律宾	Philippines	36.2	85.2	105.1	107.8	112.9	112.5
新加坡	Singapore	86.1	98.3	101.8	108.9	110.7	109.3
斯里兰卡	Sri Lanka	23.9	55.7	111.3	126.9	147.6	155.9
泰　国	Thailand	60.7	88.5	104.7	108.4	112.6	114.8
越　南	Viet Nam	14.9	75.6	107.3	116.1	141.8	150.4
埃　及	Egypt	33.7	75.7	107.4	120.9	135.7	150.3
南　非	South Africa	27.2	72.2	106.5	115.3	125.9	135.1
加拿大	Canada	75.1	89.1	102.3	106.5	110.8	108.3
墨西哥	Mexico	12.4	65.3	106.8	112.8	119.7	124.4
美　国	United States	72.1	87.5	103.3	106.3	108.6	109.6
阿根廷	Argentina	21.4	59.0	113.4	129.6	154.8	169.7
巴　西	Brazil		63.0	106.1	112.4	120.7	126.5
委内瑞拉	Venezuela	1.1	29.7	117.4	133.7	175.2	
捷　克	Czech Rep.		88.2	101.1	104.5	106.4	109.2
法　国	France	79.3	90.7	102.4	105.0	107.6	108.2
德　国	Germany	79.6	94.8	100.5	102.5	104.0	104.7
意大利	Italy	60.0	87.1	101.8	104.3	107.3	109.6
荷　兰	Netherlands	69.2	86.9	101.8	103.4	106.2	105.9
波　兰	Poland	10.5	88.1	101.5	105.5	109.2	112.7
俄罗斯联邦	Russian Fed.		45.9	115.1	130.0	156.3	
西班牙	Spain	54.3	81.4	104.1	107.6	106.3	112.6
土耳其	Turkey	0.1	32.1	109.3	116.1	130.1	137.0
英　国	United Kingdom	66.1	88.1	103.1	106.1	109.3	110.7
澳大利亚	Australia	71.3	83.9	105.0	109.3	116.5	116.9
新西兰	New Zealand	75.7	89.0	102.6	107.6	110.5	111.9

9-2 生产者价格指数

Producer Price Indices

资料来源：联合国统计月报数据库。
Source: UN Monthly Bulletin of Statistics Database.
2005年=100 (2005=100)

国家和地区	Country or Area	2006	2007	2008	2009
中国香港	**Hong Kong,China**				
工业产品价格指数	Industrial Products	102.3	105.3	111.1	109.2
孟加拉国	**Bangladesh**				
按供给组成分生产者价格指数	by Components of Supply				
中间产品价格指数	Intermediate Products				218.5
按最终用途分生产者价格指数	by End-Use				
消费品价格指数	Consumers' Goods				294.3
投资用品价格指数	Capital Goods				269.3
印　度	**India**				
按供给组成分生产者价格指数	by Components of Supply				
国内供应价格指数	Domestic Supply	104.8	109.9	119.9	122.4
农业产品价格指数	Agricultural Products	106.9	114.4	121.9	137.3
工业产品价格指数	Industrial Products	103.3	108.7	117.9	120.7
按生产阶段分生产者价格指数	by Stage of Processing				
原材料价格指数	Raw Materials	106.3	115.4	127.0	138.2
印度尼西亚①	**Indonesia①**				
按供给组成分生产者价格指数	by Components of Supply				
国内供应价格指数	Domestic Supply	171.6	229.1	288.2	
国内生产价格指数	Domestic Production	186.2	272.0	342.3	
农业产品价格指数	Agricultural Products	171.6	286.2	367.9	
工业产品价格指数	Industrial Products	194.6	266.1	332.8	
进口产品价格指数	Import Products	162.2	207.5	261.6	
按生产阶段分生产者价格指数	by Stage of Processing				
原材料价格指数	Raw Materials	179.2	241.2	307.1	
中间产品价格指数	Intermediate Products	176.3	239.8	305.2	
按最终用途分生产者价格指数	by End-Use				
消费品价格指数	Consumers' Goods	162.2	235.4	290.1	
投资用品价格指数	Capital Goods	127.9	146.5	169.5	
伊　朗	**Iran**				
按供给组成分生产者价格指数	by Components of Supply				
国内供应价格指数	Domestic Supply	109.6	125.5	151.6	165.8
农业产品价格指数	Agricultural Products	105.7	130.5	162.2	190.5
工业产品价格指数	Industrial Products	110.0	123.5	151.7	158.3
原材料价格指数	Raw Materials	113.1	132.1		
以色列	**Israel**				
按供给组成分生产者价格指数	by Components of Supply				
工业产品价格指数	Industrial Products	104.2	108.3	116.5	115.0
日　本	**Japan**				
按供给组成分生产者价格指数	by Components of Supply				
国内供应价格指数	Domestic Supply	104.3	107.4	113.4	102.6
国内生产价格指数	Domestic Production	102.2	104.0	108.8	103.1
农业产品价格指数	Agricultural Products	98.4	97.4	98.7	96.0
工业产品价格指数	Industrial Products	102.2	103.8	108.5	102.9
进口产品价格指数	Import Products	113.7	122.4	133.6	100.3
按生产阶段分生产者价格指数	by Stage of Processing				
原材料价格指数	Raw Materials	120.7	132.2	166.4	112.8
中间产品价格指数	Intermediate Products	105.5	109.7	115.8	105.7

9-2 续表 1 continued

2005年=100 (2005=100)

国家和地区	Country or Area	2006	2007	2008	2009
日　　本(续)	**Japan(continued)**				
按最终用途分生产者价格指数	by End-Use				
消费品价格指数	Consumers' Goods	99.8	100.0	101.0	96.8
投资用品价格指数	Capital Goods	99.4	98.9	98.0	96.0
韩　　国	**Korea,Rep.**				
按供给组成分生产者价格指数	by Components of Supply				
国内供应价格指数	Domestic Supply	100.9	102.3	111.1	110.9
农业产品价格指数	Agricultural Products	96.9	100.1	101.0	107.1
工业产品价格指数	Industrial Products	102.9	99.8	103.9	102.2
按生产阶段分生产者价格指数	by Stage of Processing				
原材料价格指数	Raw Materials	112.6	120.1	179.2	152.9
中间产品价格指数	Intermediate Products	99.6	102.1	120.8	118.8
按最终用途分生产者价格指数	by End-Use				
消费品价格指数	Consumers' Goods	99.5	99.6	105.4	108.3
投资用品价格指数	Capital Goods	97.4	96.6	105.9	115.0
马来西亚	**Malaysia**				
按供给组成分生产者价格指数	by Components of Supply				
国内供应价格指数	Domestic Supply	105.1	112.1		112.2
国内生产价格指数	Domestic Production	106.7	114.7		113.8
进口产品价格指数	Import Products	102.2	107.1	108.9	109.1
巴基斯坦	**Pakistan**				
按供给组成分生产者价格指数	by Components of Supply				
国内供应价格指数	Domestic Supply	108.5	117.4	147.2	157.8
农业产品价格指数	Agricultural Products	107.3	119.7	152.6	171.5
工业产品价格指数	Industrial Products	103.5	106.9	119.8	124.8
按生产阶段分生产者价格指数	by Stage of Processing				
原材料价格指数	Raw Materials	112.8	128.1	148.5	170.9
菲 律 宾	**Philippines**				
按供给组成分生产者价格指数	by Components of Supply				
国内供应价格指数	Domestic Supply	108.4	111.6	124.8	119.5
新 加 坡	**Singapore**				
按供给组成分生产者价格指数	by Components of Supply				
国内供应价格指数	Domestic Supply	105.0	105.5	113.1	97.5
国内生产价格指数	Domestic Production	102.4	101.2	104.2	90.7
进口产品价格指数	Import Products	102.9	101.3	103.9	95.7
泰　　国	**Thailand**				
按供给组成分生产者价格指数	by Components of Supply				
国内供应价格指数	Domestic Supply	107.1			119.5
农业产品价格指数	Agricultural Products	120.1			174.3
工业产品价格指数	Industrial Products	105.1			112.2
按生产阶段分生产者价格指数	by Stage of Processing				
原材料价格指数	Raw Materials	112.5			120.5
中间产品价格指数	Intermediate Products	107.2			107.0
按最终用途分生产者价格指数	by End-Use				
消费品价格指数	Consumers' Goods	110.4			165.4
投资用品价格指数	Capital Goods	100.3			101.6

9-2 续表 2 continued

2005年=100 (2005=100)

国家和地区	Country or Area	2006	2007	2008	2009
越　南	**Viet Nam**				
按供给组成分生产者价格指数	by Components of Supply				
农业产品价格指数	Agricultural Products	103.7	118.3	165.1	
工业产品价格指数	Industrial Products	104.2	111.4	135.7	
进口产品价格指数	Import Products	103.8	109.1	128.9	
埃　及	**Egypt**				
按供给组成分生产者价格指数	by Components of Supply				
国内生产价格指数	Domestic Production				148.7
农业产品价格指数	Agricultural Products				185.2
按生产阶段分生产者价格指数	by Stage of Processing				
原材料价格指数	Raw Materials				144.5
中间产品价格指数	Intermediate Products				135.7
按最终用途分生产者价格指数	by End-Use				
消费品价格指数	Consumers' Goods				106.3
投资用品价格指数	Capital Goods				136.3
南　非	**South Africa**				
按供给组成分生产者价格指数	by Components of Supply				
国内生产价格指数	Domestic Production	107.7	119.5	136.6	136.5
农业产品价格指数	Agricultural Products	118.4	146.5	156.1	157.6
进口产品价格指数	Import Products	107.8	118.1	137.4	120.5
加 拿 大	**Canada**				
按供给组成分生产者价格指数	by Components of Supply				
农业产品价格指数	Agricultural Products	100.2	111.8	125.6	116.2
工业产品价格指数	Industrial Products	102.3	103.9	108.4	104.6
按生产阶段分生产者价格指数	by Stage of Processing				
原材料价格指数	Raw Materials	111.8	120.2	136.0	104.9
中间产品价格指数	Intermediate Products	103.9	106.4	111.7	105.4
按最终用途分生产者价格指数	by End-Use				
投资用品价格指数	Capital Goods	97.6	96.1	97.2	101.4
墨 西 哥	**Mexico**				
按供给组成分生产者价格指数	by Components of Supply				
国内供应价格指数	Domestic Supply	109.3			125.8
农业产品价格指数	Agricultural Products	111.3			133.2
工业产品价格指数	Industrial Products	104.3			123.0
按最终用途分生产者价格指数	by End-Use				
消费品价格指数	Consumers' Goods	108.1			124.4
投资用品价格指数	Capital Goods	109.1			128.1
美　国	**United States**				
按供给组成分生产者价格指数	by Components of Supply				
国内供应价格指数	Domestic Supply	104.7	109.7	120.5	109.9
农业产品价格指数	Agricultural Products	98.8	120.9	136.2	113.6
工业产品价格指数	Industrial Products	105.4	109.4	120.0	109.2
按生产阶段分生产者价格指数	by Stage of Processing				
原材料价格指数	Raw Materials	101.9	113.9	138.3	96.1
中间产品价格指数	Intermediate Products	106.5	110.8	122.3	112.0
按最终用途分生产者价格指数	by End-Use				
消费品价格指数	Consumers' Goods	103.5	108.1	116.2	111.7
投资用品价格指数	Capital Goods	101.6	103.5	106.3	108.4

9-2 续表 3 continued

2005年=100 (2005=100)

国家和地区	Country or Area	2006	2007	2008	2009
阿 根 廷	**Argentina**				
按供给组成分生产者价格指数	by Components of Supply				
国内供应价格指数	Domestic Supply	110.8	123.1	140.6	149.8
国内生产价格指数	Domestic Production	111.0	123.5	140.9	150.6
农业产品价格指数	Agricultural Products	117.6	162.3	179.8	189.0
工业产品价格指数	Industrial Products	109.2	121.1	140.2	150.2
进口产品价格指数	Import Products	108.1	118.6	138.1	139.1
巴 西①	**Brazil①**				
按供给组成分生产者价格指数	by Components of Supply				
国内供应价格指数	Domestic Supply	197.0	310.8		
农业产品价格指数	Agricultural Products	184.9	363.4		
工业产品价格指数	Industrial Products	200.2	288.7		
按生产阶段分生产者价格指数	by Stage of Processing				
原材料价格指数	Raw Materials	187.0			
按最终用途分生产者价格指数	by End-Use				
消费品价格指数	Consumers' Goods	186.2	294.7		
投资用品价格指数	Capital Goods	194.2			
委内瑞拉①	**Venezuela①**				
按供给组成分生产者价格指数	by Components of Supply				
国内供应价格指数	Domestic Supply	435.2	506.7		819.2
国内生产价格指数	Domestic Production	421.1	497.2		817.8
农业产品价格指数	Agricultural Products	380.1	492.6		1131.2
工业产品价格指数	Industrial Products	321.6	373.2		572.6
进口产品价格指数	Import Products	449.9	499.5		756.9
白俄罗斯	**Belarus**				
按供给组成分生产者价格指数	by Components of Supply				
国内生产价格指数	Domestic Production	108.3	126.18		
按生产阶段分生产者价格指数	by Stage of Processing				
中间产品价格指数	Intermediate Products	109.1	132.93		
按最终用途分生产者价格指数	by End-Use				
消费品价格指数	Consumers' Goods	106.5	115.35		
投资用品价格指数	Capital Goods		116.24		
捷 克	**Czech Rep.**				
按供给组成分生产者价格指数	by Components of Supply				
农业产品价格指数	Agricultural Products	101.1	118.1	128.5	96.6
工业产品价格指数	Industrial Products	101.6	105.8	110.5	107.0
进口产品价格指数	Import Products	100.3	99.2	96.0	92.6
按生产阶段分生产者价格指数	by Stage of Processing				
中间产品价格指数	Intermediate Products	100.7	105.7	108.6	100.8
按最终用途分生产者价格指数	by End-Use				
消费品价格指数	Consumers' Goods	99.4	101.8	105.6	104.1
投资用品价格指数	Capital Goods	100.3	101.9	102.2	103.1

9-2 续表 4 continued

2005年=100 (2005=100)

国家和地区	Country or Area	2006	2007	2008	2009
法　国	**France**				
按供给组成分生产者价格指数	by Components of Supply				
国内供应价格指数	Domestic Supply	105.3	117.0	124.1	108.4
农业产品价格指数	Agricultural Products	102.9	105.3	110.3	104.1
按生产阶段分生产者价格指数	by Stage of Processing				
中间产品价格指数	Intermediate Products	104.3	107.9	111.7	105.5
按最终用途分生产者价格指数	by End-Use				
消费品价格指数	Consumers' Goods	100.3	101.7	105.0	100.3
投资用品价格指数	Capital Goods	100.6	101.9	104.0	104.0
德　国	**Germany**				
按供给组成分生产者价格指数	by Components of Supply				
国内供应价格指数	Domestic Supply	104.2	106.0	111.0	
国内生产价格指数	Domestic Production	105.4	106.8	112.6	108.0
农业产品价格指数	Agricultural Products	107.4	117.7	121.2	101.5
工业产品价格指数	Industrial Products	105.5	107.8	106.3	103.4
进口产品价格指数	Import Products	104.4	105.1	109.4	100.1
按生产阶段分生产者价格指数	by Stage of Processing				
中间产品价格指数	Intermediate Products	103.8	107.4	109.2	104.2
按最终用途分生产者价格指数	by End-Use				
消费品价格指数	Consumers' Goods	101.6	104.0	106.7	105.7
投资用品价格指数	Capital Goods	100.6	101.6	100.6	101.5
意大利	**Italy**				
按供给组成分生产者价格指数	by Components of Supply				
工业产品价格指数	Industrial Products	105.2	108.7	115.1	108.9
按生产阶段分生产者价格指数	by Stage of Processing				
中间产品价格指数	Intermediate Products	105.1	110.5	113.0	106.6
按最终用途分生产者价格指数	by End-Use				
消费品价格指数	Consumers' Goods	101.7	104.3	107.9	106.9
投资用品价格指数	Capital Goods	101.7	103.9	109.0	109.0
荷　兰	**Netherlands**				
按供给组成分生产者价格指数	by Components of Supply				
工业产品价格指数	Industrial Products	104.5	110.1	117.4	108.1
波　兰	**Poland**				
按供给组成分生产者价格指数	by Components of Supply				
国内生产价格指数	Domestic Production	103.5	107.6	113.4	116.1
工业产品价格指数	Industrial Products	102.0	103.9	106.1	109.7
按生产阶段分生产者价格指数	by Stage of Processing				
原材料价格指数	Raw Materials	106.1	110.7	125.9	134.2
中间产品价格指数	Intermediate Products	104.6	112.1	115.7	112.8
按最终用途分生产者价格指数	by End-Use				
消费品价格指数	Consumers' Goods	99.0	100.5	101.3	103.1
投资用品价格指数	Capital Goods	99.1	98.9	97.5	97.3
俄罗斯联邦	**Russian Fed.**				
按供给组成分生产者价格指数	by Components of Supply				
农业产品价格指数	Agricultural Products	104.4	121.2	151.2	147.0
工业产品价格指数	Industrial Products	112.4	128.2	155.7	144.5

9-2 续表 5 continued

2005年=100 (2005=100)

国家和地区	Country or Area	2006	2007	2008	2009
西 班 牙	**Spain**				
按供给组成分生产者价格指数	by Components of Supply				
工业产品价格指数	Industrial Products	105.4	109.2	116.3	112.4
按生产阶段分生产者价格指数	by Stage of Processing				
中间产品价格指数	Intermediate Products	106.2	112.5	118.7	112.3
按最终用途分生产者价格指数	by End-Use				
消费品价格指数	Consumers' Goods	103.2	105.7	110.3	109.6
投资用品价格指数	Capital Goods	103.0	106.5	109.2	110.0
土 耳 其	**Turkey**				
按供给组成分生产者价格指数	by Components of Supply				
国内供应价格指数	Domestic Supply	109.1	116.2	131.0	132.6
农业产品价格指数	Agricultural Products	107.3	114.9	128.8	131.8
工业产品价格指数	Industrial Products	110.1	116.7	130.7	130.0
乌 克 兰	**Ukraine**				
按供给组成分生产者价格指数	by Components of Supply				
农业产品价格指数	Agricultural Products	102.4	141.3	151.9	
工业产品价格指数	Industrial Products	109.6	131.0	177.8	189.5
英 国	**United Kingdom**				
按供给组成分生产者价格指数	by Components of Supply				
国内生产价格指数	Domestic Production	102.2	104.8	112.5	113.9
农业产品价格指数	Agricultural Products	105.7	116.6	142.2	136.5
工业产品价格指数	Industrial Products	101.8	103.7	108.6	110.7
进口产品价格指数	Import Products	103.0	104.2	117.8	121.2
按生产阶段分生产者价格指数	by Stage of Processing				
原材料价格指数	Raw Materials	109.5	112.8	137.2	132.4
中间产品价格指数	Intermediate Products	103.9	109.1	118.9	119.0
按最终用途分生产者价格指数	by End-Use				
消费品价格指数	Consumers' Goods	101.5	104.4	110.7	114.5
投资用品价格指数	Capital Goods	101.6	103.3	107.6	111.5
澳大利亚	**Australia**				
按供给组成分生产者价格指数	by Components of Supply				
国内供应价格指数	Domestic Supply	103.9	106.6	112.4	113.7
国内生产价格指数	Domestic Production	104.5	108.5	114.8	115.3
农业产品价格指数	Agricultural Products	102.0	111.0	123.6	113.4
工业产品价格指数	Industrial Products	107.9	110.5	119.6	113.1
进口产品价格指数	Import Products	100.5	95.8	98.0	104.3
按生产阶段分生产者价格指数	by Stage of Processing				
原材料价格指数	Raw Materials	107.9	111.9	123.3	119.0
中间产品价格指数	Intermediate Products	106.8	111.0	120.0	117.3
按最终用途分生产者价格指数	by End-Use				
消费品价格指数	Consumers' Goods	104.7	106.5	112.6	114.9
投资用品价格指数	Capital Goods	103.4	106.8	112.3	112.8
新 西 兰	**New Zealand**				
按供给组成分生产者价格指数	by Components of Supply				
农业产品价格指数	Agricultural Products	101.9	107.3	121.4	123.0
工业产品价格指数	Industrial Products	104.3	108.0	120.2	118.0
按生产阶段分生产者价格指数	by Stage of Processing				
中间产品价格指数	Intermediate Products	106.8	109.0	119.8	118.0

注：①2000年=100。
Note:①2000=100.

9-3 消费者价格指数

Consumer Price Indices

资料来源：联合国ILO数据库。
Source: ILO Database.
2000年=100 (2000=100)

国家和地区	Country or Area	2004	2005	2006	2007	2008	2009
中　国	China	105.1	107.0	108.5	113.7	120.4	
中国香港	Hong Kong, China	92.6	93.6	95.5	97.4	101.6	95.1
中国澳门	Macao, China	94.9	99.0	104.1	109.9	119.4	120.8
孟加拉国①	Bangladesh①	118.4	126.7	135.3	147.6	160.7	169.4
文　莱	Brunei Darussalam	99.5	100.5	100.7	101.0	103.8	
柬埔寨	Cambodia	107.9	114.1	119.5	126.5	151.4	159.0
印　度②	India②	116.6	121.5	127.7	136.1	147.5	163.2
印度尼西亚	Indonesia	141.3	156.0	176.5	187.8	207.2	216.1
伊　朗	Iran	170.1	192.9	216.0	246.1	309.1	350.7
以色列	Israel	107.2	108.6	111.0	111.5	116.6	114.7
日　本	Japan	98.1	97.8	98.1	98.1	99.5	98.1
哈萨克斯坦	Kazakhstan	130.5	140.3	152.4	168.8	197.5	
韩　国	Korea, Rep.	114.7	117.8	120.4	123.5	129.2	132.9
老　挝	Laos	152.1	163.0	174.1	182.0	195.9	195.9
马来西亚	Malaysia	105.9	109.1	113.0	115.3	121.5	122.3
蒙　古	Mongolia	122.1	137.6	100.0	109.6	140.3	151.0
缅　甸	Myanmar	271.6	297.1	356.5	481.3	610.3	
巴基斯坦	Pakistan	118.7	129.5	139.7	150.3	180.8	205.5
菲律宾	Philippines	120.6	129.8	137.9	141.8	155.0	160.0
新加坡	Singapore	102.8	103.2	104.2	106.4	113.4	113.6
斯里兰卡	Sri Lanka	143.0	159.7	181.5	163.1	199.9	206.8
泰　国	Thailand	107.0	111.8	117.0	119.6	126.1	125.0
越　南	Viet Nam	115.0	125.5	133.4	143.8	177.0	
埃　及	Egypt	127.4	133.7	143.9	157.6	186.4	208.4
尼日利亚	Nigeria	176.0	207.4	224.5	236.6	264.0	296.6
南　非	South Africa	123.8	128.0	134.0	143.5	160.0	171.4
加拿大	Canada	109.8	112.2	114.5	116.9	119.6	119.9
墨西哥	Mexico	122.3	127.2	131.8	137.0	144.0	151.6
美　国③	United States③	109.7	113.4	117.1	120.4	125.0	
阿根廷	Argentina	147.5	161.7	179.4	195.2	211.9	225.5
巴　西	Brazil	141.7	151.4	157.8	163.5	172.8	181.2
委内瑞拉	Venezuela	219.9	255.0	289.8	343.9	452.1	581.4
捷　克	Czech Rep.	109.7	111.7	114.6	117.9	125.4	
法　国	France	108.0	109.9	111.8	113.4	116.6	116.7
德　国	Germany	106.2	108.3	110.1	112.5	115.5	115.9
意大利④	Italy④	110.5	112.4	114.7	116.9	120.7	121.6
荷　兰	Netherlands	111.2	113.1	114.4	116.2	119.1	120.6
波　兰	Poland	112.2	114.6	115.8	118.6	123.6	127.9
俄罗斯联邦	Russian Fed.	177.3	199.7	219.1	238.8	272.5	
西班牙⑤	Spain⑤	109.9	113.6	117.6	120.9	125.8	125.5
土耳其	Turkey	310.1	329.5	361.1	392.7	433.7	460.8
乌克兰	Ukraine	129.4	146.9	160.2	180.8	226.4	262.4
英　国	United Kingdom	109.6	112.7	116.3	121.3	126.1	125.5
澳大利亚	Australia	113.1	116.1	120.3	123.1	128.4	130.7
新西兰	New Zealand	109.7	113.0	116.8	119.6	124.4	127.0

注：①政府官员。②指产业工人。③城市消费者。④不包括烟草。⑤基期为2001年。
Notes: ①Governmental officials. ②Industrial workers. ③Urban consumers. ④Excluding tobacco. ⑤The base year is 2001.

9-4 食品消费价格指数

Food Consumption Price Indices

资料来源：联合国ILO数据库。
Source: ILO Database.

2000年=100 (2000=100)

国家和地区	Country or Area	2004	2005	2006	2007	2008	2009
中　国	China	113.0	116.3	119.0	133.7	152.8	
中国香港	Hong Kong,China	96.7	98.4	100.1	104.4	115.0	114.1
中国澳门	Macao,China	97.4	101.3	105.0	113.6	133.2	140.6
孟加拉国	Bangladesh	118.3	127.8	137.5	151.9	168.7	177.9
文　莱	Brunei Darussalam	101.7	102.2	102.5	104.7	109.9	
柬埔寨①	Cambodia①	107.6	116.6	124.2	136.6	100.0	64.1
印　度	India	111.5	115.0	124.7	137.0	152.3	173.1
印度尼西亚	Indonesia	128.3	140.3	161.9	180.4	210.9	225.7
伊　朗	Iran	164.8	186.3	205.5	100.0	131.0	146.5
以色列	Israel	108.0	109.9	115.1	119.5	133.2	116.8
日　本	Japan	99.3	98.4	98.9	99.2	101.8	101.9
哈萨克斯坦	Kazakhstan	137.1	148.2	161.0	180.7	223.1	
韩　国	Korea,Rep.	119.5	128.6	129.2	132.4	139.1	149.5
老　挝	Laos	148.8	160.2	175.7	190.0	210.7	214.7
马来西亚	Malaysia	105.0	108.8	112.5	115.9	126.1	131.4
蒙　古②	Mongolia②	118.5	139.4	100.0	112.9	158.2	160.9
缅　甸	Myanmar	277.5	303.2	365.7	493.9	638.3	
巴基斯坦	Pakistan	120.2	132.1	143.3	158.8	202.6	229.6
菲律宾	Philippines	116.3	123.8	130.6	134.9	152.3	161.1
新加坡	Singapore	103.2	104.6	106.2	109.4	117.8	120.5
斯里兰卡	Sri Lanka	145.5	163.0	184.6	163.4	213.3	219.2
泰　国	Thailand	109.4	114.9	120.1	125.0	139.4	145.6
越　南	Viet Nam	119.8	136.2	144.8	156.0	192.1	
埃　及③	Egypt③	100.0	105.1	115.7	130.6	162.0	188.1
尼日利亚	Nigeria	175.8	216.3	228.4	232.6	270.0	
南　非	South Africa	134.9	137.9	147.8	163.1	190.0	109.5
加拿大	Canada	111.3	114.1	116.8	119.9	124.1	130.2
墨西哥	Mexico	122.9	129.4	134.2	142.6	154.1	167.5
美　国	United States	111.0	113.7	116.3	120.9	127.6	
阿根廷	Argentina	165.1	183.3	205.5	228.5	244.0	250.9
巴　西	Brazil	146.5	151.0	151.0	161.3	182.3	192.9
委内瑞拉	Venezuela	274.6	332.5	399.3	506.3	738.0	958.3
捷　克	Czech Rep.	109.0	110.3	111.5	118.0	127.9	
法　国	France	110.9	111.0	112.7	114.3	119.9	120.4
德　国	Germany	104.8	105.3	107.3	111.5	118.3	116.8
意大利	Italy	113.7	113.7	115.6	119.0	125.4	127.7
荷　兰	Netherlands	107.8	106.5	108.3	109.4	115.6	116.8
波　兰	Poland	108.6	110.6	111.2	115.9	122.5	127.8
俄罗斯联邦	Russian Fed.	167.4	190.3	208.4	227.2	274.6	
西班牙	Spain	113.2	116.3	121.5	126.0	133.4	132.0
土耳其	Turkey	316.1	112.1	123.0	138.2	155.9	168.4
乌克兰	Ukraine	135.1	157.5	166.6	182.4	247.0	273.9
英　国	United Kingdom	106.0	107.3	109.6	114.6	125.2	131.8
澳大利亚	Australia	117.1	120.0	129.2	132.3	138.5	143.6
新西兰	New Zealand	110.3	113.1	114.4	118.8	129.1	136.8

注：①2008年=100。②2006年=100。③2004年=100。
Note:①2008=100.②2006=100.③2004=100.

9-5 能源消费价格指数

Energy Consumption Price Indices

资料来源：联合国ILO数据库。
Source: ILO Database.

2000年=100 (2000=100)

国家和地区	Country or Area	2004	2005	2006	2007	2008	2009
中　国⑤	China⑤	119.8	130.0	137.7	141.8	150.9	
中国香港①	Hong Kong,China①	103.1	107.4	109.6	108.8	101.7	
中国澳门	Macao,China	99.9	110.9	119.9	114.6	96.1	
柬 埔 寨②	Cambodia②	100.4	110.6	123.8	134.1	160.9	119.2
印　度	India	138.6	136.1	139.8	144.1	154.0	
伊　朗	Iran	166.4	176.4	179.5			
以 色 列	Israel	134.4	146.7	145.9	147.7	168.7	
日　本①	Japan①	99.0	99.8	103.4	104.2	110.5	105.9
哈萨克斯坦	Kazakhstan	121.0					
韩　国	Korea,Rep.	119.4	122.5	132.0	135.4	146.5	
马来西亚③	Malaysia③	100.5	101.9	105.7			
蒙　古	Mongolia	152.1	165.2				
缅　甸	Myanmar	258.1	281.6	370.0	491.7	561.9	
巴基斯坦④	Pakistan④	107.5	113.8	126.9	133.1	155.1	183.0
菲 律 宾⑤	Philippines⑤	132.3	156.2	176.4	182.1	193.9	
新 加 坡	Singapore	100.7	109.5	128.3	125.8	157.5	136.0
斯里兰卡	Sri Lanka	157.0	178.1	228.3	286.2		
泰　国⑤	Thailand⑤	116.0	119.0	127.1	126.4	106.2	96.6
南　非	South Africa	129.0	135.7	141.9	153.3	182.8	
加 拿 大⑤	Canada⑤	119.2	127.0	133.4	134.2	143.6	133.4
墨 西 哥	Mexico	149.1	160.6	173.1	178.2	190.7	
美　国⑥	United States⑥	117.6	131.6	144.2	148.0	163.5	
阿 根 廷⑥	Argentina⑥	113.8	118.6	115.9			
捷　克	Czech Rep.	123.1	131.1	146.9	151.6	172.7	
法　国⑦	France⑦	105.7	113.2	121.1	123.4	135.2	
德　国	Germany	116.1	129.8	143.4	148.6	165.2	
意 大 利	Italy	105.1	113.7	124.8	126.5	140.3	
荷　兰	Netherlands	134.6	153.5	168.2	170.8	175.3	
波　兰	Poland	124.7	129.5	138.1	143.2	157.5	
俄罗斯联邦⑦	Russian Fed.⑦	239.1	282.0	329.2	367.2	417.6	
西 班 牙②	Spain②	102.1	108.5	119.2	121.4	134.1	
土 耳 其	Turkey	371.0	400.0	446.0	479.1	604.0	
英　国	United Kingdom	113.6	129.0	160.7	172.1	204.7	
澳大利亚	Australia	119.7	124.2	129.4	135.4	148.2	
新 西 兰	New Zealand	122.7	131.8	140.2	149.5	160.2	167.4

注：①包括供水和污水处理业。②基期为2001年。③基期为2003年。④基期为2002年。⑤包括供水。 ⑥城市消费者。⑦只包括电力。
Notes: ①Including water and sewerage.②The base year is 2001.③The base year is 2003.④The base year is 2002.⑤Including water.⑥Urban consumers. ⑦Electricity only.

9-6 初级产品市场价格指数和单位价值指数

Indices of Primary Commodities Market Prices and Unit Values

资料来源：国际货币基金组织国际金融统计数据库。
Source: International Monetary Fund IFS Database.

2005年=100 (2005=100)

商品	Commodity	原产国	Country of Origion	1990	2000	2007	2008	2009
初级品指数	**All Commodities Index**	**世界**	**World**		**63.3**	**135.1**	**172.3**	**119.0**
农业原材料	**Agr. Raw Materials**	**世界**	**World**	**102.3**	**98.6**	**114.2**	**113.3**	**94.1**
饮料	Beverages	世界	World	86.4	75.7	123.3	152.0	154.4
能源指数	Energy Index	世界	World	n.a.	53.7	131.9	184.7	116.8
食品	Food	世界	World	103.7	82.1	127.3	157.0	134.0
亚麻油(任何产地)	Linseed Oil (Any Origin)	世界	World	64.4	36.3	90.9	140.8	89.2
金属	Metals	世界	World	74.2	62.7	183.3	168.7	120.4
非燃料产品指数	Non Fuel Commodities Index	世界	World	94.1	79.6	140.6	151.1	122.8
现货价格指数	Spot Price Index	世界	World	43.1	52.9	133.3	181.9	115.8
加勒比食糖(纽约市场)	Sugar Caribbean (N.Y.)	世界	World	124.2	80.2	98.9	123.6	180.2
铀指数	Uranium Index	世界	World	34.9	29.7	355.3	229.8	167.1
铝	Aluminum Canada/UK	加拿大	Canada	86.3	81.6	138.9	135.6	87.8
香蕉	Bananas Lat/Amer.Us.P.	厄瓜多尔	Ecuador	93.8	73.2	117.4	146.3	147.0
大麦	Barley Index	加拿大	Canada	84.1	81.2	181.3	210.9	135.0
牛肉(美国港口)	Beef All Orig.Us Ports	澳大利亚	Australia	97.9	73.9	99.4	102.0	100.8
牛肉	Beef:	巴西	Brazil	91.6	119.7	121.7	175.8	146.5
黄油单位价值	Butter Unit Value	新西兰	New Zealand	93.4	68.4	117.0	177.9	101.6
煤炭	Coal	澳大利亚	Australia	60.1	41.0	97.4	213.8	158.5
澳大利亚煤炭指数	Coal Australia Index	澳大利亚	Australia	77.7	51.4	138.0	266.9	151.0
南非煤炭指数	Coal South Africa Index	南非	South Africa	71.4	57.7	135.9	261.8	139.4
可可豆	Cocoa Beans	巴西	Brazil	82.1	58.5	126.8	166.6	187.4
可可豆	Cocoa Beans	加纳	Ghana	64.5	62.9	141.9	200.2	236.3
椰子油	Coconut Oil Philipp. Ny	菲律宾	Philippines	55.6	74.3	149.1	198.6	117.5
椰子油单位价值	Coconut Oil Unit Value	菲律宾	Philippines	55.8	78.2	144.8	214.4	125.0
巴西咖啡(纽约市场)	Coffee Brazil (N.York)	巴西	Brazil	82.6	78.7	109.2	120.7	109.8
其他咖啡(纽约市场)	Coffee Other Milds (New York)	其它中美洲	Oth Cent America	78.0	74.4	107.8	120.8	123.9
乌干达咖啡(纽约市场)	Coffee Uganda (New York)	非洲	Africa N.S.	103.0	79.0	165.5	199.1	144.5
咖啡	Coffee:	巴西	Brazil	69.7	86.7	122.0	141.7	123.3
铜(伦敦市场)	Copper UK (London)	英国	United Kingdom	72.4	49.4	194.0	189.4	140.5
干椰子肉	Copra Philipp.European Ports	菲律宾	Philippines	55.5	74.5	146.5	196.8	115.7
棉花	Cotton US Liverpool	美国	United States	149.6	107.0	114.7	129.4	113.7
磷酸二氨离岸价格	Dap Fob US Gulf Ports	美国	United States	69.4	62.4	175.1	391.5	130.8
发展中国家	Developing Country	新兴工业化国家和发展中国家	Emer.& Develop. Eco.	67.2	58.3	151.0	182.9	145.0
迪拜现货价格指数	Dubai Spot Price Index	阿联酋	United Arab Emirates	42.1	53.0	139.0	190.6	125.5
鱼	Fish Index	挪威	Norway	145.3	89.7	111.8	119.3	121.2
鱼粉	Fishmeal	冰岛	Iceland	102.5	100.0	304.5		
鱼粉汉堡	Fishmeal All Or/Hamburg	秘鲁	Peru	87.5	60.7	159.3	155.9	168.7
无铅石油气	Gasolin Gulf Coast Regular Unleaded	美国	United States	44.8	52.5	128.3	155.3	102.8
伦敦黄金	Gold London Av 2Nd Fix	英国	United Kingdom	86.2	62.8	156.6	196.0	218.7
欧洲花生油	Groundnut Oil Cif Europe	尼日利亚	Nigeria	90.9	67.2	127.5	201.0	111.6
尼日利亚花生油/伦敦	Groundnuts Nigeria/London	尼日利亚	Nigeria	138.5	102.1	153.1	203.8	129.3
圆硬木	Hardwood Logs:Sarawak (Index)	马来西亚	Malaysia	79.3	94.0	132.6	143.8	141.4
硬木(马来西亚)	Hardwood Sawnwood:Malaysia	马来西亚	Malaysia	79.5	92.2	122.7	134.7	122.7
皮革(芝加哥)	Hides U.S.(Chicago)	美国	United States	140.5	122.2	109.9	97.7	68.4
巴西铁矿石	Iron Ore Brazil (N.Sea.Ports)	巴西	Brazil	50.0	44.3	130.3	216.3	155.4
孟加拉国黄麻	Jute Bangladesh(Chitt-Chal)	孟加拉国	Bangladesh	140.8	96.1	114.9	161.2	193.2
新西兰羔羊(伦敦)	Lamb N.Zealand (London)	新西兰	New Zealand	75.3	70.1	100.5	106.1	91.3
石墨(伦敦)	Lead U.K.(London)	英国	United Kingdom	83.1	46.6	264.7	214.8	176.5
美国玉米	Maize US(Gulf Ports)	美国	United States	111.1	89.6	165.9	226.9	168.2
印度尼西亚天然气指数	Natural Gas Index - Indonesia	印度尼西亚	Indonesia		74.4	119.6	164.8	106.5
美国天然气指数	Natural Gas Index - US	美国	United States		48.6	78.7	100.0	44.5
俄罗斯天然指数	Natural Gas Index Russia	俄罗斯	Russia	34.4	58.4	137.7	222.1	149.7

9-6 续表 continued

2005年=100 (2005=100)

商品	Commodity	原产国	Country of Origion	1990	2000	2007	2008	2009
加拿大硝酸钙铵	Nickel Canada Can/Ports	加拿大	Canada	60.0	58.4	251.3	143.1	99.3
橄榄油指数	Olive Oil Index	英国	United Kingdom	58.2	54.0	82.6	75.5	63.6
柑桔指数	Oranges Index	法国	France	63.1	43.1	113.8	131.5	107.9
棕榈(鹿特丹)	Palm Kernels (Rotterdam)	马来西亚	Malaysia	53.2	71.5	141.7	154.1	108.9
棕榈油(英国市场)	Palm Oil Malaysia (U.K.)	马来西亚	Malaysia	65.1	71.0	195.6	234.7	175.2
棕榈油单位价值	Palm Oil Unit Value	马来西亚	Malaysia	74.7	76.8	179.1	215.1	170.3
胡椒粉	Pepper,Singapore	新加坡	Singapore	72.2	174.8	191.2	209.6	184.2
磷酸盐	Phosphate Rock Morocco/Casabl	摩洛哥	Morocco	96.4	104.2	168.9	822.8	289.7
夹板(东京)	Plywood Philipp.(Tokyo)	菲律宾	Philippines	69.8	88.1	126.9	126.9	111.0
碳酸钾(加拿大)	Potash Canada/Vancouver	加拿大	Canada	62.0	77.4	126.5	360.4	398.4
家禽指数	Poultry Index	美国	United States	66.4	80.4	105.8	114.5	115.9
稻米(泰国曼谷)	Rice Thailand (Bangkok)	泰国	Thailand	94.0	70.8	115.5	243.3	204.8
稻谷单位价值	Rice Unit Value	泰国	Thailand	87.6	86.2	120.6	193.6	188.5
橡胶(新加坡)	Rubber Malaysia(Singapore)	马来西亚	Malaysia	57.6	44.5	152.5	174.0	128.0
橡胶单位价值	Rubber Unit Value	马来西亚	Malaysia	63.1	47.5	151.4	189.1	124.2
橡胶单位价值	Rubber Unit Value	泰国	Thailand	62.5	51.1	154.6	196.2	129.1
虾(纽约市场)	Shrimp U.S./N.Y. Gulf	美国	United States	124.3	174.4	116.4	90.5	84.7
银(纽约市场)	Silver U.S.(New York)	美国	United States	65.7	68.1	182.7	204.4	200.2
剑麻(伦敦市场)	Sisal E.Afr Ug London	东部非洲	East Africa	80.8	71.0	108.3	121.7	87.1
软圆木指数(美国)	Softwood Logs Index (United States)	美国	United States	68.1	99.6	83.3	81.2	75.3
软木(美国)	Softwood Sawnwood (United States)	美国	United States	62.8	86.7	99.3	95.4	88.6
高粱糖浆(鹿特丹)	Sorghum U.S.(Rotterdam)	美国	United States	108.0	91.5	169.1	216.0	157.0
大豆粉(美国)	Soybean Meal US(Rot'Dam)	美国	United States	93.4	90.9	128.1	178.7	174.5
大豆油(美国)	Soybean Oil US(Rot'Dam)	美国	United States	99.3	71.0	161.3	228.7	158.8
美国大豆(鹿特丹)	Soybeans US(Rotterdam)	美国	United States	98.2	82.0	142.2	203.1	169.6
大豆(巴西)	Soybeans:	巴西	Brazil	93.7	79.7	118.7	187.6	167.9
糖	Sugar	巴西	Brazil	176.5	85.2	122.3	130.2	162.1
欧盟进口食糖	Sugar Eec Import Pr.	英国	United Kingdom	87.4	83.3	110.0	101.8	86.0
食糖单位价值	Sugar Unit Value	菲律宾	Philippines	153.0	121.4	112.8	107.6	108.1
葵花籽油指数	Sunflower Oil Index	英国	United Kingdom	52.7	33.1	58.8	148.0	91.0
过磷酸盐(美国)	Superphosphate US(Gulf Pts)	美国	United States	65.4	68.4	168.3	449.2	127.8
猪肉指数	Swine Meat Index	美国	United States	148.5	87.6	94.1	95.5	82.4
茶叶交易价格(伦敦市场)	Tea Average Auction (London)	英国	United Kingdom	93.9	114.7	97.9	124.6	145.1
茶叶单位价值	Tea Unit Value	斯里兰卡	Sri Lanka	87.3	91.2	125.5	151.4	155.3
茶叶现货价格指数	Teas Spot Price Index	美国	United States	43.4	53.7	128.1	176.4	109.3
锡	Tin	玻利维亚	Bolivia	124.0	72.2	225.2	258.3	211.4
锡制品(伦敦市场)	Tin All Origins(London)	英国	United Kingdom	82.4	73.6	196.3	250.0	184.2
锡单位价值(马来西亚)	Tin Unit Value	马来西亚	Malaysia	82.0	70.8	193.6	247.3	182.1
锡单位价值(泰国)	Tin Unit Value	泰国	Thailand	86.2	75.6	196.3	251.8	176.5
烟草(美国市场)	Tobacco US(All Markets)	美国	United States	121.6	107.1	118.8	128.0	152.0
英国布伦特市场	U.K. Brent	英国	United Kingdom	43.6	52.0	133.6	179.4	113.6
美国食糖进口价格指数	U.S.Sugar Import Price	美国	United States	110.4	92.1	98.6	101.2	115.5
尿素(乌克兰)	Urea,Ukraine,Bulk Index	乌克兰	Ukraine		46.2	141.3	225.0	114.0
小麦	Wheat	阿根廷	Argentina	112.3	86.0	160.4	133.8	80.8
小麦(美国)	Wheat U.S.Gulf Ports	美国	United States	88.9	74.8	167.4	213.8	146.6
小麦单位价值	Wheat Unit Value	澳大利亚	Australia	95.4	76.3	148.9	234.5	151.1
纸浆	Woodpulp North Sea Ports	瑞典	Sweden	128.0	104.5	119.4	130.1	97.0
50s羊毛(英国市场)	Wool Australia-N.Zeal(UK)50S	英国	United Kingdom	81.1	53.0	144.1	133.7	115.2
64s羊毛(英国市场)	Wool Australia-N.Zeal(UK)64S	英国	United Kingdom	143.5	108.2	143.6	142.9	114.9
羊毛	Woolunitvalue	澳大利亚	Australia	118.4	66.9	137.2	125.1	107.0
锌	Zinc	玻利维亚	Bolivia	187.7	85.3	247.5	144.3	120.9
锌(英国伦敦市场)	Zinc U.K.(London)	英国	United Kingdom	110.0	81.7	235.4	136.5	120.1

主要统计指标解释

国内生产总值缩减指数 衡量在一定时期内整体经济中价格年度变化情况的指标。

生产者价格指数和批发价格指数 生产者价格指生产者从购买者那里可得到的某一单位货物和服务的价值，具体为总产出减去由购买者支付的增加税等可扣减税。它包括生产者发票上单独列支的运费。生产者或批发价格指数是用来衡量在第一阶段进口商业交易中各种项目价格变化的指标，这里可能有两种选择，但生产者价格指数受到重视，其理由是这个概念对于衡量用的权数和范围与国民经济核算和工业生产核算更为接近。在原则上，生产者价格指数应当包括服务业，但在实际计算时仅包括国内农业和工业部门。农业部门采用“出农场价格”，工业部门采用出厂价格。批发价格指数包括生产和流通各阶段的全部农业和工业产品的价格的混合，包括进口和进口税。该指标的优点在于能反映更广泛经济活动的变化情况，采用拉氏公式计算。

消费者价格指数 是反映报告经济体为消费目的而获取、使用和支付的货物和服务的价格总体水平随时间变化的指标。消费者价格指数作为一个系列，用来衡量报告经济体人口获取、使用和支付固定数量和特征的一揽子货物和服务消费品价格随时间变化的比例。每个总指数是通过将大量要素加总指数加权平均而得到，每个要素加总指数是基于某一地区或其居民从某一指定出处或其他消费源获取指定货物和服务的价格的抽样调查数而进行的估算。

Explanatory Notes on Main Statistical Indicators

Gross Domestic Product Deflator measures the average annual rate of price change in the economy as whole for the periods shown.

Producer or Wholesale Price Indices The Amount receivable by the producer from the purchaser for a unit of a good or service produced as output minus any value-added tax, or similar deductible tax, invoiced to the purchaser. It includes any transport charges invoiced separately by the producer. Indices shown for producer or wholesale prices are designed to monitor changes in prices of items at the first import commercial transaction, where a choice is available, preference is given to the PPI because the concept, weighing pattern, and coverage are likely to be more consistent with national accounts and industrial production statistics. In principle, the PPI should include service industries, but in practice it is limited to the domestic agriculture and industrial sectors. The prices should be farm-gate prices for the agriculture and industrial goods at various stages of production and distribution, inclusive of imports and import duties. Preference is given to indices that provide broad coverage of the economy, and the indices are computed using the Laspeyres formula.

Consumer Price Indices measures changes over time in the general level of prices of goods and services that a reference population acquires, uses or pays for consumption. A consumer prices index is estimated as a series of summary measures of the period-to-period proportional change in the prices of a fixed set of consumer goods and services of constant quantity and characteristics, acquired, used or paid for by the reference population. Each summary measure is constructed as a weighted average of a large number of elementary aggregate indices. Each of the elementary aggregate indices is estimated using a sample of prices for a defined set of goods and services obtained in, or by residents of, a specific region from a given set of outlets or other sources of consumption goods and services.

居民收支和贫困

Household Income and Expenditure and Poverty

10-1 居民消费支出
Household Consumption Expenditure

资料来源：世界银行WDI数据库。
Source: World Bank WDI Database.

国家和地区	Country or Area	住户最终消费支出(现价，亿美元) Household Final Consumption Expenditure (current 100 million USD)			人均住户最终消费支出(2000年价格，美元) Household Final Consumption Expenditure per Capita (constant 2000 USD)		
		2000	2008	2009	2000	2008	2009
世界	**World**	**196280**			**3226**		
高收入国家	**High Income**	**160952**			**15313**		
中等收入国家	**Middle Income**	**34017**	**85770**	**84063**	**784**	**1122**	**1119**
低收入国家	**Low Income**	**1395**	**3105**	**3277**	**201**		
中　国	China	5539	15645	17111	439	727	780
中国香港	Hong Kong,China	997	1302		14966	18303	
中国澳门	Macao,China	25			5569	7794	
孟加拉国	Bangladesh	365	592	669	259	324	339
文　莱	Brunei Darussalam	15			4469		
柬埔寨	Cambodia	32			254		
印　度	India	2945	7010	7511	290	528	543
印度尼西亚	Indonesia	1017	3113	3046	496	622	644
伊　朗	Iran	483	1734		755	1219	
以色列	Israel	666	1177	1116	10590	11861	
日　本	Japan	26240			20682		
哈萨克斯坦	Kazakhstan	113	473	458	761	1568	1627
韩　国	Korea,Rep.	2921	5096		6215	8025	
老　挝	Laos	14	36		254	285	
马来西亚	Malaysia	410		1041	1763		
蒙　古	Mongolia	8	26		345		
巴基斯坦	Pakistan	557	1340		404	446	3
菲律宾	Philippines	529	1192		680	861	
新加坡	Singapore	392	746		9725		
斯里兰卡	Sri Lanka		284				
泰　国	Thailand	689	1500		1105	1431	1406
越　南	Viet Nam	207	610	587	267	439	450
埃　及	Egypt	757	1172	1542	1079	1301	1421
尼日利亚	Nigeria						
南　非	South Africa	837	1716	1738	1902	2485	2382
加拿大	Canada	4013			13043		
墨西哥	Mexico	3895	7130	5751	3975	4762	4351
美　国	United States	67394			23884		
阿根廷	Argentina	2008	1892		5436	6561	
巴　西	Brazil	4148	9652	9665	2382	2904	2977
委内瑞拉	Venezuela	606	1692	2465	2494	4096	3899
捷　克	Czech Rep.	298	1074	964	2898	3811	3780
法　国	France	7401	16320		12213	13761	
德　国	Germany	11186	20575		13607	13926	
意大利	Italy	6575	13605		11546	11594	
荷　兰	Netherlands	1942	4027		12197	12813	
波　兰	Poland	1081	3188	2746	2811	3801	3882
俄罗斯联邦	Russian Fed.	1200	8194	6047	820	1877	2019
西班牙	Spain	3464	9170		8604	9727	
土耳其	Turkey	1879	5101	4420	2828	3610	3484
乌克兰	Ukraine	170	808	554	345	986	1000
英　国	United Kingdom	9685	17070		16445	19402	
澳大利亚	Australia	2380	5515		12426	14938	
新西兰	New Zealand	302			7819		

10-2 居民收入分配

Personal Income Distribution

资料来源：世界银行WDI数据库。
Source: World Bank WDI Database.

国家和地区	Country or Area	年份 Year	基尼系数 GINI index	各组占全部收入或消费的比重(%) As Percentage of Total Income or Consumption(%)				
				最低的20% Lowest 20%	第二个20% Second 20%	第三个20% Third 20%	第四个20% Fourth 20%	最高的20% Highest 20%
中　　国	China	2005	0.42	5.73	9.80	14.66	22.00	47.81
中国香港	Hong Kong,China	1996	0.43	5.26	9.39	13.86	20.75	50.75
孟加拉国	Bangladesh	2005	0.31	9.36	12.62	16.13	21.12	40.77
柬 埔 寨	Cambodia	2007	0.44	6.46	9.68	12.95	18.87	52.05
印　　度	India	2005	0.37	8.08	11.27	14.94	20.37	45.34
印度尼西亚	Indonesia	2007	0.38	7.38	10.98	14.87	21.26	45.51
伊　　朗	Iran	2005	0.38	6.41	10.88	15.58	22.16	44.97
以 色 列	Israel	2001	0.39	5.71	10.46	15.86	23.04	44.93
日　　本	Japan	1993	0.25	10.58	14.21	17.58	21.98	35.65
哈萨克斯坦	Kazakhstan	2007	0.31	8.68	12.79	16.64	22.04	39.86
韩　　国	Korea,Rep.	1998	0.32	7.90	13.56	17.95	23.13	37.45
老　　挝	Laos	2003	0.33	8.51	12.31	16.18	21.61	41.39
马来西亚	Malaysia	2004	0.38	6.35	10.76	15.78	22.75	44.36
蒙　　古	Mongolia	2008	0.37	7.11	11.16	15.56	22.14	44.02
巴基斯坦	Pakistan	2005	0.31	9.07	12.77	16.33	21.32	40.51
菲 律 宾	Philippines	2006	0.44	5.60	9.08	13.68	21.23	50.41
新 加 坡	Singapore	1998	0.42	5.04	9.42	14.55	22.02	48.97
斯里兰卡	Sri Lanka	2002	0.41	6.75	10.36	14.42	20.50	47.97
泰　　国	Thailand	2004	0.42	6.07	9.75	14.22	20.97	48.99
越　　南	Viet Nam	2006	0.38	7.07	10.82	15.15	21.60	45.36
埃　　及	Egypt	2005	0.32	8.96	12.64	16.05	20.89	41.46
尼日利亚	Nigeria	2004	0.43	5.13	9.67	14.68	21.91	48.61
南　　非	South Africa	2000	0.58	3.06	5.60	9.88	18.81	62.65
加 拿 大	Canada	2000	0.33	7.20	12.72	17.18	22.95	39.94
墨 西 哥	Mexico	2008	0.52	3.82	8.10	12.42	19.24	56.41
美　　国	United States	2000	0.41	5.44	10.68	15.66	22.41	45.82
阿 根 廷	Argentina	2006	0.49	3.61	8.17	13.43	21.74	53.04
巴　　西	Brazil	2007	0.55	3.02	6.85	11.78	19.62	58.73
委内瑞拉	Venezuela	2006	0.43	4.85	9.64	14.77	22.10	48.64
捷　　克	Czech Rep.	1996	0.26	10.22	14.33	17.53	21.68	36.24
法　　国	France	1995	0.33	7.18	12.62	17.19	22.80	40.21
德　　国	Germany	2000	0.28	8.52	13.72	17.79	23.09	36.88
意 大 利	Italy	2000	0.36	6.50	11.98	16.76	22.75	42.02
荷　　兰	Netherlands	1999	0.31	7.60	13.22	17.24	23.26	38.68
波　　兰	Poland	2005	0.35	7.34	11.70	16.20	22.38	42.38
俄罗斯联邦	Russian Fed.	2007	0.44	5.60	9.64	13.87	20.71	50.18
西 班 牙	Spain	2000	0.35	6.97	12.09	16.43	22.51	42.00
土 耳 其	Turkey	2006	0.41	5.44	10.29	15.23	21.98	47.06
乌 克 兰	Ukraine	2008	0.28	9.40	13.61	17.40	22.56	37.04
英　　国	United Kingdom	1999	0.36	6.14	11.41	15.96	22.47	44.02
澳大利亚	Australia	1994	0.35	5.90	12.01	17.20	23.57	41.32
新 西 兰	New Zealand	1997	0.36	6.45	11.37	15.81	22.61	43.76

10-3 贫困率

Poverty Rate

资料来源：世界银行WDI数据库。
Source: World Bank WDI Database.

单位：% (%)

国家和地区	Country or Area	年份 Year	全国 National	农村 Rural	城市 Urban
中　国	China	2005	2.8①	2.5	
阿富汗	Afghanistan	2007	42.0	45.0	27.0
阿尔巴尼亚	Albania	2005	18.5	24.2	11.2
阿根廷	Argentina	2002			53.0
孟加拉国	Bangladesh	2005	40.0	43.8	28.4
玻利维亚	Bolivia	2007	37.7	63.9	23.7
波　黑	Bosnia and Herzegovinian	2002	19.5	19.9	13.8
巴　西	Brazil	2003	21.5	41.0	17.5
布基纳法索	Burkina Faso	2003	46.4	52.4	19.2
柬埔寨	Cambodia	2007	30.1	34.7	18.0①
喀麦隆	Cameroon	2007	39.9	55.0	12.2
哥伦比亚	Colombia	2006	45.1	62.1	39.1
刚果(金)	Congo,Dem. Rep.	2005	71.3	75.7	61.5
刚果(布)	Congo,Rep.	2005	42.3	49.2	
哥斯达黎加	Costa Rica	2004	23.9	28.3	20.8
厄瓜多尔	Ecuador	2006	38.3	61.5	24.9
埃　及	Egypt	2006			27.8
萨尔瓦多	El Salvador	2006	30.7	36.0	
冈比亚	Gambia	2003	61.3	63.0	57.0
格鲁吉亚	Georgia	2003	54.5	52.7	56.2
加　纳	Ghana	2006	28.5	39.2	10.8
危地马拉	Guatemala	2006	51.0	72.0	28.0
几内亚比绍	Guinea-Bissau	2002	65.7		52.6
洪都拉斯	Honduras	2004	50.7	70.4	29.5
印　度	India	2000	28.6	30.2	24.7
印度尼西亚	Indonesia	2004	16.7	20.1	12.1
哈萨克斯坦	Kazakhstan	2002	15.4		
肯尼亚	Kenya	2006	46.6	49.7	34.4
吉尔吉斯斯坦	Kyrgyzstan	2005	43.1	50.8	29.8
马达加斯加	Madagascar	2005	68.7	53.5	52.0
马拉维	Malawi	2005	52.4	55.9	25.4
墨西哥	Mexico	2004	47.0	56.9	41.0
蒙　古	Mongolia	2002	36.1	43.4	30.3
缅　甸	Myanmar	2005	32.0	36.0②	22.0
尼泊尔	Nepal	2004	30.9	34.6	9.6
巴基斯坦	Pakistan	1999	32.6	35.9	24.2
秘　鲁	Peru	2004	51.6	72.5	40.3
菲律宾	Philippines	1997	25.1	36.9	11.9
俄罗斯联邦	Russian Fed.	2002	19.6		
塔吉克斯坦	Tajikistan	2007	53.5	55.0	
泰　国	Thailand	1998	13.6		
土耳其	Turkey	2002	27.0	34.5	22.0
乌干达	Uganda	2006	31.1	34.2	13.7
乌克兰	Ukraine	2003	19.5	28.4	
乌兹别克斯坦	Uzbekistan	2003	27.2	29.8	22.6
越　南	Viet Nam	2002	28.9	35.6	6.6
赞比亚	Zambia	2004	68.0	78.0	53.0

注：①2004年数据。②2003年数据。
Note:①Data refer to 2004.②Data refer to 2003.

10-4 贫困人口社会指标(2008年)

Social Indicators of Poverty(2008)

资料来源：世界银行WDI数据库。

Source: World Bank WDI Database.

单位：% (%)

国家和地区	Country or Area	全部人口营养不良发生率(2007年) Prevalence of Undernourishment (2007)	5岁以内儿童死亡率(‰) Mortality Rate, Under-5 (‰)	12-23个月儿童麻疹免疫接种率 Child Measles Immunization Rate of Children Ages 12-23 Months	熟练医护人员护理下的分娩 Births Attended by Skilled Health Staff
世　界	**World**	**13.9**	**62.8**	**82.6**	**66.0**
中　国	China	10.0	20.5	94.0	98.4①
阿富汗	Afghanistan		201.0	75.0	24.0
阿根廷	Argentina	5.0	14.7	99.0	99.4①
孟加拉国	Bangladesh	27.0	55.2	89.0	18.0①
玻利维亚	Bolivia	27.0	54.2	86.0	65.8
巴　西	Brazil	6.0	21.8	99.0	97.0②
保加利亚	Bulgaria	10.0	10.8	96.0	99.4②
柬埔寨	Cambodia	22.0	89.5	89.0	43.8③
古　巴	Cuba	5.0	6.0	99.0	99.9
塞浦路斯	Cyprus	5.0	3.8	87.0	99.0④
埃　及	Egypt	5.0	23.0	92.0	78.9
萨尔瓦多	El Salvador	9.0	17.9	95.0	92.4④
加　纳	Ghana	5.0	72.0	86.0	58.7
几内亚	Guinea	17.0	145.8	64.0	46.1①
印　度	India	21.0	68.2	70.0	46.6②
印度尼西亚	Indonesia	13.0	40.5	83.0	79.4①
伊　朗	Iran	5.0	32.4	98.0	97.3③
伊拉克	Iraq		43.9	69.0	79.7①
哈萨克斯坦	Kazakhstan	5.0	30.2	99.0	99.8②
朝　鲜	Korea,Dem.	33.0	33.1	98.0	97.1⑤
吉尔吉斯斯坦	Kyrgyzstan	10.0	38.0	99.0	97.6②
老　挝	Laos	23.0	61.3	52.0	20.3②
利比亚	Libya	5.0	19.1	98.0	
马来西亚	Malaysia	5.0	6.4	95.0	98.0③
墨西哥	Mexico	5.0	17.5	96.0	93.4②
蒙　古	Mongolia	26.0	31.4	97.0	99.8
缅　甸	Myanmar	16.0	72.6	82.0	67.5④
尼泊尔	Nepal	16.0	51.4	79.0	18.7②
尼日利亚	Nigeria	6.0	142.9	62.0	38.9
巴基斯坦	Pakistan	26.0	89.1	85.0	38.8①
巴拿马	Panama	15.0	23.3	85.0	91.5①
巴拉圭	Paraguay	11.0	23.3	77.0	81.9
秘　鲁	Peru	15.0	22.8	90.0	71.0②
菲律宾	Philippines	15.0	33.5	92.0	61.8
卢旺达	Rwanda	34.0	116.9	92.0	52.1
塞拉利昂	Sierra Leone	35.0	198.0	60.0	43.2③
南　非	South Africa	5.0	65.3	62.0	91.2④
泰　国	Thailand	16.0	14.1	98.0	97.3②
土耳其	Turkey	5.0	22.0	97.0	91.3
乌克兰	Ukraine	5.0	15.5	94.0	98.7①
乌兹别克斯坦	Uzbekistan	11.0	38.4	98.0	99.9②
越　南	Viet Nam	11.0	24.2	92.0	87.7②

注：①2007年数据。②2006年数据。③2005年数据。④2003年数据。⑤2004年数据。

Note:①Data refer to 2007.②Data refer to 2006.③Data refer to 2005.④Data refer to 2003.⑤Data refer to 2004.

10-5 居民消费支出构成

资料来源：经合组织OLIS数据库。
Source: OECD OLIS Database.
单位：%

国家和地区	Country or Area	年份 Year	食品、非酒精饮料 Food and Non-alcoholic Beverages	酒精饮料、烟草和麻醉品 Alcoholic Beverages, Tobacco and Narcotics	服装和鞋类 Clothing and Footwear	住房、水、电、天然气和其他燃料 Housing,Water, Electricity,Gas and Other Fuels
澳大利亚	Australia	2008	10.72	3.60	3.23	20.47
奥地利	Austria	2007	10.53	3.07	6.06	20.85
比利时	Belgium	2009	13.63	3.73	4.56	23.89
加拿大	Canada	2009	9.78	3.65	4.44	24.08
捷克	Czech Rep.	2009	15.68	7.83	4.10	23.36
丹麦	Denmark	2009	11.15	3.53	4.52	28.82
芬兰	Finland	2009	12.95	5.23	4.99	26.75
法国	France	2009	13.53	2.89	4.34	25.55
德国	Germany	2009	11.18	3.23	5.22	24.47
希腊	Greece	2007	16.11	4.30	6.60	16.40
匈牙利	Hungary	2009	17.67	10.37	3.37	22.07
冰岛	Iceland	2009	14.81	4.65	4.70	23.83
爱尔兰	Ireland	2009	10.56	5.84	4.98	21.81
意大利	Italy	2008	14.66	2.61	7.61	21.15
日本	Japan	2008	14.64	2.94	3.51	24.83
韩国	Korea,Rep.	2009	13.17	2.51	5.12	16.74
卢森堡	Luxemburg	2008	8.48	8.47	3.55	22.41
墨西哥	Mexico	2008	23.70	2.37	2.47	22.89
荷兰	Netherlands	2009	11.72	3.24	5.49	23.93
挪威	Norway	2007	13.05	4.06	5.74	19.17
波兰	Poland	2009	20.07	6.96	3.93	24.44
葡萄牙	Portugal	2007	16.21	3.06	5.81	14.29
斯洛伐克	Slovakia	2008	17.70	4.76	4.44	24.43
西班牙	Spain	2007	13.65	2.76	5.58	16.84
瑞典	Sweden	2009	12.61	3.74	5.06	26.98
瑞士	Switzerland	2008	10.55	3.39	3.87	23.74
英国	United Kingdom	2009	9.67	3.61	5.51	22.50
美国	United States	2009	6.81	2.06	3.48	19.47
智利	Chile	2008	17.08	2.82	6.44	15.14
爱沙尼亚	Estonia	2009	21.30	8.41	4.39	23.59
以色列	Israel	2009	16.15	2.65	2.71	25.05
斯洛文尼亚	Slovenia	2009	15.03	5.33	5.80	19.11

Composition of Household Final Consumption Expenditure

(%)

家具、家用设备及住房日常维护 Furnishings,Households Equipment and Routine Maintenance of the House	医疗保健 Health	交通 Transport	通讯 Communi-cations	休闲与文化 Recreation and Culture	教育 Education	饭店和旅馆 Restaurants and Hotels	其他支出 Others
5.21	5.43	10.94	2.74	11.12	3.37	6.86	16.31
6.94	3.31	12.77	2.64	11.61	0.83	11.30	10.08
5.77	5.72	11.65	2.40	9.70	0.51	5.74	12.69
6.38	4.77	13.55	2.34	10.00	1.42	6.85	12.74
4.84	2.71	11.26	3.56	10.50	0.73	6.97	8.46
5.41	2.80	11.06	1.90	10.53	0.80	5.81	13.68
5.20	4.59	10.18	2.24	11.56	0.45	6.49	9.37
5.88	3.76	14.15	2.68	9.05	0.86	6.06	11.25
6.62	5.03	14.29	2.83	9.31	0.88	5.71	11.23
6.15	5.12	10.88	1.18	8.52	2.55	13.81	8.38
5.10	3.60	13.65	3.73	7.02	1.02	5.13	7.28
5.69	3.28	13.41	2.65	9.64	1.30	8.32	7.71
5.77	4.77	10.79	3.43	7.21	1.75	14.19	8.90
7.47	3.08	12.88	2.56	6.84	0.93	10.03	10.20
3.61	4.32	11.39	3.28	10.41	2.18	7.91	10.98
3.27	6.52	11.29	4.39	7.90	7.43	8.31	13.35
7.18	1.81	19.17	1.70	8.11	0.52	7.01	11.60
4.53	4.39	14.90	4.24	5.14	2.60	4.26	8.51
6.33	2.72	11.65	4.19	10.24	0.62	5.16	14.73
6.30	2.81	15.32	2.91	13.04	0.47	6.07	11.07
4.43	4.14	9.22	3.03	7.69	1.21	2.90	11.98
6.36	5.27	14.36	3.06	7.30	1.14	11.01	12.14
6.65	3.59	7.55	3.61	9.59	1.40	6.58	9.71
5.31	3.43	11.84	2.57	8.69	1.39	18.28	9.67
5.33	3.42	12.25	3.23	11.36	0.30	5.32	10.40
4.47	14.86	8.00	2.64	7.97	0.52	7.67	12.32
5.08	1.65	14.46	2.16	11.48	1.51	10.26	12.12
4.30	20.23	9.13	2.41	9.30	2.28	6.19	14.33
8.33	7.61	17.13	3.60	5.88	4.74	3.04	8.19
4.52	3.84	12.09	2.65	6.93	0.51	5.73	6.04
5.78	4.03	13.93	4.38	7.78	2.89	5.74	8.92
5.75	3.90	14.55	3.17	9.31	1.36	7.25	9.44

主要统计指标解释

居民最终消费支出(私人消费) 是指由家庭购买的包括耐用消费品(比如小汽车、洗衣机和家用电脑)在内的各种产品和服务的市场价值。它不包括购买的住房，但包括自有住房的虚拟房租。

基尼系数 反映个人或家庭收入分配（或消费）与完全平均收入分配之间差异程度的指标，介于“0”和“1”之间。“0”表示收入分配绝对平均，即每个家庭或每个人都得到同样份额的收入；“1”表示收入分配极端不平等，一个家庭或个人拥有全社会的收入。

国家贫困线 国家贫困线这个指标是用来度量在特定经济和社会发展环境下某国的贫困状况而不是用于贫困率的国际比较。国家贫困线反映了当地消费或收入水平，它是衡量国民是否处于贫困的数量界限。贫困和非贫困线的界定是随着一个国家平均收入水平而变化的,到目前为止国家间贫困率的比较还没有一个统一的标准来衡量。然而国家贫困线的变化可以在一定程度上反映国家减贫政策及成效。几乎所有国家的贫困线的界定是基于大众化食品消费和非食品支出补助。但平均收入贫困线的提高主要取决于非食品构成，而不是来自于食品构成。

国家贫困率 是指生活在国家贫困线以下的人口的百分比。

城市贫困率 是指生活在国家城市贫困线以下的城市人口的百分比。

乡村贫困率 是指生活在农村贫困线以下的农村人口的百分比。

Explanatory Notes on Main Statistical Indicators

Household Final Consumption Expenditure (Private Consumption) is the market value of all goods and services, including durable products (such as cars, washing machines, and home computers), purchased by households.

GINI Index measures the extent to which the distribution of income (or, in some cases, consumption expenditure) among individuals or households within an economy deviates from a perfectly equal distribution. Thus a GINI index of zero represents perfect equality, while an index of 1 implies perfect inequality.

National Poverty Lines National poverty lines are used to make estimates of poverty consistent with the country's specific economic and social circumstances and are not intended for international comparisons of poverty rates. The setting of national poverty lines reflects local perceptions of the level of consumption or income needed not to be poor. The perceived boundary between poor and not poor rises with the average income of a country and so does not provide a uniform measure for comparing poverty rates across countries. Nevertheless, national poverty estimates are clearly the appropriate measure for setting national policies for poverty reduction and for monitoring their results. Almost all the national poverty lines use a food bundle based on prevailing diets that attains predetermined nutritional requirements for good health and normal activity levels, plus an allowance for nonfood spending. The rise in poverty lines with average income is driven more by the gradient in the nonfood component of the poverty lines than in the food component, although there is still an appreciable share attributable to the gradient in food poverty lines.

National Poverty Rate is the percentage of the country's population living below the national poverty line.

Urban Poverty Rate is the percentage of the urban population living below the national urban poverty line.

Rural Poverty Rate is the percentage of the rural population living below the national rural poverty line.

农　业

Agriculture

11-1 农业生产指数

Agriculture Production Indices

资料来源：联合国FAO数据库。
Source: FAO Database.

1999-2001年=100 (1999-2001=100)

国家和地区	Country or Area	农业 Agriculture			食品 Food		
		2005	2008	2009	2005	2008	2009
中 国	China	118	128	131	118	127	130
孟加拉国	Bangladesh	116	135	131	117	136	131
文 莱	Brunei Darussalam	101	150	150	101	150	150
柬 埔 寨	Cambodia	140	174	182	141	175	183
印 度	India	108	124	121	107	123	119
印度尼西亚	Indonesia	126	141	147	126	141	147
伊 朗	Iran	126	115	125	127	116	126
以 色 列	Israel	117	120	120	117	121	121
日 本	Japan	97	97	95	97	97	95
哈萨克斯坦	Kazakhstan	118	127	147	117	127	148
韩 国	Korea,Rep.	95	100	100	95	100	100
老 挝	Laos	122	150	152	125	149	152
马来西亚	Malaysia	126	141	139	125	143	143
蒙 古	Mongolia	71	89	109	71	88	109
缅 甸	Myanmar	143	162	161	145	164	163
巴基斯坦	Pakistan	115	126	130	115	128	132
菲 律 宾	Philippines	117	131	131	117	131	131
新 加 坡	Singapore	97	104	120	97	104	120
斯里兰卡	Sri Lanka	107	119	116	108	121	120
泰 国	Thailand	111	125	125	110	125	125
越 南	Viet Nam	125	139	140	124	137	138
埃 及	Egypt	115	130	135	116	132	137
尼日利亚	Nigeria	123	132	133	123	133	133
南 非	South Africa	111	121	119	112	123	120
加 拿 大	Canada	110	116	111	110	116	112
墨 西 哥	Mexico	109	119	117	109	120	118
美 国	United States	105	108	110	104	109	112
阿 根 廷	Argentina	116	123	104	116	124	104
巴 西	Brazil	127	149	146	126	148	146
委内瑞拉	Venezuela	104	123	123	105	124	124
捷 克	Czech Rep.	95	96	94	95	96	94
法 国	France	97	95	97	97	95	97
德 国	Germany	99	102	103	99	102	103
意 大 利	Italy	99	95	94	99	95	94
荷 兰	Netherlands	94	98	100	94	98	100
波 兰	Poland	95	99	102	95	99	102
俄罗斯联邦	Russian Fed.	113	124	122	113	124	122
西 班 牙	Spain	96	103	99	96	103	100
土 耳 其	Turkey	110	111	114	111	114	117
乌 克 兰	Ukraine	118	137	129	118	137	129
英 国	United Kingdom	98	100	98	98	100	98
澳大利亚	Australia	99	92	92	102	98	97
新 西 兰	New Zealand	113	116	113	115	118	114

11-2 主要农作物收获面积(2009年)
Harvest Areas of Major Farm Crops(2009)

资料来源：联合国FAO数据库。
Source: FAO Database.
单位：千公顷 (1 000 hectares)

国家和地区	Country or Area	谷物 Cereals,Total	稻谷 Rice,Paddy	小麦 Wheat	玉米 Maize	大豆 Soybeans
世　界	**World**	**708494.8**	**161420.8**	**225437.7**	**159531.1**	**98826.9**
中　国	China	88592.8	29932.3	24210.1	30479.0	8800.1
孟加拉国	Bangladesh	12032.6	11500.0	400.0	122.0	0.3①
文　莱	Brunei Darussalam	1.1	1.1			
柬埔寨	Cambodia	2888.0	2675.0		213.0	94.0
印　度	India	99880.0	44100.0	28400.0	8400.0	9600.0
印度尼西亚	Indonesia	17044.3	12883.6		4160.7	722.8
伊　朗	Iran	9095.5	535.9	6647.4	225.7	84.1
以色列	Israel	79.1		60.0	5.0	
日　本	Japan	1936.2	1624.0	208.3	0.1	145.4
哈萨克斯坦	Kazakhstan	16575.0	86.7	14329.4	99.8	66.7
朝　鲜	Korea,Dem.	1265.6	570.4②	73.0②	503.2②	300.0
韩　国	Korea,Rep.	1018.5	935.8②	2.6②	18.4②	70.0
老　挝	Laos	1048.9	872.9		176.0	12.7
马来西亚	Malaysia	678.7	672.4		6.4	
蒙　古	Mongolia	252.4		249.0		
缅　甸	Myanmar	8912.0	8200.0②	98.0②	345.0②	165.0
巴基斯坦	Pakistan	13689.0	2883.0	9046.0	950.0	0.1
菲律宾	Philippines	7216.3	4532.3		2683.9	1.0
斯里兰卡	Sri Lanka	1018.0	961.0		50.9	1.7
泰　国	Thailand	12282.8	10963.2	1.0②	1104.9	115.0
越　南	Viet Nam	8528.5	7440.1		1086.8	146.2
埃　及	Egypt	3129.9	750.0	1321.8	835.0	7.2
尼日利亚	Nigeria	18899.0	2382.0②	32.0②	3845.0②	630.0
南　非	South Africa	3318.7	1.4②	642.5	2427.5	237.8
加拿大	Canada	14863.2		9539.0	1142.0	1382.0
墨西哥	Mexico	10182.5	59.0	825.0	7200.0	65.0
美　国	United States	58001.5	1255.8	20181.1	32209.3	30907.0
阿根廷	Argentina	8031.7	193.8	4334.8	2337.2	16767.6
巴　西	Brazil	20220.4	2887.7	2433.5	13791.3	21760.3
委内瑞拉	Venezuela	1237.1	263.0②	0.8②	783.4②	56.0
白俄罗斯	Belarus	2418.0		558.7	95.9	
捷　克	Czech Rep.	1544.4		831.3	105.3	6.1
法　国	France	9388.2	24.2	5146.6	1679.8	43.7
德　国	Germany	6908.5		3226.1	464.4	1.0
意大利	Italy	3453.8	238.5	1795.5	915.5	134.7
荷　兰	Netherlands	220.8		150.9	18.8	
波　兰	Poland	8582.8		2346.2	274.1	0.2
俄罗斯联邦	Russian Fed.	41715.7	177.5	26632.9	1122.2	794.2
西班牙	Spain	6043.4	119.3	1767.8	345.0	1.2
土耳其	Turkey	11956.0	96.5	8026.9	591.3	10.6
乌克兰	Ukraine	15114.8	24.5	6752.9	2089.1	622.5
英　国	United Kingdom	3173.0		1814.0		
澳大利亚	Australia	19805.6	30.0	13507.0	64.6	42.4
新西兰	New Zealand	162.8		53.9	21.6	

11-2 续表 1 continued

单位：千公顷 (1 000 hectares)

国家和地区	Country or Area	根茎类作物 Roots and Tubers	花 生 Groundnuts in Shell	油菜籽 Rapeseed	籽 棉 Seed Cotton	麻及麻类纤维 Jute and Jute-like Fibres
世 界	**World**	**53666.5**	**23507.1**	**31023.8**	**31167.1**	**1566.1**
中 国	China	8977.2	4022.6	7200.1	5590.0	26.0
孟加拉国	Bangladesh	433.6	31.1②	240.0	17.0②	423.5
文 莱	Brunei Darussalam	0.6				
柬埔寨	Cambodia	167.6	18.2②		0.2②	0.4
印 度	India	2232.0	6000.0	6190.0	10100.0	957.0
印度尼西亚	Indonesia	1497.9	622.7		22.0②	3.1
伊 朗	Iran	154.0	1.4②	185.0	108.0	
以色列	Israel	20.0	1.9		6.0	
日 本	Japan	152.5	7.9	0.9		
哈萨克斯坦	Kazakhstan	172.2	0.2	200.0	139.0	
朝 鲜	Korea,Dem.	208.7			19.0②	
韩 国	Korea,Rep.	40.0	3.4②	1.0	0.0②	
老 挝	Laos	31.9	19.4②		2.8②	
马来西亚	Malaysia	50.4	0.2			
蒙 古	Mongolia	13.6				
缅 甸	Myanmar	58.3	650.0②		300.0	32.1
巴基斯坦	Pakistan	175.4	92.8②	303.2	3106.0	1.9
菲律宾	Philippines	382.4	28.2		0.1	
斯里兰卡	Sri Lanka	34.1	9.1			
泰 国	Thailand	1346.4	65.0②		8.0②	20.4
越 南	Viet Nam	706.0	256.0②		5.2	3.4
埃 及	Egypt	160.7	61.5②		240.0	1.0
尼日利亚	Nigeria	8920.0	2300.0②		427.0	1.0
南 非	South Africa	76.0	54.6	35.1	11.5	1.1
加拿大	Canada	146.4		6104.5		
墨西哥	Mexico	70.7	52.1②	3.0	72.0	
美 国	United States	462.3	437.5	329.8	3112.3	
阿根廷	Argentina	109.7	257.5	39.3	289.8	
巴 西	Brazil	2086.4	111.0	100.0	807.9	10.1
委内瑞拉	Venezuela	77.6	0.5②		11.0②	
白俄罗斯	Belarus	383.0		340.4		
捷 克	Czech Rep.	28.4		354.9		
法 国	France	163.6		1480.8		
德 国	Germany	263.7		1471.2		
意大利	Italy	71.1		24.8		
荷 兰	Netherlands	155.2		2.6		
波 兰	Poland	488.7		810.0		
俄罗斯联邦	Russian Fed.	2182.4		556.3		23.0
西班牙	Spain	86.6	0.1	19.0	58.7	
土耳其	Turkey	142.7	25.4	32.8	419.9	
乌克兰	Ukraine	1411.8		1013.7		
英 国	United Kingdom	155.0		581.0		
澳大利亚	Australia	34.3	10.0	1394.0	182.0	
新西兰	New Zealand	12.5		2.0②		

11-2 续表 2 continued

单位：千公顷 (1 000 hectares)

国家和地区	Country or Area	甘 蔗 Sugar Cane	甜 菜 Sugar Beets	茶 叶 Tea	水 果 (不包括瓜类) Fruit Excluding Melons
世 界	**World**	**23727.8**	**4323.7**	**2995.6**	**55606.6**
中 国	China	1630.6	220.0	1405.2	11200.2
孟加拉国	Bangladesh	129.6②		58.1②	342.5
文 莱	Brunei Darussalam				1.3
柬埔寨	Cambodia	13.0			55.2
印 度	India	4400.0		474.0②	5816.2
印度尼西亚	Indonesia	420.0		107.0	724.7
伊 朗	Iran	60.4	54.5	24.2②	1264.6
以色列	Israel				62.9
日 本	Japan	23.0	64.5	47.3	208.1
哈萨克斯坦	Kazakhstan		9.9		56.6
朝 鲜	Korea,Dem.				168.0
韩 国	Korea,Rep.			1.4②	161.2
老 挝	Laos	13.9		2.2	28.4
马来西亚	Malaysia	15.0		1.9	104.7
蒙 古	Mongolia				0.1
缅 甸	Myanmar	130.0②		74.5②	360.0
巴基斯坦	Pakistan	1029.0	2.0②		758.8
菲律宾	Philippines	404.0			1138.9
斯里兰卡	Sri Lanka	13.8		222.0	104.6
泰 国	Thailand	932.5		18.7	834.7
越 南	Viet Nam	260.1		129.3②	484.3
埃 及	Egypt	140.0	115.0		1071.8
尼日利亚	Nigeria	62.0②			1682.5
南 非	South Africa	314.0②		2.0②	297.9
加拿大	Canada		10.9		78.5
墨西哥	Mexico	669.3②	0.0②		1201.9
美 国	United States	353.7	464.9		1157.9
阿根廷	Argentina	355.0		40.0	491.7
巴 西	Brazil	8598.5		2.6②	2435.9
委内瑞拉	Venezuela	122.7②	1.2②		165.2
白俄罗斯	Belarus		88.3		91.5
捷 克	Czech Rep.		52.5		40.6
法 国	France		372.6		944.5
德 国	Germany		383.6		174.9
意大利	Italy		60.6		1297.4
荷 兰	Netherlands		72.7		21.8
波 兰	Poland		200.0		396.0
俄罗斯联邦	Russian Fed.		770.2	1.3	691.3
西班牙	Spain	0.1②	49.7		1717.4
土耳其	Turkey		324.0	75.9	1045.2
乌克兰	Ukraine		319.7		292.7
英 国	United Kingdom		140.0		28.8
澳大利亚	Australia	391.3			297.9
新西兰	New Zealand				70.2

注：①2007年数据。②2008年数据。
Note:①Data refer to 2007.②Data refer to 2008.

11-3　主要农产品产量(2009年)
Production of Major Farm Crops(2009)

资料来源：联合国FAO数据库。
Source: FAO Database.

单位：万吨　　(10 000 tons)

国家和地区	Country or Area	谷物总计 Cereals,Total 2000	谷物总计 Cereals,Total 2009	国家和地区	Country or Area	稻谷 Rice,Paddy 2000	稻谷 Rice,Paddy 2009
世　界	**World**	**206021.5**	**248930.2**	**世　界**	**World**	**59935.5**	**67868.8**
中　国	China	40733.7	48368.0	中　国	China	18981.4	19725.7
美　国	United States	34262.8	41981.0	印　度	India	12746.5	13127.4
印　度	India	23493.1	24677.4	印度尼西亚	Indonesia	5189.8	6439.9
俄罗斯联邦	Russian Fed.	6432.6	9508.0	孟加拉国	Bangladesh	3762.8	4507.5
印度尼西亚	Indonesia	6157.5	8202.9	越　南	Viet Nam	3253.0	3889.6
巴　西	Brazil	4589.7	7128.8	泰　国	Thailand	2584.4	3146.3
法　国	France	6569.8	7004.0	缅　甸	Myanmar	2132.4	3050.0①
德　国	Germany	4527.1	4974.8	菲律宾	Philippines	1238.9	1626.6
加拿大	Canada	5109.0	4905.9	巴　西	Brazil	1109.0	1260.5
孟加拉国	Bangladesh	3950.3	4681.2	日　本	Japan	1186.3	1059.3
乌克兰	Ukraine	2380.7	4540.6	巴基斯坦	Pakistan	720.4	1032.5
越　南	Viet Nam	3453.7	4327.9	美　国	United States	865.8	997.2
巴基斯坦	Pakistan	3046.1	3837.4	柬埔寨	Cambodia	402.6	758.6
泰　国	Thailand	3052.3	3628.0	埃　及	Egypt	600.1	750.0
澳大利亚	Australia	3444.7	3494.3	韩　国	Korea,Rep.	719.7	691.9①
土耳其	Turkey	3224.9	3357.0	尼泊尔	Nepal	421.7	452.4
缅　甸	Myanmar	2196.6	3195.0	尼日利亚	Nigeria	329.8	417.9①
墨西哥	Mexico	2799.1	3167.6	斯里兰卡	Sri Lanka	286.0	365.2
尼日利亚	Nigeria	2137.0	3020.9	老　挝	Laos	220.2	314.5
波　兰	Poland	2234.1	2982.7	马达加斯加	Madagascar	248.1	300①
阿根廷	Argentina	3875.5	2543.3	秘　鲁	Peru	189.2	299.0
埃　及	Egypt	2010.6	2389.7	哥伦比亚	Colombia	269.4	298.5
菲律宾	Philippines	1690.1	2330.1	朝　鲜	Korea,Dem.	169.0	286.2①
英　国	United Kingdom	2398.9	2223.7	马来西亚	Malaysia	214.1	251.0
伊　朗	Iran	1287.4	2083.6	伊　朗	Iran	197.2	225.3
哈萨克斯坦	Kazakhstan	1154.0	2078.5	马　里	Mali	74.3	195.1
西班牙	Spain	2455.6	1787.2	厄瓜多尔	Ecuador	124.7	157.9
意大利	Italy	2066.1	1739.2	几内亚	Guinea	114.1	153.4①
罗马尼亚	Romania	1049.9	1487.4	意大利	Italy	123.0	150.0
南　非	South Africa	1452.8	1458.6	坦桑尼亚	Tanzania	78.2	134.2①
埃塞俄比亚	Ethiopia	802.0	1444.9	阿根廷	Argentina	90.4	133.4
匈牙利	Hungary	1003.6	1359.0	乌拉圭	Uruguay	120.9	128.7
日　本	Japan	1279.6	1146.2	委内瑞拉	Venezuela	67.7	105.5①
丹　麦	Denmark	941.3	1020.0	俄罗斯联邦	Russian Fed.	58.6	91.3
塞尔维亚	Serbia		887.6	西班牙	Spain	82.7	89.9
柬埔寨	Cambodia	418.3	851.0	土耳其	Turkey	35.0	75.0
白俄罗斯	Belarus	456.5	815.4	科特迪瓦	Cote D'Ivoire	62.2	68.4①
尼泊尔	Nepal	711.6	811.4	多米尼加	Dominican Rep.	58.1	64.4①
捷　克	Czech Rep.	646.0	783.7	古　巴	Cuba	55.3	56.4
乌兹别克斯坦	Uzbekistan	391.4	735.8	圭亚那	Guyana	44.9	50.7①
韩　国	Korea,Rep.	750.1	720.3	塞内加尔	Senegal	20.2	50.2
马　里	Mali	231.0	633.5	阿富汗	Afghanistan	26.0	46.9
阿富汗	Afghanistan	194.0	632.1	加　纳	Ghana	24.9	39.1
保加利亚	Bulgaria	438.9	624.3	尼加拉瓜	Nicaragua	29.0	32.2①
坦桑尼亚	Tanzania	361.7	622.7	刚果(金)	Congo,Dem. Rep.	33.8	31.7①
苏　丹	Sudan	325.9	555.2	哈萨克斯坦	Kazakhstan	21.4	30.7
摩洛哥	Morocco	199.7	533.1	澳大利亚	Australia	110.1	27.0
阿尔及利亚	Algeria	93.5	525.4	墨西哥	Mexico	35.1	26.2
瑞　典	Sweden	560.4	524.9	哥斯达黎加	Costa Rica	26.6	25.7
奥地利	Austria	449.4	514.2	巴拉圭	Paraguay	10.1	22.0

11-3 续表 1 Continued

单位：万吨 (10 000 tons)

国家和地区	Country or Area	小麦 Wheat 2000	小麦 Wheat 2009	国家和地区	Country or Area	玉米 Maize 2000	玉米 Maize 2009
世　界	**World**	**58569.1**	**68191.6**	**世　界**	**World**	**59247.5**	**81711.1**
中　国	China	9963.6	11495.0	美　国	United States	25185.2	33301.1
印　度	India	7636.9	8068.0	中　国	China	10617.8	16311.8
俄罗斯联邦	Russian Fed.	3445.6	6174.0	巴　西	Brazil	3187.9	5123.2
美　国	United States	6063.9	6031.4	墨西哥	Mexico	1755.7	2020.3
法　国	France	3735.3	3832.5	印度尼西亚	Indonesia	967.7	1763.0
加拿大	Canada	2653.6	2651.5	印　度	India	1204.3	1730.0
德　国	Germany	2162.2	2519.0	法　国	France	1601.8	1530.0
巴基斯坦	Pakistan	2107.9	2403.3	阿根廷	Argentina	1678.1	1312.1
澳大利亚	Australia	2210.8	2165.6	南　非	South Africa	1143.1	1205.0
乌克兰	Ukraine	1019.7	2088.6	乌克兰	Ukraine	384.8	1048.6
土耳其	Turkey	2100.9	2060.0	加拿大	Canada	695.4	956.1
哈萨克斯坦	Kazakhstan	907.4	1705.2	罗马尼亚	Romania	489.8	797.3
英　国	United Kingdom	1670.4	1437.9	意大利	Italy	1013.8	787.8
伊　朗	Iran	808.8	1348.5	尼日利亚	Nigeria	411.0	753.0①
波　兰	Poland	850.3	979.0	匈牙利	Hungary	498.4	752.8
埃　及	Egypt	656.4	852.3	菲律宾	Philippines	451.1	703.4
阿根廷	Argentina	1614.7	757.3	埃　及	Egypt	647.4	680.0
乌兹别克斯坦	Uzbekistan	353.2	663.8	塞尔维亚	Serbia		639.6
意大利	Italy	746.4	634.1	泰　国	Thailand	446.6	461.6
丹　麦	Denmark	469.3	599.6	德　国	Germany	332.4	452.7
罗马尼亚	Romania	445.6	520.3	越　南	Viet Nam	200.6	438.2
阿富汗	Afghanistan	146.9	506.4	土耳其	Turkey	230.0	425.0
巴　西	Brazil	166.2	496.5	俄罗斯联邦	Russian Fed.	153.0	396.3
西班牙	Spain	729.4	479.7	埃塞俄比亚	Ethiopia	268.3	393.3
匈牙利	Hungary	369.3	441.9	坦桑尼亚	Tanzania	197.0	366.0①
捷　克	Czech Rep.	408.4	435.8	巴基斯坦	Pakistan	164.3	348.7
墨西哥	Mexico	349.3	414.8	西班牙	Spain	399.2	347.9
保加利亚	Bulgaria	278.1	397.7	马拉维	Malawi	250.0	263.0①
叙利亚	Syrian Arab Republi	310.6	370.2	委内瑞拉	Venezuela	169.0	257.0①
阿尔及利亚	Algeria	76.0	295.3	肯尼亚	Kenya	216.0	243.9
埃塞俄比亚	Ethiopia	123.5	253.8	希　腊	Greece	209.4	235.2
瑞　典	Sweden	237.2	228.4	克罗地亚	Croatia	152.6	218.3
立陶宛	Lithuania	123.8	210.0	尼泊尔	Nepal	141.5	193.1
阿塞拜疆	Azerbaijan	115.0	209.6	奥地利	Austria	185.2	189.1
塞尔维亚	Serbia		206.8	赞比亚	Zambia	104.0	188.7
白俄罗斯	Belarus	96.6	197.9	巴拉圭	Paraguay	64.7	185.8
比利时	Belgium	168.8	197.8	波　兰	Poland	92.3	170.7
南　非	South Africa	242.8	195.8	伊　朗	Iran	112.0	164.3
乌拉圭	Uruguay	32.4	184.4	哥伦比亚	Colombia	120.5	163.7
希　腊	Greece	232.6	183.0	加　纳	Ghana	101.3	162.0
伊拉克	Iraq	38.4	170.0	秘　鲁	Peru	124.1	154.4
斯洛伐克	Slovakia	125.4	153.8	马　里	Mali	21.5	147.7
奥地利	Austria	131.3	152.3	朝　鲜	Korea,Dem.	104.0	141.0①
荷　兰	Netherlands	114.3	140.2	智　利	Chile	65.2	134.6
尼泊尔	Nepal	118.4	134.4	保加利亚	Bulgaria	80.4	129.1
智　利	Chile	149.3	114.5	危地马拉	Guatemala	105.0	129.0①
巴拉圭	Paraguay	22.0	106.7	莫桑比克	Mozambique	118.0	128.0①
吉尔吉斯斯坦	Kyrgyzstan	103.9	105.7	乌干达	Uganda	109.6	127.2
拉脱维亚	Latvia	42.7	103.6	喀麦隆	Cameroon	74.1	120.0
孟加拉国	Bangladesh	184.0	100.0	刚果(金)	Congo,Dem.	118.0	116.0①

11-3 续表 2 Continued

单位：万吨 (10 000 tons)

国家和地区	Country or Area	大豆 Soybeans 2000	大豆 Soybeans 2009	国家和地区	Country or Area	根茎类植物 Roots and Tubers 2000	根茎类植物 Roots and Tubers 2009
世　界	**World**	**16129.1**	**22226.9**	**世　界**	**World**	**69923.8**	**75263.2**
美　国	United States	7505.4	9141.7	中　国	China	18987.8	15649.1
巴　西	Brazil	3273.5	5696.1	尼日利亚	Nigeria	6516.4	8940.9
阿根廷	Argentina	2013.6	3099.3	印　度	India	3212.5	4513.4
中　国	China	1541.2	1450.0	俄罗斯联邦	Russian Fed.	3398.0	3113.4
印　度	India	527.6	1021.7	泰　国	Thailand	1926.7	3035.4
巴拉圭	Paraguay	298.0	385.5	巴　西	Brazil	2661.2	3026.4
加拿大	Canada	270.3	350.4	印度尼西亚	Indonesia	1924.4	2563.7
玻利维亚	Bolivia	119.7	159.6①	美　国	United States	2392.2	2045.4
乌克兰	Ukraine	6.4	104.4	乌克兰	Ukraine	1983.8	1966.6
乌拉圭	Uruguay	0.7	102.9	加　纳	Ghana	1318.5	1960.8
印度尼西亚	Indonesia	101.8	97.5	刚果(金)	Congo,Dem. Rep.	1652.8	1557.2
俄罗斯联邦	Russian Fed.	34.2	94.4	安哥拉	Angola	468.4	1463.3
尼日利亚	Nigeria	42.9	61.0	德　国	Germany	1369.4	1161.8
南　非	South Africa	15.4	51.6	越　南	Viet Nam	391.4	1025.1
意大利	Italy	90.4	46.8	科特迪瓦	Cote D'Ivoire	667.9	1005.2
朝　鲜	Korea,Dem.	35.0	35.0	波　兰	Poland	2423.2	970.3
塞尔维亚	Serbia		34.9	乌干达	Uganda	784.2	863.4
日　本	Japan	23.5	23.0	坦桑尼亚	Tanzania	590.9	858.1
越　南	Viet Nam	14.9	21.4	荷　兰	Netherlands	822.7	718.1
伊　朗	Iran	14.2	20.8	法　国	France	643.4	716.4
缅　甸	Myanmar	9.9	20.0	白俄罗斯	Belarus	871.8	712.5
泰　国	Thailand	31.2	18.8	孟加拉国	Bangladesh	331.1	695.5
乌干达	Uganda	12.0	18.0	马拉维	Malawi	483.2	648.5
哈萨克斯坦	Kazakhstan	0.4	15.1	英　国	United Kingdom	663.6	642.3
韩　国	Korea,Rep.	11.3	13.9	莫桑比克	Mozambique	587.8	603.5
柬埔寨	Cambodia	2.8	13.7	埃塞俄比亚	Ethiopia	470.3	582.5
墨西哥	Mexico	10.2	12.1	秘　鲁	Peru	470.3	548.3
克罗地亚	Croatia	6.5	11.5	哥伦比亚	Colombia	351.5	487.2
津巴布韦	Zimbabwe	14.4	11.0	加拿大	Canada	456.7	458.1
法　国	France	20.1	11.0	贝　宁	Benin	416.1	450.4
委内瑞拉	Venezuela	0.5	10.0	埃　及	Egypt	206.6	442.9
罗马尼亚	Romania	7.0	8.4	喀麦隆	Cameroon	353.4	440.7
澳大利亚	Australia	10.5	8.0	土耳其	Turkey	537.0	439.8
匈牙利	Hungary	3.1	7.2	日　本	Japan	447.9	425.1
奥地利	Austria	3.3	7.1	伊　朗	Iran	365.8	410.8
厄瓜多尔	Ecuador	9.4	6.1①	罗马尼亚	Romania	347.0	400.4
哥伦比亚	Colombia	3.9	5.9	马达加斯加	Madagascar	345.3	375.5
马拉维	Malawi		5.2	柬埔寨	Cambodia	20.2	356.5
摩尔多瓦	Moldova	1.2	4.9	巴基斯坦	Pakistan	230.1	342.0
土耳其	Turkey	4.5	3.8	比利时	Belgium	292.2	329.6
危地马拉	Guatemala	3.0	3.7	卢旺达	Rwanda	290.6	314.4
卢旺达	Rwanda	1.4	2.7①	菲律宾	Philippines	252.1	298.3
埃　及	Egypt	1.1	2.6	巴拉圭	Paraguay	278.9	278.4
尼泊尔	Nepal	1.7	2.2	哈萨克斯坦	Kazakhstan	169.3	275.6
老　挝	Laos	0.5	1.9	阿尔及利亚	Algeria	120.8	263.6
刚果(金)	Congo,Dem. Rep.	1.1	1.7	尼泊尔	Nepal	128.3	253.4
斯洛伐克	Slovakia	0.5	1.5	西班牙	Spain	309.9	251.3
捷　克	Czech Rep.	0.2	1.4	阿根廷	Argentina	265.8	247.0
赞比亚	Zambia	2.8	1.2	肯尼亚	Kenya	164.3	217.1
波　黑	Bosnia and Herzeg	0.4	0.8	墨西哥	Mexico	182.0	192.2

11-3 续表 3 Continued

单位：万吨 (10 000 tons)

国家和地区	Country or Area	花生 Groundnuts in Shell 2000	花生 Groundnuts in Shell 2008	国家和地区	Country or Area	油菜籽 Rapeseed 2000	油菜籽 Rapeseed 2009
世　界	**World**	**3472.1**	**3820.1**	**世　界**	**World**	**3951.8**	**6163.1**
中　国	China	1451.6	1434.1	中　国	China	1138.1	1350.0
印　度	India	648.0	733.8	加拿大	Canada	720.5	1182.5
尼日利亚	Nigeria	290.1	390.0	印　度	India	578.8	720.1
美　国	United States	148.1	233.5	德　国	Germany	358.6	630.7
缅　甸	Myanmar	63.4	100.0	法　国	France	347.7	558.4
印度尼西亚	Indonesia	129.2	77.4	波　兰	Poland	95.8	249.7
苏　丹	Sudan	94.7	71.6	英　国	United Kingdom	115.7	195.1
塞内加尔	Senegal	106.2	64.7	澳大利亚	Australia	177.5	191.0
阿根廷	Argentina	42.0	62.5	乌克兰	Ukraine	13.2	187.3
越　南	Viet Nam	35.5	53.4	捷　克	Czech Rep.	84.4	112.8
加　纳	Ghana	20.9	42.9	美　国	United States	90.9	66.9
乍　得	Chad	35.9	40.3	俄罗斯联邦	Russian Fed.	14.8	66.7
刚果(金)	Congo,Dem. Rep.	38.2	37.0	丹　麦	Denmark	29.4	63.5
马　里	Mali	19.3	32.5	白俄罗斯	Belarus	7.3	61.1
几内亚	Guinea	20.0	31.5	匈牙利	Hungary	17.9	57.9
尼日尔	Niger	11.3	30.8	罗马尼亚	Romania	7.6	57.0
布基纳法索	Burkina Faso	16.9	30.0	立陶宛	Lithuania	8.1	41.6
坦桑尼亚	Tanzania	5.2	30.0	斯洛伐克	Slovakia	13.4	38.7
巴　西	Brazil	18.5	29.7	伊　朗	Iran		38.0
马拉维	Malawi	12.2	24.3	瑞　典	Sweden	12.2	29.8
埃　及	Egypt	18.7	20.9	巴基斯坦	Pakistan	29.7	27.6
乌干达	Uganda	13.9	17.3	保加利亚	Bulgaria	2.0	23.6
喀麦隆	Cameroon	19.7	16.0	孟加拉国	Bangladesh	24.9	22.0
中　非	Central African Rep.	10.5	15.8	拉脱维亚	Latvia	1.0	20.5
尼加拉瓜	Nicaragua	9.7	13.9	巴　西	Brazil	4.1	18.0
贝　宁	Benin	12.1	11.6	奥地利	Austria	12.5	17.1
塞拉利昂	Sierra Leone	1.5	11.5	哈萨克斯坦	Kazakhstan	0.3	14.0
泰　国	Thailand	13.2	11.4	芬　兰	Finland	7.1	14.0
冈比亚	Gambia	13.8	11.0	爱沙尼亚	Estonia	3.9	13.6
莫桑比克	Mozambique	12.4	9.5	土耳其	Turkey	0.0	11.4
巴基斯坦	Pakistan	9.1	8.6	摩尔多瓦	Moldova	0.1	10.0
南　非	South Africa	13.6	8.5	克罗地亚	Croatia	2.9	8.0
土耳其	Turkey	7.8	8.5	智　利	Chile	4.8	7.9
墨西哥	Mexico	14.2	8.1	瑞　士	Switzerland	3.9	6.7
津巴布韦	Zimbabwe	19.1	7.9	阿根廷	Argentina	0.6	6.1
安哥拉	Angola	1.3	6.0	意大利	Italy	4.1	5.0
赞比亚	Zambia	5.2	6.0	巴拉圭	Paraguay		4.8
科特迪瓦	Cote D'Ivoire	7.2	5.0	塞尔维亚	Serbia		4.4
埃塞俄比亚	Ethiopia	1.2	4.5	南　非	South Africa		4.0
孟加拉国	Bangladesh	3.2	4.4	埃塞俄比亚	Ethiopia	1.4	3.9
马达加斯加	Madagascar	3.5	4.2	比利时	Belgium	1.4	3.2
多　哥	Togo	2.6	4.1	乌拉圭	Uruguay		3.2
摩洛哥	Morocco	3.9	4.1	阿尔及利亚	Algeria	2.9	2.9①
巴拉圭	Paraguay	2.2	3.7	西班牙	Spain	5.0	2.9
老　挝	Laos	1.3	3.3	爱尔兰	Ireland	0.9	2.2
菲律宾	Philippines	2.7	3.0	卢森堡	Luxemburg	0.8	1.8
几内亚比绍	Guinea-Bissau	1.9	3.0	荷　兰	Netherlands	0.3	1.2
海　地	Haiti	2.1	2.6	挪　威	Norway	0.9	1.0
柬埔寨	Cambodia	0.8	2.6	斯洛文尼亚	Slovenia	…	1.0
叙利亚	Syrian Arab Republic	2.8	2.6	希　腊	Greece		0.6

11-3 续表 4 Continued

单位：万吨 (10 000 tons)

国家和地区	Country or Area	芝麻 Sesame Seed 2000	芝麻 Sesame Seed 2008	国家和地区	Country or Area	籽棉 Seed Cotton 2000	籽棉 Seed Cotton 2009
世　　界	**World**	**278.6**	**360.3**	**世　　界**	**World**	**5290.1**	**6400.2**
印　　度	India	51.8	66.6	中　　国	China	1325.1	2300.0
缅　　甸	Myanmar	29.6	62.0	印　　度	India	492.3	1138.2
中　　国	China	81.2	58.6	美　　国	United States	958.1	633.0
苏　　丹	Sudan	28.2	35.0	巴基斯坦	Pakistan	547.6	617.1
埃塞俄比亚	Ethiopia	1.6	18.7	乌兹别克斯坦	Uzbekistan	300.2	294.0
乌 干 达	Uganda	9.7	17.3	巴　　西	Brazil	201.0	292.8
尼日利亚	Nigeria	7.2	11.0	土 耳 其	Turkey	226.1	172.5
巴 拉 圭	Paraguay	0.8	10.0	澳大利亚	Australia	178.7	80.2
尼 日 尔	Niger	1.4	5.1	希　　腊	Greece	129.7	71.5
坦桑尼亚	Tanzania	3.9	4.8	叙 利 亚	Syrian Arab Republic	108.2	65.2
泰　　国	Thailand	3.9	4.4	埃　　及	Egypt	55.4	55.0
中　　非	Central African Rep.	3.7	4.2	布基纳法索	Burkina Faso	21.3	54.0
巴基斯坦	Pakistan	5.1	4.1	尼日利亚	Nigeria	39.9	49.2
乍　　得	Chad	3.3	3.9	阿 根 廷	Argentina	41.8	38.9
埃　　及	Egypt	3.7	3.7	坦桑尼亚	Tanzania	12.3	32.0①
阿 富 汗	Afghanistan	2.3	3.2	塔吉克斯坦	Tajikistan	33.5	29.6
索 马 里	Somalia	2.3	3.0	墨 西 哥	Mexico	22.4	27.5
墨 西 哥	Mexico	4.1	3.0	哈萨克斯坦	Kazakhstan	28.7	27.0
伊　　朗	Iran	2.7	2.8	伊　　朗	Iran	49.7	26.5
柬 埔 寨	Cambodia	1.0	2.7	莫桑比克	Mozambique	3.8	24.0①
孟加拉国	Bangladesh	2.2	2.7	津巴布韦	Zimbabwe	32.7	24.0①
布基纳法索	Burkina Faso	0.7	2.7	马　　里	Mali	24.3	23.6
也　　门	Yemen	1.8	2.4	贝　　宁	Benin	34.0	22.9
危地马拉	Guatemala	1.9	2.3	缅　　甸	Myanmar	17.6	19.8
伊 拉 克	Iraq	1.4	2.3	喀 麦 隆	Cameroon	20.4	17.0
越　　南	Viet Nam	1.7	2.2	苏　　丹	Sudan	14.7	16.9
土 耳 其	Turkey	2.4	2.0	西 班 牙	Spain	29.5	14.7
厄立特里亚	Eritrea	0.4	1.9	赞 比 亚	Zambia	6.2	14.0
韩　　国	Korea,Rep.	3.2	1.8	科特迪瓦	Cote D'Ivoire	40.2	12.5
乌兹别克斯坦	Uzbekistan	2.0	1.8	乍　　得	Chad	18.0	10.0①
委内瑞拉	Venezuela	3.3	1.7	秘　　鲁	Peru	15.4	9.6
巴　　西	Brazil	1.5	1.6	玻利维亚	Bolivia	4.5	8.0①
贝　　宁	Benin	1.0	1.1	马 拉 维	Malawi	3.7	7.7①
莫桑比克	Mozambique	0.5	1.1	哥伦比亚	Colombia	11.1	7.1
肯 尼 亚	Kenya	1.0	1.0	乌 干 达	Uganda	7.6	6.6
塞内加尔	Senegal	0.1	0.9	埃塞俄比亚	Ethiopia	4.6	6.5
老　　挝	Laos	0.5	0.8	阿 富 汗	Afghanistan	5.7	5.6
马　　里	Mali	0.4	0.7	吉尔吉斯斯坦	Kyrgyzstan	8.8	4.9
斯里兰卡	Sri Lanka	0.5	0.6	几 内 亚	Guinea	6.6	4.2①
沙特阿拉伯	Saudi Arabia	0.3	0.5	孟加拉国	Bangladesh	4.1	3.9①
刚果(金)	Congo,Dem. Rep.	0.5	0.5	肯 尼 亚	Kenya	2.0	3.8①
尼加拉瓜	Nicaragua	0.4	0.5	朝　　鲜	Korea,Dem.	3.5	3.6①
海　　地	Haiti	0.4	0.4	也　　门	Yemen	2.8	3.5
叙 利 亚	Syrian Arab Republic	0.4	0.3	多　　哥	Togo	11.7	3.3①
喀 麦 隆	Cameroon	0.3	0.3	印度尼西亚	Indonesia	2.8	3.2①
哥伦比亚	Colombia	0.4	0.3	阿塞拜疆	Azerbaijan	9.2	3.2
科特迪瓦	Cote D'Ivoire	0.3	0.3	以 色 列	Israel	4.4	2.7
冈 比 亚	Gambia	0.3	0.3	刚果(金)	Congo,Dem. Rep.	2.7	2.5
塞拉利昂	Sierra Leone	0.2	0.2	也　　门	Yemen	2.8	2.5
安 哥 拉	Angola	0.2	0.2	伊 拉 克	Iraq	3.3	2.4

11-3 续表 5 Continued

单位：万吨 (10 000 tons)

国家和地区	Country or Area	甘蔗 Sugar Cane 2000	甘蔗 Sugar Cane 2008	国家和地区	Country or Area	甜菜 Sugar Beets 2000	甜菜 Sugar Beets 2008
世　界	**World**	**125414.7**	**174309.3**	**世　界**	**World**	**24709.0**	**22758.5**
巴　西	Brazil	32770.5	64892.1	法　国	France	3112.1	3030.6
印　度	India	29932.4	34818.8	俄罗斯联邦	Russian Fed.	1405.4	2899.5
中　国	China	6929.9	12491.8	美　国	United States	2952.1	2683.7
泰　国	Thailand	5405.2	7350.2	德　国	Germany	2787.0	2300.3
巴基斯坦	Pakistan	4633.3	6392.0	土耳其	Turkey	1882.1	1548.8
墨西哥	Mexico	4410.0	5110.7	乌克兰	Ukraine	1319.9	1343.8
哥伦比亚	Colombia	3500.0	3850.0	中　国	China	807.4	1004.4
澳大利亚	Australia	3816.5	3397.3	波　兰	Poland	1313.4	871.5
阿根廷	Argentina	1840.0	2995.0	英　国	United Kingdom	907.9	750.0
美　国	United States	3276.2	2760.3	伊　朗	Iran	433.2	530.0
菲律宾	Philippines	2449.1	2660.1	荷　兰	Netherlands	679.8	521.9
印度尼西亚	Indonesia	2390.0	2600.0	埃　及	Egypt	289.0	513.3
危地马拉	Guatemala	1655.2	2543.7	比利时	Belgium	615.2	437.2
南　非	South Africa	2387.6	2050.0	日　本	Japan	367.3	429.7
埃　及	Egypt	1570.6	1647.0	西班牙	Spain	793.0	407.4
越　南	Viet Nam	1504.4	1612.8	白俄罗斯	Belarus	147.4	403.0
古　巴	Cuba	3640.0	1570.0	意大利	Italy	1237.0	380.0
委内瑞拉	Venezuela	883.2	969.1	奥地利	Austria	256.0	309.1
厄瓜多尔	Ecuador	540.2	934.1	摩洛哥	Morocco	288.3	292.6
秘　鲁	Peru	753.5	822.9	捷　克	Czech Rep.	280.9	288.5
缅　甸	Myanmar	580.1	700.0	塞尔维亚	Serbia		230.0
苏　丹	Sudan	498.2	680.0	丹　麦	Denmark	334.5	218.7
玻利维亚	Bolivia	360.2	641.9	瑞　典	Sweden	260.2	197.5
洪都拉斯	Honduras	397.4	595.8	瑞　士	Switzerland	140.8	162.5
伊　朗	Iran	236.7	570.0	智　利	Chile	309.3	120.9
萨尔瓦多	El Salvador	514.0	525.0	叙利亚	Syrian Arab Repu	117.5	115.0
肯尼亚	Kenya	394.2	511.2	克罗地亚	Croatia	48.2	106.0
斯威士兰	Swaziland	388.5	500.0	摩尔多瓦	Moldova	94.4	96.1
孟加拉国	Bangladesh	691.0	498.4	希　腊	Greece	303.3	90.3
多米尼加	Dominican Rep.	451.1	482.4	罗马尼亚	Romania	66.7	70.7
毛里求斯	Mauritius	511.0	453.3	斯洛伐克	Slovakia	96.2	67.9
巴拉圭	Paraguay	224.5	450.0	匈牙利	Hungary	197.6	49.6
尼加拉瓜	Nicaragua	352.4	430.5	芬　兰	Finland	104.6	46.8
哥斯达黎加	Costa Rica	380.0	350.4	爱尔兰	Ireland	182.9	38.0
津巴布韦	Zimbabwe	422.8	310.0	加拿大	Canada	82.1	34.5
圭亚那	Guyana	271.0	276.7	立陶宛	Lithuania	88.2	33.9
马达加斯加	Madagascar	218.9	260.0	斯洛文尼亚	Slovenia	34.9	26.0
马拉维	Malawi	210.0	250.0	土库曼斯坦	Turkmenistan	23.0	23.4
赞比亚	Zambia	160.0	250.0	阿塞拜疆	Azerbaijan	4.7	19.1
尼泊尔	Nepal	210.3	248.5	吉尔吉斯斯坦	Kyrgyzstan	45.0	15.5
莫桑比克	Mozambique	39.7	245.1	葡萄牙	Portugal	46.2	13.7
坦桑尼亚	Tanzania	135.5	237.0	哈萨克斯坦	Kazakhstan	27.3	13.0
乌干达	Uganda	147.6	235.0	巴基斯坦	Pakistan	15.9	6.4
斐　济	Fiji	359.8	232.2	阿尔巴尼亚	Albania	4.2	4.0
埃塞俄比亚	Ethiopia	217.7	230.0	黎巴嫩	Lebanon	34.2	3.1
牙买加	Jamaica	202.5	196.8	亚美尼亚	Armenia	0.1	2.8
巴拿马	Panama	178.9	182.3	委内瑞拉	Venezuela	1.7	2.1
留尼汪岛	Réunion	184.5	177.3	伊拉克	Iraq	0.8	1.9
科特迪瓦	Cote D'Ivoire	167.2	163.0	阿富汗	Afghanistan	0.1	1.3

11-3 续表 6 Continued

单位：万吨 (10 000 tons)

国家和地区	Country or Area	茶叶 Tea 2000	茶叶 Tea 2008	国家和地区	Country or Area	水果(不包括瓜类) Fruit Excluding Melons 2000	水果(不包括瓜类) Fruit Excluding Melons 2009
世　界	**World**	**296.4**	**473.6**	**世　界**	**World**	**47308.2**	**58767.1**
中　国	China	70.4	125.7	中　国	China	6449.1	11413.9
土耳其	Turkey	13.9	110.0	印　度	India	4300.1	6835.8
印　度	India	82.6	80.5	巴　西	Brazil	3701.1	3768.7
肯尼亚	Kenya	23.6	34.6	美　国	United States	3280.5	2711.6
斯里兰卡	Sri Lanka	30.6	31.9	意大利	Italy	1799.0	1812.3
越　南	Viet Nam	7.0	17.5	印度尼西亚	Indonesia	841.3	1705.8
印度尼西亚	Indonesia	16.3	15.1	墨西哥	Mexico	1330.6	1612.2
日　本	Japan	8.5	9.4	菲律宾	Philippines	1075.1	1591.1
阿根廷	Argentina	7.4	7.6	西班牙	Spain	1611.4	1437.4
伊　朗	Iran	5.0	6.0	土耳其	Turkey	1085.9	1408.1
孟加拉国	Bangladesh	4.6	5.9	伊　朗	Iran	1228.7	1318.4
马拉维	Malawi	4.2	4.6	乌干达	Uganda	1009.1	1018.0
乌干达	Uganda	2.9	4.3	埃　及	Egypt	696.6	980.4
坦桑尼亚	Tanzania	2.4	3.5	尼日利亚	Nigeria	897.8	950.2
缅　甸	Myanmar	1.9	2.7	法　国	France	1126.6	898.4
津巴布韦	Zimbabwe	2.2	2.2	厄瓜多尔	Ecuador	767.0	890.2
卢旺达	Rwanda	1.5	1.9	泰　国	Thailand	784.5	832.7
莫桑比克	Mozambique	1.1	1.7	阿根廷	Argentina	717.4	810.7
尼泊尔	Nepal	0.5	1.6	哥伦比亚	Colombia	685.1	799.0
巴布亚新几内亚	Papua New Guinea	1.0	0.9	巴基斯坦	Pakistan	518.6	709.5
布隆迪	Burundi	0.7	0.8	南　非	South Africa	510.9	596.7
格鲁吉亚	Georgia	2.4	0.8	越　南	Viet Nam	436.3	572.1
泰　国	Thailand	0.6	0.6	智　利	Chile	388.3	548.7
马来西亚	Malaysia	0.6	0.6	哥斯达黎加	Costa Rica	380.9	486.6
埃塞俄比亚	Ethiopia	0.4	0.5	坦桑尼亚	Tanzania	185.3	470.8
巴　西	Brazil	0.8	0.4	加　纳	Ghana	238.8	427.0
南　非	South Africa	1.3	0.4	秘　鲁	Peru	318.7	416.0
喀麦隆	Cameroon	0.4	0.4	波　兰	Poland	224.7	368.7
秘　鲁	Peru	0.6	0.4	日　本	Japan	382.1	349.2
刚果(金)	Congo,Dem. Rep.	0.2	0.2	澳大利亚	Australia	308.3	342.9
厄瓜多尔	Ecuador	0.1	0.2	孟加拉国	Bangladesh	136.1	337.8
毛里求斯	Mauritius	0.1	0.2	希　腊	Greece	414.2	320.8
韩　国	Korea,Rep.	0.1	0.2	俄罗斯联邦	Russian Fed.	340.1	306.7
玻利维亚	Bolivia	0.1	0.1	阿尔及利亚	Algeria	142.8	298.8
俄罗斯联邦	Russian Fed.	0.2	0.1	韩　国	Korea,Rep.	262.5	290.9
赞比亚	Zambia	0.1	0.1	摩洛哥	Morocco	268.5	288.2
老　挝	Laos		0.1	危地马拉	Guatemala	196.2	282.4

注：①2008年数据。
Note:①Data for 2008.

11-4 主要林产品产量(2009年)

Output of Major Forest Products(2009)

资料来源：联合国FAO数据库。
Source: FAO Database.
单位：吨 (ton)

国家和地区	Country or Area	栗子 Chestnuts		榛子 Hazelnuts,with Shell		天然橡胶 Natural Rubber		核桃 Walnuts,with Shell	
		2005	2009	2005	2009	2005	2009	2005	2009
世　界	**World**	**1361618**	**1418280**	**760164**	**773828**	**9380923**	**10280887**	**1740659**	**2236231**
中　国	China	1031857	1085000	13500	18000	513618	565000	499074	915000
孟加拉国	Bangladesh					5200	5300①		
文　莱	Brunei Darussalam					250	220①		
柬埔寨	Cambodia					20329	31676①		
印　度	India					802625	819000①	32000	36000
印度尼西亚	Indonesia					2270891	2921872①		
伊　朗	Iran			17889	18000①			170000	170000①
日　本	Japan	21800	21700						
哈萨克斯坦	Kazakhstan							2000	1427①
朝　鲜	Korea,Dem.	9000	9000①						
韩　国	Korea,Rep.	76447	75171①					868	979①
马来西亚	Malaysia					1126000	857019		
蒙　古	Mongolia			300	300①				
缅　甸	Myanmar					40000	45000①		
巴基斯坦	Pakistan							14867	12722①
菲律宾	Philippines					315636	390962		
斯里兰卡	Sri Lanka					104350	136000		
泰　国	Thailand					2977309	3090280		
越　南	Viet Nam					481600	659600①		
埃　及	Egypt							27000	27000①
尼日利亚	Nigeria					142000	143000①		
墨西哥	Mexico					24756	27709①	79871	69620①
美　国	United States			25038	42640			322051	376480
阿根廷	Argentina							9000	10000
巴　西	Brazil					103708	120905①	2176	2314①
白俄罗斯	Belarus			1800	1800①			12000	12000①
捷　克	Czech Rep.							4903	9500①
法　国	France	8144	6258①	4459	4999①			32716	36591①
德　国	Germany			…	…①			16900	17000①
意大利	Italy	52000	55000①	87879	111841①			16000	17000①
波　兰	Poland	50	260①	3061	3055			5836	12241
俄罗斯联邦	Russian Fed.	3500	2200①	800	800①			3800	1800①
西班牙	Spain	8629	15000①	23027	10500			8629	9512①
土耳其	Turkey	50000	61697	530000	500000			150000	177298
乌克兰	Ukraine	200	200①	13	10			91000	83890
澳大利亚	Australia							23	22①

注：①2008年数据。
Note:①Data refer to 2008.

11-5 牲畜饲养量(2009年)
Number of Livestock(2009)

资料来源：联合国FAO数据库。
Source: FAO Database.
单位：万头(只)　　(10 000 heads)

国家和地区	Country or Area	牛 Cattle	马 Horses	山羊 Goats	绵羊 Sheep	猪 Pigs
世　界	**World**	**138224.2**	**5902.0**	**86796.9**	**107127.5**	**94121.3**
中　国	China	9213.2	675.3	15245.8	12855.8	45117.8
孟加拉国	Bangladesh	2297.0		5640.0①	164.4①	
文　莱	Brunei Darussalam	0.1①		0.3①	0.4①	0.2①
柬埔寨	Cambodia	345.8①	2.8①			221.6①
印　度	India	17245.1	75.1①	12600.9	6571.7	1384.0
印度尼西亚	Indonesia	1286.0	39.9	1576.9	1020.0	692.3
伊　朗	Iran	761.0①	14.0①	2530.0①	5380.0①	
以色列	Israel	40.4	0.4①	9.1	43.0	22.4
日　本	Japan	442.3	1.8①	1.5	1.4	989.9
哈萨克斯坦	Kazakhstan	599.2	137.1	264.5	1412.7	134.8
朝　鲜	Korea,Dem.	57.6①	4.8①	344.1①	16.7①	217.8①
韩　国	Korea,Rep.	289.4①	2.8①	26.7①	0.3①	915.4①
老　挝	Laos	150.0	3.1①	28.9①		254.8①
马来西亚	Malaysia	79.0①	0.7①	28.5①	11.5①	186.1①
蒙　古	Mongolia	260.0	222.2	1965.2	1927.5	2.6
缅　甸	Myanmar	1293.0①	14.0①	275.0	53.5	767.7①
巴基斯坦	Pakistan	3300.0	40.0	5830.0	2740.0	
菲律宾	Philippines	258.6	24.0	422.2	3.0①	1359.6
斯里兰卡	Sri Lanka	113.7	0.2①	37.8	0.8	8.2
泰　国	Thailand	670.0	0.6	38.4	4.1	748.1
越　南	Viet Nam	610.4	12.1①	148.4①		2762.8
埃　及	Egypt	500.0	6.7	455.0	550.0	3.8
尼日利亚	Nigeria	1640.0	20.8①	5380.1①	3387.5①	690.9①
南　非	South Africa	1376.2	29.5①	635.8	2499.0	161.4
加拿大	Canada	1318.0	38.5①	3.0①	80.9	1240.0
墨西哥	Mexico	3256.6①	635.0①	883.1①	782.5①	1610.0
美　国	United States	9452.1	950.0①	306.9	574.7	6714.8
阿根廷	Argentina	5075.0	368.0	425.0	1245.0	227.0
巴　西	Brazil	20450.0	550.0	920.0	1680.0	3700.0
委内瑞拉	Venezuela	1698.8①	51.0①	141.6①	56.7①	331.3①
白俄罗斯	Belarus	413.1	13.7	7.4	5.3	370.4
捷　克	Czech Rep.	135.0	3.0	2.2	19.7	191.0
法　国	France	1859.1	41.8	126.8	771.6	1481.0
德　国	Germany	1294.5	54.2①	22.0	237.1	2688.7
意大利	Italy	612.4	30.0	95.8	817.6	925.3
荷　兰	Netherlands	399.6	13.4①	41.6	109.9	1210.8
波　兰	Poland	570.1	29.8	11.9	28.7	1427.9
俄罗斯联邦	Russian Fed.	2103.9	135.4	216.8	1960.3	1616.2
西班牙	Spain	602.1	24.8①	226.5	1971.9	2629.0
土耳其	Turkey	1086.0	18.0	559.4	2397.5	0.2
乌克兰	Ukraine	507.9	46.6	63.2	109.6	652.6
英　国	United Kingdom	990.1	38.4①	9.5	3078.3	460.1
澳大利亚	Australia	2790.7	25.7	300.0①	7274.0	230.2
新西兰	New Zealand	996.2	6.6	8.3	3238.4	32.3

注：①2008年数据。
Note:①Data refer to 2008.

11-6 畜产品产量(2009年)

Output of Livestock Products(2009)

资料来源：联合国FAO数据库。
Source: FAO Database.
单位：万吨 (10 000 tons)

国家和地区	Country or Area	肉类总产量 Meat,Total	牛肉 Beef and Buffalo Meat	羊肉 Sheep and Goat Meat	猪肉 Pig Meat	禽肉 Poultry Meat
世　界	**World**	**28155.9**	**6514.6**	**1304.8**	**10606.9**	**9130.8**
中　国	China	7821.4	642.5	386.7	4987.9	1643.8
孟加拉国	Bangladesh	59.6	19.4	21.4		18.0
文　莱	Brunei Darussalam	2.0	0.1	…	…	1.9
柬埔寨	Cambodia	21.0	7.3		11.0	2.7
印　度	India	440.1	231.3	71.9	48.1	72.7
印度尼西亚	Indonesia	264.4	44.3	12.8	63.7	143.5
伊　朗	Iran	256.7	37.5	49.6		168.2
以色列	Israel	66.7	10.4	1.0	2.0	53.3
日　本	Japan	323.2	51.7	…	131.0	139.5
哈萨克斯坦	Kazakhstan	89.4	39.6	13.5	20.9	8.0
朝　鲜	Korea,Dem.	35.1	2.2	1.5	18.0	4.3
韩　国	Korea,Rep.	185.2	24.6	0.2	105.6①	54.2
老　挝	Laos	10.8	4.5	0.1	4.0	2.2
马来西亚	Malaysia	127.0	2.7	0.1	19.9	104.2
蒙　古	Mongolia	27.1	5.9	16.9	0.1	0.0
缅　甸	Myanmar	143.6	15.4	2.9	45.0	80.3
巴基斯坦	Pakistan	253.9	144.1	42.5		65.7
菲律宾	Philippines	282.7	28.4	5.3	171.0	76.7
新加坡	Singapore	10.9	…	…	1.8	9.1
斯里兰卡	Sri Lanka	13.0	2.7	0.1	0.2	9.9
泰　国	Thailand	213.6	27.4	0.2	75.6	110.5
越　南	Viet Nam	347.6	29.5	1.1	255.3	59.9
埃　及	Egypt	152.5	60.8	6.1	0.2	72.9
尼日利亚	Nigeria	129.6	29.8	41.6	21.8	24.3
南　非	South Africa	222.2	77.7	13.1	31.3	98.1
加拿大	Canada	447.7	128.8	1.6	194.1①	121.2
墨西哥	Mexico	564.2	166.7	9.4	116.3	263.3
美　国	United States	4161.6	1189.1	10.3	1044.2	1895.3
阿根廷	Argentina	443.9	283.0	6.2	23.0	120.4
巴　西	Brazil	2246.5	902.4	10.9	292.4	1038.5
委内瑞拉	Venezuela	170.6	48.3	0.9	16.8	80.2
白俄罗斯	Belarus	92.2	30.8	0.1	38.8	22.1
捷　克	Czech Rep.	62.1	7.7	0.2	30.0	20.1
法　国	France	553.7	146.7	9.0	200.4	172.0
德　国	Germany	790.4	119.3	2.1	527.7	131.6
意大利	Italy	413.3	105.7	4.1	158.8	115.4
荷　兰	Netherlands	252.7	40.2	1.5	127.5	83.4
波　兰	Poland	332.2	40.3	0.1	173.5	115.5
俄罗斯联邦	Russian Fed.	657.0	174.1	18.3	217.0	236.0
西班牙	Spain	531.2	59.8	13.3	329.1	120.6
土耳其	Turkey	193.6	32.6	29.9		130.8
乌克兰	Ukraine	192.0	45.4	1.8	52.7	89.4
英　国	United Kingdom	353.4	85.0	30.3	72.0	165.2
澳大利亚	Australia	405.3	214.8	67.5	32.4	88.0
新西兰	New Zealand	133.3	63.7	48.0	4.7	13.7

11-6 续表 continued

单位：万吨 (10 000 tons)

国家和地区	Country or Area	蛋类 Eggs Primary	鸡蛋 Hen Eggs	奶类总产量 Milk,Total	牛奶 Cow Milk	羊毛 Wool,Greasy	蜂蜜 Natural Honey
世 界	**World**	**6740.8**	**6242.6**	**69655.4**	**58048.2**	**208.0**	**151.1**
中 国	China	2789.9	2387.1	4055.3	3611.6	36.8①	36.7
孟加拉国	Bangladesh	22.0	15.4	306.0	82.5①	0.2①	
文 莱	Brunei Darussalam	0.7	0.7①	…	…①		
柬埔寨	Cambodia	1.7	1.3①	2.4	2.4		
印 度	India	306.0	306.0①	11004.0	4514.0	4.6①	6.5
印度尼西亚	Indonesia	130.6	105.9	123.8	88.2	2.4	
伊 朗	Iran	77.5	77.5	763.9	645.0①	7.5①	3.6①
以色列	Israel	10.1	10.1	131.7	127.7	0.1①	0.3
日 本	Japan	250.5	250.5	791.0	791.0	…①	0.3①
哈萨克斯坦	Kazakhstan	18.5	18.4	530.4	526.7	3.6	0.1①
朝 鲜	Korea,Dem.	14.2	14.2①	9.6	9.6①		
韩 国	Korea,Rep.	59.5	56.6①	220.4	220.0①		2.6①
老 挝	Laos	1.5	1.5①	0.8	0.8		
马来西亚	Malaysia	47.6	46.5①	4.7	3.9①	0.0	
蒙 古	Mongolia	…	…	44.4	32.6	2.1	0.0
缅 甸	Myanmar	24.8	23.2①	121.6	98.0①	0.1①	0.1①
巴基斯坦	Pakistan	53.6	52.9	3436.2	1198.5	4.1①	0.4
菲律宾	Philippines	62.9	55.5	1.4	1.4		
新加坡	Singapore	2.1	2.0				
斯里兰卡	Sri Lanka	6.5	6.5	20.2	15.6		
泰 国	Thailand	87.2	56.2①	84.1	84.1		0.8①
越 南	Viet Nam	30.9	30.9	31.0	27.8		1.6①
埃 及	Egypt	29.0	29.0	594.9	320.0	0.8①	0.7①
尼日利亚	Nigeria	55.3	55.3①	46.9	46.9①		
南 非	South Africa	45.0	45.0	309.1	309.1	4.5①	0.1①
加拿大	Canada	42.2	42.2	821.3	821.3	0.2①	2.9
墨西哥	Mexico	233.7	233.7①	1093.1	1076.6①	0.4①	5.5①
美 国	United States	533.9	533.9①	8586.0	8586.0	1.4	6.5
阿根廷	Argentina	48.0	48.0	1050.0	1050.0	6.0	8.1
巴 西	Brazil	193.9	184.5①	2771.6	2757.9①	1.2①	3.8①
委内瑞拉	Venezuela	15.8	15.8①	222.0	222.0①		…①
白俄罗斯	Belarus	19.2	19.0	657.9	654.9	…①	0.3
捷 克	Czech Rep.	9.8	9.8	279.0	278.1	…①	0.7
法 国	France	91.8	91.8	2421.8	2334.1	2.2①	1.6①
德 国	Germany	69.8	69.8	2869.1	2865.6①	1.5①	1.8
意大利	Italy	72.4	72.4①	1283.6	1200.0	0.9①	1.2①
荷 兰	Netherlands	62.7	62.7①	1146.9	1146.9	0.4①	…①
波 兰	Poland	60.5	60.5	1246.7	1244.7	0.1①	1.4
俄罗斯联邦	Russian Fed.	221.0	219.5	3256.2	3232.6	5.5	5.4
西班牙	Spain	80.2	80.0①	725.2	634.0①	2.9①	3.0①
土耳其	Turkey	86.5	86.5	1254.2	1158.3	4.0	8.2
乌克兰	Ukraine	92.5	91.1	1161.0	1136.4	0.4	7.4
英 国	United Kingdom	61.4	60.0①	1323.7	1323.7	6.2①	0.7①
澳大利亚	Australia	15.9	15.9	938.8	938.8	37.1	1.8①
新西兰	New Zealand	4.9	4.7①	1521.7	1521.7①	21.8①	1.2①

注：①2008年数据。
Note:①Data refer to 2008.

11-7 鱼类产量
Output of Total Fishes

资料来源：联合国FAO数据库。
Source: FAO Ddabase.
单位：万吨 (10 000 tons)

国家或地区	Country or Area	鱼类总计 Fish		海域 Ocean Area		内陆水域 Land Area	
		2007	2008	2007	2008	2007	2008
中　　国	China	2809.0	2942.2	900.5	943.7	1908.5	1998.5
印　　度	India	627.2	696.1	258.6	274.5	368.5	421.7
秘　　鲁	Peru	670.7	677.7	665.5	671.6	5.2	6.0
印度尼西亚	Indonesia	559.0	567.3	424.1	412.4	134.9	154.9
智　　利	Chile	417.7	392.5	417.4	392.3	0.3	0.3
美　　国	United States	410.7	369.6	379.1	340.8	31.6	28.8
日　　本	Japan	366.2	362.4	359.4	356.3	6.8	6.0
越　　南	Viet Nam	309.7	350.9	143.3	148.1	166.4	202.8
俄罗斯联邦	Russian Fed.	342.5	336.3	309.5	303.8	33.0	32.5
挪　　威	Norway	313.0	316.7	312.9	316.6	0.1	0.1
缅　　甸	Myanmar	275.8	307.7	148.6	164.4	127.3	143.3
菲 律 宾	Philippines	289.9	298.4	226.7	232.4	63.2	66.0
泰　　国	Thailand	254.9	267.1	183.8	196.1	71.1	71.1
孟加拉国	Bangladesh	230.1	234.0	43.6	44.4	186.6	189.6
韩　　国	Korea,Rep.	133.6	144.5	131.3	142.4	2.3	2.1
马来西亚	Malaysia	129.5	133.0	122.1	123.0	7.4	10.0
墨 西 哥	Mexico	123.0	132.3	110.4	120.4	12.6	11.9
冰　　岛	Iceland	139.5	127.6	139.2	127.2	0.2	0.3
埃　　及	Egypt	98.2	103.5	11.4	11.3	86.8	92.1
中国台湾	Taiwan,China	105.7	95.1	90.0	80.4	15.7	14.7
巴　　西	Brazil	92.2	91.5	47.6	46.8	44.6	44.7
西 班 牙	Spain	81.0	91.2	77.8	88.3	3.2	2.8
摩 洛 哥	Morocco	81.8	90.9	81.3	90.3	0.5	0.6
丹　　麦	Denmark	60.9	67.2	58.7	65.0	2.2	2.3
尼日利亚	Nigeria	58.7	66.2	27.4	21.4	31.2	44.8
南　　非	South Africa	66.6	63.4	66.4	63.2	0.2	0.2
阿 根 廷	Argentina	65.3	63.3	63.0	62.0	2.3	1.4
加 拿 大	Canada	67.9	60.5	63.4	56.5	4.5	4.0
英　　国	United Kingdom	61.9	59.0	60.3	57.7	1.6	1.3
土 耳 其	Turkey	69.7	58.6	59.8	48.1	9.9	10.5
巴基斯坦	Pakistan	54.2	55.8	31.2	31.5	23.0	24.3
法罗群岛	Faeroe Islands	60.0	52.9	60.0	52.9	…	…
乌 干 达	Uganda	55.1	50.2	…	…	55.1	50.2
厄瓜多尔	Ecuador	39.8	45.5	37.7	43.3	2.1	2.2
柬 埔 寨	Cambodia	46.7	44.9	4.1	4.6	42.6	40.3
塞内加尔	Senegal	41.5	42.1	35.3	36.7	6.2	5.4
法　　国	France	46.0	41.8	41.6	37.4	4.4	4.4
荷　　兰	Netherlands	40.1	40.5	39.0	39.5	1.2	1.1
新 西 兰	New Zealand	42.3	39.5	42.2	39.5	0.1	0.1
纳米比亚	Namibia	40.8	37.0	40.5	36.8	0.3	0.3
加　　纳	Ghana	32.0	35.1	24.1	27.1	7.9	8.1
安 哥 拉	Angola	30.9	31.6	29.4	29.7	1.5	1.9
斯里兰卡	Sri Lanka	29.7	31.5	25.4	26.5	4.3	5.0
德　　国	Germany	26.6	24.8	21.0	18.9	5.6	5.9
瑞　　典	Sweden	23.8	23.3	23.4	22.7	0.4	0.6
巴布亚新几内亚	Papua New Guinea	26.8	22.3	25.4	20.9	1.4	1.4
葡 萄 牙	Portugal	22.4	22.0	22.3	21.9	0.1	0.1
巴 拿 马	Panama	19.9	21.4	19.5	21.1	0.4	0.4
意 大 利	Italy	24.7	21.1	20.3	16.8	4.4	4.4
乌 克 兰	Ukraine	24.1	20.2	20.1	18.2	4.0	1.9

11-8 农业机械拥有量(2007年)

Ownership of Agricultural Machinery (2007)

资料来源：联合国FAO数据库。
Source: FAO Database.

单位：万部 (10 000 units)

国家和地区	Country or Area	农用拖拉机 Agriculture Tractors	收割-脱粒机 Harvesters-Threshers	挤奶机 Milking Machines
孟加拉国	Bangladesh	0.3	…	
柬埔寨	Cambodia	0.5	…	
印　度	India	314.9	47.7	
印度尼西亚	Indonesia	0.5	10.8	
伊　朗	Iran	30.8	1.1	2.4
以色列	Israel	2.5	0.0	0.2
日　本	Japan	187.7	95.7	16.0
哈萨克斯坦	Kazakhstan	4.0	1.9	0.1
朝　鲜	Korea,Dem.	6.4		
韩　国	Korea,Rep.	24.4	8.5	
老　挝	Laos	0.1		
蒙　古	Mongolia	0.4	0.1	
缅　甸	Myanmar	0.7	1.9	
巴基斯坦	Pakistan	47.0	0.2	
菲律宾	Philippines	6.3	0.1	
斯里兰卡	Sri Lanka	2.2	…	
泰　国	Thailand	83.0	21.0	0.1
越　南	Viet Nam	16.3	22.3	
埃　及	Egypt	10.3	0.3	
尼日利亚	Nigeria	2.5		
南　非	South Africa	6.3	1.1	
加拿大	Canada	73.3	8.1	
墨西哥	Mexico	23.9	2.3	
美　国	United States	439.0	34.7	
阿根廷	Argentina	25.4	5.0	0.8
巴　西	Brazil	77.7	5.4	
委内瑞拉	Venezuela	4.9	0.6	
白俄罗斯	Belarus	5.0	1.3	1.3
捷　克	Czech Republic	8.4	1.0	0.5
法　国	France	113.5	7.7	20.0
德　国	Germany	76.7	8.6	25.0
意大利	Italy	191.3	5.5	15.0
荷　兰	Netherlands	14.4	0.6	3.8
波　兰	Poland	155.3	16.0	27.2
俄罗斯联邦	Russian Fed.	40.6	10.8	4.0
西班牙	Spain	101.6	5.2	13.0
土耳其	Turkey	103.9	1.3	17.0
乌克兰	Ukraine	33.7	5.8	1.3
英　国	United Kingdom	44.3	4.0	15.7
澳大利亚	Australia	31.5	5.7	20.0
新西兰	New Zealand	7.7	0.3	1.4

11-9 化肥施用量(2008年)

Consumption of Chemical Fertilizers (2008)

资料来源：联合国FAO数据库。
Source: FAO Database.
单位：万吨 (10 000 tons)

国家和地区	Country or Area	氮肥 Nitrogenous Fertilizers	磷肥 Phosphate Fertilizers	钾肥 Potash Fertilizers
世界	**World**	**9916.9**	**3662.4**	**2603.7**
中国	China	3321.2	1214.6	548.5
孟加拉国	Bangladesh	116.8	8.2	4.9
柬埔寨	Cambodia	6.0	1.9	1.0
印度	India	1491.0	605.2	331.3
印度尼西亚	Indonesia	267.6	35.3	113.1
伊朗	Iran	106.2	36.2	12.5
以色列	Israel	4.6	1.0	2.0
日本	Japan	46.9	44.9	28.2
哈萨克斯坦	Kazakhstan	6.1	…	0.9
韩国	Korea,Rep.	31.2	21.3	22.0
马来西亚	Malaysia	65.0	14.3	88.1
蒙古	Mongolia	0.7	…	…
缅甸	Myanmar	1.6	1.3	0.6
巴基斯坦	Pakistan	281.9	48.2	2.3
菲律宾	Philippines	47.4	10.9	11.3
新加坡	Singapore	0.7	…	0.3
斯里兰卡	Sri Lanka	20.5	7.8	7.3
泰国	Thailand	118.7	37.7	42.6
越南	Viet Nam	69.7	66.4	44.4
埃及	Egypt	172.1	23.0	5.6
尼日利亚	Nigeria	38.3	6.7	4.7
南非	South Africa	42.4	18.5	11.1
加拿大	Canada	197.8	59.1	
墨西哥	Mexico	84.2	8.3	18.5
美国	United States	1096.3	334.3	326.9
阿根廷	Argentina	76.2	43.6	4.3
巴西	Brazil	247.9	345.0	417.9
委内瑞拉	Venezuela	37.6	9.5	15.8
白俄罗斯	Belarus	52.4	18.1	60.5
捷克	Czech Rep.	32.1	3.9	4.9
法国	France	200.9	29.0	36.9
德国	Germany	156.1	17.4	17.9
意大利	Italy	70.3	20.4	20.6
荷兰	Netherlands	20.9	3.8	4.0
波兰	Poland	147.3	46.5	45.5
俄罗斯联邦	Russian Fed.	121.0	43.1	29.2
西班牙	Spain	74.0	27.2	31.9
土耳其	Turkey	140.0	41.6	9.7
乌克兰	Ukraine	73.6	17.4	15.5
英国	United Kingdom	91.3	12.9	20.8
澳大利亚	Australia	69.7	69.4	10.0
新西兰	New Zealand	26.3	50.6	1.1

11-10　农业集约化经营程度（2007年）
Intensivism Management in Agriculture (2007)

资料来源：联合国FAO数据库。
Source: FAO Database.

国家或地区	Country or Area	农业经济活动人口（万人） Population of Agriculture Economic Activity (10 000 persons)	农业经济活动人口占总人口比重(%) Population of Agriculture Economic Activity as Percentage of Total (%)	平均每个农业经济活动人口耕地面积（公顷/人） Cultivated Areas per Agriculture Economic Activity Population (hectares per capita)
中　国	China	49901.8	37.3	0.2
孟加拉国	Bangladesh	3553.6	22.5	0.2
文　莱	Brunei Darussalam	0.1	0.3	3.0
柬埔寨	Cambodia	495.9	34.6	0.8
印　度	India	25864.2	22.2	0.6
印度尼西亚	Indonesia	4778.3	21.3	0.5
伊　朗	Iran	652.6	9.0	2.6
以色列	Israel	5.4	0.8	5.7
日　本	Japan	174.5	1.4	2.5
哈萨克斯坦	Kazakhstan	121.0	7.9	18.8
朝　鲜	Korea,Dem.	312.3	13.2	0.9
韩　国	Korea,Rep.	152.7	3.2	1.1
老　挝	Laos	225.6	37.0	0.5
马来西亚	Malaysia	166.3	6.3	1.1
蒙　古	Mongolia	22.3	8.5	3.8
缅　甸	Myanmar	1911.9	38.9	0.6
巴基斯坦	Pakistan	2421.0	14.0	0.9
菲律宾	Philippines	1322.8	14.9	0.4
新加坡	Singapore	0.2	0.0	0.3
斯里兰卡	Sri Lanka	387.9	19.5	0.3
泰　国	Thailand	1959.4	29.3	0.8
越　南	Viet Nam	2895.4	33.6	0.2
埃　及	Egypt	690.0	8.6	0.4
尼日利亚	Nigeria	1231.2	8.3	3.1
南　非	South Africa	129.3	2.6	11.2
加拿大	Canada	34.6	1.1	130.4
墨西哥	Mexico	805.5	7.5	3.1
美　国	United States	272.8	0.9	62.5
阿根廷	Argentina	143.6	3.6	22.6
巴　西	Brazil	1192.5	6.3	5.1
委内瑞拉	Venezuela	75.7	2.7	3.5
白俄罗斯	Belarus	48.8	5.0	11.3
捷　克	Czech Rep.	35.3	3.4	8.6
法　国	France	66.0	1.1	27.9
德　国	Germany	75.0	0.9	15.8
意大利	Italy	95.0	1.6	7.6
荷　兰	Netherlands	23.1	1.4	4.6
波　兰	Poland	318.0	8.3	3.9
俄罗斯联邦	Russian Fed.	659.0	4.6	18.5
西班牙	Spain	111.5	2.5	11.3
土耳其	Turkey	874.6	12.0	2.5
乌克兰	Ukraine	264.8	5.7	12.3
英　国	United Kingdom	49.0	0.8	12.4
澳大利亚	Australia	44.3	2.1	99.7
新西兰	New Zealand	18.4	4.4	2.3

11-10 续表 continued

国家或地区	Country or Area	平均每千公顷耕地上拖拉机使用量（台/千公顷） Tractors Used per Thousand Hectares Cultivated Areas (numbers/1 000 hectares)	平均每千公顷耕地上收割机使用量（台/千公顷） Harvest Machines Used per Thousand Hectares Cultivated Areas (numbers/1 000 hectares)	平均每千公顷耕地上化肥施用量（吨/千公顷） Consumption of Chemical Fertilizers per Thousand Hectares Cultivated Areas (tons/1 000 hectare)
中　国	China	18.9	5.8	484.1
孟加拉国	Bangladesh	0.4		190.2
文　莱	Brunei Darussalam	24.0	3.3	377.0
柬埔寨	Cambodia	1.2	…	21.3
印　度	India	19.9	3.0	142.8
印度尼西亚	Indonesia	0.2	4.9	168.1
伊　朗	Iran	18.3	0.6	90.0
以色列	Israel	79.9	0.8	303.8
日　本	Japan	433.9	221.2	350.5
哈萨克斯坦	Kazakhstan	1.8	0.8	5.0
朝　鲜	Korea,Dem.	23.8		
韩　国	Korea,Rep.	152.6	53.0	511.0
老　挝	Laos	1.0		
马来西亚	Malaysia			984.4
蒙　古	Mongolia	4.4	0.6	7.1
缅　甸	Myanmar	0.7	1.8	11.3
巴基斯坦	Pakistan	22.3	0.1	170.0
菲律宾	Philippines	12.4	0.3	147.3
新加坡	Singapore	108.3		18950.0
斯里兰卡	Sri Lanka	21.5	0.0	290.3
泰　国	Thailand	54.6	13.8	137.4
越　南	Viet Nam	25.8	35.3	373.3
埃　及	Egypt	36.6	0.9	483.0
尼日利亚	Nigeria	0.7		2.4
南　非	South Africa	4.3	0.7	53.0
加拿大	Canada	16.3	1.8	71.8
墨西哥	Mexico	9.7	0.9	69.3
美　国	United States	25.8	2.0	117.1
阿根廷	Argentina	7.8	1.5	55.2
巴　西	Brazil	12.7	0.9	185.3
委内瑞拉	Venezuela	18.5	2.2	193.2
白俄罗斯	Belarus	9.1	2.4	218.4
捷　克	Czech Rep.	27.6	3.4	163.0
法　国	France	61.6	4.2	207.7
德　国	Germany	64.6	7.2	221.9
意大利	Italy	266.8	7.6	190.2
荷　兰	Netherlands	135.9	5.3	313.3
波　兰	Poland	124.3	12.8	171.3
俄罗斯联邦	Russian Fed.	3.3	0.9	14.3
西班牙	Spain	80.7	4.1	157.6
土耳其	Turkey	47.3	0.6	99.8
乌克兰	Ukraine	10.4	1.8	27.6
英　国	United Kingdom	72.8	6.6	259.0
澳大利亚	Australia	7.1	1.3	41.3
新西兰	New Zealand	177.8	7.2	2304.8

主要统计指标解释

农业生产指数 表明每年的农业生产总量与基期（1999-2001 年）相比的相对水平。它们根据不同农产品扣除种子和饲料用量后的价格加权数量之和计算得出，其中各种种子和饲料也采用同样方法加权汇总。因此，最后汇总结果代表除种子和饲料外各种用途的可支配产量。国家、地区和世界水平的指数用拉氏公式计算。各年份每种商品的生产量均以 1999-2001 年的国际平均商品价格作为权数进行加总，然后将某年得到的加总量除以基期（1999-2001 年）三年总量的算术平均数，从而求得指数。由于各个国家有关产量、范围、权数、参考时间等数据概念不同，采用的计算方法也不同，因此 FAO 计算的农业生产指数可能与各国计算的不完全一致。

谷物 谷物面积和产量数据仅指收获用做干粒粮食的作物，因此，不包括收获后用作干草或未成熟时收割用作食物、饲料或青贮饲料或作牧草用的农作物。面积数据是指收获面积。有些国家仅报告播种或耕作面积，但在正常年份，这些国家的播种或耕作面积和实际的收获面积没有什么大的差别，或者是因为全部播种面积实际都能收获，或者是因为在收获季节前后进行面积调查。

根茎类作物 包括其他的块根作物，如箭叶黄体芋和竹芋。主要用作饲料的根用作物，不包括芜菁、甜菜和甘蓝在内。

油菜籽 瑞典的产量包括 18%的水分含量，一些国家的数字，如印度和巴基斯坦也包括芥菜籽。

甘蔗和甜菜 甘蔗和甜菜的面积和产量数据一般包括所有的收获作物，已确定用于饲料而种植的作物除外。多数作物用于离心糖和非离心糖的生产，然而在一些国家里大量的甘蔗也被用作种子、饲料、新鲜消费、酒精生产和其他用途；一部分甜菜被用作饲料和生产酒精。

除瓜类外的水果总计 数据是指新鲜水果的总产量，无论它们最终是被当作食物或饲料直接消费，还是被加工成干果、果汁、果酱、酒精等各种产品。许多国家没有水果，尤其是热带水果的统计数据，并且它们的数据常常缺乏一致性。一般来说，产量数据指主要用于销售的种植园作物和果园作物，一般不收集主要用于家庭消费的分散种植的果树的产量数据。一般国家统计机构不考虑来自野生植物的产量，特别是在某些国家有一定重要性的浆果。因此，各种水果和浆果的数据是相当不全面的，尤其是在除欧洲、北美、澳大利亚和新西兰以外的地区。表中所示的总数虽然仅指所列出的有限几个国家，仍可认为它们可靠地表明了对国际贸易的影响。无论如何，可以依据这些总数来了解这些作物的年度规模变化。产量数据包括表中分别列出的水果和浆果的公布数据，也包括所有其他种类水果和浆果的数据。枣、大蕉和全部的葡萄也包括在水果总量数据中，但油橄榄除外。总量数据比那些单个商品公布的数据更全面，因为它们勿需分类说明便把对大多数无报告数字国家的估计量和有报告总数的国家的数据包括在同一个数字里。

茶 产量数字是指成品茶，然而，在印度尼西亚，所给产量的大约 1/3 是以新鲜茶叶的重量给出的。缅甸每年生产的约 45000 吨茶叶未被包括在内，因为大多数的这种作物被当作蔬菜消费掉。

烟叶 产量数字是指能够确定的农场销售重量，因此，对所得到的按干重表示的数据已按照约 90 比 100 的比例转换成农场销售重量。

黄麻和麻类纤维 黄麻纤维从黄麻和长蒴黄麻中得到，同类纤维包括许多黄麻纤维的替代品，主要是洋麻纤维和玫瑰茄纤维（木槿属）以及刚果黄麻纤维。

家畜数量 有关家畜数量的数据包括所有的家养动物，不管年龄、饲养地点和饲养目的。对没有报告数据的国家和报告数据不完整的国家作了估计。然而，在某些国家，有关鸡、鸭和火鸡的数据似乎不能代表这些家禽的总数。其他一些国家只对全部家禽给出一个数字，这些国家的数据列在“鸡”这一项下。

肉 数据仅指在一国境内屠宰的动物，而不管原产地；类似地，有关马肉、禽肉和总的肉类产量的数据，指在该国家屠宰的动物，而不管这些动物的原产地。肉产品的国内产量概念各不相同。此处产量数据仅指原产于国内的动物，也就是说，它们包括出口活畜的肉当量，排除进口活畜的肉当量。

牛奶 关于牛奶产量的数据是指全部鲜奶的总产量，不包括被幼畜吸吮的奶，但包括用来饲喂家畜的奶。然而，奥地利、捷克共和国、意大利、斯洛伐克报告的产量中包括被幼畜吸吮的奶。澳大利亚的牛奶产量数据指结束于 6 月 30 日的一个年度的数据，新西兰的是指结束于 5 月 31 日的一个年度的数据，一些其他的次要生产国也以不同于日历年度的时间段报告数据。

蛋 有些国家没有有关蛋产量的统计数据，只得以母鸡或所有家禽的数量和报告的或推测的产蛋率来估计这些数据。大多数有统计数字的国家按重量或产蛋总数来记录产量。在可能的地方，有关数量的数据已经运用官方的转换比率转换成重量数据。数据一般指农业和非农业方面的总产量，包括用于孵化的蛋。

羊毛 羊毛产量统计数字一般以带脂羊毛给出，它包含了 30-65%的杂质。为了便于数字比较，数据也按脱脂羊毛表示。

肥料 包含有机物,无机物或矿物。有机肥在农作物生产中发挥着重要作用，它来源于动物、植物和混合肥。矿物肥是以固体或液体形式提供给农民，并以散装、袋子或压缩容器等方式运送到农场。所有肥料应包含氮、磷、钾三种植物营养素中的至少一种营养物质。

农用拖拉机 数据一般指的是农业中应用的所有轮胎式和履带式拖拉机，园艺用拖拉机除外。

收割－脱粒机 数据指的是收割和打谷可一次操作完成的自动机械。

Explanatory Notes on Main Statistical Indicators

Indices of Agricultural Production The indices of agricultural production show the relative level of the aggregate volume of agricultural production for each year in comparison with the base period 1999-2001. They are based on the sum of price-weighted quantities of different agricultural commodities produced after deductions of quantities used as seed and feed weighted in a similar manner. The resulting aggregate represents, therefore, disposable production for any use except as seed and feed. All the indices at the country, regional and world levels are calculated by the Laspeyres formula. Production quantities of each commodity are weighted by 1999-2001 average international commodity prices and summed for each year. To obtain the index, the aggregate for a given year is divided by the average aggregate for the base period 1999-2001. The indices may differ from those produced by the countries themselves because of differences in concepts of production, coverage, weights, time reference of data and methods of calculation.

Cereals Area and production data on cereals relate to crops harvested for dry grain only. Cereal crops harvested for hay or harvested green for food, feed or silage or used for grazing are therefore excluded. Area data relate to harvested area. Some countries report sown or cultivated area only; however, in these countries the sown or cultivated area does not differ significantly in normal years from the area actually harvested, either because practically the whole area sown is harvested or because the area surveys are conducted around the harvest period.

Roots and Tubers, Total Includes other root crops such as yautia and arrowroot. Root crops grown principally for feed such as turnips, mangels and swedes are not included.

Rapeseed Sweden's production is given with an 18 percent water content. Figures for a few countries, such as India and Pakistan, also include mustard seed.

Sugar Cane and Sugar Beets Area and production data on sugar cane and sugar beets generally cover all crops harvested, except the crops grown explicitly for feed. Most of the crop is used for the production of centrifugal and non-centrifugal sugar; however, in several countries important quantities of sugar cane are used also for seed, feed, fresh consumption, the manufacture of alcohol and other uses; some sugar-beet production is used for feed and alcohol.

Fruit Excl. Melons Total Data refer to total production of fresh fruit, whether finally used for direct consumption for food or feed, or processed into different products: dry fruit, juice, jam, alcohol, etc. Statistics on fruit, especially tropical fruit, are unavailable in many countries, and where reported they often lack uniformity. Generally, production data relate to plantation crops or orchard crops grown mainly for sale. Data on production from scattered trees used mainly for home consumption are not usually collected. Production from wild plants, particularly berries, which is of some importance in certain countries, is generally disregarded by national statistical services. Therefore, the data for the various fruits and berries are rather incomplete, particularly for regions other than Europe, North America, Australia and New Zealand. The totals shown–although relating to the limited number of countries listed — are nevertheless believed to give a reliable indication of these crops insofar as they influence international trade. The totals, in any case, provide an indication of annual changes in the size of the crops. Production data include data published on individual fruits and berries shown separately, as well as data on all other kinds of fruits and berries. Dates, plantains and total grapes are also included in the total fruit figures, while olives are excluded. Total figures are more complete than those published for the single commodities because they include estimates for most of the non-reporting countries as well as data for countries reporting total production of fruits in a single figure without specification by kind.

Tea Production figures relate to made tea. For Indonesia, however, about one-third of the production shown is given in green-leaf weight. Myanmar each year produces about 45000 tons of tea leaves which are not included since most of the crop is consumed fresh as a vegetable.

Tobacco The production figures refer to farm sales weight as far as this could be determined. Data available on a dry weight basis have therefore been converted into farm sales weight at about 90 parts to 100.

Jute and Jute-like Fibres are obtained from corchorus capsularis and corchorus olitorius. Allied fibres include a number of jute substitutes, the main ones being kenaf or mesta and roselle (hibiscus spp.) and congo jute or paka (urena lobata).

Livestock Numbers The data on livestock numbers are intended to cover all domestic animals irrespective of their age and the place or purpose of their breeding. Estimates have been made for non-reporting countries as well as for countries reporting incomplete data. However, in certain countries, data for chickens, ducks and turkeys do not yet seem to represent the total number of these birds. Certain other countries give a single figure for all poultry; data for these countries are shown under chickens.

Meat Data relate to animals slaughtered within national boundaries, irrespective of their origin. Similarly, the data on production of horse meat, poultry meat and total meat refer to animals slaughtered in the country concerned, regardless of the origin of the animal. The concept of indigenous production of meat is different. Here, the production figures relate to indigenous animals, i.e. they include the meat equivalent of exported live animals and exclude the meat equivalent of imported live animals.

Cow Milk Data on cow milk production relate to total

production of whole fresh milk, excluding the milk sucked by young animals but including amounts fed to livestock. However, Austria, the Czech Republic, Italy and Slovakia report production including milk sucked by young animals. Milk production data shown for Australia refer to years ending 30 June; and for New Zealand, to years ending 31 May. Also, a few other minor producing countries report data for periods other than the calendar year.

Eggs Some countries have no statistics on egg production, and estimates had to be derived from such related data as chicken or total poultry numbers and reported or assumed rates of egg laying. Most of the countries that have statistics on egg production report either the total weight of eggs or the numbers of eggs produced; data on numbers have been converted into weight, using official conversion factors wherever possible. Data generally refer to total production, including eggs for hatching, in both agricultural and nonagricultural sectors.

Wool Wool production statistics are generally given for greasy wool, which contains from 30 to 65 percent impurities. In order to make figures comparable, data are given also on a degreased (scoured) basis.

Fertilizers may be organic, inorganic or mineral. Organic fertilizers play an important role in crop production and are derived from animal, plant and compost. Mineral fertilizers are available to the farmer in solid or liquid form, and are delivered to the farm either in bulk, in bags or in pressurized containers. All fertilizers contain at least one of the major plant nutrients: nitrogen (N), phosphorus (P) and potassium (K).

Tractors Data generally refer to total wheel and crawler tractors (excluding garden tractors) used in agriculture.

Harvester-Threshers Data refer to self-propelled machines that reap and thresh in one operation.

Milking Machines Data refer to the number of installations consisting of several units, each composed of a pail, a pulsator and four- teat cups and liners.

工业和建筑业

Industry and Construction

12-1 按行业划分的世界工业生产指数

World Industrial Production Indices by Branches of Industry

资料来源：联合国统计月报数据库。
Source: UN Monthly Bulletin of Statistics Database.

2000年=100 (2000=100)

		权数 (%) Weight (%)	2005	2006	2007	2008
世界	**World**					
工业	Industry	100.0	108.4	113.1	117.2	
采掘业	Mining	10.4	107.3	109.3	109.1	
煤炭	Coal	0.7	120.7	129.8	131.7	
原油、天然气	Crude Petroleum and Natrual Gas	8.0	106.2	108.0	107.2	
金属矿	Metals Ores	1.0	106.3	106.8	109.8	
制造业	Manufacturing	80.1	107.5	112.8	117.6	
食品、饮料烟草	Food,Beverages Tobacco	9.4	110.3	113.4	117.1	
纺织	Textiles	2.3	90.0	90.8	91.3	
服装、皮革和制鞋	Wearing Apparel,Leather and Footwear	2.2	75.0	76.9	76.8	
木制品	Wood and Wood Products	1.5	102.4	102.4	98.5	
造纸、出版、印刷及录音介质	Paper,Printing,Publishing and Recorded Media	7.6	95.5	96.4	97.2	
化学、石油、塑料、橡胶制品	Chemicals,Petroleum,Plastic and Rubber Products	13.3	113.1	117.0	120.7	
非金属矿制品	Non-Metallic Mineral Products	3.3	106.6	112.2	115.4	
基本金属	Basic Metals	4.0	108.7	114.8	118.7	
金属及机械制造	Fabricated Metal Products and Machinery	11.2	103.0	109.1	114.9	
办公机械、计算机、收音机、电视及其他电子设备	Office,Computing,Radio,TV and Other Electrical Equipment	12.5	117.6	131.9	143.4	
运输设备	Transport Equipment	8.2	115.1	118.4	124.2	
电、煤气和水	Electricity,Gas and Water	9.6	114.0	116.0	118.6	
发达国家	**Developed Countries**					
工业	Industry	100.0	103.1	106.6	109.6	107.8
采掘业	Mining	5.9	94.1	93.9	93.6	92.7
煤炭	Coal	0.4	98.9	99.4	98.4	97.7
原油、天然气	Crude Petroleum and Natrual Gas	4.2	92.8	92.0	91.6	90.9
金属矿	Metals Ores	0.8	90.2	91.7	90.2	92.1
制造业	Manufacturing	84.6	103.0	107.1	110.5	108.3
食品、饮料和烟草	Food,Beverages Tobacco	8.5	105.1	105.6	107.7	107.2
纺织	Texitiles	1.6	80.7	76.8	74.1	66.6
服装、皮革和制鞋	Wearing Apparel,Leather and Footwear	1.8	61.0	59.2	58.4	55.3
木制品	Wood and Wood Products	1.7	101.9	102.6	97.3	86.4
造纸、出版、印刷及录音介质	Paper,Printing,Publishing and Recorded Media	9.5	93.6	94.0	94.2	90.7
化学、石油、塑料和橡胶制品	Chemicals,Petroleum,Plastic and Rubber Products	13.0	109.0	111.1	112.7	109.6
非金属矿制品	Non-Metallic Mineral Products	3.0	99.1	101.5	101.7	96.2
基本金属	Basic Metals	3.7	101.1	104.5	105.7	101.9
金属及机械制造	Fabricated Metal Products and Machinery,n.e.c.	12.9	99.0	104.2	108.4	106.3
办公机械、计算机、收音机、电视及其他电子设备	Office,Computing,Radio,TV and Other Electrical Equipment	14.3	113.8	127.6	138.1	143.2
运输设备	Transport Equipment	9.5	109.5	111.9	115.6	109.3
电、煤气和水	Electricity,Gas and Water	9.5	109.3	109.9	111.7	112.2

12-1 续表 continued

2000年=100 (2000=100)

		权数 (%) Weight (%)	2005	2006	2007
发展中国家	**Developing Countries**				
工业	Industry	100.0	120.5	127.8	134.3
采掘业	Mining	21.6	115.3	118.8	118.6
煤炭	Coal	1.5	136.1	151.3	155.2
石油、天然气	Crude Petroleum and Natrual Gas	17.6	113.3	116.6	115.6
金属矿	Metals Ores	1.4	129.1	128.3	137.7
制造业	Manufacturing	68.6	121.6	130.6	139.7
食品、饮料和烟草	Food,Beverages Tobacco	11.8	119.6	127.4	134.0
纺织	Textiles	4.2	99.0	104.1	107.7
服装、皮革和制鞋	Wearing Apparel,Leather and Footwear	3.2	95.2	102.7	103.7
木制品	Wood and Wood Products	1.1	104.3	102.0	103.3
造纸、出版、印刷及录音介质	Paper,Printing,Publishing and Recorded Media	2.7	112.3	118.2	123.2
化学、石油、塑料和橡胶制品	Chemicals,Petroleum,Plastic and Rubber Products	14.1	122.7	130.8	139.3
非金属矿制品	Non-Metallic Mineral Products	4.0	120.7	132.5	141.5
基本金属	Basic Metals	4.7	123.9	135.5	144.8
金属及机械制造	Fabricated Metal Products and Machinery,N.E.C.	7.1	121.2	131.6	144.5
办公机械、计算机、收音机、电视及其他电子设备	Office,Computing,Radio,TV and Other Electrical Equipment	8.1	135.1	151.4	167.4
运输设备	Transport Equipment	4.9	142.8	150.3	166.3
电、煤气和水	Electricity,Gas and Water	9.8	125.7	130.9	135.7

12-2 按国家和地区划分的工业生产指数
Indices of Industrial production by Country and Area

资料来源：联合国统计月报数据库。
Source: UN Monthly Bulletin of Statistics Database.

2005年=100 (2005=100)

国家和地区	Country or Area	2003	2006	2007	2008	2009
中国香港	Hong Kong,China		101.6	100.8	95.8	91.3
孟加拉国①	Bangladesh①	86.4	110.6	119.6	129.1	138.4
印　度①	India①	85.3	111.6	121.0	124.3	137.2
以色列	Israel	90.2	109.7	114.6	123.1	115.7
日　本	Japan	94.1	104.4	107.3	103.8	81.7
韩　国	Korea,Rep.	85.2	108.4	115.9	119.8	118.9
马来西亚	Malaysia	86.0	104.9	107.3	108.1	99.7
蒙　古	Mongolia	93.6	108.3	119.8	118.2	
巴基斯坦①	Pakistan①	80.7	107.3	110.1	102.2	
新加坡	Singapore	82.0	110.3	116.6	112.5	108.7
南　非	South Africa	94.1	103.1	106.4	105.4	94.5
加拿大	Canada	96.5	99.8	99.9	94.8	84.1
墨西哥	Mexico	93.7	105.7	107.8	107.2	99.3
美　国	United States	94.7	102.2	104.9	101.5	92.0
巴　西	Brazil	89.5	102.9	109.0	112.4	104.1
俄罗斯联邦	Russian Fed.	88.1	106.3	113.6	114.3	103.6
捷　克	Czech Rep.	87.2	108.3	119.8	117.7	101.6
法　国	France	98.0	100.8	102.1	99.7	87.4
德　国	Germany	93.1	105.3	111.4	112.1	93.7
意大利	Italy	100.9	103.1	105.8	102.4	83.6
荷　兰	Netherlands	95.7	101.5	103.8	105.3	97.6
波　兰	Poland		112.0	122.5	125.8	121.0
西班牙	Spain	97.9	103.7	106.2	98.6	82.6
土耳其	Turkey	86.5	107.8	115.3	114.3	103.2
乌克兰	Ukraine	87.0	105.8	114.1	108.0	84.3
英　国	United Kingdom	100.3	100.1	100.4	97.5	87.4
澳大利亚①	Australia①	99.2	100.7	104.9	107.9	106.9
新西兰①	New Zealand①	95.4	100.4	96.7	99.1	95.0

注：①财政年度数据。
Note:①Data of fiscal year.

12-3 制造业主要指标

Main Indicators of Manufacturing

资料来源：联合国工发组织《国际工业统计年鉴》2010年、联合国数据库。
Source: United Nations Industrial Development Organization International Yearbook of Industrial Statistics 2010;UN Database.

国家和地区	Country or Area	年 份 Year	机构数 (个) Number of Establishments (number)	雇员数 (人) Number of Employees (person)	雇员工资和薪金 (亿本币) Wages and Salaries Paid to Employees (100 million local currency units)	产出 (亿本币)① Output (100 million local currency units)①
中 国	China	2007	330163	72304000	15944	372507
中国香港	Hong Kong,China	2007	12535	146800	221	1643
印 度	India	2004	131402	8804300	6914	185004
印度尼西亚	Indonesia	2006	29468	4735600	740487	12925610
伊 朗	Iran	2005	16018	1049104	445892	5592127
以色列	Israel	2006	20944	346300	530	2813
日 本	Japan	2005		7549356	253670	2957470
哈萨克斯坦	Kazakhstan	2007	11209	422800	2761	29559
韩 国	Korea,Rep.					
马来西亚	Malaysia	2006	32046	1697200	349	7102
菲律宾	Philippines	2005	6554	1022114	1591	29122
新加坡	Singapore	2007	8166	404057	166	2534
越 南	Viet Nam	2007	31057	3773500		12545360
埃 及	Egypt					
南 非	South Africa	2007		1323500	1248	12628
加拿大	Canada	2003	49259	1947000	841	5558
美 国	United States	2006	429943	12549000	5923	50199
阿根廷	Argentina					
巴 西	Brazil	2007	177153	7007200	1257	13461
捷 克	Czech Republic	2006	149203	1225355	2774	32156
法 国	France	2006	254211	3577400	1108	8749
德 国	Germany	2006	196755	6933900	2637	15787
意大利	Italy	2006	514452	3834100	936	8978
荷 兰	Netherlands	2006	46610	735825	277	2543
波 兰	Poland	2006	194399	2255500	637	7057
俄罗斯联邦	Russian Fed.	2007	416136	9258900	14310	165357
西班牙	Spain	2006	220148	2451400	592	4961
乌克兰	Ukraine	2007	49886	1607900	432	3063③
英 国	United Kingdom	2005	153445	3137691	724	4360
澳大利亚	Australia	2006	138897	1070400		3679
新西兰	New Zealand	2007	23120	267282	115	817

12-3 续表 continued

国家和地区	Country or Area	年 份 Year	生产者价格增加值 (亿本币) Value Added in Producers' Prices (100 million local currency units)	固定资本形成 (亿本币) Fixed Capital Formation (100 million local currency units)	制造业生产指数 (2005年=100) Manufacturing Index (2005=100)			
					2006	2007	2008	2009
中 国	China	2007	98533	96891				
中国香港	Hong Kong,China	2007	438	19	102.3	100.8	94.0	86.2
印 度	India	2005	35766	12448	112.5	122.6	126.0	139.8
印度尼西亚	Indonesia	2006	5143430	787010	98.3	103.5	106.9	108.5
伊 朗	Iran	2005	2082009	226291②				
以 色 列	Israel	2006	896	108②	110.1	115.0	123.8	116.5
日 本	Japan	2005	1035080	98940②	104.5	107.4	103.8	81.0
哈萨克斯坦	Kazakhstan	2007						
韩 国	Korea,Rep.				108.7	116.4	120.3	119.2
马来西亚	Malaysia	2006	1299	226	109.0	111.5	112.2	101.0
菲 律 宾	Philippines	2005	6848		90.1	86.0	86.2	76.0
新 加 坡	Singapore	2007	560	104	112.0	118.6	113.6	108.9
越 南	Viet Nam	2007		4678440			143.6	148.6
埃 及	Egypt				115.4	125.4	129.6	120.5
南 非	South Africa	2007	3258		104.8	109.6	110.6	96.8
加 拿 大	Canada	2003	2189		99.5	98.6	91.7	79.2
美 国	United States	2006	23056	1359	102.5	105.5	100.8	89.6
阿 根 廷	Argentina				109.3	119.4	125.9	126.5
巴 西	Brazil	2007	5581		102.5	108.7	112.0	103.9
捷 克	Czech Republic	2006	7508	1511②	109.5	123.0	121.2	102.7
法 国	France	2006	2155	301	101.1	102.8	99.7	86.3
德 国	Germany	2006	4594	509	105.8	112.4	113.5	93.9
意 大 利	Italy	2006	2188	327	103.3	106.3	102.7	83.3
荷 兰	Netherlands	2006	601	71	102.9	106.3	105.4	96.0
波 兰	Poland	2006	1770	416	114.3	126.7	130.6	126.2
俄罗斯联邦	Russian Fed.	2007	52653		108.4	119.8	120.4	102.1
西 班 牙	Spain	2006	1324	219	104.0	106.6	98.3	81.5
乌 克 兰	Ukraine	2007	641③	146②	105.7	116.5	109.3	80.3
英 国	United Kingdom	2005	1441	150②	101.7	102.6	99.9	89.0
澳大利亚	Australia	2006	1091	199	99.7	101.6	105.7	99.5
新 西 兰	New Zealand	2007	257	26	100.6	95.0	95.1	90.0

注：①以生产者价格计算。②2004年数据。③2006年数据。
Note:①Calculating in Producers' Prices. ②Data refer to 2004.③Data refer to 2006.

12-4 制造业增加值及构成
Composition of Value Added in Manufacturing

资料来源：世界银行WDI数据库。
Source: World Bank WDI Database.

单位：% (%)

国家和地区	Country or Area	制造业增加值(亿美元) Value Added in Manufacturing (100 million USD)		食品、饮料和烟草 Food,Beverages and Tobacco		纺织和服装 Textiles and Clothing	
		2000	2008	2000	2005	2000	2005
中　　国	China	3849.5	14922.0	4.0	4.1	2.2	2.3①
孟加拉国	Bangladesh	69.3	136.8	24.3③		40.4③	
文　　莱	Brunei Darussalam	9.3	12.2④				
柬埔寨	Cambodia	5.9	15.9	6.6		86.6⑤	
印　　度	India	657.6	1773.1	13.3	9.1⑥	11.1	8.7⑥
印度尼西亚	Indonesia	457.9	1423.6	21.0	25.0⑥	12.6	11.6⑥
伊　　朗	Iran	132.4	408.0	9.7	9.8⑥	5.5	4.0⑥
以色列	Israel			12.2	10.7⑥	4.9	3.6⑥
日　　本	Japan	10341.0	9230.8②	12.1	11.1	2.9	2.2
哈萨克斯坦	Kazakhstan	30.2	157.2				
韩　　国	Korea,Rep.	1345.6	2324.9	8.1	6.4	7.9	5.0
老　　挝	Laos	3.0	4.8	45.7⑤		22.0③	
马来西亚	Malaysia	289.5	521.9②	8.9	9.3⑥	3.8	2.6⑥
蒙　　古	Mongolia	0.5	2.2	49.4		39.7	
巴基斯坦	Pakistan	101.1	313.2				
菲律宾	Philippines	168.8	373.8	28.6	23.6⑥	7.5	6.2⑥
新加坡	Singapore	238.7	355.4	3.2	2.3	1.1	0.6
斯里兰卡	Sri Lanka	24.6	73.2		29.5		29.5
泰　　国	Thailand	412.3	951.6	17.7		12.5	
越　　南	Viet Nam	57.9	191.3	30.2		21.0	
埃　　及	Egypt	179.7	244.7	15.8③	20.1⑦	16.4③	10.1⑦
南　　非	South Africa	229.3	410.2	15.4	17.7	4.5	3.7
加拿大	Canada	1294.8		13.1	13.0⑦	3.8	3.6⑦
墨西哥	Mexico	1072.0	1994.2	25.4		4.0	
美　　国	United States	15430.0	17556.0②	14.7	14.4⑥	3.3	2.4⑥
阿根廷	Argentina	468.8	639.9	29.7	31.2⑦	7.2	5.0⑦
巴　　西	Brazil	961.7	2130.2	18.8	19.1⑥	6.8	5.6⑥
委内瑞拉	Venezuela	217.1	219.7⑧				
捷　　克	Czech Rep.	137.9	479.8	10.0	8.7	5.8	3.4
法　　国	France	1904.6	3062.8	13.3	13.5⑥	4.4	3.6⑥
德　　国	Germany	3924.8	7111.0②	8.4	8.1⑥	2.2	1.8⑥
意大利	Italy	2055.2	3446.8②	8.9	9.4⑥	12.5	10.2⑥
荷　　兰	Netherlands	535.1	943.3②	14.6	15.1⑥	2.3	1.5⑥
波　　兰	Poland	282.1	802.3	22.6	23.3⑥	4.8	3.8⑥
俄罗斯联邦	Russian Fed.		2561.8	19.4	15.4	2.3	2.0
西班牙	Spain	977.9	1958.1②	15.0	15.3⑥	6.6	4.7⑥
土耳其	Turkey	535.2	1181.2	17.6		17.6	
乌克兰	Ukraine	51.0	371.7				
英　　国	United Kingdom	2282.1	2692.7⑧	14.1	14.8⑥	4.0	2.9⑥
澳大利亚	Australia	490.8	957.3		17.5		1.5
新西兰	New Zealand	79.8		33.2	25.5⑥		

12-4 续表 continued

资料来源：世界银行WDI数据库。
Source: World Bank WDI Database.

单位：% (%)

国家和地区	Country or Area	机器和运输设备 Machinery and Transport Equipment		化工 Chemicals		其他 Other Manufacturing	
		2000	2005	2000	2005	2000	2005
中国	China	3.2	2.6			90.7	93.4
孟加拉国	Bangladesh	9.7③		11.3③		14.6③	
文莱	Brunei Darussalam						
柬埔寨	Cambodia	0.2⑤		0.2⑤		93.5	
印度	India	20.6	19.9⑥	19.6	16.2⑥	35.7	46.3⑥
印度尼西亚	Indonesia	21.2	22.7⑥	10.3	10.9⑥	35.1	30.1⑥
伊朗	Iran	27.4	27.1⑥	16.5	12.9⑥	41.2	46.5⑥
以色列	Israel	25.7	22.8⑥	6.2	10.5⑥	51.3	52.6⑥
日本	Japan	37.3	41.1	10.7	10.6	37.2	35.2
哈萨克斯坦	Kazakhstan						
韩国	Korea,Rep.	44.8	50.3	8.9	7.7	30.5	30.9
老挝	Laos	8.2③		2.8③		54.4⑤	
马来西亚	Malaysia	40.9	34.0⑥	8.3	12.8⑥	38.3	41.6⑥
蒙古	Mongolia	1.0		2.1		8.1	
菲律宾	Philippines	30.5	29.6⑥	9.4	7.9⑥	24.2	32.9⑥
新加坡	Singapore	55.3	49.5	16.6	28.6	24.1	19.2
斯里兰卡	Sri Lanka		3.9		13.6		23.8
泰国	Thailand	5.7		5.9		58.4	
越南	Viet Nam	15.1		6.3		27.6	
埃及	Egypt	15.2③	9.9⑦	20.9③	22.0⑦	32.0③	38.1⑦
南非	South Africa	18.3	16.7	6.6	7.0	55.5	55.1
加拿大	Canada	26.0	25.1⑦	8.1	8.5⑦	49.2	50.1⑦
墨西哥	Mexico	26.8		14.4		29.7	
美国	United States	31.2	28.1⑥	12.1	14.8⑥	38.9	40.5⑥
阿根廷	Argentina	10.3	8.1⑦	3.4		49.6	55.9⑦
巴西	Brazil	22.8	21.3⑥	12.0	11.2⑥	39.9	43.2⑥
委内瑞拉	Venezuela						
捷克	Czech Rep.	22.0	37.0	3.5	2.9	58.9	48.3
法国	France	30.2	29.1⑥	11.9	12.2⑥	40.5	41.9⑥
德国	Germany	41.1	42.3⑥	9.6	10.1⑥	38.9	37.9⑥
意大利	Italy	27.0	26.7⑥	7.4	7.5⑥	44.5	46.5⑥
荷兰	Netherlands	18.6	19.2⑥	12.6	17.7⑥	52.1	46.7⑥
波兰	Poland	18.6	19.9⑥	2.5	7.2⑥	51.8	46.0⑥
俄罗斯联邦	Russian Fed.	23.4	11.7	8.4	7.9	46.7	63.3
西班牙	Spain	22.5	20.8⑥	9.1	8.5⑥	47.0	51.0⑥
土耳其	Turkey	14.9		9.0		41.1	
乌克兰	Ukraine						
英国	United Kingdom	27.5	26.2⑥	10.2	11.3⑥	44.5	45.0⑥
澳大利亚	Australia		4.8		7.5		69.0
新西兰	New Zealand					66.9	74.6⑥

注：①2003年数据。②2007年数据。③1998年数据。④2006年数据。⑤1999年数据。⑥2004年数据。⑦2002年数据。⑧2005年数据。
Note:①Data refer to 2003.②Data refer to 2007.③Data refer to 1998.④Data refer to 2006.⑤Data refer to 1999.⑥Data refer to 2004.⑦Data refer to 2002.⑧Data refer to 2005.

12-5 主要工业产品产量
Output of Major Industrial Products

资料来源：联合国统计月报数据库、联合国粮农组织数据库。
Source: UN Monthly Bulletin of Statistics Database;UN FAO Database.

国家和地区	Country or Area	粗钢(万吨) Crude Steel (10 000 tons) 2009	国家和地区	Country or Area	煤(万吨)① Coal (10 000 tons)① 2009
中　国	China	56640	中　国	China	298399
日　本	Japan	8743	美　国	United States	107275
俄罗斯联邦	Russian Fed.	5917	印　度	India	55710
美　国	United States	5833	澳大利亚	Australia	42700
韩　国	Korea,Rep.	4856	俄罗斯联邦	Russian Fed.	29845
德　国	Germany	3268	南　非	South Africa	24912
巴　西	Brazil	2651	印度尼西亚	Indonesia	19344
土耳其	Turkey	2531	德　国	Germany	18337
意大利	Italy	1956	波　兰	Poland	13486
乌克兰	Ukraine	1540	哈萨克斯坦	Kazakhstan	10122
墨西哥	Mexico	1382	土耳其	Turkey	8593
西班牙	Spain	1336	加拿大	Canada	6294
法　国	France	1284	希　腊	Greece	6182
英　国	United Kingdom	990	捷　克	Czech Rep.	5671
加拿大	Canada	924	乌克兰	Ukraine	5482
南　非	South Africa	734	越　南	Viet Nam	4344
波　兰	Poland	709	塞尔维亚	Serbia	3835
埃　及	Egypt	547	罗马尼亚	Romania	3066
比利时	Belgium	536	保加利亚	Bulgaria	2718
澳大利亚	Australia	526	英　国	United Kingdom	1787
荷　兰	Netherlands	520	泰　国	Thailand	1636
沙特阿拉伯	Saudi Arabia	469	爱沙尼亚	Estonia	1493
捷　克	Czech Rep.	460	墨西哥	Mexico	1009
哈萨克斯坦	Kazakhstan	415	西班牙	Spain	953
委内瑞拉	Venezuela	391	斯洛文尼亚	Slovenia	443
阿根廷	Argentina	386	斯洛伐克	Slovakia	257
芬　兰	Finland	308	韩　国	Korea,Rep.	252
印　度	India	286	智　利	Chile	62
瑞　典	Sweden	280	吉尔吉斯斯坦	Kyrgyzstan	54
罗马尼亚	Romania	276	法　国	France	14

12-5 续表 1 continued

国家和地区	Country or Area	原油(万吨) Crude Petroleum (10 000 tons) 2009	国家和地区	Country or Area	发电量(亿千瓦小时) Electricity (100 million kwh) 2009
俄罗斯联邦	Russian Fed.	49404	美　　国	United States	39531
沙特阿拉伯	Saudi Arabia	40798	中　　国②	China②	36213
美　　国	United States	35791	俄罗斯联邦	Russian Fed.	9922
中　　国	China	18960	日　　本	Japan	9179
伊　　朗	Iran	17664	印　　度②	India②	7564
委内瑞拉	Venezuela	14950	加 拿 大	Canada	5748
墨 西 哥	Mexico	13660	德　　国	Germany	4743
加 拿 大	Canada	12564	韩　　国②	Korea,Rep.②	4333
科 威 特	Kuwait	11381	英　　国②	United Kingdom②	3405
阿 联 酋	United Arab Emirates	10754	意 大 利	Italy	2899
尼日利亚	Nigeria	10438	西 班 牙	Spain	2764
巴　　西	Brazil	9914	南　　非	South Africa	2496
挪　　威	Norway	9826	澳大利亚	Australia	2298
安 哥 拉	Angola	8712	土 耳 其	Turkey	2172
哈萨克斯坦	Kazakhstan	7658	乌 克 兰	Ukraine	1729
利 比 亚	Libya	7097	墨 西 哥	Mexico	1571
英　　国	United Kingdom	6235	波　　兰	Poland	1517
阿尔及利亚	Algeria	5473	瑞　　典	Sweden	1330
阿塞拜疆	Azerbaijan	5054	埃　　及	Egypt	1328
印度尼西亚	Indonesia	4657	挪　　威	Norway	1323
阿 根 廷	Argentina	3584	荷　　兰	Netherlands	1122
卡 塔 尔	Qatar	3568	阿 根 廷	Argentina	1113
哥伦比亚	Colombia	3456	马来西亚	Malaysia	1058
印　　度	India	3323	比 利 时	Belgium	908
埃　　及	Egypt	3316	捷　　克	Czech Rep.	822
马来西亚	Malaysia	3143	哈萨克斯坦	Kazakhstan	796
厄瓜多尔	Ecuador	2425	越　　南②	Viet Nam②	852
澳大利亚	Australia	2369	瑞　　士	Switzerland	692
越　　南	Viet Nam	1602	奥 地 利	Austria	689
也　　门	Yemen	1325	芬　　兰	Finland	687
丹　　麦	Denmark	1289	智　　利	Chile	583
泰　　国	Thailand	1180	罗马尼亚	Romania	575
秘　　鲁	Peru	778	以 色 列	Israel	553
意 大 利	Italy	444	希　　腊	Greece	553
德　　国	Germany	438	保加利亚	Bulgaria	428
突 尼 斯	Tunisia	392	新 加 坡②	Singapore②	418
乌 克 兰	Ukraine	391	中国香港	Hong Kong,China	387
新 西 兰	New Zealand	251	塞尔维亚	Serbia	384
土 耳 其	Turkey	247	葡 萄 牙	Portugal	380
白俄罗斯	Belarus	172	丹　　麦	Denmark	345

12-5 续表 2 continued

国家和地区	Country or Area	水泥(万吨) Cement (10 000 tons) 2009	国家和地区	Country or Area	化肥(万吨) Chemical Fertilizer (10 000 tons) 2008
中　国	China	163726	中　国	China	5124
印　度	India	19582	美　国	United States	1826
美　国	United States	6442	俄罗斯联邦	Russian Fed.	1620
土耳其	Turkey	5510	印　度	India	1273
日　本	Japan	5480	加拿大	Canada	1023
韩　国	Korea,Rep.	5383	白俄罗斯	Belarus	597
越　南	Viet Nam	4800	印度尼西亚	Indonesia	354
俄罗斯联邦	Russian Fed.	4426	德　国	Germany	344
墨西哥	Mexico	4164	巴　西	Brazil	322
泰　国	Thailand	3118	以色列	Israel	294
马来西亚	Malaysia	1945	埃　及	Egypt	293
法　国	France	1885	巴基斯坦	Pakistan	288
波　兰	Poland	1531	乌克兰	Ukraine	261
摩洛哥	Morocco	1452	波　兰	Poland	239
加拿大	Canada	1098	沙特阿拉伯	Saudi Arabia	179
乌克兰	Ukraine	949	法　国	France	174
阿根廷	Argentina	938	约　旦	Jordan	161
澳大利亚	Australia	911	荷　兰	Netherlands	160
罗马尼亚	Romania	792	西班牙	Spain	157
英　国	United Kingdom	762	卡塔尔	Qatar	138
突尼斯	Tunisia	751	立陶宛	Lithuania	109
秘　鲁	Peru	722	摩洛哥	Morocco	108
哈萨克斯坦	Kazakhstan	590	伊　朗	Iran	105
白俄罗斯	Belarus	436	突尼斯	Tunisia	105
智　利	Chile	373	罗马尼亚	Romania	95
肯尼亚	Kenya	332	英　国	United Kingdom	94
塞内加尔	Senegal	332	澳大利亚	Australia	92
斯洛伐克	Slovakia	302	孟加拉国	Bangladesh	92
孟加拉国	Bangladesh	286	阿　曼	Oman	90
克罗地亚	Croatia	283	日　本	Japan	88
保加利亚	Bulgaria	266	委内瑞拉	Venezuela	84
塞尔维亚	Serbia	223	越　南	Viet Nam	83
古　巴	Cuba	164	土耳其	Turkey	79
塞浦路斯	Cyprus	148	挪　威	Norway	76
阿塞拜疆	Azerbaijan	128	智　利	Chile	72
中国香港	Hong Kong,China	113	马来西亚	Malaysia	69
芬　兰	Finland	101	韩　国	Korea,Rep.	56
缅　甸	Myanmar	68	克罗地亚	Croatia	47
立陶宛	Lithuania	59	科威特	Kuwait	44
吉尔吉斯斯坦	Kyrgyzstan	58	意大利	Italy	42

12-5 续表 3 continued

国家和地区	Country or Area	棉布(万平方米) Woven Cotton Fabrics (10 000 sq.m) 2009	国家和地区	Country or Area	天然气(万亿焦耳) Natural Gas (terajoule) 2009
中　　国⑥	China⑥	5698200	美　　国	United States	22763412
印　　度	India	2803816	俄罗斯联邦	Russian Fed.	19656516
俄罗斯联邦	Russian Fed.	146848	加 拿 大	Canada	5685504
巴基斯坦②	Pakistan②	101692	挪　　威	Norway	4137732
土 耳 其⑥	Turkey⑥	70774	中　　国	China	3325488
日　　本	Japan	22084	印度尼西亚	Indonesia	3309552
越　　南	Viet Nam	21680	墨 西 哥	Mexico	3235536
墨 西 哥⑦	Mexico⑦	126036	英　　国	United Kingdom	2496888
波　　兰	Poland	7037	荷　　兰	Netherlands	2341464
白俄罗斯	Belarus	5809	马来西亚	Malaysia	2279292
法　　国⑦	France⑦	82140	阿 根 廷	Argentina	1825728
德　　国⑦	Germany⑦	52128	印　　度	India	1570416
乌 克 兰	Ukraine	4036	澳大利亚	Australia	1506372
哈萨克斯坦	Kazakhstan	3444	泰　　国	Thailand	940308
秘　　鲁⑥	Peru⑥	3562	巴　　西	Brazil	924732
罗马尼亚	Romania	3430	乌 克 兰	Ukraine	712944
奥 地 利	Austria	2830	孟加拉国	Bangladesh	687048
保加利亚	Bulgaria	2352	阿塞拜疆	Azerbaijan	640224
克罗地亚	Croatia	1818	德　　国	Germany	591216
匈 牙 利	Hungary	689	哈萨克斯坦	Kazakhstan	381696
古　　巴	Cuba	667	罗马尼亚	Romania	375936
肯 尼 亚⑥	Kenya⑥	631	意 大 利	Italy	309336
塞尔维亚	Serbia	458	越　　南	Viet Nam	288864
爱沙尼亚	Estonia	107	丹　　麦	Denmark	181740
阿塞拜疆	Azerbaijan	52	波　　兰	Poland	169932
立 陶 宛	Lithuania	19	日　　本	Japan	145572
吉尔吉斯斯坦	Kyrgyzstan	11	突 尼 斯	Tunisia	107772
亚美尼亚	Armenia	1	以 色 列	Israel	102624

12-5 续表 4 continued

国家和地区	Country or Area	汽车(万辆) Motor Vehicles (10 000 vehicles) 2008	国家和地区	Country or Area	新闻纸(万吨) Newsprint (10 000 tons) 2009
日　本	Japan	1983	美　国④	United States④	509.6
美　国⑧	United States⑧	1124	中　国	China	484.3
德　国	Germany	1108	日　本	Japan	345.5
中　国④	China④	728	德　国	Germany	248.8
韩　国	Korea,Rep.	690	瑞　典	Sweden	240.7
巴　西	Brazil	482	俄罗斯联邦	Russian Fed.	200.6
法　国	France	429	韩　国	Korea,Rep.	149.7
墨西哥	Mexico	388	英　国④	United Kingdom④	111.7
西班牙	Spain	388	印　度	India	96.9
加拿大	Canada	327	匈牙利⑤	Hungary⑤	39.4
印　度	India	301	智　利	Chile	29.5
俄罗斯联邦	Russian Fed.	294	墨西哥	Mexico	22.1
英　国	United Kingdom	289	波　兰	Poland	16.6
土耳其	Turkey	174	阿根廷	Argentina	15.8
波　兰	Poland	168	克罗地亚	Croatia	5.6
意大利	Italy	132	塞尔维亚	Serbia	4.5
马来西亚	Malaysia	84	秘　鲁	Peru	4.0
乌克兰	Ukraine	80	乌克兰	Ukraine	3.4
阿根廷	Argentina	80	约　旦⑤	Jordan⑤	3.3
越　南	Viet Nam	20	吉尔吉斯斯坦⑤	Kyrgyzstan⑤	2.4
哈萨克斯坦	Kazakhstan	1	黑　山	Montenegro	0.1

注：①煤炭产量包括硬煤和褐煤产量。②公用发电量。③2008年数据。④2004年数据。⑤千万件。⑥万米。 ⑦吨。⑧2006年数据。

Note: ①Coal production and lignite production.②Gross production for public use.③Data refer to 2008.④Data refer to 2004.⑤10 million units. ⑥10,000 Metres.⑦Metric Tons.⑧Data refer to 2006.

12-6 竣工房屋建筑

Construction of New Buildings

资料来源：联合国统计月报数据库。
Source: UN Monthly Bulletin of Statistics Database.
单位:万平方米 (10 000 sq.m)

国家和地区	Country or Area	2004	2005	2006	2007	2008	2009
中　国	China	34678	40004	17177	18844	38540	57695
中国香港	Hong Kong,China	103	71	72	46	43	44
伊　朗	Iran	4170					
以色列	Israel	503	496		510	536	592
日　本	Japan	11177	11242	11455		9536	7100
哈萨克斯坦	Kazakhstan	274	499	641	695	683	638
韩　国	Korea,Rep.	5010	5028	5387	6528	3846	5006
菲律宾	Philippines	871	1060	911	808	984	985
南　非	South Africa	760	886	918	911	881	682
美　国①	United States①	2208000	1932000	1980000	1505004	1122504	794004
捷　克①	Czech Rep.①	32268	32868	30192	41652	38376	38532
法　国	France	4196	4562	4680	4700	4036	3547
德　国	Germany	2801	2502	2570	1826	1733	1792
波　兰	Poland	108120	114072	115356	133704	165192	160008
俄罗斯联邦	Russian Fed.	4104	4356	5056	6122	6406	5976
西班牙①	Spain①	496788	524484	584280	641424	615072	388416
土耳其	Turkey	2344	3661	4280	4756	5246	5940
乌克兰	Ukraine	756		863	1025	1050	640
英　国①	United Kingdom①	203496	209580	212784	225336	182964	151596
澳大利亚①	Australia①	162816	164964	145632	152412	145248	145344
新西兰	New Zealand	581	497	497	502	364	282

注：①套。
Note:①number.

12-7 住宅及其设备
Dwellings and Dwelling Facilities

资料来源:日本《世界统计》2009年。
Source: Japan World statistics 2009.

国家和地区	Country or Area	年份 Year	住宅总计(万套) Total Dwellings (10 000 numbers)	住宅设备普及率(%) Dwelling Facilities(%)			
				自来水 Running Water	浴盆和淋浴 Bath	抽水马桶 Flush Toilet	集中供暖 Central Heating
塞浦路斯	Cyprus	2003	30.5				
		2004	31.4				
日　本	Japan	1998	4392.2		97.0	84.4	
		2003	4686.3		97.8	89.5	
美　国	United States	2003	11721.1	99.2	99.7	99.7	88.9
奥地利	Austria	2002	329.6	99.9	98.0	99.0	89.3
		2003	330.2	99.9	98.3	99.1	89.8
保加利亚	Bulgaria	2003	369.7	87.6		67.1	12.7
		2004	370.5	87.6		67.1	12.7
捷　克	Czech Republic	2001	436.6	86.4	83.7	82.2	64.5
丹　麦	Denmark	2003	256.1		94.7	98.2	98.6
		2004	260.2		94.6	97.9	98.4
爱沙尼亚	Estonia	2004	62.9	84.1	66.9	74.3	58.8
		2005	63.3	84.0	66.8	74.3	58.7
芬　兰	Finland	2003	260.4	98.3	99.0	95.8	92.5
		2004	263.5	98.3	99.1	96.0	92.6
法　国	France	2001	2949.5				
		2002	2949.5				
德　国	Germany	2002	3892.5				82.1
		2003	3914.1				
匈牙利	Hungary	2004	417.3	91.0	89.3	85.8	
		2005	417.3	94.2	91.3	89.9	56.7
爱尔兰	Ireland	2001	133.7	97.0	94.0	96.0	59.0
		2002	138.7	97.0	94.0	96.0	59.0
卢森堡	Luxembourg	2001	17.2		94.2	92.0	92.3
荷　兰	Netherlands	2004	686.2				
		2005	691.4				
挪　威	Norway	2003	200.5				
		2004	202.8				
波　兰	Poland	2003	1259.6	95.0	86.1	87.3	77.1
		2004	1268.3	95.0	86.2	87.4	77.2
葡萄牙	Portugal	2003	539.8				
		2004	546.3				
罗马尼亚	Romania	2003	815.2				
		2004	817.7				
斯洛文尼亚	Slovenia	2002	78.5	98.5	92.2	92.9	78.7
		2003	79.1	98.5	92.2	92.9	78.9
西班牙	Spain	2001	2082.3				
瑞　典	Sweden	2003	435.1	100.0	100.0	100.0	100.0
		2004	438.0	100.0	100.0	100.0	100.0
瑞　士	Switzerland	2003	367.2				
		2004	371.0				
英　国	United Kingdom	2003	2577.4	99.9	99.9	99.9	99.9
		2004	2595.3				

主要统计指标解释

工业生产指数 按国际标准产业分类的大类，包括矿业，制造业，电力、煤气、水，不包括建筑业，工业生产指数体现按美元不变价计算的增加值的变化趋势，采用拉氏公式计算，基期为1995年。

机构数 这里所用的机构的概念大部分情况下指的是经济活动单位，即能够单独核算的、在一个地点经营的、主要从事一种经济活动的单位。

从业人员数 指所有在企业中工作的人，包括企业主本人、合伙人、不领工资的家庭成员和所有雇员，但不包括家务劳动者。

工资和薪金 指报告期内用现金或以货代款方式支付给企业雇员的所有款项。款项包括（1）直接工资和薪金；（2）非工作时间的报酬；（3）奖金和小费；（4）雇主直接支付的住房补贴和家庭补贴；（5）以货代款方式的支付。雇员的补偿相当于工资和薪金加雇主为雇员支付的社会保障、养老金缴款雇员因此而得到的收益、解雇和辞职时加发的工资。

产值 指企业的工业活动所产出的价值。它包括(1)企业创造的全部产品总值;(2)收到或发出的在产品期初期末差额价值或库存品价值;(3)为其他部门提供工业生产或服务价值;(4)收到或发出的商品价值减去支付这些商品的数额;(5)报告期内生产单位自己使用而生产的固定资产价值。发出的制成品库存的期初期末差额价值。

固定资本形成 指报告期内所购买或自建的固定资产减去相应的卖出的固定资产的价值。固定资产包括使用期限在一年或一年以上,企业自产自用的固定资产; 为延长使用寿命提高生产率而对现有资产进行的更新改造也包括在内。

Explanatory Notes on Main Statistical Indicators

Industrial Production Indices are classified according to tabulation categories, division and combination of division of the revised version of the International Standard Industrial Classification of All Economic Activities (ISIC) for mining, manufacturing and electricity, gas and water, excluding construction. The indices indicate trends in value added in constant US dollars. Each series is compiled by use of the Laspeyres. The base year is 1995.

Establishment is ideally a unit that engages, under a single ownership or control, in one, or predominantly one, kind of activity at a single location.

Number of Employees is defined as the total number of persons who worked in or for the establishment during the reference year. However, home workers are excluded.

Wages and Salaries Estimates of wages and salaries include all payments in cash or in kind made to "employees" during the reference year in relation to work done for the establishment. Payment include: (a)direct wages and salaries;(b)remuneration for time not worked; (c)bonuses and gratuities;(d)housing allowances and family allowances paid directly by the employer, and (e)payments in kind.

Output The measure of output normally used in the tables is the census concept that covers only activities of an industrial nature. it include:(a)the value of all products of the establishment; (b)the net change between the beginning and the end of the reference period in the value of work in progress and stocks of goods to be shipped in the same condition as received;(c)the value of industrial work done or industrial services rendered to others; (d)the value of goods shipped in the same condition as received less the amount paid for these goods; and(e)the value of fixed assets produced during the period by the unit for its own use. In the case of estimates compiled on a shipment basis, the net change in the value of stocks of finished goods between the beginning and the end of the reference period is also included.

Gross Fixed Capital Formation Estimates refer to the value of purchases and own account construction of fixed assets during the reference year less the value of corresponding sales. The fixed assets covered are those (whether new or used) with a productive life of one year or more. These assets, which are intended for the use of the establishment, including fixed assets made by the establishment, including fixed assets made by the establishment's own labour force for its own use. Major additions, alterations and improvements to existing assets that extend their normal economic life or raise their productivity are also included.

运输和通讯

Transportation and Communication

13-1 公路货运客运周转量

Freight Ton-km and Passenger-km of Road

资料来源：世界银行WDI数据库。
Source: World Bank WDI Database.

国家和地区	Country or Area	公路货运周转量(亿吨公里) Roads, Goods Transported (100 million ton-km)			公路客运周转量(亿人公里) Roads, Passengers Carried (100 million passenger-km)		
		2000	2005	2006	2000	2006	2007
中　国	China	5483.4①	8693.2	9754.2	6657.4	10130.9	11506.8
柬埔寨	Cambodia	0.1			2.1		
印　度	India	8.8①					
日　本	Japan	3006.7①	3276.4②		9512.6	9475.7②	
哈萨克斯坦	Kazakhstan	46.4①	471.3	538.2		1008.7	1033.9
韩　国	Korea, Rep.	745.1③	125.5	125.5		978.6	
蒙　古	Mongolia	14.8	2.5④		3.9	5.6④	
巴基斯坦	Pakistan	902.7①	1292.5		1970.2	2637.9⑤	
斯里兰卡	Sri Lanka				198.7	210.7⑥	
越　南	Viet Nam		176.7	205.4		435.7	493.8
南　非	South Africa	4.4					
加拿大	Canada	767.0①	1847.8④			4938.2⑥	
墨西哥	Mexico	1790.9①	2042.2	2094.0	3853.0	4370.0	4499.2
美　国	United States	15997.6⑦	18855.8	18899.3		79400.1	
捷　克	Czech Rep.	390.0	466.0④		734.0	900.6⑥	
法　国	France	2665.0	1930.0	3130.0		7690.0	7750.0
德　国	Germany	3472.0	2376.1	4619.0		9643.6	9667.0
意大利	Italy	1847.6	1927.0⑥			975.6⑥	
荷　兰	Netherlands	457.0	771.0④		1939.0⑦		
波　兰	Poland	695.5①	1197.4	1364.9	317.4	281.5	273.6
俄罗斯联邦	Russian Fed.	233.0	1940.0	1990.0	1.8⑦	840.0	780.0
西班牙	Spain	1330.8	1328.7④		4031.7	3971.2④	
土耳其	Turkey	1522.1①	1668.4	1774.0	1779.6	1876.0	2091.2
乌克兰	Ukraine	182.7①	239.0	266.3	310.1	533.5	554.5
英　国	United Kingdom	1658.3	1630.0	1667.3		7360.0⑤	
澳大利亚	Australia		1686.3	1730.0		2988.9	3015.5

注：①1998年数据。②2004年数据。③1997年数据。④2003年数据。⑤2005年数据。⑥2002年数据。⑦1999年数据。
Note:①Data refer to 1998. ②Data refer to 2004. ③Data refer to 1997. ④Data refer to 2003. ⑤Data refer to 2005. ⑥Data refer to 2002. ⑦Data refer to 1999.

13-2 铁路运输

Railway Traffic

资料来源：世界银行WDI数据库。
Source: World Bank WDI Database.

国家和地区	Country or Area	铁路总长度（公里）Rail Lines Total (km)		铁路货运周转量(亿吨公里) Goods Transported Hauled (100 million ton-km)		铁路客运周转量(亿人公里) Passengers Carried (100 million passenger-km)	
		2000	2008	2000	2008	2000	2008
世　界	**World**			**37.54**	**43.43**	**14.86**	**20.03**
高收入国家	**High Income**			**103.83**	**107.77**	**65.30**	**63.43**
中等收入国家	**Middle Income**			**32.60**	**42.96**	**12.00**	**11.21**
中　国	China	58656	60809	13336.06	25118.04	4414.68	7728.34
孟加拉国	Bangladesh	2768	2835	7.78	8.70	39.41	56.09
柬埔寨	Cambodia	601	650①	0.92	0.92①	0.45	0.45①
印　度	India	62759	63327	3052.01	5213.71	4306.66	7699.56
印度尼西亚	Indonesia	5324②	3370	49.60②	43.90	161.96②	143.44
伊　朗	Iran	6688	7335	141.79	218.29	71.19	139.00
以色列	Israel	925	1005	11.73	10.55	7.81	19.68
日　本	Japan	20165	20048	223.13	230.32	2407.93	2558.65
哈萨克斯坦	Kazakhstan	13545	14205	1249.83	2149.08	102.15	144.50
韩　国	Korea,Rep.	3123	3381	108.03	115.66	280.98	320.25
马来西亚	Malaysia	1622	1665	9.07	13.50	13.12	22.68
蒙　古	Mongolia	1810	1810	42.93	82.61	10.70	14.00
缅　甸	Myanmar				8.85③		41.63③
巴基斯坦	Pakistan	7791	7791	37.54	61.87	184.95	247.31
菲律宾	Philippines	491	479	0.01		1.71	0.83③
斯里兰卡	Sri Lanka	1447④	1463	0.89	1.35	31.76④	47.67
泰　国	Thailand	4103	4429	33.85	31.61	99.35	80.37
越　南	Viet Nam	3142	3147	19.02	39.10	32.00	46.59
埃　及	Egypt	5024	5063	39.80	41.88	349.60	408.30
尼日利亚	Nigeria	3557	3528⑤	1.05	0.77⑤	3.63	1.74⑤
南　非	South Africa	22657	24487	1066.05	1060.15	132.60	138.65
加拿大	Canada	23731⑥	57216	1540.57②	3581.54		30.56
墨西哥	Mexico		26677	468.73②	711.36		0.84
美　国	United States	159822	227058	21421.46	27882.30		99.35
阿根廷	Argentina		35753		128.71		69.80①
巴　西	Brazil	4183⑥	29817	49.87⑥	2677.00		
委内瑞拉	Venezuela	336	336	0.54	0.81⑤		
捷　克	Czech Rep.	9365	9487	172.20	159.62	72.66	67.59
法　国	France	32515	29901	554.48	415.30	698.60	882.83
德　国	Germany	36652	33862	806.34	911.78	743.88	769.97
意大利	Italy	16499	16862	228.34	199.18	448.49	469.98
荷　兰	Netherlands	2802	2896	38.19		147.60	153.13
波　兰	Poland	22560	19627	555.62	392.00	242.26	179.58
俄罗斯联邦	Russian Fed.	86075	84158	13732.00	24000.00	1671.00	1758.00
西班牙	Spain	13866	15046	120.42	102.24	197.84	233.44
土耳其	Turkey	8671	8699	97.61	101.04	58.32	50.97
乌克兰	Ukraine	22302	21676	1728.40	2570.06	517.67	530.56
英　国	United Kingdom	15991	16321	180.90	125.12	382.00	517.59
澳大利亚	Australia	9499	9661	340.50	610.20	12.65	15.26
新西兰	New Zealand	3913④		40.78			

注：①2005年数据。②1998年数据。③2006年数据。④1999年数据。⑤2007年数据。⑥1997年数据。
Note:①Data refer to 2005.②Data refer to 1998.③Data refer to 2006.④Data refer to 1999.⑤Data refer to 2007.⑥Data refer to 1997.

13-3 国际海运装货量和卸货量

International Maritime Freight Loaded and Unloaded

资料来源：联合国统计月报数据库。
Source: UN Monthly Bulletin of Statistics Database.

单位：万吨 (10 000 tons)

国家和地区	Country or Area	国际海运装货量 International Maritime Freight Loaded			国际海运卸货量 International Maritime Freight Unloaded		
		2000	2007	2008	2000	2007	2008
中国香港	Hong Kong,China	6770	10411	11342	10693	14130	14598
孟加拉国	Bangladesh	89	73	92	1408	1810	1801
文　莱	Brunei Darussalam	10			102		
印度尼西亚	Indonesia	14153	34850	36390	4504	9172	9994
伊　朗	Iran	3065	3943	3058	4486	7790	6611
以 色 列	Israel	1387	1775	1800	2920	2248	2254
日　本	Japan	13010			80654		
韩　国	Korea,Rep.	15078	28602		41882	57650	
马来西亚	Malaysia	5483	9697	10367	6922	11708	12588
巴基斯坦	Pakistan	617			3080		
新 加 坡	Singapore	32618①	48361①	51541①			
斯里兰卡	Sri Lanka	919	1772				
南　非	South Africa	2598					
美　国	United States	34334			83352		
阿 根 廷②	Argentina②	1550	2299			2299	2640
法　国	France	6810			20273		
德　国	Germany	8602	11880	11990	14725	18810	19250
荷　兰	Netherlands	9940			32507		
波　兰	Poland	3152	2632	2076	1582	2612	2807
俄罗斯联邦	Russian Fed.	828			84		
西 班 牙	Spain	5627			19343		
乌 克 兰	Ukraine	4271	6386	7626	684	1834	2114
澳大利亚	Australia	48750	67078	73348	5418	7993	8718
新 西 兰	New Zealand	2214	2341	2525	1379	1847	1940

注：①包括装货量和卸货量。②不包括转口。
Note:①Including both goods loaded and unloaded.②Excluding re-exports.

13-4 空运货物周转量和客运量

Freight and Passengers Carried by Air

资料来源：世界银行WDI数据库。
Source: World Bank WDI Database.

国家和地区	Country or Area	空运货物周转量（万吨公里）Air transport,Freight (10 000 ton-km)			航空客运量（万人）Air Transport,Passengers Carried (10 000 persons)		
		2000	2007	2008	2000	2007	2008
世　界	**World**	**11825721**	**12462836**	**12455734**	**167406**	**205894**	**204963**
高收入国家	**High Income**	**9962524**	**9654310**	**9506927**	**135231**	**147553**	**143512**
中等收入国家	**Middle Income**	**1766125**	**2711364**	**2843069**	**30737**	**56057**	**58851**
低收入国家	**Low Income**	**97072**	**97162**	**105738**	**1439**	**2284**	**2600**
中　国	China	390008	1118954	1138606	6189	18361	19100
中国香港	Hong Kong,China	511151			1438		
中国澳门	Macao,China	2190			153		
孟加拉国	Bangladesh	19387	8903	8422	133	124	122
文　莱	Brunei Darussalam	14023			86		
柬埔寨	Cambodia		203	66		31	21
印　度	India	54765	96768	123394	1730	5190	4988
印度尼西亚	Indonesia	40854	48452	39458	992	3041	2977
伊　朗	Iran	7372	9543	9732	872	1392	1203
以色列	Israel	88570	113288	90186	444	466	456
日　本	Japan	867205	843507	817281	10912	9984	9702
哈萨克斯坦	Kazakhstan	1175	1721	1649	46	130	128
韩　国	Korea,Rep.	765134	903972	872681	3433	3666	3608
老　挝	Laos	167	263	258	21	33	32
马来西亚	Malaysia	186384	266153	244446	1656	2133	2242
蒙　古	Mongolia	844	536	593	25	38	36
缅　甸	Myanmar	77	287	283	44	166	164
巴基斯坦	Pakistan	34031	31387	31980	529	544	561
菲律宾	Philippines	28995	28558	27736	576	882	951
新加坡	Singapore	600489			1670		
斯里兰卡	Sri Lanka	25571			176		
泰　国	Thailand	171288	245455	228896	1739	2119	1999
越　南	Viet Nam	11733	25849	29576	288	719	999
埃　及	Egypt	27806	20683	19548	452	583	669
尼日利亚	Nigeria	882	1004	1004	51	136	146
南　非	South Africa	68757	93920	76089	800	1287	1314
加拿大	Canada	189611	142985	138867	4177	5210	5372
墨西哥	Mexico	30986	48234	48279	2089	2095	1883
美　国	United States	3017198	4061774	3931360	66533	74430	70178
阿根廷	Argentina	29665	13268	13169	892	704	615
巴　西	Brazil	172790	147783	180706	3129	4529	5876
委内瑞拉	Venezuela	3310	209	217	430	550	577
捷　克	Czech Rep.	3222	3261	2717	223	487	497
法　国	France	522434	642497	618780	5258	6155	6121
德　国	Germany	712771	852896	835288	5796	10610	10794
意大利	Italy	174841	154994	127902	3042	3783	3067
荷　兰	Netherlands	436734	500560	490338	2090	2886	2960
波　兰	Poland	7783	8315	7892	234	427	463
俄罗斯联邦	Russian Fed.	104141	122431	239959	1769	3319	3794
西班牙	Spain	87950	120388	130644	3971	6067	5521
土耳其	Turkey	38504	46610	48067	1219	2290	2551
乌克兰	Ukraine	1220	1801	6336	95	174	346
英　国	United Kingdom	516087	615445	628383	7044	10162	10471
澳大利亚	Australia	173074	234808	221244	3258	4873	5149
新西兰	New Zealand	81714	86814	92085	1078	1255	1295

13-5 机动车使用量

Vehicles in Use

资料来源：国际公路协会《世界公路统计》2009年。
Source: International Road Federation World Road Statistics 2009.

国家和地区	Country or Area	年份 Year	总计（万辆） Total (10 000 units)	乘用车（万辆） Passenger Cars (10 000 units)	公共汽车（万辆） Buses (10 000 units)	卡车和货车（万辆） Lorries and Vans (10 000 units)
中　国	China	2007	4250.0	2961.6	234.3	1054.1
中国香港	Hong Kong,China	2007	49.7	37.2	1.4	11.1
孟加拉国	Bangladesh	2007	35.8	15.8	3.2	16.9
文　莱	Brunei Darussalam	2007	27.1	25.3	0.2	1.7
印　度	India	2006	1695.4	1152.6	99.2	443.6
以色列	Israel	2007	218.9	180.5	2.3	36.2
日　本	Japan	2007	7602.4	4146.9	23.1	3432.4
哈萨克斯坦	Kazakhstan	2007	262.6	218.3	8.3	35.9
韩　国	Korea,Rep.	2007	1639.2	1202.1	18.2	418.9
马来西亚	Malaysia	2006	792.1	702.4	6.0	83.7
蒙　古	Mongolia	2007	16.0	11.0	1.3	3.7
缅　甸	Myanmar	2008	34.5	27.2	2.1	5.2
巴基斯坦	Pakistan	2007	179.8	144.0	17.0	18.7
菲律宾	Philippines	2007	286.8	93.8	5.5	187.5
新加坡	Singapore	2007	68.3	51.7	1.5	15.1
斯里兰卡	Sri Lanka	2007	115.9	36.1	8.0	71.8
南　非	South Africa	2007	760.3	516.1	31.7	212.6
加拿大	Canada	2007	1969.2	1226.6		742.6
墨西哥	Mexico	2007	2568.6	1753.3	28.3	787.0
美　国	United States	2007	24726.5	13593.3	83.4	11049.7
巴　西	Brazil	2007	3797.8	3028.3	198.6	570.9
白俄罗斯	Belarus	2007	273.8	232.9	3.1	37.8
捷　克	Czech Republic	2007	485.6	428.0	2.0	55.5
法　国	France	2007	3705.3	3070.0	8.3	627.0
德　国	Germany	2007	5125.8	4657.0	8.4	460.5
意大利	Italy	2007	4021.4	3568.0	9.6	443.8
荷　兰	Netherlands	2007	823.7	723.0	1.1	99.6
挪　威	Norway	2007	269.3	215.5	2.5	51.3
波　兰	Poland	2007	1719.7	1458.9	8.8	252.1
俄罗斯联邦	Russian Fed.	2007	3484.0	2924.9	86.1	473.0
西班牙	Spain	2007	2696.2	2176.0	6.1	514.1
土耳其	Turkey	2007	965.4	647.2	56.2	262.0
乌克兰	Ukraine	2007	653.2	594.0	18.6	40.6
英　国	United Kingdom	2007	3212.4	2822.8	18.1	371.5
澳大利亚	Australia	2007	1426.3	1146.2	7.8	272.3
新西兰	New Zealand	2007	308.4	259.9	1.8	46.6

13-5 续表 continued

国家和地区	Country or Area	年份 Year	摩托车 (万辆) Motorcycles (10 000 units)	每千人拥有乘用车数量(辆) Passenger Cars per 1000 Persons (unit)	每千人拥有汽车数量(辆) Total Vehicles per 1000 Persons (unit)	每公里道路汽车数量（辆） Total Vehicles per km of Road (unit)
中　国	China	2007	8721.7	22.0	32.0	12.0
中国香港	Hong Kong,China	2007	3.7	54.0	72.0	247.0
孟加拉国	Bangladesh	2007	65.4	1.0	2.0	1.0
文　莱	Brunei Darussalam	2007	1.2	649.0	696.0	74.0
印　度	India	2006	6474.3	10.0	15.0	5.0
以色列	Israel	2007	9.5	251.0	305.0	122.0
日　本	Japan	2007	1479.0	325.0	595.0	64.0
哈萨克斯坦	Kazakhstan	2007	4.5	141.0	170.0	28.0
韩　国	Korea,Rep.	2007	182.1	248.0	338.0	161.0
马来西亚	Malaysia	2006	745.8			72.0
蒙　古	Mongolia	2007		42.0	61.0	3.0
缅　甸	Myanmar	2008	67.9	6.0	7.0	13.0
巴基斯坦	Pakistan	2007	268.4	9.0	11.0	7.0
菲律宾	Philippines	2007	264.7	11.0	33.0	14.0
新加坡	Singapore	2007	14.4	113.0	149.0	207.0
斯里兰卡	Sri Lanka	2007	196.6	18.0	58.0	12.0
南　非	South Africa	2007	31.2	108.0	159.0	21.0
加拿大	Canada	2007		372.0	597.0	14.0
墨西哥	Mexico	2007	86.9	167.0	244.0	71.0
美　国	United States	2007	713.8	451.0	820.0	38.0
巴　西	Brazil	2007	1092.2	158.0	198.0	22.0
白俄罗斯	Belarus	2007	37.8	240.0	282.0	28.0
捷　克	Czech Republic	2007	86.0	414.0	470.0	38.0
法　国	France	2007	253.5	498.0	600.0	39.0
德　国	Germany	2007	396.9	566.0	623.0	80.0
意大利	Italy	2007	928.0	601.0	677.0	82.0
荷　兰	Netherlands	2007	56.8	441.0	503.0	65.0
挪　威	Norway	2007	34.4	458.0	572.0	29.0
波　兰	Poland	2007	135.1	383.0	451.0	66.0
俄罗斯联邦	Russian Fed.	2007		206.0	245.0	37.0
西班牙	Spain	2007	231.1	485.0	601.0	40.0
土耳其	Turkey	2007	200.3	88.0	131.0	23.0
乌克兰	Ukraine	2007	71.4	128.0	140.0	39.0
英　国	United Kingdom	2007	126.3	463.0	527.0	76.0
澳大利亚	Australia	2007	51.2	545.0	679.0	17.0
新西兰	New Zealand	2007	8.5	615.0	729.0	33.0

13-6 汽车燃料价格

Motor Fuel Prices

资料来源：国际公路协会《世界公路统计》2009年。
Source: International Road Federation World Road Statistics 2009.

单位：美分/升 (USD cent/liter)

国家和地区	Country or Area	高级汽油价格 Super Gasoline Price				
		2000	2002	2004	2006	2008
中　　国	China	40	42	48	69	99
中国香港	Hong Kong,China	146	147	154	169	195
孟加拉国	Bangladesh	46	52	59	79	117
印　　度	India	60	66	87	101	109
印度尼西亚	Indonesia	17	27	27	57	50
伊　　朗	Iran	5	7	9	9	10
以 色 列	Israel	114	90	105	147	137
日　　本	Japan	106	91	126	109	142
哈萨克斯坦	Kazakhstan	36	35	52	70	83
韩　　国	Korea,Rep.	92	109	135	165	151
马来西亚	Malaysia	28	35	37	53	53
蒙　　古	Mongolia	38	38	61	88	138
缅　　甸	Myanmar	33	36	12	66	43
巴基斯坦	Pakistan	53	52	62	101	84
菲 律 宾	Philippines	37	35	52	76	91
新 加 坡	Singapore	84	85	89	92	107
斯里兰卡	Sri Lanka	66	54	72	88	143
泰　　国	Thailand	39	36	54	70	87
越　　南	Vietnam	38	34	48	67	80
埃　　及	Egypt	26	19	28	30	49
尼日利亚	Nigeria	27	20	39	51	59
南　　非	South Africa	50	43	81	85	87
加 拿 大	Canada	58	51	68	84	76
墨 西 哥	Mexico	61	62	59	74	74
美　　国	United States	47	40	54	63	56
阿 根 廷	Argentina	107	63	63	62	78
巴　　西	Brazil	92	55	84	126	126
委内瑞拉	Venezuela	12	5	4	3	2
白俄罗斯	Belarus	55	50	62	79	133
捷　　克	Czech Republic	77	81	108	130	137
法　　国	France	99	105	142	148	152
意 大 利	Italy	97	105	153	156	157
荷　　兰	Netherlands	103	112	162	170	168
波　　兰	Poland	76	83	120	130	143
俄罗斯联邦	Russian Fed.	33	35	55	77	89
西 班 牙	Spain	73	83	121	115	123
土 耳 其	Turkey	88	102	144	188	187
乌 克 兰	Ukraine	37	47	55	81	88
英　　国	United Kingdom	117	118	156	163	144
澳大利亚	Australia	57	50	85	93	74
新 西 兰	New Zealand	48	55	77	98	109

13-6 续表 continued

单位：美分/升 (USD cent/liter)

国家和地区	Country or Area	柴油价格 Diesel Price				
		2000	2002	2004	2006	2008
中　国	China	45	37	43	78	101
中国香港	Hong Kong,China	80	77	100	106	116
孟加拉国	Bangladesh	29	29	34	45	70
印　度	India	39	41	62	75	70
印度尼西亚	Indonesia	6	19	18	44	42
伊　朗	Iran	2	2	2	3	3
以色列	Israel	64	62	80	127	170
日　本	Japan	76	66	95	90	130
哈萨克斯坦	Kazakhstan	29	29	38	45	72
韩　国	Korea,Rep.	66	64	95	133	140
马来西亚	Malaysia	16	19	22	40	53
蒙　古	Mongolia	38	37	67	87	142
缅　甸	Myanmar	12	28	10	75	52
巴基斯坦	Pakistan	27	35	41	64	77
菲律宾	Philippines	28	27	34	67	81
新加坡	Singapore	38	38	55	63	90
斯里兰卡	Sri Lanka	27	31	41	55	75
泰　国	Thailand	35	32	37	65	64
越　南	Vietnam	27	27	32	53	77
埃　及	Egypt	10	8	10	12	20
尼日利亚	Nigeria	27	19	45	66	113
南　非	South Africa	50	40	80	84	95
加拿大	Canada	47	43	68	78	90
墨西哥	Mexico	45	47	45	52	54
美　国	United States	48	39	57	69	78
阿根廷	Argentina	52	46	49	48	58
巴　西	Brazil	34	31	49	84	103
委内瑞拉	Venezuela	6	5	2	2	1
白俄罗斯	Belarus	36	36	44	55	106
捷　克	Czech Republic	68	71	107	129	145
法　国	France	82	80	125	133	145
意大利	Italy	83	86	131	149	163
荷　兰	Netherlands	78	81	123	132	145
波　兰	Poland	65	68	109	130	140
俄罗斯联邦	Russian Fed.	29	25	45	66	86
西班牙	Spain	65	72	110	110	128
土耳其	Turkey	66	78	112	162	163
乌克兰	Ukraine	30	34	44	87	96
英　国	United Kingdom	122	120	160	173	165
澳大利亚	Australia	57	48	83	94	94
新西兰	New Zealand	34	33	41	70	85

13-7 港口集装箱吞吐量

Container Port Traffic

资料来源：世界银行WDI数据库。
Source: World Bank WDI Database.

单位：万标准集装箱 (10 000 TEUs)

国家和地区	Country or Area	2000	2003	2004	2005	2006	2007	2008
世　界	**World**	**22477**	**29700**	**33843**	**37627**	**41675**	**46751**	**48679**
高收入国家	**High Income**	**14300**	**17594**	**19446**	**23272**	**24649**	**26519**	**26668**
中等收入国家	**Middle Income**	**8132**	**12043**	**14326**	**14274**	**16936**	**20134**	**21904**
中　国	China	4100	6190	7473	6725	8481	10382	11506
中国香港	Hong Kong,China				2260	2354	2400	2449
孟加拉国	Bangladesh	46	63	71	81	90	98	107
印　度	India	245	392	433	498	614	738	662
印度尼西亚	Indonesia	380	518	537	550	432	631	679
伊　朗	Iran		109	118	133	153	172	200
以色列	Israel		155	143	171	177	196	209
日　本	Japan	1310	1506	1644	1706	1847	1903	1880
韩　国	Korea,Rep.	903	1305	1436	1511	1551	1741	1777
马来西亚	Malaysia	464	1021	1151	1220	1342	1483	1574
巴基斯坦	Pakistan		79	127	169	178	194	194
菲律宾	Philippines	303	347	368	363	368	434	447
新加坡	Singapore	1710	1844	2133	2319	2479	2794	2992
斯里兰卡	Sri Lanka	173	196	222	246	308	338	369
泰　国	Thailand	318	423	485	512	557	620	659
越　南	Viet Nam	119	190	227	254	300	401	439
埃　及	Egypt	163	158	296	403	537	519	611
尼日利亚	Nigeria		59	51				
南　非	South Africa	185	238	261	311	355	373	380
加拿大	Canada	293	363	393	416	433	441	472
墨西哥	Mexico	132	169	190	214	268	307	316
美　国	United States	2830	3269	3490	3850	4090	4314	4035
阿根廷	Argentina	114	103	125	149	176	187	200
巴　西	Brazil	241	423	506	565	629	646	688
委内瑞拉	Venezuela	67	58	92	112	127	133	133
法　国	France	292	357	395	400	426	498	462
德　国	Germany	770	1094	1248	1360	1501	1664	1718
意大利	Italy	692	847	947	986	973	1061	1052
荷　兰	Netherlands	641	729	848	947	1005	1129	1136
波　兰	Poland		35	43			77	86
俄罗斯联邦	Russian Fed.	32	96	137	180	227	296	330
西班牙	Spain	579	736	827	917	1003	1312	1325
土耳其	Turkey	159	238	296	317	368	468	522
乌克兰	Ukraine			40	58	73	98	111
英　国	United Kingdom	643	670	833	825	843	877	708
澳大利亚	Australia	354	476	506	519	574	629	614
新西兰	New Zealand	107	152	158	160	181	231	230

13-8 公路线路长度

Length of Road

资料来源：国际公路协会《世界公路统计》2009年。
Source: International Road Federation World Road Statistics 2009.

国家和地区	Country or Area	公路网长度合计(公里) Total Road Networks(km)			有路面公路所占比重(%) Roads Paved as Percentage of Total (%)		
		2004	2005	2006	2004	2005	2006
中　国	China	1870661	3345187	3456999	81.0	40.8	44.1
中国香港	Hong Kong,China	1943	1955	1983	100.0	100.0	100.0
文　莱	Brunei Darussalam		3650			77.2	
柬埔寨	Cambodia	38257			6.3		
印　度	India			3316452			
印度尼西亚	Indonesia		391009			55.4	
伊　朗	Iran		172027	172927			72.8
以色列	Israel	17446	17589	17719	100.0	100.0	100.0
日　本	Japan		1192400	1196999		79.0	79.3
哈萨克斯坦	Kazakhstan	90018	90845	91563	93.4	91.2	91.4
朝　鲜	Korea,Dem.			25554			2.8
韩　国	Korea,Rep.	100279	102293	102062	86.8	76.8	88.6
老　挝	Laos		33861	29811		13.4	13.4
马来西亚	Malaysia	98721	93109		81.3	79.8	
缅　甸	Myanmar		27000			11.9	
巴基斯坦	Pakistan	258340		260420	64.7		65.4
菲律宾	Philippines	200037①			9.9①		
新加坡	Singapore	3188	3234	3262	100.0	100.0	100.0
泰　国	Thailand			180053			
越　南	Viet Nam	222179					
埃　及	Egypt	92370			81.0		
尼日利亚	Nigeria	193200			15.0		
加拿大	Canada	1408900			39.9		
墨西哥	Mexico	352072	355796	356945	36.3	37.0	50.0
美　国	United States	6433272	6544257		64.5	65.3	
巴　西	Brazil	1751868					
白俄罗斯	Belarus	93310	94797		87.0	88.6	
捷　克	Czech Republic	127781	127810	128512	100.0		
法　国	France	951220	950985	951500	100.0	100.0	100.0
德　国	Germany	231194	231480	644480			
意大利	Italy		487700				
荷　兰	Netherlands		126100				
俄罗斯联邦	Russian Fed.		859000	933000		84.4	80.9
土耳其	Turkey	426906	426914	426951			
乌克兰	Ukraine	169447	169323		97.2	97.4	
英　国	United Kingdom	387674	388008	398351	100.0	100.0	100.0
新西兰	New Zealand	93149	93460	93576	64.5	64.9	65.6

注：①2003年数据。
Note:①Data refers to 2003.

13-9 公路交通事故

Road Accidents

资料来源：国际公路协会《世界公路统计》2009年。
Source: International Road Federation World Road Statistics 2009.

国家和地区	Country or Area	年份 Year	事故发生数(起) Accidents (case)	受伤人数(人) Persons Injured (person)	死亡人数(人) Persons Killed (person)
中国	China	2007	327209	380442	81649
中国香港	Hong Kong,China	2007	15315	19465	160
孟加拉国	Bangladesh	2006	6205①	403000	3160
文莱	Brunei Darussalam	2007	33890②	556	54
柬埔寨	Cambodia	2006	3760③	25858	1545
印度	India	2007	479219	513340	114444
印度尼西亚	Indonesia	2007	18116④	20421	11451
伊朗	Iran	2006	165130	50823	6830
以色列	Israel	2007	16016	32407	398
日本	Japan	2007	832454	1034445	6639
哈萨克斯坦	Kazakhstan	2007	15942	18951	4365
韩国	Korea,Rep.	2007	211662	335905	6166
马来西亚	Malaysia	2006	341252	29138	6287
蒙古	Mongolia	2007	6724⑤	932	562
缅甸	Myanmar	2007	5375③	12358	1638
菲律宾	Philippines	2006	6240	5870	961
新加坡	Singapore	2007	8323	10342	219
斯里兰卡	Sri Lanka	2006	33757	22531	2239
泰国	Thailand	2003	104642	81070	14446
越南	Vietnam	2007	14600	10500	13200
埃及	Egypt	2007		154000	12295
尼日利亚	Nigeria	2004	14279	22248	5351
南非	South Africa	2007	146773	219976	14920
加拿大	Canada	2006	147360	199337	2891
墨西哥	Mexico	2007	30551	33580	5398
美国	United States	2007	1748435	2491000	41259
巴西	Brazil	2006	112457②	407685	35155
白俄罗斯	Belarus	2007	7501	7991	1517
捷克	Czech Republic	2007	23060	29243	1222
芬兰	Finland	2007	6308	6657	380
法国	France	2007	81300	103200	4620
德国	Germany	2007	335845	431419	4949
意大利	Italy	2007	230871		5131
荷兰	Netherlands	2006	24500	16750	730
波兰	Poland	2007	49536	63224	5583
俄罗斯联邦	Russian Fed.	2007	233800	292200	33300
西班牙	Spain	2007	100508	142521	3823
土耳其	Turkey	2007	103067	188383	5004
乌克兰	Ukraine	2007	63554	78528	9574
英国	United Kingdom	2007	182115	244834	2946
澳大利亚	Australia	2007	1466	31204	1616
新西兰	New Zealand	2007	12043	16013	422

13-9 续表 continued

国家和地区	Country or Area	年份 Year	每十万人口交通事故死亡人数(人) Number of Deaths per 100 000 Persons (person)	每十万人口交通事故数(起) Number of Injuries per 100 000 Persons (person)	每亿公里车程交通事故数(起) Number of Accidents per 100 Million Vehicle-km (person)
中　　国	China	2007	6.19	24.82	
中国香港	Hong Kong,China	2007	2.31	221.13	139.28
中国澳门	Macao,China	2007	3.54	106.85	
孟加拉国	Bangladesh	2006	1.99	4.91①	35.16①
印　　度	India	2007	10.17	42.61	
印度尼西亚	Indonesia	2007	7.33	8.21④	
伊　　朗	Iran	2006	9.62	232.51	
以 色 列	Israel	2007	5.54	223.06	36.21
日　　本	Japan	2007	5.20	651.52	109.20
哈萨克斯坦	Kazakhstan	2007	28.19	102.96	24.56
韩　　国	Korea,Rep.	2007	12.72	436.81	63.37
马来西亚	Malaysia	2006	24.08	1306.79	
蒙　　古	Mongolia	2007	21.55	274.62⑤	289.73⑤
缅　　甸	Myanmar	2007	3.36	10.87③	
菲 律 宾	Philippines	2006	1.11	7.23	
新 加 坡	Singapore	2007	4.77	181.38	53.25
斯里兰卡	Sri Lanka	2006	11.26	169.75	
泰　　国	Thailand	2003	22.88	165.72	
越　　南	Vietnam	2007	15.50	17.15	
埃　　及	Egypt	2007	16.29		
尼日利亚	Nigeria	2004	4.16	11.09	
南　　非	South Africa	2007	31.18	306.73	111.31
加 拿 大	Canada	2006	8.85	451.35	48②
墨 西 哥	Mexico	2007	5.13	29.02	26.08
美　　国	United States	2007	13.68	579.68	38.68④
巴　　西	Brazil	2006	18.57	61.15②	
白俄罗斯	Belarus	2007	15.64	77.31	
捷　　克	Czech Republic	2007	11.82	223.14	43.00
法　　国	France	2007	7.49	131.75	14.74
德　　国	Germany	2007	6.02	408.23	48⑥
意 大 利	Italy	2007	8.64	388.84	
荷　　兰	Netherlands	2006	4.47	149.94	24.00
波　　兰	Poland	2007	14.65	129.95	
俄罗斯联邦	Russian Fed.	2007	23.43	164.53	
西 班 牙	Spain	2007	8.52	223.95	
土 耳 其	Turkey	2007	6.77	139.50	148.07
乌 克 兰	Ukraine	2007	20.59	136.65	421.99
英　　国	United Kingdom	2007	4.83	298.54	34.53
澳大利亚	Australia	2007	7.69	6.98	0.66
新 西 兰	New Zealand	2007	9.98	284.82	30.21

注：①2001年数据。②2004年数据。③2003年数据。④2005年数据。⑤2002年数据。⑥2006年数据。
Note:①Data refer to 2001.②Data refer to 2004.③Data refer to 2003.④Data refer to 2005.⑤Data refer to 2002.⑥Data refer to 2006.

13-10 公路支出

Road Expenditure

资料来源：国际公路协会《世界公路统计》2009年。
Source: International Road Federation Word Road Statistics 2009.
单位：万美元 (10 000 USD)

国家和地区	Country or Area	年份 Year	支出总计 Total Expenditure	公路支出构成－按行政管理级别分 Road Expenditure by Administration Levels 中央政府 Central Government	地方政府 Local Government	私人 Private
中国	China	2006				
中国香港	Hong Kong,China	2007	67233	85490①		
柬埔寨	Cambodia	2000	8682	8683		
印度	India	2003	19767	19767		
韩国	Korea,Rep.	2007	2688355	785791	1463889	438675
老挝	Laos	2006	16193	16193		
马来西亚	Malaysia	2003	34656	34656		
蒙古	Mongolia	2000	600			
新加坡	Singapore	2007	19931	19931		
斯里兰卡	Sri Lanka	2000	9843			
南非	South Africa	2005	212822	80142	132680	
墨西哥	Mexico	2007	684995	636852		48144
美国	United States	2005	15270000	3258000	12012000	
巴西	Brazil	2004	73679			
白俄罗斯	Belarus	2007	10870	10870		
捷克	Czech Republic	2000	207814	207814		
法国	France	2007	3111929	544919	1840943	726068
荷兰	Netherlands	2000	146859	125173	21686	
波兰	Poland	2003	219048	122428	96621	
西班牙	Spain	2007	2233096	536768	541224	1155105
土耳其	Turkey	2007	481509	481509		
乌克兰	Ukraine	2007	225998	215285	10699	14
英国	United Kingdom	2005	1850004	876478	973526	
澳大利亚	Australia	2007	1541834	244436	817557	479841
新西兰	New Zealand	2007	179621	142508	37113	

13-10 续表 continued

单位：万美元 (10 000 USD)

国家和地区	Country or Area	年份 Year	公路支出构成－按支出性质分 Road Expenditure-by Nature 建设 Construction	维护 Maintenance	其它 Others
中国	China	2006	7979623		
中国香港	Hong Kong,China	2007	56583	10650	
柬埔寨	Cambodia	2000	1979	6704	
印度	India	2003	18214	1490	64
韩国	Korea,Rep.	2007		207372	
老挝	Laos	2006	14352	1842	
马来西亚	Malaysia	2003	69	34061	526
蒙古	Mongolia	2002	226	28②	27
新加坡	Singapore	2007	24928①		
斯里兰卡	Sri Lanka	2002	9395②	428②	11
南非	South Africa	2005	54925		157897
墨西哥	Mexico	2007	225661	72847	386487
美国	United States	2005	7516200	3788200	3965500
巴西	Brazil	2004	31732	31380	10567
白俄罗斯	Belarus	2005	8076	39173	
捷克	Czech Republic	2000	103321	104363	
法国	France	2007	1796760	1315169	
荷兰	Netherlands	2000	51469	71782	
波兰	Poland	2003	100128	88820	30100
西班牙	Spain	2007	318186	750533	10303
土耳其	Turkey	2007	429661	23314	28534
乌克兰	Ukraine	2007	148604	57188	20206
英国	United Kingdom	2004	648263	82066	
澳大利亚	Australia	2007			
新西兰	New Zealand	2007	77159	92438	10023

注：①2006年数据。②2000年数据。

Note:①Data refer to 2006.②Data refer to 2000.

13-11 电话主线和移动电话普及率

Telephone Mainlines and Mobile Phones

资料来源：世界银行WDI数据库。
Source: World Bank WDI Database.

国家和地区	Country or Area	电话主线(条/千人) Telephone Mainlines (lines per 1 000 persons)			移动电话(部/千人) Mobile Phones (number per 1 000 persons)		
		2000	2007	2008	2000	2007	2008
世　界	**World**	**160.6**	**194.8**		**121.6**	**512.0**	**597.6**
高收入国家	**High Income**	**564.6**	**489.8**		**511.2**	**1013.2**	**1055.8**
中等收入国家	**Middle Income**	**93.3**	**156.3**		**51.6**	**467.2**	**550.3**
低收入国家	**Low Income**	**11.0**	**43.6**	**10.5**	**3.7**	**164.8**	**288.5**
中　国	China	114.7	277.4		67.5	415.2	478.3
中国香港	Hong Kong,China	589.0	595.6	588.7	817.3	1552.4	1630.1
中国澳门	Macao,China	401.1	347.0	334.3	319.9	1548.2	1772.4
孟加拉国	Bangladesh	3.5	7.5	8.4	2.0	217.9	279.0
文　莱	Brunei Darussalam	241.4	196.9		284.9	896.3	
柬埔寨	Cambodia	2.4	2.6	3.1	10.2	178.8	288.2
印　度	India	31.9	35.0	33.3	3.5	207.7	304.3
印度尼西亚	Indonesia	32.3	86.6	133.1	17.8	413.9	615.9
伊　朗	Iran	148.4	335.6	344.7	15.1	419.2	597.6
以色列	Israel	472.9	428.2	396.8	699.6	1239.8	1229.1
日　本	Japan	488.4	401.0		526.4	840.1	864.5
哈萨克斯坦	Kazakhstan	123.2	209.1	217.5	13.3	795.8	951.2
韩　国	Korea,Rep.	550.2	462.2	438.7	570.5	897.7	938.3
老　挝	Laos	7.6	15.6		2.4	242.7	
马来西亚	Malaysia	199.1	163.8	159.0	220.1	879.4	1004.9
蒙　古	Mongolia	49.0	62.0		64.5	351.2	
缅　甸	Myanmar	5.9	14.5		0.3	5.6	7.6
巴基斯坦	Pakistan	22.1	29.6	26.6	2.2	387.5	530.1
菲律宾	Philippines	39.4	44.4	43.2	83.1	646.4	753.8
新加坡	Singapore	483.1	405.7	383.8	682.1	1291.1	1317.4
斯里兰卡	Sri Lanka	41.0	137.0	171.0	23.0	399.0	549.8
泰　国	Thailand	89.7	104.9		49.0	1180.5	
越　南	Viet Nam	32.8	335.0		10.2	278.7	812.0
埃　及	Egypt	78.1	142.3	147.3	19.4	375.5	506.2
尼日利亚	Nigeria	4.4	10.7	8.6	0.2	273.0	416.3
南　非	South Africa	112.8	94.7		189.5	884.0	924.3
加拿大	Canada	677.3	553.2		283.6	614.9	644.1
墨西哥	Mexico	125.9	187.6	193.1	143.7	632.2	708.1
美　国	United States	682.3	525.9		388.0	872.9	889.6
阿根廷	Argentina	214.0	240.5	241.5	175.9	1022.7	1166.3
巴　西	Brazil	177.6	207.2	214.3	133.1	636.3	784.7
委内瑞拉	Venezuela	104.3	189.0	225.6	224.1	866.7	969.2
捷　克	Czech Rep.	376.9	232.5	218.5	423.0	1280.1	1321.5
法　国	France	577.1	564.0	564.1	493.3	897.1	934.3
德　国	Germany	610.9	649.1	627.0	586.3	1180.9	1305.6
意大利	Italy	476.8	422.5	334.7	741.8	1512.5	1479.9
荷　兰	Netherlands	621.0	452.0	445.4	675.3	1177.3	1211.9
波　兰	Poland	284.6	271.2		175.5	1085.7	
俄罗斯联邦	Russian Fed.	219.2	311.1		22.3	1149.2	1322.3
西班牙	Spain	424.8	449.9	443.3	602.7	1079.0	1090.3
土耳其	Turkey	276.8	249.3	236.8	242.8	848.9	890.6
乌克兰	Ukraine	211.8	276.5	284.9	16.6	1187.7	1204.0
英　国	United Kingdom	598.2	554.3	540.9	737.8	1200.4	1230.7
澳大利亚	Australia	524.7	464.4	438.4	447.0	1011.7	1034.9
新西兰	New Zealand	474.6	413.1	410.0	399.7	1005.4	1082.3

13-12 国际互联网用户

Internet Users

资料来源：世界银行WDI数据库。
Source: World Bank WDI Database.
单位：个/千人 (unit per 1 000 persons)

国家和地区	Country or Area	2000	2004	2005	2006	2007	2008
世　界	**World**	**68.0**	**143.8**	**159.5**	**177.2**	**207.1**	
高收入国家	**High Income**	**305.5**	**548.9**	**583.8**	**609.4**	**652.7**	
中等收入国家	**Middle Income**	**17.2**	**68.7**	**82.5**	**100.7**	**132.9**	
低收入国家	**Low Income**	**1.4**	**7.9**	**10.5**	**15.5**	**18.1**	
中　国	China	17.8	72.5	85.8	106.0	161.3	225.0
中国香港	Hong Kong,China	278.4	569.5	614.2	653.5	652.1	670.4
中国澳门	Macao,China	136.1	314.8	348.6	433.2	463.9	492.2
孟加拉国	Bangladesh	0.7	2.0	2.4	2.9	3.2	3.5
文　莱	Brunei Darussalam	90.0	297.2	364.7	421.9	488.2	553.2
柬埔寨	Cambodia	0.5	3.0	3.2	4.7	4.9	5.1
印　度	India	5.4	20.4	24.7	29.0	40.9	45.4
印度尼西亚	Indonesia	9.3	26.0	36.0	47.7	57.9	79.2
伊　朗	Iran	9.8	155.7	178.0	156.9	183.0	319.6
以色列	Israel	201.9	219.8	243.3	269.2	464.6	478.9
日　本	Japan	299.5	622.1	667.5	685.2	740.8	751.6
哈萨克斯坦	Kazakhstan	6.7	26.6	29.7	32.7	40.0	108.9
韩　国	Korea,Rep.	405.0	696.2	710.5	732.9	747.3	757.9
老　挝	Laos	1.1	3.6	8.5	11.7	16.4	85.0
马来西亚	Malaysia	213.9	422.5	486.3	516.4	557.1	558.0
蒙　古	Mongolia	12.6		105.2	120.1	122.5	124.9
缅　甸	Myanmar				1.8	2.2	2.2
巴基斯坦	Pakistan				75.4	107.6	111.4
菲律宾	Philippines	19.8			57.4		
新加坡	Singapore	322.8		618.5	593.2	676.7	
斯里兰卡	Sri Lanka	6.5		17.8	25.1	38.6	
泰　国	Thailand	36.9	106.8	150.3	171.6	200.3	
越　南	Viet Nam	2.6	77.4	128.9	174.5	209.9	
埃　及	Egypt	6.4	51.5	117.0	125.5	147.6	166.5
尼日利亚	Nigeria	0.6			55.5	67.7	158.6
南　非	South Africa	54.6		76.3	77.5	82.2	
加拿大	Canada	421.6	659.2	679.1	703.2	727.8	753.1
墨西哥	Mexico	51.6	169.5	188.7	197.3	212.5	221.6
美　国	United States	439.5	662.6	695.7	705.7	735.2	757.7
阿根廷	Argentina	70.4	160.4	177.2	209.3	259.5	281.1
巴　西	Brazil	28.7	190.7	210.2	281.8	308.8	375.2
委内瑞拉	Venezuela	33.7	84.5	126.2	153.2	208.1	
捷　克	Czech Rep.	97.3	314.4	319.8	440.6	483.3	578.2
法　国	France	143.6	392.1	429.7	468.8	633.3	679.5
德　国	Germany	301.7	609.8	648.4	692.8	724.8	754.8
意大利	Italy	231.8	314.3	336.8	361.8	382.4	417.7
荷　兰	Netherlands	439.6			812.1	847.8	869.8
波　兰	Poland	72.8					
俄罗斯联邦	Russian Fed.	19.8			180.3		
西班牙	Spain	136.3		440.4	472.7	510.6	
土耳其	Turkey	37.6	132.5	139.3	182.4	301.0	
乌克兰	Ukraine	7.1	34.8	37.4	44.9	65.2	
英　国	United Kingdom	268.3	627.8	664.0	655.3	717.8	
澳大利亚	Australia	468.0	614.3	632.5	649.3	678.6	707.8
新西兰	New Zealand	475.1			665.7	691.8	713.8

13-13 信息和通讯技术支出占国内生产总值比重

Expenditure of Information and Communication Technology as Percentage of GDP

资料来源：世界银行WDI数据库。
Source: World Bank WDI Database.

单位：% (%)

国家和地区	Country or Area	2003	2004	2005	2006	2007	2008
世 界	**World**	**6.50**	**6.50**	**6.48**	**6.47**	**6.22**	**6.01**
高收入国家	**High Income**	**6.72**	**6.67**	**6.67**	**6.71**	**6.52**	**6.31**
中等收入国家	**Middle Income**	**5.51**	**5.77**	**5.77**	**5.63**	**5.29**	**5.13**
中 国	China	7.88	7.99	7.90	7.45	6.57	5.97
中国香港	Hong Kong,China	6.28	7.01	7.82	8.17	9.40	9.20
孟加拉国	Bangladesh	1.93	2.41	4.07	5.86	8.04	9.04
印度尼西亚	Indonesia	3.14	3.34	3.34	3.20	3.25	3.29
伊 朗	Iran	2.41	2.61	2.68	3.23	3.49	
以色列	Israel	6.02	6.26	6.13	6.03	5.71	5.39
日 本	Japan	6.71	6.60	6.69	7.00	6.88	6.69
韩 国	Korea,Rep.	8.97	9.48	9.21	9.42	9.20	9.07
马来西亚	Malaysia	12.83	13.42	12.05	12.23	11.05	9.70
巴基斯坦	Pakistan	3.17	3.33	3.87	4.17	4.36	4.37
菲律宾	Philippines	5.03	6.01	5.34	5.40	5.87	6.12
新加坡	Singapore	10.10	9.70	9.56	8.72	7.53	7.08
斯里兰卡	Sri Lanka	2.40	2.70	3.27	3.81	4.57	4.34
泰 国	Thailand	5.81	6.19	6.11	6.16	6.07	6.20
越 南	Viet Nam	7.49	7.28	6.74	6.36	5.93	4.85
埃 及	Egypt	3.96	4.69	5.32	5.36	5.23	5.70
尼日利亚	Nigeria	4.03	3.97	4.03	3.32	3.38	3.09
南 非	South Africa	7.99	8.00	9.49	9.80	9.45	10.10
加拿大	Canada	6.95	6.92	6.67	6.48	6.57	6.60
墨西哥	Mexico	4.60	4.71	4.83	4.74	4.68	4.55
美 国	United States	7.50	7.50	7.41	7.37	7.34	7.36
阿根廷	Argentina	4.25	5.05	4.57	5.37	5.19	4.83
巴 西	Brazil	5.70	6.22	5.86	5.67	5.46	5.28
委内瑞拉	Venezuela	3.14	3.18	3.67	4.04	3.94	3.53
捷 克	Czech Rep.	8.16	8.27	8.32	8.40	8.24	7.60
法 国	France	5.57	5.53	5.62	5.78	5.45	5.17
德 国	Germany	5.78	5.86	5.90	6.01	5.57	5.39
意大利	Italy	5.15	5.26	5.33	5.48	5.13	4.95
荷 兰	Netherlands	6.77	6.80	7.10	7.21	6.70	6.29
波 兰	Poland	5.70	6.33	6.07	6.28	5.77	5.50
俄罗斯联邦	Russian Fed.	4.23	4.46	4.33	4.24	3.82	3.46
西班牙	Spain	5.61	5.02	5.21	5.19	4.88	4.79
土耳其	Turkey	4.53	4.22	4.17	4.06	3.96	4.06
乌克兰	Ukraine	6.76	7.89	8.15	8.08	6.78	5.93
英 国	United Kingdom	6.28	6.25	6.12	6.06	6.03	6.34
澳大利亚	Australia	6.46	6.03	5.88	5.87	5.82	4.93
新西兰	New Zealand	5.67	5.49	5.51	5.50	5.14	5.48

13-14 人均信息和通讯技术支出

Expenditure of Information and Communication Technology per Capita

资料来源：世界银行WDI数据库。
Source: World Bank WDI Database.

单位：美元 (USD)

国家和地区	Country or Area	2000	2004	2005	2006	2007	2008
世　界	**World**	**451.7**	**485.0**	**515.8**	**550.3**	**588.0**	**620.1**
高收入国家	**High Income**	**2060.6**	**2172.9**	**2270.1**	**2391.2**	**2517.1**	**2604.7**
中等收入国家	**Middle Income**	**60.3**	**105.2**	**123.5**	**140.8**	**160.9**	**183.2**
中　国	China	35.1	119.2	135.6	151.1	168.7	194.9
中国香港	Hong Kong,China	1782.1	1713.4	2041.0	2261.9	2810.9	2839.4
孟加拉国	Bangladesh	6.8	9.1	16.0	23.3	34.9	44.9
印　度	India	16.3	24.9	32.3	34.1	41.2	45.6
印度尼西亚	Indonesia	20.2	39.6	43.6	52.5	62.4	73.9
伊　朗	Iran	23.7	62.6	74.6	102.8	140.6	195.1
以色列	Israel	1500.3	1166.0	1186.8	1246.2	1328.8	1490.9
日　本	Japan	3160.5	2378.2	2384.9	2391.3	2358.0	2571.5
韩　国	Korea,Rep.	744.7	1424.5	1616.8	1855.3	1991.2	1734.0
马来西亚	Malaysia	290.0	665.0	648.3	733.2	776.9	796.7
巴基斯坦	Pakistan	34.9	21.5	27.2	33.4	38.4	43.3
菲律宾	Philippines	44.8	62.3	61.7	72.8	95.4	113.0
新加坡	Singapore	2238.8	2554.2	2710.3	2758.8	2738.6	2663.0
斯里兰卡	Sri Lanka	42.2	28.6	40.6	54.2	74.0	87.4
泰　国	Thailand	71.5	153.0	163.4	191.9	223.9	250.8
越　南	Viet Nam		40.3	42.8	45.2	47.8	51.0
埃　及	Egypt	15.8	48.9	61.8	73.3	85.2	113.5
尼日利亚	Nigeria		25.3	32.1	33.8	38.0	42.3
南　非	South Africa	238.1	373.1	491.5	532.8	560.2	573.4
加拿大	Canada	1442.4	2144.8	2337.9	2536.5	2849.0	2976.8
墨西哥	Mexico	186.5	350.2	396.9	432.0	454.9	465.7
美　国	United States	3303.0	2977.2	3099.6	3238.5	3346.5	3412.0
阿根廷	Argentina	332.8	201.5	215.9	294.2	344.7	397.6
巴　西	Brazil	191.8	224.6	277.8	328.1	383.0	433.3
委内瑞拉	Venezuela	179.8	136.9	200.8	275.6	327.0	396.8
捷　克	Czech Rep.	409.4	886.4	1011.8	1167.1	1389.5	1570.3
法　国	France	1440.9	1883.6	1983.1	2136.0	2283.4	2372.0
德　国	Germany	1400.0	1950.7	1995.6	2125.3	2246.1	2396.9
意大利	Italy	897.8	1561.9	1616.8	1733.6	1827.2	1905.3
荷　兰	Netherlands	1610.6	2548.8	2775.9	2986.3	3172.6	3333.4
波　兰	Poland	182.6	419.3	483.1	562.8	643.9	761.8
俄罗斯联邦	Russian Fed.	62.3	183.5	231.4	294.8	347.9	409.0
西班牙	Spain	573.8	1227.1	1355.7	1450.2	1562.2	1687.9
土耳其	Turkey	234.5	236.2	283.5	298.8	351.6	403.5
乌克兰	Ukraine	50.1	107.9	149.0	186.1	208.1	231.1
英　国	United Kingdom	1983.1	2295.4	2317.1	2437.0	2770.1	2758.6
澳大利亚	Australia	1390.3	1792.1	1945.7	2052.9	2269.4	2334.4
新西兰	New Zealand	1534.4	1353.1	1453.1	1430.5	1636.4	1666.4

13-15 互联网服务商

Internet Servers

资料来源：世界银行WDI数据库。
Source: World Bank WDI Database.
单位：个/百万人 (number per1 000 000 persons)

国家和地区	Country or Area	2004	2005	2006	2007	2008	2009
世　界	**World**	**53.1**	**65.1**	**73.5**	**95.8**	**111.4**	**113.5**
高收入国家	**High Income**	**290.4**	**359.0**	**417.5**	**548.9**	**638.7**	**692.8**
中等收入国家	**Middle Income**	**2.0**	**2.5**	**3.0**	**4.1**	**5.2**	**5.9**
低收入国家	**Low Income**	**0.1**	**0.1**	**0.1**	**0.2**	**0.3**	**0.4**
中　国	China	0.2	0.3	0.5	0.7	0.9	1.2
中国香港	Hong Kong,China	142.3	162.3	194.4	241.0	287.8	352.4
中国澳门	Macao,China	37.8	53.3	60.0	89.7	95.0	133.8
孟加拉国	Bangladesh	…	…	…	…	0.1	0.2
文　莱	Brunei Darussalam	13.8	13.5	18.6	28.6	30.6	42.5
柬埔寨	Cambodia	0.2	0.1	0.1	0.5	0.8	1.5
印　度	India	0.4	0.6	0.7	1.0	1.3	1.6
印度尼西亚	Indonesia	0.4	0.5	0.6	0.8	1.0	1.4
伊　朗	Iran	0.2	0.3	0.4	0.3	0.3	0.3
以色列	Israel	127.6	162.8	182.3	228.0	272.7	290.9
日　本	Japan	160.2	257.7	331.4	399.3	471.7	519.6
哈萨克斯坦	Kazakhstan	0.4	0.9	1.2	1.0	2.0	3.3
韩　国	Korea,Rep.	18.6	20.0	60.1	499.0	695.7	926.7
老　挝	Laos		0.3	0.2	0.7	0.2	0.5
马来西亚	Malaysia	11.3	14.7	17.1	22.1	27.3	33.6
蒙　古	Mongolia		3.1	4.3	7.3	8.7	8.2
巴基斯坦	Pakistan			0.4	0.4	0.5	0.6
菲律宾	Philippines			3.3	4.0	4.6	5.3
新加坡	Singapore		275.5	297.0	359.6	390.3	420.8
斯里兰卡	Sri Lanka		1.8	2.0	2.6	3.2	3.6
泰　国	Thailand	4.0	4.7	5.7	7.1	9.1	9.8
越　南	Viet Nam	0.1	0.1	0.1	0.6	1.1	1.9
埃　及	Egypt	0.4	0.5	0.7	0.8	1.0	1.4
尼日利亚	Nigeria			0.3	0.5	0.8	0.8
南　非	South Africa		20.4	23.1	30.6	36.7	40.4
加拿大	Canada	482.6	569.1	644.0	812.4	906.6	983.9
墨西哥	Mexico	6.2	8.4	10.0	13.3	15.7	17.3
美　国	United States	676.0	784.5	870.4	1060.5	1173.7	1234.1
阿根廷	Argentina	10.1	10.8	11.9	15.6	18.3	19.7
巴　西	Brazil	10.9	14.2	16.2	20.3	23.9	25.9
委内瑞拉	Venezuela	4.4	4.6	5.2	6.2	6.8	7.4
捷　克	Czech Rep.	30.9	41.5	64.3	104.6	150.5	185.5
法　国	France	63.7	79.0	96.0	140.1	171.1	209.8
德　国	Germany	167.8	274.2	348.8	459.5	549.8	641.1
意大利	Italy	34.3	44.2	52.9	72.9	92.8	109.3
荷　兰	Netherlands			412.6	780.5	1105.0	1414.0
波　兰	Poland	14.8	22.0	38.0	55.2	84.7	123.0
俄罗斯联邦	Russian Fed.			3.2	4.5	7.3	10.5
西班牙	Spain		81.7	100.2	142.7	170.2	193.0
土耳其	Turkey	12.6	17.3	24.9	38.6	57.2	66.1
乌克兰	Ukraine	1.1	1.3	1.9	2.8	4.3	6.0
英　国	United Kingdom	351.3	466.0	559.2	754.5	904.9	
澳大利亚	Australia	408.6	498.1	579.1	805.4	990.5	1212.2
新西兰	New Zealand			587.9	828.5	980.1	1059.1

13-16 宽带用户

Broadband Subscribers

资料来源：世界银行WDI数据库。
Source: World Bank WDI Database.

国家和地区	Country or Area	宽带用户（个） Broadband Subscribers (number)			每千人宽带用户（个/千人） Broadband Subscribers (unit per 1 000 persons)		
		2000	2007	2008	2000	2007	2008
世　界	**World**				**3.61**	**57.05**	**78.47**
高收入国家	**High Income**				**16.66**	**224.35**	**246.79**
中等收入国家	**Middle Income**				**0.05**	**25.89**	**34.96**
低收入国家	**Low Income**					**1.97**	
中　国	China	22660	66414000	83366000	0.02	50.38	62.89
中国香港	Hong Kong,China	444450	1898934	1962514	66.68	274.18	279.21
中国澳门	Macao,China	3731	110498	121403	8.46	215.36	230.73
孟加拉国	Bangladesh		43710	50000		0.28	
文　莱	Brunei Darussalam		11181	13946		28.72	
柬埔寨	Cambodia		8450	16594		0.58	
印　度	India		3130000	5280000		2.78	4.63
印度尼西亚	Indonesia	4000	294464	400000	0.02	1.31	
伊　朗	Iran	176	200000	300000		2.82	4.17
以色列	Israel		1528500	1684000		212.88	218.94
日　本	Japan	854655	28302152	30107328	6.74	221.39	235.76
哈萨克斯坦	Kazakhstan		270370	660818		17.46	36.02
韩　国	Korea,Rep.	3870000	14709998	15474931	82.33	303.57	318.37
老　挝	Laos		4628	6107		0.59	
马来西亚	Malaysia		1010900	1331759		38.08	48.22
蒙　古	Mongolia		7395	36212		2.84	
缅　甸	Myanmar		2929	10145		0.03	
巴基斯坦	Pakistan		45153	168082		0.28	1.01
菲律宾	Philippines		496151	1045716		5.59	
新加坡	Singapore	69000	896200	1003100	17.13	195.31	207.28
斯里兰卡	Sri Lanka		63263	101922		3.16	4.97
泰　国	Thailand		913000	950000		13.63	
越　南	Viet Nam		1294111	2048953		15.20	
埃　及	Egypt		477432	769744		5.96	9.43
尼日利亚	Nigeria		53594	67776			0.17
南　非	South Africa		378000	426000		7.90	
加拿大	Canada	1410932	9075322	9842303	45.85	275.20	289.19
墨西哥	Mexico	15000	4564273	7596545	0.15	43.21	71.51
美　国	United States	7069874	70206032	73123368	25.06	232.96	259.86
阿根廷	Argentina		2600000	3185284		65.82	79.88
巴　西	Brazil	100000	7607703	10097986	0.57	40.02	52.60
委内瑞拉	Venezuela	4473	857812	1329610	0.18	31.21	39.24
捷　克	Czech Rep.	2500	1496720	1759586	0.24	144.83	168.74
法　国	France	196000	15550000	17691000	3.33	252.00	285.12
德　国	Germany	265000	19600000	22600000	3.22	238.24	275.14
意大利	Italy	115000	10122126	11283000	2.02	170.48	188.51
荷　兰	Netherlands	260000	5507000	5807000	16.33	336.18	350.05
波　兰	Poland		4174003	4792612		89.91	
俄罗斯联邦	Russian Fed.		4900000	9280000		28.15	
西班牙	Spain	76358	8070254	8995411	1.90	179.82	197.41
土耳其	Turkey		4753757	5749891		65.12	77.79
乌克兰	Ukraine		800000	1600000		17.20	34.59
英　国	United Kingdom	52890	15606000	17276000	0.90	255.83	281.37
澳大利亚	Australia		4830200	5140000		229.85	240.48
新西兰	New Zealand	4658	853020	914961	1.21	201.74	214.35

主要统计指标解释

航空货物周转量 指承载的每个航班的货物、快递和邮包重量之和乘以飞机从起飞到降落的飞行距离。该指标按航空承运商登记国统计。

航空客运量 指承载的国内或国际飞机乘客人数。该指标按航空承运商登记国统计。

信息和通讯技术支出 包括计算机硬件（计算机、存贮设备、打印机和其它外围设备）；计算机软件（操作系统、开发工具、运行环境、应用程序和内部软件开发）；计算机服务（信息技术咨询、计算机和网络系统集成、网络主机、数据处理服务和其它服务）;通讯服务(声音和数字通讯服务)及有线和无线通讯设备。

国际互联网带宽 指承包能力的国家之间的国际连线传输互联网流量。

固定宽带用户 指互联网的使用者以订购或付费方式以高速率接入公共网络。高速接入是至少以一个或二个方向每秒速率在 256kbits。

港口集装箱吞吐量 港口集装箱吞吐量测量的是从陆地到海上或者从海上到陆地流动运输的集装箱数量，一个标准集装箱单位为 20 英尺当量单位。数据包括沿海和国际航运。转运集装箱在中间连接埠作两次计算（一次卸下和再次出境），其中包括空集装箱。

移动电话 指手提式电话用户。利用蜂窝技术，这些用户被接入公共交换电话网的自动公共移动电话服务系统。

电话主线 是指将客户的设备接入公共交换电话网的电话线。

公路货物周转量 指利用公路交通工具进行货物运输。用重量乘以里程，以亿吨公里来衡量。

互联网用户 指进入国际互联网的使用者。

Explanatory Notes on Main Statistical Indicators

Air Freight is the sum of the metric tons of freight, express, and diplomatic bags carried on each flight stage (the operation of an aircraft from takeoff to its next landing) multiplied by the stage distance of air carriers registered in the country.

Air Transport, Passengers Carried Air passengers carried include both domestic and international aircraft passengers of air carriers registered in the country.

Information and Communications Technology Expenditures include computer hardware (computers, storage devices, printers, and other peripherals); computer software (operating systems, programming tools, utilities, applications, and internal software development); computer services (information technology consulting, computer and network systems integration, web hosting, data processing services, and other services); and communications services (voice and data communications services) and wired and wireless communications equipment.

International Internet bandwidth is the contracted capacity of international connections between countries for transmitting Internet traffic.

Fixed broadband subscribers are users of the Internet who subscribe to paid high-speed access to the public Internet. High-speed access is at least 256 kilobits per second in one or both directions.

Container Port Traffic Port container traffic measures the flow of containers from land to sea transport modes and vice versa, in twenty-foot equivalent units (TEUs), a standard-size container. Data refer to coastal shipping as well as international journeys. Transshipment traffic is counted as two lifts at the intermediate port (once to off-load and again as an outbound lift) and includes empty units.

Mobile Phones Mobile phones refers to users of portable telephones subscribing to an automatic public mobile telephone service using cellular technology that provides access to the public switched telephone network.

Telephone Mainlines Telephone mainlines are telephone lines connecting a customer's equipment to the public switched telephone network.

Roads, Goods Transported Goods transported by road are the volume of goods transported by road vehicles, measured in 100 millions of metric tons times kilometers traveled.

Internet Users are people with access to the worldwide network.

对外贸易

External Trade

14-1 世界货物进出口总额

World Merchandise Imports and Exports

资料来源：世界贸易组织数据库。
Source: WTO Database.

单位：亿美元 (100 million USD)

	世界 World	北美洲 North America	拉丁美洲 South and Central America	欧洲 Europe	亚洲 Asia	非洲 Africa
出口 Exports						
1990	34490	5620	1061	16849	7924	1060
1991	35150	5917	1027	16642	8860	997
1992	37660	6289	1053	17719	9809	970
1993	37820	6619	1096	16673	10654	930
1994	43260	7389	1270	19087	12287	967
1995	51640	8566	1495	23355	14473	1120
1996	54030	9228	1614	24211	14655	1254
1997	55910	10141	1769	24130	15473	1275
1998	55010	10140	1658	25132	14511	1061
1999	57120	10707	1660	25218	15483	1167
2000	64560	12250	1978	26340	18373	1486
2001	61910	11475	1907	26557	16744	1388
2002	64930	11062	1931	28394	18077	1448
2003	75860	11630	2215	33865	21383	1794
2004	92190	13197	2879	40511	26532	2397
2005	104890	14758	3595	43970	30601	3111
2006	121120	16642	4355	49760	35759	3696
2007	139930	18408	4976	57912	41412	4346
2008	160970	20352	6036	64480	47260	5569
2009	124610	16022	4610	49952	38806	3794
进口 Imports						
1990	35500	6845	859	17509	7615	996
1991	36320	6855	947	17648	8301	949
1992	38810	7480	1096	18531	9001	1007
1993	38750	8106	1231	16875	9851	987
1994	44280	9269	1412	19115	11475	1066
1995	52830	10143	1772	23346	14036	1266
1996	55440	10898	1837	24155	14744	1256
1997	57370	12137	2129	24186	14953	1324
1998	56810	12802	2163	25592	12480	1329
1999	59210	14265	1868	25965	13652	1283
2000	67240	16843	2074	27749	16784	1301
2001	64820	15803	2054	27336	15584	1350
2002	67410	16016	1810	28753	16591	1360
2003	78610	17240	1914	34615	19767	1650
2004	95670	20089	2435	41613	24876	2123
2005	108530	22844	3001	45732	28888	2556
2006	124350	25417	3643	52385	33332	3019
2007	142870	27021	4571	60894	38191	3728
2008	164930	29080	5952	68443	45739	4749
2009	126470	21767	4442	51421	36593	3998

14-2 世界主要国家和地区货物进出口总额

Merchandise Imports and Exports by Country or Area

资料来源：世界贸易组织数据库。
Source: WTO Database.

单位：亿美元 (100 million USD)

国家和地区	Country or Area	1990	2000	2007	2008	2009
世　界	**World**	**69990**	**131800**	**282800**	**325900**	**251080**
中　国	China	1154	4743	21762	25633	22072
中国香港	Hong Kong,China	1671	4167	7195	7632	6824
中国澳门	Macao,China	32	48	79	74	56
孟加拉国	Bangladesh	53	153	310	392	369
文　莱	Brunei Darussalam	32	50	98	131	94
柬埔寨	Cambodia	3	33	95	112	99
印　度	India	415	939	3795	5159	3989
印度尼西亚	Indonesia	475	1090	2108	2666	2115
伊　朗	Iran	396	426	1337	1711	1295
以色列	Israel	289	691	1131	1290	968
日　本	Japan	5229	8588	13366	15446	11315
哈萨克斯坦	Kazakhstan		139	805	1091	716
韩　国	Korea,Rep.	1349	3327	7283	8573	6866
老　挝	Laos	3	9	20	25	25
马来西亚	Malaysia	587	1802	3232	3564	2813
蒙　古	Mongolia	16	12	40	62	40
缅　甸	Myanmar	6	40	96	112	112
巴基斯坦	Pakistan	130	199	504	627	494
菲律宾	Philippines	212	768	1085	1095	841
新加坡	Singapore	1135	2723	5625	6580	5156
斯里兰卡	Sri Lanka	46	126	190	224	172
泰　国	Thailand	561	1310	2938	3565	2863
越　南	Viet Nam	52	301	1113	1434	1255
埃　及	Egypt	159	199	563	746	661
尼日利亚	Nigeria	192	297	994	1318	915
南　非	South Africa	419	597	1582	1803	1346
加拿大	Canada	2509	5214	8109	8755	6458
墨西哥	Mexico	843	3458	5621	6096	4712
美　国	United States	9106	20412	31686	34569	26607
阿根廷	Argentina	164	515	1005	1274	945
巴　西	Brazil	539	1141	2872	3803	2866
委内瑞拉	Venezuela	248	497	1151	1447	998
捷　克	Czech Rep.		611	2407	2888	2183
法　国	France	4510	6666	11714	13047	10261
德　国	Germany	7768	10490	23762	26312	20524
意大利	Italy	3523	4793	10115	10929	8150
荷　兰	Netherlands	2579	4514	10434	12189	9445
波　兰	Poland	259	808	3059	3793	2811
俄罗斯联邦	Russian Fed.		1502	5779	7635	4958
西班牙	Spain	1434	2714	6426	7023	5083
土耳其	Turkey	353	823	2773	3340	2430
乌克兰	Ukraine		285	1099	1525	853
英　国	United Kingdom	4081	6335	10620	10926	8306
澳大利亚	Australia	817	1354	3067	3875	3195
新西兰	New Zealand	189	272	578	649	505

14-3 货物出口总额

Merchandise Export

资料来源：世界贸易组织数据库。
Source: WTO Database.
单位：亿美元 (100 million USD)

国家和地区	Country or Area	1990	2000	2005	2008	2009
世　界	**World**	**34490**	**64560**	**104890**	**160970**	**124610**
中　国	China	621	2492	7620	14307	12015
中国香港	Hong Kong,China	824	2027	2921	3702	3297
中国澳门	Macao,China	17	25	25	20	10
孟加拉国	Bangladesh	17	64	93	154	151
文　莱	Brunei Darussalam	22	39	62	105	69
柬 埔 寨	Cambodia	1	14	31	47	46
印　度	India	180	424	996	1948	1552
印度尼西亚	Indonesia	257	654	870	1396	1198
伊　朗	Iran	193	287	563	1137	781
以 色 列	Israel	121	314	428	613	477
日　本	Japan	2876	4792	5949	7820	5808
哈萨克斯坦	Kazakhstan		88	278	712	432
韩　国	Korea,Rep.	650	1723	2844	4220	3635
老　挝	Laos	1	3	6	11	11
马来西亚	Malaysia	295	982	1410	1995	1574
蒙　古	Mongolia	7	5	11	25	19
缅　甸	Myanmar	3	16	38	69	66
巴基斯坦	Pakistan	56	90	161	203	177
菲 律 宾	Philippines	81	398	413	491	383
新 加 坡	Singapore	527	1378	2296	3382	2698
斯里兰卡	Sri Lanka	19	54	63	85	74
泰　国	Thailand	231	691	1109	1778	1525
越　南	Viet Nam	24	145	324	627	566
埃　及	Egypt	35	53	129	262	212
尼日利亚	Nigeria	136	210	505	818	525
南　非	South Africa	235	300	516	808	626
加 拿 大	Canada	1276	2766	3605	4565	3156
墨 西 哥	Mexico	407	1664	2142	2913	2297
美　国	United States	3936	7819	9011	12874	10569
阿 根 廷	Argentina	124	263	404	700	558
巴　西	Brazil	314	551	1185	1979	1530
委内瑞拉	Venezuela	175	335	557	951	576
捷　克	Czech Rep.		291	781	1468	1133
法　国	France	2166	3276	4634	6012	4750
德　国	Germany	4211	5518	9709	14462	11209
意 大 利	Italy	1703	2405	3731	5380	4047
荷　兰	Netherlands	1318	2331	4064	6379	4986
波　兰	Poland	143	317	894	1705	1345
俄罗斯联邦	Russian Fed.		1056	2438	4716	3040
西 班 牙	Spain	556	1153	1926	2815	2180
土 耳 其	Turkey	130	278	735	1320	1021
乌 克 兰	Ukraine		146	342	670	398
英　国	United Kingdom	1852	2854	3845	4597	3507
澳大利亚	Australia	398	639	1061	1873	1540
新 西 兰	New Zealand	94	133	217	306	249

14-4 货物进口总额

Merchandise Import

资料来源：世界贸易组织数据库。
Source: WTO Database.
单位：亿美元 (100 million USD)

国家和地区	Country or Area	1990	2000	2005	2008	2009
世　界	**World**	**35500**	**67240**	**108530**	**164930**	**126470**
中　国	China	533	2251	6600	11326	10057
中国香港	Hong Kong,China	847	2140	3002	3930	3527
中国澳门	Macao,China	15	23	39	54	46
孟加拉国	Bangladesh	36	89	139	239	218
文　莱	Brunei Darussalam	10	11	15	26	25
柬埔寨	Cambodia	2	19	39	65	54
印　度	India	236	515	1429	3210	2436
印度尼西亚	Indonesia	218	436	755	1270	917
伊　朗	Iran	203	139	400	574	515
以色列	Israel	168	377	471	677	492
日　本	Japan	2354	3795	5159	7625	5507
哈萨克斯坦	Kazakhstan		50	174	379	284
韩　国	Korea,Rep.	698	1605	2612	4353	3231
老　挝	Laos	2	5	9	14	14
马来西亚	Malaysia	293	820	1146	1569	1238
蒙　古	Mongolia	9	6	12	36	21
缅　甸	Myanmar	3	24	19	43	46
巴基斯坦	Pakistan	74	109	254	423	317
菲律宾	Philippines	130	370	495	604	458
新加坡	Singapore	608	1345	2000	3198	2458
斯里兰卡	Sri Lanka	27	72	88	140	99
泰　国	Thailand	330	619	1182	1787	1338
越　南	Viet Nam	28	156	368	807	689
埃　及	Egypt	124	146	224	484	449
尼日利亚	Nigeria	56	87	208	500	390
南　非	South Africa	184	297	623	995	720
加拿大	Canada	1232	2448	3224	4190	3303
墨西哥	Mexico	435	1795	2282	3183	2415
美　国	United States	5170	12593	17327	21695	16038
阿根廷	Argentina	41	252	287	574	388
巴　西	Brazil	225	591	776	1824	1336
委内瑞拉	Venezuela	73	162	240	496	422
捷　克	Czech Rep.		320	765	1420	1050
法　国	France	2344	3389	5041	7035	5511
德　国	Germany	3557	4972	7771	11851	9314
意大利	Italy	1820	2388	3848	5549	4104
荷　兰	Netherlands	1261	2183	3638	5809	4458
波　兰	Poland	116	490	1016	2088	1466
俄罗斯联邦	Russian Fed.		447	1254	2919	1919
西班牙	Spain	877	1561	2888	4208	2902
土耳其	Turkey	223	545	1168	2020	1409
乌克兰	Ukraine		140	361	855	455
英　国	United Kingdom	2230	3481	5137	6330	4799
澳大利亚	Australia	420	715	1253	2003	1655
新西兰	New Zealand	95	139	262	344	256

14-5 世界主要国家和地区服务贸易出口总额

Commercial Service Export

资料来源：世界贸易组织数据库。
Source: WTO Database.
单位：亿美元 (100 million USD)

国家和地区	Country or Area	1990	2000	2005	2008	2009
世 界	**World**	**7804**	**14839**	**24879**	**38264**	**33502**
中 国	China	57	301	739	1464	1286
中国香港	Hong Kong,China	181	404	637	920	864
中国澳门	Macao,China	15	33	84	175	185
孟加拉国	Bangladesh	3	3	5	9	9
文 莱	Brunei Darussalam		2	6	9	
柬 埔 寨	Cambodia		4	11	16	
印 度	India	46	160	522	1026	874
印度尼西亚	Indonesia	25	51	126	147	132
伊 朗	Iran	3	14	49	73	
以 色 列	Israel	45	153	174	241	217
日 本	Japan	414	694	1021	1465	1259
哈萨克斯坦	Kazakhstan		9	20	40	38
韩 国	Korea,Rep.	92	297	437	760	573
老 挝	Laos	0	2	2	4	
马来西亚	Malaysia	38	138	195	303	281
蒙 古	Mongolia	0	1	4		
缅 甸	Myanmar	1	5	2		
巴基斯坦	Pakistan	12	13	20	25	24
菲 律 宾	Philippines	29	34	45	97	101
新 加 坡	Singapore	127	281	541	973	878
斯里兰卡	Sri Lanka	4	9	15	20	19
泰 国	Thailand	63	138	200	331	299
越 南	Viet Nam	2	27	42	70	57
埃 及	Egypt	48	97	144	247	210
尼日利亚	Nigeria	10	18	14	18	18
南 非	South Africa	33	49	110	124	116
加 拿 大	Canada	184	393	544	664	575
墨 西 哥	Mexico	72	136	161	185	154
美 国	United States	1329	2781	3621	5183	4739
阿 根 廷	Argentina	23	48	65	119	111
巴 西	Brazil	37	90	149	288	262
委内瑞拉	Venezuela	11	11	12	20	18
捷 克	Czech Rep.		68	117	218	203
法 国	France	663	821	1214	1664	1425
德 国	Germany	506	797	1602	2562	2266
意 大 利	Italy	486	560	881	1184	1009
荷 兰	Netherlands	285	484	782	1027	909
波 兰	Poland	32	104	162	354	288
俄罗斯联邦	Russian Fed.		96	247	506	412
西 班 牙	Spain	276	521	939	1425	1221
土 耳 其	Turkey	79	193	265	345	328
乌 克 兰	Ukraine		38	89	173	133
英 国	United Kingdom	538	1186	2041	2851	2333
澳大利亚	Australia	98	194	304	445	414
新 西 兰	New Zealand	24	44	86	90	75

14-6 世界主要国家和地区服务贸易进口总额
Commercial Service Imports

资料来源：世界贸易组织数据库。
Source: WTO Database.
单位：亿美元 (100 million USD)

国家和地区	Country or Area	1990	2000	2005	2008	2009
世　界	**World**	**8203**	**14605**	**23640**	**35550**	**31426**
中　国	China	41	359	832	1580	1575
中国香港	Hong Kong,China	110	246	338	469	444
中国澳门	Macao,China	2	8	16	35	31
孟加拉国	Bangladesh	6	15	20	35	32
文　莱	Brunei Darussalam		8	9	12	
柬埔寨	Cambodia		3	6	9	
印　度	India	59	189	468	874	798
印度尼西亚	Indonesia	59	154	218	280	276
伊　朗	Iran	37	22	104	171	
以色列	Israel	48	117	135	196	169
日　本	Japan	843	1052	1224	1633	1469
哈萨克斯坦	Kazakhstan		18	74	109	99
韩　国	Korea,Rep.	101	330	581	929	750
老　挝	Laos	0	1	2	3	
马来西亚	Malaysia	54	166	218	301	271
蒙　古	Mongolia	2	2	5		
缅　甸	Myanmar	1	3	5		
巴基斯坦	Pakistan	19	21	72	93	67
菲律宾	Philippines	17	52	58	83	83
新加坡	Singapore	86	294	549	789	739
斯里兰卡	Sri Lanka	6	16	21	30	25
泰　国	Thailand	62	153	269	460	378
越　南	Viet Nam	1	33	44	79	68
埃　及	Egypt	33	72	95	163	128
尼日利亚	Nigeria	19	31	64	123	122
南　非	South Africa	36	57	118	165	143
加拿大	Canada	275	436	649	880	776
墨西哥	Mexico	101	167	209	247	210
美　国	United States	979	2079	2801	3649	3306
阿根廷	Argentina	29	90	74	127	112
巴　西	Brazil	67	156	224	444	441
委内瑞拉	Venezuela	24	42	52	101	92
捷　克	Czech Rep.		54	101	178	189
法　国	France	505	644	1060	1410	1264
德　国	Germany	823	1358	2098	2897	2531
意大利	Italy	466	546	884	1279	1136
荷　兰	Netherlands	290	499	724	919	847
波　兰	Poland	28	89	153	300	237
俄罗斯联邦	Russian Fed.		162	378	736	594
西班牙	Spain	152	328	667	1044	865
土耳其	Turkey	28	76	103	166	156
乌克兰	Ukraine		26	70	158	108
英　国	United Kingdom	447	969	1583	1969	1609
澳大利亚	Australia	134	186	299	476	414
新西兰	New Zealand	33	44	82	96	77

14-7 出口和进口单位价值指数

Indices of Export Unit Value and Import Unit Value

资料来源：国际货币基金组织IFS数据库。
Source: IMF IFS Database.

2005年=100 (2005=100)

国家和地区	Country or Area	出口单位价值指数 Export Unit Values Index			进口单位价值指数 Import Unit Values Index		
		2006	2007	2008	2006	2007	2008
世　界	**World**	**104.5**	**113.3**	**125.2**	**105.3**	**113.8**	**127.6**
发达国家	**Advanced Economies**	**103.3**	**111.7**	**121.6**	**105.3**	**113.5**	**126.8**
中国香港	Hong Kong,China	101.1	102.9	107.2	102.3	104.2	108.9
中国澳门	Macao,China						
印　度	India	105.3	121.2	115.2	100.0	111.7	120.8
以色列	Israel	104.4	110.9	128.2	106.0	115.1	131.3
日　本	Japan	97.7	98.6	105.6	108.0	114.5	142.1
韩　国	Korea,Rep.	100.6	103.8	108.4	107.7	114.0	138.1
巴基斯坦	Pakistan	102.5	105.9	119.3	110.0	121.5	155.7
菲律宾	Philippines	104.5			116.7		
新加坡	Singapore	106.9	108.6	117.2	107.7	111.5	122.4
斯里兰卡	Sri Lanka	104.7	108.8	115.1			
泰　国	Thailand	105.2	111.2	122.9	106.4	112.0	126.2
加拿大	Canada	107.2	115.4	126.9	107.2	111.8	120.0
美　国	United States	103.6	108.6	115.2	104.9	109.3	121.9
阿根廷	Argentina	108.2		188.4	102.3		
巴　西	Brazil	108.8	116.6	141.4	113.6	129.0	176.7
委内瑞拉	Venezuela				105.2	119.9	142.7
法　国	France	100.4	109.5	115.3	102.1	112.4	120.1
德　国	Germany	101.7	113.4	122.2	104.7	116.1	128.3
意大利	Italy	106.1	121.6	137.4	110.5	124.1	144.8
荷　兰	Netherlands	104.2	115.3	129.1	104.6	116.0	129.9
波　兰	Poland	106.5	123.0	139.0	116.8	134.5	146.6
西班牙	Spain	105.7	118.2	128.9	103.9	114.9	127.6
土耳其	Turkey	103.5	116.6	134.8	108.7	119.2	143.0
英　国	United Kingdom	103.7	113.1	118.2	104.7	114.8	118.9
澳大利亚	Australia	114.0	127.4	159.6	102.7	109.6	119.8
新西兰	New Zealand	100.3	114.8	130.7	100.2	108.3	115.4

14-8 出口和进口数量指数

Indices of Export Quantum and Import Quantum

资料来源：国际货币基金组织IFS数据库。
Source: IMF IFS Database.

2005年=100 (2005=100)

国家和地区	Country or Area	出口数量指数 Export Quantum Index 2007	2008	2009	进口数量指数 Import Quantum Index 2007	2008	2009
中国香港	Hong Kong,China	119.33	122.78	108.01	121.63	124.75	113.02
阿根廷	Argentina		115.55	104.90		164.87	127.01
澳大利亚	Australia	121.32	159.97	140.89	120.49	144.30	128.62
奥地利	Austria	118.09	118.97	97.72	114.01	113.54	95.31
比利时	Belgium	107.27	105.43	92.73	109.04	109.56	96.03
玻利维亚	Bolivia	121.33	187.75	203.02			
巴西	Brazil	116.29	118.13	114.73	127.08	133.00	110.99
加拿大	Canada	102.23	94.51	78.74	112.12	112.56	93.88
丹麦	Denmark	108.58	111.41	98.88	114.28	116.13	95.70
厄瓜多尔	Ecuador	118.79	119.76	116.96	128.34	134.28	133.27
法国	France	111.88	116.11		113.24	119.14	
德国	Germany	119.16	120.72	100.88	116.27	117.93	105.94
圭亚那	Guyana	124.47	103.60	104.78			
洪都拉斯	Honduras	119.03	122.81	113.76			
匈牙利	Hungary	136.60	142.46	125.20	128.18	133.99	111.39
冰岛	Iceland	107.37	133.98	138.74	109.74	94.10	68.26
爱尔兰	Ireland	106.70	106.35	100.38	106.02	97.68	76.82
以色列	Israel	114.56	112.37	96.17	108.59	110.54	94.12
意大利	Italy	110.39	105.93	85.09	107.48	100.89	86.57
牙买加	Jamaica	91.85	99.78				
日本	Japan	114.15	112.30	82.61	101.18	100.55	86.08
约旦	Jordan	95.33	86.58	78.12	104.91	107.43	100.15
韩国	Korea,Rep.	125.00	133.00	133.81	120.50	121.60	118.70
毛里求斯	Mauritius	98.98	99.25	90.44	106.18	105.89	100.52
摩洛哥	Morocco	111.28			125.62		
荷兰	Netherlands	117.96	120.24	109.60	116.78	121.01	106.81
新西兰	New Zealand	108.13	106.62	111.74	109.19	113.30	97.74
挪威	Norway	99.40	99.70	96.24	120.86	121.92	107.69
巴基斯坦	Pakistan	98.00	105.08		102.69	111.64	
巴拿马	Panama	107.16	83.94	69.38			
巴布亚新几内亚	Papua New Guinea	88.35	94.29				
秘鲁	Peru	102.54	114.54	116.22			
波兰	Poland	127.28	136.44	124.82			
葡萄牙	Portugal	105.76	100.18	86.41	110.55	102.59	88.62
新加坡	Singapore	119.82	125.15	112.21	117.73	130.11	111.77
斯里兰卡	Sri Lanka	111.44	111.93		111.41	117.06	
瑞典	Sweden	110.57	112.40	92.69	119.75	121.68	101.94
泰国	Thailand	124.20	129.29	112.18	105.36	118.12	90.78
美国	United States	118.04	124.55	106.05	106.55	102.60	85.78

14-9 货物和服务出口占国内生产总值比重

Exports and Imports of Goods and Services as Percentage of GDP

资料来源：世界银行WDI数据库。
Source: World Bank WDI Database.
单位：% (%)

国家和地区	Country or Area	出口 Exports			进口 Imports		
		2000	2008	2009	2000	2008	2009
世　界	**World**	**24.49**	**28.71①**	**28.71①**	**24.61**	**28.64①**	**28.64①**
中　国	China	23.33	34.90	26.18	20.92	27.20	20.93
中国香港	Hong Kong,China	143.27	212.47	212.47②	138.82	201.63	201.63②
中国澳门	Macao,China	100.43	90.43	90.43②	64.64	49.48	49.48②
孟加拉国	Bangladesh	13.98	20.34	20.95	19.23	28.76	30.50
文　莱	Brunei Darussalam	67.36	67.66①	67.66①	35.82	27.82①	27.82①
柬埔寨	Cambodia	49.85	65.34①	65.34①	61.77	72.95①	72.95①
印　度	India	13.23	23.52	25.41	14.16	28.96	30.07
印度尼西亚	Indonesia	40.98	29.78	16.49	30.46	28.65	26.41
伊　朗	Iran	22.71	32.65	32.65②	17.44	22.62	22.62②
以色列	Israel	37.09	40.00	34.67	37.39	41.56	32.35
日　本	Japan	10.99	17.62①	17.62①	9.54	15.95①	15.95①
哈萨克斯坦	Kazakhstan	56.61	57.21	45.90	49.10	36.93	38.04
韩　国	Korea,Rep.	38.57	53.01	53.01②	35.71	54.19	54.19②
老　挝	Laos	29.99	32.73	32.73②	44.06	44.38	44.38②
马来西亚	Malaysia	119.81	110.54①	123.07	100.60	90.21①	106.27
蒙　古	Mongolia	56.37	57.20	57.20②	70.87	71.55	71.55②
巴基斯坦	Pakistan	13.45	12.80	14.15	14.69	23.80	23.98
菲律宾	Philippines	55.41	36.87	31.70	53.50	38.70	38.05
新加坡	Singapore		220.54	220.54②		202.59	202.59②
斯里兰卡	Sri Lanka	39.02	24.91	21.81	49.63	38.32	29.46
泰　国	Thailand	66.78	76.64	76.64②	58.15	73.86	73.86②
越　南	Viet Nam	55.04	78.21	69.22	57.50	94.75	76.25
埃　及	Egypt	16.21	33.05	25.14	22.82	38.64	33.16
尼日利亚	Nigeria	53.98	41.56	31.40	32.03	24.68	27.61
南　非	South Africa	27.88	35.46	27.12	24.92	38.47	27.97
加拿大	Canada	45.58	34.79①	34.79①	39.83	32.84①	32.84①
墨西哥	Mexico	30.94	28.23	26.60	32.94	30.42	28.83
美　国	United States	11.23	11.87①	11.87①	15.12	16.92①	16.92①
阿根廷	Argentina	10.89	24.48	24.48②	11.52	20.65	20.65②
巴　西	Brazil	9.98	13.79	12.83	11.75	13.63	13.29
委内瑞拉	Venezuela	29.75	30.63	17.60	18.12	20.42	14.15
捷　克	Czech Rep.	63.38	77.10	69.52	66.40	72.55	63.80
法　国	France	28.57	26.47	26.47②	27.67	28.94	28.94②
德　国	Germany	33.38	47.17	47.17②	33.03	40.98	40.98②
意大利	Italy	27.06	28.92	28.92②	26.12	29.42	29.42②
荷　兰	Netherlands	70.09	76.70	76.70②	64.54	68.67	68.67②
波　兰	Poland	27.13	39.74	34.72	33.55	43.44	36.45
俄罗斯联邦	Russian Fed.	44.07	30.99	30.31	24.04	22.10	19.59
西班牙	Spain	29.04	26.58	26.58②	32.17	32.43	32.43②
土耳其	Turkey	20.10	23.91	23.17	23.10	28.35	24.35
乌克兰	Ukraine	62.45	41.84	50.99	57.42	47.93	51.80
英　国	United Kingdom	27.63	28.80	28.80②	29.48	31.83	31.83②
澳大利亚	Australia	19.35	19.79	19.79②	21.30	21.61	21.61②
新西兰	New Zealand	35.51	28.96①	28.96①	33.84	29.84①	29.84①

注：①2007年数据。②2008年数据。
Note:①Data refer to 2007.②Data refer to 2008.

14-10 出口货物构成(2009年)

Exports by Commodity Groups(2009)

资料来源：世界银行WDI数据库。
Source: World Bank WDI Database.
单位：% (%)

国家和地区	Country or Area	农业原材料 Agricultural Raw Materials	食品 Food	燃料 Fuel	矿物和金属 Ores and Metals	制成品 Manufactures	其他 Others
世　界	**World**	**1.6**	**9.1**	**10.5**	**4.0**	**70.4**	**4.4**
高收入国家	**High Income**	**1.6**	**8.6**	**8.3**	**3.7**	**72.5**	**5.4**
中等收入国家	**Middle Income**	**1.6**	**10.7**	**17.7**	**4.9**	**64.0**	**1.2**
中　国	China	0.5	2.9	1.7	1.2	93.6	0.1
中国香港	Hong Kong,China	2.0	6.9	4.4	6.4	79.4	0.9
中国澳门	Macao,China	…	9.4	…	8.5	82.2	…
孟加拉国①	Bangladesh①	3.1	6.5	1.6	0.4	88.3	…
文　莱②	Brunei Darussalam②	…	0.1	96.3	0.1	3.3	0.1
柬埔寨③	Cambodia③	0.9	0.7	…	2.8	95.6	0.1
印　度	India	1.2	8.0	13.4	6.2	66.8	4.4
印度尼西亚	Indonesia	4.5	17.3	28.4	9.2	40.6	…
伊　朗②	Iran②	0.4	4.3	82.8	2.4	10.1	0.1
以色列	Israel	0.8	3.4	0.1	1.2	93.6	1.1
日　本③	Japan③	0.6	0.5	2.4	2.6	89.2	4.7
哈萨克斯坦	Kazakhstan	0.2	3.8	70.6	11.2	14.1	…
韩　国③	Korea,Rep.③	0.9	0.9	9.0	2.2	86.9	…
马来西亚	Malaysia	2.1	11.3	14.8	1.6	69.9	0.4
蒙　古①	Mongolia①	12.4	1.7	10.3	69.9	5.6	0.1
巴基斯坦	Pakistan	1.7	16.7	4.1	1.1	76.4	…
菲律宾	Philippines	0.6	7.7	1.8	3.9	86.0	…
新加坡③	Singapore③	0.3	1.9	18.5	1.4	70.4	7.6
斯里兰卡③	Sri Lanka③	3.1	25.4	…	1.7	67.1	2.7
泰　国	Thailand	3.9	15.1	5.3	1.1	74.6	…
越　南③	Viet Nam③	2.9	20.0	20.3	0.9	55.2	0.7
埃　及③	Egypt③	1.7	10.7	44.0	6.5	36.7	0.5
尼日利亚③	Nigeria③	0.9	1.3	91.8	0.3	5.5	0.2
南　非	South Africa	1.9	10.2	11.1	29.3	47.5	…
加拿大	Canada	3.6	11.5	25.0	7.3	50.1	2.5
墨西哥	Mexico	0.4	6.6	13.5	2.6	76.5	0.6
美　国	United States	2.3	10.3	5.8	3.5	66.8	11.3
阿根廷	Argentina	1.1	50.5	10.3	3.9	32.6	1.6
巴　西	Brazil	3.8	34.2	9.0	11.7	39.5	1.8
委内瑞拉	Venezuela	0.7	3.8	1.3	26.9	67.4	…
捷　克	Czech Rep.	1.4	4.5	3.6	1.8	86.7	2.1
法　国	France	0.8	12.4	3.6	2.0	78.7	2.6
德　国	Germany	0.8	5.6	2.1	2.5	81.6	7.5
意大利	Italy	0.7	8.1	3.6	1.8	83.1	2.8
荷　兰③	Netherlands③	2.5	13.0	10.6	2.4	55.5	16.1
波　兰③	Poland③	1.0	9.5	4.2	3.9	79.7	1.8
俄罗斯联邦	Russian Fed.	2.3	3.2	66.7	5.7	17.2	4.8
西班牙③	Spain③	1.1	14.2	6.4	2.8	73.3	2.3
土耳其	Turkey	0.4	10.8	4.0	3.2	80.2	1.3
乌克兰③	Ukraine③	0.9	16.1	6.0	6.2	70.5	0.5
英　国	United Kingdom	0.6	6.6	11.1	3.2	72.1	6.4
澳大利亚	Australia	2.0	14.1	31.9	27.4	19.2	5.4
新西兰	New Zealand	9.9	55.7	5.1	3.4	22.3	3.7

注：①2007年数据。②2006年数据。③2008年数据。
Note:①Data refer to 2007.②Data refer to 2006.③Data refer to 2008.

14-11 进口货物构成(2009年)

Imports by Commodity Groups(2009)

资料来源：世界银行WDI数据库。
Source: World Bank WDI Database.

单位：% (%)

国家和地区	Country or Area	农业原材料 Agricultural Raw Materials	食品 Food	燃料 Fuel	矿物和金属 Ores and Metals	制成品 Manufactures	其他 Others
世　界	**World**	**1.3**	**7.7**	**13.5**	**3.3**	**71.2**	**3.0**
高收入国家	**High Income**	**1.1**	**7.6**	**13.5**	**2.8**	**71.6**	**3.4**
中等收入国家	**Middle Income**	**1.9**	**7.8**	**13.5**	**5.3**	**69.9**	**1.6**
低收入国家①	**Low Income①**	**3.2**	**15.8**	**16.4**	**2.4**	**60.0**	**2.3**
中　国	China	3.4	4.9	13.4	13.6	64.4	0.3
中国香港	Hong Kong,China	0.6	4.4	3.4	2.2	89.5	…
中国澳门	Macao,China	0.3	17.1	12.9	0.4	69.3	0.1
孟加拉国①	Bangladesh①	7.8	22.5	10.5	3.4	54.2	1.6
文　莱②	Brunei Darussalam②	0.2	17.0	1.7	1.4	79.3	0.5
柬埔寨③	Cambodia③	1.4	7.0	7.7	2.3	81.7	…
印　度	India	1.6	4.2	34.0	5.6	52.4	2.2
印度尼西亚	Indonesia	2.8	8.9	19.8	3.1	65.3	0.1
伊　朗②	Iran②	0.6	1.9	4.0	0.4	16.3	76.8
以色列	Israel	1.1	7.6	17.1	1.6	71.9	0.7
日　本③	Japan③	1.5	8.7	35.1	7.9	45.2	1.6
哈萨克斯坦	Kazakhstan	0.7	8.5	10.1	1.1	79.6	0.1
韩　国③	Korea,Rep.③	1.6	4.5	32.5	7.7	53.7	0.1
马来西亚	Malaysia	2.0	8.2	8.3	4.5	76.4	0.7
蒙　古①	Mongolia①	0.3	11.8	26.9	0.6	60.4	…
巴基斯坦	Pakistan	4.3	11.4	28.1	3.7	52.5	0.1
菲律宾	Philippines	0.7	11.6	16.8	3.5	67.4	…
新加坡③	Singapore③	0.3	2.8	27.5	2.1	64.4	2.8
斯里兰卡③	Sri Lanka③	1.1	13.9	23.2	1.7	60.1	…
泰　国	Thailand	1.7	5.5	19.1	4.3	69.3	0.1
越　南③	Viet Nam③	3.2	7.0	15.8	4.0	69.5	0.5
埃　及③	Egypt③	3.3	17.2	11.1	8.5	59.9	…
尼日利亚③	Nigeria③	1.2	9.8	1.6	1.9	85.5	…
南　非	South Africa	0.9	6.5	21.5	1.3	64.3	5.5
加拿大	Canada	1.0	8.1	9.7	2.3	77.2	1.8
墨西哥	Mexico	1.3	7.4	6.8	2.3	80.4	1.9
美　国	United States	0.9	5.5	17.5	2.0	70.5	3.7
阿根廷	Argentina	1.1	3.7	6.1	2.0	86.3	0.8
巴　西	Brazil	1.2	5.3	14.8	2.9	75.9	…
委内瑞拉	Venezuela	1.0	16.2	1.3	1.5	79.1	1.1
捷　克	Czech Rep.	1.2	6.3	9.1	3.1	78.3	2.0
法　国	France	1.3	9.3	13.5	2.2	73.7	…
德　国	Germany	1.3	7.9	11.3	3.5	67.3	8.8
意大利	Italy	2.0	10.2	17.8	3.5	64.5	2.0
荷　兰③	Netherlands③	1.4	9.9	15.0	2.7	58.0	13.0
波　兰③	Poland③	1.5	6.6	11.4	3.3	72.8	4.4
俄罗斯联邦	Russian Fed.	1.1	17.0	1.7	1.6	76.5	2.2
西班牙③	Spain③	1.2	9.3	19.5	3.9	65.8	0.4
土耳其	Turkey	2.4	4.4	14.4	6.8	64.2	7.7
乌克兰③	Ukraine③	0.9	7.4	27.0	4.2	59.8	0.8
英　国	United Kingdom	1.1	10.9	10.4	3.1	69.1	5.5
澳大利亚	Australia	0.7	5.8	13.3	1.3	75.6	3.3
新西兰	New Zealand	0.7	10.5	14.6	1.4	72.1	0.7

注：①2007年数据。②2006年数据。③2008年数据。
Note:①Data refer to 2007.②Data refer to 2006.③Data refer to 2008.

14-12 农产品进出口额

Imports and Exports of Agriculture Products

资料来源：世界贸易组织数据库。
Source: WTO Database.

单位：亿美元 (100 million USD)

国家和地区	Country or Area	农产品进口额 Imports			农产品出口额 Exports		
		2000	2007	2008	2000	2007	2008
世　界	**World**	**5956.6**	**11756.1**	**14046.4**	**5512.9**	**11328.8**	**13401.5**
中　国	China	195.4	653.7	868.1	163.8	388.6	422.5
中国香港	Hong Kong,China	117.3	134.3	165.0	56.9	54.8	67.4
中国澳门	Macao,China	2.9	6.5	7.1	0.5	0.5	0.6
孟加拉国	Bangladesh	17.2	53.2	68.2	5.0	12.7	15.6
柬埔寨	Cambodia	1.9	2.9	3.8	0.5	1.0	0.9
印　度	India	39.5	103.0	120.6	59.3	167.7	217.7
印度尼西亚	Indonesia	57.3	104.7	133.1	77.6	238.1	328.6
伊　朗	Iran	29.4	52.0	78.5	9.3	39.7	45.7
以色列	Israel	22.9	40.2	50.6	11.8	22.5	21.7
日　本	Japan	621.9	688.2	807.7	44.0	75.7	83.7
哈萨克斯坦	Kazakhstan	5.1	25.2	31.7	7.3	23.1	31.8
马来西亚	Malaysia	46.1	106.1	133.6	80.2	205.2	278.0
蒙　古	Mongolia	1.1	2.6	4.4	1.5	2.4	2.5
缅　甸	Myanmar						23.7
巴基斯坦	Pakistan	18.8	45.2	71.0	12.3	23.3	39.0
菲律宾	Philippines	31.0	46.7	69.5	20.3	32.4	39.6
新加坡	Singapore	48.9	83.7	100.2	37.2	59.8	71.8
斯里兰卡	Sri Lanka	9.3	15.1	20.2	10.9	20.2	23.3
泰　国	Thailand	44.8	84.5	116.7	122.2	249.6	316.6
越　南	Viet Nam	12.7	58.7	79.3	39.5	113.3	145.6
埃　及	Egypt	42.1	62.4	106.4	6.1	15.3	32.5
尼日利亚	Nigeria	12.1	67.7	105.2	0.4	12.9	18.1
南　非	South Africa	16.5	48.3	53.6	32.3	55.7	70.4
加拿大	Canada	152.7	274.0	302.5	347.9	487.3	541.3
墨西哥	Mexico	109.9	219.4	259.2	91.0	156.0	170.8
美　国	United States	691.2	1095.7	1159.1	714.1	1137.0	1399.7
阿根廷	Argentina	16.4	22.3	32.4	119.5	288.1	375.0
巴　西	Brazil	47.6	72.7	96.9	154.6	482.9	614.0
委内瑞拉	Venezuela	19.7	44.9	82.9	5.2	2.0	1.5
捷　克	Czech Rep.	22.5	76.4	92.0	19.1	62.5	80.0
法　国	France	301.4	562.0	654.6	369.4	662.0	759.6
德　国	Germany	450.2	933.0	1062.9	292.8	741.5	869.8
意大利	Italy	299.1	557.7	609.8	163.6	353.8	410.7
荷　兰	Netherlands	263.6	545.8	672.8	420.1	860.4	1006.8
波　兰	Poland	39.5	130.9	173.4	31.0	149.5	183.6
俄罗斯联邦	Russian Fed.	92.6	268.8	342.8	75.3	236.1	238.8
西班牙	Spain	171.4	390.0	440.0	174.7	373.2	437.8
土耳其	Turkey	41.3	98.1	130.4	38.3	94.7	111.9
乌克兰	Ukraine	10.9	45.8	70.0	15.9	68.3	113.3
英　国	United Kingdom	325.4	633.9	671.0	170.7	274.6	296.2
澳大利亚	Australia	42.3	89.2	104.3	164.5	224.0	261.3
新西兰	New Zealand	12.0	28.4	34.0	76.4	160.5	179.0

14-13 出口去向构成(2008年)

Exports by Destination(2008)

资料来源：联合国贸易和发展会议数据库。
Source: UNCTAD Database.
单位：% (%)

国家和地区	Country or Area	发达国家 Developed Countries	#欧 洲 Europe	#欧 盟 European Union	#美 国 United States	#日 本 Japan
中 国	China	51.8	21.1	20.6	18.6	8.2
中国香港	Hong Kong,China	34.5	14.5	13.7	12.8	4.3
孟加拉国	Bangladesh	73.7	48.6	48.0	21.0	0.7
文 莱	Brunei Darussalam	56.3	0.2	0.2	1.1	41.6
柬 埔 寨	Cambodia	86.4	23.6	22.6	54.1	2.6
印 度	India	39.2	21.2	20.5	12.8	2.5
印度尼西亚	Indonesia	45.4	11.6	11.3	9.5	20.2
伊 朗	Iran	33.8	18.0	18.0	0.1	15.4
以 色 列	Israel	67.9	31.1	29.0	32.5	1.4
日 本	Japan	36.8	14.9	14.1	17.8	
哈萨克斯坦	Kazakhstan	49.8	45.3	43.7	2.8	1.5
朝 鲜	Korea,Dem.	6.8	6.4	6.4		
韩 国	Korea,Rep.	34.6	14.3	13.7	10.9	6.6
老 挝	Laos	15.3	11.4	11.2	2.5	1.0
马来西亚	Malaysia	38.0	10.7	10.4	12.6	9.4
蒙 古	Mongolia	17.9	4.7	4.6	2.5	1.7
缅 甸	Myanmar	8.5	3.8	3.8		4.4
巴基斯坦	Pakistan	42.4	22.8	22.2	15.9	1.8
菲 律 宾	Philippines	51.5	17.5	17.3	16.7	15.7
新 加 坡	Singapore	28.2	10.7	10.3	7.1	4.9
斯里兰卡	Sri Lanka	60.8	34.1	32.9	21.6	2.1
泰 国	Thailand	42.9	14.1	12.9	11.4	11.4
越 南	Viet Nam	63.0	19.5	18.8	20.7	13.6
埃 及	Egypt	49.5	36.3	36.1	7.5	4.8
尼日利亚	Nigeria	74.4	26.7	26.6	46.1	0.5
南 非	South Africa	60.0	34.3	31.9	10.8	11.0
加 拿 大	Canada	89.2	8.5	7.5	77.7	2.3
墨 西 哥	Mexico	89.4	5.8	5.6	80.2	0.7
美 国	United States	51.7	23.4	21.2		5.1
阿 根 廷	Argentina	29.4	19.4	19.2	7.7	0.8
巴 西	Brazil	44.6	24.3	23.3	14.5	3.8
委内瑞拉	Venezuela	50.0	7.4	7.3	41.4	0.1
白俄罗斯	Belarus	45.1	44.5	43.9	0.4	
捷 克	Czech Republic	89.5	86.7	84.8	1.8	0.4
法 国	France	75.2	66.1	62.8	5.8	1.4
德 国	Germany	78.5	68.4	63.6	7.1	1.3
意 大 利	Italy	72.7	63.0	58.4	6.3	1.2
荷 兰	Netherlands	86.4	80.7	78.5	3.9	0.7
波 兰	Poland	82.4	79.9	77.3	1.5	0.2
俄罗斯联邦	Russian Fed.	64.5	58.0	55.8	3.4	2.4
西 班 牙	Spain	76.5	69.9	67.5	4.2	0.8
土 耳 其	Turkey	56.2	50.4	47.9	3.3	0.2
乌 克 兰	Ukraine	32.7	28.6	27.1	2.9	0.2
英 国	United Kingdom	78.6	59.9	56.8	13.8	1.5
澳大利亚	Australia	43.8	11.0	10.7	5.5	22.2
新 西 兰	New Zealand	56.4	13.5	13.1	10.1	8.4

14-13 续表 Continued

单位：% (%)

国家和地区	Country or Area	经济转型国家 Economies in Transition	发展中国家 Developing Countries	非洲 Africa	美洲 America	除西亚以外的亚洲国家 Asia except West Asia	西亚 West Asia	大洋洲 Oceania
中国	China	4.4	43.8	3.4	5.2	31.3	3.9	
中国香港	Hong Kong,China	0.4	65.0	0.6	1.6	61.5	1.2	
孟加拉国	Bangladesh	0.6	11.8	0.7	0.9	7.3	2.9	
文莱	Brunei Darussalam		43.3			43.2		
柬埔寨	Cambodia	0.7	12.7	0.2	0.4	11.6	0.6	
印度	India	1.5	59.1	6.7	4.2	34.2	14.0	
印度尼西亚	Indonesia	0.7	53.9	2.4	1.7	46.0	3.7	0.1
伊朗	Iran	1.1	49.4	4.6	0.2	34.7	9.9	
以色列	Israel	2.6	26.1	2.2	3.7	17.1	3.1	
日本	Japan	2.5	60.5	1.7	5.0	49.5	4.2	0.1
哈萨克斯坦	Kazakhstan	20.2	20.9	0.1	0.2	18.2	4.4	
朝鲜	Korea,Dem.	1.9	91.3	6.9	29.2	45.1	9.7	0.3
韩国	Korea,Rep.	3.2	59.8	3.1	7.6	44.1	4.9	0.1
老挝	Laos	0.1	64.3	0.1	0.1	64.0	0.1	
马来西亚	Malaysia	1.0	61.0	1.7	3.3	52.6	3.3	0.1
蒙古	Mongolia	4.0	78.1		0.4	77.5	0.2	
缅甸	Myanmar	0.1	86.0	0.5	0.2	84.2	1.1	
巴基斯坦	Pakistan	1.1	55.4	6.5	2.4	26.4	20.1	
菲律宾	Philippines	0.1	48.1	0.4	0.9	45.6	1.0	0.1
新加坡	Singapore	0.2	70.8	1.8	3.5	62.8	2.0	0.7
斯里兰卡	Sri Lanka	3.9	30.3	1.3	2.2	19.7	7.1	
泰国	Thailand	0.7	55.8	3.8	2.7	44.5	4.7	0.1
越南	Viet Nam	1.6	29.3	0.3	0.6	27.1	1.3	
埃及	Egypt	1.3	39.6	6.3	2.4	11.1	19.8	
尼日利亚	Nigeria		24.4	9.5	12.2	2.0	0.7	
南非	South Africa	0.6	38.4	17.0	1.9	16.9	2.6	0.1
加拿大	Canada	0.5	10.4	0.9	3.0	5.5	1.0	
墨西哥	Mexico		9.5	0.2	7.0	2.2	0.1	
美国	United States	1.1	47.1	2.2	22.0	18.8	4.0	
阿根廷	Argentina	1.9	68.7	6.2	40.9	19.0	2.6	
巴西	Brazil	2.9	52.0	4.8	24.5	19.4	3.3	
委内瑞拉	Venezuela		26.3	0.3	18.7	7.1	0.2	
白俄罗斯	Belarus	44.2	10.7	0.9	4.5	4.6	0.7	
捷克	Czech Republic	5.5	4.8	0.8	0.6	2.0	1.4	
法国	France	2.5	20.2	6.1	2.6	7.4	3.8	0.3
德国	Germany	5.1	16.0	2.0	2.4	8.2	3.5	
意大利	Italy	5.8	20.4	4.9	3.0	6.6	5.9	
荷兰	Netherlands	2.5	10.0	2.4	1.5	3.8	2.3	
波兰	Poland	11.3	5.8	0.9	1.0	1.8	2.0	
俄罗斯联邦	Russian Fed.	14.9	20.2	1.5	1.5	10.3	6.9	
西班牙	Spain	2.2	17.4	5.4	5.0	3.5	3.4	
土耳其	Turkey	12.1	27.2	6.8	1.2	4.9	14.2	
乌克兰	Ukraine	37.2	28.8	5.8	1.8	7.4	13.8	
英国	United Kingdom	2.3	18.5	3.4	1.8	8.9	4.4	
澳大利亚	Australia	0.7	54.0	2.0	1.5	45.1	4.2	1.2
新西兰	New Zealand	0.9	40.3	3.4	4.3	26.3	3.6	2.6

14-14 进口来源构成(2008年)

Imports by Origin(2008)

资料来源：联合国贸易和发展会议数据库。
Source: UNCTAD Database.
单位：% (%)

国家和地区	Country or Area	发达国家 Developed Countries	#欧洲 Europe	#欧盟 European Union	#美国 United States	#日本 Japan
中国	China	35.0	11.6	10.9	6.7	12.4
中国香港	Hong Kong,China	25.6	9.2	7.6	5.0	9.8
孟加拉国	Bangladesh	18.8	9.9	8.4	1.8	4.1
文莱	Brunei Darussalam	23.7	10.4	10.1	4.6	7.4
柬埔寨	Cambodia	8.4	3.2	3.1	2.1	2.5
印度	India	33.3	17.8	16.8	6.8	2.9
印度尼西亚	Indonesia	63.7	21.8	20.6	11.7	22.7
伊朗	Iran	33.2	27.6	26.3	1.1	3.0
以色列	Israel	57.7	40.7	34.5	12.3	3.4
日本	Japan	29.2	10.4	9.3	10.4	
哈萨克斯坦	Kazakhstan	26.9	22.8	20.8	2.4	0.5
朝鲜	Korea,Dem.	6.1	4.0	3.9	1.4	0.2
韩国	Korea,Rep.	38.6	10.1	9.2	8.9	14.0
老挝	Laos	8.3	3.9	3.7	0.7	2.5
马来西亚	Malaysia	31.8	10.8	10.3	8.0	10.0
蒙古	Mongolia	20.1	9.7	9.6	1.9	7.5
缅甸	Myanmar	6.4	2.6	2.5	0.2	3.1
巴基斯坦	Pakistan	25.4	14.8	13.8	4.8	3.5
菲律宾	Philippines	36.9	8.2	7.7	11.5	13.8
新加坡	Singapore	35.8	13.6	12.3	11.8	8.1
斯里兰卡	Sri Lanka	23.9	12.3	11.7	2.2	2.8
泰国	Thailand	39.5	10.2	7.9	6.4	18.8
越南	Viet Nam	23.3	6.8	6.4	3.6	10.2
埃及	Egypt	49.3	33.6	32.4	10.5	3.3
尼日利亚	Nigeria	45.9	34.5	33.3	8.3	1.9
南非	South Africa	49.6	32.3	31.3	8.0	5.6
加拿大	Canada	71.3	14.6	12.5	52.4	3.5
墨西哥	Mexico	70.6	12.7	12.1	49.0	5.3
美国	United States	42.6	18.6	17.4		6.6
阿根廷	Argentina	37.8	19.1	18.3	15.3	2.0
巴西	Brazil	44.8	22.7	21.0	14.9	4.0
委内瑞拉	Venezuela	41.6	12.8	12.2	24.3	1.8
白俄罗斯	Belarus	25.0	22.7	21.6	1.2	0.8
捷克	Czech Republic	81.3	77.6	76.5	1.2	2.1
法国	France	77.8	71.4	67.4	4.3	1.2
德国	Germany	77.6	70.6	64.4	4.2	2.1
意大利	Italy	63.5	57.9	54.0	3.1	1.3
荷兰	Netherlands	30.1	10.1	9.8	19.2	0.4
波兰	Poland	75.7	73.0	71.3	1.4	0.9
俄罗斯联邦	Russian Fed.	58.8	46.7	45.3	4.4	6.5
西班牙	Spain	64.5	58.5	56.8	3.4	1.4
土耳其	Turkey	49.9	40.1	37.0	5.9	2.0
乌克兰	Ukraine	43.1	35.5	33.8	3.3	3.3
英国	United Kingdom	73.6	59.8	52.3	8.7	2.2
澳大利亚	Australia	48.2	22.2	21.0	12.0	9.1
新西兰	New Zealand	54.4	16.7	15.8	9.5	8.3

14-14 续表 Continued

单位：% (%)

国家和地区	Country or Area	经济转型国家 Economies in Transition	发展中国家 Developing Countries	非洲 Africa	美洲 America	除西亚以外的亚洲国家 Asia except West Asia	西亚 West Asia	大洋洲 Oceania
中　　国	China	3.0	53.8	4.7	6.0	38.0	5.0	0.1
中国香港	Hong Kong,China	0.2	74.2	0.3	0.9	72.3	0.6	
孟加拉国	Bangladesh	3.5	71.2	1.1	1.5	55.3	13.3	
文　　莱	Brunei Darussalam		76.1	0.1		75.4	0.5	
柬 埔 寨	Cambodia	0.1	91.4		0.1	91.1	0.2	
印　　度	India	2.6	40.6	1.9	2.3	30.7	5.7	0.1
印度尼西亚	Indonesia	1.1	34.5	1.0	2.6	27.5	3.4	
伊　　朗	Iran	13.6	52.8	0.6	4.5	30.4	17.1	
以 色 列	Israel	2.0	23.2	1.1	1.8	17.3	3.0	
日　　本	Japan	2.0	68.9	2.7	3.4	43.1	19.4	0.2
哈萨克斯坦	Kazakhstan	44.3	28.8	0.2	0.4	25.9	2.4	
朝　　鲜	Korea,Dem.	4.4	89.4	21.2	7.0	58.7	2.5	
韩　　国	Korea,Rep.	2.3	59.1	1.5	3.1	33.6	20.8	0.1
老　　挝	Laos	0.2	90.0	0.5		89.4		
马来西亚	Malaysia	0.3	66.9	1.3	1.4	60.8	3.4	
蒙　　古	Mongolia	37.3	42.6		0.1	42.0	0.5	
缅　　甸	Myanmar	0.4	93.0	0.1	0.1	92.7	0.2	
巴基斯坦	Pakistan	2.0	69.2	3.0	0.9	33.9	31.5	
菲 律 宾	Philippines	0.4	62.6	0.1	1.6	51.9	8.7	0.2
新 加 坡	Singapore	1.0	62.9	0.4	1.9	49.0	11.6	
斯里兰卡	Sri Lanka	0.9	74.5	0.4	0.4	67.9	5.9	
泰　　国	Thailand	1.8	57.3	1.3	2.0	38.5	15.2	
越　　南	Viet Nam	1.2	73.6	0.1	1.0	71.8	0.7	
埃　　及	Egypt	6.8	37.8	3.0	3.8	20.3	10.7	
尼日利亚	Nigeria	1.4	38.8	5.0	4.9	26.2	2.8	
南　　非	South Africa	0.5	49.7	8.6	4.2	26.5	10.4	0.1
加 拿 大	Canada	0.9	26.9	3.1	7.3	15.2	1.3	
墨 西 哥	Mexico	0.3	27.9	0.4	4.9	22.3	0.3	
美　　国	United States	1.8	55.6	5.4	17.8	27.9	4.5	
阿 根 廷	Argentina	1.8	60.4	0.6	41.9	17.5	0.4	
巴　　西	Brazil	3.0	52.0	9.0	16.7	23.3	3.1	
委内瑞拉	Venezuela	2.2	53.0	0.1	42.6	10.2	0.1	
白俄罗斯	Belarus	66.1	7.2	0.2	0.9	5.4	0.6	
捷　　克	Czech Republic	8.7	9.5	0.2	0.3	8.5	0.5	
法　　国	France	3.8	17.6	5.4	1.7	7.7	2.7	0.1
德　　国	Germany	5.5	16.7	2.3	2.2	10.7	1.5	
意 大 利	Italy	7.9	28.5	10.2	2.8	11.4	4.1	
荷　　兰	Netherlands	0.2	68.3	0.1	67.1	1.1		
波　　兰	Poland	12.8	10.7	0.6	1.1	8.1	1.0	
俄罗斯联邦	Russian Fed.	14.1	26.9	0.8	3.3	20.6	2.2	
西 班 牙	Spain	4.4	31.0	9.5	5.6	11.7	4.1	0.1
土 耳 其	Turkey	21.2	28.2	3.8	1.9	19.2	3.2	
乌 克 兰	Ukraine	39.4	17.5	1.8	1.3	11.7	2.7	
英　　国	United Kingdom	2.2	22.7	3.3	2.3	14.8	2.2	
澳大利亚	Australia	0.4	49.3	1.0	1.8	42.8	2.2	1.4
新 西 兰	New Zealand	0.2	45.1	1.8	1.2	35.7	6.0	0.4

14-15 按行业划分的服务出口额(2007年)
Exports of Services by Sector(2007)

资料来源：联合国贸发会议统计手册。
Source: UNCTAD Handbook of Statistics.
单位：亿美元 (100 million USD)

国家和地区	Country or Area	服务总额 Total Services	交通运输 Transport	旅游 Travel	其他服务 Other Services	通讯 Communications	建筑 Construction	计算机和信息服务 Computer and Information Services
中　国	China	1222.06	313.24	372.33	536.50	11.75	53.78	43.45
中国香港	Hong Kong,China	847.07	255.82	137.58	453.68	8.66	3.46	2.77
中国澳门	Macao,China	138.74	4.74	130.77	3.25	0.89		
孟加拉国	Bangladesh	16.17	0.80	0.77	14.61	0.77	0.30	0.16
文　莱	Brunei Darussalam	8.14	4.07	2.33	1.75	0.19		
柬埔寨	Cambodia	15.48	2.10	11.35	2.04	0.46	0.04	0.02
印　度	India	869.66	90.36	107.29	672.01	23.48	7.54	374.92
印度尼西亚	Indonesia	124.88	22.07	53.47	49.35	13.43	4.59	1.41
伊　朗	Iran	87.49	33.24	16.77	37.48			
以色列	Israel	211.04	44.43	30.95	135.67	2.29	6.66	58.10
日　本	Japan	1291.17	420.21	93.46	777.52	5.54	103.23	9.67
哈萨克斯坦	Kazakhstan	35.65	17.36	10.14	8.16	0.88	0.06	0.03
韩　国	Korea,Rep.	633.49	335.56	61.39	236.55	5.48	1.29	3.41
老　挝	Laos	2.79	0.31	2.34	0.36			
马来西亚	Malaysia	294.72	71.55	140.53	82.65	6.14	13.61	7.88
蒙　古	Mongolia	5.58	2.19	3.07	0.34			
缅　甸	Myanmar	2.27						
巴基斯坦	Pakistan	37.67	10.68	2.76	24.23	1.28	0.66	1.26
菲律宾	Philippines	97.66	13.23	49.33	35.10	5.17	1.13	3.05
新加坡	Singapore	807.13	283.75	91.79	431.59	9.66	7.00	13.76
斯里兰卡	Sri Lanka	17.75	8.38	3.86	5.52	0.72	0.33	1.76
泰　国	Thailand	303.57	63.70	166.67	73.21	2.33	5.19	
越　南	Viet Nam	60.30						
埃　及	Egypt		69.50	93.04	36.91		9.84	0.88
尼日利亚	Nigeria	14.43	8.30	2.14	4.01	0.27		
南　非	South Africa	138.19	18.02	87.79	32.39	2.33	0.55	2.23
加拿大	Canada	653.38	111.18	155.68	386.53	22.32	3.13	45.98
墨西哥	Mexico	176.09	19.30	128.52	28.28	4.01		
美　国	United States	5006.96	771.85	1197.81	3037.30	83.67	63.59	116.38
阿根廷	Argentina	103.64	16.67	43.15	43.83	3.14	0.39	6.55
巴　西	Brazil	239.55	41.19	49.53	148.83	2.76	0.17	1.62
委内瑞拉	Venezuela	17.68	5.86	8.17	3.64	1.35		0.09
捷　克	Czech Rep.	169.31	50.41		55.03	5.74	3.12	8.04
法　国	France		378.46	542.10	575.40		53.02	
德　国	Germany	2291.56	543.10	361.01	1387.46	46.70	134.41	127.16
意大利	Italy	1122.14	180.37	426.60	515.17	30.55	31.73	9.14
荷　兰	Netherlands	967.33	275.00	133.39	558.95	42.01	25.40	64.19
波　兰	Poland	289.14	93.03	105.99	90.12	5.06	16.18	6.63
俄罗斯联邦	Russian Fed.	392.57	118.30	94.47	179.81	12.72	34.51	10.97
西班牙	Spain	1281.48	210.14	577.35	494.01	17.15	41.93	53.59
土耳其	Turkey	290.27	65.41	184.87	39.99	5.06	8.56	0.15
乌克兰	Ukraine	141.62	61.14	45.97	34.50	3.13	1.45	1.91
英　国	United Kingdom	2848.04	354.96	386.99	2106.10	85.33	20.01	142.08
澳大利亚	Australia	404.96	72.58	224.15	108.23	6.00	0.68	12.91
新西兰	New Zealand	93.72	19.87	54.15	19.68	1.91	0.08	2.19

14-15 续表 Continued

单位：亿美元 (100 million USD)

国家和地区	Country or Area	保险 Insurance	金融服务 Financial Services	版税和许可证费用 Royalties and Licence Fees	其他商务服务 Other Business Services	个人、文化和休闲服务 Personal,Cultural and Recreational Services	政府服务及其他 Government Services n.i.e.
中　国	China	9.04	2.31	3.43	404.08	3.17	5.53
中国香港	Hong Kong,China	4.68	124.26	3.58	302.93	2.72	0.64
中国澳门	Macao,China	0.24	0.83		1.30		
孟加拉国	Bangladesh	0.11	0.21	…	3.75	0.02	9.32
文　莱	Brunei Darussalam	0.14			1.43		
柬埔寨	Cambodia	0.04	0.10	…	1.01	0.02	0.38
印　度	India	15.07	33.79	1.64	207.34	5.09	3.18
印度尼西亚	Indonesia	0.20	2.89	0.31	21.85	0.55	4.14
伊　朗	Iran						
以色列	Israel	0.25		7.85	60.23		0.31
日　本	Japan	13.44	62.07	232.29	329.19	1.56	20.58
哈萨克斯坦	Kazakhstan	0.36	0.76		2.95	0.02	3.14
韩　国	Korea,Rep.	4.15	40.01	17.36	144.21	4.48	16.21
老　挝	Laos						
马来西亚	Malaysia	3.70	0.89	0.37	40.88	8.33	0.88
蒙　古	Mongolia						
缅　甸	Myanmar						
巴基斯坦	Pakistan	0.36	0.67	0.37	4.20	0.01	15.43
菲律宾	Philippines	0.22	0.87	0.05	24.39	0.22	
新加坡	Singapore	16.99	65.66	8.22	306.76	2.40	1.19
斯里兰卡	Sri Lanka	0.56			1.97		0.21
泰　国	Thailand	3.13		0.55	59.72		2.33
越　南	Viet Nam						
埃　及	Egypt	0.82	0.86	1.22	11.97	0.92	2.84
尼日利亚	Nigeria	0.05	0.14		0.10		3.46
南　非	South Africa	2.15	8.76	0.53	11.76	0.91	3.20
加拿大	Canada	37.86	32.19	35.05	171.60	22.91	15.53
墨西哥	Mexico	20.00		1.20	-0.10	3.09	0.11
美　国	United States	101.84	613.93	838.24	776.38	144.22	299.07
阿根廷	Argentina		0.10	1.07	28.17	3.15	1.31
巴　西	Brazil	5.43	10.91	3.20	110.64	0.74	13.40
委内瑞拉	Venezuela	0.04			0.90	0.05	1.21
捷　克	Czech Rep.	0.12		0.35	32.43	1.90	0.36
法　国	France	10.37	18.17			19.64	10.57
德　国	Germany	58.62	119.99		744.07	11.47	63.78
意大利	Italy	15.39	38.86	10.50	352.04	11.68	15.32
荷　兰	Netherlands	6.14	13.69	43.23	332.46	6.72	25.16
波　兰	Poland	0.20	3.95	1.03	54.18	1.93	0.96
俄罗斯联邦	Russian Fed.	3.79	11.75	3.97	96.25	2.91	2.98
西班牙	Spain	15.31	59.04	5.37	276.04	15.99	9.63
土耳其	Turkey	6.45	3.95		2.08	9.72	4.03
乌克兰	Ukraine	0.86	3.22	0.53	16.72	1.58	5.10
英　国	United Kingdom	106.50	709.52	151.08	811.64	37.59	42.39
澳大利亚	Australia	5.99	8.56	6.92	55.01	5.10	7.11
新西兰	New Zealand	0.32	0.81	1.41	9.63	2.16	1.21

14-16 货币汇率(年平均价)
Exchange Rate (Period Average)

资料来源：世界银行WDI数据库。
Source: World Bank WDI Database.
单位：1美元合本币数 (local currency unit per US dollar)

国家和地区	Country or Area	2000	2005	2006	2007	2008	2009
中　　国	China	8.28	8.20	7.98	7.61	6.95	6.84
中国香港	Hong Kong,China	7.80	7.78	7.77	7.81	7.79	7.76
中国澳门	Macao,China	8.03	8.02	8.01	8.04	8.02	7.99
孟加拉国	Bangladesh	52.15	64.33	68.94	68.88	68.60	69.04
文　　莱	Brunei Darussalam	1.73	1.67	1.59	1.51	1.42	1.46
柬 埔 寨	Cambodia	3840.75	4092.50	4103.25	4056.17	4054.17	
印　　度	India	44.95	44.10	45.31	41.35	43.51	48.41
印度尼西亚	Indonesia	8421.78	9704.75	9159.32	9141.00	9698.97	10389.94
伊　　朗	Iran	1766.09	8963.96	9170.95	9281.16	9428.53	9864.31
以 色 列	Israel	4.08	4.49	4.46	4.11	3.59	3.94
日　　本	Japan	107.77	110.22	116.30	117.76	103.36	93.57
哈萨克斯坦	Kazakhstan	142.14	132.88	126.09	122.56	120.30	147.50
韩　　国	Korea,Rep.	1130.96	1024.12	954.80	929.26	1102.05	1276.87
老　　挝	Laos	7887.65	10655.17	10159.94	9603.16	8744.07	
马来西亚	Malaysia	3.80	3.79	3.67	3.44	3.34	3.53
蒙　　古	Mongolia	1076.67	1205.23	1165.38	1170.97	1165.74	
缅　　甸	Myanmar	6.43	5.77	5.79	5.56	5.39	
巴基斯坦	Pakistan	53.65	59.52	60.28	60.74	70.41	81.72
菲 律 宾	Philippines	44.20	55.09	51.32	46.15	44.33	47.64
新 加 坡	Singapore	1.73	1.67	1.59	1.51	1.42	1.46
斯里兰卡	Sri Lanka	77.01	100.50	103.92	110.63	108.34	114.95
泰　　国	Thailand	40.12	40.22	37.89	34.52	33.32	34.29
越　　南	Viet Nam	14167.75	15858.92	15994.25	16105.13	16302.25	
埃　　及	Egypt	3.48	5.78	5.74	5.64	5.44	
尼日利亚	Nigeria	101.70	131.28	128.66	125.81	118.55	
南　　非	South Africa	6.94	6.36	6.78	7.05	8.27	8.48
加 拿 大	Canada	1.49	1.22	1.14	1.08	1.07	1.15
墨 西 哥	Mexico	9.46	10.90	10.90	10.93	11.13	13.52
美　　国	United States	1.00	1.00	1.00	1.00	1.00	1.00
阿 根 廷	Argentina	1.00	2.91	3.06	3.10	3.15	3.71
巴　　西	Brazil	1.83	2.44	2.18	1.95	1.84	2.00
委内瑞拉	Venezuela	0.68	2.09	2.15	2.15	2.15	2.15
捷　　克	Czech Rep.	38.60	23.96	22.60	20.30	17.08	19.07
法　　国	France	1.09	0.81	0.80	0.74	0.69	0.72
德　　国	Germany	1.09	0.81	0.80	0.74	0.69	0.72
意 大 利	Italy	1.09	0.81	0.80	0.74	0.69	0.72
荷　　兰	Netherlands	1.09	0.81	0.80	0.74	0.69	0.72
波　　兰	Poland	4.35	3.24	3.11	2.77	2.41	
俄罗斯联邦	Russian Fed.	28.13	28.29	27.20	25.59	24.86	31.74
西 班 牙	Spain	1.09	0.81	0.80	0.74	0.69	0.72
土 耳 其	Turkey	0.63	1.35	1.43	1.31	1.31	
乌 克 兰	Ukraine	5.44	5.13	5.05	5.05	5.27	7.80
英　　国	United Kingdom	0.67	0.56	0.55	0.50	0.55	0.65
澳大利亚	Australia	1.73	1.31	1.33	1.20	1.20	1.29
新 西 兰	New Zealand	2.21	1.42	1.55	1.37	1.43	

主要统计指标解释

出口 即货物离开一国的统计疆界。在通常的贸易体系中，一国的统计疆界与它的经济领土是一致的。在特殊的贸易体系中，一国的统计疆界只包括一部分经济领土，一般这部分与货物自由贸易区是一致的。自由贸易地区是一国经济疆界的一部分，在此间货物可以无进口税限制地流通。

进口 货物进入一国统计疆界。

数量指数 基于诸如数量或权数这样的货物单位的指数。

服务贸易 服务(原为非要素服务)指无形商品的经济产出。它可以在同一时间产生、转让和消费。商品服务的出口（贷方和收入）和进口（借方和支付）来自于国际收支统计中的国际服务交易统计，其概念、定义和分类与国际货币基金组织 1993 年《国际收支手册》第五版一致。

官方汇率 是指由国家机关或货币金融机构公布的汇率。年平均汇率是以月均价为基础计算的。

Explanatory Notes on Main Statistical Indicators

Exports Goods leaving the statistical territory of a country. In the general trade system, the definition of the statistical territory of a country coincides with its economic territory. In the special trade system, the definition of the statistical territory comprises only a particular part of the economic territory, mainly that part which coincides with the free circulation area for goods. The free circulation area is a part of the economic territory of a country within which goods may be disposed of without customs restrictions.

Imports Goods entering the statistical territory of a country.

Quantum Index An index based on quantity units of goods such as number or weight.

Commercial Service Exports/Commercial Service Imports Services(previously no factor services) refer to economic output of intangible commodities that may be produced, transferred, and consumed at the same time. Exports (credits or receipts) and imports (debits or payments) of commercial services derived from statistics on international service transactions are included in the balance of payments statistics, in conformity with the concepts, definitions and classification of the fifth (1993) edition of the IMF Balance of Payments Manual.

Official Exchange Rate refers to the exchange rate determined by national authorities or to the rate determined in the legally sanctioned exchange market. It is calculated as an annual average based on monthly averages (local currency units relative to the U.S. dollar).

国际收支和外债

Balance of Payments and External Debts

15-1 世界国际收支

Summary of International Transactions

资料来源：国际货币基金组织《国际收支统计年鉴》2009年。
Source: IMF Balance of Payments Statistics Yearbook 2009.

单位：亿美元 (100 million USD)

		2000	2003	2004	2005	2006	2007	2008
经常帐户	**Current Account(net)**	**-1498**	**-200**	**550**	**1034**	**2536**	**4033**	**2981**
货物	Goods	-171	451	229	446	1084	1745	1571
贷方	Credits	63516	74669	90693	103750	119936	138668	160147
借方	Debits	63688	74219	90464	103304	118852	136923	158575
服务	Services	-54	209	665	927	1528	2299	2092
贷方	Credits	15182	18894	22854	25498	28884	34545	38586
借方	Debits	15236	18685	22189	24571	27356	32246	36494
收入	Income	-909	-766	-162	-124	-238	-195	-993
贷方	Credits	14315	14989	18906	24318	31283	40241	40477
借方	Debits	15224	15756	19068	24442	31520	40436	41470
经常转移	Current Transfers	-364	-94	-183	-215	161	184	311
贷方	Credits	3652	5116	6055	6927	7606	8722	9750
借方	Debits	4016	5210	6238	7142	7445	8538	9439
资本帐户	**Capital Account(net)**	**137**	**-225**	**-25**	**283**	**164**	**-201**	**58**
金融帐户	**Financial Account**	**2460**	**737**	**-1812**	**-660**	**-2011**	**-3259**	**-3390**
直接投资	Direct Investment	1876	-187	-2407	879	274	-861	-2565
国外	Abroad	-13374	-6681	-10084	-10662	-15012	-24371	-21074
在报告经济体内	in Reporting Economy	15250	6495	7678	11542	15287	23511	18508
证券投资	Portfolio Investment	2185	3835	6252	6378	6369	11130	12442
资产	Assets	-13083	-14345	-19063	-25548	-28462	-25011	-981
不包括构成外国政府储备的负债	Liabilities Excluding LCFAR	15267	18180	25315	31926	34832	36141	13422
金融衍生工具	Financial Derivatives	-156	-93	-181	-130	552	-1042	-677
资产	Assets	2297	2634	2920	4504	3620	4342	7718
负债	Liabilities	-2454	-2727	-3101	-4634	-3069	-5384	-8396
其他投资	Other Investment	291	2195	856	-1819	-1033	412	-4972
资产	Assets	-12141	-10440	-22247	-29547	-34544	-57809	6919
不包括构成外国政府储备的负债	Liabilities Excluding LCFAR	12432	12636	23103	27729	33511	58220	-11891
储备	**Reserves**	**-1735**	**-5013**	**-6332**	**-5969**	**-8173**	**-12898**	**-7618**
净误差与遗漏	**Net Errors and Omissions**	**-1100**	**-312**	**1288**	**-657**	**-689**	**-574**	**351**

15-2 分国别(地区)的国际收支(2009年)

资料来源：国际货币基金组织IFS数据库。
Source: IMF IFS Database.
单位：亿美元

国家和地区	Country or Area	经常帐户 Current Account, n.i.e	货物 Goods			服务 Current Account,n.i.e	
			出口 Exports f.o.b	进口 Imports f.o.b	货物差额 Trade Balance	贷方 Credit	借方 Debit
中国	China	2971.42	12038.00	-9542.87	2495.09	1295.49	-1589.47
中国香港	Hong Kong,China	182.78	3218.36	-3486.98	-268.62	863.06	-443.78
中国澳门	Macao,China	78.28	9.63	-59.21	-49.59	185.13	-32.32
孟加拉国	Bangladesh	33.45	150.68	-197.59	-46.92	19.44	-34.05
文莱	Brunei Darussalam	39.78	71.72	-22.82	48.90	9.15	-14.34
柬埔寨	Cambodia	-8.65	43.02	-58.75	-15.73	16.25	-10.22
印度	India	-266.25	1682.23	-2470.40	-788.16	905.99	-809.95
印度尼西亚	Indonesia	107.46	1194.80	-843.47	351.33	137.79	-278.86
以色列	Israel	75.93	458.98	-459.93	-0.95	219.80	-171.35
日本	Japan	1421.94	5452.77	-5016.46	436.32	1283.39	-1487.18
哈萨克斯坦	Kazakhstan	-34.04	439.62	-287.73	151.88	42.66	-100.66
韩国	Korea,Rep.	426.68	3735.84	-3174.57	561.28	585.13	-757.15
老挝	Laos	0.10	10.53	-14.60	-4.07	3.92	-1.20
马来西亚	Malaysia	318.01	1576.55	-1174.02	402.54	287.69	-274.71
蒙古	Mongolia	-3.41	18.86	-20.74	-1.88	4.15	-5.57
巴基斯坦	Pakistan	-35.83	183.29	-285.26	-101.97	38.91	-64.81
菲律宾	ı hilippines	85.52	375.10	-463.88	-88.78	101.01	-85.62
新加坡	Singapore	326.29	2734.11	-2431.80	302.32	909.21	-824.25
斯里兰卡	Sri Lanka	-2.92	70.85	-91.85	-21.01	18.93	-25.22
泰国	Thailand	218.62	1507.13	-1180.22	326.91	299.41	-377.55
越南	Viet Nam	-62.74	570.96	-654.02	-83.06	56.56	-70.44
埃及	Egypt	-33.49	230.90	-399.06	-168.17	215.20	-139.35
尼日利亚	Nigeria	216.60	593.18	-302.76	290.42	22.28	-175.66
南非	South Africa	-112.94	665.43	-660.08	5.34	120.11	-147.65
加拿大	Canada	-383.79	3246.82	-3289.28	-42.46	590.78	-787.27
墨西哥	Mexico	-57.34	2297.83	-2343.85	-46.01	154.24	-232.11
美国	United States	-3784.35	10729.30	-15765.10	-5035.78	4978.69	-3692.00
阿根廷	Argentina	86.33	556.70	-371.41	185.28	108.94	-118.10
巴西	Brazil	-243.02	1529.95	-1277.05	252.90	277.29	-469.73
委内瑞拉	Venezuela	85.61	575.96	-384.42	191.53	20.05	-96.22
捷克	Czech Rep.	-21.46	1126.06	-1030.88	95.19	203.15	-189.80
法国	France	-518.58	4738.61	-5358.26	-619.65	1434.74	-1274.16
德国	Germany	1654.71	11456.00	-9572.52	1883.48	2312.62	-2548.81
意大利	Italy	-661.98	4071.60	-4039.00	32.60	1026.37	-1166.63
荷兰	Netherlands	365.82	4248.04	-3737.38	510.66	933.18	-854.56
波兰	Poland	-72.06	1399.56	-1444.32	-44.76	289.45	-241.11
俄罗斯联邦	Russian Fed.	494.33	3033.88	-1918.03	1115.85	415.25	-612.87
西班牙	Spain	-803.75	2239.81	-2868.13	-628.32	1229.12	-874.45
土耳其	Turkey	-139.63	1096.41	-1345.36	-248.96	332.18	-169.13
乌克兰	Ukraine	-17.32	403.94	-447.01	-43.07	138.59	-115.05
英国	United Kingdom	-270.61	3563.72	-4849.10	-1285.38	2322.24	-1640.07
新西兰	New Zealand	-35.77	253.52	-239.49	14.02	75.88	-78.33

Balance of Payments by Country or Area(2009)

(100 million USD)

货物和服务差额 Balance on Goods and Services	收入 Income		货物、服务和收入差额 Balance on Goods, Services and Income	经常转移 Current Transfers	
	贷方 Credit	借方 Debit		贷方 Credit	借方 Debit
2201.12	1085.82	-652.99	2633.94	426.46	-88.96
150.66	1021.06	-957.34	214.37	4.74	-36.32
103.21	11.24	-28.11	86.33	1.04	-9.07
-61.54	0.50	-14.25	-75.30	111.38	-2.62
43.71	3.17	-2.64	44.23		-4.44
-9.71	0.56	-5.23	-14.39	5.96	-0.21
-692.13	137.35	-202.48	-757.27	511.97	-20.94
210.25	19.22	-170.61	58.85	72.41	-23.80
47.48	57.00	-102.57	1.90	83.95	-9.92
232.52	1752.18	-438.79	1545.91	95.18	-219.15
93.88	24.98	-143.89	-25.04	8.56	-17.55
389.25	157.05	-111.51	434.79	124.59	-132.69
-1.36	0.42	-0.88	-1.83	1.79	0.15
415.51	112.13	-153.82	373.82	10.78	-66.57
-3.32	0.25	-2.19	-5.27	2.61	-0.74
-127.88	6.11	-42.30	-164.07	129.17	-0.93
-73.39	57.12	-57.81	-74.08	166.37	-6.77
387.27	526.77	-557.37	356.66	1.59	-31.95
-27.31	1.22	-6.09	-32.19	33.31	-4.03
248.76	58.80	-133.78	173.78	49.73	-4.88
-96.94	7.53	-37.81	-127.22	64.48	
-92.33	9.92	-30.68	-113.09	83.06	-3.45
137.03	10.36	-110.55	36.83	184.41	-4.63
-22.21	39.89	-103.77	-86.10	12.42	-39.26
-238.96	505.14	-631.04	-364.87	74.98	-93.90
-123.90	46.83	-194.80	-271.88	215.15	-0.60
-3749.09	5882.03	-4667.85	-2534.90	208.79	-1458.23
176.12	35.18	-125.30	85.99	18.06	-17.71
60.45	88.26	-425.10	-276.39	47.36	-13.98
115.36	23.13	-49.65	88.84	3.57	-6.80
108.52	49.35	-171.27	-13.42	33.38	-41.41
-459.06	1977.89	-1659.45	-140.62	260.89	-638.85
1647.29	2322.98	-1849.46	2120.81	238.38	-704.48
-107.66	622.53	-1007.33	-492.47	301.23	-470.73
589.28	872.15	-992.15	469.27	206.13	-309.57
3.58	81.87	-223.24	-137.79	154.56	-88.84
918.23	340.13	-735.51	522.83	89.09	-117.58
-273.66	567.35	-988.55	-694.86	255.53	-364.40
-85.91	51.64	-128.35	-162.62	28.33	-5.34
-19.53	46.24	-70.64	-43.93	34.60	-7.99
-603.21	2738.42	-2178.64	-43.44	258.25	-485.42
11.57	13.27	-63.83	-39.00	11.89	-8.65

15-2 续表 1

单位：亿美元

国家和地区	Country or Area	资本帐户 Capital Account,n.i.e	贷方 Credit	借方 Debit	金融帐户 Financial Account, n.i.e	直接投资 FDI 国外 Direct Investment Abroad	直接投资 FDI 在报告经济体内 Dir.Invest. in Rep. Econ.,n.i.e
中　　国	China	39.58	42.05	-2.46	1427.56	-438.98	781.93
中国香港	Hong Kong,China	46.65	68.12	-21.47	449.20	-522.72	484.50
中国澳门	Macao,China	6.35	6.61	-0.26	-27.64	7.18	16.27
孟加拉国	Bangladesh	3.72	3.72		6.77		6.75
文　　莱	Brunei Darussalam	-0.10		-0.10	16.08		3.26
柬 埔 寨	Cambodia	3.12	3.68	-0.56	6.91	-0.18	5.31
印　　度	India				440.67	-148.54	345.78
印度尼西亚	Indonesia	0.96	0.96		34.54	-29.49	48.78
以 色 列	Israel	9.08	9.08		64.06	-11.71	38.95
日　　本	Japan	-49.91	11.06	-60.96	-1301.50	-746.24	118.34
哈萨克斯坦	Kazakhstan	-0.29		-1.23	72.15	-30.75	126.01
韩　　国	Korea,Rep.	11.88	29.66	-17.78	252.64	-105.72	15.07
老　　挝	Laos				6.08		3.19
马来西亚	Malaysia	-0.44	0.04	-0.48	-226.38	-80.13	13.88
蒙　　古	Mongolia	1.61	1.61		6.09	-0.53	6.24
巴基斯坦	Pakistan	4.70	4.70	-0.01	54.09	0.15	23.87
菲 律 宾	Philippines	1.04	1.70	-0.66	-9.49	-3.59	19.48
新 加 坡	Singapore	-3.04			-202.75	-59.79	168.09
斯里兰卡	Sri Lanka	2.34	2.48	-0.14	-11.05	-0.20	4.04
泰　　国	Thailand				-27.75	-41.14	49.77
越　　南	Viet Nam				118.70	-7.00	76.00
埃　　及	Egypt	-0.18	0.02	-0.20	13.36	-5.71	67.12
尼日利亚	Nigeria				65.69	-1.39	57.87
南　　非	South Africa	0.26	0.41	-0.14	150.82	-18.08	56.29
加 拿 大	Canada	34.72	46.10	-11.38	535.61	-403.50	198.99
墨 西 哥	Mexico				210.86	-75.98	139.78
美　　国	United States	-1.40		-1.40	2682.39	-2686.80	1347.10
阿 根 廷	Argentina	0.75	0.83	-0.08	-83.16	-7.09	39.02
巴　　西	Brazil	11.29	14.29	-3.00	701.61	100.85	259.49
委内瑞拉	Venezuela				-145.82	-18.34	-31.05
捷　　克	Czech Rep.	21.50	39.88	-18.37	65.44	-12.82	26.66
法　　国	France	4.37	13.72	-9.35	931.48	-1470.86	599.88
德　　国	Germany	-3.13	45.45	-48.58	-1741.32	-600.53	391.53
意 大 利	Italy	9.40	29.44	-20.03	290.65	-437.22	289.77
荷　　兰	Netherlands	-41.94	32.80	-74.73	-440.98	-280.94	332.88
波　　兰	Poland	70.27	80.82	-10.56	360.70	-29.24	115.46
俄罗斯联邦	Russian Fed.	-118.68	16.49	-135.17	-316.36	-444.93	367.51
西 班 牙	Spain	56.47	84.87	-28.39	857.73	-76.85	64.52
土 耳 其	Turkey				101.20	-15.53	78.49
乌 克 兰	Ukraine	5.95	6.18	-0.23	-108.83	-1.62	48.16
英　　国	United Kingdom	50.47	86.48	-36.01	322.19	-466.76	247.99
新 西 兰	New Zealand	-2.56	6.33	-8.89	82.42	6.97	1.71

Continued

(100 million USD)

证券投资 Portfolio Investment						金融衍生工具 Financial Derivatives,n.i.e	
资产 Assets	股本证券 Equity Securities	债务证券 Debt Securities	负债 Liabilities	股本证券 Equity Secirities	债务证券 Debt Securities	资产 Assets	负债 Liabilities
98.88	-338.15	437.03	288.04	281.61	6.43		
-490.51	-381.39	-109.11	48.81	41.24	7.58	543.90	-510.81
-16.73	-10.36	-6.37				-0.15	
-0.83	-0.04	-0.79	0.43	-1.54	1.97		
1.40	1.40						
-0.07	-0.07						
-1.74	-1.74		211.12	211.12			
-1.43	-3.63	2.20	104.80	7.88	96.93		
-76.34	-68.08	-8.26	30.85	21.22	9.63	0.60	
-1602.49	-296.85	-1305.62	-562.55	124.32	-686.88	3338.53	-3233.04
18.56	-6.16	24.73	12.20	1.32	10.88	3.68	-3.10
13.00	-26.46	39.46	493.82	256.61	237.22	443.93	-499.31
-63.39	-37.59	-25.79	60.49	-4.48	64.97	0.32	6.51
-1.38	-0.06	-1.32	0.57	0.04	0.54		
-0.25	-0.33	0.08	-5.82	-0.37	-5.45		
-8.82	-0.35	-8.47	23.31	-10.96	34.28	4.03	-3.71
-244.44	-158.29	-86.14	-57.16	20.59	-77.74		
-0.47	3.75	-4.22	-3.81	-3.81			
-82.89	-5.10	-77.78	23.44	13.35	10.09	31.35	-20.17
			1.28	1.28			
-2.67	-2.67		-2.59	3.93	-6.52		
-9.12	-8.21	-0.90	7.25	5.22	2.03		
-19.06	-12.94	-6.11	133.62	93.58	40.05		
-62.27	-129.68	67.41	971.90	233.50	738.41		
-61.75		-61.75	152.54	41.69	110.85		
-3934.74	-633.04	-3301.70	3666.72	1605.34	2061.38		
-0.01		-0.01	-28.58	-2.11	-26.46		-12.48
41.25	25.83	15.43	461.59	370.72	90.88	3.23	-1.65
39.28	-0.49	39.78	50.03	1.21	48.82		
8.61	-14.67	23.28	51.69	-3.10	54.80	25.79	-29.59
-840.97	-343.92	-497.05	4571.30	682.85	3888.45		-19.64
-1015.73	-19.80	-995.93	-260.37	118.06	-378.43		259.96
-532.56	-176.48	-356.07	806.99	209.15	597.85		156.10
-790.54	-326.03	-464.50	446.28	192.57	253.71	2402.60	-2135.87
-3.51	-7.66	4.16	162.20	15.68	146.53		-13.78
-103.74	-7.39	-96.35	81.96	33.70	48.27	98.90	-131.33
13.17	-119.35	132.52	717.39	93.78	623.62		-77.15
-27.42	-0.31	-27.11	29.38	28.27	1.12		
-0.08	-0.06	-0.02	-15.51	1.05	-16.55		
-2391.54	-202.64	-2188.90	2933.97	765.59	2168.38		490.80
-34.98	-17.09	-17.88	83.46	9.77	73.70		

15-2 续表 2

单位：亿美元

国家和地区	Country or Area	金融账户 其他投资资产 Other Investment Assets	货币当局 Money Authorities	政府 General Government	银行 Banks	其他部门 Other Sectors	其他投资：债务 Other Investment Liab.,n.i.e.
中　国	China	112.87	475.39	-0.54	221.06	-583.03	584.84
中国香港	Hong Kong,China	939.07			767.36	171.71	-43.00
中国澳门	Macao,China	-75.88					41.71
孟加拉国	Bangladesh	-14.28			-0.63	-13.64	14.72
文　莱	Brunei Darussalam	6.45		-0.03	7.41	-0.92	4.99
柬埔寨	Cambodia	-3.46	-4.44		-1.55	2.54	5.34
印　度	India	-73.42		-2.78	0.97	-71.60	107.50
印度尼西亚	Indonesia	-126.05			-67.99	-58.05	37.95
以色列	Israel	45.13		-1.38	50.55	-4.04	36.63
日　本	Japan	2027.46		-97.84	2026.30	99.01	-641.52
哈萨克斯坦	Kazakhstan	-7.76	-1.13	0.02	4.03	-10.67	-46.66
韩　国	Korea,Rep.	3.85	-1.16	-4.04	40.92	-31.85	-111.98
老　挝	Laos	1.29			1.29		1.61
马来西亚	Malaysia	-176.67		0.02	-29.73	-146.94	12.64
蒙　古	Mongolia	-1.44			-0.74	-0.70	2.66
巴基斯坦	Pakistan	0.24		0.08	2.67	-2.50	35.91
菲律宾	Philippines	-30.77			-22.54	-8.23	-9.42
新加坡	Singapore	-41.04			-75.01	33.97	31.61
斯里兰卡	Sri Lanka	-4.35			-4.35		-6.25
泰　国	Thailand	19.62		-1.73	37.68	-16.32	-7.70
越　南	Viet Nam	-3.05			-3.05		51.47
埃　及	Egypt	-58.78	-0.70		-24.06	-34.01	16.01
尼日利亚	Nigeria	-18.27		-22.79	25.14	-20.61	29.38
南　非	South Africa	26.58	0.00	1.35	-4.36	29.60	-28.49
加拿大	Canada	-359.81		-4.40	-206.15	-149.26	190.33
墨西哥	Mexico	-47.88				-47.88	104.18
美　国	United States	5739.44	5434.56	-21.13	-1960.52	2286.54	-1957.37
阿根廷	Argentina	-75.07		-3.81	16.25	-87.51	1.08
巴　西	Brazil	-303.76	124.89	10.23	-155.00	-283.86	140.65
委内瑞拉	Venezuela	-244.84	0.13	-21.43	7.39	-230.93	59.10
捷　克	Czech Rep.	10.22		0.05	22.08	-11.90	-15.09
法　国	France	821.76	-44.27	-8.92	866.02	8.93	-2729.99
德　国	Germany	1424.02	-817.21	32.60	2389.67	-181.03	-1940.18
意大利	Italy	37.35	-399.88	-5.45	536.83	-94.13	-29.75
荷　兰	Netherlands	1247.27	-8.53	-89.30	1163.21	181.90	-1662.64
波　兰	Poland	53.18	-10.23	-1.74	72.20	-7.05	76.39
俄罗斯联邦	Russian Fed.	67.31	0.58	102.08	118.97	-154.32	-252.00
西班牙	Spain	-36.11	-5.04	-25.69	-27.15	21.79	252.78
土耳其	Turkey	101.91	-3.06		58.69	46.28	-65.63
乌克兰	Ukraine	-108.22	-0.28		-7.48	-100.45	-31.56
英　国	United Kingdom	5222.01		-26.84	4148.54	1100.31	-5714.27
新西兰	New Zealand	-14.63					39.92

Continued

(100 million USD)

Financial Account				总赢余 Overall Balance	净误差和遗漏 Net Errors and Omissions	储备和相关项目 Reserves and Related Items
货币当局 Monetary Authorities	政府 General Government	银行 Banks	其他部门 Other Sectors			
115.69	7.61	31.17	430.39	4005.08	-433.47	-4005.08
		55.65	-98.64	708.61	29.99	-708.60
				21.15	-35.82	-21.14
7.43	8.99	-0.85	-0.83	43.61	-0.31	-43.60
3.19		3.13	-1.32	1.54	-54.20	-1.53
1.07	1.54	-2.84	5.58	1.03	-0.34	-1.02
54.05	21.76	-6.27	37.98	168.21	-6.20	-168.20
26.53	-11.26	-1.13	23.83	125.06	-17.89	-125.05
12.14	3.20	3.75	17.54	173.47	24.41	-173.46
178.03	-1089.48	495.40	-225.47	269.20	198.67	-269.20
6.40	6.08	-91.45	32.33	24.58	-13.22	-24.57
-89.83	-7.60	94.31	-108.84	690.62	-0.57	-690.61
0.65	1.20	-0.23		0.74	-5.42	-0.73
18.86	-1.50	-2.46	-2.24	39.18	-51.99	-39.17
0.75	1.50	0.16	0.26	5.55	1.28	-5.54
12.78	20.77	0.02	2.34	16.63	-6.31	-16.62
11.17	8.39	-17.38	-11.60	64.12	-12.95	-64.11
31.61		15.71	4.53	118.08	-2.40	-118.07
4.96	-9.39	-0.97	-0.83	-13.03	-1.39	13.04
13.84	-1.10	31.37	-51.79	241.31	50.46	-241.30
4.18			47.29	-77.55	-133.50	77.56
11.94	-20.25	-3.84	28.18	-16.34	3.99	16.35
23.73	1.98	-0.47	4.15	-105.14	-387.42	105.15
20.88	-2.98	-39.81	-6.56	41.72	3.59	-41.71
81.36	-3.75	205.93	-93.18	104.70	-81.82	-104.69
112.29	53.54	10.02	-71.66	56.90	-96.62	-56.89
601.38	103.73	-2484.33	-178.15	521.83	1625.18	-521.82
-2.52	13.75	-14.07	3.93	-4.14	-8.04	4.15
38.80	-7.71	-11.31	120.88	475.78	5.92	-475.77
29.67	2.83	-0.96	27.56	-108.06	-47.84	108.07
13.20	6.05	-36.23	1.91	42.85	-22.60	-42.84
-425.35	-58.72	-1946.05	-299.87	93.50	-323.77	-93.50
-113.56	-93.86	-1632.73	-100.03	123.56	213.30	-123.56
92.96	-7.68	-618.07	503.04	90.03	451.98	-90.02
-463.51	219.56	-389.53	-1029.14	69.59	186.70	-69.58
29.23	27.51	-4.71	24.36	147.62	-211.27	-147.61
118.90	-18.50	-376.30	23.91	33.64	-25.63	-33.63
125.93	30.14	103.15	-6.42	59.71	-50.74	-59.70
10.45	16.03	13.59	-105.70	9.19	47.63	-9.18
20.40	2.34	-75.19	20.89	-117.15	3.06	117.15
128.31	12.77	-5024.46	-830.90	95.60	-6.46	-95.60
10.82				35.62	-8.46	-35.61

15-3 经常项目差额占GDP的比重

Current Account Blance as Percentage of GDP

资料来源：世界银行WDI数据库。
Source: World Bank WDI Database.
单位：% (%)

国家和地区	Country or Area	2000	2005	2006	2007	2008
中　　国	China	1.72	7.13	9.33	10.61	9.41
中国香港	Hong Kong,China	4.14	11.36	12.08	12.33	13.62
中国澳门	Macao,China		28.44	19.25	30.25	
孟加拉国	Bangladesh	-0.64	-0.29	1.94	1.26	1.17
文　　莱	Brunei Darussalam		42.31	45.59		
柬 埔 寨	Cambodia	-3.72	-4.87	-3.60	-5.65	-10.15
印　　度	India	-1.00	-1.22	-0.98	-0.91	-2.97
印度尼西亚	Indonesia	4.85	0.10	2.98	2.43	0.03
伊　　朗	Iran	12.33				
以 色 列	Israel	-1.77	3.11	5.07	2.93	0.67
日　　本	Japan	2.57	3.65	3.91	4.81	3.21
哈萨克斯坦	Kazakhstan	2.01	-1.84	-2.46	-7.93	4.71
韩　　国	Korea,Rep.	2.30	1.78	0.57	0.57	-0.62
老　　挝	Laos	-0.48	-7.06	1.41	2.51	
马来西亚	Malaysia	9.06	14.50	16.74	15.73	17.60
蒙　　古	Mongolia	-6.41	3.63	7.08		
巴基斯坦	Pakistan	-0.11	-3.29	-5.29	-5.78	-9.48
菲 律 宾	Philippines	-2.93	2.01	4.55	4.95	2.17
新 加 坡	Singapore	11.57	21.87	24.41	22.13	14.06
斯里兰卡	Sri Lanka	-6.39	-2.66	-5.29	-4.32	-9.54
泰　　国	Thailand	7.59	-4.33	1.12	6.35	0.63
越　　南	Viet Nam	3.55	-1.05	-0.26	-9.79	-11.81
埃　　及	Egypt	-0.97	2.35	2.46	0.32	-0.86
尼日利亚	Nigeria	16.16	33.20	23.07	18.59	15.27
南　　非	South Africa	-0.14	-3.44	-5.26	-7.18	-7.26
加 拿 大	Canada	2.71	2.94	2.43	1.95	1.77
墨 西 哥	Mexico	-3.22	-0.53	-0.46	-0.81	-1.45
美　　国	United States	-4.27	-5.95	-6.02	-5.18	-4.91
阿 根 廷	Argentina	-3.16	2.88	3.63	2.81	2.15
巴　　西	Brazil	-3.75	1.59	1.26	0.12	-1.72
委内瑞拉	Venezuela	10.12	17.24	14.41	7.97	12.01
捷　　克	Czech Rep.	-4.74	-1.26	-2.49	-3.30	-0.57
法　　国	France	1.49	-0.47	-0.57	-1.02	-1.92
德　　国	Germany	-1.69	5.12	6.49	7.66	6.73
意 大 利	Italy	-0.52	-1.67	-2.56	-2.43	-3.40
荷　　兰	Netherlands	1.89	7.31	9.31	8.67	4.88
波　　兰	Poland	-6.03	-1.22	-2.74	-4.76	-5.09
俄罗斯联邦	Russian Fed.	18.04	11.07	9.57	5.99	6.22
西 班 牙	Spain	-3.99	-7.37	-8.97	-10.03	-9.81
土 耳 其	Turkey	-3.72	-4.59	-6.06	-5.92	-5.74
乌 克 兰	Ukraine	4.74	2.94	-1.50	-3.69	-7.09
英　　国	United Kingdom	-2.62	-2.60	-3.31	-2.67	-1.49
澳大利亚	Australia	-3.54	-5.89	-5.53	-6.77	-4.59
新 西 兰	New Zealand	-5.26	-8.45	-8.38	-7.82	-9.73

15-4 外商直接投资

Foreign Direct Investment

资料来源：联合国贸发会议FDI数据库。
Source: UNCTAD FDI Database .

单位：亿美元 (100 million USD)

国家和地区	Country or Area	外商直接投资 FDI Inflows			对外直接投资 FDI Outflows		
		2000	2008	2009	2000	2008	2009
世　界	**World**	**14014.66**	**17708.73**	**11141.89**	**12328.88**	**19287.99**	**11009.93**
中　国	China	407.15	1083.12	950.00	9.16	521.50	480.00
中国香港	Hong Kong,China	619.38	596.21	484.49	593.74	505.81	522.69
文　莱	Brunei Darussalam	5.49	2.39	3.11	0.20	0.34	0.30
柬埔寨	Cambodia	1.49	8.15	5.32	0.16	0.24	-0.01
印　度	India	35.88	404.18	346.13	5.14	184.99	148.97
印度尼西亚	Indonesia		93.18	48.77		59.00	29.49
日　本	Japan	83.23	244.26	119.39	315.57	1280.19	746.99
韩　国	Korea,Rep.	90.04	84.09	58.44	49.99	189.43	105.72
老　挝	Laos	0.34	2.28	1.57	0.04		
马来西亚	Malaysia	37.88	73.18	13.81	20.26	149.88	80.38
缅　甸	Myanmar	2.08	2.83	3.23			
菲律宾	Philippines	22.40	15.44	19.48	1.25	2.59	3.59
新加坡	Singapore	164.84	109.12	168.09	59.15	-84.78	59.79
泰　国	Thailand	34.10	85.44	59.49	-0.20	25.60	38.18
越　南	Viet Nam	12.89	80.50	45.00		1.00	1.12
加拿大	Canada	667.95	552.70	186.57	446.78	807.97	388.32
墨西哥	Mexico	180.98	236.83	125.22	3.63	11.57	75.98
美　国	United States	3139.97	3245.60	1298.83	1426.26	3304.91	2480.74
巴　西	Brazil	327.79	450.58	259.49	22.82	204.57	-100.84
法　国	France	432.52	622.57	596.28	1774.49	1610.71	1471.61
德　国	Germany	1982.77	244.35	356.06	565.57	1345.92	627.05
意大利	Italy	133.75	170.31	305.38	123.16	438.39	439.18
俄罗斯联邦	Russian Fed.	27.14	754.61	387.22	31.77	560.91	460.57
英　国	United Kingdom	1187.64	914.87	456.76	2333.71	1610.56	184.63
澳大利亚	Australia	156.12	467.22	225.72	42.21	328.19	184.26
新西兰	New Zealand	13.47	49.93	3.48	6.10	-2.39	-4.06

15-5 外汇储备与黄金储备

Foreign Exchange and Gold Reserves

资料来源：国际货币基金组织IFS数据库。
Source: IMF IFS Database.
单位：亿美元 (100 million USD)

国家和地区	Country or Area	外汇储备（亿美元） Foreign Exchange(100 million USD)			黄金储备（万盎司） Gold Reserves(10000 fine troy ounces)		
		2000	2008	2009	2000	2008	2009
世　界	**World**		**73898.0**	**84621.0**	**106291.0**	**96035.8**	**97092.3**
发达国家	**Developed Countries**		**25010.0**	**29809.0**	**81277.9**	**70370.7**	**70018.4**
发展中国家	**Developing Economies**		**48887.0**	**54812.0**	**14028.4**	**14920.2**	**16915.2**
中　国	China	1655.7	19460.3	23991.5	1270.0	1929.0	3389.0
中国香港	Hong Kong,China	1075.4	1824.7	2557.7	6.7	6.7	6.7
中国澳门	Macao,China	33.2	159.3	183.5			
孟加拉国	Bangladesh	14.9	56.9	95.0	10.9	11.3	11.3
文　莱	Brunei Darussalam	3.6	7.1	10.0			
柬埔寨	Cambodia	5.0	22.9	27.4	40.0	40.0	40.0
印　度	India	372.6	2466.0	2585.8	1150.2	1150.2	1793.2
印度尼西亚	Indonesia	282.8	493.4	605.7	310.1	235.0	235.0
以色列	Israel	231.6	423.2	590.9			
日　本	Japan	3472.1	10036.7	9969.6	2454.7	2460.2	2460.2
哈萨克斯坦	Kazakhstan	16.0	178.7	201.8	184.0	231.3	226.5
韩　国	Korea,Rep.	958.6	2004.8	2652.0	43.9	46.0	46.4
老　挝	Laos	1.4	6.1	6.2	1.7	28.3	28.3
马来西亚	Malaysia	274.3	906.1	928.7	117.0	117.0	117.0
蒙　古	Mongolia	1.8	5.6	12.2	8.5	10.9	3.0
巴基斯坦	Pakistan	15.0	70.1	99.4	209.1	210.4	210.4
菲律宾	Philippines	129.8	330.5	375.1	722.8	494.9	498.7
新加坡	Singapore	797.2	1736.5	1860.1			
斯里兰卡	Sri Lanka	9.8	23.9	45.2	33.6	17.0	17.0
泰　国	Thailand	319.3	1083.2	1336.0	236.7	270.0	270.0
越　南	Viet Nam	34.2	238.8	160.3			
埃　及	Egypt	129.1	321.1	309.5	243.2	243.1	243.1
尼日利亚	Nigeria	99.1	530.0	423.8	68.7	68.7	68.7
南　非	South Africa	57.9	302.4	324.3	590.0	400.9	401.4
加拿大	Canada	290.2	415.4	426.0	118.4	10.9	10.9
墨西哥	Mexico	351.4	940.0	941.0	24.9	20.0	27.6
美　国	United States	312.4	495.8	505.2	26161.1	26149.9	26149.9
阿根廷	Argentina	244.2	443.6	429.2	1.9	176.0	176.0
巴　西	Brazil	324.3	1928.4	2318.9	211.8	108.0	108.0
委内瑞拉	Venezuela	126.3	325.8	176.9	1024.0	1146.0	1160.0
捷　克	Czech Rep.	130.2	364.7	396.7	44.6	42.2	41.5
法　国	France	321.2	303.8	277.3	9724.5	8012.5	7830.1
德　国	Germany	496.7	385.6	369.3	11151.9	10971.8	10953.1
意大利	Italy	224.2	353.1	345.2	7882.9	7882.9	7882.9
荷　兰	Netherlands	70.0	93.7	86.1	2931.5	1969.1	1969.1
波　兰	Poland	263.2	589.3	733.9	330.6	330.9	330.9
俄罗斯联邦	Russian Fed.	242.6	4107.0	4058.3	1235.9	1670.5	2086.7
西班牙	Spain	295.2	115.4	127.9	1682.9	905.4	905.4
土耳其	Turkey	223.1	702.3	691.8	373.9	373.3	373.3
乌克兰	Ukraine	11.0	307.9	254.9	45.4	85.4	86.8
英　国	United Kingdom	341.6	415.5	380.3	1567.4	997.5	997.5
澳大利亚	Australia	167.8	298.7	330.0	256.3	256.7	256.7
新西兰	New Zealand	36.2	108.6	139.8			

15-6 外债及其构成(2008年)

External Debts by Type(2008)

资料来源：世界银行WDI数据库。
Source: World Bank WDI Database.

单位：亿美元 (100 million USD)

国家和地区	Country or Area	外债总额 Total External Debt	长期外债 Long-term Debt	私人非担保外债 Private Nonguaranteed Debt	政府及政府担保外债 Public and Publicly Guaranteed Debt	国际货币基金组织贷款 Use of IMF Credit
中等收入国家	**Middle Income**	**33291.9**	**25584.8**	**13295.4**	**12289.3**	**205.7**
低收入国家	**Low Income**	**1292.2**	**1096.5**	**46.1**	**1050.4**	**43.4**
中　国	China	3782.5	1910.6	1017.7	892.8	
孟加拉国	Bangladesh	236.4	209.7		209.7	6.9
柬 埔 寨	Cambodia	42.2	38.9		38.9	
印　度	India	2306.1	1853.7	1066.3	787.3	
印度尼西亚	Indonesia	1508.5	1242.9	473.8	769.0	
伊　朗	Iran	139.4	89.0		89.0	
哈萨克斯坦	Kazakhstan	1076.0	969.6	950.4	19.2	
老　挝	Laos	49.4	49.2	22.1	27.1	0.2
马来西亚	Malaysia	661.8	433.8	219.2	214.6	
蒙　古	Mongolia	17.2	17.0	0.5	16.5	0.2
缅　甸	Myanmar	72.1	54.1		54.1	
巴基斯坦	Pakistan	493.4	435.9	42.3	393.6	43.5
菲 律 宾	Philippines	648.6	578.6	188.0	390.6	
斯里兰卡	Sri Lanka	151.5	129.0	2.8	126.2	1.7
泰　国	Thailand	648.0	405.9	284.2	121.7	
越　南	Viet Nam	261.6	216.2		216.2	1.2
埃　及	Egypt	326.2	301.0	15.8	285.2	
尼日利亚	Nigeria	112.2	37.7	1.8	35.9	
南　非	South Africa	419.4	240.1	108.3	131.7	
墨 西 哥	Mexico	2039.8	1795.6	656.0	1139.6	
阿 根 廷	Argentina	1282.9	907.6	243.5	664.1	
巴　西	Brazil	2556.1	2189.6	1453.4	736.2	
委内瑞拉	Venezuela	502.3	332.4	33.1	299.3	
波　兰	Poland	2180.2	1531.2	1096.9	434.3	
俄罗斯联邦	Russian Fed.	4024.5	3478.0	2445.5	1032.5	
土 耳 其	Turkey	2772.8	2180.4	1400.9	779.5	85.2
乌 克 兰	Ukraine	924.8	673.7	566.5	107.3	47.1

15-7 外债风险指标(2008年)
Risk Indicators on Foreign Debts(2008)

资料来源：世界银行WDI数据库。
Source: World Bank WDI Database.
单位：% (%)

国家和地区	Country or Area	政府及政府担保外债占出口比重 PPG Debt Service as Percentage of Exports	债务率 Present Value of Debt as Percentage of Exports of Goods and Services and Income	短期债务比重 Short-term Debt as Percentage of Total External Debt	偿债率 Total Debt Service as Percentage of Exports of Goods, Services and Income	外债本息占GNI比重 Total Debt Service as Percentage of GNI
中等收入国家	**Middle Income**	**3.5**		**22.5**	**9.0**	**3.3**
低收入国家	**Low Income**	**3.7**		**11.8**	**4.4**	**1.6**
中　国	China	0.6	25.0	49.5	2.0	0.8
孟加拉国	Bangladesh	5.6	66.5	8.4	3.9	1.2
柬埔寨	Cambodia	0.6	57.5	7.7	0.6	0.4
印　度	India	4.9	69.9	19.6	8.7	2.6
印度尼西亚	Indonesia	5.6	102.1	17.6	13.4	4.5
伊　朗	Iran		12.3	36.1		0.8
哈萨克斯坦	Kazakhstan	0.3	164.5	9.9	41.8	29.4
老　挝	Laos		261.3			3.9
马来西亚	Malaysia	1.0	29.6	34.5		4.1
蒙　古	Mongolia		42.4			1.4
缅　甸	Myanmar		84.3	24.9		
巴基斯坦	Pakistan	7.6	120.4	2.8	8.7	1.7
菲律宾	Philippines	10.1	76.7	10.8	15.5	7.3
斯里兰卡	Sri Lanka	9.7	95.7	13.8	9.3	3.1
泰　国	Thailand	1.1	31.7	37.4	7.7	6.3
越　南	Viet Nam	1.6	35.5	16.9	1.9	1.5
埃　及	Egypt	4.9	48.8	7.7	4.7	1.9
尼日利亚	Nigeria	0.5	12.0	66.5		0.3
南　非	South Africa	2.2	46.0	42.8	4.4	1.7
墨西哥	Mexico	6.2	61.6	12.0	12.1	3.9
阿根廷	Argentina	4.5	170.7	29.3	10.7	3.0
巴　西	Brazil	8.9	121.1	14.3	22.7	3.4
委内瑞拉	Venezuela	4.6	58.4	33.8	5.6	1.9
波　兰	Poland	2.4	102.5	29.8	25.0	11.1
俄罗斯联邦	Russian Fed.	5.0	81.3	13.6	11.5	4.2
土耳其	Turkey	6.9	170.1	18.3	29.5	7.5
乌克兰	Ukraine	1.5	124.2	22.1	19.4	10.1

主要统计指标解释

经常账户 为货物、服务、收入差额与经常转移的贷方、借方之和。

货物进口 FOB 和货物出口 FOB 是指以出口国离岸价格计算的货物进口值或出口值。货物项目包括：一般货物、用于加工的货物、用于维修的货物、各种运输工具在港口购买的货物和非货币用黄金。

贸易差额 出口 FOB 与进口 FOB 的差额。贸易差额为正表示货物出口大于进口。反之，差额为负表示进口大于出口。

服务 包括运输、旅游、通讯服务、建筑服务、保险服务、金融服务、计算机和信息服务、专有权力使用费和特许费、体育、文化和娱乐服务、别处未提及的政府服务和其它商业服务。

货物和服务差额 为货物差额与服务借方、贷方之和。

收入 包括投资收益 （包括直接投资收益、证券投资收益和其他投资收益）和职工报酬。

货物、服务、收入差额 货物和服务差额与收入借方、贷方之和。

经常转移 经常转移包括政府间的经常转移和其他转移如雇员汇款等。贷方是指报告经济体接受的所有经常转移。借方是指由报告经济体提供的经常转移。

资本账户 资本账户贷方、借方之和。资本账户贷方包括：固定资产的获取，非生产、非金融资产的出让（但不包括债务减免）。资本账户借方包括：固定资产的出让，非生产、非金融资产的购买。

金融账户 为直接投资、证券投资、金融衍生工具和其他投资之和。

国外直接投资和在报告经济体内直接投资 反映了直接投资中资本的流动方向。直接投资资本包括股本资本、利润再投资、其他资本和同公司的子公司之间金融衍生品的交易，但不包括以股抵债的交易。

证券投资 包括股本证券和债务证券投资。

股本证券 包括股票和可以表明股本所有权的类似文件（如美国的存股证）。

债务证券 包括短期、中期和长期债券以及货币市场工具（一种期限为一年获一年以下的债券），以及各种可兑现的债券工具。

金融衍生工具 是同其他金融工具、指数、商品挂钩的一种金融工具。通过金融衍生工具，可以在金融市场中就具体的金融风险（如利率风险、外汇风险、股票和商品风险、信贷风险等）本身进行交易。

经常项目差额占 GDP 的比重 经常帐户差额是货物和服务的净出口，净收入，净经常转移的总和。

黄金储备（货币黄金） 一国当局拥有的、作为储备资产的黄金。参见国际储备。

外债总额 指欠非本地居民的，可用外币、货物或服务偿还的债务。它是长期公共债务、公共担保债务和私人非担保长期债务、IMF 贷款和短期外债的总和。

长期债务 指初始到期日或宽限期在一年以上的债务。它有三个构成部分：公共债务、公共担保债务和私人非担保债务。用现价美元表示。

短期债务 包括初始到期日为一年及一年期以下的所有债务和长期债务到期未付的利息。用现价美元表示。

Explanatory Notes on Main Statistical Indicators

Current Account is the sum of the balance on goods, services, and income, plus current transfers: credit, plus current transferse: debit.

Goods: Exports f.o.b. and Goods: Imports f.o.b. are both measured on the "free-on-board" (f.o.b.) basis—that is, by the value of the goods at the border of the exporting economy. The goods item covers general merchandise, goods for processing, repairs on goods, goods procured in ports by carriers, and nonmonetary gold.

Trade Balance is the balance of exports f.o.b. and imports f.o.b. A positive trade balance shows that merchandise exports are larger than merchandise imports, whereas a negative trade balance shows that merchandise imports are larger than merchandise exports.

Services comprise services in transportation, travel, communication, construction, insurance, finance, computer and information, royalties and license fees, other business, personal, cultural and recreational, and government, n.i.e.

Balance on Goods and Services is the sum of the balance on goods, plus services: credit, plus services: debit.

Income comprise (1) investment income (consisting of direct investment income, portfolio investment income, and other investment income), and (2) compensation of employees.

Balance on Goods, Services, and Income is the sum of the balance on goods and services, plus income: credit, plus income: debit.

Current Transfers. Credit comprise all current transfers received by the reporting economy. Current transfers comprise (1) general government transfers and (2) other sector transfers, including workers' remittances.

Current Transfers, Debit comprise all current transfers paid by the reporting economy.

Capital Account, n.i.e is the balance on the capital account (capital account, n.i.e.: credit, plus capital account: debit). Capital account, n.i.e.: credit covers (1) transfers linked to the acquisition of a fixed asset and (2) the disposal of nonproduced, nonfinancial assets. Capital account: debit covers (1) transfers linked to the disposal of fixed assets, and (2) acquisition of nonproduced, nonfinancial assets.

Financial Account, n.i.e. is the net sum of direct investment, portfolio investment, financial derivatives, and other investment.

Direct Investment Abroad and Direct Investment in the Reporting Economy, n.i.e. represent the flows of direct investment capital out of the reporting economy and those into the reporting economy, respectively. Direct investment includes equity capital, reinvested earnings, other capital, and financial derivatives associated with various intercompany transactions between affiliated enterprises. Excluded are flows of direct investment capital into the reporting economy for exceptional financing, such as debt-for-equity swaps.

Portfolio Investment includes Equity Securities and Debt Securities.

Equity Securities include shares, stocks, participation, and similar documents (such as American depository receipts) that usually denote ownership of equity.

Debt Securities covers (1) bonds, debentures, notes, etc., and (2) money market or negotiable debt instruments.

Financial Derivatives cover financial instruments that are linked to other specific financial instruments, indicators, or commodities, and through which specific financial risks (such as interest rate risk, foreign exchange risk, equity and commodity price risks, credit risk, etc.) can, in their own right, be traded in financial markets.

Current Account Blance as percentage of GDP Current account balance is the sum of net exports of goods, services, net income, and net current transfers.

Gold Reserves (Monetary Gold) Gold owned by the authorities and held as a reserve asset. See also international reserves.

External Debt Total Total external debt is debt owed to nonresidents repayable in foreign currency, goods, or services. Total external debt is the sum of public, publicly guaranteed, and private no guaranteed long-term debt, use of IMF credit, and short-term debt.

Long-term Debt Long-term debt is debt that has an original or extended maturity of more than one year. It has three components: public, publicly guaranteed, and private no guaranteed debt. Data are in current U.S. dollars.

Short-term Debt includes all debt having an original maturity of one year or less and interest in arrears on long-term debt. Data are in current U.S. dollars.

旅 游

Tourism

16-1 国际旅游收支

Expenditures and Receipts of International Tourism

资料来源：世界银行WDI数据库。
Source: World Bank WDI Database.

单位：亿美元 (100 million USD)

国家和地区	Country or Area	国际旅游支出 Expenditures			国际旅游收入 Receipts		
		2000	2007	2008	2000	2007	2008
世　界	**World**	**5277**	**9400**	**10288**	**5689**	**10370**	**11394**
高收入国家	**High Income**	**4383**	**7366**	**7904**	**4469**	**7481**	**8164**
中等收入国家	**Middle Income**	**843**	**1937**	**2272**	**1167**	**2739**	**3055**
中　国	China	142	333	410	173	411	441
中国香港	Hong Kong, China	125	150	159	82	182	204
孟加拉国	Bangladesh	5	5	9	1	1	1
柬埔寨	Cambodia	1	2	2	3	13	13
印　度	India	43	107	121	37	112	125
印度尼西亚	Indonesia	32	66	85	50	58	82
伊　朗	Iran	7	73	95	7	20	22
以色列	Israel	37	43	44	46	37	48
日　本	Japan	426	373	390	60	124	138
哈萨克斯坦	Kazakhstan	5	14	13	4	12	13
韩　国	Korea, Rep.	79	234	195	85	89	128
老　挝	Laos	0			1	2	3
马来西亚	Malaysia	25	66	77	59	180	186
巴基斯坦	Pakistan	6	21	20	6	9	9
菲律宾	Philippines	18	21	28	23	55	50
新加坡	Singapore	45	125	142	51	92	106
斯里兰卡	Sri Lanka	4	7	8	4	8	8
泰　国	Thailand	32	69	70	99	206	220
越　南	Viet Nam					34	39
埃　及	Egypt	12	29	34	47	103	121
尼日利亚	Nigeria	6	35	48	2	3	6
南　非	South Africa	27	61	68	33	99	89
加拿大	Canada	151	312	340	130	178	178
墨西哥	Mexico	64	98	102	91	140	146
美　国	United States	913	1100	1180	1186	1454	1665
阿根廷	Argentina	55	51	60	32	50	53
巴　西	Brazil	45	104	133	20	53	61
委内瑞拉	Venezuela	16	22	26	5	9	10
捷　克	Czech Rep.	13	38	47	30	75	87
法　国	France	219	445	521	370	637	668
德　国	Germany	579	938	1034	249	469	512
意大利	Italy	182	328	377	287	461	488
荷　兰	Netherlands	136	195	222	113	199	205
波　兰	Poland	34	83	104	61	117	128
俄罗斯联邦	Russian Fed.	88	242	281	34	126	159
西班牙	Spain	77	244	268	327	650	702
土耳其	Turkey	17	37	40	76	206	250
乌克兰	Ukraine	6	40	46	6	53	67
英　国	United Kingdom	470	874	842	300	482	453
澳大利亚	Australia	88	206	249	130	266	285
新西兰	New Zealand	12	31	30	23	54	50

16-2 国际旅游人数

Number of Arrivals and Departures of International Tourism

资料来源：世界银行WDI数据库。
Source: World Bank WDI Database.
单位：万人 (10 000 persons)

国家和地区	Country or Area	国外游客到达人数 Number of Arrivals			出国旅游人数 Number of Departures		
		2000	2007	2008	2000	2007	2008
世　界	**World**	**68922**	**91202**	**92785**	**75564**	**100179**	**102706**
高收入国家	**High Income**	**45849**	**54744**	**54653**	**41676**	**52814**	**53145**
中等收入国家	**Middle Income**	**21026**	**33130**	**34587**	**24700**	**36313**	
低收入国家	**Low Income**	**1103**	**2374**				
中　国	China	3123	5472	5305	1047	4095	4584
中国香港	Hong Kong, China	881	1715	1732	461	8068	8191
中国澳门	Macao, China	520	1294	1061	14	21	23
孟加拉国	Bangladesh	20	29	47	113	233	88
文　莱	Brunei Darussalam	98	18	23			
柬埔寨	Cambodia		187	200	4	100	79
印　度	India	265	508	537	442	978	1065
印度尼西亚	Indonesia	506	551	623		516	549
伊　朗	Iran	134	222	203	229		
以色列	Israel	242	207	257	353	415	421
日　本	Japan	476	835	835	1782	1730	1599
哈萨克斯坦	Kazakhstan	147	388	345	125	454	524
韩　国	Korea, Rep.	532	645	689	551	1333	1200
老　挝	Laos	19	114	130			
马来西亚	Malaysia	1022	2097	2205	3053		
蒙　古	Mongolia	14	45	45			
缅　甸	Myanmar	21	25	19			
巴基斯坦	Pakistan	56	84	82			
菲律宾	Philippines	199	309	314	167		
新加坡	Singapore	606	796	778	444	602	683
斯里兰卡	Sri Lanka	40	49	44	52	86	97
泰　国	Thailand	958	1446	1454	191	402	
越　南	Viet Nam	214	424	425			
埃　及	Egypt	512	1061	1230	296		
南　非	South Africa	587	909	959	383	443	443
加拿大	Canada	1963	1794	1714	1918	2516	2704
墨西哥	Mexico	2064	2137	2264	1108	1508	1445
美　国	United States	5124	5598	5794	6133	6402	6355
阿根廷	Argentina	291	456	467	495	417	461
巴　西	Brazil	531	503	505	323	482	494
委内瑞拉	Venezuela	47	77	75	95	141	175
捷　克	Czech Rep.	477	668	665			
法　国	France	7719	8084	7845	1989	2514	2335
德　国	Germany	1898	2442	2488	7440	7040	7300
意大利	Italy	4118	4365	4273	2199	2773	2828
荷　兰	Netherlands	1000	1101	1010	1390	1756	1846
波　兰	Poland	1740	1498	1296	5668	4756	
俄罗斯联邦	Russian Fed.	2117	2291	2368	1837	3429	3654
西班牙	Spain	4640	5867	5732	410	1128	1123
土耳其	Turkey	959	2225	2499	528	894	987
乌克兰	Ukraine	643	2312	2545	1342	1734	1550
英　国	United Kingdom	2321	3087	3014	5684	6945	6901
澳大利亚	Australia	493	564	559	350	546	581
新西兰	New Zealand	178	243	241	128	198	197

主要统计指标解释

国际旅游支出　是指出境游客在他国的旅游消费，包括在国际旅行时，搭乘他国运输工具所支付的交通费（有些国家不包括这项交通费）。除非特别声明外，国际旅游支出包括境外一日游客（不过夜游客）在访问地的消费。

国际旅游收入　是指入境游客（过夜旅客）在本国的旅游消费，包括国际旅行时，入境游客搭乘本国运输工具所付给本国的交通费（有些国家不包括这项交通费）。国际旅游收入包括目的地国接受的所有商品和服务的支付。除特别声明外，国际旅游收入可以包括入境一日游游客（不过夜游客）在本国的消费。

Explanatory Notes on Main Statistical Indicators

International Tourism Expenditures　are expenditures of international outbound visitors in other countries, including payments to foreign carriers for international transport. These expenditures may include those by residents traveling abroad as same-day visitors, except in cases where these are important enough to justify separate classification. For some countries they do not include expenditures for passenger transport items.

International Tourism Receipts　are expenditures by international inbound visitors, including payments to national carriers for international transport. These receipts include any other prepayment made for goods or services received in the destination country. They also may include receipts from same-day visitors, except when these are important enough to justify separate classification. For some countries they do not include receipts for passenger transport items..

教育、科技、文化、卫生和社会保障

Education, Science and Technology, Culture, Health and Social Security

17-1 人文发展指数(2010年)

Human Development Index(2010)

资料来源：联合国开发计划署《人文发展报告》2010年。
Source: UNDP Human Development Report 2010.

人文发展指数排名 HDI Rank	国家和地区	Country or Area	人文发展指数 Human Development Index(HDI)	出生时预期寿命 Life Expectancy at Birth	成人平均受教育年限 Mean Years of Schooling (of Adults)	儿童预期受教育年限 Expected Years of Schooling (of Children)
	世 界	**World**	**0.624**	**69.3**	**7.4**	**12.3**
	超高人文发展国家	**Very High Human Development**	**0.878**	**80.3**	**11.3**	**15.9**
	高人文发展国家	**High Human Development**	**0.717**	**72.6**	**8.3**	**13.8**
	中等人文发展国家	**Medium Human Development**	**0.592**	**69.3**	**6.3**	**11.0**
	低人文发展国家	**Low Human Development**	**0.393**	**56.0**	**4.1**	**8.2**
超高人文发展国家		**Very High Human Development**				
1	挪 威	Norway	0.938	81.0	12.6	17.3
2	澳大利亚	Australia	0.937	81.9	12.0	20.5
3	新西兰	New Zealand	0.907	80.6	12.5	19.7
4	美 国	United States	0.902	79.6	12.4	15.7
5	爱尔兰	Ireland	0.895	80.3	11.6	17.9
6	列支敦士登	Liechtenstein	0.891	79.6	10.3	14.8
7	荷 兰	Netherlands	0.890	80.3	11.2	16.7
8	加拿大	Canada	0.888	81.0	11.5	16.0
9	瑞 典	Sweden	0.885	81.3	11.6	15.6
10	德 国	Germany	0.885	80.2	12.2	15.6
11	日 本	Japan	0.884	83.2	11.5	15.1
13	瑞 士	Switzerland	0.874	82.2	10.3	15.5
14	法 国	France	0.872	81.6	10.4	16.1
15	以色列	Israel	0.872	81.2	11.9	15.6
16	芬 兰	Finland	0.871	80.1	10.3	17.1
17	冰 岛	Iceland	0.869	82.1	10.4	18.2
18	比利时	Belgium	0.867	80.3	10.6	15.9
19	丹 麦	Denmark	0.866	78.7	10.3	16.9
20	西班牙	Spain	0.863	81.3	10.4	16.4
22	希 腊	Greece	0.855	79.7	10.5	16.5
23	意大利	Italy	0.854	81.4	9.7	16.3
24	卢森堡	Luxemburg	0.852	79.9	10.1	13.3
25	奥地利	Austria	0.851	80.4	9.8	15.0
26	英 国	United Kingdom	0.849	79.8	9.5	15.9
27	新加坡	Singapore	0.846	80.7	8.8	14.4
28	捷 克	Czech Rep.	0.841	76.9	12.3	15.2
29	斯洛文尼亚	Slovenia	0.828	78.8	9.0	16.7
30	安道尔	Andorra	0.824	80.8	10.4	11.5
31	斯洛伐克	Slovakia	0.818	75.1	11.6	14.9
32	阿联酋	United Arab Emirates	0.815	77.7	9.2	11.5
33	马耳他	Malta	0.815	80.0	9.9	14.4
34	爱沙尼亚	Estonia	0.812	73.7	12.0	15.8
35	塞浦路斯	Cyprus	0.810	80.0	9.9	13.8
36	匈牙利	Hungary	0.805	73.9	11.7	15.3
37	文 莱	Brunei Darussalam	0.805	77.4	7.5	14.0

17-1 续表 1 continued

人文发展指数排名 HDI Rank	国家和地区	Country or Area	人均国民总收入 (2008年不变价国际元) GNI per Capita (Constant 2008 US$PPP)	出生时预期寿命指数 Life Expectancy Index	教育指数 Education Index	收入指数 Income Index
	世 界	**World**	**10631**			
	超高人文发展国家	**Very High Human Development**	**37225**			
	高人文发展国家	**High Human Development**	**12286**			
	中等人文发展国家	**Medium Human Development**	**5134**			
	低人文发展国家	**Low Human Development**	**1490**			
超高人文发展国家		**Very High Human Development**				
1	挪 威	Norway	58810	0.97	0.94	0.91
2	澳大利亚	Australia	38692	0.98	1.00	0.84
3	新西兰	New Zealand	25438	0.96	1.00	0.78
4	美 国	United States	47094	0.94	0.89	0.87
5	爱尔兰	Ireland	33078	0.96	0.92	0.82
6	列支敦士登	Liechtenstein	81011	0.94	0.79	0.96
7	荷 兰	Netherlands	40658	0.96	0.87	0.85
8	加拿大	Canada	38668	0.97	0.86	0.84
9	瑞 典	Sweden	36936	0.97	0.86	0.84
10	德 国	Germany	35308	0.95	0.88	0.83
11	日 本	Japan	34693	1.00	0.84	0.83
13	瑞 士	Switzerland	39849	0.99	0.80	0.85
14	法 国	France	34341	0.98	0.83	0.82
15	以色列	Israel	27831	0.97	0.87	0.79
16	芬 兰	Finland	33872	0.95	0.85	0.82
17	冰 岛	Iceland	22917	0.98	0.88	0.76
18	比利时	Belgium	34873	0.96	0.83	0.83
19	丹 麦	Denmark	36404	0.93	0.84	0.83
20	西班牙	Spain	29661	0.97	0.83	0.80
22	希 腊	Greece	27580	0.95	0.84	0.79
23	意大利	Italy	29619	0.97	0.80	0.80
24	卢森堡	Luxemburg	51109	0.95	0.74	0.89
25	奥地利	Austria	37056	0.96	0.77	0.84
26	英 国	United Kingdom	35087	0.95	0.78	0.83
27	新加坡	Singapore	48893	0.96	0.72	0.88
28	捷 克	Czech Rep.	22678	0.90	0.87	0.76
29	斯洛文尼亚	Slovenia	25857	0.93	0.78	0.78
30	安道尔	Andorra	38057	0.96	0.69	0.84
31	斯洛伐克	Slovakia	21658	0.87	0.84	0.75
32	阿联酋	United Arab Emirates	58006	0.91	0.66	0.91
33	马耳他	Malta	21004	0.95	0.76	0.75
34	爱沙尼亚	Estonia	17168	0.85	0.88	0.72
35	塞浦路斯	Cyprus	21963	0.95	0.74	0.76
36	匈牙利	Hungary	17472	0.85	0.85	0.72
37	文 莱	Brunei Darussalam	49915	0.91	0.65	0.88

17-1 续表 2 continued

人文发展指数排名 HDI Rank	国家和地区	Country or Area	人文发展指数 Human Development Index(HDI)	出生时预期寿命 Life Expectancy at Birth	成人平均受教育年限 Mean Years of Schooling (of Adults)	儿童预期受教育年限 Expected Years of Schooling (of Children)
38	卡塔尔	Qatar	0.803	76.0	7.3	12.7
39	巴林	Bahrain	0.801	76.0	9.4	14.3
40	葡萄牙	Portugal	0.795	79.1	8.0	15.5
41	波兰	Poland	0.795	76.0	10.0	15.2
42	巴巴多斯	Barbados	0.788	77.7	9.3	13.4
高人文发展国家		**High Human Development**				
43	巴哈马	Bahamas	0.784	74.4	11.1	11.6
44	立陶宛	Lithuania	0.783	72.1	10.9	16.0
45	智利	Chile	0.783	78.8	9.7	14.5
46	阿根廷	Argentina	0.775	75.7	9.3	15.5
47	科威特	Kuwait	0.771	77.9	6.1	12.5
48	拉脱维亚	Latvia	0.769	73.0	10.4	15.4
49	黑山	Montenegro	0.769	74.6	10.6	14.4
50	罗马尼亚	Romania	0.767	73.2	10.6	14.8
51	克罗地亚	Croatia	0.767	76.7	9.0	13.8
52	乌拉圭	Uruguay	0.765	76.7	8.4	15.7
53	利比亚	Libya	0.755	74.5	7.3	16.5
54	巴拿马	Panama	0.755	76.0	9.4	13.5
55	沙特阿拉伯	Saudi Arabia	0.752	73.3	7.8	13.5
56	墨西哥	Mexico	0.750	76.7	8.7	13.4
57	马来西亚	Malaysia	0.744	74.7	9.5	12.5
58	保加利亚	Bulgaria	0.743	73.7	9.9	13.7
59	特立尼达和多巴哥	Trinidad and Tobago	0.736	69.9	9.2	11.4
60	塞尔维亚	Serbia	0.735	74.4	9.5	13.5
61	白俄罗斯	Belarus	0.732	69.6	9.3	14.6
62	哥斯达黎加	Costa Rica	0.725	79.1	8.3	11.7
63	秘鲁	Peru	0.723	73.7	9.6	13.8
64	阿尔巴尼亚	Albania	0.719	76.9	10.4	11.3
65	俄罗斯联邦	Russian Fed.	0.719	67.2	8.8	14.1
66	哈萨克斯坦	Kazakhstan	0.714	65.4	10.3	15.1
67	阿塞拜疆	Azerbaijan	0.713	70.8	10.2	13.0
68	波黑	Bosnia and Herzegovinian	0.710	75.5	8.7	13.0
69	乌克兰	Ukraine	0.710	68.6	11.3	14.6
70	伊朗	Iran	0.702	71.9	7.2	14.0
71	马其顿	Macedonia, FYR	0.701	74.5	8.2	12.3
72	毛里求斯	Mauritius	0.701	72.1	7.2	13.0
73	巴西	Brazil	0.699	72.9	7.2	13.8
74	格鲁吉亚	Georgia	0.698	72.0	12.1	12.6
75	委内瑞拉	Venezuela	0.696	74.2	6.2	14.2
76	亚美尼亚	Armenia	0.695	74.2	10.8	11.9
77	厄瓜多尔	Ecuador	0.695	75.4	7.6	13.3
78	伯利兹	Belize	0.694	76.9	9.2	12.4
79	哥伦比亚	Colombia	0.689	73.4	7.4	13.3

17-1 续表 3 continued

人文发展指数排名 HDI Rank	国家和地区	Country or Area	人均国民总收入(2008年不变价国际元) GNI per Capita (Constant 2008 US$PPP)	出生时预期寿命指数 Life Expectancy Index	教育指数 Education Index	收入指数 Income Index
38	卡塔尔	Qatar	79426	0.9	0.6	1.0
39	巴　林	Bahrain	26664	0.9	0.7	0.8
40	葡萄牙	Portugal	22105	0.9	0.7	0.8
41	波　兰	Poland	17803	0.9	0.8	0.7
42	巴巴多斯	Barbados	21673	0.9	0.7	0.8
高人文发展国家		**High Human Development**				
43	巴哈马	Bahamas	25201	0.9	0.7	0.8
44	立陶宛	Lithuania	14824	0.8	0.8	0.7
45	智　利	Chile	13561	0.9	0.8	0.7
46	阿根廷	Argentina	14603	0.9	0.8	0.7
47	科威特	Kuwait	55719	0.9	0.6	0.9
48	拉脱维亚	Latvia	12944	0.8	0.8	0.7
49	黑　山	Montenegro	12491	0.9	0.8	0.7
50	罗马尼亚	Romania	12844	0.8	0.8	0.7
51	克罗地亚	Croatia	16389	0.9	0.7	0.7
52	乌拉圭	Uruguay	13808	0.9	0.7	0.7
53	利比亚	Libya	17068	0.9	0.7	0.7
54	巴拿马	Panama	13347	0.9	0.7	0.7
55	沙特阿拉伯	Saudi Arabia	24726	0.8	0.7	0.8
56	墨西哥	Mexico	13971	0.9	0.7	0.7
57	马来西亚	Malaysia	13927	0.9	0.7	0.7
58	保加利亚	Bulgaria	11139	0.9	0.7	0.7
59	特立尼达和多巴哥	Trinidad and Tobago	24233	0.8	0.7	0.8
60	塞尔维亚	Serbia	10449	0.9	0.7	0.6
61	白俄罗斯	Belarus	12926	0.8	0.7	0.7
62	哥斯达黎加	Costa Rica	10870	0.9	0.6	0.6
63	秘　鲁	Peru	8424	0.9	0.7	0.6
64	阿尔巴尼亚	Albania	7976	0.9	0.7	0.6
65	俄罗斯联邦	Russian Fed.	15258	0.7	0.7	0.7
66	哈萨克斯坦	Kazakhstan	10234	0.7	0.8	0.6
67	阿塞拜疆	Azerbaijan	8747	0.8	0.7	0.6
68	波　黑	Bosnia and Herzegovinian	8222	0.9	0.7	0.6
69	乌克兰	Ukraine	6535	0.8	0.8	0.6
70	伊　朗	Iran	11764	0.8	0.6	0.7
71	马其顿	Macedonia, FYR	9487	0.9	0.6	0.6
72	毛里求斯	Mauritius	13344	0.8	0.6	0.7
73	巴　西	Brazil	10607	0.8	0.6	0.6
74	格鲁吉亚	Georgia	4902	0.8	0.8	0.5
75	委内瑞拉	Venezuela	11846	0.9	0.6	0.7
76	亚美尼亚	Armenia	5495	0.9	0.7	0.5
77	厄瓜多尔	Ecuador	7931	0.9	0.6	0.6
78	伯利兹	Belize	5693	0.9	0.7	0.5
79	哥伦比亚	Colombia	8589	0.8	0.6	0.6

17-1 续表 4 continued

人文发展指数排名 HDI Rank	国家和地区	Country or Area	人文发展指数 Human Development Index(HDI)	出生时预期寿命 Life Expectancy at Birth	成人平均受教育年限 Mean Years of Schooling (of Adults)	儿童预期受教育年限 Expected Years of Schooling (of Children)
80	牙买加	Jamaica	0.688	72.3	9.6	11.7
81	突尼斯	Tunisia	0.683	74.3	6.5	14.5
82	约旦	Jordan	0.681	73.1	8.6	13.1
83	土耳其	Turkey	0.679	72.2	6.5	11.8
84	阿尔及利亚	Algeria	0.677	72.9	7.2	12.8
85	汤加	Tonga	0.677	72.1	10.4	13.7
中等人文发展国家		**Medium Human Development**				
86	斐济	Fiji	0.669	69.2	11.0	13.0
87	土库曼斯坦	Turkmenistan	0.669	65.3	9.9	13.0
88	多米尼加	Dominican Rep.	0.663	72.8	6.9	11.9
89	中国	China	0.663	73.5	7.5	11.4
90	萨尔瓦多	El Salvador	0.659	72.0	7.7	12.1
91	斯里兰卡	Sri Lanka	0.658	74.4	8.2	12.0
92	泰国	Thailand	0.654	69.3	6.6	13.5
93	加蓬	Gabon	0.648	61.3	7.5	12.7
94	苏里南	Suriname	0.646	69.4	7.2	12.0
96	巴拉圭	Paraguay	0.640	72.3	7.8	12.0
97	菲律宾	Philippines	0.638	72.3	8.7	11.5
98	博茨瓦纳	Botswana	0.633	55.5	8.9	12.4
100	蒙古	Mongolia	0.622	67.3	8.3	13.5
101	埃及	Egypt	0.620	70.5	6.5	11.0
102	乌兹别克斯坦	Uzbekistan	0.617	68.2	10.0	11.5
104	圭亚那	Guyana	0.611	67.9	8.5	12.2
105	纳米比亚	Namibia	0.606	62.1	7.4	11.8
106	洪都拉斯	Honduras	0.604	72.6	6.5	11.4
107	马尔代夫	Maldives	0.602	72.3	4.7	12.4
108	印度尼西亚	Indonesia	0.600	71.5	5.7	12.7
109	吉尔吉斯斯坦	Kyrgyzstan	0.598	68.4	9.3	12.6
110	南非	South Africa	0.597	52.0	8.2	13.4
111	叙利亚	Syrian Arab Republic	0.589	74.6	4.9	10.5
112	塔吉克斯坦	Tajikistan	0.580	67.3	9.8	11.4
113	越南	Viet Nam	0.572	74.9	5.5	10.4
114	摩洛哥	Morocco	0.567	71.8	4.4	10.5
115	尼加拉瓜	Nicaragua	0.565	73.8	5.7	10.8
116	危地马拉	Guatemala	0.560	70.8	4.1	10.6
117	赤道几内亚	Equatorial Guinea	0.538	51.0	5.4	8.1
118	佛得角	Cape Verde	0.534	71.9	3.5	11.2
119	印度	India	0.519	64.4	4.4	10.3
120	东帝汶	Timor-Leste	0.502	62.1	2.8	11.2
121	斯威士兰	Swaziland	0.498	47.0	7.1	10.3
122	老挝	Laos	0.497	65.9	4.6	9.2
123	所罗门群岛	Solomon Islands	0.494	67.0	4.5	9.1
124	柬埔寨	Cambodia	0.494	62.2	5.8	9.8

17-1 续表 5 continued

人文发展指数排名 HDI Rank	国家和地区	Country or Area	人均国民总收入(2008年不变价国际元) GNI per Capita (Constant 2008 US$PPP)	出生时预期寿命指数 Life Expectancy Index	教育指数 Education Index	收入指数 Income Index
80	牙买加	Jamaica	7207	0.8	0.7	0.6
81	突尼斯	Tunisia	7979	0.9	0.6	0.6
82	约旦	Jordan	5956	0.8	0.7	0.6
83	土耳其	Turkey	13359	0.8	0.6	0.7
84	阿尔及利亚	Algeria	8320	0.8	0.6	0.6
85	汤加	Tonga	4038	0.8	0.8	0.5
中等人文发展国家		**Medium Human Development**				
86	斐济	Fiji	4315	0.8	0.8	0.5
87	土库曼斯坦	Turkmenistan	7052	0.7	0.7	0.6
88	多米尼加	Dominican Rep.	8273	0.8	0.6	0.6
89	中国	China	7259	0.8	0.6	0.6
90	萨尔瓦多	El Salvador	6498	0.8	0.6	0.6
91	斯里兰卡	Sri Lanka	4886	0.9	0.6	0.5
92	泰国	Thailand	8001	0.8	0.6	0.6
93	加蓬	Gabon	12747	0.7	0.6	0.7
94	苏里南	Suriname	7093	0.8	0.6	0.6
96	巴拉圭	Paraguay	4585	0.8	0.6	0.5
97	菲律宾	Philippines	4002	0.8	0.6	0.5
98	博茨瓦纳	Botswana	13204	0.6	0.7	0.7
100	蒙古	Mongolia	3619	0.7	0.7	0.5
101	埃及	Egypt	5889	0.8	0.5	0.6
102	乌兹别克斯坦	Uzbekistan	3085	0.8	0.7	0.5
104	圭亚那	Guyana	3302	0.8	0.7	0.5
105	纳米比亚	Namibia	6323	0.7	0.6	0.6
106	洪都拉斯	Honduras	3750	0.8	0.5	0.5
107	马尔代夫	Maldives	5408	0.8	0.5	0.5
108	印度尼西亚	Indonesia	3957	0.8	0.5	0.5
109	吉尔吉斯斯坦	Kyrgyzstan	2291	0.8	0.7	0.4
110	南非	South Africa	9812	0.5	0.7	0.6
111	叙利亚	Syrian Arab Republic	4760	0.9	0.5	0.5
112	塔吉克斯坦	Tajikistan	2020	0.7	0.7	0.4
113	越南	Viet Nam	2995	0.9	0.5	0.4
114	摩洛哥	Morocco	4628	0.8	0.4	0.5
115	尼加拉瓜	Nicaragua	2567	0.9	0.5	0.4
116	危地马拉	Guatemala	4694	0.8	0.4	0.5
117	赤道几内亚	Equatorial Guinea	22218	0.5	0.4	0.8
118	佛得角	Cape Verde	3306	0.8	0.4	0.5
119	印度	India	3337	0.7	0.4	0.5
120	东帝汶	Timor-Leste	5303	0.7	0.4	0.5
121	斯威士兰	Swaziland	5132	0.4	0.5	0.5
122	老挝	Laos	2321	0.7	0.4	0.4
123	所罗门群岛	Solomon Islands	2172	0.7	0.4	0.4
124	柬埔寨	Cambodia	1868	0.7	0.5	0.4

17-1 续表 6 continued

人文发展指数排名 HDI Rank	国家和地区	Country or Area	人文发展指数 Human Development Index(HDI)	出生时预期寿命 Life Expectancy at Birth	成人平均受教育年限 Mean Years of Schooling (of Adults)	儿童预期受教育年限 Expected Years of Schooling (of Children)
125	巴基斯坦	Pakistan	0.490	67.2	4.9	6.8
126	刚果(布)	Congo, Rep.	0.489	53.9	5.9	9.3
127	圣多美和普林西比	Sao Tome and Principe	0.488	66.1	4.2	10.2
低人文发展国家		**Low Human Development**				
128	肯尼亚	Kenya	0.470	55.6	7.0	9.6
129	孟加拉国	Bangladesh	0.469	66.9	4.8	8.1
130	加 纳	Ghana	0.467	57.1	7.1	9.7
131	喀麦隆	Cameroon	0.460	51.7	5.9	9.8
132	缅 甸	Myanmar	0.451	62.7	4.0	9.2
133	也 门	Yemen	0.439	63.9	2.5	8.6
134	贝 宁	Benin	0.435	62.3	3.5	9.2
135	马达加斯加	Madagascar	0.435	61.2	5.2	10.2
136	毛里塔尼亚	Mauritania	0.433	57.3	3.7	8.1
137	巴布亚新几内亚	Papua New Guinea	0.431	61.6	4.3	5.2
138	尼泊尔	Nepal	0.428	67.5	3.2	8.8
139	多 哥	Togo	0.428	63.3	5.3	9.6
140	科摩罗	Comoros	0.428	66.2	2.8	10.7
141	莱索托	Lesotho	0.427	45.9	5.8	10.3
142	尼日利亚	Nigeria	0.423	48.4	5.0	8.9
143	乌干达	Uganda	0.422	54.1	4.7	10.4
144	塞内加尔	Senegal	0.411	56.2	3.5	7.5
145	海 地	Haiti	0.404	61.7	4.9	6.8
146	安哥拉	Angola	0.403	48.1	4.4	4.4
147	吉布提	Djibouti	0.402	56.1	3.8	4.7
149	科特迪瓦	Cote D'Ivoire	0.397	58.4	3.3	6.3
150	赞比亚	Zambia	0.395	47.3	6.5	7.2
151	冈比亚	Gambia	0.390	56.6	2.8	8.6
152	卢旺达	Rwanda	0.385	51.1	3.3	10.6
153	马拉维	Malawi	0.385	54.6	4.3	8.9
154	苏 丹	Sudan	0.379	58.9	2.9	4.4
155	阿富汗	Afghanistan	0.349	44.6	3.3	8.0
156	几内亚	Guinea	0.340	58.9	1.6	8.6
157	埃塞俄比亚	Ethiopia	0.328	56.1	1.5	8.3
158	塞拉利昂	Sierra Leone	0.317	48.2	2.9	7.2
159	中 非	Central African Rep.	0.315	47.7	3.5	6.3
160	马 里	Mali	0.309	49.2	1.4	8.0
161	布基纳法索	Burkina Faso	0.305	53.7	1.3	5.8
162	利比里亚	Liberia	0.300	59.1	3.9	11.0
163	乍 得	Chad	0.295	49.2	1.5	6.0
164	几内亚比绍	Guinea-Bissau	0.289	48.6	2.3	9.1
165	莫桑比克	Mozambique	0.284	48.4	1.2	8.2
166	布隆迪	Burundi	0.282	51.4	2.7	9.6
167	尼日尔	Niger	0.261	52.5	1.4	4.3
169	津巴布韦	Zimbabwe	0.140	47.0	7.2	9.2

17-1 续表 7 continued

人文发展指数排名 HDI Rank	国家和地区	Country or Area	人均国民总收入(2008年不变价国际元) GNI per Capita (Constant 2008 US$PPP)	出生时预期寿命指数 Life Expectancy Index	教育指数 Education Index	收入指数 Income Index
125	巴基斯坦	Pakistan	2678	0.7	0.4	0.4
126	刚果(布)	Congo, Rep.	3258	0.5	0.5	0.5
127	圣多美和普林西比	Sao Tome and Principe	1918	0.7	0.4	0.4
低人文发展国家		**Low Human Development**				
128	肯尼亚	Kenya	1628	0.6	0.5	0.4
129	孟加拉国	Bangladesh	1587	0.7	0.4	0.4
130	加纳	Ghana	1386	0.6	0.5	0.3
131	喀麦隆	Cameroon	2197	0.5	0.5	0.4
132	缅甸	Myanmar	1596	0.7	0.4	0.4
133	也门	Yemen	2387	0.7	0.3	0.4
134	贝宁	Benin	1499	0.7	0.4	0.3
135	马达加斯加	Madagascar	953	0.7	0.5	0.3
136	毛里塔尼亚	Mauritania	2118	0.6	0.3	0.4
137	巴布亚新几内亚	Papua New Guinea	2227	0.7	0.3	0.4
138	尼泊尔	Nepal	1201	0.8	0.3	0.3
139	多哥	Togo	844	0.7	0.5	0.3
140	科摩罗	Comoros	1176	0.7	0.4	0.3
141	莱索托	Lesotho	2021	0.4	0.5	0.4
142	尼日利亚	Nigeria	2157	0.5	0.4	0.4
143	乌干达	Uganda	1224	0.5	0.4	0.3
144	塞内加尔	Senegal	1816	0.6	0.3	0.4
145	海地	Haiti	949	0.7	0.4	0.3
146	安哥拉	Angola	4941	0.4	0.3	0.5
147	吉布提	Djibouti	2471	0.6	0.3	0.4
149	科特迪瓦	Cote D'Ivoire	1625	0.6	0.3	0.4
150	赞比亚	Zambia	1359	0.4	0.4	0.3
151	冈比亚	Gambia	1358	0.6	0.3	0.3
152	卢旺达	Rwanda	1190	0.5	0.4	0.3
153	马拉维	Malawi	911	0.5	0.4	0.3
154	苏丹	Sudan	2051	0.6	0.2	0.4
155	阿富汗	Afghanistan	1419	0.4	0.3	0.3
156	几内亚	Guinea	954	0.6	0.2	0.3
157	埃塞俄比亚	Ethiopia	992	0.6	0.2	0.3
158	塞拉利昂	Sierra Leone	809	0.4	0.3	0.2
159	中非	Central African Rep.	758	0.4	0.3	0.2
160	马里	Mali	1171	0.5	0.2	0.3
161	布基纳法索	Burkina Faso	1215	0.5	0.2	0.3
162	利比里亚	Liberia	320	0.6	0.4	0.1
163	乍得	Chad	1067	0.5	0.2	0.3
164	几内亚比绍	Guinea-Bissau	538	0.5	0.3	0.2
165	莫桑比克	Mozambique	854	0.4	0.2	0.3
166	布隆迪	Burundi	402	0.5	0.3	0.1
167	尼日尔	Niger	675	0.5	0.2	0.2
169	津巴布韦	Zimbabwe	176	0.4	0.5	0.0

17-2 15岁及以上成人识字率

Adult Literacy Rate (as Percentage of People Ages 15 and Above)

资料来源：世界银行WDI数据库。
Source: World Bank WDI Database.

单位：% (%)

国家和地区	Country or Area	总计 Total		男性 Male		女性 Female	
		2000	2008	2000	2008	2000	2008
世　界	**World**	**81.82**	**83.44**	**86.85**	**88.18**	**76.87**	**78.93**
高收入国家	**High Income**	**98.28**	**98.39**	**98.63**	**98.71**	**97.92**	**98.06**
中等收入国家	**Middle Income**	**80.62**	**82.72**	**86.48**	**88.19**	**74.75**	**77.47**
低收入国家	**Low Income**	**62.02**	**66.09**	**69.99**	**73.09**	**54.53**	**59.32**
中　国	China	90.92	93.70	95.14	96.70	86.53	90.50
孟加拉国	Bangladesh		55.00		60.00		49.80
文　莱	Brunei Darussalam		95.00		96.60		93.30
柬埔寨	Cambodia	67.34①	77.59	79.49①	85.09	57.00①	70.86
印　度	India		66.02②		76.88②		54.48②
印度尼西亚	Indonesia		91.99③		95.16③		88.79③
伊　朗	Iran		82.34③		87.28③		77.24③
老　挝	Laos	69.59	72.71④	81.36	82.46④	58.47	63.23④
马来西亚	Malaysia	88.69	92.10	91.97	94.30	85.36	89.80
蒙　古	Mongolia	97.77	97.30	98.02	96.70	97.53	97.80
缅　甸	Myanmar	89.89	91.90	93.86	94.70	86.37	89.20
巴基斯坦	Pakistan	42.70①	53.70	55.30①	66.85	29.05①	39.98
菲律宾	Philippines	92.60	93.60	92.55	93.30	92.66	93.90
新加坡	Singapore	92.55	94.50	96.57	97.40	88.65	91.60
斯里兰卡	Sri Lanka		90.56		92.25		89.08
泰　国	Thailand	92.65	94.15②	94.91	95.89②	90.52	92.56②
埃　及	Egypt		66.37③		74.63③		57.82③
尼日利亚	Nigeria		60.10		71.50		48.80
墨西哥	Mexico	90.54	92.93	92.56	94.60	88.69	91.46
阿根廷	Argentina		97.70		97.60		97.70
巴　西	Brazil	86.37	90.01②	86.23	89.78②	86.50	90.23②
委内瑞拉	Venezuela		95.16②		95.39②		94.93②
意大利	Italy		98.80		99.10		98.50
俄罗斯联邦	Russian Fed.		99.50		99.70		99.40
土耳其	Turkey		88.66②		96.21②		81.27②
乌克兰	Ukraine		99.70		99.80		99.60

注：①1998年数据。②2007年数据。③2006年数据。④2005年数据。
Note:①Data refer to 1998.②Data refer to 2007.③Data refer to 2006.④Data refer to 2005.

17-3 大中小学生入学率

Tertiary,Secondary and Primary School Enrollment Ratio

资料来源：世界银行WDI数据库。
Source: World Bank WDI Database.
单位：% (%)

国家和地区	Country or Area	大学生粗入学率 Tertiary,Gross		中学生粗入学率 Secondary,Gross		小学生粗入学率 Primary,Gross	
		2000	2008	2000	2008	2000	2008
世　界	**World**	**18.73**	**26.42**	**59.92**	**67.02**	**98.76**	**106.52**
高收入国家	**High Income**	**55.74**	**67.23**	**98.96**	**100.06**	**100.29**	**101.26**
中等收入国家	**Middle Income**	**15.07**	**24.22**	**59.34**	**67.82**	**102.78**	**108.76**
低收入国家	**Low Income**	**3.91**	**5.93**	**29.36**	**37.69**	**80.16**	**103.71**
中　国	China	7.80	22.69	61.10	76.09		113.20
中国香港	Hong Kong,China		34.27①		82.87	103.21	
中国澳门	Macao,China	26.72	56.50	79.11	91.80	102.78	103.96
孟加拉国	Bangladesh	4.86	6.99①	43.97	44.13①		91.91
文　莱	Brunei Darussalam	12.87	16.04	85.48	96.74	110.77	106.74
柬埔寨	Cambodia	2.06	7.02	17.98	40.36①	102.17	115.92
印　度	India	9.57	13.49①	46.16	57.04①	94.15	113.06①
印度尼西亚	Indonesia		21.27	56.23	74.38	112.74	119.50
伊　朗	Iran	17.82	36.14	81.50	79.71	108.80	128.40
以色列	Israel	49.68	59.73	92.33	89.98	113.22	110.66
日　本	Japan	47.69	58.04	101.46	100.90	100.35	101.89
哈萨克斯坦	Kazakhstan	28.19	46.93	93.01	92.03	97.14	108.45
韩　国	Korea,Rep.	78.35	98.10	97.22	97.16	100.80	104.59
老　挝	Laos	2.72	13.37	34.49	43.86	110.88	111.85
马来西亚	Malaysia	25.91	32.11①	64.99	68.19①	97.04	96.61①
蒙　古	Mongolia	30.07	49.85	64.77	95.13	103.04	101.51
缅　甸	Myanmar		10.74①	38.38	52.71	103.44	116.88
巴基斯坦	Pakistan		5.18		32.91	69.32	84.79
菲律宾	Philippines		28.70		82.47		110.09
斯里兰卡	Sri Lanka						101.43
泰　国	Thailand	36.75	44.66		74.32	94.22	93.44
越　南	Viet Nam	9.60		64.62		106.38	
埃　及	Egypt		28.46	75.79		93.09	99.67①
尼日利亚	Nigeria			24.87	30.49①	95.47	93.10①
南　非	South Africa	14.35	15.42②	85.51	95.08①	106.08	104.54①
加拿大	Canada	59.33		102.90	101.34②	99.49	98.84②
墨西哥	Mexico	19.56	27.19	73.27	89.87	110.94	114.35
美　国	United States	67.50	82.92	92.91	94.12	99.87	98.78
阿根廷	Argentina	53.37	67.74①	87.60	84.94①	115.14	115.65①
巴　西	Brazil	16.06	34.45	104.16	100.79	150.51	127.48
委内瑞拉	Venezuela	28.43	78.65	59.32	81.13	101.53	103.11
捷　克	Czech Rep.	29.43	58.57	87.98	94.90	103.27	103.15
法　国	France	53.30	54.58	108.81	113.21	105.35	109.78
德　国	Germany			98.60	101.70	105.54	104.78
意大利	Italy	48.63	67.12①	93.29	99.88①	103.12	103.83①
荷　兰	Netherlands	52.10	60.61	122.69	120.67	108.05	106.90
波　兰	Poland	49.70	66.91①	100.40	99.83①	98.63	97.08①
俄罗斯联邦	Russian Fed.		77.20		84.81	106.14	96.84
西班牙	Spain	59.33	70.59	111.02	119.93	105.33	106.73
土耳其	Turkey	23.24	38.37	70.50	81.97	97.55	99.30
乌克兰	Ukraine	48.95	79.45	98.98	94.45	109.13	98.43
英　国	United Kingdom	58.14	57.42	101.78	98.99	100.83	106.44
澳大利亚	Australia	65.48	77.00	161.79	149.29	100.81	105.53
新西兰	New Zealand	65.98	78.46	110.39	118.55	98.86	101.21

注：①2007年数据。②2006年数据。
Note:①Data refer to 2007.②Data refer to 2006.

17-4 每个学生教育支出占人均国内生产总值比重
Expenditure per Student as Percentage of GDP per Capita

资料来源：世界银行WDI数据库。
Source: World Bank WDI Database.
单位：% (%)

国家和地区	Country or Area	大学生教育支出占人均国内生产总值比重 Tertiary School Student		中学生教育支出占人均国内生产总值比重 Secondary School Student		小学生教育支出占人均国内生产总值比重 Primary School Student	
		2000	2008	2000	2008	2000	2008
高收入国家	**High Income**	**29.97**	**24.09①**	**23.03**	**24.13①**	**18.11**	**20.44①**
中国香港	Hong Kong,China		47.34①		15.62		12.67
孟加拉国	Bangladesh	45.89	39.77①	12.01	14.30		10.48
柬埔寨	Cambodia		8.50①			5.94	
印度	India	90.82	54.98②	24.38	16.18②	14.52	8.86②
伊朗	Iran		20.72		20.30		13.48
以色列	Israel	29.45	23.38①	21.05	20.50①	19.75	21.25①
日本	Japan	17.71	20.08①	21.16	22.33①	21.64	21.63①
哈萨克斯坦	Kazakhstan		7.90①				
老挝	Laos	70.61		5.52		3.91	
马来西亚	Malaysia	81.14	49.37①	21.75	14.19①	12.48	11.57①
菲律宾	Philippines	15.40		10.97		12.84	
泰国	Thailand	36.05	23.03		22.14	17.82	21.44
南非	South Africa	55.10	44.36①	17.72	16.00	13.88	13.69
加拿大	Canada	49.99					
墨西哥	Mexico		37.14①		13.48①	13.02	13.29①
美国	United States		22.04①	23.03	24.57①	19.33	22.36①
阿根廷	Argentina	17.71	15.65①	17.61	21.93①	12.76	14.69①
巴西	Brazil	55.50	30.38①	10.30	18.46①	10.69	17.72①
白俄罗斯	Belarus		18.14①				
捷克	Czech Rep.	30.50	37.37②	21.18	23.12②	11.50	13.56②
法国	France	29.17	33.51②	28.10	26.64②	17.34	17.14②
德国	Germany			21.56	20.66②	15.35	16.09②
意大利	Italy	26.63	22.29①	26.66	25.38①	23.19	22.80①
荷兰	Netherlands	45.37	43.92②	22.79	25.42②	15.45	17.76②
波兰	Poland	17.64	16.61①		22.01①		24.37①
俄罗斯联邦	Russian Fed.		13.18②				
西班牙	Spain	20.55	25.00①	23.24	24.13①	17.54	19.88①
土耳其	Turkey	33.50	28.10②	9.59		9.85	
乌克兰	Ukraine	36.48	25.14①	11.20	24.28②	7.64	15.85②
英国	United Kingdom	23.38	24.80①	24.74	28.65①	14.40	23.42①
澳大利亚	Australia	26.80	21.05①	14.68	15.12①	16.98	17.08①
新西兰	New Zealand		29.24①	23.04	19.83①	20.20	17.62①

注：①2007年数据。②2006年数据。
Note:①Data refer to 2007.②Data refer to 2006.

17-5 研究与开发经费支出和公共教育经费支出占国内生产总值比重
Research and Development Expenditure and Public Spending on Education as Percentage of GDP

资料来源：世界银行WDI数据库。
Source: World Bank WDI Database.

单位：% (%)

国家和地区	Country or Area	研究与开发经费支出占国内生产总值比重 Research and Development Expenditure as of GDP 2000	2007	公共教育经费支出占国内生产总值比重 Public Spending on Education,Total as of GDP 2000	2007
世　界	**World**	**2.15**	**2.21**	**4.17**	**4.53**
高收入国家	**High Income**	**2.44**	**2.45**	**5.00**	**5.00**
中等收入国家	**Middle Income**	**0.65**		**4.09**	**4.09**
中　国	China	0.90	1.49		
中国香港	Hong Kong,China	0.47			3.52
中国澳门	Macao,China			3.68	2.03
孟加拉国	Bangladesh			2.38	2.56
文　莱	Brunei Darussalam			3.71	
柬埔寨	Cambodia			1.67	1.60
印　度	India	0.77	0.80	4.40	
印度尼西亚	Indonesia	0.07			3.53
伊　朗	Iran			4.38	5.49
以色列	Israel	4.45	4.74	6.55	6.36
日　本	Japan	3.04	3.44	3.67	3.45
哈萨克斯坦	Kazakhstan	0.18	0.21	3.26	2.83
韩　国	Korea,Rep.	2.39	3.47		4.21
老　挝	Laos			1.50	3.04
马来西亚	Malaysia	0.49		5.97	4.53
蒙　古	Mongolia	0.20	0.23	5.79	5.05
缅　甸	Myanmar	0.11		0.57	
巴基斯坦	Pakistan	0.13	0.67	1.84	2.84
菲律宾	Philippines			3.49	2.58
新加坡	Singapore	1.88	2.61		
斯里兰卡	Sri Lanka	0.14			
泰　国	Thailand	0.25		5.41	4.00
埃　及	Egypt	0.19	0.23		3.68
南　非	South Africa			5.58	5.34
加拿大	Canada	1.91	2.03	5.56	4.93
墨西哥	Mexico	0.37		4.86	4.83
美　国	United States	2.75	2.67		5.54
阿根廷	Argentina	0.44	0.51	4.60	4.93
巴　西	Brazil	0.94		4.02	5.21
委内瑞拉	Venezuela	0.38			3.66
捷　克	Czech Rep.	1.21	1.59	3.97	
法　国	France	2.15	2.10	5.67	
德　国	Germany	2.45	2.56	4.46	
意大利	Italy	1.05		4.47	4.32
荷　兰	Netherlands	1.82	1.75	4.96	
波　兰	Poland	0.64	0.57	5.01	4.92
俄罗斯联邦	Russian Fed.	1.05	1.12	2.94	3.10
西班牙	Spain	0.91	1.28	4.28	4.36
土耳其	Turkey	0.48	0.71	2.59	
乌克兰	Ukraine	0.96	0.87	4.17	5.28
英　国	United Kingdom	1.86	1.84	4.60	5.56
澳大利亚	Australia	1.62		5.00	4.65
新西兰	New Zealand		1.26		6.16

17-6 每百万人中研究人员和技术人员数

Researchers and Technicians in R&D (per Million People)

资料来源：世界银行WDI数据库。
Source: World Bank WDI Database.
单位：人 (person)

国家和地区	Country or Area	每百万人中研究人员数 Researchers in R&D (per million people)			每百万人中技术人员数 Technicians in R&D (per million people)		
		2000	2005	2007	2000	2005	2007
高收入国家	**High Income**	**3417.8**	**3756.4**				
中等收入国家	**Middle Income**	**499.6**	**604.6**				
中　国	China	548.6	852.5	1070.9			
中国香港	Hong Kong,China	1159.2	2618.7		206.1	340.9	
印　度	India	111.2	136.9		86.4		
印度尼西亚	Indonesia	219.1					
日　本	Japan	5110.8	5531.2	5573.0	623.1	562.8	588.9
哈萨克斯坦	Kazakhstan	602.4	783.0		79.1	83.5	
韩　国	Korea,Rep.	2334.1	3780.2	4627.2	456.7	552.3	719.9
马来西亚	Malaysia	276.0			39.6		
巴基斯坦	Pakistan		76.5	152.1		39.0	64.2
新加坡	Singapore	4139.2	5575.2	6087.9	338.5	556.5	528.5
斯里兰卡	Sri Lanka	135.2					
南　非	South Africa		359.9			109.2	
加拿大	Canada	3535.5	4157.0		1240.6	1595.3	
墨西哥	Mexico		459.5			257.4	
美　国	United States	4480.9	4584.4				
阿根廷	Argentina	715.2	822.8	979.5	158.0	201.1	195.8
巴　西	Brazil	367.5	588.0		317.4		
委内瑞拉	Venezuela	247.7	86.1		7.3	2.4	
捷　克	Czech Rep.	1354.8	2370.8	2714.9	715.8	1351.0	1502.7
法　国	France	2910.1	3319.1			1723.7	
德　国	Germany	3141.9	3302.4	3452.7		1147.7	
意大利	Italy	1157.5	1406.6				
荷　兰	Netherlands	2644.6	2487.6	2680.2	1529.8	1825.0	1676.5
波　兰	Poland	1435.6	1627.4	1610.1	355.1	234.2	226.3
俄罗斯联邦	Russian Fed.	3452.8	3244.9	3304.7	569.2	518.6	516.1
西班牙	Spain	1904.2	2548.1	2783.7	636.4	926.7	
土耳其	Turkey	347.3	549.9	680.4	35.5	66.8	101.6
英　国	United Kingdom	2739.1	2896.7	2881.4		688.6	878.5
澳大利亚	Australia	3442.8					
新西兰	New Zealand		4192.8	4364.6		765.6	894.4

17-7 高技术产品出口额占制成品出口额的比重

High-technology Exports as Percentage of Manufactured Exports

资料来源：世界银行WDI数据库。
Source: World Bank WDI Database.
单位：% (%)

国家和地区	Country or Area	1990	2000	2005	2006	2007	2008
世　界	**World**	**17.45**	**23.09**	**20.51**	**20.61**	**18.64**	**17.32**
高收入国家	**High Income**	**18.17**	**24.11**	**21.08**	**21.32**	**18.71**	**17.80**
中等收入国家	**Middle Income**		**19.29**	**18.89**	**18.75**	**18.60**	**16.54**
低收入国家	**Low Income**		**3.26**	**2.23**	**2.75**	**3.25**	
中　国	China		18.58	30.60	30.30	29.68	28.66
中国香港	Hong Kong,China		23.28	15.59	11.35	19.33	22.42
中国澳门	Macao,China	1.55	0.87	0.72	0.74	1.06	2.05
孟加拉国	Bangladesh	0.12	0.20	0.19	0.16	0.84	
文　莱	Brunei Darussalam				6.36		
柬埔寨	Cambodia		0.08				
印　度	India	2.40	4.76	4.74	5.00	5.28	5.69
印度尼西亚	Indonesia	1.23	16.16	16.30	13.17	10.73	10.64
伊　朗	Iran		1.88	2.41	5.87		
以色列	Israel	10.45	25.09	13.93	14.43	7.54	16.37
日　本	Japan	23.85	28.35	22.47	21.61	18.96	17.87
哈萨克斯坦	Kazakhstan		3.56	11.34	20.84	21.54	21.92
韩　国	Korea,Rep.	17.84	34.82	32.33	32.01	33.45	
老　挝	Laos						
马来西亚	Malaysia	38.18	59.54	54.60	53.77	51.77	39.65
蒙　古	Mongolia		0.47	0.09	1.66	7.51	
巴基斯坦	Pakistan	0.06	0.39	1.39	1.44	1.37	1.88
菲律宾	Philippines		72.58	70.73	67.64	68.86	66.28
新加坡	Singapore	39.66	62.56	56.58	57.79	46.40	50.77
斯里兰卡	Sri Lanka	0.53		2.29	1.48	2.07	1.84
泰　国	Thailand	20.72	33.26	26.58	27.29	26.47	25.39
越　南	Viet Nam		11.01	5.34	6.21	8.93	
埃　及	Egypt		0.29	0.37	0.54	0.16	0.89
尼日利亚	Nigeria		0.40		7.78	0.91	0.32
南　非	South Africa		6.97	6.58	6.40	5.66	5.22
加拿大	Canada	13.67	18.60	13.15	13.47	14.33	14.84
墨西哥	Mexico	8.29	22.39	19.55	18.89	17.09	19.41
美　国	United States	33.04	33.66	29.92	30.08	28.54	27.12
阿根廷	Argentina		9.11	6.57	6.95	6.62	9.02
巴　西	Brazil	7.09	18.56	12.84	12.09	11.95	11.97
委内瑞拉	Venezuela	3.85	2.83	2.29	2.41		3.43
捷　克	Czech Rep.		8.15	12.75	14.10	14.13	14.26
法　国	France	16.10	24.30	20.02	21.20	18.86	20.24
德　国	Germany	11.07	18.01	16.95	16.70	14.22	13.52
意大利	Italy	7.56	9.28	7.77	7.13	6.63	6.68
荷　兰	Netherlands	16.38	35.45	30.52	28.60	25.71	22.20
波　兰	Poland		3.30	3.85	3.81	3.76	5.24
俄罗斯联邦	Russian Fed.		17.23	8.15	7.70	6.94	6.52
西班牙	Spain	6.40	7.64	7.05	6.18	5.16	
土耳其	Turkey	1.19	4.86	1.51	1.93	2.04	1.74
乌克兰	Ukraine		5.14	3.66	3.30	3.58	3.22
英　国	United Kingdom	23.57	32.07	28.02	33.64	19.51	19.26
澳大利亚	Australia	8.22	15.22	12.74	12.33	11.16	11.81
新西兰	New Zealand	4.42	10.16	10.37	10.50	9.74	9.27

17-8 专利申请数量
Patent Applications

资料来源：世界银行WDI数据库。
Source: World Bank WDI Database.
单位：件 (unit)

国家和地区	Country or Area	居民专利申请数量 Residents			非居民专利申请数量 Non-residents		
		2000	2005	2007	2000	2005	2007
世　界	**World**	**822034**	**958230**	**1012033**	**438702**	**580373**	**575469**
高收入国家	**High Income**	**753182**	**812141**	**826389**	**314763**	**403260**	**446920**
中等收入国家	**Middle Income**	**68642**	**140136**	**189167**	**110530**	**176439**	**128347**
低收入国家	**Low Income**	**928**	**527**	**485**	**1559**	**2247**	**202**
中　国	China	25346	93485	153060	42202	80155	92101
中国香港	Hong Kong,China	51	156	160	8244	11607	13606
中国澳门	Macao,China		3	1		119	291
孟加拉国	Bangladesh	70	50	29		294	
印　度	India	2179	4521		6324	19984	
印度尼西亚	Indonesia	156	234		3733	4069	
伊　朗	Iran	410					
以色列	Israel	1599	316	1615	5203	4808	
日　本	Japan	384201	367960	333498	35342	67696	62793
哈萨克斯坦	Kazakhstan	1399	1523		116	103	
韩　国	Korea,Rep.	72831	122188	128701	29257	38979	43768
马来西亚	Malaysia	206	522	670	6021	5764	
蒙　古	Mongolia		100			87	
巴基斯坦	Pakistan	46	143		1469		
菲律宾	Philippines	154	210	225	3482	2141	
新加坡	Singapore	516	569	696	7720	8170	9255
斯里兰卡	Sri Lanka	71	149	151	250	211	279
泰　国	Thailand	561	891	945	4488	5449	511
越　南	Viet Nam	34	180		1210	1767	
埃　及	Egypt	534	428	516	1081	1008	1589
南　非	South Africa					5554	
加拿大	Canada	4187	5183	4998	35435	35946	35133
墨西哥	Mexico	431	584	629	12633	13887	15970
美　国	United States	164795	207867	241347	134109	187957	214807
巴　西	Brazil	3080	3905		17741	16100	
委内瑞拉	Venezuela	56			2292		
捷　克	Czech Rep.	555	586	716	4384	244	192
法　国	France	13870	14327	14722	3483	2948	2387
德　国	Germany	51736	48367	47853	10728	12685	13139
意大利	Italy	7877		9255	1396		870
荷　兰	Netherlands	2465	2217	2079	529	633	367
波　兰	Poland	2404	2028	2392	4899	4555	361
俄罗斯联邦	Russian Fed.	23377	23644	27505	8960	8665	11934
西班牙	Spain	2710	3040	3267	485	326	265
土耳其	Turkey	277	928	1810	3179	218	211
乌克兰	Ukraine	5620	3538		1604	2057	
英　国	United Kingdom	22050	17833	17375	10999	10500	7624
澳大利亚	Australia	1928	2555	2718	21168	22562	24626
新西兰	New Zealand	1463	1893	1892	5585	5149	5952

17-9 享有卫生设施和清洁饮用水源人口占总人口比重
Percentage of Population with Access to Improved Sanitation Facilities and Water Source

资料来源：世界银行WDI数据库。
Source: World Bank WDI Database.

单位：% (%)

国家和地区	Country or Area	享有卫生设施人口占总人口比重 Percentage of Population with Access to Improved Sanitation Facilities			享有清洁饮用水源人口占总人口比重 Percentage of Population with Access to Improved Water Source		
		1995	2000	2008	1995	2000	2008
世　界	**World**	**55**	**57**	**61**	**80**	**83**	**87**
高收入国家	**High Income**	**100**	**99**	**99**	**99**	**99**	**100**
中等收入国家	**Middle Income**	**49**	**52**	**57**	**79**	**83**	**88**
低收入国家	**Low Income**	**29**	**32**	**35**	**55**	**59**	**64**
中　国	China	45	49	55	74	80	89
孟加拉国	Bangladesh	42	46	53	78	79	80
柬埔寨	Cambodia	11	17	29	37	46	61
印　度	India	21	25	31	76	81	88
印度尼西亚	Indonesia	38	44	52	74	77	80
伊　朗	Iran	83	83		92	93	
以色列	Israel	100	100	100	100	100	100
日　本	Japan	100	100	100	100	100	100
哈萨克斯坦	Kazakhstan	96	97	97	96	96	95
韩　国	Korea,Rep.	100	100	100	90	93	98
老　挝	Laos	18	26	53	44	48	57
马来西亚	Malaysia	88	92	96	92	97	100
蒙　古	Mongolia	49	49	50	59	66	76
缅　甸	Myanmar	49	65	81	60	66	71
巴基斯坦	Pakistan	33	37	45	87	88	90
菲律宾	Philippines	63	69	76	87	88	91
新加坡	Singapore	99	100	100	100	100	100
斯里兰卡	Sri Lanka	76	82	91	73	80	90
泰　国	Thailand	86	93	96	94	96	98
越　南	Viet Nam	47	57	75	68	79	94
埃　及	Egypt	79	86	94	93	96	99
尼日利亚	Nigeria	36	34	32	50	53	58
南　非	South Africa	71	73	77	84	86	91
加拿大	Canada	100	100	100	100	100	100
墨西哥	Mexico	72	76	85	88	90	94
美　国	United States	100	100	100	99	99	99
阿根廷	Argentina	91	91	90	95	96	97
巴　西	Brazil	72	75	80	91	93	97
委内瑞拉	Venezuela	86	89		91	92	
捷　克	Czech Rep.	99	98	98	100	100	100
法　国	France	100	100	100	100	100	100
德　国	Germany	100	100	100	100	100	100
意大利	Italy				100	100	100
荷　兰	Netherlands	100	100	100	100	100	100
波　兰	Poland		90	90	100	100	100
俄罗斯联邦	Russian Fed.	87	87	87	94	95	96
西班牙	Spain	100	100	100	100	100	100
土耳其	Turkey	85	87	90	89	93	99
乌克兰	Ukraine	95	95	95	96	97	98
英　国	United Kingdom	100	100	100	100	100	100
澳大利亚	Australia	100	100	100	100	100	100
新西兰	New Zealand				100	100	100

17-10 医疗支出占国内生产总值比重及人均医疗支出

Health Expenditure as Percentage of GDP and per Capita Health Expenditure

资料来源：世界银行WDI数据库。
Source: World Bank WDI Database.

国家和地区	Country or Area	医疗支出占国内生产总值的比重（%） Health Expenditure,Total as Percentage of GDP(%)			人均医疗支出（美元） Health Expenditure per Capita ($)		
		2005	2006	2007	2005	2006	2007
世　界	**World**	**9.9**	**9.8**	**9.7**	**698.7**	**737.8**	**809.2**
高收入国家	**High Income**	**11.2**	**11.2**	**11.2**	**3754.8**	**3935.5**	**4266.3**
中等收入国家	**Middle Income**	**5.4**	**5.4**	**5.3**	**110.8**	**128.0**	**155.8**
低收入国家	**Low Income**	**5.0**	**5.2**	**5.1**	**16.2**	**18.9**	**22.0**
中　国	China	4.5	4.4	4.3	76.5	88.1	108.5
孟加拉国	Bangladesh	3.1	3.3	3.4	11.8	12.9	14.7
文　莱	Brunei Darussalam	2.5	2.3	2.4	640.1	697.8	752.6
柬埔寨	Cambodia	6.4	5.9	5.9	28.9	30.5	35.8
印　度	India	4.2	4.1	4.1	30.4	32.8	40.3
印度尼西亚	Indonesia	2.0	1.9	2.2	25.4	30.9	41.8
伊　朗	Iran	6.6	6.9	6.4	179.7	213.9	253.3
以色列	Israel	8.0	7.9	8.0	1596.0	1674.8	1892.8
日　本	Japan	8.2	8.1	8.0	2907.9	2758.9	2750.8
哈萨克斯坦	Kazakhstan	4.0	3.6	3.7	148.4	190.0	252.6
韩　国	Korea,Rep.	5.7	6.0	6.3	998.5	1188.0	1362.4
老　挝	Laos	4.3	4.0	4.0	20.8	23.0	26.9
马来西亚	Malaysia	4.1	4.3	4.4	222.1	258.7	307.2
蒙　古	Mongolia	3.9	3.9	4.3	35.1	48.1	63.6
缅　甸	Myanmar	2.1	2.1	1.9	4.9	5.6	7.2
巴基斯坦	Pakistan	2.8	2.7	2.7	18.5	20.4	22.5
菲律宾	Philippines	3.7	3.8	3.9	42.6	51.3	62.6
新加坡	Singapore	3.3	3.2	3.1	929.3	1021.4	1148.2
斯里兰卡	Sri Lanka	4.0	4.2	4.2	50.2	60.8	68.3
泰　国	Thailand	3.6	3.7	3.7	94.9	115.6	136.5
越　南	Viet Nam	6.0	6.6	7.1	37.6	46.9	58.3
埃　及	Egypt	6.0	6.3	6.3	72.9	86.4	101.4
尼日利亚	Nigeria	6.6	6.5	6.6	52.8	66.8	74.3
南　非	South Africa	9.1	8.8	8.6	457.5	466.8	497.1
加拿大	Canada	9.9	10.0	10.1	3481.7	3950.2	4409.1
墨西哥	Mexico	5.9	5.7	5.9	477.8	514.4	564.1
美　国	United States	15.4	15.5	15.7	6562.8	6931.2	7284.7
阿根廷	Argentina	10.4	10.2	10.0	492.5	560.9	662.6
巴　西	Brazil	8.2	8.5	8.4	388.0	490.0	605.7
委内瑞拉	Venezuela	5.4	5.7	5.8	295.5	388.3	477.1
捷　克	Czech Rep.	7.2	7.0	6.8	882.3	968.7	1140.5
法　国	France	11.1	11.0	11.0	3926.7	4059.0	4627.3
德　国	Germany	10.7	10.6	10.4	3628.2	3716.8	4209.2
意大利	Italy	8.9	9.0	8.7	2746.8	2857.6	3135.6
荷　兰	Netherlands	9.1	8.9	9.0	3577.9	3693.3	4242.9
波　兰	Poland	6.2	6.2	6.4	493.7	555.4	715.8
俄罗斯联邦	Russian Fed.	5.2	5.3	5.4	278.1	368.4	492.6
西班牙	Spain	8.3	8.4	8.5	2168.0	2327.8	2711.7
土耳其	Turkey	5.7	4.8	5.0	383.3	351.7	464.6
乌克兰	Ukraine	6.9	6.9	6.9	126.8	158.2	210.4
英　国	United Kingdom	8.2	8.5	8.4	3115.2	3415.0	3867.4
澳大利亚	Australia	8.7	8.8	8.9	3157.0	3352.5	3985.9
新西兰	New Zealand	8.8	9.3	9.0	2357.1	2387.9	2790.3

17-11 每千人口医生数和病床数
Physician and Hospital Bed per 1000 Persons

资料来源：世界银行WDI数据库。
Source: World Bank WDI Database.

国家和地区	Country or Area	每千人口医生数 Physicians per 1000 Persons(person)			每千人口病床数 Hospital Beds per 1000 Persons(unit)		
		2000	2005	2007	2000	2005	2007
高收入国家	**High Income**	**2.67**			**6.46**	**5.96**	**6.12①**
中等收入国家	**Middle Income**		**1.30**		**1.65②**		
中　国	China	1.64	1.51		2.52	2.46	2.23①
孟加拉国	Bangladesh	0.24③	0.30		0.30③	0.40	
文　莱	Brunei Darussalam	1.01			2.60	3.00	2.79①
柬埔寨	Cambodia	0.16			0.60③	0.10④	
印　度	India		0.59		0.69②		
印度尼西亚	Indonesia	0.17			0.60②		
伊　朗	Iran		0.89		1.60③	1.72	1.40①
以色列	Israel	3.77		3.64	6.14	6.30	5.80
日　本	Japan	1.90	2.12④		14.70	14.10	13.98①
哈萨克斯坦	Kazakhstan	3.30	3.70	3.88	7.19	7.70	7.70
韩　国	Korea,Rep.	1.30	1.71④		6.10	8.60④	8.64①
老　挝	Laos		0.35④		0.90②	1.20	
马来西亚	Malaysia	0.71			1.80③	1.80	1.76
蒙　古	Mongolia	2.63②			7.50②	6.00④	6.11
缅　甸	Myanmar	0.31	0.36④		0.70		0.60①
巴基斯坦	Pakistan	0.67③	0.80	0.78	0.70⑤	1.20	1.00
菲律宾	Philippines	0.59			1.00③		1.06①
新加坡	Singapore	1.40③			2.90③	3.20	3.22
斯里兰卡	Sri Lanka	0.43	0.56④		2.90	3.10④	
泰　国	Thailand	0.37			2.21		
越　南	Viet Nam	0.54③			2.40③	2.60	2.66①
埃　及	Egypt	2.12	2.44		2.21⑤	2.21	2.10
尼日利亚	Nigeria	0.27			1.20	0.50④	
南　非	South Africa	0.70③	0.77④			2.80	
加拿大	Canada	2.10		1.91①	3.40	3.40	3.40①
墨西哥	Mexico	1.98	2.90④		1.11	1.00④	1.70
美　国	United States	2.56	2.68④		3.50	3.20	3.10
阿根廷	Argentina		3.21		4.10	4.00	
巴　西	Brazil	1.15		1.70①	2.60②	2.40	
委内瑞拉	Venezuela	1.94③			0.80③		1.30
捷　克	Czech Rep.	3.40		3.61	8.81	8.40	8.10
法　国	France	3.30	3.37④	3.74	8.10	7.28	7.20①
德　国	Germany	3.30		3.49	9.10	8.40	8.31①
意大利	Italy	4.20	4.21④	3.70①	4.70	4.00	3.90①
荷　兰	Netherlands	3.20	3.71	3.93	4.80		4.80
波　兰	Poland	2.21	1.97	2.02①	4.91	5.20	5.20①
俄罗斯联邦	Russian Fed.	4.22	4.00	4.31①	10.89	9.70	9.70①
西班牙	Spain	3.20		3.76	4.10	3.40	3.40①
土耳其	Turkey	1.30	1.30	1.56①	2.60	2.60	2.80
乌克兰	Ukraine	2.98		3.13①	8.82	8.70	8.70①
英　国	United Kingdom	1.90			4.20	3.90④	
澳大利亚	Australia	2.50		0.97①	7.80	4.00	3.97①
新西兰	New Zealand	2.21			6.20②		

注：①2006年数据。②2002年数据。③2001年数据。④2004年数据。⑤2003年数据。
Note:①Data refer to 2006.②Data refer to 2002.③Data refer to 2001.④Data refer to 2004.⑤Data refer to 2003.

17-12 公共社会保障支出占国内生产总值比重

Social Securtiy Expenditure as Percentage of Gross Domestic Product

资料来源：经合组织OLIS数据库。
Source: OECD OLIS Database.

单位：% (%)

国家和地区	Country or Area	2000	2004	2005	2006	2007
澳大利亚	Australia	17.32	17.12	16.52	16.09	16.02
奥地利	Austria	26.72	27.70	27.36	26.97	26.42
比利时	Belgium	25.42	26.50	26.45	26.42	26.35
加拿大	Canada	16.50	17.06	17.02	16.94	16.86
捷克	Czech Rep.	19.80	19.74	19.53	19.05	18.79
丹麦	Denmark	25.68	27.68	27.21	26.59	26.10
芬兰	Finland	24.34	26.04	26.12	25.91	24.93
法国	France	27.72	29.04	28.97	28.59	28.40
德国	Germany	26.56	27.14	27.23	26.15	25.16
希腊	Greece	19.16	19.89	20.96	21.26	21.33
匈牙利	Hungary	20.44	21.76	22.81	23.06	23.09
冰岛	Iceland	15.25	17.38	16.33	15.87	14.59
爱尔兰	Ireland	13.27	15.96	15.76	15.75	16.31
意大利	Italy	23.28	24.68	24.98	25.09	24.86
日本	Japan	16.54	18.22	18.59	18.44	18.70
韩国	Korea,Rep.	4.80	6.02	6.45	7.34	7.52
卢森堡	Luxemburg	19.78	23.87	23.00	21.79	20.65
墨西哥	Mexico	5.30	6.56	6.83	6.97	7.21
荷兰	Netherlands	19.78	21.15	20.71	20.30	20.08
挪威	Norway	21.31	23.35	21.71	20.44	20.80
波兰	Poland	20.75	21.66	21.28	21.01	20.01
葡萄牙	Portugal	18.88	22.38	22.90	22.94	22.52
斯洛伐克	Slovakia	17.92	16.46	16.32	15.99	15.69
西班牙	Spain	20.44	21.16	21.41	21.40	21.58
瑞典	Sweden	28.43	29.53	29.08	28.41	27.30
瑞士	Switzerland	17.85	20.21	20.19	19.19	18.52
英国	United Kingdom	18.60	20.45	20.56	20.36	20.54
美国	United States	14.46	15.88	15.83	15.99	16.20
智利	Chile	13.18	11.75	11.16	10.49	10.56
爱沙尼亚	Estonia	14.06	13.55	13.16	12.78	13.00
以色列	Israel	17.08	17.11	16.46	15.93	15.47
斯洛文尼亚	Slovenia	22.88	22.16	21.90	21.54	20.26

主要统计指标解释

人文发展指数 是人类发展的一项综合指标，它测量了人类发展的三个方面的平均成就：寿命，教育程度以及体面的生活。人文发展指数是对这三个方面的指标标准化后的几何平均值。

期望受教育年限 是指在现有入学率保持不变的情况下适龄儿童预期获得的受教育年限。

平均受教育年限 是指25岁及以上人口已经获得的文化程度转换成理论教育年限的平均值。

成人识字率 是指 15 岁及以上人口中有一定理解、阅读、使用文字能力的人口占总人口的百分比。

粗入学率 是指入学总人数(不考虑年龄) 与适龄入学人数之比。

研究与发展经费支出 是经常性和资本性支出（包括超前支出）,目的在于增加知识存量的创造性、系统性活动。具体包括基础研究、应用研究和目的在于寻求新型设备，产品和工艺的科学实验活动。

研究与发展技术人员 是指专门从事研究与发展活动，在知识或技术某一分支领域接受过职业或技术培训的人员。

高技术出口产品 是指技术含量密集的出口产品。它包括的高技术产品有：航空、计算机、医药、科学仪器和电气设备等。

军事人员数 指有效服役期内的军人，包括具有正规装备和组织，并进行正常训练的准军事人员数，不包括预备役部队。

Explanatory Notes on Main Statistical Indicators

The Human Development Index (HDI) is a summary measure of human development. It measures the average achievements in a country in three basic dimensions of human development: a long and healthy life, access to knowledge and a decent standard of living. The HDI is the geometric mean of normalized indices measuring achievements in each dimension.

Expected years of schooling Number of years of schooling that a child of school entrance age can expect to receive if prevailing patterns of age-specific enrolment rates were to stay the same throughout the child’s life.

Mean years of schooling Average number of years of education received by people ages 25 and older in their lifetime based on education attainment levels of the population converted into years of schooling based on theoretical durations of each level of education attended.

Adult Literacy Rate is the percentage of people ages 15 and above who can, with understanding, read and write a short, simple statement on their everyday life.

Gross Enrollment Ratio is the ratio of total enrollment, regardless of age, to the population of the age group.

Expenditures for Research and Development are current and capital expenditures (including overhead) on creative, systematic activity intended to increase the stock of knowledge. Included are fundamental and applied research and experimental development work leading to new devices, products, or processes.

Technicians in R&D are people engaged in professional R&D activity who have received vocational or technical training in any branch of knowledge or technology.

High-technology Exports are products with high R&D intensity. They include high-technology products such as in aerospace, computers, pharmaceuticals, scientific instruments, and electrical machinery.

Military Personnel refer to active duty military personnel, including paramilitary forces if those forces resemble regular units in their organization, equipment, training, or mission, not including reservist.

世界最大500家企业主要指标

Main Indicators of the 500 Largest Companies in the World

18-1　按国家和地区汇总的世界最大500家企业(2009年)

The Largest 500 Companies in the World Aggregated by Country or Area(2009)

资料来源：美国《财富》杂志2010年。
Source: United States Fortune 2010.

国家和地区	Country or Area	企业数(家) Number of Companies	营业额(亿美元) Revenues (100 million USD)	利润额(亿美元) Profits (100 million USD)
中　国①	China①	54	21548.4	1297.3
印　度	India	8	2365.9	130.2
日　本	Japan	71	29415.8	576.2
韩　国	Korea Rep.	10	4787.3	170.1
马来西亚	Malaysia	1	625.8	116.5
新加坡	Singapore	2	480.0	19.0
沙特阿拉伯	Saudi Arabia	1	274.8	24.2
泰　国	Thailand	1	462.2	17.4
加拿大	Canada	11	2729.5	135.8
墨西哥	Mexico	2	1099.6	-13.17
美　国	United States	140	69944.5	2722.5
巴　西	Brazil	7	3079.9	322.0
奥地利	Austria	3	608.2	22.8
比利时	Belgium	5	2005.8	37.2
比利时/芬兰	Belgium/Finland	1	232.5	16.6
丹　麦	Denmark	2	806.8	-9.9
芬　兰	Finland	2	824.2	12.9
法　国	France	39	20859.2	644.1
德　国	Germany	37	18802.8	298.5
爱尔兰	Ireland	2	473.2	24.1
意大利	Italy	11	6467.2	249.7
卢森堡	Luxembourg	1	1249.4	94.0
荷　兰	Netherlands	12	7834.4	166.5
挪　威	Norway	1	740.0	29.1
波　兰	Poland	1	218.0	4.2
俄罗斯联邦	Russia	6	2720.3	456.7
西班牙	Spain	10	4376.1	417.9
瑞　典	Sweden	7	1676.0	55.0
瑞　士	Switerland	12	4982.7	381.6
土耳其	Turkey	1	288.5	9.2
英　国	United Kingdom	29	15562.0	993.4
英国/荷兰	United Kingdom/Netherlands	1	553.5	46.8
澳大利亚	Australia	8	2443.0	213.3
委内瑞拉	Venezuela	1	911.8	16.1
合计	Totals	500	230850.8	9604.6

注：①包括中国台湾企业。
Note: ①Including data of Taiwan.

18-2 按营业额排序的世界最大500家企业(2009年)

资料来源：美国《财富》杂志2010年。
Source: United States Fortune, 2010.

次位		企业名称	Company Name	国家	Country
2009	2008				
1	3	沃尔玛	Wal-Mart Stores	美国	U.S.
2	1	皇家壳牌	Royal Dutch Shell	荷兰	Netherlands
3	2	埃克森美孚	Exxon Mobil	美国	U.S.
4	4	英国石油公司	BP	英国	Britain
5	10	丰田汽车	Toyota Motor	日本	Japan
6	11	日本邮政控股	Japan Post Holdings	日本	Japan
7	9	中国石油化工集团公司	Sinopec	中国	China
8	15	国家电网公司	State Grid	中国	China
9	73	安盛集团	AXA	法国	France
10	13	中国石油天然气集团公司	China National Petroleum	中国	China
11	5	雪佛龙	Chevron	美国	U.S.
12	8	荷兰国际集团	ING Group	荷兰	Netherlands
13	12	通用电气	General Electric	美国	U.S.
14	6	道达尔	Total	法国	France
15	37	美国银行	Bank of America Corp.	美国	U.S.
16	14	大众汽车	Volkswagen	德国	Germany
17	7	康菲石油	ConocoPhillips	美国	U.S.
18	24	法国巴黎银行	BNP Paribas	法国	France
19	47	忠利保险	Assicurazioni Generali	意大利	Italy
20	20	安联集团	Allianz	德国	Germany
21	29	美国电话电报公司	AT&T	美国	U.S.
22	25	家乐福	Carrefour	法国	France
23	19	福特汽车	Ford Motor	美国	U.S.
24	17	埃尼集团	ENI	意大利	Italy
25	49	摩根大通	J.P. Morgan Chase & Co.	美国	U.S.
26	32	惠普	Hewlett-Packard	美国	U.S.
27	26	意昂集团	E.ON	德国	Germany
28	41	伯克希尔哈撒韦	Berkshire Hathaway	美国	U.S.
29	53	法国燃气苏伊士集团	GDF Suez	法国	France
30	23	戴姆勒	Daimler	德国	Germany
31	44	日本电报电话公司	Nippon Telegraph & Telephone	日本	Japan
32	40	三星电子	Samsung Electronics	韩国	SouthKorea
33	39	花旗集团	Citigroup	美国	U.S.
34	42	麦克森公司	McKesson	美国	U.S.
35	55	韦里孙通讯公司	Verizon Communications	美国	U.S.
36	46	农业信贷银行	Crédit Agricole	法国	France
37	35	桑坦德银行	Banco Santander	西班牙	Spain
38	18	通用汽车	General Motors	美国	U.S.
39	21	汇丰控股	HSBC Holdings	英国	Britain
40	30	西门子	Siemens	德国	Germany
41		美国国际集团	American International Group	美国	U.S.
42	256	劳埃德银行集团	Lloyds Banking Group	英国	Britain
43	60	卡地纳健康集团	Cardinal Health	美国	U.S.
44	48	雀巢	Nestlé	瑞士	Switzerland
45	63	CVS Caremark	CVS Caremark	美国	U.S.
46	141	富国银行	Wells Fargo	美国	U.S.
47	52	日立	Hitachi	日本	Japan
48	45	国际商用机器	International Business Machines	美国	U.S.
49	16	德克夏集团	Dexia Group	比利时	Belgium
50	22	俄罗斯天然气公司	Gazprom	俄罗斯	Russia

The 500 Largest Companies in the World Sorted by Revenue (2009)

营收额 Revenues		利润额 Profits		资产额 (百万美元) Assets (mil.USD)	雇员人数 (人) Employees (person)
百万美元 (mil.USD)	比上半年增长% % Change from 2008	百万美元 (mil.USD)	比上半年增长% % Change from 2008		
408214	0.6	14335	7.0	170706	2100000
285129	-39.5	12518	-52.4	292181	101000
284650	-35.7	19280	-57.4	233323	102700
246138	-32.9	16578	-21.6	235968	80300
204106.1	-0.1	2256		324869	320590
202196.1	1.8	4849	15.2	3196011	229134
187517.7	-9.8	5756	193.5	188793	633383
184495.8	12.4	-343	-151.6	269802	1533800
175257.4	118.4	5012	271.0	1016271	103432
165496.5	-8.6	10273		325384	1649992
163527	-37.9	10483	-56.2	164621	64132
163203.8	-28.0	-1300		1669711	107173
156779	-14.4	11025	-36.7	781818	304000
155887.1	-33.6	11741	-24.3	183313	96387
150450	33.0	6276	56.6	2223299	283717
146204.7	-12.2	1334	-80.8	254233	368500
139515	-39.5	4858		152588	30000
130708.1	-4.0	8106	83.3	2952591	182459
126012.5	22.2	1820	44.4	608135	85322
125999	-11.5	5973		838046	153203
123018	-0.8	12535	-2.6	268752	282720
121452.5	-5.9	455	-75.6	73973	475976
118308	-19.1	2717		194850	198000
117235.4	-26.4	6070	-53.0	168642	78417
115632	13.9	11728	109.2	2031989	222316
114552	-3.2	7660	-8.0	114799	304000
113849.4	-10.6	11670	529.8	219017	88227
112493	4.4	8055	61.3	297119	222000
111068.6	11.7	6223	-12.5	245978	242714
109700.4	-21.8	-3670	-286.0	184845	256407
109655.6	5.8	5302	-1.1	202730	195000
108926.8	-1.3	7562	50.4	101647	187800
108785	-3.2	-1606		1856646	267150
108702	1.9	1263	53.5	28189	32500
107808	10.7	3651	-43.2	227251	222927
106538.3	2.9	1564	4.3	2234630	89172
106344.6	-9.7	12430	-4.3	1593498	169460
104589	-29.8			136295	217000
103736	-27.0	5834	1.9	2364452	309516
103604.7	-16.2	3097	-64.0	138772	405000
103189	829.3	-10949		847585	96000
102967.2	219.8	4409	193.6	16591197	132000
99612.9	9.4	1152	-11.5	25119	46500
99114.5	-2.4	9604	-42.4	107321	278000
98729	12.9	3696	15.1	61641	169000
98636	91.0	12275	362.3	1243646	267300
96593.2	-3.0	-1152		95823	359764
95758	-7.6	13425	8.8	109022	399409
95143.5	-41.0	1404		828841	27280
94472.2	33.2	24556	-17.8	275914	386000

18-2 续表 1

次位 2009	次位 2008	企业名称	Company Name	国家	Country
51	51	本田汽车	Honda Motor	日本	Japan
52	57	法国电力集团	Électricité de France	法国	France
53	221	英杰华集团	Aviva	英国	Britain
54	34	巴西石油公司	Petrobras	巴西	Brazil
55	38	苏格兰皇家银行	Royal Bank of Scotland	英国	Britain
56	27	委内瑞拉石油公司	PDVSA	委内瑞拉	Venezuela
57	50	麦德龙	Metro	德国	Germany
58	56	特易购	Tesco	英国	Britain
59	61	德国电信	Deutsche Telekom	德国	Germany
60	62	意大利电力公司	Enel	意大利	Italy
61	71	联合健康集团公司	United Health Group	美国	U.S.
62	43	法国兴业银行	Société Générale	法国	France
63	67	日产汽车	Nissan Motor	日本	Japan
64	31	墨西哥石油公司	Pemex	墨西哥	Mexico
65	79	松下电器	Panasonic	日本	Japan
66	68	宝洁	Procter & Gamble	美国	U.S.
67	69	韩国LG集团	LG	韩国	SouthKorea
68	66	西班牙电话公司	Telefónica	西班牙	Spain
69	81	索尼	Sony	日本	Japan
70	82	克罗格公司	Kroger	美国	U.S.
71		法国BPCE银行集团	Groupe BPCE	法国	France
72		保诚集团	Prudential	英国	Britain
73	95	慕尼黑再保险集团	Munich Re Group	德国	Germany
74	36	挪威国家石油公司	Statoil	挪威	Norway
75	96	日本生命保险公司	Nippon Life Insurance	日本	Japan
76	91	美国人伯根公司	AmerisourceBergen	美国	U.S.
77	99	中国移动通信集团公司	China Mobile Communications	中国	China
78	87	现代汽车	Hyundai Motor	韩国	SouthKorea
79	88	好市多公司	Costco Wholesale	美国	U.S.
80	94	沃达丰	Vodafone	英国	Britain
81	59	巴斯夫	BASF	德国	Germany
82	78	宝马	BMW	德国	Germany
83	255	苏黎世金融服务公司	Zurich Financial Services	瑞士	Switzerland
84	33	瓦莱罗能源公司	Valero Energy	美国	U.S.
85	64	菲亚特	Fiat	意大利	Italy
86	54	德国邮政	Deutsche Post	德国	Germany
87	92	中国工商银行	Industrial & Commercial Bank of China	中国	China
88	93	阿彻丹尼尔斯米德兰公司	Archer Daniels Midland	美国	U.S.
89	97	东芝	Toshiba	日本	Japan
90		英国法通保险公司	Legal & General Group	英国	Britain
91	116	波音	Boeing	美国	U.S.
92	84	美国邮政	U.S. Postal Service	美国	U.S.
93	65	卢克石油	Lukoil	俄罗斯	Russia
94	75	标致	Peugeot	法国	France
95	196	法国国家人寿保险公司	CNP Assurances	法国	France
96	83	巴克莱银行	Barclays	英国	Britain
97	90	家得宝公司	Home Depot	美国	U.S.
98	100	塔吉特公司	Target	美国	U.S.
99	28	安塞乐米塔尔公司	ArcelorMittal	卢森堡	Luxembourg
100	112	维朋公司	WellPoint	美国	U.S.

continued

营收额 Revenues 百万美元 (mil.USD)	营收额 比上半年增长% % Change from 2008	利润额 Profits 百万美元 (mil.USD)	利润额 比上半年增长% % Change from 2008	资产额 (百万美元) Assets (mil.USD)	雇员人数 (人) Employees (person)
92400	-7.3	2891	112.0	124482	176815
92204	-2.0	5428	9.1	347122	164250
92140	159.5	1692		572377	46327
91869	-22.3	15504	-17.9	200270	76919
91767	-18.9	-4167		2739995	160000
91182	-27.8	1608	78.4	137161	83457
91152	-9.9	532	-9.8	48309	251338
90234	-4.3	3690	-1.6	70075	468508
89794	-0.5	491	-77.4	183343	259920
89329	-0.8	7499	-3.2	230240	81208
87138	7.3	3822	28.4	59045	80000
84157	-19.4	942	-68.0	1468909	156681
80963	-3.6	457		109343	169298
80722	-32.3	-7011		102038	141466
79893	3.4	-1114		89468	384586
79697	-4.6	13436	11.3	134833	135000
78892	-3.9	1206	45.3	59158	186000
78853	-7.0	10808	-2.7	155172	257426
77696	1.0	-439		137723	167900
76733	1.0	70	-94.4	23093	334000
76464	408.8	746		1476228	127000
75010		1054		367846	27389
74764	10.7	3504	59.3	320574	47249
74000	-36.3	2912	-62.0	97468	29000
72051	8.2	2624	73.3	522911	70086
71789	1.7	503	100.9	13573	9700
71749	10.4	11656	1.9	138243	228437
71678	-1.2	2330	198.6	87935	120472
71422	-1.5	1086	-15.3	21979	110500
70899	2.5	13782	165.6	238162	85000
70461	-22.7	1960	-54.0	73565	104779
70444	-9.5	284	-40.2	146292	96230
70272	117.2	3215	5.8	368914	56668
70035	-40.8	-1982		35629	20920
69639	-19.9	-1165	-149.4	96476	190014
69427	-29.7	895		49846	424686
69295	-1.8	18832	18.1	1726242	389827
69207	-0.9	1707	-5.3	31585	28200
68731	3.8	-213		58351	204000
68290		1346		479756	9324
68281	12.1	1312	-50.9	62053	157100
68090	-9.1	-3794		28118	667605
68025	-21.2	7011	-23.3	79019	143000
67297	-15.4	-1614		92007	186220
66556	73.0	1396	30.5	433163	4600
66533	-11.4	14648	82.3	2227108	153800
66176	-7.2	2661	17.7	40877	255185
65357	0.6	2488	12.4	44533	351000
65110	-47.9	118	-98.7	127697	281703
65028	6.2	4746	90.5	52125	40500

18-2 续表 2

次位 2009	次位 2008	企业名称	Company Name	国家	Country
101	89	莱茵集团	RWE	德国	Germany
102	58	意大利联合信贷集团	UniCredit Group	意大利	Italy
103		荷兰全球保险集团	Aegon	荷兰	Netherlands
104	72	韩国SK集团	SK Holdings	韩国	South Korea
105	77	法国电信	France Télécom	法国	France
106	122	沃尔格林公司	Walgreen	美国	U.S.
107	80	马来西亚石油公司	Petronas	马来西亚	Malaysia
108	103	强生	Johnson & Johnson	美国	U.S.
109	111	美国州立农业保险公司	State Farm Insurance Cos.	美国	U.S.
110	146	美可保健公司	Medco Health Solutions	美国	U.S.
111	104	欧洲宇航防务集团	EADS	荷兰	Netherlands
112	109	鸿海精密集团	Hon Hai Precision Industry	中国台湾	TaiWan
113	70	德意志银行	Deutsche Bank	德国	Germany
114	76	雷普索尔-YPF公司	Repsol YPF	西班牙	Spain
115	117	微软	Microsoft	美国	U.S.
116	125	中国建设银行	China Construction Bank	中国	China
117	149	巴西伊塔乌投资银行	Itaúsa-Investimentositaú	巴西	Brazil
118	133	中国人寿保险	China Life Insurance	中国	China
119	139	日本第一生命保险公司	Dai-ichi Life Insurance	日本	Japan
120	85	诺基亚	Nokia	芬兰	Finland
121	121	联合利华	Unilever	英国/荷兰	Britain/Netherlands
122	126	欧尚集团	Groupe Auchan	法国	France
123	74	蒂森克虏伯集团	ThyssenKrupp	德国	Germany
124	129	S&I控股	Seven & I Holdings	日本	Japan
125	105	印度石油公司	Indian Oil	印度	India
126	128	三菱日联金融集团	Mitsubishi UFJ Financial Group	日本	Japan
127	140	日本永旺集团	AEON	日本	Japan
128	124	东京电力公司	Tokyo Electric Power	日本	Japan
129	98	博世集团	Robert Bosch	德国	Germany
130	123	联合技术公司	United Technologies	美国	U.S.
131	115	戴尔	Dell	美国	U.S.
132	102	圣戈班集团	Saint-Gobain	法国	France
133	252	中国铁道建筑总公司	China Railway Construction	中国	China
134	136	高盛集团	Goldman Sachs Group	美国	U.S.
135	148	巴西布拉德斯科银行	Banco Bradesco	巴西	Brazil
136	101	JX 控股	JX Holdings	日本	Japan
137	242	中国中铁股份有限公司	China Railway Group	中国	China
138	161	富士通	Fujitsu	日本	Japan
139	120	必和必拓	BHP Billiton	澳大利亚	Australia
140	152	辉瑞	Pfizer	美国	U.S.
141	155	中国农业银行	Agricultural Bank of China	中国	China
142	167	百思买	Best Buy	美国	U.S.
143	145	中国银行	Bank of China	中国	China
144	86	马拉松石油公司	Marathon Oil	美国	U.S.
145	135	威立雅集团	Veolia Environnement	法国	France
146	114	三菱	Mitsubishi	日本	Japan
147	106	马士基集团	A.P. MOLLER - MAERSK GROUP	丹麦	Denmark
148	174	巴西银行	Banco do Brasil	巴西	Brazil
149	113	西班牙毕尔巴鄂比斯开银行	Banco Bilbao Vizcaya Argentaria	西班牙	Spain
150	164	瑞士信贷	Credit Suisse	瑞士	Switzerland

continued

营收额 Revenues 百万美元 (mil.USD)	营收额 Revenues 比上半年增长% % Change from 2008	利润额 Profits 百万美元 (mil.USD)	利润额 Profits 比上半年增长% % Change from 2008	资产额 (百万美元) Assets (mil.USD)	雇员人数 (人) Employees (person)
64795	-9.8	4964	32.6	134074	70726
64709	-31.2	2366	-59.7	1332677	165062
64506	485.6	284		428510	28382
64396	-20.3	211	-18.7	63361	31680
63860	-18.4	4166	-30.1	132074	178400
63335	7.3	2006	-7.0	25142	202000
62577	-18.7	11649	-23.9	126038	40992
61897	-2.9	12266	-5.3	94682	115500
61480	0.2	767		183785	67500
59804	16.7	1280	16.1	17916	22375
59520	-6.0	-1060	-146.1	115228	119506
59324	-4.1	2292	31.1	31986	611000
58998	-27.5	6912		2153303	77053
58571	-26.0	2167	-45.4	83343	41014
58437	-3.3	14569	-17.6	77888	93000
58361	0.7	15628	17.3	1409602	301537
57859	15.2	1966	33.5	353412	117000
57019	4.6	3125	560.6	227720	119332
57018	9.6	600	30.6	343655	60061
56966	-23.3	1238	-78.8	51281	123553
55352	-6.7	4684	36.3	53114	168000
55141	-4.6	919	-13.7	38012	242831
54816	-31.7	-2510	-176.2	60474	187495
54701	-2.5	480	-47.6	41346	52814
54288	-13.8	2258	299.7	29672	36307
54285	-3.9	4187		2184831	84266
54092	4.1	333		42603	76520
54026	-7.8	1441		141340	52452
53060	-19.7	-1751	-447.8	68171	270687
52920	-9.8	3829	-18.3	55762	206700
52902	-13.4	1433	-42.2	33652	95150
52521	-18.1	281	-86.1	61734	191442
52044	59.9	960	83.1	41452	235387
51673	-3.6	13385	476.4	848942	36200
51608	1.3	4007	-3.6	290449	85072
51405	-19.9	466		44201	13855
50704	50.2	1008	528.3	45669	276150
50399	7.9	1002		34554	172438
50211	-15.6	5877	-61.8	78770	40990
50009	3.5	8635	6.6	212949	116500
49742	3.5	9514	28.5	1300887	441144
49694	10.4	1317	31.3	18302	180000
49682	-3.2	11868	28.2	1281409	262566
49403	-32.8	1463	-58.5	47052	28855
49142	-8.8	812	36.9	71482	291000
48913	-20.1	2942	-20.1	116584	58583
48824	-22.1	-1312	-139.4	66569	115386
48122	9.4	5075	5.7	406534	103971
48074	-21.4	5852	-20.4	767765	103721
47658	5.2	6193		997994	47600

18-2 续表 3

次位		企业名称	Company Name	国家	Country
2009	2008				
151	137	意大利联合圣保罗银行	Intesa Sanpaolo	意大利	Italy
152	153	美国劳氏公司	Lowe's	美国	U.S.
153	171	瑞士罗氏公司	Roche Group	瑞士	Switzerland
154	130	雷诺	Renault	法国	France
155	118	泰国国家石油公司	PTT	泰国	Thailand
156	185	中国南方电网	China Southern Power Grid	中国	China
157	143	联合包裹服务公司	United Parcel Service	美国	U.S.
158	197	日本明治安田生命保险公司	Meiji Yasuda Life Insurance	日本	Japan
159	179	洛克希德马丁	Lockheed Martin	美国	U.S.
160	183	瑞士诺华公司	Novartis	瑞士	Switzerland
161	127	陶氏化学	Dow Chemical	美国	U.S.
162	150	法国万喜集团	Vinci	法国	France
163	168	英国葛兰素史克公司	GlaxoSmithKline	英国	Britain
164	131	日本三井物产公司	Mitsui	日本	Japan
165	160	美国西尔斯控股	Sears Holdings	美国	U.S.
166	217	日本住友生命保险公司	Sumitomo Life Insurance	日本	Japan
167		国际资产控股公司	International Assets Holding	美国	U.S.
168	156	法国布伊格集团	Bouygues	法国	France
169	181	法国赛诺菲-安万特集团	Sanofi-Aventis	法国	France
170	154	拜耳集团	Bayer	德国	Germany
171	175	百事投资有限公司	PepsiCo	美国	U.S.
172	138	美国邦奇公司	Bunge	美国	U.S.
173	134	力拓集团	Rio Tinto Group	英国	Britain
174	132	大都会人寿保险公司	MetLife	美国	U.S.
175	264	印度瑞来斯实业公司	Reliance Industries	印度	India
176	173	美国西夫韦公司	Safeway	美国	U.S.
177	151	德国联邦铁路公司	Deutsche Bahn	德国	Germany
178	169	美国超价商店公司	Supervalu	美国	U.S.
179	177	美国卡夫食品公司	Kraft Foods	美国	U.S.
180	176	法国法切莱公司	Foncière Euris	法国	France
181	166	意大利电信集团	Telecom Italia	意大利	Italy
182		东风汽车公司	Dongfeng Motor	中国	China
183	119	瑞士银行	UBS	瑞士	Switzerland
184	187	荷兰皇家阿霍德集团	Royal Ahold	荷兰	Netherlands
185	182	日本电气公司	NEC	日本	Japan
186	231	东京海上日动火灾保险公司	Tokio Marine Holdings	日本	Japan
187	292	中国建筑集团总公司	China State Construction Engineering	中国	China
188	193	英国森特理克集团	Centrica	英国	Britain
189	207	法国维旺迪集团	Vivendi	法国	France
190		美国房地美集团	Freddie Mac	美国	U.S.
191	157	新日本制铁公司	Nippon Steel	日本	Japan
192	287	Wesfarmers	Wesfarmers	澳大利亚	Australia
193	232	日本KDDI电信公司	KDDI	日本	Japan
194	204	美国西斯科公司	Sysco	美国	U.S.
195	238	日本伊藤忠商事株式会社	Itochu	日本	Japan
196	387	比利时英博集团	Anheuser-Busch InBev	比利时	Belgium
197	253	苹果公司	Apple	美国	U.S.
198	180	澳大利亚伍尔沃斯公司	Woolworths	澳大利亚	Australia
199	201	华尔特迪士尼	Walt Disney	美国	U.S.
200	191	思科系统公司	Cisco Systems	美国	U.S.

continued

营收额 Revenues 百万美元 (mil.USD)	比上半年增长% % Change from 2008	利润额 Profits 百万美元 (mil.USD)	比上半年增长% % Change from 2008	资产额 (百万美元) Assets (mil.USD)	雇员人数 (人) Employees (person)
47282	-10.7	3899	4.3	896589	103718
47220	-2.1	1783	-18.8	33005	202500
47109	6.4	7169	-13.5	72148	81507
46858	-15.3	-4344	-619.7	91802	124307
46220	-22.9	1735	11.9	33111	7952
45735	11.3	250	-55.3	64514	303184
45297	-12.0	2152	-28.3	31883	408000
45262	18.9	1538	24.1	268528	40388
45189	5.8	3024	-6.0	35111	140000
45103	5.9	8400	2.5	95505	99834
44945	-21.9	648	11.9	65937	52195
44378	-9.4	2218	-4.8	75241	161746
44240	-0.9	8626	2.2	69226	99913
44120	-19.9	1612	-8.8	89585	41454
44043	-5.8	235	343.4	24808	322000
43780	20.6	1205	16.1	246972	45281
43604	137.5	28	-0.7	1556	625
43579	-9.0	1833	-16.6	48693	133971
43405	2.9	7318	29.8	114862	104867
43322	-10.1	1889	-24.9	73240	108400
43232		5946	15.6	39848	203000
41926	-20.3	361	-66.1	21286	25945
41825	-22.9	4872	32.5	97236	101994
41098	-25.4	-2246	-170.0	539314	54000
41085	29.2	3422	3.1	55916	23365
40851	-7.4	-1098	-213.7	14964	186000
40774	-16.7	1141	-40.3	67875	239382
40597	-8.9	393		16436	160000
40386	-5.8	3021	4.1	66714	97000
40385	-6.4	58		37395	168047
39764	-11.9	2198	-32.2	123661	73589
39402	31.0	720	150.9	25712	143792
39356	-34.3	-2520		1297086	65233
38814	-3.2	1243	-21.0	19993	118121
38591	-8.0	123		31446	142358
38458	10.3	1383	500.4	184820	29578
38117	27.9	839	139.5	42857	111587
37927	-3.1	1316		31401	34125
37712	1.5	1154	-69.7	83404	49004
37614	205.8	-21553		841784	5366
37563	-20.9	-124	-108.0	53547	52205
37466	24.7	1128	20.1	31778	200000
37073	6.5	2292	3.4	40886	18301
36853	-1.8	1056	-4.5	10217	47000
36798	8.1	1380	-16.2	58626	62379
36758	56.0	4613	144.7	112525	116000
36537	12.5	5704	18.0	53851	36800
36523	-13.4	1349	-7.3	13825	191000
36149	-4.5	3307	-25.3	63117	144000
36117	-8.7	6134	-23.8	68128	65550

18-2 续表 4

次位 2009	次位 2008	企业名称	Company Name	国家	Country
201	215	日本三菱电机股份有限公司	Mitsubishi Electric	日本	Japan
202	237	美国康卡斯特电信公司	Comcast	美国	U.S.
203	170	中国中化集团公司	Sinochem Group	中国	China
204	263	中国电信	China Telecommunications	中国	China
205	200	联邦快递	FedEx	美国	U.S.
206	189	日本丸红株式会社	Marubeni	日本	Japan
207	239	美国诺斯洛普格拉曼公司	Northrop Grumman	美国	U.S.
208	276	加拿大宏利金融集团	Manulife Financial	加拿大	Canada
209	202	英特尔	Intel	美国	U.S.
210	274	美国安泰保险金融集团	Aetna	美国	U.S.
211	158	俄罗斯语公司	Rosneft Oil	俄罗斯	Russia
212	245	德国中央合作银行	DZ Bank	德国	Germany
213	233	德国商业银行	Commerzbank	德国	Germany
214	209	法国国营铁路公司	SNCF	法国	France
215	178	南苏格兰电力公司	Scottish & Southern Energy	英国	Britain
216	190	佳能公司	Canon	日本	Japan
217	208	西班牙伊维尔德罗拉公司	Iberdrola	西班牙	Spain
218	225	日本三井住友金融集团	Sumitomo Mitsui Financial Group	日本	Japan
219	188	德国弗朗茨海涅尔集团	Franz Haniel	德国	Germany
220		英国耆卫保险公司	Old Mutual	英国	Britain
221	269	美国纽约人寿保险公司	New York Life Insurance	美国	U.S.
222	210	英国电信集团	BT Group	英国	Britain
223	359	上汽集团	Shanghai Automotive	中国	China
224	341	中国交通建设集团有限公司	China Communications Construction	中国	China
225	165	荷兰合作银行	Rabobank	荷兰	Netherlands
226	268	英国阿斯利康公司	AstraZeneca	英国	Britain
227	298	美国保德信金融集团	Prudential Financial	美国	U.S.
228	211	加拿大皇家银行	Royal Bank of Canada	加拿大	Canada
229	144	美国卡特彼勒公司	Caterpillar	美国	U.S.
230	219	美国斯普林特Nextel公司	Sprint Nextel	美国	U.S.
231	195	皇家飞利浦电子公司	Royal Philips Electronics	荷兰	Netherlands
232	271	日本电装公司	Denso	日本	Japan
233	295	美国好事达保险公司	Allstate	美国	U.S.
234	297	美国通用动力公司	General Dynamics	美国	U.S.
235	236	丹麦丹斯克银行	Danske Bank Group	丹麦	Denmark
236	261	英国桑斯博里公司	J. Sainsbury	英国	Britain
237	230	瑞士ABB集团	ABB	瑞士	Switzerland
238	279	英国BAE系统公司	BAE Systems	英国	Britain
239	243	日本三菱重工公司	Mitsubishi Heavy Industries	日本	Japan
240	108	摩根士丹利	Morgan Stanley	美国	U.S.
241	203	日本新日矿集团	Nippon Mining Holdings	日本	Japan
242	218	来宝集团	Noble Group	中国香港	China
243	304	美国礼宝相互保险公司	Liberty Mutual Insurance Group	美国	U.S.
244	229	住友电气工业株式会社	Sumitomo	日本	Japan
245	259	可口可乐公司	Coca-Cola	美国	U.S.
246	216	德国汉莎集团	Lufthansa Group	德国	Germany
247	303	美国哈门那公司	Humana	美国	U.S.
248	212	美国霍尼韦尔国际公司	Honeywell International	美国	U.S.
249	147	莱昂德尔巴塞尔工业公司	LyondellBasell Industries	荷兰	Netherlands
250	294	美国雅培公司	Abbott Laboratories	美国	U.S.

continued

营收额 Revenues 百万美元 (mil.USD)	比上半年增长% % Change from 2008	利润额 Profits 百万美元 (mil.USD)	比上半年增长% % Change from 2008	资产额 (百万美元) Assets (mil.USD)	雇员人数 (人) Employees (person)
36116	-1.0	305	151.5	34416	109565
35756	4.4	3638	42.8	112733	107000
35577	-20.0	659	-1.9	25136	44256
35557	11.8	581		96735	495239
35497	-6.5	98	-91.3	24244	247908
35326	-11.3	1026	-7.3	49096	29604
35291	4.0	1686		30252	120700
35144	13.6	1228	153.4	195726	23866
35127	-6.5	4369	-17.4	53095	79800
34764	12.3	1276	-7.8	38550	35000
34695	-26.2	6514	-41.4	83232	158884
34633	3.4	186		557495	23729
34611	-0.5	-6306	-143714.8	1211203	53231
34585	-6.2	-1362	-261.8	67776	200097
34357	-19.8	1969	940.4	27501	20177
34292	-13.4	1407	-53.0	41336	168879
34136	-7.4	3926	-6.2	125363	32711
34104	-3.6	2925		1318342	57888
34087	-14.8	8	-94.3	22242	41773
34072	39434.1	-530	-165.6	264563	53706
34014	8.3	683		187772	16835
33860	-7.6	1639		43510	97800
33629	35.2	1070	1924.5	29766	69931
33465	28.8	704	16.9	39897	106150
33396	-26.1	3029	-20.4	871986	59311
32804	3.8	7521	23.3	54920	62700
32688	11.7	3124		480203	41943
32610	-10.9	3298	-25.7	608217	71186
32396	-36.9	895	-74.8	60038	93813
32260	-9.5	-2436		55424	40000
32232	-16.9	570		43803	115924
32060	2.5	791		36010	120812
32013	8.9	854		132652	36400
31981	9.1	2394	-2.6	31077	91700
31851	-7.1	322	62.4	597516	22093
31828	-0.2	933	91.5	16468	97300
31797	-9.0	2901	-7.0	34728	116000
31773	3.9	-104	-103.3	41035	98000
31674	-5.7	152	-36.7	45631	67669
31515	-49.4	1346	-21.1	771462	61388
31512	-16.0	321		22131	10873
31183	-13.6	556	-3.7	10655	4900
31094	7.8	1023	-10.3	109475	45000
31063	-11.1	1672	-21.9	76405	72030
30990	-3.0	6824	17.5	48671	92800
30972	-14.9	-156	-117.8	37870	117521
30960	7.0	1040	60.7	14154	28100
30908	-15.5	2153	-22.9	36004	122000
30829	-39.5	-2865		37761	14800
30765	4.2	5746	17.7	52417	72868

18-2 续表 5

次位 2009	次位 2008	企业名称	Company Name	国家	Country
251	398	瑞士再保险公司	Swiss Reinsurance	瑞士	Switzerland
252	318	中国海洋石油总公司	China National Offshore Oil	中国	China
253	194	日本钢铁工程控股公司	JFE Holdings	日本	Japan
254	415	中国中信集团公司	Citic Group	中国	China
255	250	新闻集团	News Corp.	美国	U.S.
256	310	俄罗斯联邦储蓄银行	Sberbank	俄罗斯	Russia
257	228	日本瑞穗金融集团	Mizuho Financial Group	日本	Japan
258	385	中国一汽集团	China FAW Group	中国	China
259	162	德国巴伐利亚银行	Landesbank Baden-Württemberg	德国	Germany
260	308	美国HCA公司	HCA	美国	U.S.
261	391	德国艾德卡公司	Edeka Zentrale	德国	Germany
262	301	英国联合博姿公司	Alliance Boots	瑞士	Switzerland
263	332	日本软银	Softbank	日本	Japan
264	309	日本夏普公司	Sharp	日本	Japan
265	240	法航荷航集团	Air France-KLM Group	法国	France
266	141	美国太阳石油公司	Sunoco	美国	U.S.
267	184	阿美拉达赫斯公司	Hess	美国	U.S.
268	235	美国英格雷姆麦克罗公司	Ingram Micro	美国	U.S.
269	273	墨西哥美洲电信公司	América Móvil	墨西哥	Mexico
270	405	美国房利美公司	Fannie Mae	美国	U.S.
271	226	加拿大鲍尔集团	Power Corp. of Canada	加拿大	Canada
272	199	韩国浦项制铁公司	POSCO	韩国	SouthKorea
273	172	土耳其KOC集团	Ko?Holding	土耳其	Turkey
274	159	时代华纳公司	Time Warner	美国	U.S.
275	428	中国南方工业集团公司	China South Industries Group	中国	China
276	220	宝钢集团	Baosteel Group	中国	China
277	244	日本出光兴产株式会社	Idemitsu Kosan	日本	Japan
278	163	沃尔沃	Volvo	瑞典	Switzerland
279	280	法国邮政总局	La Poste	法国	France
280	198	美国江森自控有限公司	Johnson Controls	美国	U.S.
281	291	国泰人寿保险有限责任公司	Cathay Life Insurance	中国台湾	TaiWan
282	363	印度国家银行	State Bank of India	印度	India
283	324	日本关西电力公司	Kansai Electric Power	日本	Japan
284	403	美国达美航空公司	Delta Air Lines	美国	U.S.
285	254	加拿大乔治威斯顿公司	George Weston	加拿大	Canada
286	339	意大利邮政集团	Poste Italiane	意大利	Italy
287	222	德国大陆集团	Continental	德国	Germany
288		英国标准人寿保险公司	Standard Life	英国	Britain
289	270	日本普利司通轮胎公司	Bridgestone	日本	Japan
290	334	法国阿尔斯通公司	Alstom	法国	France
291	321	比利时德尔海兹集团	Delhaize Group	比利时	Belgium
292	329	东日本铁路公司	East Japan Railway	日本	Japan
293	186	沙特基础工业公司	Sabic	沙特阿拉伯	SaudiArabia
294	378	美国默克集团	Merck	美国	U.S.
295	364	日本药品批发商	Medipal Holdings	日本	Japan
296	262	美国杜邦公司	DuPont	美国	U.S.
297	313	美国泰森食品公司	Tyson Foods	美国	U.S.
298	267	澳大利亚联邦银行	Commonwealth Bank of Australia	澳大利亚	Autralia
299	302	日本三菱化学公司	Mitsubishi Chemical Holdings	日本	Japan
300	213	韩国GS控股集团	GS Holdings	韩国	SouthKorea

continued

营收额 Revenues 百万美元 (mil.USD)	营收额 Revenues 比上半年增长% % Change from 2008	利润额 Profits 百万美元 (mil.USD)	利润额 Profits 比上半年增长% % Change from 2008	资产额 (百万美元) Assets (mil.USD)	雇员人数 (人) Employees (person)
30745	33.2	466		232805	10552
30680	9.5	3634	-24.6	75926	65800
30634	-21.3	492	-74.6	41943	53892
30605	37.7	2766	34.9	315488	125215
30423	-7.8	-3378	-162.7	53121	55000
30394	7.4	768	-80.4	234406	252398
30346	-13.3	2578		1672592	57014
30237	27.8	1382	148.7	19260	83133
30062	-34.8	-2061		590740	13630
30052	5.9	1054	56.6	24131	165500
29976	28.4	262	-31.9	8843	289602
29848	3.0	969	469.4	28437	115000
29762	11.9	1042	142.4	47772	21693
29682	4.7	47		30360	53999
29644	-12.4	-2201		37588	104721
29630	-42.6	-329	-142.4	11895	11200
29569	28.0	740	-68.6	29465	13300
29515	-14.1	202		8179	13750
29233	-5.7	5696	6.7	34702	53661
29065	28.3	-71969		869141	6000
29050	-17.3	598	-26.6	136444	32700
28883	-23.9	2522	-36.7	43236	29811
28845	-34.7	920	-40.8	44314	68057
28842	-38.6	2468		65730	31000
28757	32.7	274	-7.8	27813	202780
28591	-19.5	1448	-37.4	58883	108750
28560	-14.8	64	94.6	26506	8330
28551	-38.0	-1924	-227.6	46547	90208
28532	-6.4	738	-4.7	263.549.5	287174
28497	-25.1	-338	-134.5	24088	130000
28315	-5.1	81		86189	35077
28213	14.8	2473	3.9	323044	200299
28074	1.1	1370		76179	32083
28063	23.6	-1237		43539	81106
28009	-13.4	907	16.2	19219	143000
27935	6.9	1256	-2.7	130493	152074
27932	-21.3	-2292		33073	134434
27803		332	81.1	236795	9752
27750	-11.3	11	-88.9	30172	137135
27739	4.8	1718	9.7	35156	76620
27732	-0.5	714	4.5	13987	104655
27720	3.3	1295	-30.6	74882	71854
27481	-31.6	2420	-58.8	79153	33000
27428	15.0	12901	65.2	112090	100000
27421	11.8	21	-83.1	12487	11363
27328	-14.2	1755	-12.6	38185	58000
27165	-3.4	-537	-724.4	10595	117000
27162	-14.2	3471	-19.0	501695	44218
27088	-6.5	138		35914	53907
27066	-25.9	383	275.4	21931	21800

18-2 续表 6

次位		企业名称	Company Name	国家	Country
2009	2008				
301	265	爱立信公司	L.M. Ericsson	瑞典	Sweden
302	281	香港和记黄埔有限公司	Hutchison Whampoa	中国香港	China
303	357	瑞典Vattenfall公司	Vattenfall	瑞典	Sweden
304	260	美国运通公司	American Express	美国	U.S.
305	272	澳大利亚国民银行	National Australia Bank	澳大利亚	Australia
306	305	韩国电力公司	Korea Electric Power	韩国	SouthKorea
307	289	印度巴拉特石油公司	Bharat Petroleum	印度	India
308	290	日本铃木汽车公司	Suzuki Motor	日本	Japan
309	277	法国巴黎春天百货集团	PPR	法国	France
310	399	意大利芬梅卡尼卡集团	Finmeccanica	意大利	Italy
311	296	美国教师退休基金会	TIAA-CREF	美国	U.S.
312	335	中粮集团	COFCO	中国	China
313	425	中国华能集团公司	China Huaneng Group	中国	China
314	375	河北钢铁集团	Hebei Iron & Steel Group	中国	China
315	380	中国冶金科工集团公司	China Metallurgical Group	中国	China
316	367	韩国三星人寿保险公司	Samsung Life Insurance	韩国	SouthKorea
317	257	美国CHS公司	CHS	美国	U.S.
318	234	俄罗斯秋明英国石油控股公司	TNK-BP Holding	俄罗斯	Russia
319	337	美国来德爱公司	Rite Aid	美国	U.S.
320	283	澳大利亚西太平洋银行	Westpac Banking	澳大利亚	Australia
321	192	德国复兴信贷银行	KFW Bankengruppe	德国	Germany
322	319	德国豪赫蒂夫公司	Hochtief	德国	Germany
323	439	法国安盟-甘集团	Groupama	法国	France
324	246	西班牙石油公司	Cepsa	西班牙	Spain
325	223	美国GP股份公司	Enterprise GP Holdings	美国	U.S.
326	227	荷兰GasTerra能源公司	GasTerra	芬兰	Netherlands
327	342	广达电脑有限公司	Quanta Computer	中国台湾	TaiWan
328	493	美国麻省人寿保险公司	Massachusetts Mutual Life Insurance	美国	U.S.
329	349	日本T&D控股公司	T&D Holdings	日本	Japan
330	426	中国航空工业集团公司	Aviation Industry Corp. of China	中国	China
331	345	美国菲利普莫里斯国际公司	Philip Morris International	美国	U.S.
332	331	中国五矿集团公司	China Minmetals	中国	China
333	206	奥地利石油天然气集团	OMV Group	奥地利	Austria
334	395	美国雷神公司	Raytheon	美国	U.S.
335	418	美国快捷药方公司	Express Scripts	美国	U.S.
336		美国哈特福德金融服务公司	Hartford Financial Services	美国	U.S.
337	366	美国圣保罗旅行者保险公司	Travelers Cos.	美国	U.S.
338	338	法国克里斯汀迪奥公司	Christian Dior	法国	France
339	373	美国大众超级市场公司	Publix Super Markets	美国	U.S.
340	485	美国亚马逊公司	Amazon.com	美国	U.S.
341	248	英国沃斯利集团	Wolseley	英国	Britain
342	346	法国欧莱雅集团	L'Oréal	法国	France
343	397	美国史泰博公司	Staples	美国	U.S.
344	344	英国威廉莫里斯超市连锁公司	William Morrison Supermarkets	英国	Britain
345	315	德国巴伐利亚银行	Bayerische Landesbank	德国	Germany
346	241	西班牙ACS集团	ACS	西班牙	Spain
347		加拿大永明人寿保险公司	Sun Life Financial	加拿大	Canada
348		中国北方工业(集团)总公司	China North Industries Group	中国	China
349	278	爱尔兰CRH公司	CRH	爱尔兰	Ireland
350	275	新加坡伟创力公司	Flextronics International	新加坡	Singapore

continued

营收额 Revenues 百万美元 (mil.USD)	比上半年增长% % Change from 2008	利润额 Profits 百万美元 (mil.USD)	比上半年增长% % Change from 2008	资产额 (百万美元) Assets (mil.USD)	雇员人数 (人) Employees (person)
26997	-14.8	480	-71.9	37797	82493
26938	-10.9	1828	-19.4	89169	220000
26857	7.6	1686	-35.0	84352	36655
26730	-16.1	2130	-21.1	124088	58300
26708	-14.4	1879	-54.2	577457	38953
26640	-7.2	-76		80100	20177
26596	-11.3	344	149.8	13762	14678
26592	-11.1	311	14.1	25490	51503
26534	-13.5	1368	1.2	35103	73245
26335	14.3	909	8.8	43743	73056
26278	-10.5	-459		383595	6890
26098	-1.3	629	25.5	26147	84133
26019	19.5	39		84705	133674
25924	7.9	135	4.0	34837	121865
25868	8.8	412	-0.5	38708	155677
25805	5.7	750	704.7	117717	6573
25730	-20.0	381	-52.5	7870	8211
25696	-25.9	5175	-18.9	28041	50000
25669	-2.4	-507		8050	76050
25623	-14.9	2501	-28.4	520488	37032
25582	-35.0	1566		574081	4265
25563	-8.6	271	5.9	18008	66178
25539	21.3	917	129.6	130088	22372
25526	-23.6	521	29.5	14847	11703
25511	-28.1	204	24.4	27686	4800
25449	-27.4	50	-5.0	4728	180
25429	-2.1	676	5.3	11812	64719
25424	35.6	-115		173776	11000
25299	-0.1	262		137859	21975
25189	15.9	767	34.9	57592	390254
25035	-2.6	6342	-8.0	34552	77300
24956	-6.4	299	-44.9	18892	59489
24904	-33.4	795	-60.5	30729	34676
24881	7.4	1935	15.7	23607	75000
24749	12.4	828	6.6	11913	14270
24701	167.9	-887		307717	28000
24680	0.8	3622	23.9	109560	32000
24665	-6.0	966	-17.1	51733	80510
24515	1.7	1161	6.6	9004	105500
24509	27.9	902	39.8	13813	24300
24461	-26.1	-1842	-1344.8	15024	55132
24286	-5.4	2491	-12.6	33421	64643
24276	5.2	739	-8.3	13717	72622
24263	-6.4	942	14.8	14039	94724
24255	-13.7	-3640		486170	11821
24245	-28.3	2712	2.7	45564	142176
24160	65.6	537	-33.0	192145	14260
24150	13.7	456	18.3	30156	279472
24148	-21.0	823	-55.0	29104	80000
24111	-22.1	19		10643	165000

18-2 续表 7

次位		企业名称	Company Name	国家	Country
2009	2008				
351	356	日本中部电力公司	Chubu Electric Power	日本	Japan
352	372	中国中钢集团公司	Sinosteel	中国	China
353	300	新加坡丰益国际公司	Wilmar International	新加坡	Singapore
354	311	印度斯坦石油公司	Hindustan Petroleum	印度	India
355	423	谷歌	Google	美国	U.S.
356		神华集团	Shenhua Group	中国	China
357	394	西班牙曼弗雷集团(马弗雷集团)	Mapfre Group	西班牙	Spain
358	362	韩国朝华集团	Hanwha	韩国	SouthKorea
359	369	日本富士胶片公司	Fujifilm Holdings	日本	Japan
360	358	美国梅西百货公司	Macy's	美国	U.S.
361	251	比利时联合银行集团	KBC Group	比利时	Belgium
362	361	美国国际纸业公司	International Paper	美国	U.S.
363	205	巴西淡水河谷公司	Vale	巴西	Brazil
364	352	日本马自达汽车公司	Mazda Motor	日本	Japan
365		比利时保险商	Ageas	比利时/荷兰	Belgium/Netherlands
366	408	甲骨文	Oracle	美国	U.S.
367	476	北德意志州银行	Norddeutsche Landesbank	德国	Germany
368	419	中国联合网络通信集团有限公司	China United Network Communications	中国	China
369	348	美国埃森哲咨询公司	Accenture	爱尔兰	Ireland
370	351	美国3M公司	3M	美国	U.S.
371		中国人民保险公司	People's Insurance Co. of China	中国	China
372	307	美国迪尔公司	Deere	美国	U.S.
373	293	日本科斯莫石油公司	Cosmo Oil	日本	Japan
374	379	瑞士Migros公司	Migros	瑞典	Switzerland
375	355	韩国现代重工集团	Hyundai Heavy Industries	韩国	SouthKorea
376	452	日本Maruhan公司	Maruhan	日本	Japan
377	461	英国帝国烟草集团	Imperial Tobacco Group	英国	Britain
378	388	麦当劳公司	McDonald's	美国	U.S.
379	320	瑞士斯特拉塔公司	Xstrata	瑞典	Switzerland
380	328	美国斯伦贝谢公司	Schlumberger	美国	U.S.
381	392	德国贺利氏控股集团	Heraeus Holding	德国	Germany
382	411	中国香港怡和集团	Jardine Matheson	中国	China
383		中国平安保险有限公司	Ping An Insurance	中国	China
384	333	英国国家电力供应公司	National Grid	英国	Britain
385	325	加拿大森科尔能源公司	Suncor Energy	加拿大	Canada
386	482	日本阿弗瑞萨控股公司	Alfresa Holdings	日本	Japan
387	416	英美烟草集团	British American Tobacco	英国	Britain
388	417	日本爱信精机公司	Aisin Seiki	日本	Japan
389	374	美国技术数据公司	Tech Data	美国	U.S.
390	322	法国拉法基集团	Lafarge	法国	France
391	282	摩托罗拉	Motorola	美国	U.S.
392	347	德国贝塔斯曼集团	Bertelsmann	德国	Germany
393	412	美国福陆公司	Fluor	美国	U.S.
394	330	法国施耐德电气公司	Schneider Electric	法国	France
395		中国华润总公司	China Resources National	中国	China
396	455	美国礼来公司	Eli Lilly	美国	U.S.
397		华为技术有限公司	Huawei Technologies	中国	China
398	249	波兰国营石油公司	PKN Orlen Group	波兰	Poland
399	247	澳新银行集团	Australia & New Zealand Banking	澳大利亚	Australia
400	353	加拿大Onex公司	Onex	加拿大	Canada

continued

营收额 Revenues 百万美元 (mil.USD)	营收额 Revenues 比上半年增长% % Change from 2008	利润额 Profits 百万美元 (mil.USD)	利润额 Profits 比上半年增长% % Change from 2008	资产额 (百万美元) Assets (mil.USD)	雇员人数 (人) Employees (person)
24110	-3.5	1169		56733	29116
24014	-0.6	42	-72.8	18236	44291
23885	-18.0	1882	22.9	23449	80000
23881	-15.5	311	88.9	12690	11291
23651	8.5	6520	54.3	40497	19835
23605	14.1	3278	21.6	71897	163745
23526	1.1	1288	-2.3	61853	35225
23521	-5.1	439	64.5	66315	26368
23497	-3.0	-414	-495.2	30266	74216
23489	-5.6	350		21300	161300
23376	-28.3	-3428		465239	56939
23366	-5.9	663		25548	56100
23311	-37.7	5349	-59.5	102279	60036
23306	-7.7	-70		20850	38987
23254	72.3	1657		133794	10613
23252	3.7	5593	1.3	47416	86000
23201	19.5	-211	-196.2	342493	6000
23183	5.5	459	-83.8	61408	216772
23171	-8.5	1590	-6.0	12256	177000
23123	-8.5	3193	-7.7	27250	74835
23116	40.9	150	52.8	44662	93505
23112	-18.7	874	-57.4	41133	51262
23068	-22.4	-116		17609	3325
22976	-3.4	908	40.1	49158	83780
22926	-8.3	1678	-18.2	31333	33047
22843	11.6	295	38.3	3006	12899
22760	14.3	1023	21.4	51067	38381
22745	-3.3	4551	5.5	30225	385000
22732	-18.6	661	-81.6	63824	37845
22702	-16.4	3134	-42.3	33465	77000
22545	-3.2	162	-33.5	4203	12340
22501	0.6	1604	140.8	39127	261000
22374	63.4	2032	5170.3	137061	100267
22331	-16.1	2210	38.9	66074	28106
22327	-19.3	1004	-49.9	66545	12978
22179	15.2	113	104.1	10080	10650
22157	-0.3	4231	-6.1	42984	61053
22127	0.4	179		21216	73213
22100	-8.2	180	45.7	5902	7628
22078	-20.7	1023	-56.3	56674	68765
22063	-26.8	-51		25603	53000
22036	-14.1	-114	-154.8	27806	102983
21990	-1.5	685	-4.9	7179	36152
21952	-18.1	1184	-51.9	36804	116065
21902	16.4	995	19.4	53097	276360
21836	7.2	4329		27461	40360
21821	21.3	2672	136.4	20456	95000
21797	-34.0	420		17185	22535
21778	-34.8	2136	-28.9	421084	37687
21758	-13.7	98		24312	210000

18-2 续表 8

次位 2009	次位 2008	企业名称	Company Name	国家	Country
401	354	加拿大多伦多道明银行	Toronto-Dominion Bank	加拿大	Canada
402	445	日本理光集团	Ricoh	日本	Japan
403	496	日本山田电机公司	Yamada Denki	日本	Japan
404	422	美国可口可乐企业	Coca-Cola Enterprises	美国	U.S.
405	435	美国百时美施贵宝公司	Bristol-Myers Squibb	美国	U.S.
406	377	巴登-符滕堡州能源公司	Energie Baden-Württemberg	德国	Germany
407	266	日本昭和壳牌公司	Showa Shell Sekiyu	日本	Japan
408	427	美国西北相互人寿保险公司	Northwestern Mutual	美国	U.S.
409	288	瑞典北欧联合银行	Nordea Bank	瑞典	Sweden
410	258	印度塔塔钢铁公司	Tata Steel	印度	India
411	469	美国直播电视集团有限公司	DIRECTV	美国	U.S.
412		中国大唐集团公司	China Datang Group	中国	China
413	402	印度石油天然气公司	Oil & Natural Gas	印度	India
414	343	加拿大丰业银行	Bank of Nova Scotia	加拿大	Canada
415	444	江苏沙钢集团	Jiangsu Shagang Group	中国	China
416	312	日本烟草公司	Japan Tobacco	日本	Japan
417	458	日本三井住友保险公司	MS & AD Insurance Group Holdings	日本	Japan
418	360	法国阿尔卡特朗讯公司	Alcatel-Lucent	法国	France
419	389	标准渣打集团	Standard Chartered Group	英国	Britain
420	350	美国艾默生电气公司	Emerson Electric	美国	U.S.
421	336	英美资源集团	Anglo American	英国	Britain
422	413	法国达能集团	Danone	法国	France
423	463	美国全国保险公司	Nationwide	美国	U.S.
424	407	英国金巴斯集团	Compass Group	英国	Britain
425	464	西班牙天然气公司	Gas Natural Fenosa	西班牙	Spain
426	376	法国米其林集团	Michelin	法国	France
427	299	瑞士阿第克公司	Adecco	瑞士	Sweden
428		武汉钢铁(集团)公司	Wuhan Iron & Steel	中国	China
429	498	日本麒麟控股株式会社	Kirin Holdings	日本	Japan
430	442	荷兰喜力控股公司	Heineken Holding	荷兰	Switzerland
431		仁宝电脑工业股份有限公司	Compal Electronics	中国台湾	TaiWan
432	492	意大利Premafin财经公司	Premafin Finanziaria	意大利	Italy
433	486	美国TJX公司	TJX	美国	U.S.
434	306	台湾中油股份有限公司	CPC	中国台湾	TaiWan
435	381	美国航空公司	AMR	美国	U.S.
436	499	中国铝业公司	Aluminum Corp. of China	中国	China
437	456	法国索迪斯集团	Sodexo	法国	France
438	437	日本住友电气工业株式会社	Sumitomo Electric Industries	日本	Japan
439		德国费森尤斯集团	Fresenius	德国	Germany
440	494	中国交通银行	Bank of Communications	中国	China
441	480	法国阿海珐集团	AREVA	法国	France
442		印度塔塔汽车公司	Tata Motors	印度	India
443	483	美国合作银行	U.S. Bancorp	美国	U.S.
444		英国合作社集团	Co-operative Group	英国	Britain
445		日本NKSJ控股	NKSJ Holdings	日本	Japan
446	393	瑞士霍尔希姆公司	Holcim	瑞士	Switzerland
447	224	通用汽车金融服务公司	GMAC	美国	U.S.
448	468	加拿大庞巴迪公司	Bombardier	加拿大	Canada
449	214	德国国际旅游联盟集团	TUI	德国	Germany
450	406	荷兰阿克苏诺贝尔公司	Akzo Nobel	荷兰	Netherlands

continued

营收额 Revenues		利润额 Profits		资产额 (百万美元) Assets (mil.USD)	雇员人数 (人) Employees (person)
百万美元 (mil.USD)	比上半年增长% % Change from 2008	百万美元 (mil.USD)	比上半年增长% % Change from 2008		
21733	-13.3	2667	-28.6	517429	65930
21716	4.3	300	361.8	25519	108500
21714	16.5	603	82.3	9630	12280
21645	-0.7	731		16416	70000
21634	1.3	10612	102.2	31008	28000
21634	-9.4	1068	-16.3	49789	20914
21612	-31.7	-616		12599	5440
21603	-0.6	321	-33.6	167180	4783
21600	-28.0	3216	-17.7	728275	33347
21582	-32.6	-424	-139.4	24446	81269
21565	9.5	942	-38.1	18260	22550
21460	46.6	-282		69993	99132
21448	-5.6	4090	-4.9	37265	33924
21428	-17.4	3032	-0.9	461061	67802
21419	2.5	377	-22.1	19562	41656
21335	-24.2	1491	21.4	41454	49665
21139	4.1	405	397.1	80493	21908
21068	-15.3	-728		34220	78373
20941	-10.7	3380	-0.8	436653	77326
20915	-17.3	1724	-28.5	19763	129000
20858	-20.7	2425	-53.5	56308	107000
20824	-6.5	1892	-1.6	38560	80976
20751	4.5	716		140084	32881
20747	-7.9	904	3.7	12223	386170
20681	4.3	1661	7.4	65076	19803
20581	-14.3	147	-72.0	23702	109193
20567	-29.6	11	-98.5	11237	28000
20543	15.4	174	-70.7	25735	116374
20503	10.2	525	-32.3	30739	35150
20491	-2.5	709	361.6	28956	55301
20448	34.7	582	45.1	10494	58025
20424	8.8	-187	-2034.0	65882	8446
20288	6.0	1214	37.8	7464	154000
20253	-28.8	1140	.	20261	14931
19917	-16.2	-1468		25438	78900
19851	6.9	-622		51978	191490
19818	-2.7	530	-5.8	14938	379749
19778	-6.4	309	80.2	20766	157203
19687	9.0	687	73.7	29964	130510
19568	4.8	4409	7.9	484713	79849
19548	1.2	767	-11.0	51728	79444
19501	24.1	542		17434	24000
19490	1.4	2205	-25.2	281176	58229
19477	13.5	627	57.1	121334	114561
19470	10.6	424		65982	26019
19462	-16.3	1355	-17.7	47611	81498
19403	-45.3	-10298	-651.3	172306	18800
19366	-1.8	698	-30.8	21273	62900
19344	-47.0	463		19432	69536
19311	-14.4	396		27091	57060

18-2 续表 9

次位		企业名称	Company Name	国家	Country
2009	2008				
451		美国PNC金融服务集团	PNC Financial Services Group	美国	U.S.
452	323	台塑石化股份有限公司	Formosa Petrochemical	中国台湾	TaiWan
453	497	美国耐克公司	Nike	美国	U.S.
454	326	美国墨菲石油公司	Murphy Oil	美国	U.S.
455	475	美国金佰利公司	Kimberly-Clark	美国	U.S.
456	473	法国埃法日建工公司	Eiffage	法国	France
457	448	德国汉高集团	Henkel	德国	Germany
458	410	澳大利亚电信公司	Telstra	澳大利亚	Australia
459	434	荷兰皇家KPN集团	Royal KPN	荷兰	Netherlands
460		俄罗斯Sistema公司	Sistema	俄罗斯	Russia
461	314	美国铝业公司	Alcoa	美国	U.S.
462		日本药品批发商	Suzuken	日本	Japan
463		德国勃林格殷格翰公司	Boehringer Ingelheim	德国	Germany
464	286	美国PAA公司	Plains All American Pipeline	美国	U.S.
465	436	华硕电脑集团	Asustek Computer	中国台湾	TaiWan
466	446	奥地利第一储蓄银行	Erste Group Bank	奥地利	Autria
467	487	美国信诺集团	Cigna	美国	U.S.
468	371	日本邮船公司	Nippon Yusen	日本	Japan
469		美国家庭人寿保险公司	Aflac	美国	U.S.
470	383	德国赢创工业公司	Evonik Industries	德国	Germany
471		巴西液化石油气分销商	Ultrapar Holdings	巴西	Brazil
472		Gruppo Mediolanum	Gruppo Mediolanum	意大利	Italy
473	429	日本神户钢铁公司	Kobe Steel	日本	Japan
474		日本东北电力公司	Tohoku Electric Power	日本	Japan
475		法国泰利斯集团	Thales Group	法国	France
476	424	瑞典斯堪雅建筑集团	Skanska	瑞典	Sweden
477		中国国电集团公司	China Guodian	中国	China
478		时代华纳有线公司	Time Warner Cable	美国	U.S.
479		三洋电机	Sanyo Electric	日本	Japan
480	451	西班牙营建集团	Fomento de Construcciones	西班牙	Spain
481	478	日本鹿岛建设公司	Kajima	日本	Japan
482	404	Cie Nationale à Portefeuille	Cie Nationale à Portefeuille	比利时	Belgium
483		美国汽车协会联合服务银行	United Services Automobile Association	美国	U.S.
484		美国彭尼公司	J.C. Penney	美国	U.S.
485		住友化学工业株式会社	Sumitomo Chemical	日本	Japan
486		瑞典建筑集团	Strabag	奥地利	Autria
487		宏碁集团	Acer	中国台湾	TaiWan
488	384	麦格纳国际	Magna International	加拿大	Canada
489		日本大和房建	Daiwa House Industry	日本	Japan
490	368	德国曼恩集团	MAN Group	德国	Germany
491	489	美国爱克斯龙电力公司	Exelon	美国	U.S.
492	433	美国泰科国际有限公司	Tyco International	美国	U.S.
493		澳大利亚Coop公司	Coop	瑞士	Switzerland
494	450	荷兰任仕达公司	Randstad Holding	荷兰	Netherlands
495		美国科尔士百货公	Kohl's	美国	U.S.
496		JBS	JBS	巴西	Brazil
497	491	日本清水株式会社	Shimizu	日本	Japan
498	488	美国惠而浦公司	Whirlpool	美国	U.S.
499		苏伊士环境集团	Suez Environnement	法国	France
500		大日本印刷公司	Dai Nippon Printing	日本	Japan

continued

营收额 Revenues		利润额 Profits		资产额（百万美元）Assets (mil.USD)	雇员人数（人）Employees (person)
百万美元 (mil.USD)	比上半年增长% % Change from 2008	百万美元 (mil.USD)	比上半年增长% % Change from 2008		
19231	98.7	2447	177.4	269863	52791
19204	-30.8	1187	146.3	14042	6275
19176	2.9	1487	-21.1	13250	34300
19138	-30.4	838	-51.9	12756	5815
19115	-1.5	1884	11.5	19209	56000
18958	-2.6	264	-40.1	36234	70000
18866	-8.8	837	-53.2	22697	51361
18824	-15.9	2993	-9.4	32317	39464
18777	-12.1	3027	55.3	35659	33148
18750	11.8	1643	2551.7	42011	90000
18745	-33.3	-1151		38472	59000
18692	14.4	150	113.7	9191	14752
18630	3.6	2445	17.3	21529	41534
18520	-38.4	579	32.5	12358	3400
18474	-12.7	378	-27.6	11581	113324
18468	-11.3	1256	-0.2	289434	50488
18414	-3.6	1302	345.9	43013	29300
18281	-24.4	-188	-133.6	23626	31660
18254	10.3	1497	19.4	84106	8057
18175	-23.4	334	-20.0	27130	38681
18064	17.1	233	9.7	6363	9429
18057	421.1	302	770.6	41457	2091
17997	-17.0	68		24078	33629
17915	-2.4	278		41946	22479
17905	-3.4	-280	-134.2	25839	64285
17887	-17.9	474	0.7	11405	52931
17871	31.4	32		62067	118219
17868		1070		43694	46300
17850	-2.6	-526		14893	104882
17652	-14.0	427	-13.5	30507	93666
17635	-9.1	142		19234	15189
17571	-22.4	412		23319	12089
17558	36.0	3020	614.5	79906	21695
17556	-5.0	251	-56.1	12581	154000
17458	-1.9	159		25518	27828
17447	-2.5	224	-2.4	13795	75548
17380	0.3	344	-6.9	9109	6624
17367	-26.7	-493	-794.4	12303	72500
17339	3.0	206	395.9	20520	26542
17320	-28.7	-375	-120.8	22808	46100
17318	-8.2	2707	-1.1	49180	19329
17240	-19.5	-1798	-215.8	25553	106000
17238	2.1	396	9.9	13521	44154
17235	-16.1	95	256.4	9267	27640
17178	4.8	991	12.0	13160	81000
17161	3.7	64	424.2	24378	55361
17117	-8.9	-74	-217.8	16769	12001
17099	-9.6	328	-21.5	15094	66884
17091		560		32354	65895
17053	8.1	251		17329	39643

附　录

Appendix

附录1 各国(地区)货币单位①

Appendix1 Local Currency Units of Countries or Area①

资料来源：德国《国外统计年鉴》2006年；世界知识出版社《世界知识年鉴》2007/2008年；国际货币基金组织《国际金融统计月报》。
Source: Statistical Yearbook 2006 for Foreign Countries of Germany; World Knowledge Publishing House World Knowledge Yearbook 2007/2008; IMF International Financial Statistics Dec.

国家和地区	Country or Area	货币	Local Currency	国际标准组织编码 ISO-Code
亚　洲	**Asia**			
中　国	China	1元=10角=100分	1 Chinese Yuan=10 Jiao=100 Fen	CNY
中国香港	Hong Kong, China	1港元=100仙	1 Hongkong Dollar=100 Cents	HKD
中国澳门	Macao, China	1澳门元=100分	1 Macao Pataca=100 Aves	MOP
阿富汗	Afghanistan	1阿尼(新)=1000阿尼(旧)	1 Afghani(new)=1000Afghani(old)	AFA
亚美尼亚	Armenia	1德拉姆=100鲁马	1 Dram=100 Luma	AMD
阿塞拜疆	Azerbaijan	1马纳特=100开比克	1 Azerbaijan Manat=100 Gepik	AZM
巴　林	Bahrain	1巴林第纳尔=1000费尔斯	1 Bahrain Dinar=1000 Fils	BHD
孟加拉国	Bangladesh	1塔卡=100波依夏	1 Taka=100 Poisha	BDT
不　丹	Bhutan	1努扎姆=100吉扎姆	1 Ngultrum=100 Chhetrum	BTN
文　莱	Brunei Darussalam	1文莱元=100分	1 Brunei Dollar=100 Cents	BND
柬埔寨	Cambodia	1瑞尔=10角=100仙	1 Riel=10 Kak=100 Sen	KHR
塞浦路斯	Cyprus	1塞浦路斯镑=1000米尔	1 Cyprus Pound=1000 Mils	CYP
格鲁吉亚	Georgia	1拉里=100 秦特勒	1 Lari=100 Tetri	GEL
印　度	India	1印度卢比=100 派萨	1 Indian Rupie=100 Paise	INR
印度尼西亚	Indonesia	1印度尼西亚盾=100分	1 Rupiah=100 Sen	IDR
伊　朗	Iran	1里亚尔=100第纳尔	1 Rial=100 Dinars	IRR
伊拉克	Iraq	1伊拉克第纳尔=1000菲尔斯	1 Iraq Dinar=1000 Fils	JOD
以色列	Israel	新谢克尔	New Shekel	ILS
日　本	Japan	1日元=100钱	1 Yen=100 Sen	JPY
约　旦	Jordan	1约旦第纳尔=1000费尔斯	1 Jordan Dinar=1000 Fils	JOD
哈萨克斯坦	Kazakhstan	1坚戈=100特因	1 Tenge=100 Tiin	KZT
朝　鲜	Korea, Dem.	1朝鲜元=100钱	1 Won=100 Chon	KPW
韩　国	Korea, Rep.	1韩圆=100钱	1 Won=100 Chon	KRW
科威特	Kuwait	1科威特第纳尔=1000菲尔斯	1 Kuwaiti Dinar=1000 Fils	KWD
吉尔吉斯斯坦	Kyrgyzstan	1索姆=100特因	1 Kyrgyz Som=100 Tyin	KGS
老　挝	Laos	1基普=100阿特	1 Kip=100 Ats	LAK
黎巴嫩	Lebanon	1黎巴嫩镑=100比索	1 Lebanese Pound=100 Piastres	LBP
马来西亚	Malaysia	1林吉特=100分	1 Ringgit=100 Sen	MYR
马尔代夫	Maldives	1拉菲亚=100拉里	1 Rufiyaa=100 Laari	MVR
蒙　古	Mongolia	1图格里克=100蒙戈	1 Togrog=100 Mongo	MNT
缅　甸	Myanmar	1缅元=100分	1 Kyat=100 Pyas	MMK
尼泊尔	Nepal	1尼泊尔卢比=100派萨=2摩赫	1 Rupee=100 Paisa=2 Mohur	NPR
阿　曼	Oman	1里亚尔=1000比索	1 Rial Omani=100 Baizas	OMR

附录1　续表 1　continued

国家和地区	Country or Area	货币	Local Currency	国际标准组织编码 ISO-Code
巴基斯坦	Pakistan	1巴基斯坦卢比=100派萨	1 Pakistani Rupee=100 Paisa	PKR
菲 律 宾	Philippines	1比索=100分	1 Philippine Peso=100 Centavos	PHP
卡 塔 尔	Qatar	1卡塔尔里亚尔=100迪姆拉	1 Qatar Riyal=100 Dirhams	QAR
留 尼 汪	Reunion	1欧元=6.5596法郎,	1 Euro=6.5596 Franc	EUR
		1法郎=100 生丁	1 Franc=100 Centimes	FRF
沙特阿拉伯	Saudi Arabia	1沙特里亚尔=100哈拉拉	1 Saudi Arabian Riyal=100 Hallalas	SAR
新 加 坡	Singapore	1新加坡元=100分	1 Singapore Dollar=100 Cents	SGD
斯里兰卡	Sri Lanka	1卢比=100分	1 Sri Lanka Rupee =100 Sri Lanka Cents	LKR
叙 利 亚	Syrian Arab Rep.	1叙利亚镑=100比索	1 Syrian Pound=100 Piastres	SYP
塔吉克斯坦	Tajikistan	索莫尼	Somoni	TJS
泰　国	Thailand	1铢=100萨当	1 Baht=100 Satang	THB
土 耳 其	Turkey	1土耳其里拉=100库鲁	1 Turkish Lira=100 Kurus	TRL
土库曼斯坦	Turkmenistan	1马纳特=100坚戈	1 Turkmenistan Manat =100 Tenge	TMM
阿 联 酋	United Arab Emirates	1迪尔汗=100菲尔斯	1 Dirham=100 Fils	AED
乌兹别克斯坦	Uzbekistan	1苏姆=100蒂因	1 Usbekistan Sum=100 Tijin	UZS
越　南	Vietnam	1越南盾=10角=100分	1 Dong=10 Hao=100 Xu	VND
也　门	Yemen	1里亚尔=100费尔斯	1 Yemeni Rial=100 Fils	YER
非　洲	**Africa**			
阿尔及利亚	Algeria	1阿尔及利亚第纳尔=100生丁	1 Algerian Dinar=100 Centines	DZD
安 哥 拉	Angola	宽扎	Kwanza	AOA
贝　宁	Benin	非洲法郎	CFA Franc	XOF
博茨瓦纳	Botswana	1普拉=100生丁	1 Pula=100 Centimes	DZD
布基纳法索	Burkina Faso	非洲法郎	CFA Franc	XOF
布 隆 迪	Burundi	1布隆迪法郎=100生丁	1 Burundi Franc=100 Centimes	BIF
喀 麦 隆	Cameroon	非洲法郎	CFA Franc	XOF
佛 得 角	Cape Verde	1埃斯库多=100分	1 Cape Verde Escudo=100 Centavo	CVE
中非共和国	Central African Rep.	非洲法郎	CFA Franc	XOF
乍　得	Chad	非洲法郎	CFA Franc	XOF
科 摩 罗	Comoros	科摩罗法郎	Comoran Franc	KMF
刚　果(金)	Congo, Dem. Rep.	刚果法郎	Congo Franc	GNF
刚　果(布)	Congo	非洲法郎	CFA Franc	XOF
科特迪瓦	Cote D`Ivoire	非洲法郎	CFA Franc	XOF
吉 布 提	Djibouti	吉布提法郎	Djibouti Franc	DJF
埃　及	Egypt	1埃及镑=100比索=1000米利姆	1 Egypt Pound=100 Piasters=1000 Milliemes	EGP
赤道几内亚	Equatorial Guinea	非洲法郎	CFA Franc	XOF
厄里特尼亚	Eritrea	1纳克法=100分	1 Nakfa=100 Cents	ERN
埃塞俄比亚	Ethiopia	1埃塞俄比亚比尔=100分	1 Birr=100 Cents	ETB
加　蓬	Gabon	非洲法郎	CFA Franc	XOF
冈 比 亚	Gambia	1达拉西=布图	1 Dalasi=Bututs	GMD

附录1 续表 2 continued

国家和地区	Country or Area	货币	Local Currency	国际标准组织编码 ISO-Code
加 纳	Ghana	1塞地=100比塞瓦	1 Cedi=100 Pesewas	GHC
几 内 亚	Guinea	几内亚法郎	Guinean Franc	GNF
几内亚比绍	Guinea-Bissau	非洲法郎	CFA Franc	XOF
肯 尼 亚	Kenya	1肯尼亚先令=100分	1 Kenya Shilling=100 Cents	KES
莱 索 托	Lesotho	1洛蒂(复数为马洛蒂)=100分	1 Loti(Pl.:Maloti)=100 Lisente	LSL
利比里亚	Liberia	1利比里亚元=100分	1 Liberian Dollar=100 Cents	LRD
利 比 亚	Libya	1第纳尔=1000迪拉姆	1 Dinar=1000 Dirhams	LYD
马达加斯加	Madagascar	1马达加斯加法郎=100生丁	1 Madagascar Franc=100 Centimes	MGF
马 拉 维	Malawi	1马拉维克瓦查=100塔姆巴拉	1 Malawi Kwacha=100 Tambala	MWK
马 里	Mali	非洲法郎	CFA Franc	XOF
毛里塔尼亚	Mauritania	1乌吉亚=5库姆斯	1 Ouguiya=5 Khoums	MRO
毛里求斯	Mauritius	卢比	Rupee	MUR
摩 洛 哥	Morocco	迪拉姆	Dirham	MAD
莫桑比克	Mozambique	1梅蒂卡尔=100分	1 Metical=100 Centavos	MZM
纳米比亚	Namibia	1纳米比亚元=100分	1 Namibia Dollar=100 Cents	NAD
尼 日 尔	Niger	非洲法郎	CFA Franc	XOF
尼日利亚	Nigeria	1奈拉=100克布	1 Naria=100 Kobo	NGN
卢 旺 达	Rwanda	1卢旺达法郎=100生丁	1 Rwanda Franc=100 Centimes	RWF
圣多美和普林西比	Sao Tome & Principe	1多布拉=100分	1 Dobra=100 Centimos	STD
塞内加尔	Senegal	非洲法郎	CFA Franc	XOF
塞 舌 尔	Seychelles	1塞舌尔卢比=100分	1 Seychelles Rupee =100 Cents	SCR
塞拉利昂	Sierra Leone	1利昂=100分	1 Leone=100 Cents	SLL
索 马 里	Somali	1索马里先令=100分	1 Somali Shilling=100 Centesimi	SOS
南 非	South Africa	1兰特=100分	1 Rand=100 Cents	ZAR
圣赫勒拿	St Helena	1圣赫勒拿镑=100便士	1 St Helena Pound=100 Pennies	SHP
苏 丹	Sudan	1第纳尔=100比索	1 Sudanese Dinar=100 Piastres	SDD
斯威士兰	Swaziland	1埃马兰吉尼=100分	1 Lilangeni=100 Cents	ZAR
坦桑尼亚	Tanzania	1坦桑尼亚先令=100分	1 Tanzanian Shilling=100 Cents	TZS
多 哥	Togo	非洲法郎	CFA Franc	XOF
突 尼 斯	Tunisia	1第纳尔=1000米利姆	1 Dinar=1000 Millimes	TND
乌 干 达	Uganda	乌干达先令	Uganda Shilling	UGX
赞 比 亚	Zambia	1克瓦查=100恩韦	1 Kwacha=100 Ngwee	ZMK
津巴布韦	Zimbabwe	1津巴布韦元=100分	1 Zimbabwe Dollar=100 Cents	ZWD
美 洲	**America**			
阿 根 廷	Argentina	1比索=100分	1 Argentine Peso=100 Centavos	ARS
阿 鲁 巴	Aruba	1阿鲁巴弗罗林=100分	1 Aruba Florin=100 Cents	AWG
安 圭 拉	Anguilla	1东加勒比元=100分	1 East Caribbean Dollar =100 Cents	XCD
安提瓜和巴布达	Antigua And Barbuda	1东加勒比元=100分	1 East Caribbean Dollar =100 Cents	XCD
巴 西	Brazil	1雷亚尔=100分	1 Real=100 Centavos	BRL
巴 哈 马	Bahamas	1巴哈马元=100分	1 Bahamian Dollar=100 Cents	BSD

附录1 续表 3 continued

国家和地区	Country or Area	货币	Local Currency	国际标准组织编码 ISO-Code
巴 拉 圭	Paraguay	1瓜拉尼=100分	1 Guarani=100 Centimos	PYG
巴 拿 马	Panama	1巴波亚=100分	1 Balboa=100 Centesimos	PAB
巴巴多斯	Barbados	1巴巴多斯元=100分	1 Barbados Dollar=100 Cents	BBD
百 慕 大	Bermuda	1百慕大元=100分	1 Bermuda Dollar=100 Cents	BMD
波多黎各	Porto rico	1美元=100分	1 Dollar=100 Cents	USD
玻利维亚	Bolivia	1玻利维亚诺=100分	1 Bolivariano=100 Centavos	BOB
伯 利 兹	Belize	1伯利兹元=100分	1 Belize Dollar=100 Cents	BZD
多米尼加	Dominican Rep.	1比索=100分	1 Peso=100 Centavos	DOP
多米尼克	Dominica	1东加勒比元=100分	1 East Caribbean Dollar =100 Cents	XCD
厄瓜多尔	Ecuador	1美元=100分	1 Dollar=100 Cents	USD
法属圭亚那	Guayane Francaise	1欧元=6.5596法郎	1 Euro=6.5596 Franc	EUR
		1法国法郎=100生丁	1 Franc=100 Centimes	FRF
哥伦比亚	Colombia	1比索=100分	1 Peso=100 Centavos	COP
哥斯达黎加	Costa Rica	1科朗=100分	1 Colon=100 Centimos	CRC
格 陵 兰	Greenland	1丹麦克朗=100欧尔	1 Danish Kroon=100 Ore	DKK
格林纳达	Grenada	1东加勒比元=100分	1 East Caribbean Dollar =100 Cents	XCD
古 巴	Cuba	1可兑换比索=100分	1 Peso convertible=100 Centavos	CUP
瓜德罗普	Guadeloupe	1法国法郎=100生丁	1 Franc=100 Centimes	FRF
圭 亚 那	Guyana	1圭亚那元=100分	1 Guyana Dollar=100 Cents	GYD
海 地	Haiti	1古德=100生丁	1 Gourde=100 Centimes	HTG
荷属安的列斯	The Netherlands Antilles	荷属安的列斯盾或弗罗林, 1盾=100分	Netherlands Antilles Guildar / Florin 1 Guildar=100 Cents	ANG
洪都拉斯	Honduras	1伦皮拉=100分	1 Lempira=100 Centavos	HNL
加 拿 大	Canada	1加拿大元=100分	1 Canadian Dollar=100 Cents	CAD
开曼群岛	The Cayman Islands	1开曼元=100分	1 Cayman Dollar=100 Cents	KYD
马提尼克	Martinique	1欧元=6.5596法郎	1 Euro=6.5596 Franc	EUR
		1法国法郎=100生丁	1 Franc=100 Centimes	FRF
美 国	United States	1美元=100分	1 Dollar=100 Cents	USD
蒙特塞拉特	Montserrat	1东加勒比元=100分	1 East Caribbean Dollar=100 Cents	XCD
秘 鲁	The Rep. of Peru	1新索尔=100分	1 New Sol=100 Centimos	PEN
墨 西 哥	Mexico	1比索=100分	1 Mexican Peso=100 Centavos	MXN
尼加拉瓜	Nicaragua	1科多巴=100分	1 Cordoba=100 Centavos	NIO
萨尔瓦多	El Salvador	1科朗=100分	1 El Salvadoran Colon=100 Centavos	SVC
圣基茨和尼维斯	St. Kitts And Nevis	1东加勒比元=100分	1 East Caribbean Dollar=100 Cents	XCD
圣卢西亚	St. Lucia	1东加勒比元=100分	1 East Caribbean Dollar=100 Cents	XCD
圣文森特和格林纳丁斯	St. Vincent & Grens.	1东加勒比元=100分	1 East Caribbean Dollar=100 Cents	XCD
苏 里 南	Suriname	1苏里南盾=100分	1 Suriname Guilder=100 Cents	SRG
特克斯和凯科斯群岛	The Turks and Caicos Islands	1美元=100分	1 Dollar=100 Cents	USD
特立尼达和多巴哥	Trinidad And Tobago	1特立尼达和多巴哥元=100分	1 Trinidad And Tobago Dollar =100 Cents	TTD

附录1 续表 4 continued

国家和地区	Country or Area	货币	Local Currency	国际标准组织编码 ISO-Code
危地马拉	Guatemala	1格查尔=100分	1 Quetzal=100 Centavos	GTQ
委内瑞拉	Venezuela	1玻利瓦尔=100分	1 Bolivar=100 Centimos	VEB
乌 拉 圭	Uruguay	1乌拉圭比索=100分	1 Uruguayan Peso=100 Centesimos	UYU
牙 买 加	Jamaica	1牙买加元=100分	1 Jamaica Dollar=100 Cents	JMD
英属维尔京群岛	The British Virgin Islands	1美元=100分	1 Dollar=100 Cents	USD
智 利	Chile	1比索=100分	1 Peso=100 Centavos	CLP
欧 洲	**Europe**			
阿尔巴尼亚	Albania	1列克=100昆塔	1 Lek=100 Qindarka	ALL
奥 地 利	Austria	1欧元=13.7603奥地利先令,	1 Euro=13.7603 Austrian Schillings	EUR
		1奥地利先令=100格罗申	1 Schilling=100 Groschen	ATS
白俄罗斯	Belarus	1白俄罗斯卢布=100戈比	1 Belarus Ruble=100 Kopeken	
比 利 时	Belgium	1欧元=40.3399比利时法郎,	1 Euro=40.3399 Belgian Francs,	EUR
		1比利时法郎=100生丁	1 Belgian Franc=100 Centimes	BEF
波 黑	Bosnia And Hercegovinia	1可兑换马克=100芬尼	1 Konvertible Mark=100 Fening	BAM
保加利亚	Bulgaria	1列弗=100斯托丁卡	1 Lev=100 Stótinki	BGN
克罗地亚	Croatia	1库纳=100利珀	1 Kuna=100 Lipa	HRK
捷 克	Czech Republic	1捷克克郎=100哈莱士	1 Czech Krouna=100 Hellers	CZK
丹 麦	Denmark	1丹麦克郎=100欧尔	1 Danish Krone=100 Ore	DKK
爱沙尼亚	Estonia	1爱沙尼亚克郎=100 分	1 Estonian Kroon =100 Cents	EEK
芬 兰	Finland	1欧元=5.94873芬兰马克,	1 Euro=5.94873 Finnish Markka,	EUR
		1芬兰马克=100分	1 Finnish Markka=100 Pennies	FIM
法 国	France	1欧元=6.5596法郎,	1 Euro=6.5596 Franc,	EUR
		1法郎=100生丁	1 Franc=100 Centimes	FRF
德 国	Germany	1欧元=1.95583德国马克,	1 Euro=1.95583 Deutsche Mark,	EUR
		1德国马克=100芬尼	1 Deutsche Mark= 100 Deutsche Pfennig	
希 腊	Greece	1欧元=340.75德拉克马,	1 Euro= 340.75 Drachma,	EUR
		1德拉克马=100雷普塔	1 Drachma=100 Lepta	GRD
匈 牙 利	Hungary	1福林=100非列	1 Forint=100 Fillér	
冰 岛	Iceland	1冰岛克郎=100分	1 Icelandic Krona=100 Cents	ISK
爱 尔 兰	Ireland	1欧元=0.787564爱尔兰镑,	1 Euro=0.787564 Irish Pounds,	EUR
		1爱尔兰镑=100便士	1 Irish Pound=100 Pennies	IEP
意 大 利	Italy	1欧元=1936.27里拉,	1 Euro=1936.27 Italian Lire Italian Lire,	EUR
		1里拉=100分	1 Italian Lire=100 Centesimi	ITL
拉脱维亚	Latvia	1拉特=100拉分	1 Lats=100 Centas	LVL
立 陶 宛	Lithuania	1立特=100立分	1 Litas=100 Centas	LTL
卢 森 堡	Luxembourg	1欧元= 40.3399卢森堡法郎,	1 Euro= 40.3399 LUF,	EUR
		1卢森堡法郎（卢郎）=100分	1 Luxemburg Franc=100 Cents	LUF
马 其 顿	Macedonia	1代纳尔=100代尼	1 Denar=100Deni	MKD
马 耳 他	Malta	1马耳他镑=100分=1000米尔	1 Malta Lira=100 Cents=1000 Mils	MTL
摩尔多瓦	Moldova	1摩尔多瓦列伊=100巴尼	1 Moldova Leu=100 Bani	MDL

附录1 续表 5 continued

国家和地区	Country or Area	货币	Local Currency	国际标准组织编码 ISO-Code
摩 纳 哥	Monaco	1欧元=6.5596法国法郎，	1 Euro=6.5596 Franc,	EUR
		1法国法郎=100生丁	1 Franc=100 Centimes	FRF
荷 兰	Netherlands	1欧元=2.2037荷兰盾，	1 Euro=2.2037 Dutch Guilders,	EUR
		1荷兰盾=100分	1 Dutch Guilder=100 Cents	NLG
挪 威	Norway	1挪威克郎=100欧尔	1 Norwegian Krone =100 Ore	NOK
波 兰	Poland	1兹罗提=100格罗什	1 Zloty=100 Gloszes	PLN
葡 萄 牙	Portugal	1欧元=200.482埃斯库多，	1 Euro=200.482 Portugal Escudos,	EUR
		1埃斯库多=100分	1 Escudo=100 Centavos	PTE
罗马尼亚	Romania	1列伊=100班尼	1 Leu=100 Bani	ROL
俄罗斯联邦	Russian Federation	1卢布=100戈比	1 Ruble=100 Kopeken	RUB
圣马力诺	San Marino	1欧元=1936.27意大利里拉	1 Euro=1936.27 Italian Lire	ITL
斯洛伐克	Slovak Rep.	1斯洛伐克克郎=100哈莱士	1 Slovak Koruna=100 Helles	SKK
斯洛文尼亚	Slovenia	1托拉尔=100斯托丁	1 Tolar=100 Stotin	SIT
西 班 牙	Spain	1欧元=166.386比赛塔，	1 Euro=166.386 Spanish,	EUR
		1比赛塔=100分	1 Pecetas=100 Centimos	ESP
瑞 典	Sweden	瑞典克朗	Swedish Krona	SEK
瑞 士	Switzerland	1瑞士法郎=100生丁	1 Switzerland Franc=100 Centimes	CHF
列支敦示登	Liechtenstein	1瑞士法郎=100生丁	1 Switzerland Franc=100 Centimes	CHF
乌 克 兰	Ukraine	1格里夫尼亚=100戈比	1 Hryvnia=100 Kopeken	UAH
英 国	United Kingdom	1英镑=100便士	1 Pound=100 Pennies	GBP
大 洋 洲	**Oceania**			
澳大利亚	Australia	1澳元=100分	1 Australian Dollar=100 Cents	AUD
斐 济	Fiji	1斐济元=100分	1 Fiji Dollar=100 Cents	FJD
法属波利尼西亚	French Polynesia	1欧元=119.33太平洋法郎	1 Euro=119.33 Franc CFP	EUR
基里巴斯	Kiribati	1澳元/吉布提=100分	1 Australian Dollar/Kiribati =100 Cents	AUD
马绍尔群岛	Marshall Islands	1美元=100分	1 Dollar=100 Cents	USD
密克罗尼西亚	Micronesia, Fed States of	1美元=100分	1 Dollar=100 Cents	USD
新喀里多尼亚	New Caledonia	1欧元=119.33太平洋法郎	1 Euro=119.33 CFP	EUR
新 西 兰	New Zealand	1新西兰元=100分	1 New Zealand Dollar=100 Cents	NZD
巴布亚新几内亚	Papua New Guinea	1基那=100托伊	1 Kina=100 Toea	PGK
萨 摩 亚	Samoa	1塔拉=100分	1 Tala=100 Sene	WST
所罗门群岛	Solomon Islands	1所罗门群岛元=100分	1 Solomon Islands Dollar=100 Cents	SBD
汤 加	Tonga	1潘加=100分	1 Pa'anga=100 Senti	TOP
图 瓦 卢	Tuvalu	1澳元=100分	1 Australian Dollar=100 Cents	AUD
瓦努阿图	Vanuatu	瓦图	Vatu	VUV
瓦利斯和富图纳	Wallis and Futuna	太平洋法郎	Franc CFP	XPF

注：①对于欧元区成员国，为方便用户，除了列示欧元以外，同时列示了相应国家原货币单位。

Note: ①For the member countries of Euro Area, the original currencies of the relevant countries have been recorded besides the euro to facilitate the readers to use the materials.

附录2　索引

Appendix 2 Index